青海统计年鉴 2022

QINGHAI STATISTICAL YEARBOOK

（总第38期 No.38）

青 海 省 统 计 局
国家统计局青海调查总队
Qinghai Provincial Bureau Of Statistics
NBS Survey Office in Qinghai

中国统计出版社
China Statistics Press

图书在版编目(CIP)数据

青海统计年鉴. 2022 = Qinghai Statistical Yearbook 2022 ：汉英对照 / 青海省统计局，国家统计局青海调查总队编. — 北京：中国统计出版社，2022.9
ISBN　978－7－5037－9894－8

Ⅰ.①青…　Ⅱ.①青…　②国…　Ⅲ.①统计资料—青海—2022—年鉴—汉、英　Ⅳ.①C832.44－54

中国版本图书馆 CIP 数据核字(2022)第 148142 号

青海统计年鉴 2022

作　　者/青海省统计局　国家统计局青海调查总队
责任编辑/高媛媛
装帧设计/陈　强
出版发行/中国统计出版社有限公司
地　　址/北京市丰台区西三环南路甲 6 号
邮政编码/100073
电　　话/邮购(010)63376909　书店(010)68783171
网　　址/http://www.zgtjcbs.com
印　　刷/青海跃强劳动服务公司
经　　销/新华书店
开　　本/890mm×1240mm　1/16
字　　数/1100 千字
印　　张/42
版　　别/2022 年 9 月第 1 版
版　　次/2022 年 9 月第 1 次印刷
定　　价/400.00 元　Price:400.00yuan(RMB)

本书附同版本 CD－ROM 一张，光盘内容以书面文字为准。
如有印装差错，由本社发行部调换。

《青海统计年鉴2022》编辑委员会

QINGHAI STATISTICAL YEARBOOK 2022
NAME LIST OF EDITORIAL BOARD

编 辑 说 明

《青海统计年鉴2022》是一本全面反映青海省国民经济和社会发展情况的资料工具书。本书收录了2021年青海经济和社会、资源与环境等方面的统计数据。

全书内容分22个篇目,即:1.特载;2.综合;3.人口;4.国民经济核算;5.就业和工资;6.价格;7.人民生活;8.财政;9.能源与环境;10.固定资产投资和房地产;11.对外经济贸易;12.农业;13.工业;14.建筑业;15.运输和邮电;16.国内贸易;17.金融业;18.教育和科技;19.卫生和社会服务;20.文化、旅游和体育21.公共管理、社会保障和其他;22.全国各地区主要经济指标。

统计表中符号使用说明:"…"表示数据不足本表最小单位;"空格"表示无该项指标数据或该项指标数据不详;"#"表示总指标的其中项数据。读者在使用统计资料时,凡与本年鉴有出入的,均以本年鉴为准。

本年鉴是青海省统计局和国家统计局青海调查总队共同努力的结果,也是全省各条战线上广大统计干部辛勤劳动的成果,是集体智慧的结晶。在编辑出版、印刷和发行过程中,得到了中国统计出版社有限公司及青海省有关单位的大力支持,在此一并表示衷心感谢!

《青海统计年鉴》公开出版以来,受到了国内外广大读者的关心和支持,对本年鉴的内容和编辑工作提出了许多宝贵意见,对此我们深表谢意。由于我们水平有限,疏误之处在所难免,欢迎各界人士对不足之处给予批评和指正,帮助我们进一步提高统计年鉴编辑水平,更好地为广大读者服务。

《青海统计年鉴2022》编辑委员会

Editor's Explanatory Notes

Qinghai Statistical Yearbook 2022 is an annual statistical publication, which reflects comprehensively the economic and social development of Qinghai Province. It covers data for 2021 in various aspects of economic, social, resources and environmental statistics.

The yearbook contains twenty – two chapters: 1. Special Articles; 2. General Survey; 3. Population; 4. National Accounts; 5. Employment and Wages; 6. Prices; 7. People's Living Conditions; 8. Government Finance; 9. Energy and Environment; 10. Investment in Fixed Assets and Real Estate; 11. Foreign Trade and Economic Cooperation; 12. Agriculture; 13. Industry; 14. Construction; 15. Transport, Postal and Telecommunication; 16. Domestic Trade; 17. Financial Intermediation; 18. Education, Science and Technology; 19. Public Health and Social Services; 20. Culture, Tourism and Sports; 21. Public Management, Social Security and Others; 22. Main Economic Indicators of Different Regions of the Country.

Notations used in the yearbook: "…" indicates that the figure is not large enough to be measured with the smallest unit in the table; (blank space) indicates data are unknown, or are not available; "#" indicates a major breakdown of the total. When readers use statistical information, they should be based in this yearbook if there is difference from this yearbook.

The yearbook is outcome of joint efforts of Qinghai Provincial Bureau of Statistics and Survey Office of the National Bureau of Statistics in Qinghai, and is fruit of the hard work of majority of statistics cadres on all fronts of the province, and is the crystallization of collective wisdom. In editing and publishing, printing, distribution process, the yearbook has received great support from China Statistics Press and relevant units in Qinghai province. We acknowledge their help to the book.

Qinghai Statistical Yearbook has received concern and support of the readers at home and abroad for the content and edit of the yearbook of many valuable suggestions since published, which we are grateful. Because of our limited level, Mistakes are inevitable. Welcome people from all walks of life to give us the criticism and correction for our inadequacies at any time in order to help us further enhance and improve the editorial level of statistical yearbook, and served readers better.

Qinghai Statistical Yearbook 2022 **Editorial Board**

目　录

CONTENTS

一、特载

Special Articles

二、综合

General Survey

三、人口

Population

五、就业和工资

Employment and Wages

六、价格

Prices

七、人民生活

People's Living Conditions

八、财政

Government Finance

九、能源与环境

Energy and Environment

十、固定资产投资和房地产

Investment in Fixed Assets and Real Estate

十三、工业

Industry

十四、建筑业

Construction

十五、运输和邮电

Transport and Postal

十六、国内贸易

Domestic Trade

十七、金融业

Financial Intermediation

十八、教育和科技

Education, Science and Technology

十九、卫生和社会服务

Public Health and Social Services

二十、文化、旅游和体育

Culture, Tourism and Sports

二十一、公共管理、社会保障和其他

Public Management, Social Security and Others

二十二、全国各地区主要经济指标

Main Economy Indices and Order of the Different Parts of the Country

第1篇

CHAPTER 1

特　载

Special Articles

政府工作报告

——2022 年 1 月 21 日在青海省第十三届人民代表大会第七次会议上

省长　信长星

各位代表：

现在，我代表省人民政府向大会报告工作，请予审议，并请各位政协委员和列席会议的同志提出意见。

一、2021 年工作回顾

2021 年是青海发展历史上具有里程碑意义的一年。这一年，习近平总书记全国"两会"期间亲自参加青海代表团审议、6 月再次亲临青海考察并发表重要讲话，为我们深入推进青藏高原生态保护和高质量发展指明了前进方向，擘画了奋力谱写全面建设社会主义现代化国家青海篇章的美好蓝图，注入了攻坚克难、开拓创新、担当实干的强大思想动力，全省上下倍感振奋，倍受鼓舞。一年来，我们坚持以习近平新时代中国特色社会主义思想为指导，牢记习近平总书记殷切嘱托，认真落实党中央、国务院决策部署，按照省委工作要求，立足新发展阶段，贯彻新发展理念，融入新发展格局，推动高质量发展，扎实推进"一优两高"，统筹推进疫情防控和经济社会发展，省十三届人大六次会议确定的主要目标较好实现，重点任务全面完成，全省地区生产总值增长 5.7%，居民人均可支配收入增长 7.8%，居民消费价格上涨 1.3%，失业率控制在预期目标以内，实现了"十四五"良好开局，青海与全国一道全面建成小康社会，开启了向第二个百年奋斗目标进军的新征程。

——生态文明高地建设开局良好。我们牢记保护好青海生态环境是"国之大者"，坚决扛起维护生态安全、保护三江源、保护"中华水塔"重大使命，专门制定行动方案，明确提出以习近平生态文明思想实践新高地建设为统领，一体打造七个新高地，各项任务正在扎实推进。三江源国家公园正式设立，是全国首批、排在首位、面积最大的国家公园，三江源头实现整体保护，成为人与自然和谐共生的绿色家园、美丽家园、幸福家园。随着"六五环境日"国家主场活动、首届国际生态博览会的成功举办，以及《青海·我们的国家公园》热播，青海以国家公园为主体的自然保护地体系建设成果广受瞩目，更具影响力、美誉度。黄南州获评国家生态文明建设示范区，贵德、河南入选国家"绿水青山就是金山银山"实践创新基地，建设美丽中国，青海发出了好声音。我们认真落实能耗"双控"和遏制"两高"项目盲目发展要求，启动零碳产业园区绿电工程，非化石能源消费比重在全国领先。木里矿区及祁连山南麓青海片区生态环境综合整治三年行动任务已完成近八成。青海湖碧波荡漾，三大江河出省境断面水质持续保持Ⅱ类及以上、湟水河达到Ⅲ类，35 个国家考核断面水质优良比例达到 100%，水污染防治走在了全国前列，确保了一江清水向东流。空气质量优良天数比例达 95.6%，新增国土绿化面积 500 余万亩，实现荒漠化、沙化土地"双缩减"，土壤环境清洁稳定，生物多样性保护成效显现。青海山更绿、水更清、天更蓝了，水中的鱼儿、天上的鸟儿、草原森林里自由自在的野生动物种群更多了，大美青海越来越美，这些都是人不负青山，青山定不负人的生动写照。

——产业"四地"建设扎实推进。围绕贯彻习近平总书记关于加快建设世界级盐湖产业基地，打造国家清洁能源产业高地、国际生态旅游目的地、绿色有机农畜产品输出地的重要指示，我们用心深学细悟，注重规划引领、强化协同攻关，与国家部委联合编制了四个专项行动方案，并建立省部联合推进机制，为高起点起步、高质量推进打下了基础。

盐湖产业发展取得新突破，高纯氧化镁晶体材料技术填补国内空白，碳酸镁示范线建成投运，钾肥、碳酸锂产业稳步发展，为国家粮食安全、新能源发展作出了贡献。清洁能源发展实现新提升，在国家首批 1 亿千瓦装机大型风电光伏基地建设中，1090 万千瓦项目落地青海，新开工规模创历史新高。世界最大规模新能源分布式调相机群投运，清洁能源装机占比全国领先，"绿电 7 月在青海"继续保持全清洁能源供电世界纪录。生态旅游迈出新步伐，推出精品线路 200 条，7 条入选全国"十大黄河旅游带"精品线路，金银滩—原子城入选国家 5A 级旅游景区创建名单，旅游人次、旅游总收入增长 20% 以上。绿色有机农牧业取得新成效，实施化肥农药减量增效行动，粮食播种面积、产量和储备能力再创新高，牦牛藏羊质量安全可追溯规模超过 400 万头只。"四地"建设的全面推进，有力促进了供给侧转型升级、有效带动了需求侧企稳提质，具有时代特征、高原特色、青海特点的生态友好、绿色低碳高质量发展之路，前景可期，无限光明。

——经济运行保持在合理区间。面对纷繁复杂的宏观环境，面对两难甚至多难选择的新挑战，我们保持定力、沉着应对，紧紧扭住供给侧结构性改革这条主线，精准落实宏观政策，强化经济调度服务，全年新增减税降费 40 亿元左右，“青信融”平台为中小微企业融资 34.5 亿元，放大了助企纾困政策效应。提升财政支撑保障能力，地方一般公共预算收入增长 10.3%，盘活上年财政存量资金 96%，在中央对地方转移支付零增长背景下，中央财政给予我省各类补助同口径增长 5.9%。规模以上工业增加值增长 9.2%，近八成工业行业实现盈利，有色冶金、化学制造等传统产业提质增效，装备和高技术制造业保持高速增长，全国首个年产万吨级碳纤维生产基地建成投产。有序推进补短板利长远重大项目，西互一级扩能改造、西宁南绕城东延等公路建成通车，蓄集峡水利枢纽工程进入收尾，西成铁路、西宁机场三期等一批重大工程加快推进，民间投资占比近四成。出台促消费政策，线上线下加速融合，新能源汽车、计算机产品等升级类产品市场活跃，消费在恢复中实现较快增长。优化外贸发展政策措施，进出口总额增幅居全国前列。全省经济在承压前行中稳步恢复、稳中向好。

——城乡融合发展步伐加快。我们围绕“三农”工作重心的历史性转移，聚焦农牧业高质高效、乡村宜居宜业、农牧民富裕富足目标，举全省之力扎扎实实推进乡村振兴。常态化开展动态监测帮扶，及时消除返贫致贫风险，脱贫成果得到巩固，群众收入不断提高。完善乡村振兴配套政策，对 25 个县进行重点帮扶，在 39 个乡镇、225 个村启动乡村振兴试点。我们注重城乡融合，高原美丽城镇“5 + 1 试点”有序推进，5.15 万套城镇老旧小区和 2649 套棚户区改造开工建设，城镇生活垃圾无害化处理率达 97%，300 个高原美丽乡村建设结出硕果，村庄清洁行动全覆盖，农牧区厕所革命务实推进。第七次全国人口普查结果显示，全省常住人口城镇化率超过 60%，较上次人口普查提高 15.4 个百分点。高原城镇和高原乡村因美而生，与美同行，实现了各美其美、美美与共。

——发展动力活力有效激发。我们坚持把改革创新作为推动高质量发展的动力源泉，着力突破影响高质量发展的瓶颈制约。科技创新多点发力，无水氯化镁“卡脖子”技术难题面向全国“揭榜挂帅”，以“帅才科学家负责制”推动镁基修复材料研发，三江源草地生态系统国家野外观测研究站获批建设，青藏高原科学数据中心青海分中心正式成立，省部共建藏语智能信息处理及应用国家重点实验室挂牌运行。随着国际一流光学天文台址的发现，冷湖重又“热”了起来，宽视场巡天、行星大气光谱等 9 个天文望远镜落地赛什腾山，将为未来光学天文发展作出重大贡献。改革开放走深走实，开展营商环境集中攻坚，企业开办全程网上可办，营商环境便利度持续提升，日均新设立市场主体超过 200 户。推进重点领域改革，建立林长制组织体系，深入实施河湖长制，农牧区集体产权制度改革提前一年完成，省属国有企业公司制改革全面完成，盐湖股份公司完成司法重整并顺利恢复上市。率先开展成品油市场综合监管改革试点，重点领域企业信用监管走在全国前列。教育、医疗、产业、智力、科技等领域对口援青取得新成效，东西部协作扩面提质、更加给力。西宁综合保税区封关运行，首列南亚国际班列开行，中尼陆路贸易通道合作建设取得实质性进展，青洽会、“一带一路”清洁能源论坛、阿拉伯国家驻华使节代表团主题交流等活动成功举办。世人眼中的青海，正焕发出新的生机、新的活力。

——人民生活品质稳步提升。我们坚持把大部分财政支出用于民生事业，持续加强基础性、普惠性、兜底性民生建设。就业目标超过预期，城镇新增就业 6.3 万人，农牧区劳动力转移就业 110.5 万人次，高校毕业生就业率近 90%。居民收入增速高于经济增速，农村居民收入增速高于城镇居民。教育发展质量稳步提升，扩增各类学位 3.26 万个，学前教育薄弱县振兴行动深入实施，义务教育“双减”政策有效落实，超大班额全面消除。大幅增加本科高校招生计划，新增 5 个博士一级学科授权点和 28 个硕士学位授权点。健康青海行动深入实施，新冠病毒疫苗累计接种突破 1150 万剂次，人群全程疫苗接种率达 86% 以上，迅速处置输入性零星散发疫情。“五医”联动改革纵深推进，县域紧密型医共体建设全覆盖，职工医保门诊共济保障制度全面建立，集中带量采购药品、医用耗材价格平均降幅六成以上，医疗救助实现省级统筹，包虫病流行趋势有效遏制，居民健康素养水平持续提升。文化事业繁荣发展，《大河之源》等 6 部剧目参加庆祝建党百年全国舞台艺术精品展演展播，喇家遗址、热水墓群入选全国“百年百大考古发现”，新闻出版、广播电视、社科咨询、参事文史、地方志、智库建设等工作都有新成效。举办环湖赛、中国冰壶精英赛等赛事，青海健儿在全运会、残运会上获得优异成绩。迅速开展玛多抗震救灾，“帐篷里的高考”没有落下一名学生，灾后恢复重建有序推进，生产生活秩序逐步恢复正常。当前正在组织门源抗震救灾。社会保障体系更加健全，社保待遇、城乡低保标准稳步提高，妇女儿童、残疾人、老龄、慈善、红十字等事业都有新进步，拥军优抚安置、退役军人服务、人防工程管理都有新提升。社会大局和谐稳定，中华民族共同体意识铸得更牢、更深入人心，13 个地区和单位获评全国第八批民族团结进步示范区、示范单位。深入开展“防风险、除隐患、降发案、保平安”专项行动，常态化推进扫黑除恶，重拳打击各类严重暴力犯罪，严肃查处侵害群众财产安全的民生案件。西宁及班玛、平安、玉树、格尔木获评平安中国建设示范市、示范县。安全生产风险隐患大排查大整治扎实推进，食品药品安全监管有力，一些市场乱象得到有效遏制。特别是在经济遇到短期困难的时候，我们始终把保障民生作为工作的重中之重，全面完成了年度确定的10大类45项民生实事，人民群众的获得感、幸福感、安全感有了新提升。

工作中，我们始终坚持以习近平新时代中国特色社会主义思想武装头脑、指导实践、推动工作，把学习贯彻习近平总书记考察青海重要讲话精神、党史学习教育的思想收获转化为推动"一优两高"和"我为群众办实事"的具体行动，以高度的政治自觉践行"国之大者"，为青海各族群众服好务。制定落实"三重一大"集体决策实施办法和重大行政决策程序暂行规定，规范完善政府部门权责清单。自觉接受省人大及其常委会法律监督、工作监督和省政协民主监督，积极领办、督办代表建议和政协提案，办结率、满意率均为100%，一大批成果有效转化为推动高质量发展的务实举措。提请省人大常委会审议地方性法规8部，制定修改废止省政府规章7部，法治政府建设扎实推进。积极支持工会、共青团、妇联、工商联、文联、科协等群团组织服务大局、建功立业。认真落实中央八项规定精神，集中整治形式主义、官僚主义。常态化开展经济"体检"，审计监督效能不断提升。坚持过紧日子，一般性支出压减15%，"三公"经费压减3%。

各位代表！过去一年，我们扛住了国内疫情多地散发特别是输入性疫情对经济社会发展的严重冲击，克服了大宗商品价格上涨、电力煤炭供应一度紧张等诸多困难，经受住了地震等自然灾害的考验，顶住了各种风险挑战交织叠加的压力，在砥砺奋进中实现了经济社会平稳健康发展，来之不易。成绩的取得，最根本的在于以习近平同志为核心的党中央坚强领导、关心关怀，是省委带领全省各族干部群众勠力同心、克难奋进的结果，是省人大和省政协有效监督、大力支持的结果。尤其在玛多、门源抗震救灾和西宁、海东疫情防控中，全省上下特别是基层党员干部和广大人民群众那份坚韧与自信、团结与友爱、担当与奉献、速度与激情，那种各方闻令而动、各地相互支援、万众一心、众志成城的精神风貌，生动再现了抗震救灾精神和伟大抗疫精神，令人由衷赞叹：青海各族群众真好，广大医护人员、救援人员、人民子弟兵真好，广大党员干部表现真棒！在此，我代表省人民政府，向全省各族人民，向人大代表、政协委员，向各民主党派、工商联、无党派人士、各人民团体和社会各界人士，向驻青人民解放军、武警官兵和消防救援队伍指战员，向所有关心支持青海发展的中央和国家部委、对口援青和兄弟省区市，港澳台同胞、海外侨胞和国际友人，表示崇高敬意和衷心感谢！

我们清醒地看到，世纪疫情冲击之下，百年变局正加速演进，外部环境更趋复杂严峻、更具不确定性；推动青海高质量发展既面临一些长期积累的老问题，又面临不少新课题、新挑战，发展不平衡、不充分问题依然突出；生态保护任重道远，产业绿色低碳转型任务艰巨；创新能力总体还不够强，人才短缺依然是最大制约；营商环境有待进一步优化，中小微企业经营困难依然不少；公共服务体系仍有短板弱项，增进民生福祉还有大量工作要做；少数干部工作作风不够扎实，一些领域腐败问题仍时有发生。我们必须直面问题和困难，坚定信心，采取更加有力有效的举措加以解决和克服，努力把政府工作做得更好、更实、更贴近群众的心。

二、2022年主要目标和重点工作

今年是实施"十四五"规划的关键一年，是推进青海现代化建设的重要一年，做好经济社会发展工作具有重要意义。按照省委部署，我们将以习近平新时代中国特色社会主义思想为指导，全面贯彻党的十九大和十九届历次全会精神，深入贯彻习近平总书记考察青海重要讲话精神，弘扬伟大建党精神，坚持稳中求进工作总基调，完整、准确、全面贯彻新发展理念，更好融入和服务新发展格局，全面深化改革开放，坚持创新驱动发展，推动高质量发展，坚持以供给侧结构性改革为主线，统筹疫情防控和经济社会发展，统筹发展和安全，继续做好"六稳""六保"工作，持续改善民生，聚力打造生态文明高地，加快建设产业"四地"，奋力推进"一优两高"，保持经济运行在合理区间，扎实推进生态保护和高质量发展取得新成效，保持社会大局稳定，以优异成绩迎接党的二十大胜利召开。

今年的主要预期目标是：地区生产总值增长5.5%左右；城镇新增就业6万人，农牧区劳动力转移就业105万人次，城镇登记失业率、城镇调查失业率全年分别控制在3.5%和5.5%以内；居民消费价格涨幅3%左右；居民收入增长与经济增长基本同步；粮食总产量保持在107万吨以上；长江、黄河、澜沧江出省境断面水质稳定保持Ⅱ类及以上，湟水河出省境断面水质稳定保持Ⅲ类，全省空气质量优良天数比例达95%以上；能耗强度在"十四五"规划期内统筹完成国家规定目标，主要污染物减排控制在国家规定目标内。

实现上述目标，必须坚持稳字当头、稳中求进，紧扣深入推进青藏高原生态保护和高质量发展，强化系统观念，加强统筹协调，全力做好工作。

（一）聚焦聚力"四地"建设，坚定不移走高质量发展之路。"四地"建设，是习近平总书记精准把脉青海资源禀赋、发展优势和区域特征，亲自为青海推动高质量发展擘画的重大战略。我们要结合实际、扬长避短，一步一步扎实推进，既为一域添光彩，又为全局作贡献。

加快建设世界级盐湖产业基地。着眼提高战略性新兴产业竞争力，从强链、延链、补链入手，提高盐湖资源综合利用效率。设立盐湖产业发展基金，引进一批高技术龙头企业，推动盐湖产业集群强筋壮骨。稳定钾肥产能，开发钾盐高值产品，推进钾资源可持续保障等新技术应用。扩大锂产业规模，释放碳酸锂产能，提升锂电池产业水平。围绕突破镁产业技术瓶颈组织攻关，支持高纯镁砂、镁基土壤修复材料等项目建设，推进金属镁一体化项目改造，促进盐湖产业向新材料领域拓展。注重钠资源和稀散元素开发，推动盐湖资源综合利用向精细化、高质化、规模化发展。

加快打造国家清洁能源产业高地。着眼助力全国能源结构转型、降碳减排，大力发展清洁能源。坚持源网荷储一体化，高质量建设国家大型风电光伏基地，继续扩大两个可再生能源基地规模，科学建设整县屋顶分布式光伏，加快建设羊曲、龙羊峡、玛尔挡等以水电为主的新能源调控基地，打造多元协同高效储能体系，积极创建国家储能先行示范区。稳步打造零碳电力系统，持续开展全网绿电行动，推进“青电入豫”配套工程建设，做好第二条外送通道前期工作。加快建设零碳产业园区，集群化发展清洁能源产业，持续壮大以新能源发电成套设备及关联设备制造为主体的产业链，积极培育光伏和储能制造两个千亿级产业，更好发挥青海清洁能源“风生水起”“风光无限”独特优势。

加快打造国际生态旅游目的地。着眼生态保护、生态旅游互促共赢，建立健全国际生态旅游目的地标准体系，推出一批生态体验、生态科普、自然教育、生态体育等精品线路，鼓励发展冬季旅游、冰雪旅游。提高旅游厕所等基础服务设施建管水平，加快“吃住行游购娱”旅游要素升级，严格旅游市场综合监管，提升旅游服务质量和游客满意度。规范有序推进文旅深度融合，做精做强做优藏毯、唐卡、传统工艺品等特色文化产业，加强红色旅游资源保护利用，深度挖掘原真生态系统、独特自然景观、厚重历史文化所蕴含的价值，更好展现生态文明高地之大美。

加快打造绿色有机农畜产品输出地。着眼充分发挥高原冷凉气候条件、洁净生态环境、优良农牧资源等独特优势，以提质、稳量、补链、扩输为路径，围绕品种培优、品质提升、品牌打造和标准化生产，深入实施种业振兴行动，保护发展好本土特色优势种质资源，做优牦牛、藏羊、青稞、油菜、冷水鱼、藜麦、枸杞、道地中藏药材、优质牧草等特色产业，发展精深加工，推进综合价值开发，加快仓储保鲜冷链设施配套。积极创建国家级农畜产品优势区，培育农产品区域公用品牌，强化市场开拓，建立稳定输出渠道，推动更多“青字号”产品走进全国、走向世界。

积极培育新兴产业。深入实施产业基础再造工程，以技术改造推动传统产业转型升级，推动信息材料、储能材料等特色新材料产业向高端延伸，做优做好生物医药和高原康养产业。推进5G网络和千兆光网建设，逐步发展云计算、大数据、区块链、人工智能等新一代信息技术产业，建好数据中心和大数据产业园，发挥数字技术对经济发展的放大、叠加、倍增作用。

持续释放内需潜力。更加注重以有效投资拉动有效需求，谋深谋实更多大项目、好项目，动态做好项目储备，适度超前开展基础设施投资，为稳投资打好坚实基础。推动西成铁路、青藏铁路西格段提质、西宁机场三期、玉树机场改扩建、同赛高速、小峡口空间综合改造利用、那棱格勒河水利枢纽等项目达到预期进度，加快推进引黄济宁前期工作。加大招商引资力度，鼓励和支持社会资本参与生态保护、基础设施、社会事业等领域投资建设，保持投资平稳增长。高质量推进高原美丽城镇示范省建设，加快城镇老旧小区、老化管网和排水防涝设施更新改造，提升新型城镇化建设质量，更好推动城乡融合发展。围绕促进消费持续恢复，扩容提质信息、健康、养老等服务消费，推进家政服务标准化试点，开展绿色智能家电下乡和以旧换新，合理布局建设新能源汽车充电桩、换电站，加快贯通县乡村电子商务体系和快递物流配送体系，更好满足人民群众品质化、多样化消费需求。

（二）聚焦聚力打造青藏高原生态文明高地，坚定不移做“中华水塔”守护人。坚持绿水青山就是金山银山、冰天雪地也是金山银山理念，心怀“国之大者”，保护好三江源、保护好地球第三极生态，坚定维护国家生态安全。

高水平建设国家公园。围绕全面加强自然生态系统原真性、完整性保护，加快编制三江源国家公园总体规划，完善体制机制，加强监督管理，探索更多可复制可推广经验。深入实施保护“中华水塔”行动，完善“天空地一体化”生态环境监测网络。协同推动祁连山国家公园设园，推进创建青海湖、昆仑山国家公园前期工作，统筹自然保护地调查评估和整合优化，办好国家公园论坛，努力在建立以国家公园为主体的自然保护地体系上走在前头，向着国家所有、保护第一、全民共享、世代传承的国家公园典范目标扎实迈进，让绿水青山永远成为青海的优势和骄傲。

深入推动黄河流域生态保护和高质量发展。把大保护作为关键任务，持续开展“守护母亲河、推进大治理”专项行动，有序实行休养生息制度。全方位贯彻“四水四定”原则，精打细算用好水资源，从严从细管好水资源。实施源头治沙、小流域水土流失综合治理、干流防洪等工程，打好环境问题整治、深度节水控水、生态保护修复“三个攻坚战”，补好灾害预警监测、防灾基础设施短板。我们一定坚决扛起源头责任，展现干流担当，为确保黄河安澜作出青海贡献。

持续推进生态系统保护和修复。坚持山水林田湖草沙冰一体化保护和系统治理，实施好重要生态系统保护和修复重大工程，稳步开展光伏治沙、黑土滩综合治理，加大重要湿地保护力度，持续抓好国土绿化巩固提升。扎实做好木里矿区种草复绿保护管育和植被恢复监测评估，深入推进祁连山南麓青海片区生态保护治理。开展生物多样性保护本底调查，严格落实长江禁捕、黄河禁渔和青海湖封湖育鱼禁令，精心实施珍稀野生动物栖息地保护工程，强化生物安全风险防范。全面开展城乡垃圾治理行动，深化“无废城市”和全域无垃圾示范区创建，构建废弃物循环利用体系，以更高标准深入打好蓝天、碧水、净土保卫战，让绿色发展的“气质”更纯正，大美青海的“颜值”更靓丽。

统筹有序做好碳达峰碳中和工作。围绕在碳达峰方面先行先试，落实全国统一要求，统筹衔接能耗强度和碳排放强度降低目标，推动煤炭清洁高效利用，严控“两高”项目盲目上马，科学有序推进工业、建筑、交通等重点领域节能降碳，实施好三江源、海西州清洁供暖工程。巩固提升生态系统碳汇能力，开展减碳增汇基础、林草碳汇基线调查，积极参与全国碳排放交易市场建设。广泛开展创建绿色机关、绿色家庭、绿色学校、绿色社区及绿色出行等行动，倡导简约适度、绿色低碳生活方式，结合大力发展清洁能源，努力为全国实现碳达峰碳中和作出青海应有的贡献。

加快完善生态文明制度体系。优化国土空间开发保护格局，建立“四级三类”国土空间规划体系，严格落实“三线一单”生态环境分区管控制度。全面开展全民所有自然资源资产清查统计，扎实推进统一确权登记。深化生态保护补偿制度改革，推动建立流域横向生态补偿机制，落实好第三轮草原生态保护奖补政策，健全特许经营制度，完善生态环境损害赔偿制度，推进排污权、用能权、用水权市场交易，不断丰富拓展生态产品价值实现路径。切实发挥河湖长制、林长制作用，建立江河源守护人制度，积极创建国家生态文明试验区。

（三）聚焦聚力实施创新驱动发展战略，以科技创新催生新发展动能。紧紧扭住创新这个“牛鼻子”，突出重点领域和关键环节，推动创新体系和创新能力建设，强化科技创新支撑引领作用。

加快科技体制改革。实施科技体制改革三年行动和基础研究十年行动，继续推进科研项目管理改革试点，深化科技成果使用权、处置权、收益权改革，推进事业单位科技成果转化收益等薪酬制度改革，给科研单位更多自主权。依法保护知识产权，优化科技创新生态，畅通源头创新、成果转化、市场应用链条，让所有想创新、敢创新、能创新者都有机会一展身手。

推进重大技术攻关。围绕青藏高原典型生态系统维持与修复、碳达峰碳中和、盐湖产业、清洁能源、绿色有机农牧、城乡建设绿色发展等领域关键技术攻关，继续开展“揭榜挂帅”，用好第二次青藏科考成果，推动盐湖资源保护利用、多能互补绿色储能、三江源生态与高原农牧业等国家重点创新平台建设，深入实施全民科学素质行动，不断增强科技创新基础能力。

激发企业创新活力。实施企业创新主体培育行动，深化产学研结合，支持企业牵头组建创新联合体，落实激励创新普惠性政策，运用市场化机制引导企业加大创新投入。完善企业创新服务体系，持续推进科技型、高新技术、科技小巨人企业“量质双升”行动，积极培育“专精特新”中小企业，鼓励科研院所和企业主体融通创新、利益共享，更好激发创新活力、创造动力。

深入做好人才工作。坚持“四个面向”，实施好人才强省战略，深化人才发展体制机制改革，统筹推进“昆仑英才”行动计划，全方位培养、引进、用好人才。大力弘扬科学家精神，围绕重点领域、重点产业，培育创新型人才团队和青年创新人才，实施产业工人技能提升行动。创新引才方式，探索人才共享模式，营造“近悦远来”人才生态。用好用活各类人才，构建以创新价值、能力、贡献为导向的人才评价体系，更加科学有效地向用人主体授权、为各类人才松绑。

（四）聚焦聚力农业农村优先发展，全面推进乡村振兴。稳住农业基本盘，守好“三农”压舱石，推动农业农村现代化迈出新步伐，确保农业稳产保供、农牧民稳步增收、农村稳定和谐。

保障粮食和重要农产品供给。坚持耕地数量、质量、生态“三位一体”保护，落实藏粮于地、藏粮于技战略，规范耕地占补平衡，推进撂荒地复耕复垦，坚决遏制耕地“非农化”、防止耕地“非粮化”，新建20万亩高标准农田，完成440万亩粮食播种。筛选推广高原优质高产品种，推动农机农艺融合、良种良法配套，加快发展设施农业，实施农业社会化服务惠民工程，推进农业保险提质增效，提高粮食生产综合效益。稳定生猪生产，提高牛羊出栏率，改造提升旧温棚，加强粮油储备，保障群众米袋子、菜篮子丰盈可靠、价格基本稳定。开展粮食全链条节约行动，让节约粮食、反对浪费在全社会蔚然成风。

巩固拓展脱贫攻坚成果。这是乡村振兴的前提。围绕牢牢守住不发生规模性返贫底线，完善防止返贫监测帮扶机制，加强对脱贫不稳定户、边缘易致贫户、突发严重困难户的动态监测和精准帮扶，全面落实国家和省级乡村振兴重点帮扶县帮扶措施，加大易地搬迁后续扶持力度，建设好集中安置区帮扶车间、帮扶产业基地，突出抓好产业和就业帮扶，不断增强脱贫地区发展内生动力，使脱贫基础更加稳固、成效更可持续。

全面推进乡村振兴。坚持规划先行、循序渐进，统筹产业振兴、人才振兴、文化振兴、生态振兴、组织振兴。围绕乡村发展，培育壮大特色种养、乡村旅游、休闲农业，扶持龙头企业做大做强、产业化联合体达标创优，大力发展县域富民产业，推进现代农业产业园、产业强镇建设，巩固壮大村集体经济，深入推进农村三产融合，让农牧民更多分享产业增值收益。培育创业创新带头人和乡村实用人才，支持返乡创业,加强科技特派员队伍建设。推进乡村建设,深入实施农村人居环境整治提升五年行动,因地制宜、分类施策、扎实有序推进厕所革命、生活垃圾和污水治理,推动"四好农村路"高质量发展,加快农村电网改造,有序推进"燃气下乡",继续实施农牧民居住条件改善工程。围绕乡村治理,健全自治、法治、德治相结合的基层治理体系,深化移风易俗,培育文明乡风,延续历史文脉,努力建设美丽宜人、业兴人和的社会主义新乡村。

(五)聚焦聚力增强发展动力和活力,全面深化改革开放。坚持以改革破难题、以开放聚合力,更好利用两个市场、两种资源,不断拓展高质量发展新空间。

深入落实区域发展战略。积极对接新时代西部大开发形成新格局、长江经济带发展、黄河流域生态保护和高质量发展等区域重大战略,协同落实兰西城市群建设"1+3+10"合作协议,加强同毗邻地区的产业协同。扩大同东部地区的互惠合作、融合发展,承接好适宜产业转移。实施新一轮找矿突破战略行动,提升能源资源安全保障能力。完善"组团式"支援协作机制,拓展领域、丰富内涵,打造对口援青和东西部协作升级版。

全面深化重点领域改革。深入推进要素市场化配置改革,推动能源、资源等领域价格改革,加快建设高标准市场体系。坚持"两个毫不动摇",完成国企改革三年行动,健全完善国资监管机制,优化民营经济发展环境,依法保护各类市场主体产权和合法权益,促进多种所有制经济共同发展。加快分领域财政事权和支出责任划分改革,深化预算改革、强化绩效管理,加强政府法定债务监管,严格落实债务限额管理,坚决遏制隐性债务增量,稳妥化解存量。推进农村商业银行改革,积极创建国家普惠金融改革试验区,加强金融风险监测预警,完善防范化解各类企业金融债务风险机制。深化农业农村改革,稳慎推进农村宅基地制度改革试点,巩固集体林权制度改革成果,加快农业水价和供销综合改革步伐,释放更多老百姓看得见、得实惠的改革红利。

培育壮大市场主体。准确把握国家宏观政策着力点,继续面向市场主体,落实新的组合式减税降费政策,推动财力下沉,帮助市场主体特别是中小微企业、个体工商户减负纾困、恢复发展。运行好融资贷款专列和直通车,提高政银企对接成效,促进中小微企业融资增量、扩面、降价,提升融资可获得性和便利度。深化"放管服"改革,启动优化营商环境三年行动计划,全面实行行政许可事项清单管理,依法依规开展企业信用风险分类管理,深入推进公平竞争政策实施,营造诚实守信、公平竞争市场环境。优化政务服务平台和移动端功能,推动更多政务服务网上办、掌上办、就近办、跨省通办。

扩大高水平对外开放。积极参与共建"一带一路"高质量发展,推进西部陆海贸易新通道、格尔木国际陆港建设,扩大中欧班列、南亚班列开行,高效运营综合保税区、保税物流中心,高质量建设跨境电商综试区。做好对外交流传播,加强同区域全面经济伙伴关系协定有关国家的经贸交流,办好国际生态博览会和青洽会,加快青海企业及特色优势产品"走出去"步伐。

(六)聚焦聚力铸牢中华民族共同体意识,促进民族团结进步。全面贯彻党的民族政策,深化民族团结进步示范省建设,让千百年来繁衍生息在这片高天厚土上的各民族紧跟时代步伐,共同团结奋斗、共同繁荣发展。

构建各民族共有精神家园。深入开展民族团结进步创建"十进"活动,再选树一批民族团结进步示范典型。实施中华民族视觉形象工程,推广普及国家通用语言文字,尊重少数民族语言文字学习和使用,保障各族群众合法权益,推动各民族坚定对伟大祖国、中华民族、中华文化、中国共产党、中国特色社会主义的高度认同。全面贯彻党的宗教工作基本方针,坚持我国宗教中国化方向,积极引导宗教与社会主义社会相适应。

支持各民族发展经济改善民生。深入实施"民族团结进步+"深度融合发展行动,积极争取国家少数民族发展资金项目,加大民族地区基础设施和公共服务建设支持力度,培育壮大民族地区特色产业品牌,加快少数民族特色村寨保护与发展,推进涉藏州县经济社会发展重大项目建设,确保在青海高质量发展进程中,一个民族都不能少。

促进各民族广泛交往交流交融。创新做好少数民族流动人口管理服务,开展"红石榴"就业行动,鼓励支持各民族群众转移就业、青少年跨区域就学,建好"社区石榴籽家园"服务平台,推动形成各民族相互嵌入、团结共融的社会结构和社区环境,共建民族团结一家亲的和谐家园,促进各民族守望相助、手足情深,在中华民族大家庭中像石榴籽一样紧紧抱在一起。

(七)聚焦聚力为群众办好事办实事解难事,坚定不移增进民生福祉。深入践行以人民为中心的发展思想,补齐民生短板,破解民生难题,兜牢民生底线,努力让各族群众的获得感成色更足、幸福感更可持续、安全感更有保障。

提高就业质量和收入水平。落实好就业优先政策,支持企业减负稳岗和技能培训,促进高校毕业生等青年就业,做优拉面、青绣等特色劳务品牌,抓好农民工、城镇困难人员、残疾人就业服务和帮扶,健全灵活就业劳动用工和社会保障政策,维护新就业形态劳动者劳动保障权益,加强劳动关系协调和劳动保障监察。落实税收、社保、转移支付等调节政策,合理调整最低工资标准,多渠道增加城乡居民财产性收入,提高低收入群体收入,扩大中等收入群体,支持有意愿有能力的企业和社会群体积极参与公益慈善事业,逐步缩小城乡居民收入差距，朝着共同富裕目标稳步迈进。

办好人民满意的教育。坚持德智体美劳五育并举，深化教育评价和育人方式改革，让孩子们全面发展、健康成长。完善学前教育公共服务网络，保障适龄儿童就近入学。持续推进城乡义务教育一体化发展，优先补齐农村办学条件短板，开展县域义务教育优质均衡创建，巩固“双减”成果。推进高中教育多样化特色化发展，办好特殊教育、继续教育。支持高校开展一流学科、一流专业建设，持续提升本科和研究生教育水平。高质量抓好西宁大学建设。深入实施高职院校“双高计划”和中职学校“双优计划”，研究整合组建本科层次职业院校，优化职业院校专业布局和结构，深化产教融合、校企合作，培养更多技能人才、能工巧匠。

守护各族群众健康。坚持“外防输入、内防反弹”，加快推进疫苗接种，科学精准扎实做好常态化疫情防控，推动爱国卫生运动与疫情防控更好结合。深化公立医院综合改革，深入实施二级甲等县级综合医院扩面行动，加快建设高原医学研究中心、国家区域医疗中心，持续开展青南支医。完善医疗服务价格动态调整机制，健全重特大疾病医疗保险和救助制度，继续扩大药品医用耗材集中采购范围和品种，进一步降低患者医药负担。加强公共卫生服务体系建设，抓好疾病预防控制体系改革，开展新一轮包虫病和重点地方病、传染病防治行动，促进民族医药传承创新发展，更好为人民群众提供全方位、全周期健康服务。

完善社会保障体系。深入实施全民参保计划，扩大社会保险覆盖面，做到应保尽保。统筹做好城乡低保、特困供养群体基本生活兜底保障。弘扬孝亲敬老传统美德，落实好老年优待政策，维护好老年人权益，推动老龄工作重心下移、资源下沉。通过新建、改造、置换、租赁等多种途径，完善居住区养老服务设施，积极发展家庭养老床位，提供就近就便、“家门口”养老服务。推动三孩生育政策落地见效，依托社区发展托育和婴幼儿照护服务，给予“一老一小”更多温暖和关爱。坚持“房住不炒”定位，因城施策稳地价、稳房价、稳预期，发展长租房市场，推进保障性住房建设，支持商品房市场更好满足购房者合理住房需求，促进房地产业良性循环和健康发展。

丰富群众文化生活。坚持社会主义核心价值观引领，深入开展群众性精神文明创建活动和公民道德建设工程，推动设立河湟文化生态保护区，建好长江、黄河、长城、长征国家文化公园青海园区，健全非物质文化遗产保护传承体系，加强历史文化保护和文物考古工作。创新实施文化惠民工程，支持文艺工作者多创新、出精品。继续做好新闻出版、广播电视、社会科学、档案史志等工作。精心办好环湖赛、省运会、全民健身大会等活动，推广普及群众性冰雪运动，积极备战杭州亚运会、全国冬运会。

推进平安青海建设。深化“八五”普法，营造全社会尊法学法守法用法良好氛围。依法严厉打击违法犯罪，坚决铲除黑恶势力滋生土壤，确保政治安全、社会安定、人民安宁。坚持和发展新时代“枫桥经验”，完善公共法律服务体系，建好一站式矛盾纠纷调解中心、智慧调解平台，深化信访制度改革，依法解决好群众合理诉求。加快推进市域社会治理现代化试点。完善公共安全应急响应体系，扎实抓好安全生产专项整治三年行动，及时排除各类风险隐患，有效遏制重特大安全事故。实施灾害防治能力提升工程，推动备灾救灾和应急救护项目建设，做好洪涝干旱、森林草原火灾、地质灾害、地震等灾害防御和气象服务。全面从严加强食品药品监管，坚决把好人民群众饮食用药安全每一道关口。

我们将牢记，千头万绪的事，说到底是千家万户的事。今年将继续聚焦群众“急难愁盼”问题实施民生实事项目，尽心竭力，一件一件办好老百姓的操心事、烦心事、揪心事，真正做到民之所忧必念之、民之所盼必行之，把为人民服务落到实处、落到细处。

各位代表！支持国防和军队现代化建设是地方义不容辞的责任，我们将一如既往推动军民融合深度发展，扎实推进国防教育、人民防空等工作，提高义务兵家庭优待水平，精心做好退役军人移交安置、就业创业服务保障，深化双拥共建，使军政军民团结始终坚如磐石。

三、加强政府自身建设

全省各级政府及公职人员务必树立不负人民的家国情怀、追求崇高的思想境界、增强过硬的担当本领，以推动高质量发展的实际行动，为党分忧、为国尽责、为民奉献，努力向党和人民交出满意的答卷。

坚定不移加强政治建设。我们要旗帜鲜明讲政治，坚持和捍卫“两个确立”，增强“四个意识”，坚定“四个自信”，做到“两个维护”，始终在思想上政治上行动上同以习近平同志为核心的党中央保持高度一致，不折不扣贯彻落实党中央重大决策部署和习近平总书记重要讲话指示批示精神。巩固拓展党史学习教育成果，坚持党的百年奋斗历史经验，弘扬伟大建党精神，凝心铸魂、汇聚力量，把提高政治判断力、政治领悟力、政治执行力体现到贯彻落实党的路线方针政策的实际行动上。

持之以恒建设法治政府。我们要深入贯彻习近平法治思想，忠实履行宪法和法律赋予的职责，自觉接受人大法律监督、工作监督和政协民主监督，主动接受群众监督和舆论监督，认真办好代表建议和政协提案。坚持依法行政，增强政府立法与人大立法协同性，全面实行政府权责清单制度，严格规范公正文明执法，努力让人民群众在每一个执法行为中都能看到风清气正、从每一项执法决定中都能感受到公平正义。

持续用力改进工作作风。我们要坚持政府工作为了人民、服务人民、依靠人民，满腔热情为群众办实事、解难事。严格贯彻中央八项规定及其实施细则精神，驰而不息纠治“四风”特别是形式主义、官僚主义问题。坚持正确政绩观，加强调查研究，进一步为基层减负，以钉钉子精神抓落实，坚决防止简单化、乱作为，坚决反对不担当、不作为，把惠及人民群众的各项工作做得更好。

始终保持清正廉洁本色。我们要永葆自我革命精神，严格落实主体责任和“一岗双责”，深入推进政府系统党风廉政建设和反腐败斗争。坚持“三严三实”，教育广大公职人员明大德、守公德、严私德，清清白白做人、干干净净做事，克己奉公、以俭修身、永葆本色。严肃财经纪律，全面加强审计、统计监督，树牢过紧日子的思想，“三公”经费保持只减不增，一般性支出压减10%，把宝贵的财政资金更多用在加强生态保护、推动高质量发展、增进民生福祉上。

各位代表！入新阶段、走好新征程，习近平总书记和党中央对青海寄予厚望，高原各族人民群众对我们满怀期待。让我们更加紧密地团结在以习近平同志为核心的党中央周围，不忘初心、牢记使命，坚定信心、勇毅前行，奋力谱写全面建设社会主义现代化国家的青海篇章，以优异成绩迎接党的二十大和省第十四次党代会胜利召开！

青海省2021年国民经济和社会发展计划执行情况与2022年国民经济和社会发展计划草案的报告

——2022年1月21日在青海省第十三届人民代表大会第七次会议上

青海省发展和改革委员会

受省人民政府委托，现将2021年国民经济和社会发展计划执行情况与2022年计划草案提请省十三届人大七次会议审查，并请政协各位委员和列席会议的同志提出意见。

一、2021年全省国民经济和社会发展计划执行情况

2021年极不平凡，外部环境复杂严峻，经济社会发展各项任务艰巨繁重，又遇疫情反弹、大宗商品价格上涨、玛多地震、电力供应紧张、能耗双控压力加大等突出困难。在省委省政府的坚强领导下，各地区各部门坚持以习近平新时代中国特色社会主义思想为指导，全面学习贯彻习近平总书记参加青海代表团审议和考察青海工作时的重要讲话精神，认真执行省十三届人大六次会议审查批准的《政府工作报告》、2021年国民经济和社会发展计划以及省人大常委会审议批准的《关于优化调整全年经济社会发展部分目标任务的报告》，落实审查审议意见，坚持稳中求进工作总基调，统筹发展和安全，贯彻新发展理念见到新气象，融入新发展格局迈出新步伐，推动高质量发展取得新成效，实现了“十四五”良好开局，与全国一道全面建成小康社会，踏上社会主义现代化建设新征程。尤其是习近平总书记参加青海代表团审议和莅临青海考察，擘画了新青海建设新蓝图，极大地鼓舞了全省各族人民迈入新征程的昂扬斗志，在青海发展历史上具有里程碑意义。

（一）创新调控方式，经济保持恢复发展态势。建立经济调度服务机制，统筹逆周期和跨周期调节，正确处理降能耗与保运行、缺电力与保供应、抑通胀与保需求、稳当前与促长远的关系，经济在攻坚克难中保持了稳的主基调。

经济运行在合理区间。积极应对基数效应、滞后效应和突出困难影响，主动适应宏观环境变化，聚力抓好疫情防控和“六稳”“六保”工作，重点任务全面完成，地区生产总值增长5.7%，高于调整后的预期目标。就业大局保持稳定，城镇新增就业6.3万人，农牧区劳动力转移就业110.5万人次，城镇调查失业率和登记失业率控制在预期目标以内。物价保持平稳，CPI上涨1.3%，处于历年较低水平。

生产供给总体较好。农牧业稳产丰收，粮食产量达109.1万吨，蔬菜和食用菌产量150.1万吨，畜牧业生产稳中向好，一产增长4.5%。工业经济发挥关键作用，规上工业增长9.2%，货运量、用电量分别增长24.3%、14.7%。有色、化学、黑色等行业保持两位数增长，高技术制造业增长43.3%，单晶硅产量增长2.9倍、光纤增长91%、碳酸锂增长25.4%。服务业稳步复苏，增长5.4%，金融机构人民币存款余额增长6.8%、贷款余额增长3.7%，邮政业务总量增长20.6%，首条国际互联网数据专用通道建成运行，数字经济表现活跃。

市场需求稳步恢复。消费延续回暖态势，社会消费品零售总额增长8%，住宿餐饮业营业额分别增长12.1%、15.1%。投资虽然下降2.9%，但降幅较上年收窄9.3个百分点，西成铁路、西宁机场三期、西宁大学、引大济湟等重点项目加快推进，西互一级扩能改造、西宁南绕城东延等公路建成通车。进出口总额增长36.4%，增幅位居全国前列，高附加值产品出口增势良好。

（二）启动打造“高地”，生态文明建设全面起势。出台加快把青藏高原打造成为全国乃至国际生态文明高地的行动方案，生态文明建设新画卷徐徐展开。

生态保护取得重大进展。青藏高原生态环境保护和可持续发展上升为国家战略，全国首批、排在首位、面积最大的三江源国家公园正式设立，“六五环境日”国家主场活动成功举办。黄南州被命名为国家生态文明建设示范区，贵德、河南两县入选国家“绿水青山就是金山银山”实践创新基地。划定全省生态保护红线，重点区域生态保护和修复工程扎实推进，新增4处国家湿地公园，完成国土绿化515.2万亩，山水林田湖草沙冰一体化保护和系统治理成效较好，荒漠化、沙化土地呈“双缩减”趋势，“两屏三区”生态安全格局日益稳固。

环境治理实现换挡提速。木里矿区及祁连山南麓青海片区生态环境综合整治三年行动完成近八成任务，798个“问题图斑”分类整治基本完成，实现两年见绿出形象。压茬整改中央环保督察问题，两轮整改完成率分别达94.2%、79.2%，一批群众关心的环境问题得到解决。打好蓝天、碧水、净土保卫战，35个国家考核断面水质优良比例100%，三大江河出省境断面水质持续保持在Ⅱ类及以上、湟水河达到Ⅲ类，水污染防治走在了全国前列，空气质量优良天数比例达95.6%，土壤环境质量总体稳定，主要污染物减排完成国家规定目标。

"双碳"行动迈出坚实一步。明确以完整准确全面贯彻新发展理念做好碳达峰碳中和先行先试工作实施意见为总领的"1+16+23"政策体系，持续调整产业结构和能源结构，先行先试基础工作全面展开。有力有序推进能耗双控工作，坚决遏制"两高"项目盲目发展。零碳产业园区前期工作成效明显，绿电工程启动建设，非化石能源消费比重保持全国前列。

（三）建设产业"四地"，高质量发展蹄疾步稳。立足高原特有资源禀赋，与四部委建立联合推进机制，绿色低碳循环发展经济体系加快建立。

"四地"建设破题开局。建成碱式碳酸镁示范线，高纯氧化镁晶体材料生产技术填补国内空白，率先实现IBC电池工业化量产。1090万千瓦国家大型风电光伏基地开工建设，世界最大规模新能源分布式调相机群投运，拉西瓦420万千瓦全容量投产、玛尔挡水电站重整复工、羊曲水电站截流开工，储能先行示范区启动，新能源产业增加值增长31.9%，清洁能源装机占比达90.8%，"绿电7月在青海"继续保持全清洁能源供电世界纪录。推出200条精品旅游线路，举办文化旅游节等1000余项活动，旅游人次、收入分别增长20%、20.7%，青藏高原旅游大环线带动明显。绿色有机草原认证面积达8000万亩，化肥农药使用量较"双减"行动前分别减少40%、30%，农作物绿色防控覆盖率达45%，牦牛藏羊可追溯覆盖39个县市，认证绿色食品、有机农产品和地理标志农产品184个。

投资消费结构优化。打出招商引资、要素保障、融资支撑等系列组合拳，因势利导扩大优势产业投资规模，中复神鹰碳纤维、蓝科锂业碳酸锂等项目先后投产，制造业投资增长13.1%，高技术制造业投资增长1.3倍，民间投资增长17.9%、占比近四成。争取中央预算内基本建设资金134.1亿元，一批生态文明建设、保障性安居工程、基本公共服务、城乡基础设施等项目相继实施，开工率达94.5%。出台措施加快培育新型消费，组织开展"双品网购节"等系列消费促进活动，发放亿元数字生活消费券和2800万元电子消费券，线上线下消费双向加速融合，消费升级态势明显，文化办公用品类零售额增长51.9%。

质量效益稳步提升。财政收入增速较快，地方一般预算收入增长10.3%，落实中央补助资金1504.7亿元，一般公共预算支出1853.8亿元。下达资金6亿元支持中小企业发展，培育新增中小微企业1045户，全年新增减税降费40亿元左右。金融助企纾困成效明显，继续实施两项直达实体经济货币政策工具，办理贷款本息延期167亿元、发放普惠小微信用贷款101.8亿元，惠及7万户市场主体。主要效益指标明显好转，规上工业行业盈利面近八成，企业产销率达98.2%、实现利润增长2.4倍。企业每百元营业收入中的成本和费用同比分别减少4.5元和2.1元，资产负债率下降3.7个百分点。

（四）统筹区域城乡，协调发展步伐加快。更加注重发展的均衡性，抓重点补短板强弱项，着力促进城乡融合发展，区域优势互补格局进一步形成。

区域发展更显主体功能。强力推进黄河流域生态保护和高质量发展，提出"十四五"重大项目工程清单，严格整改生态环境突出问题。全力推动涉藏州县长治久安和高质量发展，衔接纳入国家"十四五"规划项目方案142项，平安与振兴工程扎实推进。西宁、海东等东部地区带动作用突出，经济增速高于全省水平，柴达木地区传统产业转型加快，三江源、祁连山、环湖地区生态功能持续凸显。迅速开展玛多地震灾后恢复重建，房屋维修加固全面完成，实现群众正常过冬、学生正常上学、设施正常运行。正在组织门源抗震救灾。

城乡发展更趋协同联动。高原美丽城镇示范省建设"5+1"试点有序开展，新增10个美丽城镇，常住人口城镇化率超60%。落实兰西城市群"1+3+10"合作协议，加快民和—红古创新发展先行区建设。推动巩固拓展脱贫攻坚成果与乡村振兴有效衔接，落实补助资金64.4亿元，建立"2411"防止返贫监测机制，风险消除率达80.1%，20.9万脱贫及边缘易致贫群众实现就业。发挥以工代赈资金作用，提档升级县级产业园、乡村帮扶车间，消费帮扶销售额超30亿元。搭建乡村振兴政策体系，支持25个重点帮扶县。推进"百乡千村"工程，启动人居环境整治提升五年行动，新改建农村公路1700公里，新建户厕3.37万座，建成300个高原美丽乡村。

（五）深化改革开放，市场活力持续迸发。坚持向改革要动力，抢抓国际市场新变化力促外贸稳中提质，改革开放向纵深推进。

创新驱动持续增强。推进"揭榜挂帅"和"帅才科学家负责制"项目试点，国家科技数据灾备中心成功落户，青藏高原科学数据中心青海分中心正式揭牌，藏语智能信息处理及应用国家重点实验室启动运行，储能和黄河实验室建设加快推进，宽视场巡天等9个项目先行落地冷湖天文观测基地。

新培育科技型企业290家、“专精特新”及“小巨人”企业15户，专利授权量增长21.8%。

重点改革持续推进。再次取消调整28项行政审批事项，150余个政务服务事项实现“跨省通办”。出台优化营商环境条例、公共信用信息条例，实施营商环境“集中攻坚”行动，营商便利度提升10.2%，日均新增市场主体236户，正式上线“青信融”平台，撮合放贷34.5亿元。要素市场化改革加快，高标准市场体系建设展开，省属国有企业公司制改革和普惠金融综合示范区试点任务全面完成。燃煤发电上网电价全部放开，推动工商业用户全部进入市场，取消工商业目录电价，电价市场化改革取得突破。制定实施河湖长制条例，建立林长制组织体系，农牧区集体产权制度提前一年实现目标。

开放水平持续提升。西宁综合保税区实现封关运营，西宁、海东跨境电商综试区正式运营，开行国际货运班列10列，中尼贸易陆路通道建设取得实质性进展。“青洽会”、国际生态博览会、环湖赛等大型赛事展会精彩纷呈，“一带一路”清洁能源发展论坛成果丰硕，实现招商引资到位资金505.3亿元。落实年度支援帮扶资金28.5亿元，实施项目500余个，教育、医疗、产业、智力、科技等各领域援青取得实效。苏青东西部协作扩面提质、升级加力，与新疆、内蒙古等周边省份联系更加紧密。

（六）强化民生兜底，群众福祉有效增进。不断提升人民群众获得感幸福感安全感，民生支出占财政支出的比重保持在75%以上，10大类45项民生实事全部完成。

稳就业促增收有力有效。开展“就业援助月”“春风行动”等“12+N”公共就业专项服务行动，发放就业补助资金6.2亿元、创业担保贷款4.2亿元，组织职业技能培训10.5万人次，高校毕业生总体就业率达89.8%。优化城镇居民工资性收入增长机制，培育壮大拉面经济、青绣等特色产业品牌，全力根治农民工欠薪，全体居民人均可支配收入增长7.8%，持续高于经济增速，城乡收入差距进一步缩小。

保基本促均衡有为有序。制定发布基本公共服务实施标准，学前教育薄弱县振兴行动深入实施，新建、改扩建幼儿园44所、中小学校60所，超大班额全面消除，“双减”政策有效落实。健康青海17项行动推进有力，36所县级医院救治能力提升和3所县级医院标准化建设项目开工建设，县域紧密型医共体建设全覆盖，率先实现医疗救助省级统筹，居民健康素养水平达18.4%。实施城镇老旧小区改造5.15万套、棚户区改造2649套、农牧民居住条件改善4万户。

强保障兜底线有情有质。提高退休人员基本养老金和城乡低保标准，发放养老保险301.1亿元、社会救助资金31亿元。着力解决老年人运用智能技术困难，新建、改扩建30个农村互助幸福院。健全重要民生商品价格调控机制，投入5000余万元实行阶段性价格补贴，保供稳价成效明显。

（七）守牢安全底线，风险化解能力增强。坚持统筹发展和安全，不断增强机遇意识和风险意识，树立底线思维，注重堵漏洞、强弱项，有效防范化解各类风险挑战。

疫情防控快速有效。针对部分地区输入性零星散发疫情，严格落实封闭管控、流调溯源、集中救治等措施，迅速组织开展多轮核酸检测，成功在一个潜伏期内控制住疫情，最大限度降低了对经济社会发展的影响。累计建成P2+核酸实验室129个，新冠疫苗接种累计突破1150万剂次。

粮食能源安全保障有力。防止耕地“非粮化”、推动撂荒地复耕，建设高标准农田46.6万亩。扎实开展粮食购销领域腐败问题专项整治，完善储备粮管理制度，执行“10+5”成品储备模式，调增规模、优化布局、调整品种，地方储备规模达55.6万吨。科学实施有序用电，加大外购电力度，落实煤炭入青220万吨，电力供应秩序保持稳定，煤油气产量分别达1109.3万吨、234万吨、62亿方。

财政金融风险有效化解。出台《关于进一步严肃财经纪律的意见》，落实“过紧日子”要求，一般性支出压减15%，“三公”经费压减3%，加强政府性债务全方位、全流程、全口径管理。专项整治互联网金融和私募基金风险，稳妥处置恒大理财逾期风险，不良贷款连续22个月“量率双降”。重点企业改革脱困，盐湖股份成功恢复上市，省投公司重整计划顺利裁定，西钢集团战略重组取得积极进展。

社会大局和谐稳定。建设民族团结进步示范省，海北州、囊谦县等成功创建民族团结进步示范区、示范单位。政法队伍教育整顿成效明显，推进扫黑除恶常态化，突出违法犯罪得到有力遏制，西宁、班玛等获评平安中国建设示范市县，人民群众安全感持续提升。开展四级食品安全抽检监测3.4万批次，组织“药品安全·蓝箭护航”系列行动。科学处置安全生产事故，深化大排查大治理，加大源头风险管控力度，守住了安全生产底线。

二、2022年经济社会发展环境和主要目标

2022年是党的二十大、省第十四次党代会召开之年，也是“十四五”规划实施、打造“高地”、建设“四地”的关键一年，做好全年经济社会发展工作意义重大、责任重大。总体看，世界经济能够延续温和复苏态势，我国经济长期向好基本面没有改变，发展外部环境总体趋好，我省经济运行“稳”的基础不断巩固、“进”的动能加速成长、“优”的态势更加凸显，多重机遇汇聚叠加。一是宏观政策稳定有力。我省发展既有跨周期调节宏观政策、扩大内需战略基点、构建新发展格局战略举措等的有力支撑，也有“一带一路”、新时代西部大开发、黄河流域生态保护和高质量发展、支持涉藏州县发展等政策的强力推动，更有对口援青、东西部协作举措的特殊推力。二是生态优势愈发凸显。我省生态保护既有建设国家公园示范省的新实践，也有碳达峰碳中和先行先试的新探索，更有青藏高原生态环境保护和可持续发展上升为国家战略的新动力，在打造全国乃至国际生态文明高地上大有可为。三是绿色转型步伐加快。盐湖产业做精做长、清洁能源做大做强、生态旅游做美做活、有机农畜产业做细做优的条件更加成熟，产业“四地”建设已全面起势，构建绿色低碳循环发展的经济体系有基础有潜力，产业迈向中高端有支撑有前景。四是经济调控精准有效。近年来，省委省政府坚决执行以习近平同志为核心的党中央决策部署，增加了对做好经济工作的规律性认识，在应对新冠肺炎疫情冲击、落实“六保”“六稳”任务、深化供给侧结构性改革、防范化解重大风险等急难险重任务中，形成了一套行之有效的应对手段，积累了丰富宝贵的调控经验。

但也要清醒看到，当前世界进入新的动荡变革期，疫情走势存在很大变数，我国经济发展不平衡不充分问题依然突出，面临需求收缩、供给冲击、预期转弱“三重压力”。我省经济运行中的短期与长期、外部与内部、周期性与结构性的矛盾和问题相互交织，经济恢复不稳固不均衡，面临不少“两难”“多难”问题。一是投资增长持续承压。重大项目接续不畅、能耗容量有限、债务水平较高、要件备齐时间过长等制约并存。市场需求疲弱叠加能源原材料价格上涨，导致市场主体投资意愿偏弱。二是要素供给依然趋紧。电力供应紧张局面还将延续、煤炭天然气自给能力不足、用地成本逐年攀升，煤电油气运等要素将在一段时期内处于紧平衡状态，保供任务艰巨。三是能耗矛盾有增无减。占比较高的高耗能企业在大宗商品价格快速上涨带动下满负荷生产，致使能耗指标居高不下，解决经济增长和能耗双控的矛盾非一日之功。四是实体经济困难增加。受原材料价格上涨、订单不足、用工难用工贵、应收账款回款慢、物流成本高企以及新冠肺炎疫情散发等影响，中小企业经营困难加剧，以小店经济为主要形态的部分行业发展面临较大困境。五是部分领域风险犹存。新冠肺炎疫情防控形势严峻复杂，外防输入、内防反弹风险增大。部分省属企业发展质量不高，债务处置任务依然艰巨。银行不良贷款反弹压力较大。六是民生保障任务艰巨。新增就业岗位不多，部分行业裁员减岗问题较为突出，用工荒和就业难问题并存。居民收入水平不高、结构不优、渠道不多。社会事业领域仍有不少短板弱项。对此，必须把握宏观大势，认清区域态势，抓准微观局势，主动顺势而为，善于因势利导，注重扬长补短，推动全省经济社会高质量发展。

按照省委部署，全年经济社会发展的总体要求是：以习近平新时代中国特色社会主义思想为指导，全面贯彻党的十九大和十九届历次全会精神，深入贯彻习近平总书记考察青海重要讲话精神，弘扬伟大建党精神，坚持稳中求进工作总基调，完整、准确、全面贯彻新发展理念，更好融入和服务新发展格局，全面深化改革开放，坚持创新驱动发展，推动高质量发展，坚持以供给侧结构性改革为主线，统筹疫情防控和经济社会发展，统筹发展和安全，继续做好“六稳”“六保”工作，持续改善民生，聚力打造生态文明高地，加快建设产业“四地”，奋力推进“一优两高”，保持经济运行在合理区间，扎实推进生态保护和高质量发展取得新成效，保持社会大局稳定，以优异成绩迎接党的二十大胜利召开。

经济社会发展主要预期目标是：地区生产总值增长5.5%左右；城镇新增就业6万人，农牧区劳动力转移就业105万人次，城镇登记失业率、城镇调查失业率全年分别控制在3.5%和5.5%以内；居民消费价格涨幅3%左右；居民收入增长与经济增长基本同步；粮食总产量保持在107万吨以上；长江、黄河、澜沧江出省境断面水质稳定保持Ⅱ类及以上，湟水河出省境断面水质稳定保持Ⅲ类，全省空气质量优良天数比例达95%以上；能耗强度在“十四五”规划期内统筹完成国家规定目标，主要污染物减排控制在国家规定目标内。

以上目标的确定，既符合“十四五”规划要求，又跟2021年目标有序衔接，还充分考虑了全年发展特殊性和不确定性，兼顾了需要和可能。在环境复杂、制约较多、挑战增大的情况下，需要有跳起来摘桃子的决心、稳扎稳打的行动、艰苦努力的付出才能够实现。

三、2022年国民经济和社会发展主要任务措施

2022年经济社会发展形势更趋复杂、压力更加凸显、任务更为艰巨，要把握好中央政策取向，按照省委决策部署，坚持稳字当头、稳中求进，把稳增长放在更加突出的位置，沉着应对各类风险挑战，研究解决好经济社会发展深层次问题，推动经济实现质的稳步提升和量的合理增长。着力做好八个方面工作：

（一）聚力打造生态文明高地。心怀“国之大者”，不断深化“三个最大”省情认识，抢抓青藏高原生态环境保护和可持续发展上升为国家战略的重要机遇，一体推进制度建设、生态工程、环境治理、双碳行动，筑牢国家生态安全屏障。

建好国家公园示范省。建设管理好三江源国家公园，编制实施总体规划，建立完善特许经营制度，构建高品质、多样化的生态产品体系。协同推进祁连山国家公园设园，申建青海湖、昆仑山国家公园，加速打造国家公园集群，继续办好国家公园论坛，打造永久会址。全面完成自然保护地整合优化，完善体制机制。加快创建国家生态文明试验区。科学统筹划定三条控制线，优化国土空间开发保护格局，完成各级国土空间规划编制，建立"四级三类"国土空间规划体系，严格实施"三线一单"生态环境分区管控。建立健全生态产品价值实现机制，探索建立基于GEP核算的综合生态补偿机制，完善生态环境损害赔偿制度，落实第三轮草原生态保护奖补政策。深化河湖长制、林长制，建立江河源守护人制度。

巩固提升生态环境质量。实施好"中华水塔"保护行动，完善"天空地一体化"生态监测网络，加大扎陵湖、鄂陵湖等重点河湖群保护力度，有序实行休养生息制度。坚持山水林田湖草沙冰一体化保护和系统治理，实施好青藏高原生态屏障区等重要生态系统保护和重大修复工程，统筹推进天然林保护、退化草原改良和荒漠化治理、光伏治沙、黑土滩(坡)治理修复，治理水土流失300平方公里以上。打造一批森林城镇、森林乡村，完成国土绿化444.5万亩，实现国土绿化巩固提升三年行动圆满收官。全面加强生物多样性保护，开展生物多样性保护本底调查，严格落实长江禁捕、黄河禁渔和青海湖封湖育鱼措施。创建"洁净青海"，以更高标准打好蓝天碧水净土保卫战，深化"无废城市"和全域无垃圾示范区建设，推进塑料污染全链条治理，加快构建废弃物循环利用体系。抓好两轮中央环保督察问题整改。巩固提升木里矿区及祁连山南麓青海片区生态环境综合整治成果，实施植被恢复区监测评估，推进种草复绿区管护保育和补植补种补肥，依法稳妥分类处置矿业权，推动生态环境综合治理长效机制建设。

统筹有序推进碳达峰碳中和。落实碳达峰碳中和实施意见，出台碳达峰实施方案，全面构建"1+16+23"政策体系。提升生态系统碳汇增量，开展减碳增汇和林草碳汇基线调查，推动碳足迹和碳计量、认证、评价等体系建设，抓紧补齐市县能源统计短板。进一步优化省对下能耗双控考核制度，强化能耗强度约束性指标管控，有效增强能源消费总量管理弹性，新增可再生能源消纳和原料用能不纳入能源消费总量控制，加快形成减污降碳的激励约束机制。积极融入全国碳排放交易市场，加快零碳产业园区建设，完善园区基础设施配套，打造零碳电力系统。围绕国家重大项目能耗单列，持续梳理对接，力争更多项目纳入。坚决遏制"两高"项目盲目发展，实行清单管理、分类处置、动态监控，为完成"十四五"目标奠定基础。

(二)加快建设产业"四地"。瞄准产业绿色化转型方向不动摇，持续深化供给侧结构性改革，发挥比较优势，锻造高质量发展长板，在更好融入和服务新发展格局中取得更大实效。

加快建设世界级盐湖产业基地。落实好"1+4+12"方案，实施盐湖产业强链延链补链工程，稳定钾肥产能、开发钾盐高值产品，扩大锂产业生产规模，突破镁产业技术瓶颈，推进钠资源高效开发，拓展稀散元素综合利用。支持无水氯化镁等关键核心技术攻关，推进盐湖资源国家重点实验室及"两平台一学院两中心"建设，设立盐湖产业发展基金。推动盐湖化工向新材料、新能源、能源化工等绿色低碳领域拓展，重点推进年产6000吨高端六氟磷酸锂、16万吨高能量密度锂电正极材料等项目建设，促进金属镁一体化项目改造，加快形成产业集群。

加快打造国家清洁能源产业高地。坚持源网荷储一体化，继续扩大海南、海西千万千瓦级可再生能源基地规模，加快建设第一批大基地项目和市场化并网项目，争取第二批大基地项目落地实施，科学建设整县屋顶分布式光伏，有序推进玛尔挡、羊曲水电站建设和李家峡扩机投运，加快茨哈峡前期，力争电力装机突破4700万千瓦。提升青豫直流运行功率，做好配套电源建设，加快第二条通道前期。打造国家储能先行示范区，构建多元协同高效储能体系，力争南山口抽水蓄能电站开工，推动新型储能项目落地。做好海西州清洁取暖试点城市、三江源地区清洁取暖示范建设。

加快打造国际生态旅游目的地。完善青藏、青川、青新、青甘区域生态旅游大环线，持续构建"一环六区两廊多点"生态旅游发展布局。制定完善生态旅游产品、景区开发与经营管理标准和规范，探索准入、管理和退出机制。规划建设一批溯源探秘、民族风情等精品旅游线路，鼓励发展冬季旅游、冰雪旅游，充分挖掘自然人文生态资源，推进传统观光型旅游向生态体验型转变。抓好旅游风景道和重点景区建设，完善旅游厕所、景区停车场等基础服务设施，提升旅游服务标准。开展省级文旅产业融合发展示范区创建，做精做强藏毯、唐卡等民族特色文化产业，开发温泉疗养、体育健身、低空旅游等高附加值特色旅游产品，加强红色旅游资源保护利用。创排一批生态文化旅游精品剧目，展现优秀生态文化，传播人与自然和谐共生的价值理念。

加快打造绿色有机农畜产品输出地。积极创建国家级农畜产品优势区，推进草原畜牧业转型升级，打造20个牦牛藏羊养殖基地，推进农区规模养殖场标准化示范创建、半农半牧区种养结合发展。开展特色产业全链条发展行动，加快油菜、青稞、枸杞、藜麦、冷水鱼、道地中藏药材等产业的延链补链壮链强链。推进"有机肥+N"替代减量模式，完成化肥农药减量增效300万亩，扩大牦牛藏羊产地追溯覆盖面。开展国家农村产业融合发展示范区建设，大力培育新型经营主体，新建省级产业化联合体10个，扶持专业合作社100家以上、家庭农牧场200家以上。打响做强“青字号”品牌，实施雪多牦牛、乌兰茶卡羊等地理标志农产品保护工程，培育特色品牌10个。

（三）全力稳住增长基本面。紧盯全年发展主要目标，强化经济增长的产业支撑和产业发展的创新驱动，采取有力措施保市场主体、保要素供应、保产能释放、保预期稳定。

保持工业较快增长态势。强化运行要素协调，优化电网和发电运行方式，完善分时电价政策，做好电力电量平衡，积极落实省外煤源弥补省内缺口，争取增加天然气合同量。发挥铁路、地区、企业三方运输协调机制作用，全力保障钾肥、煤炭等重点工业产品运输。系统联动推进对外依存度较高的原材料采供储工作，搭建重点行业产业链供需对接平台。深入实施产业基础再造工程，积极培育特色新材料、生物医药和新一代信息技术等新兴产业。建立“四个一”项目推进制度，支持高景太阳能50吉瓦直拉单晶硅、亚洲硅业4万吨电子级多晶硅等带动力强的重大工业项目加快建设，全力培育光伏和储能制造两个千亿级产业。坚持先立后破，规范有序发展高耗能产业，对照能效标杆水平实施新上项目，推动能效低于基准水平的企业改造升级，严格限制低水平企业发展。加强大宗商品监测预警，密切跟踪原材料价格波动影响，加大对中小企业纾困帮扶力度。积极培育壮大市场主体，落实任务、到户对接、解决困难，力争培育规上企业30户以上、中小企业1000户以上。

聚力服务业稳定恢复。出台推进物流体系建设意见，制定支持网络货运平台发展政策，加快西宁、格尔木国家物流枢纽建设，推进“快递下乡进村”，完善物流服务网络和设施，加快形成内外联通、安全高效的物流网络。加快数字生活建设，实施“双千兆”网络行动和千兆城市建设，支持国家电子商务示范基地、电子商务产业园建设，搭建特色互联网平台，推动特色农畜产品直播带货。建设总部经济集聚区，鼓励商业综合体打造沉浸式体验商场，加快发展高原会展业。推进家政服务标准化建设，促进医疗健康、养老托育、文旅体育等生活性服务业提质扩容。

确保初级产品供给保障。提高农牧业综合生产能力，坚决遏制耕地“非农化”，防止耕地“非粮化”，实现撂荒地复耕复垦，开展耕地保护“田长制”试点，建设高标准农田20万亩，稳定440万亩以上粮食种植面积，保障农民种粮合理收益。增加牛羊出栏、稳定生猪生产、改造提升旧棚5000栋，做好“菜篮子”产品稳定供应。深入实施种业振兴行动，做好种质资源保护和利用，建设良种繁育基地2万亩以上。健全粮食产购储加销协同保障机制，推进储备政策性和经营性职能分开，提高粮油储备调控能力。开展新一轮找矿战略行动，加快油气等资源先进开采技术开发应用。加强能源产供储销体系建设，科学制定产能用能方案，稳步推进油气增储上产，提升煤炭、成品油储备能力，推动发电供热企业煤炭中长期合同全覆盖。有序调整能源结构，促进新能源消纳，抓好煤炭清洁高效利用，推动煤炭和新能源优化组合。推进资源全面节约、集约、循环利用，加快园区循环化改造。倡导全社会加强节约用电用能。

强化科技创新驱动。落实国家科技体制改革三年行动，开展基础研究十年行动，完善“揭榜挂帅”“帅才科学家负责制”管理办法，扩大试点范围。推进重点领域创新突破，加强青藏高原典型生态系统维持与修复、盐湖产业、清洁能源、绿色有机农牧业、碳达峰碳中和等领域关键技术攻关，布局实施重大科技专项。加快创建海南州国家可持续发展议程创新示范区，推进青藏高原综合科考服务平台和野外综合科考基地建设，打造冷湖世界级天文观测基地。强化企业创新主体地位，持续开展科技型企业“量质双升”行动，推动产学研用深度融合，继续落实好研发费用加计扣除等优惠政策，运用市场化机制激励企业加大创新投入，滚动实施百项企业技术创新项目，力争新增2—3家省级企业技术中心、“专精特新”企业10户以上。建立高端人才联系协调服务机制，实施好“昆仑英才”等各类人才计划，探索科技人才分类评价，加强科技特派员队伍建设。深入开展全民科学素质行动和产业工人技能提升行动。

（四）深度挖掘市场需求潜力。落实好国家扩大内需战略规划纲要，多措并举应对投资下行压力，克服疫情影响力促消费持续回暖，因势而为积极扩大对外贸易。

积极扩大有效投资。开展全要素全过程调度服务，落实“清单管理、联席会议、调度通报、督办督查、审批联动”五项制度。强化“十四五”重大项目与重大前期项目、重点建设项目计划的无缝衔接，快速推进前期，优先推进纳入重大项目清单的审查审批事项，加强资金、用地、用电、能耗和砂石料等保障。落实适度超前开展基础设施投资要求，紧紧围绕产业基础再造、提升新型城镇化建设质量、增强资源生产保障能力、城市更新改造等重点领域谋划推出一批战略性投资新项目，做实做细做优“万千百亿”重大项目库。健全专项债券项目储备安排、调度协调机制，做实专项债券项目前期，尽快落实各项建设条件，确保资金下达后及早开工。发挥中央预算内投资引导和省级预算内资金带动作用，强化动态监管，加快执行进度，防止资金趴在账上。运行好融资贷款专列和直通车,鼓励和支持社会资本参与交通物流、生态环境、社会事业等短板项目建设,全面激发民间投资活力。

加快重大项目建设。推动"十四五"规划项目落地实施,开展集中开复工,形成更多投资量和实物量。新基建方面,加快电信省级数据中心、海南州大数据产业园二期等项目建设,新建5G基站3300个,建成省医疗保障信息平台,推动地理空间大数据中心等项目前期。交通方面,加快实施西成铁路、西宁机场三期、玉树机场改扩建、同赛高速、张汶高速扁都口至门源段公路等重点工程,开工青藏铁路西格段提质等项目,启动西和高速湟源至西海段、乌玛高速河南至玛沁段等项目前期。水利方面,力争建成蓄集峡水利枢纽、引大济湟西干渠和北干渠二期,推进那棱格勒河水利枢纽等重大工程,加快引黄济宁、"三滩"引水生态综合治理等项目前期。电网方面,建成德令哈750千伏、鱼卡—托素双回750千伏线路工程,开工建设昆仑山750千伏、玉果二回线等工程,加快郭隆至武胜第三回750千伏线路建设。

力促消费加速回暖。推动传统消费提质扩容,建立促消费活动常态化机制,办好"青海商品大集",支持商超、银行、电商平台等联合促销、开展消费惠民活动。提升服务消费品质,引导餐饮、住宿、家政等领域企业主体提档升级,加大对夜间经济、特色文旅等支持力度,推进西宁、黄南国家文化和旅游消费试点城市建设。推动新型消费加快成长,引导"云消费""云购物""云生活"等健康平稳发展,促进新一代信息技术与消费领域融合。开展绿色智能家电下乡和以旧换新,合理布局建设城市充电桩、换电站,促进新能源汽车消费。布局建设社区邻里中心和农村社区综合性服务网点,改造一批农贸市场,推进"一刻钟便民生活服务圈"。创建一批省级示范步行街、特色步行街、绿色商场,提升文化、体育场馆设施。

推动外贸持续增长。引导外贸企业与商贸流通企业融合发展,拓展服务贸易领域,发展外贸综合服务。扩大出口信用保险覆盖面,巩固传统特色商品出口,带动盐湖化工、新材料、特色文化等新兴产品出口。组织参加进博会、消博会、广交会、服贸会,扩大先进技术、关键零部件、能源资源产品、优质消费品进口。打造外贸转型升级专业型示范基地和进口商品直销平台,保障外贸产业链供应链畅通运转。引导企业做好外汇风险管理,鼓励金融机构提供更多汇率风险对冲产品。

(五)着力增强财金支撑效能。把政策发力适当靠前的调控要求落到实处,既持续做大资金总量,又确保精准支持,切实防范化解风险,确保宏观政策稳健有效。

提高财政资金精准使用水平。从积极的财政政策要提升效能的取向中挖掘财力增长空间,聚焦转移支付,做实项目支撑,积极争取中央补助和债券额度,实现总财力稳中有升。严格执行常态化财政资金直达机制,合理安排使用新增地方政府债券,加大财力下沉,保证支出强度,加快支出进度。落实新的组合式减税降费政策,继续实施增值税留底退税等制度性减税降费。坚持依法理财,扎密扎紧制度篱笆,严把预算关口,强化预算约束,兜住保基本民生、保工资、保运转底线,全面提高财政资源配置效率和使用效益。

强化金融对实体经济支持。从稳健的货币政策要灵活适度、保持流动性合理充裕的取向中积极挖掘新的融资需求,强化与金融机构各总行的沟通衔接,力促信贷稳步增长。完善融资服务协调联动机制,针对性组织政银企推介会,做好两项直达政策工具接续转换,运行好"青信融"平台,加大对实体经济特别是小微企业的支持力度,促进普惠小微贷款增量、降价、扩面。扩大直接融资规模,健全奖补机制,加大奖补力度,做好上市后备企业资源库建设及梯队培育工作,推动符合条件的企业在多层次资本市场上市挂牌融资。

防范化解重点领域风险。常态长效严肃财经纪律,认真抓好审计反馈问题整改,对违规建设楼堂馆所、发放津补贴等问题进行"回头看"。健全与经济发展相协调的举债融资机制,优化债券发行品种和期限结构,全面建立专项债券偿债备付金制度,坚决遏制新增隐性债务,稳妥化解隐性债务存量。坚决"过紧日子","三公"经费只减不增,一般性支出再压减10%。开展金融风险防范化解成果巩固行动,健全风险监测预警和处置机制,有序处置存量不良信贷资产,严厉打击涉众型违法活动。稳步推进省属企业改革脱困,压实企业自救主体责任,按期完成省投公司重整计划,尽快实现西钢集团战略重组,推动高负债国企资产负债率尽快回归合理水平。坚持"房住不炒"定位,加强预期引导,全面落实城市主体责任,坚持租购并举,加快发展长租房市场,扩大保障性租赁住房供给,保障合理住房需求,促进房地产市场平稳健康发展。

(六)推动城乡区域协调发展。抢抓国家区域重大战略机遇,落实区域协调发展总体布局,健全协调发展体制机制,切实增强区域政策的平衡性和协调性。

加快融入国家重大战略。对接新时代西部大开发等国家战略,加强同周边省区的产业协同,共同推进能源资源跨区域开发转化,合作共建西部陆海贸易新通道。扩大同东部地区的互惠合作和融合发展,承接好适宜产业转移。深入推动黄河流域生态保护和高质量发展,持续开展"守护母亲河、推进大治理"专项行动,加快实施源头沙地治沙、干流防洪等工程,打好环境问题整治、深度节水控水、生态保护修复"三个攻坚战”，补齐灾害预警监测、防灾基础设施“两个短板”。落地落细兰西城市群年度重点工作任务，完善共建机制，谋划一批新的合作事项。推动西宁—海东都市圈协同融合发展，加快实施小峡口空间综合改造利用工程，促进基础设施互联互通、生态共建环境共治、产业错位协同发展。加快打造“开放柴达木”循环发展带动极，支持泛共和盆地水光风热综合开发。实施好涉藏地区重大项目。

全面推进乡村振兴。抓好防止返贫动态监测和针对性帮扶，完善农牧区低收入人口分类救助制度。不断发展壮大村集体经济，大力发展特色种养、民族传统工艺品加工、乡村休闲旅游等产业，开展“百企兴百村”行动，着力打造“一村一品”和乡村旅游重点村。积极推广以工代赈方式，强化易地扶贫搬迁后续扶持，建设运行好集中安置区帮扶车间、帮扶园区。提升乡村宜居水平，稳步推动“多规合一”实用性村庄规划全覆盖，深入实施农村人居环境整治提升五年行动，坚持农村改厕与保障供水、污水处理同步推进，加快农村电网改造和“燃气下乡”，改善4万户农牧民居住条件，建设300个高原美丽乡村。推动“四好”农村路高质量发展，新增8个乡镇通三级公路和150个自然村通硬化路。加强少数民族特色村寨、历史文化名村、传统村落和乡村历史风貌保护与发展。

提升新型城镇化建设质量。加快高原美丽城镇示范省建设，推进蓝绿空间扩大、特色风貌提升等专项行动，新建10个美丽城镇。有效推进城市更新改造，系统治理城市内涝，加快补齐老化管网等市政基础设施短板，实施城镇老旧小区改造4.09万套，规范有序创建特色小镇，增强县城综合承载能力。强化城市精细化建设和治理，统筹建设智慧城市、海绵城市，探索城市运行“一网统管”，提升抗震、防灾防疫和重大突发性安全事件应对能力。推动湟源丹噶尔古城、海晏西海镇等申报国家级历史文化名城。

（七）持续深化改革开放。聚焦激活发展动力，进一步坚持问题导向，着力增强改革的系统性、集成性、整体性、协同性，推动重要领域和关键环节改革走实走深。

加快重点领域改革。推进高标准市场体系建设和要素市场化配置改革，深化能源、资源等领域价格改革，持续建设城乡统一用地市场，培育标准“领跑者”。正确认识和把握资本的特性和行为规律，依法加强对资本的有效监管，防止资本野蛮生长。加快分领域财政事权和支出责任划分改革，深化税收征管改革。全面完成国企改革三年行动任务，稳妥推进混合所有制改革。创建国家级普惠金融改革试验区，构建多元化绿色金融体系，推进农村商业银行改革。抓好祁连、湟源农村宅基地制度改革试点，巩固集体林权制度改革成果，深化供销社、农业水价综合改革。启动高考综合改革，深化教育评价改革。

着力优化营商环境。深化“放管服”改革，严格执行市场准入“全国一张清单”管理，加快“证照分离”。启动优化营商环境三年行动计划，加快建立营商环境评价机制。推广电子证照、电子签名、电子印章等应用，健全政务数据共享协调机制，持续推进政务服务“网上办、指尖办、一次办”。优化民营经济发展环境，建立新型政商关系负面清单和企业减负长效机制。强化契约精神，有效治理恶意拖欠中小企业账款和逃废债行为。加强知识产权保护。深化投资“审批破冰”，加快工程建设项目审批制度改革，提高全流程在线审批率。开展公共信用综合评价，实施分级分类监管，创新信用应用。深入推进公平竞争政策实施，加强反垄断和反不正当竞争执法，规范水电气暖、物流、医药、汽车等行业价格及收费，打击限制竞争、协同涨价等违法行为。

提高对外开放水平。找准定位积极参与和融入共建“一带一路”，做好西宁综保区、西宁和海东跨境电商综试区建设运营，持续推动格尔木国际陆港、中尼贸易陆路通道建设，投运青海丝绸之路国际物流城，推进青海自贸试验区申报。优化国际货运班列线路和货源组织，力争年内开行10列以上。落实《外商投资指引》和外商投资准入前国民待遇加负面清单管理制度，推动重大外资项目加快落地。办好“青洽会”、国际生态博览会、环湖赛等展会赛事，力争招商引资到位资金不低于上年。完善“组团式”支援协作机制，落实党政代表团交流互访成果，做好第四、五批援青干部人才轮换交接，打造对口援青和东西部协作升级版。

（八）持续保障和改善民生。统筹推进经济发展和民生保障，尽力而为、量力而行，着力补齐民生保障短板，解决好人民群众急难愁盼问题。

强化措施防控疫情。围绕外防输入施行精准远端防控和入省后的闭环管理，提高发热门诊监测敏感性，高风险岗位人群核酸检测“应检尽检”。坚持人、物和环境同防，分区、分级做好精准管理，逐步缩小管控单元。加快推进全人群全程接种和重点人群加强免疫接种，进一步巩固和扩大疫苗接种成果。开展爱国卫生运动，强化基层防控，提高个体自我防护能力。推进健康青海行动，统筹“五医”联动改革，高标准推动高原医学研究中心和区域医疗中心建设，实施二甲县级综合医院扩面行动，开展新一轮包虫病和重点地方病、传染病防治行动。扩大药品医用耗材集中采购范围和品种，健全重特大疾病医疗保险和救助制度，提高医保筹资标准。

全力促进就业增收。落实稳就业、保就业政策，做好退役军人、残疾人、零就业家庭成员等群体就业帮扶，力争高校毕业生总体就业率达到85%以上。实施职业技能提升行动和重点群体专项培训计划,健全灵活就业劳动用工和社会保障政策。做大“舌尖上的拉面”“指尖上的青绣”等特色劳务品牌,拓展省外就业渠道,确保20万脱贫及边缘易致贫劳动力稳岗就业。扎实推动共同富裕,适时合理调整最低工资标准,加大税收、社保、转移支付等政策的调节力度。健全国有企业工资分配制度体系,落实好国家机关事业单位增资政策,完善公立医院薪酬制度和县以下事业单位职员等级工资制度。抓好农民工工资清欠,及时兑现惠农、生态奖补等各项补贴。持续扩大社会保险覆盖面,完善社保待遇正常调整机制,按照国家统一部署推动企业职工基本养老保险全国统筹,以不低于上年居民收入和消费支出增幅继续提高城乡低保标准,按时足额发放各项社保待遇。

加大公共服务供给。坚持小财政办大民生,健全常住地提供基本公共服务制度,继续实施好民生实事工程。办好人民满意的教育,开展义务教育优质均衡发展试点,巩固“双减”成果,深入实施学前教育普及普惠、义务教育薄弱环节改善与能力提升工程和高职院校“双高计划”、中职学校“双优计划”,推动教育布局调整、薄弱学校改造等重点项目,完善教育资助体系和生均拨款制度,加快建设西宁大学,推进省卫职院等改迁建。推动城乡社区服务体系建设,城市社区和村级综合服务设施达标覆盖率分别达到96%和85%。积极应对人口老龄化,完善多层次养老保障体系,提升养老机构服务能力,开展居家和社区基本养老服务提升行动,再建50个农村互助幸福院,城市社区和农村养老服务设施覆盖率分别达到55%和35%,养老机构护理型床位占比达到50%。推动新的生育政策落地见效,依托社区发展托育和婴幼儿照护服务。加强重要民生商品价格监测预警,强化重点时段调控,防止价格大幅波动。执行好社会救助和保障标准与物价上涨挂钩联动机制,有效保障低收入群体生活。全面展开玛多震区城乡基础设施建设,开工生态保护修复、产业恢复发展、和谐家园等灾后重建项目。高质量推进门源地震灾后恢复重建。

优化提升社会治理。全面建设民族团结进步示范省,实施“民族团结进步+”深度融合发展行动,启动铸牢中华民族共同体意识青海图谱建设,深入开展“十进”活动。加快安全生产条例地方立法,建立一体化应急指挥平台体系,推进省级应急物资装备综合保障基地等重大项目。抓好安全生产专项整治三年行动,常态化开展重点领域风险隐患排查整治,防范和遏制重大突发安全生产事故发生。实施灾害防治能力提升工程,加快病险水库加固除险,加强地质灾害防治,扎实做好森林草原防火,有效应对冰雪霜冻恶劣天气。坚持和发展新时代“枫桥经验”,深入推进市域社会治理现代化试点,开展“防风险、除隐患、降发案、保平安”专项行动,严厉打击电信网络诈骗、“食药环”“盗抢骗”犯罪,确保人民群众生命财产安全,努力建设更高水平的平安青海。

各位代表,2022年经济社会发展工作任务更加繁重,我们要更加紧密地团结在以习近平同志为核心的党中央周围,以习近平新时代中国特色社会主义思想为指导,增强“四个意识”、坚定“四个自信”、做到“两个维护”,按照省委的决策部署,自觉接受省人大及其常委会的监督,认真听取省政协的意见和建议,踔厉奋发、笃行不怠,以钉钉子精神做实做细各项工作,以优异成绩迎接党的二十大和省第十四次党代会胜利召开!

青海省2021年预算执行情况和2022年预算草案的报告

——2022年1月21日在青海省第十三届人民代表大会第七次会议上

青海省财政厅

受省人民政府委托，现将2021年预算执行情况和2022年预算草案的报告提请省十三届人大七次会议审议，并请政协各位委员和列席会议的同志提出意见。

一、2021年预算执行情况

2021年，面对严峻复杂的外部环境和经济恢复发展中的多重矛盾问题，在省委的坚强领导和省人大的监督指导下，全省财政系统坚持以习近平新时代中国特色社会主义思想为指导，全面贯彻党的十九大及十九届历次全会精神，深入落实习近平总书记参加青海代表团审议及考察青海重要讲话精神，认真执行省人大各项决议，坚持稳中求进工作总基调，立足新发展阶段，贯彻新发展理念，融入新发展格局，推动高质量发展，统筹支持经济发展和安全稳定，大力实施提质增效、更可持续的积极财政政策，全省经济保持稳步恢复的态势，财政运行总体平稳，较好地完成了全年各项工作任务。

（一）2021年预算收支情况。

1. 一般公共预算。

（1）全省执行情况。地方一般公共预算收入328.8亿元，较上年完成数增长10.3%。加上中央补助收入1499.7亿元，一般债务收入384.7亿元，上年结转141.2亿元，动用预算稳定调节基金132.9亿元，调入资金42.5亿元后，一般公共预算总收入为2529.8亿元。剔除发行的再融资一般债券183.7亿元，实际总财力2346.1亿元，较上年增加125.2亿元，增长5.6%。一般公共预算支出1853.8亿元，下降4.1%，预算执行率为86.2%，债务还本支出184.9亿元，安排预算稳定调节基金189.1亿元，调出资金0.7亿元，上解支出5.7亿元，结转下年支出295.6亿元。

（2）省本级执行情况。地方一般公共预算收入36.1亿元，增长10.5%。加上中央补助收入459.3亿元（中央补助全省1499.7亿元，扣除对市州补助1040.4亿元），一般债务收入243.8亿元（全省384.7亿元，转贷市州140.9亿元），上年结转118.7亿元，动用预算稳定调节基金85亿元，上解收入77.9亿元，调入资金12.2亿元后，一般公共预算总收入1033亿元。剔除发行的再融资一般债券117.3亿元，实际总财力915.7亿元，较上年增加62.6亿元，增长7.3%。一般公共预算支出650.4亿元，增长2.1%，预算执行率为82.1%，债务还本支出117.5亿元，安排预算稳定调节基金118亿元，上解支出5.7亿元，结转下年支出141.4亿元。

2. 政府性基金预算。

全省总收入383.4亿元，其中，当年收入99.3亿元，中央补助收入5.2亿元，调入资金0.7亿元，上年结转55.2亿元，专项债务收入123亿元。支出258.9亿元，调出资金33.6亿元，债务还本支出59.1亿元，结转下年支出31.8亿元。省本级总收入52亿元，其中，当年收入12.9亿元，中央补助收入0.9亿元（中央补助全省5.2亿元，扣除对市州补助4.3亿元），上年结转23.7亿元，专项债务收入14.5亿元（全省123亿元，转贷市州108.5亿元）。支出28.7亿元，调出资金11.8亿元，债务还本支出2.5亿元，结转下年支出9亿元。

3. 国有资本经营预算。

全省总收入2.4亿元，其中，当年收入2亿元，中央补助收入-0.2亿元（中央当年补助0.3亿元，收回2020年多下达的下放企业职工家属区“三供一业”分离移交补助资金0.5亿元），上年结转0.6亿元。支出0.8亿元，调出资金0.8亿元，结转下年支出0.8亿元。省本级总收入1.5亿元，其中，当年收入1.4亿元，中央补助收入-0.3亿元（中央补助全省-0.2亿元，扣除对市州补助0.1亿元），上年结转0.4亿元。支出0.4亿元，调出资金0.4亿元，结转下年支出0.7亿元。

4. 社会保险基金预算。

全省总收入758.4亿元，其中，当年收入461.3亿元，上年结余297.1亿元。支出423.2亿元，年终累计结余335.2亿元。省本级总收入513.8亿元，其中，当年收入376.1亿元，上年结余137.7亿元。支出366.2亿元，年终累计结余147.6亿元。具体情况详见《青海省2021年预算执行情况和2022年预算草案》，以上各项收支数据待财政部批复决算后，会有一些变化，届时向省人大依法报告相关事项。

需要说明的问题：（1）关于地方收入超收情况。随着经济稳步恢复，能源原材料价格上涨而导致的规上工业企业利税增长，全省财政收入实现了较快增长，加之2020年收入基数较低，总体算账全省较年初预算超收23.3亿元，其中省本级超收2.1亿元，市州超收21.2亿元。按照财政部最新规定，2021年超收收入全部用于冲减赤字或补充预算稳定调节基金。

（2）关于一般公共预算支出结余结转情况。2021年结转资金295.6亿元，较2020年增加154.3亿元，增长109.3%，这部分资金将结转至2022年继续使用。结转规模大的主要原因是，《国务院关于进一步深化预算管理制度改革的意见》（国发〔2021〕5号）规定，从2021年起，市县级财政国库集中支付结余不再按权责发生制列支。

（3）关于地方政府债务限额余额及发行使用情况。债务限额余额情况。2021年末，全省政府债务限额3074.7亿元（一般债务2296.9亿元、专项债券777.8亿元），债务余额2787.2亿元（一般债务2153.9亿元、专项债券633.3亿元）。其中，省本级政府债务限额1800.2亿

元（一般债务1622.5亿元、专项债券177.7亿元），债务余额1707.6亿元（一般债务1554.9亿元、专项债券152.7亿元）；市州政府债务限额1274.5亿元（一般债务674.4亿元、专项债券600.1亿元），债务余额1079.6亿元（一般债务599亿元、专项债券480.6亿元）。债券

分配情况。全年新增政府债务限额364亿元，其中，省本级安排157亿元、转贷市州207亿元（省十三届人大常委会第二十七次会议后，对省本级因部分债券项目前期准备不足，当年无法形成支出的23.5亿元进行了调整，其中，一般债券调整到其他项目的4.9亿元，转贷至市州9.6亿元；专项债券调整到其他项目的0.5亿元，收回已分配未发行的额度8.5亿元）。债券发行情况。全年共发行地方政府债券503.9亿元，其中一般债券380.8亿元（新增债券197.1亿元、再融资债券183.7亿元），专项债券123.1亿元（新增债券70.6亿元、再融资债券52.5亿元）。新增一般债券5亿元、专项债券86.5亿元（省本级8.5亿元、市州6亿元、待分配2亿元）尚未发行，按照财政部最新政策要求，结转至2022年发行使用。债券额度结转情况。截至2021年底，全省未发行结转新增债券额度91.5亿元（一般债券5亿元、专项债券86.5亿元），其中，省本级15.5亿元（一般债券5亿元、专项债券10.5亿元），主要是2021年12月财政部新下达新增债务额度7亿元（一般债券5亿元、专项债券2亿元），收回的专项债券额度8.5亿元；市州专项债券额度76亿元。债券使用及还本付息情况。全年发行的新增债券267.7亿元，按规定全部用于公益性资本支出，专项债券在发行前均按要求报送财政部进行了审核。全年债务还本支出244亿元，债务付息及发行费用支出89.8亿元。

（4）关于省本级预备费支出情况。预算安排20亿元，实际支出2.1亿元，主要用于疫情防控、玛多“5？22”地震应急救灾支出，剩余17.9亿元用于补充预算稳定调节基金。

（二）落实人代会预算审查决议及财政重点工作情况。

1. 严肃财经纪律有效落实。始终把严肃财经纪律作为贯彻落实习近平总书记考察青海重要讲话精神的政治要件，坚持过紧日子，增强执行财经纪律和制度的刚性，坚决排查整改各类财经违纪违规问题。不折不扣落实过紧日子要求。坚持勤俭办一切事业，整合压减调研、会议、培训、论坛、庆典等各类公务活动开支，严格控制政府性楼堂馆所建设和办公业务用房维修改造、信息化建设项目立项审批、新增资产配置等，全年一般性支出压减15%，“三公”经费压减3%。规范完善财政预算调整调剂事项，首次实现了省本级预算“零追加”。加快构建严肃财经纪律制度体系。在深入开展预算管理改革、支出标准体系、预算绩效管理和财会监督等专题调研的基础上，深化结果运用和成果转化，省委、省政府印发了《关于进一步严肃财经纪律的意见》，跟进制定财政运行风险处置、承受能力评估、行政事业单位资产管理和公物仓管理等配套办法，从制度层面堵塞政策漏洞。加强问题整改落实。实行审计问题整改集体审议制度，瞄准顽瘴痼疾，对照巡视、审计、督查反映的问题，举一反三，着眼“治已病、防未病”，在全省范围内开展严肃财经纪律专项检查、清理规范公务员工资津贴补贴专项检查，不断强化制约监督、落实问题整改、严肃责任追究，财政风险有效降低，财经秩序明显好转。

2. 财政综合实力稳步增强。始终把组织壮大财力摆在突出位置，坚持抓自有收入与争取中央补助并行，推进财政资源统筹和盘活资金资产并重，全省地方收入和总财力分别跨上300亿元、2300亿元新台阶，为经济社会发展提供有力支撑。强化地方收入征管。密切关注经济运行、减税降费、财税政策调整等新情况新问题，做好宏观经济形势分析，建立收入调度机制，加强涉税信息共享，堵塞非税征收漏洞，强化收入源头管控，努力培植壮大税源，集中开展财政收入虚假问题整治行动，推动实现收入质的稳步提升和量的合理增长。积极争取中央支持。健全完善争取中央补助考核、协调调度、奖惩激励等制度机制。紧盯省委省政府领导拜会国家部委议定的事项和人大代表、政协委员建议提案，围绕黄河流域生态保护和高质量发展、生态环境保护、水污染防治、水利发展、乡村振兴等重点领域，加大汇报争取力度，在中央对地方转移支付零增长的情况下，全年争取中央各类补助1504.7亿元，同口径增长5.9%。争取地方政府债务新增限额364亿元。协调落实对口援青和东西部协作资金25亿元。加强财政资源统筹盘活。强化“三本预算”统筹衔接和调入力度，全省从政府性基金、国有资本经营预算调入一般

公共预算收入34.4亿元。有效盘活资金资产，当年清理收回省级政府投资基金闲置财政出资11.7亿元，调剂使用行政事业单位闲置资产16亿元，盘活消化上年底财政存量资金96.2%，统筹用于发展急需的重点领域和薄弱环节，切实提升财政保障能力。

3. 重点刚性支出保障有力。始终把增强重点支出财力保障作为资金安排的重中之重，坚持统筹兼顾、突出重点，加大支出结构调整力度，推进财政政策更加精准有效。围绕应急保障任务。及时下达抗震救灾资金23.2亿元，全力支持玛多“5？22”抗震救灾和灾后重建工作。筹措资金8.4亿元，支持全民免费接种；下达疫情防控资金1.5亿元，从中紧急调拨西宁、海东疫情防控资金2500万元，支持打赢疫情防控阻击战。围绕生态文明高地建设。下达资金115亿元，统筹支持打好污染防治攻坚战、三江源祁连山重点生态保护修复工程、黄

河流域生态保护和高质量发展、以国家公园为主体的自然保护地体系建设，以及木里矿区及祁连山南麓青海片区生态环境综合整治等。全面落实第三轮草原生态奖补政策。健全草原、森林、湿地等生态效益补偿机制，探索建立重点流域生态补偿机制，促进源头及干流地区生态环境质量持续改善。围绕乡村振兴战略。下达资金64.5亿元，支持巩固拓展脱贫攻坚成果同乡村振兴有效衔接，全面落实审批权下放县级要求，完善财政涉农资金因素法分配方式，调整支农资金结构，补齐农田水利设施短板，支持高标准农田建设、种质资源保护和利用，推动一二三产业融合发展，完善农业保险管理体系，切实发挥农牧业信贷担保作用，积极解决农牧业适度规模经营主体“融资难、融资贵”问题。围绕基层财政运行。落实常态化财政资金直达机制并扩大范围，将37项转移支付纳入直达机制管理，惠企利民成效明显。坚持财力下沉，省对下补助达到1040.4亿元，其中财力性转移支付482.7亿元，督导市县严格落实预算安排优先顺序，足额保障“三保”支出和债务还本付息等刚性支出，确保基层财政平稳运行。

4. 经济发展活力不断释放。始终把支持发展作为第一要务，坚持新发展理念，实施积极的财政政策，保持投资强度，支持企业转型升级和科技创新，聚力推动经济高质量发展。落实减税降费政策。继续执行制度性减税，落实提高小规模纳税人增值税起征点等新的结构性减税政策，开展政策评估，全年新增减税降费40亿元左右。扩大政府有效投资。下达资金344.3亿元，积极保障重大交通和水利设施等建设资金需求，支持东部城市群、美丽乡村（城镇）、特色小镇、老旧小区改造、厕所革命、水环境综合治理等重点工程，切实解决涉及群众切身利益的重要问题。支持“四地”建设。下达资金66.9亿元，鼓励引导各方投入，进一步提高盐湖资源综合利用效率，推进清洁能源集约化发展，优化国际生态旅游发展空间布局，做优做强绿色有机农牧产业。助推中小企业发展。下达资金12.7亿元，支持企业降低生产要素成本、开展创新活动、提升专精特新能力和内外贸体系建设。充分发挥“两个资金池”效益，从供需两端改善小微企业金融服务，支持建设“青信融”平台，缓解中小微企业融资难题，增强发展信心。促进科技创新升级。下达资金6.3亿元，加大基础研究投入，推进国家和省级重点实验室建设，支持科技项目管理改革和“揭榜挂帅”“帅才科学家”负责制试点，健全政府、企业多渠道科技投入机制，财政投入与企业研发经费挂钩，发挥财政关键支撑和带动引导作用，引导企业成为创新主体。

5. 民生事业发展取得实效。始终把保障和改善民生作为根本出发点和落脚点，坚持人民至上，保持75%以上财政支出用于民生事业发展，牵头推动10大类45项民生实事工程全面完成。促进教育均衡发展。下达资金67.6亿元，落实城乡义务教育经费保障机制，支持贯彻“双减”政策、开展中小学生课后服务。落实学前到高等教育各阶段学生资助政策，建立公办幼儿园生均公用经费和高校毕业生基层就业学费补偿制度。支持地方扩大普惠性教育资源供给，推进学校薄弱环节改善与能力提升。落实稳岗就业政策。下达资金14亿元，支持实施职业技能提升行动，落实高校毕业生“三支一扶”计划，统筹解决重点群体就业问题。延续实施普惠性稳岗返还、失业补助金等阶段性政策，帮助企业减轻负担、稳定岗位。推进健康青海建设。下达资金68亿元，支持医疗卫生事业发展。调整提高基本公共卫生服务人均补助和城乡居民医保筹资标准，分别达到84元和976元，将县域医共体基本公卫资金打包改革试点范围从2个县扩大到8个。提高社会保障水平。下达资金172.5亿元，建立企业职工基本养老保险基金责任分担机制，调整提高企业和机关事业单位退休人员养老金，月人均提高196元。调整提高最低生活保障标准，城市和农村分别提高到月人均672元和年人均5184元；保障全省38万城乡低保对象和特困供养人员基本生活，临时救助城乡困难群众37万人次。推动平安青海建设。下达资金33.1亿元，支持推进市域社会治理现代化、常态化开展扫黑除恶斗争、实施交界地区“平安与振兴”工程，助推建设更高水平的平安青海。

6. 财税体制改革纵深推进。始终把深化改革作为优化资金配置、建立现代财税体制的基本途径，坚持系统观念，努力创新体制机制和管理方式，着力增强财政发展的内生动力。深化财税体制改革。出台深化预算管理制度改革的实施意见，修订均衡性及重点生态功能区转移支付办法，完善水土保持、污水处理等4项非税收入征管办法，落实增值税留抵退税分担机制，持续下移财力，进一步夯实基层财政运

行基础，地区间财力格局更加协调均衡。加快预算管理一体化建设。构建“制度 + 技术”的预算管控机制，在国产软硬件环境下以全省数据大集中模式，加快系统适配部署，加大培训力度，深化业务和技术对接，指导各市（州）、县做好基础信息采集、建立项目规范体系、开展系统配置等各项工作，预算管理一体化系统在全省各级财政和预算部门成功上线运行，走在全国前列。统筹推进其他领域改革。创新会计核算，推广“互联网 + 财务服务”智能平台核算模式，基层财务管理不断加强。全面落实《行政事业性国有资产管理条例》，探索建立“虚拟公物仓”，推进资产共享共用。创新财政票据保障和监管模式，充分运用现代信息网络技术手段，财政电子票据管理改革取得新进展。健全完善政府采购管理制度，规范采购行为和专家评审，持续推动“互联网 + 政府采购”，促进政府采购规范高效。

7. 财政监管水平显著提升。始终把监督管理作为推动新时代财政工作高质量发展的有力抓手，坚持问题导向和目标导向，切实发挥财政监管职能作用，在资金管理上持续发力用力。强化预算绩效管理。做实事前、事中、事后全过程预算绩效管理，实现省级预算部门绩效目标管理、绩效运行监控、绩效自评全覆盖，建立健全财政评价常态机制，评价项目及资金较上年分别增长 38.1%、5.2%。严格绩效评价结果应用，将评价结果与转移支付分配、部门预算项目支出限额控制数挂钩，特别是扣减了 7 个评价等级较差的项目资金 1.6 亿元，形成“奖优罚劣”的激励约束导向。注重防范化解风险。制定《关于防范化解政府性债务风险的意见》及配套制度，持续增强制度约束效力，及时通报年末隐性债务风险等级评定结果，压实各地区化债主体责任，确保全省债务率总体保持在安全区间。用足用好国有金融资本资产管理工具，推动地方国有金融资本管理改革不断深入。聚焦国企风险化解，把支持国有企业去杠杆作为重点，积极配合并支持做好部分省属国有企业改革脱困。加大监督检查力度。围绕重大财税政策落实、会计信息与执业质量、生态及援青等重大项目资金使用、预算信息公开等开展重点检查，深化问题整改落实，推进惠民惠农财政补贴“一卡通”统管，促进财政资金使用安全有效。印发进一步规范财务审计秩序促进注册会计师行业健康发展的实施意见，开展会计师事务所无证经营等“四项”违法违规行为专项治理。以上工作成效，是省委统揽全局、坚强领导的结果，是省人大、省政协及代表委员们监督指导和大力支持的结果，也是各级各部门齐心协力、共同奋斗的结果。与此同时，当前财政运行和预算管理中还存在一些困难和问题，主要是：部分地区财政收入增长乏力，预算平衡难度加大，财政收支矛盾突出。一些领域支出结构固化僵化问题依然突出，调整优化支出结构力度还需加大。一些地区和行业部门项目储备不足、前期准备不充分不到位，项目谋划包装能力欠缺，导致支出进度缓慢，对经济的拉动效应不明显。有些部门落实“真正过紧日子”要求不彻底，全过程预算绩效管理的质量有待提升。我们高度重视这些问题，将积极采取措施加以解决。

二、关于 2022 年全省和省本级预算安排

（一）财政收支形势分析。

当前与今后一段时期，我国经济韧性强，长期向好的基本面不会改变，但外部环境更趋复杂严峻，国内经济发展面临需求收缩、供给冲击、预期转弱三重压力。反映在财政上，财力增长面临较大不确定性，刚性支出持续增加，收支矛盾更加突出，财政运行将始终处于紧平衡状态：从财力增长看 2022 年财力预计仅能维持 2021 年水平或小幅增长。地方收入压力增大，大宗商品价格走势具有不确定性，难以长期维持在高位，且其价格上涨会向下游企业传导，增加下游企业成本。国内疫情多点散发，服务业恢复仍有较大不确定性。固定资产投资持续放缓，建筑和房地产等重点行业税收回落明显。国家持续加大助企纾困力度，将实施更大力度减税降费，2022 年地方收入增长面临较大不确定性。中央补助争取难度依然较大，中央持续规范财政转移支付政策和分配办法，逐步加大因素法和竞争性分配，而我省总人口、经济总量、财政供养等因素相对固定，且份额在全国中不占优势，同时各地各部门在项目谋划、储备、包装的广度、深度、精度不高，地方配套能力有限，进一步加大了争取难度。债务收入下降，我省债务风险水平相对较高、符合专项债券融资与收益自求平衡要求的项目较少，再加上国家调低赤字率，举债空间受限。从支出保障看，在财力增长有限的情况下，2022 年全省既面临保障基层“三保”、政府债务还本付息，以及化解隐性债务等刚性支出日益增长的老问题，还面临“十四五”时期重大战略实施、启动生态文明高地建设、支持建设“四地”等重点支出需求旺盛的新问题，加之科技创新驱动、生态环境保护、推进乡村振兴、保障基本公共服务、促进区域协调发展等方面还有许多短板需要财政弥补，财政收支矛盾突出。

（二）2022 年预算编制的指导思想和基本原则。

2022 年预算编制的指导思想是：以习近平新时代中国特色社会主义思想为指导，全面贯彻党的十九大和十九届历次全会精神，深入落实习近平总书记考察青海重要讲话精神，坚持稳字当头、稳中求进，完整、准确、全面贯彻新发展理念，坚持以供给侧结构性改革为主线，统筹疫情防控和经济社会发展，实施提升效能、更加注重精准、可持续的积极财政政策，更好发挥财政职能作用，落实新的减税降费和有利于经济稳定的政策举措，持续推进严肃财经纪律走深走实，坚持党政机关过紧日子，深化预算管理制度改革，强化资金监管和绩效约束，继续做好“六稳”“六保”工作，支持打造生态文明高地，推动建设产业“四地”，奋力推进“一优两高”，持续改善民生，兜牢基层“三保”底线，稳步实施政府债务存量化解，保持财政稳健运行，以优异成绩迎接党的二十大和省第十四次党代会胜利召开。2022 年预算编制的基本原则：一是紧扣“严肃财经纪律”主线。将严肃财经纪律作为财经管理中必须严格遵守的行为准则，把要求体现到财政工作和预算管理的全过程。二是统筹好“发展和安全”关系。既要坚定不移促发展，科学统筹各类财政资源，集中财力保障“四地”建设、重大项目和重点领域支出。也要务实定量防风险，实事求是、量入为出、有保有压安排预算，加强财政承受能力评估和风险防控，增强财政可持续性。三是落实“预算改革、审计整改、人大监督、绩效挂钩”四方面要求。预算改革“走深”。全面实施零基预算，完善预算管理一体化系统，实施项目全生命周期管理，加强支出标准体系运用，厘清转移支付功能定位，完善省对下债务转贷机制。审计整改“走细”。围绕规范非税收入征缴、隐性债务化解、楼堂馆所建设等方面建立长效机制，从严审核资产购置、政府采购、办公业务用房维修改造项目，严控“三公”经费和一般性支出。人大监督“走严”。跟进落实青海省预算审查监督条例，完善政府预算草案编制，细化中央转移支付和地方政府债券项目，推动预算重点向支出预算和政策拓展。绩效挂钩“走实”。加强全方位、全过程、全覆盖的预算绩效评价，落实综合绩效考评结果与预算安排挂钩机制。

（三）2022 年收入和支出安排情况。

1. 一般公共预算。

（1）全省情况。年初总财力 2182.4 亿元，较上年年初预算增长 8%。其中，地方一般公共预算收入安排 347 亿元，较上年执行数增长 5.5%，中央补助收入 1309.3 亿元，新增地方政府一般债券 130 亿元，动用预算稳定调节基金 100 亿元，调入资金 0.5 亿元，上年结转 295.6 亿元。一般公共预算支出安排 2141.7 亿元，较上年年初预算增长 6.3%，上解支出 5.7 亿元，调出资金 35 亿元。

（2）省本级情况。年初总财力 801.6 亿元，较上年年初预算下降 0.6%。其中，地方一般公共预算收入安排 38.1 亿元，较上年执行数增长 5.5%。中央补助收入 348.3 亿元（中央补助全省 1309.3 亿元，扣除对市州补助 961 亿元），新增地方政府一般债券 122.3 亿元（全省 130 亿元，转贷市州 7.7 亿元），调入资金 0.2 亿元，动用预算稳定调节基金 70 亿元，市州上解 81.3 亿元，上年结转 141.4 亿元。一般公共预算支出安排 788.9 亿元，较上年年初预算下降 1.5%，上解支出 5.7 亿元，调出资金 7 亿元。汇总 2022 年部门预算，省本级行政事业单位用财政拨款安排的“三公经费”支出 1.55 亿元，较上年预算数下降 0.6%。

（3）省对下补助情况。共补助 961 亿元，较上年年初预算增加 29.1 亿元，增长 3.1%。其中：返还性补助 39.2 亿元，一般性转移支付 786.4 亿元，专项转移支付 135.4 亿元。

2. 政府性基金预算。全省总收入安排 287.2 亿元，其中，当年收入 157.8 亿元，中央补助收入 5.1 亿元，新增地方政府专项债券 57.5 亿元，调入资金 35 亿元，上年结转 31.8 亿元。支出安排 225 亿元，债务还本支出 62.2 亿元。省本级总收入安排 55.1 亿元，其中，当年收入 22 亿元，中央补助收入 2.1 亿元（中央补助全省 5.1 亿元，扣除对市州补助 3 亿元），新增地方政府专项债券 15 亿元（全省 57.5 亿元，转贷市州 42.5 亿元），调入资金 7 亿元，上年结转 9 亿元。支出安排 37.4 亿元，债务还本支出 17.7 亿元。

3. 国有资本经营预算。全省总收入安排 2 亿元，其中，当年收入 1 亿元，中央补助收入 0.2 亿元，上年结转 0.8 亿元。支出安排 1.7 亿元，调出资金 0.3 亿元。省本级总收入安排 1 亿元，其中，当年收入 0.7 亿元，中央补助收入 -0.4 亿元（中央补助全省 0.2 亿元，扣除对市州补助 0.6 亿元），上年结 0.7 亿元。支出安排 0.8 亿元，调出资金 0.2 亿元。

4. 社会保险基金预算。全省总收入安排 836.6 亿元，其中，当年收入 501.4 亿元，上年结余 335.2 亿元。支出安排 452.6 亿元，年终结余 384 亿元。省本级总收入安排 554.5 亿元，其中，当年收入 406.9 亿元，上年结余 147.6 亿元。支出安排 391.5 亿元，年终结余 163 亿元。具体情况详见《青海省 2021 年预算执行情况和 2022 年预算草案》。

（四）2022 年重点项目支出情况。

1. 支持高质量发展方面，安排资金 28.1 亿元，其中省本级 13.7 亿元，省对下补助 14.4 亿元。具体为：科学技术支出 5.8 亿元，支持科技创新发展和实施全面提升科学素质行动计划，落实科技馆免费开放政策，积极推进科技成果转化。工业信息等支出 12.1 亿元，支持工业转型升级，推动中小企业健康发展，促进经济结构加快调整。商业服务业等支出 3.8 亿元，支持建立健全中小企业服务体系，落实民族贸易和民族特需商品生产贷款贴息政策，支持服务业、平台经济和服务贸易发展。自然资源海洋气象等支出 5.1 亿元，支持自然资源发展、清洁能源勘查、地质勘查等。金融支出 1.3 亿元，支持地方金融发展，完善政府性融资担保体系，推动企业扩大直接融资规模，提升金融服务水平。

2. 支持生态保护与建设方面，安排资金 44.6 亿元，其中省本级 19.9 亿元，省对下补助 24.7 亿元。支持加快建立以国家公园为主体的自然保护地体系、三江源生态保护和建设、祁连山生态保护修复、长江黄河流域生态综合治理等重大工程，稳妥做好自然保护区矿业权退出工作。落实林业草原生态奖补政策，支持水环境综合治理、大气污染防治、土壤污染管控和治理，以及农村生活污水处理。

3. 支持民生社会事业方面，安排资金 297.2 亿元，其中省本级153.2亿元,省对下补助144亿元。具体为:教育支出72亿元,保障各阶段教育改革发展,支持西宁大学建设,落实各级各类学生生均拨款、困难学生资助,以及高海拔少数民族自治州教育资助政策,支持"三区"人才支持计划、青南地区对口支教和师资队伍建设工作。社会保障和就业支出149.3亿元,支持大学生、农民工、退役军人等重点群体就业创业,全面落实社保基金财政补助、特困人员供养、城乡最低生活保障、残疾人生活和护理补贴、优抚对象安置等政策,支持完善养老服务、高龄补贴等社会福利制度,做好军转及退役士兵待遇保障。卫生健康支出55.8亿元,支持医疗服务与保障能力提升,落实城乡居民基本医疗保险、医疗救助、基本公共卫生服务等补助政策,支持重大传染病防控、中藏医药事业发展、计划生育服务等工作。住房保障支出6.2亿元,支持实施城镇保障性安居工程、农村危旧房改造和高端创新人才住房保障。文化旅游体育与传媒支出14亿元,支持打造国际生态旅游目的地,落实公共文化服务体系建设、非物质文化遗产和文物保护经费保障。

4. 支持区域协调发展方面,安排资金338.1亿元,其中省本级168.5亿元,省对下补助169.6亿元。具体为:农林水支出165.9亿元,支持衔接乡村振兴、农业生产发展、重大水利建设,落实农业资源及生态保护、农业综合改革、农业保险保费、林业改革,以及动物防疫等各项补助政策,支持种质资源保护利用。交通运输支出161.8亿元,支持高速公路、国道等重点公路建设和国省干线、农村公路管理养护,落实民航铁路运输补贴及西宁城市公交车更新和运营补助,助力省交控集团发展,推动新能源汽车推广应用。城乡社区支出10.5亿元,支持实施高原美丽乡村、农牧民居住条件改善等工程,推动农村人居环境改善。

5. 支持社会安全稳定方面,安排资金24.9亿元,其中省本级14.8亿元,省对下补助10.1亿元。具体为:国防和公共安全支出19.3亿元,支持政法领域全面深化改革,完善立体化社会治安防控体系,支持常态化扫黑除恶斗争,落实社会治安综合治理财政支持政策。灾害防治及应急管理支出3.6亿元,支持自然灾害防治、安全生产及应急管理、消防应急救援等,提升突发公共事件应急和自然灾害防御能力。粮油物资储备支出2亿元,加强地方储备粮油安全经费保障,落实重要物资储备贴息、军队粮油差价补贴政策。

6. 支持基础设施建设方面,安排资金131.1亿元,其中省本级31.1亿元,省对下补助100亿元。重点支持西成铁路、西宁机场三期、西格段提质工程、三江源地区清洁取暖、青甘川交界平安振兴工程、特色小(城)镇建设、美丽城镇、涉藏州县公益性项目配套、农网巩固

提升工程等重大项目建设。

7. 支持其他方面,安排资金196.9亿元,其中省本级164.1亿元,省对下补助32.8亿元。主要用于地方债务还本付息、规范工资津贴补贴、财政金融风险处置、人才发展及预备费等支出。上述重点支出中包括支持"四地"建设资金73.8亿元,其中:建设世界级盐湖产业基地及工业转型升级支出6.1亿元,打造国家清洁能源产业高地支出2.8亿元,打造国际生态旅游目的地支出10.9亿元,打造绿色有机农畜产品输出地支出54亿元。此外,还拟通过政府投资基金安排资金10亿元。共计83.8亿元。

三、切实做好2022年财政工作

2022年,我们将严格按照中央和省委决策部署,坚持稳字当头、稳中求进,坚决落实积极的财政政策要提升效能,更加注重精准、可持续的要求,发挥好财政职能作用,围绕财政工作总体要求,重点抓好以下工作。

(一)持续加强财政收支管理。狠抓地方收入组织。严格落实预算法及其实施条例规定,依法加强税收和非税收入征管,做到挖潜增收,应收尽收。加强收入预期管理,强化重点地区、重点行业和重点税源监控,巩固财政收入虚假问题整治成果,堵塞制度漏洞,严防跑冒滴漏。加大中央补助争取力度。紧抓"十四五"规划政策密集出台的利好机遇,研究吃透政策,找准区位优势,深挖特殊因素,主动汇报衔接,努力扩大争取总量。落实争取工作定期通报制度,强化工作考核调度,切实把政策转化为资金。着力优化支出结构。优先支持"三保"和债务还本付息支出,保障基本民生支出只增不减。继续推进"零基"预算,加大对省委省政府重大战略支出需求保障力度,大力压缩低效无效支出,严格控制财政对竞争性领域直接投入,强化对具有正外部性创新发展的支持。提高资金使用质效。落实党和政府带头过紧日子要求,大力压减非重点、非刚性支出,一般性支出压减10%,"三公"经费只减不增,努力降低行政运行成本。完善财政预算调度机制,加强项目前期准备,加快支出进度,发挥财政资金即期拉动作用。

(二)持续推动高质量发展。实施更大力度减税降费。围绕中小微企业、个体工商户和制造业等重点行业,落实以阶段性政策为主、制度性措施相结合的减税降费政策。支持科技创新发展。聚焦科技体制改革三年行动,持续加大科技投入力度,优化科技创新政策体系,改革完善财政科研经费管理,支持实施重大科技专项攻关和基础研究十年行动,推进产学研深度融合。发挥政府投资撬动作用。准确把握国家跨周期调节项目投向和适度超前开展基础设施投资的政策要求,坚持政策支持、资金保障的稳定性和延续性,支持推动一批打基础、利长远、促转型、增后劲的项目,继续做好重大交通等基础设施建设项目资金保障工作,稳定全省经济增长态势。激发市场主体活力。创新财政投入方式,加大对贷款贴息、奖补引导、股权投资和资金周转池的投入力度,充分

发挥财政资金的引导、撬动作用，促进财政金融联动，加强对市场主体支持和中小微企业纾困帮扶。支持综合保税区、外贸转型升级基地、国家级跨境电商综合试验区建设，促进内外贸领域协同发展。落实创业贷款担保贴息政策，做好“青信融”平台信用贷款风险补偿，为小微企业和创业者提供有效融资支持。

（三）持续保障重大战略实施。全力支持打造生态文明“高地”。践行习近平生态文明思想，持续优化财政支持绿色发展体制机制，综合运用财政体制、转移支付、生态补偿、税收政策等政策工具，深入推动国家公园建设以及黄河流域生态保护和高质量发展，支持保护“中华水塔”行动、打好污染防治攻坚战和山水林田湖草沙冰一体化保护和治理，继续做好木里矿区及祁连山南麓青海片区生态环境综合整治资金保障工作，全力筑牢生态安全屏障。加快推进“四地”建设。围绕培育重点产业，推动绿色低碳循环发展，着力构建现代产业体系，统筹财政专项资金、新增债券资金、政府投资基金等财政资金资源，支持盐湖产业发展，支持碳达峰碳中和先行先试，促进可再生能源高质量发展，提升重点生态旅游景区品质，提高优质农畜产品生产能力。全面推动乡村振兴。持续推动巩固拓展脱贫攻坚成果同乡村振兴有效衔接，保持主要帮扶政策和财政投入稳定，支持脱贫县统筹整合使用财政资金，重点向帮扶县倾斜。全面落实耕地地力保护政策，支持实施20万亩高标准农田建设，推进粮食等重要农产品稳产保供。探索推进以奖代补、先建后补、贷款贴息等补助方式，重点支持产业发展。

（四）持续兜牢民生底线。支持稳定和扩大就业。推动公共就业创业机构服务能力提升，落实社保、就业见习、职业培训和技能鉴定等补贴政策，重点支持就业困难人员实现就业。继续通过失业保险基金安排稳岗返还和技能提升补贴，着力增加就业容量、提升就业质量和高校毕业生就业创业能力。支持健全社保体系。落实企业职工基本养老保险省与市州责任分担机制，跟进做好企业基本养老保险全国统筹工作，健全基本养老、基本医疗保险筹资和待遇调整机制。开展机关事业单位养老保险准备期清算。构建以基本生活救助、专项救助、临时救助为主体的社会救助体系，合理提高城乡低保标准，保障困难群体基本生活。支持健康青海建设。把体现医改核心目标作为资金分配重要因素，引导医疗机构提升服务能力和管理水平。坚持基本医疗卫生事业公益属性，合理确定基本公共卫生服务财政补助标准，加大省级公立医院支持力度，促进市州级医院、人口稠密县区综合医院能力建设和人才培养，增强应对突发公共卫生事件能力。支持教育事业发展。严格落实“一个一般不低于、两个只增不减”要求。支持开展义务教育优质均衡发展试点，完善教育资助政策和生均拨款制度，研究提高涉藏州县学前到高中教育资助标准，做好财力评估。调整教育领域专项资金分配方式，提高资金分配的科学性。支持教育重点项目建设，改善我省高等教育办学条件。支持城乡住房保障。坚持房子是用来住的、不是用来炒的定位，支持构建主体供给、多渠道保障、租购并举的住房制度，不断改善群众住房条件和居住环境。

（五）持续防范化解重大风险。防范化解政府债务风险。严格落实关于防范化解政府性债务风险的意见、财政运行重大风险应急处置办法相关工作要求和既定隐性债务化解方案，切实做到一般债务限额与一般公共预算收入和地方财力水平相适应、专项债务限额与政府性基金预算收入以及项目收益相匹配，坚决遏制隐性债务增量，多措并举化解隐性债务存量，积极稳妥防范化解隐性债务风险，确保总体安全、风险可控。防范化解财政运行风险。落实财政承受能力评估机制，发挥资金安排前置审核效应，充分考虑地方财政承受能力，防止超越经济社会发展阶段提标扩面民生政策和盲目上项目，促进财政可持续运行。继续用好财政资金直达机制，结合实际扩大范围，提高直达资金分配、拨付和使用效率。防范化解国企和金融机构债务风险。压实地方属地责任、部门监管责任和企业主体责任，强化系统思维，加强协调联动，主动盘活存量资产，统筹各方资源抓好风险防范化解工作，牢牢守住不发生系统性区域性财政金融风险的底线。

（六）持续深化财税体制改革。完善转移支付制度体系。进一步厘清省对下财力性转移支付功能定位，建立以均衡性转移支付为主、奖补资金为辅、阶段性财力补助为补充的转移支付体系，推动财力下沉，切实增强基层财政保障能力，提高地区间基本公共服务均等化水平。加快省以下财政体制改革。紧跟中央改革步伐，加快推动构建与政府职能定位、发展需求相匹配的财政事权划分体系。严格按照事权履行支出责任，对市州承担的事权和支出责任，省级应通过对下转移支付、债券转贷等方式支持，防止过度包揽。持续深化预算管理改革。进一步完善预算管理制度，创新管理方式，健全标准体系，优化支出结构，硬化执行约束，扎实推进各项改革任务落地见效。加快预算管理一体化，健全上下级政府预算衔接机制，强化转移支付全流程监控，加强预算指标管理和控制，提升数据共享水平和管理效率。推进税收制度改革。积极跟进国家消费税、水资源税改革动向，持续深化我省改革前期研究，做好改革落地各项准备。跟踪关注房地产税改革试点地区工作情况，积极收集我省房地产市场有关基础数据。

（七）持续提升财政管理水平。深化严肃财经纪律。坚决把严肃财经纪律的各项要求体现到项目决策、预算编制、预算执行、财务管理、风险处置、资产管理、政府采购等各方面全过程。严格执行各项财经法规和管理制度，一切按照制度和规矩办事，坚决维护制度的严肃性，积极开展财经秩序专项整治行动，对违规建设楼堂馆所、发放津贴补贴，以及搞政绩工程、形象工程等严肃查处，坚决追究责任，切实提升制度约束效力，增强各地各部门管财用财水平。做实全过程预算绩效管理。加快制定《青海省预算绩效管理条例》，完善全方位、全过程、全覆盖的预算绩效管理体系。优化综合绩效考评机制，扩大部门评价范围，以3年为周期，实现重点项目部门评价全覆盖，做实绩效结果应用，切实提高财政资源配置效率和使用效益。全面加强财会监管。整合监督评价、会计管理、绩效约束等监管，推进监管方式向信息化转变，强化财会监督与巡视、审计、人大等其他监督有机联动，构建规范、高效的监管体系。加大注册会计师和资产评估等行业领域会计信息质量及会计事务所执业质量检查力度，落实审计报告数据单一来源制度，推动实现“一码通”，从源头治理虚假审计报告现象。

各位代表，2022年全省财政工作任务艰巨繁重。我们将坚持以习近平新时代中国特色社会主义思想为指导，紧紧围绕党中央和省委决策部署，认真落实本次大会决议和要求，牢记职责使命，开拓创新进取，全力以赴完成各项目标任务，为奋力谱写全面建设社会主义现代化国家青海篇章做出新的更大贡献！

青海省2021年国民经济和社会发展统计公报[1]

青 海 省 统 计 局

国家统计局青海调查总队

2022年2月28日

2021年，面对严峻复杂的外部环境和经济恢复发展中的多重矛盾问题，全省各地区、各部门坚持以习近平新时代中国特色社会主义思想为指导，深入贯彻党的十九大和十九届历次全会精神，全面贯彻习近平总书记考察青海重要讲话精神，坚持稳中求进工作总基调，坚决贯彻新发展理念，加快融入新发展格局，统筹疫情防控和经济社会发展，扎实做好“六稳”工作，全面落实“六保”任务，全省经济稳步恢复、稳中向好，增长动能不断积聚，民生福祉持续增进，高质量发展取得积极成效，实现了“十四五”良好开局。

一、综合

根据地区生产总值统一核算结果，全年生产总值[2] 3346.63亿元，按可比价格计算，比上年增长5.7%，2020－2021年两年平均增长3.6%[3]。分产业看，第一产业增加值352.65亿元，比上年增长4.5%，两年平均增长4.5%；第二产业增加值1332.61亿元，增长6.5%，两年平均增长4.5%；第三产业增加值1661.37亿元，增长5.4%，两年平均增长2.7%。第一产业增加值占生产总值的比重为10.5%，第二产业增加值比重为39.8%，第三产业增加值比重为49.7%。

年末常住人口594万人，比上年末增加1万人。按城乡分，城镇常住人口362.5万人，增加6.2万人，占常住人口的比重(常住人口城镇化率)为61.02%，提高0.94个百分点。全年人口出生率11.22‰，比上年低0.21个千分点；人口死亡率6.91‰，比上年高0.26个千分点；人口自然增长率4.31‰，比上年低0.47个千分点。

表1　2021年末常住人口数及其构成

指标名称	人口数(万人)	比重(%)
常住人口	594	100.0
#城镇	362.5	61.02
乡村	231.5	38.98
#男性	299	50.3
女性	295	49.7
#0－15岁	131	22.05
16－59岁	384	64.65
60岁及以上	79	13.30
#65岁及以上	59	9.93

全年城镇新增就业人员6.31万人，城镇登记失业率为1.8%。农牧区劳动力转移就业110.54万人次。农民工94.9万人，比上年增加0.7万人，其中外出农民工66.6万人，本地农民工28.3万人。

全年居民消费价格总水平比上年上涨1.3%。其中，城市上涨1.3%，农村上涨1.5%。

表2　2021年居民消费价格比上年涨跌幅度

指标名称	涨跌幅度(%)
居民消费价格	1.3
食品烟酒	0.1
#食品	－0.7
#粮食	1.0
菜及食用菌	4.8
畜肉类	－8.0
蛋类	16.2
奶类	0.4
干鲜瓜果类	0.3
茶及饮料	－0.3
烟酒	0.9
在外餐饮	2.1
衣着	1.0
居住	1.3
生活用品及服务	－0.1
交通通信	3.7
教育文化娱乐	2.0
医疗保健	2.2
其他用品及服务	－1.2

全年工业生产者出厂价格累计上涨14.5%，工业生产者购进价格上涨11.5%。西宁市新建商品住宅销售价格上涨7.5%，二手住宅销售价格上涨6.3%。

二、种植业和畜牧业

全年粮食作物播种面积302.41千公顷，比上年增加12.38千公顷。其中，小麦种植面积98.82千公顷，增加4.03千公顷；青稞种植面积90.68千公顷，增加7.95千公顷；玉米种植面积22.54千公顷，增加1.17千公顷；豆类种植面积15.10千公顷，增加0.19千公顷；薯类种植面积70.49千公顷，减少2.99千公顷。经济作物中，油料播种面积143.50千公顷，减少0.07千公顷；药材35.97千公顷，减少7.13千公顷（其中枸杞30.51千公顷，减少1.90千公顷）；蔬菜42.30千公顷，减少1.25千公顷；青饲料50.50千公顷，增加4.31千公顷。全年粮食产量109.09万吨，比上年增产1.67万吨；单位面积产量3607公斤/公顷。

表3　2021年主要农产品产量及其增长速度

指标名称	产量（万吨）	比上年增长（%）
粮食	109.09	1.6
#小麦	38.73	3.1
玉米	15.26	3.2
青稞	20.48	6.8
豆类	3.52	-0.6
马铃薯	30.18	-5.2
油料	31.88	5.5
蔬菜及食用菌	150.14	-0.8
枸杞	8.89	-3.4
瓜果类	1.46	持平
园林水果	1.50	3.3
水产品	1.90	3.8

年末牛存栏642.40万头，比上年末下降1.5%；羊存栏1385.95万只，增长3.2%；生猪存栏77.20万头，增长7.1%；家禽存栏149.27万只，下降15.0%。全年牛出栏200.29万头，比上年增长6.0%；羊出栏672.72万只，下降13.0%；生猪出栏72.38万头，增长61.1%；家禽出栏162.19万只，下降26.0%。全年猪牛羊禽肉产量39.85万吨，比上年增长8.6%。

表4　2021年主要畜产品产量及其增长速度

指标名称	产量（万吨）	比上年增长（%）
猪牛羊禽肉	39.85	8.6
#猪肉	5.96	59.4
牛肉	21.25	10.5
羊肉	12.32	-7.5
禽肉	0.32	-22.0
奶类	35.39	-3.3
禽蛋	1.37	-2.1

三、工业和建筑业

全年全部工业增加值953.08亿元，比上年增长8.8%。规模以上工业[4]增加值比上年增长9.2%，两年平均增长4.4%。在规模以上工业中，分经济类型看，国有控股企业增加值增长7.1%；股份制企业增长8.5%，外商及港澳台商投资企业增长29.6%；私营企业增长22.6%。分门类看，采矿业增加值下降8.5%，制造业增长17.5%，电力、热力、燃气及水生产和供应业增长7.0%。

表5　2021年规模以上工业主要行业增加值增长速度

指标名称	比上年增长（%）
煤炭开采和洗选业	-27.7
石油和天然气开采业	-3.3
黑色金属矿采选业	8.1
有色金属矿采选业	-14.1
非金属矿采选业	-10.3
开采专业及辅助性活动	10.3
农副食品加工业	-4.9
食品制造业	-5.5
酒、饮料和精制茶制造业	16.4
石油、煤炭及其他燃料加工业	-15.2
化学原料和化学制品制造业	22.6
医药制造业	6.0
非金属矿物制品业	0.3
黑色金属冶炼和压延加工业	12.0
有色金属冶炼和压延加工业	14.8
金属制品业	7.8
通用设备制造业	-37.6
电气机械和器材制造业	29.4
计算机、通信和其他电子设备制造业	91.3
金属制品、机械和设备修理业	-16.0
电力、热力生产和供应业	6.9
燃气生产和供应业	8.3
水的生产和供应业	12.8

表6　2021年规模以上工业主要产品产量及其增长速度

指标名称	计量单位	产量	比上年增长（%）
原煤	万吨	1109.24	1.6
焦炭	万吨	157.71	-13.6
天然气	亿立方米	62	-3.1
原油	万吨	234	2.4
原油加工量	万吨	141	-6.0
原盐	万吨	348.02	-23.2
乳制品	万吨	10.32	14.6
饮料酒	千升	33266	27.1
纯碱（碳酸钠）	万吨	462.06	11.7
精甲醇	万吨	36.80	7.2
钾肥（实物量）	万吨	743.39	-5.3
单晶硅	吨	12265	293.6
多晶硅	吨	24032	4.3
中成药	吨	1499	34.4
平板玻璃	万重量箱	241.86	225.3
水泥	万吨	1099.54	-9.6
钢材	万吨	181.99	-3.8
铁合金	万吨	151.63	22.2
精炼铜（电解铜）	万吨	11.33	34.4
原铝（电解铝）	万吨	266.31	11.4
铝材	万吨	149.98	0.1
光纤	万千米	584.25	91.0
碳酸锂	吨	51227	25.4
铜箔	吨	28377	75.4
发电量	亿千瓦时	887.14	1.1
#水力	亿千瓦时	476.57	-16.7
太阳能	亿千瓦时	163.85	23.3
火力	亿千瓦时	149.94	43.6
风力	亿千瓦时	96.78	41.8

规模以上工业优势产业中，新材料产业增加值比上年增长55.3%，装备制造业[5]增加值增长40.1%，盐湖化工产业增加值增长37.0%，新能源产业增加值增长31.9%，煤化工产业增加值增长21.0%，有色金属产业增加值增长14.8%，钢铁产业增加值增长12.0%，油气化工产业增加值增长11.1%，生物产业增加值增长7.3%。高技术制造业[6]增加值增长43.3%，占规模以上工业增加值的9.9%。

全年规模以上工业企业利润总额301.62亿元，比上年增长2.1倍。国有控股企业利润197.75亿元，增长1.6倍。股份制企业利润301.58亿元，增长1.9倍；外商及港澳台商投资企业利润17.23亿元，增长3.1倍。全年规模以上工业企业每百元营业收入中的成本为78.85元，比上年下降3.86元；营业收入利润率为9.5%，提高5.5个百分点。

全年建筑业增加值379.53亿元，按可比价格计算，比上年增长1.3%。年末具有资质等级的总承包和专业承包建筑业企业476个，比上年末增加25个；全年实现利润14.92亿元，比上年增长60.8%。全年房屋建筑施工面积935.52万平方米，比上年增长0.9%；竣工面积277.08万平方米，下降22.1%。

四、服务业

全年批发和零售业增加值194.02亿元，比上年增长9.5%；住宿和餐饮业增加值44.99亿元，增长7.1%；交通运输、仓储和邮政业增加值140.82亿元，增长17.1%；房地产业增加值149.85亿元，增长0.6%；信息传输、软件和信息技术服务业增加值75.30亿元，增长17.9%；金融业增加值274.99亿元，下降1.2%。

年末铁路营运里程2854公里，其中高速铁路[7]218公里。公路通车里程8.62万公里，比上年末增加0.1万公里，其中高速公路[8]4101公里。民航通航里程14.57万公里[9]。

表7　2021年各种运输方式完成客货运输量及其增长速度

指标名称	计量单位	运输量	比上年增长(%)
货物运输量[10]	万吨	18040.87	24.3
铁路	万吨	3734.67	8.1
公路	万吨	14082.67	30.0
民航	吨	36061.87	-22.1
#出港货邮	吨	18210.56	-19.0
管道[11]	万吨	219.92	1.4
旅客运输量	万人	3155.19	-34.4
铁路	万人	821.30	7.8
公路	万人	1589.91	-52.0
民航	万人	680.96	0.9
#出港旅客	万人	359.33	2.1
水路	万人	63.02	5.9

全年邮政业务量[12]10.90亿元，比上年增长20.6%。邮政业完成函件业务145.53万件；包裹业务13.96万件；快递业务量3686.81万件，增长56.3%；快递业务收入10.09亿元，增长31.4%。全年电信业务量[13]84.69亿元，比上年增长23.8%。年末移动电话用户680.48万户，比上年末增加21.11万户，其中5G移动电话用户[14]249.73万户，增长1.1倍；移动电话普及率114.56部/百人。固定电话用户136.27万户，增加4.18万户。固定互联网宽带接入用户[15]209.36万户，增加27.39万户。移动宽带用户[16]698.04万户，增长23.6%。移动互联网接入流量13.60亿G，增长29.2%。

五、固定资产投资

全年固定资产投资[17]比上年下降2.9%。按产业分，第一产业投资下降16.0%，第二产业投资下降9.0%，第三产业投资增长0.9%。工业投资下降8.9%。民间投资[18]增长17.9%。基础设施投资[19]下降6.6%。

表8　2021年分行业固定资产投资增长速度

指标名称	比上年增长(%)
农林牧渔业	-16.0
采矿业	22.8
制造业	13.1
电力、热力、燃气及水生产和供应业	-18.5
建筑业	-56.1
批发和零售业	20.1
交通运输、仓储和邮政业	8.0
住宿和餐饮业	12.5
信息传输、软件和信息技术服务业	-7.7
金融业	122.3
房地产业	6.9
租赁和商务服务业	-46.1
科学研究和技术服务业	12.1
水利、环境和公共设施管理业	-0.8
居民服务、修理和其他服务业	-27.1
教育	-2.7
卫生和社会工作	31.7
文化、体育和娱乐业	-57.6
公共管理、社会保障和社会组织	-34.2

在固定资产投资中，战略性新兴产业[20]投资比上年下降15.6%。高技术制造业投资增长1.3倍。新能源产业投资增长15.2%，新材料产业投资增长6.2%。

全年房地产开发投资比上年增长5.0%。其中，商品住宅投资增长19.9%；商业营业用房投资下降9.7%。

表 9　2021 年房地产开发和销售主要指标及其增长速度

指标名称	比上年增长(%)
房屋施工面积	15.5
#住宅	19.6
竣工房屋面积	4.0
#住宅	19.2
商品房销售面积	-17.8
#住宅	-21.8
本年到位资金	-3.0
#国内贷款	24.3
个人按揭贷款	-0.3

六、国内贸易

全年社会消费品零售总额 947.84 亿元，比上年增长 8.0%。按规模分，限额以上企业（单位）[21]零售额 354.26 亿元，增长 2.3%；限额以下单位（个体户）零售额 593.58 亿元，增长 10.0%。按经营地分，城镇消费品零售额 771.99 亿元，增长 7.7%，其中城区消费品零售额 504.65 亿元，增长 7.4%；乡村消费品零售额 175.84 亿元，增长 9.4%。按消费类型分，商品零售 869.79 亿元，增长 7.1%；餐饮收入 78.05 亿元，增长 20.3%。

表 10　2021 年限额以上批发和零售业主要商品分类零售额及其增长速度

指标名称	零售额（亿元）	比上年增长（%）
石油及制品类	137.66	13.7
汽车类	117.26	-4.8
#新能源汽车	1.25	58.6
粮油、食品类	19.52	-6.2
服装、鞋帽、针纺织品类	14.36	-8.3
中西药品类	11.12	1.8
烟酒类	7.32	25.1
家用电器和音像器材类	6.25	-19.4
通讯器材类	5.56	1.4
#智能手机	3.97	-10.0
化妆品类	5.22	3.5
日用品类	4.93	-10.5
金银珠宝类	3.28	16.2
文化办公用品类	2.95	51.9
#计算机及其配套产品	2.39	73.5
饮料类	1.87	-2.6
家具类	1.38	17.2
书报杂志类	1.26	-14.6
通过公共网络实现的商品零售额	2.94	12.8

七、对外经济

全年货物贸易进出口总值 31.3 亿元，比上年增长 36.4%。其中，出口总值 17.0 亿元，增长 38.9%；进口总值 14.3 亿元，增长 33.6%。

表 11　2021 年主要商品分类进出口值及其增长速度

指标名称	绝对数（亿元）	比上年增长（%）
出口	17.0	38.9
#机电产品	1.5	-34.0
焦炭及半焦炭	2.28	236.1
硅铁（按重量记含硅量 >55%）	1.83	95.4
未漂白或漂白桑蚕丝机织物（含丝≥85%）	1.02	205.6
冻鳟鱼	1.01	620.9
进口	14.3	33.6
#铜矿砂及其精矿	2.52	-48.9
机电产品	1.4	37.3

表 12　2021 年对主要国家进出口值及其增长速度

指标名称	绝对数（亿元）	比上年增长（%）
出口	17.0	38.9
#南非	2.20	635.5
日本	1.68	106.8
巴基斯坦	1.26	155
哈萨克斯坦	1.11	-
俄罗斯联邦	1.05	574.6
进口	14.3	33.6
#秘鲁	3.28	195.1
南非	2.99	1655.3
布基纳法索	2.13	-
菲律宾	0.98	222.6

全年合同使用外商直接投资项目 23 个；合同使用外商直接投资额 9.85 亿美元，比上年增长 16.6 倍；实际使用外商直接投资额 321.0 万美元，下降 87.4%。全年对外承包工程业务完成营业额 2.01 亿美元，增长 13.8%，对外劳务合作派出各类劳务人员 296 人。

八、财政和金融

全年一般公共预算收入 514.65 亿元，比上年增长 11.4%。其中，地方一般公共预算收入 328.76 亿元，增长 10.3%；上划中央收入 185.88 亿元，增长 13.3%。地方一般公共预算收入中税收收入 234.72 亿元，增长 10.1%。其中，增值税 99.54 亿元，增长 4.8%；企业所得税 33.30 亿元，增长 15.6%；个人所得税 9.16 亿元，增长 18.9%；资源税 22.63 亿元，下降 8.6%；城市维护建设税 15.93 亿元，增长 14.1%。

全年一般公共预算支出 1853.77 亿元，比上年下降 4.1%。其中，科学技术支出增长 15.3%，卫生健康支出增长

1.9%，教育支出增长1.6%，一般公共服务支出下降0.6%，社会保障和就业支出下降1.7%，节能环保支出下降1.9%，农林水支出下降10.3%，文化旅游体育与传媒支出下降19.5%，交通运输支出下降20.0%，城乡社区支出下降24.1%。

年末金融机构人民币各项存款余额6728.79亿元，比上年末增长6.8%。其中，住户存款余额2967.75亿元，增长9.0%；非金融企业存款余额1374.68亿元，增长0.4%。金融机构人民币各项贷款余额6818.43亿元，比上年末增长3.7%。其中，住户贷款余额1406.26亿元，增长20.4%；企(事)业单位贷款余额5412.16亿元，增长0.1%。

全年保险公司原保险保费收入[22]106.89亿元，比上年增长3.1%。其中，寿险保费收入41.93亿元，增长4.5%；财产险保费收入44.86亿元，增长2.9%；健康险和意外伤害险保费收入20.10亿元，增长0.8%。全年保险赔付额38.78亿元，比上年增长11.1%。其中，寿险赔付额6.31亿元，下降3.5%；财产险赔付额25.81亿元，增长14.8%；健康险和意外伤害险赔付额6.66亿元，增长13.3%。

年末全省境内上市公司11家，比上年末减少1家；总股163.03亿股，下降2.1%；股票总市值3507.59亿元，增长1.6倍。

九、居民收入消费和社会保障

全年全体居民人均可支配收入25919元，比上年增长7.8%。城镇居民人均可支配收入37745元，增长6.3%；农村居民人均可支配收入13604元，增长10.2%。城乡居民人均收入比(以农村居民人均收入为1)为2.77，比上年缩小0.11。

表13　2021年居民人均可支配收入及其增长速度

指标名称	绝对量（元）	比上年增长（%）
全体居民人均可支配收入	25919	7.8
#工资性收入	14967	7.9
经营净收入	4160	10.0
财产净收入	1026	-2.0
转移净收入	5767	8.1
城镇居民人均可支配收入	37745	6.3
#工资性收入	24732	5.0
经营净收入	3060	13.4
财产净收入	1651	-1.0
转移净收入	8301	9.3
农村居民人均可支配收入	13604	10.2
#工资性收入	4796	19.7
经营净收入	5304	8.6
财产净收入	376	-9.3
转移净收入	3128	3.0

全年全体居民人均生活消费支出19020元，比上年增长4.0%。城镇居民人均生活消费支出24513元，增长0.8%；农村居民人均生活消费支出13300元，增长9.6%。居民恩格尔系数为30.8%，其中城镇为30.1%，农村为31.9%。

表14　2021年居民人均生活消费支出及其增长速度

指标名称	绝对量（元）	比上年增长（%）
全体居民人均生活消费支出	19020	4.0
#食品烟酒	5850	12.0
衣着	1359	4.4
居住	3580	-1.1
生活用品及服务	1119	4.3
交通通信	3109	-0.4
教育文化娱乐	1627	7.0
医疗保健	1938	-1.9
其他用品及服务	438	-2.4
城镇居民人均生活消费支出	24513	0.8
#食品烟酒	7389	9.4
衣着	1792	1.2
居住	4755	-5.9
生活用品及服务	1546	2.4
交通通信	3928	-3.6
教育文化娱乐	2099	2.8
医疗保健	2454	-2.8
其他用品及服务	549	-5.8
农村居民人均生活消费支出	13300	9.6
#食品烟酒	4248	15.9
衣着	907	10.2
居住	2357	9.4
生活用品及服务	674	7.2
交通通信	2255	5.0
教育文化娱乐	1136	14.8
医疗保健	1401	-1.1
其他用品及服务	322	3.4

年末养老保险参保人数431.58万人，比上年末增加11.11万人。其中，企业职工基本养老保险参保人数135.29万人，增加10.15万人；城乡居民基本养老保险参保人数262.63万人，增加0.38万人；机关事业单位养老保险参保人数33.66万人，增加0.58万人。医疗保险参保人数566.96万人，比上年末增加3.69万人。其中，城镇职工医疗保险参保人数114.83万人，增加6.29万人；城乡居民医疗保险参保人数452.13万人，减少2.60万人。失业保险参保人数55.00万人，比上年末增加8.52万人，其中农民工参保人数0.39万人。工伤保险参保人数95.93万人，比上年末增加10.03万人，其中农民工参保人数29.96万人。生育保险参保人数68.40万人，比上年末增加4.24万人。年末享受城镇居民最低生活保障人数5.91万人，享受农村最低生活保障人数28.7万人。城市居民最低生活保障标准为8064元/年，比上年增长5.0%；农村居民最低生活保障标准为5184元/年，增长8.0%。

年末共有各类提供住宿的社会服务机构112个，比上年末增加30个，其中养老服务机构91个，增加27个。社会服务床位[23]11608张，增加3484张，其中养老服务床位9553张，增加3454张。社区服务中心51个，社区服务站4806个。

十、科学技术和教育

全年取得省部级以上科技成果[24]898项，其中，基础理论成果235项，应用技术成果635项，软科学成果28项。国家级科技企业孵化器[25]7家，国家备案众创空间[26]13家。专利授权6591件，比上年增加1898件，其中发明专利授权454件，增加121件。签订技术合同1275项，比上年增加202项；技术合同成交金额14.1亿元，增长33.5%。年末共有新一代天气雷达站3个，卫星地面接收站3个，地震台站139个，地震遥测台网4个。

全年学前教育毛入园率92.3%，比上年提高0.5个百分点；学龄儿童入学率99.8%，与上年持平；普通初中毛入学率119.0%；九年义务教育巩固率97.1%，提高0.04个百分点；高中阶段毛入学率92.7%，提高0.9个百分点。全年研究生教育招生3443人，在校生8800人，毕业生1896人。普通高等教育招生3.23万人，在校生9.49万人，毕业生2.64万人。中等职业教育招生3.13万人，在校生8.91万人，毕业生2.41万人。普通高中招生4.57万人，在校生13.14万人，毕业生4.18万人。初中学校招生7.49万人，在校生22.22万人，毕业生7.60万人。普通小学招生8.65万人，在校生51.77万人，毕业生7.59万人。特殊教育招生277人，在校生1882人，毕业生478人。幼儿园在园幼儿22.80万人。

十一、文化旅游和体育

年末有艺术表演团体12个，文化馆46个，文化站388个，公共图书馆50个，博物馆24个，档案馆54个。广播综合人口覆盖率99.1%，与上年末持平；电视综合人口覆盖率99.2%，比上年末提高0.1个百分点。全年出版杂志232万册、报纸7332万份、图书1461万册(张)，其中少数民族文字图书293万册(张)。

全年接待国内外游客3973.42万人次，比上年增长20.0%。其中，国内游客3972.52万人次，增长20.0%；入境游客8992人次。实现旅游总收入349.90亿元，增长20.7%。其中，国内旅游收入349.69亿元，增长20.7%；旅游外汇收入307.87万美元。

年末有等级运动员238人，比上年末减少130人，其中，一级运动员81人，二级运动员157人。全年参加国内外比赛700人次，共获得第一名25个、第二名28个、第三名22个、四至八名95个。

十二、能源、环境和应急管理

全年原煤消费量1565.97万吨，比上年增长23.4%；天然气消费量25.50亿立方米，增长3.8%；电力消费量719.93亿千瓦时，增长14.8%；原油消费量143.47万吨，下降5.9%。全年规模以上工业企业综合能源消费量比上年增长14.8%。主要耗能工业企业单位电解铝综合能耗下降1.0%，硅铁工序单位能耗下降3.3%，吨水泥综合能耗下降1.4%。

年末有自然保护区11个，面积22.32万平方公里，其中国家级自然保护区7个，面积21.28万平方公里。森林面积538.1万公顷，森林覆盖率7.5%。湿地面积[27]814.36万公顷，其中自然湿地面积800.1万公顷。国家重点公益林管护面积397.53万公顷，天然林保护面积359.43万公顷，累计治理水土流失面积338.56平方公里。全年全民义务植树1910万株。全年空气质量优良天数比例为95.6%。地表水国考断面水质优良比例为100%，湟水河出省境断面平均水质达到Ⅲ类。

全年各类生产安全事故死亡257人，比上年增加17人。工矿商贸事故死亡98人，增加32人。道路交通事故1822起，增加198起；死亡524人，减少3人。火灾1913起，增加318起。

注释：

[1]本公报中2021年数据均为初步统计数，增速按同口径计算。个别数据因四舍五入的原因，存在与分项合计不等的情况。

[2]生产总值、各产业增加值按国家统计局2018年修订的《三次产业划分规定》口径统计，绝对数按现价计算，增长速度按不变价格计算。根据第四次全国经济普查结果对历史数据进行了修订。

[3]两年平均增速是指以2019年相应同期数为基数，采用几何平均的方法计算的增速。

[4]规模以上工业企业统计口径为年主营业务收入2000万元及以上的工业企业。

[5]装备制造业包括金属制品业，通用设备制造业，专用设备制造业，汽车制造业，铁路、船舶、航空航天和其他运输设备制造业，电气机械及器材制造业，计算机、通信和其他电子设备制造业，仪器仪表制造业。

[6]按照《高技术产业(制造业)分类(2017)》，高技术制造业是指国民经济行业中R&D投入强度相对高的制造业行业，包括：医药制造，航空、航天器及设备制造，电子及通信设备制造，计算机及办公设备制造，医疗仪器设备及仪器仪表制造，信息化学品制造等6大类。

[7]高速铁路是指最高营运速度达到200公里/小时及以上的铁路。

[8]高速公路含一级公路。

[9]民航通航里程为扣除停航站点的里程数。

[10]货物运输量含管道运输量。

[11]管道运输量仅指原油运输量。

[12]邮政业务总量按2020年不变价格计算。

[13]电信业务总量按2020年不变价格计算。

[14]5G移动电话用户是指报告期末在计费系统拥有使用信息，占用5G网络资源的在网用户。统计口径为5G终端用户。

[15]固定互联网宽带接入用户是指报告期末在电信企

业登记注册，通过 xDSL、FTTx + LAN、FTTH/0 以及其他宽带接入方式和普通专线接入公众互联网的用户。

［16］移动宽带用户是指报告期末在计费系统拥有使用信息、占用4G、5G 网络资源的在网用户。

［17］固定资产投资统计口径为计划投资 500 万元及以上固定资产项目投资及所有房地产开发项目投资。

［18］民间固定资产投资是指具有集体、私营、个人性质的内资企事业单位以及由其控股（包括绝对控股和相对控股）的企业单位建造或购置固定资产的投资。

［19］基础设施投资是指建造或购置为社会生产和生活提供基础性、大众性服务的工程和设施的支出。本文中的基础设施投资包括电力、热力、燃气及水生产和供应业，交通运输和邮政业，信息传输服务业，水利、环境和公共设施管理业投资。

［20］根据《国务院关于加快培育和发展战略性新兴产业的决定》（国发〔2010〕32 号）的精神和国家统计局制定的《战略性新兴产业分类（2018）》标准确定。战略性新兴产业是以重大技术突破和重大发展需求为基础，对经济社会全局和长远发展具有重大引领带动作用，知识技术密集、物质资源消耗少、成长潜力大、综合效益好的产业，包括：新一代信息技术产业、高端装备制造产业、新材料产业、生物产业、新能源汽车产业、新能源产业、节能环保产业、数字创意产业、相关服务业等 9 大领域。

［21］限额以上企业（单位）包含限额以上批发业（年主营业务收入在2000 万元及以上的批发业企业和单位）、限额以上零售业（年主营业务收入在500 万元及以上的零售业企业和单位）和限额以上住宿、餐饮业（年主营业务收入在200万元及以上的住宿、餐饮业企业和单位）。

［22］原保险保费收入是指保险企业确认的原保险合同保费收入。

［23］社会服务床位数除收养性机构外，还包括救助类机构、社区类机构的床位。

［24］省部级以上科技成果为 2020 年 11 月 1 日至 2021 年 12 月 31 日数据。

［25］国家级科技企业孵化器是指符合《科技企业孵化器管理办法》规定的，以促进科技成果转化、培育科技企业和企业家精神为宗旨，提供物理空间、共享设施和专业化服务的科技创业服务机构，且经过科技部批准认定的科技企业孵化器。

［26］国家备案众创空间是指符合《发展众创空间工作指引》规定的新型创新创业服务平台，且按照《国家众创空间备案暂行规定》经科技部火炬中心审核备案的众创空间。

［27］湿地面积为 2012 年开展的全国第二次湿地资源调查数据。

资料来源：

本公报中城镇新增就业人员、城镇登记失业率、农牧区劳动力转移就业人数和养老、失业、工伤保险数据来自省人力资源和社会保障厅；农民工、价格、城乡居民收支、畜牧业全部数据及种植业中部分数据来自国家统计局青海调查总队；铁路营运里程及铁路客货运输量来自中国铁路青藏集团有限公司；公路通车里程及公路、水路客货运输量来自省交通运输厅；民航通航里程及民航客货运输量来自西部机场集团青海机场有限公司；管道运输量数据来自中石油天然气股份有限公司青海油田分公司；邮政业务数据来自省邮政管理局和省邮政公司；电信业务数据来自省通信管理局；货物进出口数据来自西宁海关；外资项目、外商直接投资、对外承包工程、劳务合作数据来自省商务厅；财政数据来自省财政厅；金融业数据来自中国人民银行西宁中心支行；保险业数据来自中国银行保险监督管理委员会青海监管局；境内上市公司及股票数据来自中国证券监督管理委员会青海监管局；医疗和生育保险数据来自省医疗保障局；城乡最低生活保障、社会服务机构数据来自省民政厅；科技数据来自省科学技术厅；专利数据来自省知识产权局；新一代天气雷达站、卫星地面接收站数据来自省气象局；地震台站和遥测台网数据来自省地震局；教育数据来自省教育厅；艺术表演团体、文化馆、公共图书馆、博物馆和旅游数据来自省文化和旅游厅；档案馆数据来自省档案局；广播、电视数据来自省广播电视局；报纸、杂志、图书出版数据来自省委宣传部；体育数据来自省体育局；自然保护区、森林、湿地、国家重点公益林管护、天然林保护、全民义务植树数据来自省林业和草原局；治理水土流失面积来自省水利厅、省农业农村厅、省林业和草原局；空气优良天数比例、地表水国考断面水质优良比例、湟水河出省境断面水质数据来自省生态环境厅；生产安全数据来自省应急管理厅；火灾数据来自省消防救援总队；道路交通事故数据来自省公安厅交通警察总队；其他数据均来自省统计局。

第2篇

CHAPTER 2

综　合

General Survey

2-1 各部门机构数

Number of Agencies of Various Departments

单位：个 (unit)

部 门	Department	机构数 Number of Agencies 2020	2021
农村基层单位	**Rural Grass-roots Units**		
乡政府	Township Governments	223	223
镇政府	Town Governments	144	144
村民委员会	Village Committees	4156	4148
乡村户数（万户）	Number of Rural Households (10 000 Households)	101.6	101.6
规模以上工业企业	**Industrial Enterprises above Designated Size**	**580**	**632**
大型企业	Large Enterprises	24	27
中型企业	Medium-sized Enterprises	62	54
小型企业	Small Business	378	403
微型企业	Micro Enterprises	116	148
国有控股企业	State-holding Enterprises	174	199
建筑业企业	**Construction Enterprises**	**451**	**476**
卫生事业	**Health Care**		
医院、卫生院	Hospital and Health Centers	628	634
妇幼保健院(所、站)	Maternal and Child Care Centers	52	52
教育事业	**Education**		
普通高等学校	Institutions of Higher Education	12	12
中等职业教育学校	Secondary Vocational Schools	33	33
普通中学	Regular Secondary Schools	369	373
普通小学	Primary Schools	733	729
学前教育	Pre-school Education	1824	1881
科技机构	**Science and Technology Institutions**		
艺术事业	**Art**	**23**	**23**
艺术表演团体	Art Performing Troupes	12	12
公共图书馆	**Public Libraries**	**50**	**50**
群众文化事业	**Mass Culture**	**442**	**442**
群众艺术馆	Mass Art Centers	8	8
文化馆	Cultural Centers	46	46
文化站	Cultural Stations	388	388
艺术教育事业	**Art Education Units**	**1**	**1**
文物事业	**Cultural Relics**	**54**	**54**
博物馆	Museums	24	24
文物机构	Cultural Relics Institutions	29	29

2-2　青海省行政区划(2021年底)

单位：(个)

区划名称 Administrative Division Name		地级区划数 of Regions at Prefecture Level	市 Citys at Prefecture Level	自治州 Autonomous Prefecture	县级区划数 Number of Regions at County Level	市辖区 Districts under the Jurisdiction of Citys	县级市 Citys at County Level	县 Counties	自治县 Autonomous County	行委 Executive Committee
合　计	**Total**	**8**	**2**	**6**	**45**	**7**	**5**	**25**	**7**	**1**
西宁市	**Xining City**	**1**	**1**		**7**	**5**		**1**	**1**	
城东区	Chengdong District				1	1				
城中区	Chengzhong District				1	1				
城西区	Chengxi District				1	1				
城北区	Chengbei District				1	1				
湟中区	Huangzhong District				1	1				
大通回族土族自治县	Datong Hui &Tu Autonomous County				1				1	
湟源县	Huangyuan County				1			1		
海东市	**Haidong City**	**1**	**1**		**6**	**2**			**4**	
乐都区	Ledu District				1	1				
平安区	Ping'an District				1	1				
民和回族土族自治县	Minhe Hui &Tu Autonomous County				1				1	
互助土族自治县	Huzhu Tu Autonomous County				1				1	
化隆回族自治县	Hualong Hui Autonomous County				1				1	
循化撒拉族自治县	Xunhua Salar Autonomous County				1				1	
海北藏族自治州	**Haibei Zang A.P**	**1**		**1**	**4**			**3**	**1**	
门源回族自治县	Menyuan Hui Autonomous County				1				1	
祁连县	Qilian County				1			1		
海晏县	Haiyan County				1			1		
刚察县	Gangcha County				1			1		
黄南藏族自治州	**Huangnan Zang A.P**	**1**		**1**	**4**		**1**	**2**	**1**	
同仁市	Tongren City				1		1			
尖扎县	Jianzha County				1			1		
泽库县	Zeku County				1			1		
河南蒙古族自治县	Henan Mongolian Autonomous County				1				1	

①本表数据来源于青海省民政厅。
②海西州村级区划数中居委会总数含2020年8月青海油田公司因国有企业剥离办社会职能成立的8个社区。
③海西蒙古族藏族自治州下辖大柴旦行政委员会(县级)，为海西州人民政府派出机构，民政部在行政区划统计中暂将大柴旦行政委员会下辖柴旦镇和锡铁山镇行政区划代码归属到天峻县。

Administrative Division of Qinghai Province(End of 2021)

(unit)

乡镇级区划数						村级区划数		
Number of Regions at Townships Level	街道 Street Communities	镇 Towns	乡 Township	民族乡 Nationality Town	行委 Executive Committee	Number of Regions at Townships Level	居委会 Neighborhood Committees	村委会 Village Committees
404	**42**	**140**	**194**	**28**		**4664**	**515**	**4149**
75	**25**	**27**	**17**	**6**		**1093**	**176**	**917**
9	7	2				59	39	20
8	7	1				61	29	32
8	7	1				43	31	12
6	4	2				69	31	38
15		10	2	3		396	16	380
20		9	9	2		311	22	289
9		2	6	1		154	8	146
95	**5**	**31**	**40**	**19**		**1654**	**67**	**1587**
20	2	6	9	3		368	14	354
8	2	1		5		116	5	111
22		8	13	1		329	17	312
19	1	7	9	2		309	15	294
17		6	7	4		372	10	362
9		3	2	4		160	6	154
30		**11**	**17**	**2**		**241**	**27**	**214**
12		4	7	1		117	8	109
7		3	4			50	5	45
6		2	3	1		36	7	29
5		2	3			38	7	31
33		**12**	**21**			**292**	**30**	**262**
11		3	8			80	8	72
9		3	6			97	10	87
7		4	3			72	8	64
6		2	4			43	4	39

❶Data in this table is from Department of Qinghai Provincial Civil Affairs.

❷The total number of neighborhood committees in the Haixizhou village-level zoning includes 8 communities established by Qinghai Oilfield Company on August,2020 due to the divestiture of social functions by state-owned enterprises.

❸ The Dachaidan Administrative Committee (county level) under the jurisdiction of Haixi Mongolian and Tibetan Autonomous Prefecture is an agency dispatched by the people's Government of Haixi Prefecture. The Ministry of Civil Affairs has temporarily assigned the administrative division codes of Chaidan town and Xitieshan town under the Dachaidan administrative committee to Tianjun County in the administrative division statistics.

2-2 续表

单位：(个)

区划名称	Administrative Division Name	地级区划数 of Regions at Prefecture Level	市 Citys at Prefecture Level	自治州 Autonomous Prefecture	县级区划数 Number of Regions at County Level	市辖区 Districts under the Jurisdiction of Citys	县级市 Citys at County Level	县 Counties	自治县 Autonomous County	行委 Executive Committee
合　计	**Total**	**8**	**2**	**6**	**45**	**7**	**5**	**25**	**7**	**1**
海南藏族自治州	**Hainan Zang A.P**	**1**		**1**	**5**			**5**		
共和县	Gonghe County				1			1		
同德县	Tongde County				1			1		
贵德县	Guide County				1			1		
兴海县	Xinghai County				1			1		
贵南县	Guinan County				1			1		
果洛藏族自治州	**Golog Zang A.P**	**1**		**1**	**6**			**6**		
玛沁县	Maqin County				1			1		
班玛县	Banma County				1			1		
甘德县	Gande County				1			1		
达日县	Dari County				1			1		
久治县	Jiuzhi County				1			1		
玛多县	Maduo County				1			1		
玉树藏族自治州	**Yushu Zang A.P**	**1**		**1**	**6**		**1**	**5**		
玉树市	Yushu City				1		1			
杂多县	Zaduo County				1			1		
称多县	Chengduo County				1			1		
治多县	Zhiduo County				1			1		
囊谦县	Nangqian County				1			1		
曲麻莱县	Qumalai County				1			1		
海西蒙古族藏族自治州	**Haixi Mongolian & Zang A.P**	**1**		**1**	**7**		**3**	**3**		**1**
格尔木市	Geermu City				1		1			
德令哈市	Delingha City				1		1			
茫崖市	Mangya City				1		1			
乌兰县	Wulan County				1			1		
都兰县	Dulan County				1			1		
天峻县	Tianjun County				1			1		
大柴旦行政委员会	Dachaidan Executive Committee				1					1

Continued

(unit)

乡镇级区划数						村级区划数		
Number of Regions at Townships Level	街道 Street Communities	镇 Towns	乡 Township	民族乡 Nationality Town	行委 Executive Committee	Number of Regions at Townships Level	居委会 Neighborhood Committees	村委会 Village Committees
404	**42**	**140**	**194**	**28**		**4664**	**515**	**4149**
36		**19**	**16**	**1**		**482**	**56**	**426**
11		7	4			117	18	99
5		2	3			84	11	73
7		4	2	1		133	11	122
7		3	4			64	7	57
6		3	3			84	9	75
44		**8**	**36**			**206**	**18**	**188**
8		2	6			43	8	35
9		1	8			34	2	32
7		1	6			38	2	36
10		1	9			35	2	33
6		1	5			24	2	22
4		2	2			32	2	30
48	**4**	**11**	**33**			**312**	**54**	**258**
11	4	2	5			80	18	62
8		1	7			40	9	31
7		5	2			65	8	57
6		1	5			26	6	20
10		1	9			77	8	69
6		1	5			24	5	19
43	**8**	**21**	**14**			**384**	**87**	**297**
9	5	2	2			75	31	44
7	3	3	1			60	18	42
3		3				12	9	3
4		4				44	6	38
8		4	4			114	8	106
12		5	7			64	2	62
						7	5	2

2-3 主要年份国民经济和社会发展总量与速度指标

指 标	Item	总量指标			
		2000	2005	2010	2015
国民经济核算 (亿元)	**National Accounting (100 million yuan)**				
生产总值	Gross Domestic Product	263.68	499.42	1144.18	2011.02
第一产业	Primary Industry	40.12	62.80	132.58	208.93
第二产业	Secondary Industry	80.90	190.29	444.22	761.13
第三产业	Tertiary Industry	142.66	246.33	567.38	1040.96
固定资产投资增速 (%)	**Investment in Fixed Assets (%)**				
全社会固定资产投资增速	Growth Rate of Total Investment in Fixed Assets	20.8	11.7	16.5	8.9
财政 (亿元)	**Government Finance (100 million yuan)**				
地方财政收入	Local Government Revenue	16.58	33.82	110.22	267.13
财政支出	Government Expenditures	68.26	169.75	743.40	1515.16
物价总指数 (上年=100)	**Price Indices (preceding year=100)**				
商品零售价格总指数	Retail Price Index	99.0	100.7	104.3	101.0
居民消费价格总指数	Consumer Price Index	99.5	100.8	105.4	102.6
农业生产资料价格总指数	Price Indices of Agricultural Means of Production	100.7	106.5	103.5	100.8
利用外资 (亿美元)	**Utilization of Foreign Capital (USD 100 million)**				
合同利用外资额	Signed an Agreement for Use of Foreign Capital	1.53	3.56	3.17	1.60
能源生产与消费(万吨标准煤)	**Production and Consumption of Energy(10 000 tons of SCE)**				
能源生产总量	Total Energy Production	937.90	1867.27	4005.82	3248.60
能源消费总量	Total Energy Consumption	897.23	1830.48	2814.57	4124.97
农业	**Agriculture**				
农林牧渔业从业人员 (万人)	Employed Persons of Agriculture,Forestry, Animal Husbandry and Fishery (10 000 persons)	142.25	128.73	120.99	116.41
农林牧渔业总产值 (亿元)	Gross Output Value of Agriculture,Forestry, Animal Husbandry and Fishery (100 million yuan)	56.99	94.04	201.32	319.27
主要农产品产量 (万吨)	Output of Major Farm Products (10 000 tons)				
粮食	Grain	82.70	93.26	102.22	104.04
油料	Oil-bearing Crops	19.40	31.85	37.54	31.67
水果	Fruits	2.24	1.48	1.44	1.50
肉类	Meat	20.83	25.75	27.30	32.45
牛肉	Beef	6.35	7.44	8.46	11.49
羊肉	Mutton	7.00	9.16	9.65	11.22
水产品	Aquatic Products	0.12	0.09	0.16	1.06

Principal Aggregate Indicators on National Economic and Social Development and Growth Rates in Main Years

Aggregate Data						速度指标(%) Index and Growth Rates						
						发展指数（2021年比以下各年） Index (2021 as percentage of the following years)				平均增长速度 Average Annual Growth Rate		
2016	2017	2018	2019	2020	2021	2000	2005	2010	2015	2001-2021	2011-2021	2016-2021
2258.19	2465.11	2748.00	2941.07	3009.81	3346.63	701.8	408.6	230.6	140.9	9.7	7.9	5.9
221.19	238.41	268.10	301.90	337.99	352.65	264.7	211.5	169.5	132.1	4.7	4.9	4.7
867.68	975.67	1093.72	1153.92	1143.20	1332.61	1072.7	516.0	257.0	144.9	12.0	9.0	6.4
1169.32	1251.03	1386.18	1485.25	1528.62	1661.37	637.1	388.4	225.3	139.8	9.2	7.7	5.7
5.6	5.8	7.3	5.0	-12.2	-2.9	1382.6	593.3	272.0	107.3	13.3	9.5	1.2
238.51	246.20	272.89	282.25	297.99	328.76	1982.9	972.1	298.3	123.1	15.3	10.4	3.5
1524.80	1530.44	1647.43	1863.67	1932.84	1854.52	2716.8	1092.5	249.5	122.4	17.0	8.7	3.4
100.4	101.2	102.1	102.0	102.4	101.5	163.1	157.9	124.6	110.0	2.4	2.0	1.6
101.8	101.5	102.5	102.5	102.6	101.3	194.2	174.4	135.3	112.8	3.2	2.8	2.0
101.5	102.4	102.1	103.5	109.0								
0.96	1.60	0.46	0.79	0.56	9.85	643.3	277.0	311.1	617.5	9.3	10.9	35.4
2983.80	3280.08	3916.00	4542.13	4606.49	4505.16	480.3	241.3	112.5	138.7	7.8	1.1	5.6
4101.36	4193.10	4364.22	4235.23	4150.36	4694.47	523.2	256.5	166.8	113.8	8.2	4.8	2.2
115.50	116.72	114.24	115.58	115.86	115.48	81.2	89.7	95.4	99.2	-1.0	-0.4	-0.1
338.80	364.10	405.93	454.35	507.10	528.53	260.2	212.1	171.1	132.3	4.7	5.0	4.8
104.78	102.55	103.06	105.54	107.42	109.09	131.9	117.0	106.7	104.9	1.3	0.6	0.8
31.33	30.27	28.45	28.88	30.21	31.88	164.3	100.1	84.9	100.7	2.4	-1.5	0.1
1.29	1.29	1.38	1.66	1.45	1.50	67.0	101.4	104.2	100.0	-1.9	0.4	0.0
34.12	35.30	36.53	37.41	37.04	40.04	192.2	155.5	146.7	123.4	3.2	3.5	3.6
13.31	12.86	13.18	14.63	19.23	21.25	334.6	285.6	251.2	184.9	5.9	8.7	10.8
11.59	12.68	13.12	13.93	13.32	12.32	176.0	134.5	127.7	109.8	2.7	2.2	1.6
1.21	1.61	1.71	1.85	1.83	1.83	1525.0	2084.3	1143.8	172.6	13.9	24.8	9.5

2-3 续表1

指 标	Item	总量指标 2000	2005	2010	2015
工业	**Industry**				
主要工业产品产量	Output of Major Industrial Products				
原煤 (万吨)	Coal (10 000 tons)	145	555	1863	805
原油 (万吨)	Crude Oil (10 000 tons)	200	221	186	223
发电量 (亿千瓦小时)	Electricity (100 million kwh)	134	213	457	537
粗钢 (万吨)	Crude Steel (10 000 tons)	43	51	137	121
钢材 (万吨)	Rolled Steel (10 000 tons)	36	48	138	114
原铝 (万吨)	Primary Aluminum (10 000 tons)	28	67	147	219
原盐 (万吨)	Salt (10 000 tons)	68	112	124	286
农用化肥 (万吨)	AgriculturdFertilizers (10 000 tons)	67	159	313	520
水泥 (万吨)	Cement (10 000 tons)	124	371	811	1744
建筑业	**Construction**				
建筑业总产值 (亿元)	Gross Output Value (100 million yuan)	44.72	90.93	279.61	409.51
施工房屋面积(万平方米)	Floor Space of Building under Construction(10 000 sq.m)	339.43	407.55	693.12	908.69
竣工房屋面积(万平方米)	Floor Space of Building Completed (10 000 sq.m)	192.90	194.02	273.16	350.21
交通运输	**Transport**				
货运量 (万吨)	Total Freight Traffic (10 000 tons)	5076	7152	11426	16175
铁路	Railways	833	1453	3286	2729
公路	Highways	4050	5491	7962	13233
管道	Petroleum and Gas Pipelines	193	208	178	210
民用航空	Civil Aviation		0.33	0.47	2.33
客运量 (万人)	Passenger Traffic (10 000 persons)	3612	4920	10997	6035
铁路	Railways	352	368	474	936
公路	Highways	3250	4525	10439	4595
民用航空	Civil Aviation	10	27	85	434
公路通车里程 (公里)	Total Lenth of Highways (km)	18679	29719	62185	75593

Continued

Aggregate Data						速度指标(%) Index and Growth Rates						
						发展指数（2021年比以下各年）Index (2021 as percentage of the following years)				平均增长速度 Average Annual Growth Rate		
2016	2017	2018	2019	2020	2021	2000	2005	2010	2015	2001-2021	2011-2021	2016-2021
775	716	773	1007	1092	1109	764.8	199.8	59.5	137.8	10.2	-4.6	5.5
221	228	223	228	229	234	117.0	105.9	125.8	104.9	0.8	2.1	0.8
487	561	717	791	858	887	661.9	416.4	194.1	165.2	9.4	6.2	8.7
115	120	138	179	193	187	434.9	366.7	136.5	154.5	7.3	2.9	7.5
125	127	147	181	189	182	505.6	379.2	131.9	159.6	8.0	2.5	8.1
222	229	229	223	239	266	950.0	397.0	181.0	121.5	11.3	5.5	3.3
206	183	263	279	453	348	511.8	310.7	280.6	121.7	8.1	9.8	3.3
552	462	477	560	523	494	737.3	310.7	157.8	95.0	10.0	4.2	-0.9
1875	1450	1348	1340	1216	1100	887.1	296.5	135.6	63.1	11.0	2.8	-7.4
410.62	406.93	441.32	460.72	512.24	587.33	1313.3	645.9	210.1	143.4	13.0	7.0	6.2
886.79	861.16	915.08	904.59	927.63	935.52	275.6	229.5	135.0	103.0	4.9	2.8	0.5
301.94	338.65	373.06	396.65	355.70	277.08	143.6	142.8	101.4	79.1	1.7	0.1	-3.8
17092	18141	19122	19551	14512	18041	355.4	252.2	157.9	111.5	6.2	4.2	1.8
2834	3052	3220	3223	3456	3735	448.3	257.0	113.7	136.9	7.4	1.2	5.4
14047	14871	15685	16102	10835	14083	347.7	256.5	176.9	106.4	6.1	5.3	1.0
208	215	213	221	217	220	113.9	105.7	123.6	104.7	0.6	1.9	0.8
2.53	2.96	3.73	4.75	4.63	3.61		1093.9	768.1	154.9		20.4	7.6
6444	6899	7158	7125	4810	3155	87.4	64.1	28.7	52.3	-0.6	-10.7	-10.2
994	1134	1256	1148	762	821	233.3	223.2	173.3	87.7	4.1	5.1	-2.2
4873	5070	5092	5071	3314	1590	48.9	35.1	15.2	34.6	-3.3	-15.7	-16.2
511	626	715	813	675	681	6809.6	2522.1	801.1	156.9	22.3	20.8	7.8
78585	80895	82137	83761	85131	86152	461.2	289.9	138.5	114.0	7.6	3.0	2.2

2-3 续表2

指 标		Item		总量指标 2000	2005	2010	2015
邮电通信业		**Postal and Telecommunication Services**					
函件	(万件)	Number of Letters Delivered	(10 000 pieces)	2762	1886	472	371
报刊期发数	(万份)	Number of Newspaper and Magazines Distributed	(10 000 copies)	47	51	47	51
邮路总长度	(公里)	Length of Postal Routes	(km)	26978	23721	43484	33661
固定电话年末用户	(万户)	Number of Fixed Telephone Subscribers at Year-end	(10 000 Subscribers)	36.87	113.50	103.20	101.42
移动电话用户	(万户)	Number of Mobile Telephone Subscribers	(10 000 subscribers)	21.07	121.36	397.80	517.53
国内商业		**Domestic Trade**					
社会消费品零售总额	(亿元)	Total Retail Sales of Consumer Goods	(100 million yuan)	100.42	162.74	353.52	694.56
对外经济贸易		**Foreign Trade**					
进出口总额	(亿美元)	Total Value of Exports and Imports	(USD 100 million)	1.60	4.13	7.89	19.34
出口额		Exports		1.12	3.23	4.66	16.42
进口额		Imports		0.48	0.90	3.23	2.93
旅游		**Tourism**					
旅游人数	(万人次)	Number of Tourists	(10 000 person-times)	321	637	1226	2315
旅游外汇收入	(万美元)	Foreign Exchange Earnings from International Tourism	(USD 10 000)	740	1102	2045	3876
金融保险	**(亿元)**	**Financial Intermediation and Insurance**	**(100 million yuan)**				
金融机构人民币各项存款余额		Deposits of National Banking System		280.17	733.05	2319.64	5212.80
金融机构人民币各项贷款余额		Loans of National Banking System		348.57	638.59	1822.65	4988.01
保险公司保费收入		Insurance Premium of Insurance Companies		5.13	7.86	25.70	56.30
保险公司赔款及给付金额		Indemnity Expenditure and Payment of Insurance Companies		1.19	1.99	6.66	20.32
教育		**Education**					
专任教师数	(人)	Full-time Teachers	(person)	47821	52167	54634	57812
普通高等学校		Institutions of Higher Education		2107	3051	3731	4127
中等职业学校		Secondary Vocational Schools		1363	1588	2444	2410
普通中学		Regular Secondary Schools		16645	20050	21875	24796
小学		Primary Schools		27706	27478	26584	26479
在校学生数	(万人)	Students Enrollment	(10 000 persons)	75.62	89.36	98.57	93.15
普通高等学校		Institutions of Higher Education		1.33	3.44	6.04	7.14
中等职业学校		Secondary Vocational Schools		1.34	2.47	7.91	7.64
普通中学		Regular Secondary Schools		22.47	32.75	32.72	32.98
小学		Primary Schools		50.48	50.70	51.90	45.40

Continued

Aggregate Data						速度指标(%) Index and Growth Rates						
						发展指数（2021年比以下各年） Index (2021 as percentage of the following years)				平均增长速度 Average Annual Growth Rate		
2016	2017	2018	2019	2020	2021	2000	2005	2010	2015	2001-2021	2011-2021	2016-2021
321	483	272	310	154	146	5.3	7.7	30.8	39.2	-13.1	-10.1	-14.4
27	48	51	51	51	60	126.7	116.7	126.7	116.7	1.1	2.2	2.6
95136	86279	88507	92978	93817	109931	407.5	463.4	252.8	326.6	6.9	8.8	21.8
102.07	106.69	119.88	125.35	132.09	136.27	369.6	120.1	132.0	134.4	6.4	2.6	5.0
539.76	610.88	686.40	673.06	659.37	680.48	3229.6	560.7	171.1	131.5	18.0	5.0	4.7
769.86	842.88	899.88	948.55	877.34	947.84	943.9	582.4	268.1	136.5	11.3	9.4	5.3
15.15	6.55	7.27	5.40	3.30	4.91	306.7	118.8	62.2	25.4	5.5	-4.2	-20.4
13.66	4.24	4.70	2.94	1.78	2.64	235.8	81.8	56.6	16.1	4.2	-5.0	-26.3
1.49	2.32	2.57	2.47	1.52	2.27	472.1	251.8	70.2	77.3	7.7	-3.2	-4.2
2877	3484	4204	5080	3312	3973	1237.8	623.8	324.1	171.6	12.7	11.3	9.4
4416	3829	3613	3336	184	308	41.6	27.9	15.1	7.9	-4.1	-15.8	-34.4
5570.17	5826.63	5754.66	5846.62	6302.79	6728.79	2401.7	917.9	290.1	129.1	16.3	10.2	4.3
5579.76	6222.49	6582.44	6639.76	6578.23	6818.43	1956.1	1067.7	374.1	136.7	15.2	12.7	5.3
68.73	80.18	87.66	98.44	103.63	106.89	2083.6	1359.9	415.9	189.9	15.6	13.8	11.3
27.38	29.25	34.69	34.81	34.90	38.78	3258.8	1948.7	582.4	190.8	18.0	17.4	11.4
58299	59590	60675	62144	63201	65080	136.1	124.8	119.1	112.6	1.5	1.6	2.0
4340	4671	4746	4767	4883	5035	239.0	165.0	135.0	122.0	4.2	2.8	3.4
2457	2433	2357	2362	2301	2349	172.3	147.9	96.1	97.5	2.6	-0.4	-0.4
25094	25167	26089	26697	27219	27701	166.4	138.2	126.6	111.7	2.5	2.2	1.9
26408	27319	27483	28318	28798	29995	108.3	109.2	112.8	113.3	0.4	1.1	2.1
93.48	94.90	99.61	102.03	103.77	105.56	139.6	118.1	107.1	113.3	1.6	0.6	2.1
7.46	7.92	8.36	8.86	9.03	9.49	713.4	275.8	157.1	132.9	9.8	4.2	4.9
7.41	7.50	7.70	8.16	8.59	8.91	665.1	360.8	112.7	116.7	9.4	1.1	2.6
32.82	32.97	34.95	35.16	35.38	35.36	157.4	108.0	108.1	107.2	2.2	0.7	1.2
45.79	46.51	48.60	49.85	50.77	51.80	102.6	102.2	99.8	114.1	0.1	0.0	2.2

2-3 续表3

指 标	Item	总量指标			
		2000	2005	2010	2015
科技	**Science and Technology**				
研究与开发经费支出（亿元）	Expenditures on Research and Development (100 million yuan)	1.31	2.07	8.33	11.58
技术合同成交额（亿元）	Volume of Transaction in Technical Markets (100 million yuan)	0.51	1.18	11.46	46.95
文化	**Culture**				
出版数量	Number of Published				
图书（万册）	Books (10 000 copies)	586	840	1003	1213
杂志（万册）	Magazine (10 000 copies)	91	204	323	299
报纸（万份）	News Paper (10 000 copies)	4800	4486	9770	10554
生活	**People's Living Conditions**				
城镇居民人均可支配收入(元)	Per Capita Annual Disposable Income of Urban Households(yuan)	5221	8271	14462	24542
农村居民人均可支配收入(元)	Per Capita Disposable Income of Rural Household (yuan)	1504	2206	4028	7933
城乡储蓄存款余额（亿元）	Outstanding Amount of Saving Deposits in Urban and Rural Areas (100 million yuan)	146.28	361.51	943.78	1816.76
卫生	**Public Health**				
医疗卫生机构（个）	Number of Hospitals (unit)			1473	1772
卫生技术人员（万人）	Health Technical Personnel (10 000 persons)	2.15	2.08	2.39	3.43
病床数（万张）	Number of Hospital Beds (10 000 units)	1.65	1.60	2.01	3.42
灾害	**Disaster**				
火灾发生数（起）	Fire Accidents (times)	670	900	1623	1529
火灾损失（万元）	Economic Loss of Fire Accidents (10 000 yuan)	475	415	926	3836
交通事故发生数（起）	Number of Traffic Accidents (times)	1579	952	1206	1036
交通事故损失（万元）	Economic Loss of Traffic Accidents (10 000 yuan)	667	411	390	614

注：非私营单位就业人员工资总额及平均工资2017年及以前统计口径为非私营单位在岗职工。

Continued

Aggregate Data						速度指标(%) Index and Growth Rates						
						发展指数（2021年比以下各年） Index (2021 as percentage of the following years)				平均增长速度 Average Annual Growth Rate		
2016	2017	2018	2019	2020	2021	2000	2005	2010	2015	2001-2021	2011-2021	2016-2021
14.00	17.91	17.30	20.57	21.32	26.77	2043.5	1293.2	321.4	231.2	15.5	11.2	15.0
56.92	67.72	79.36	9.10	10.56	14.10	2765.5	1195.3	123.1	30.0	17.1	1.9	-18.2
1128	1215	1378	1340	2283	1461	249.4	174.0	145.7	120.4	4.4	3.5	3.1
318	283	269	268	262	232	255.2	113.8	72.0	77.6	4.6	-2.9	-4.1
9574	9102	8882	8079	7899	7332	152.8	163.5	75.1	69.5	2.0	-2.6	-5.9
26757	29169	31515	33830	35506	37745	723.0	456.4	261.0	153.8	9.9	9.1	7.4
8664	9462	10393	11499	12342	13604	904.5	616.7	337.7	171.5	11.1	11.7	9.4
2002.42	2141.41	2295.95	2463.86	2721.93	2967.75	2028.8	820.9	314.5	163.4	15.4	11.0	8.5
1766	1857	1922	6517	6403	6404			434.8	361.4		14.3	23.9
3.69	4.05	4.46	4.66	4.90	5.16	240.1	248.6	216.1	150.4	4.3	7.3	7.0
3.52	3.83	3.84	4.01	4.12	4.20	254.1	261.8	209.4	122.6	4.5	6.9	3.5
1380	1685	1629	1564	1592	1912	285.4	212.4	117.8	125.0	5.1	1.5	3.8
1385	1607	1340	1852	2510	3416	719.2	823.2	368.9	89.1	9.9	12.6	-1.9
1023	1129	1282	1461	1624	1821	115.3	191.3	151.0	175.8	0.7	3.8	9.9
751	1120	1167	1027	1302	1577	236.4	383.7	404.0	256.8	4.2	13.5	17.0

2-4 主要年份国民经济和社会发展结构指标
Structural Indicators on National Economic and Social Development in Main Years

单位：% (%)

指　标	Item	2012	2015	2018	2019	2020	2021
国民经济核算	**National Accounting**						
生产总值产业结构	Industrial Compostition						
第一产业	Primary Industry	11.4	10.4	9.8	10.3	11.2	10.5
第二产业	Secondary Industry	40.6	37.8	39.8	39.2	38.0	39.8
第三产业	Tertiary Industry	48.0	51.8	50.4	50.5	50.8	49.7
投资	**Investment**						
全社会固定资产投资经济结构	Composition of Total Investment in Fixed Assets						
国有经济	State-owned Economy	47.0	56.4	55.1	52.5	48.6	45.3
集体经济	Collective Economy	0.8	0.7	0.1	0.3	0.1	0.1
私营个体经济	Private Individual Economy	13.7	17.5	18.3	16.0	14.9	18.3
其他经济	Other	38.4	25.4	26.5	31.2	36.4	36.3
资金到位来源结构	Composition of Funding Sources						
国家预算内资金	State Budget	19.4	20.2	16.5	20.6	15.1	16.0
国内贷款	Domestic Loans	21.1	21.3	29.8	20.7	22.7	22.7
利用外资	Foreign Investment	0.1	0.1	0.1	…	…	…
自筹	Self-raising Fund	48.5	49.8	36.4	35.8	32.1	41.4
债券和其他资金	Financial Bond and Other Investments	10.9	8.7	17.2	22.8	30.1	19.9
财政	**Government Finance**						
财政收入结构	Composition of Government Revenue						
中央	Central Government	41.7	29.9	39.2	38.2	35.5	36.1
地方	Local Government	58.3	70.1	60.8	61.8	64.5	63.9
能源生产与消费	**Energy**						
能源生产总量结构	Composition of Total Energy Production						
原煤	Coal	43.6	17.2	14.3	20.0	17.1	16.9
原油	Crude Oil	6.3	9.8	8.1	7.2	7.1	7.4
天然气	Natural Gas	17.3	25.1	21.8	18.7	18.5	18.3
一次电力	Hydro-power	32.8	47.9	55.8	54.1	57.3	57.4
能源消费总量结构	Composition of Total Energy Consumption						
原煤	Coal	31.4	31.6	31.7	29.2	27.1	28.7
石油	Crude Oil	9.4	9.1	10.3	10.9	11.0	10.2
天然气	Natural Gas	14.6	14.8	15.9	16.4	14.8	14.6
电力	Electric Power	44.6	44.5	42.1	43.6	47.2	55.0

2-4 续表1 Continued

单位：% (%)

指 标	Item	2012	2015	2018	2019	2020	2021
农业	**Agriculture**						
农林牧渔业产值结构	Compostition of Gross Output Value of Agriculture						
农业	Farming	44.4	45.4	41.7	39.9	37.2	38.7
林业	Forestry	1.7	2.3	2.6	2.5	2.3	2.5
牧业	Animal Husbandry	52.0	49.6	53.2	55.2	58.2	56.5
渔业	Fishery	0.2	0.9	0.9	0.9	0.8	0.8
农林牧渔服务业	Services of Agriculture	1.7	1.8	1.6	1.6	1.5	1.5
工业	**Industry**						
规模以上工业总产值结构	Compostition of Gross Output of Industrial Enterprises above Designated Size						
大型企业	Large Enterprises	51.2	38.0	51.8	54.0	54.8	55.3
中型企业	Medium-sized Enterprises	24.1	25.3	20.3	16.0	15.2	16.8
小型企业	Small Enterprises	24.7	36.7	24.9	26.3	26.1	23.9
微型企业	Micro Enterprises			3.1	3.7	3.9	4.0
建筑业	**Construction**						
建筑业总产值结构	Compostition of Gross Output Value of Construction Industry						
房屋土木工程建筑业	Civil Engineering Construction	94.5	94.7	94.0	94.0	94.7	93.5
建筑安装业	Installation Industry	4.4	4.7	4.6	4.8	4.3	5.4
建筑装饰、装修和其他建筑业	Architectural Decoration, Decoration and Other Construction Industries	1.1	0.6	1.4	1.3	1.0	1.1
交通运输业	**Transportation**						
货运量结构	Composition of Freight Traffic						
按运输方式分	By Mode of Transport						
铁路	Railways	27.7	16.9	16.8	16.5	23.8	20.7
公路	Highways	70.9	81.8	82.0	82.4	74.7	78.1
民用航空	Civil Aviation	…	…	…	…	…	…
管道输油(气)	Pipelines	1.4	1.3	1.1	1.1	1.5	1.2
商业	**Business**						
社会消费品零售总额构成	Composition of Retail Sales of Consumer Goods						
城镇	City	87.5	86.9	80.1	81.8	81.7	81.4
乡村	Under County Level	12.5	13.1	19.9	18.2	18.3	18.6
对外经济贸易	**Foreign Trade**						
进出口总值结构	Total Value of Imports and Exports						
出口	Total Exports	62.9	84.9	64.6	54.3	54.0	53.8
进口	Total Imports	37.1	15.1	35.4	45.7	46.0	46.2

2-4 续表2 Continued

单位：% (%)

指 标	Item	2012	2015	2018	2019	2020	2021
国际旅游	**International Tourism**						
来华旅游人次结构	Number of Overseas Visitor Arrivals						
外国人	Foreigners	80.9	69.5	77.5	64.4	18.5	55.6
港澳台同胞	Chinese Compatriots from Hong Kong, Macao and Taiwan	19.1	30.5	22.5	35.6	74.1	44.4
教育	**Education**						
在校学生结构	Composition of Student Enrollment in Regular School						
普通高等学校	Institutions of Higher Education	6.5	7.7	8.4	8.7	8.7	9.0
中等职业学校	Secondary Vocational Schools	8.1	8.2	7.7	8.0	8.3	8.4
普通中学	Regular Secondary Schools	33.0	35.4	35.1	34.5	34.1	33.5
小学	Primary Schools	52.4	48.7	48.8	48.9	48.9	49.1
专任教师结构	Composition of Full-time Teachers in Regular Schools						
普通高等学校	Institutions of Higher Education	6.8	7.1	7.8	7.7	7.7	7.7
中等职业学校	Secondary Vocational Schools	4.5	4.2	3.9	3.8	3.6	3.6
普通中学	Regular Secondary Schools	41.1	42.9	43.0	43.0	43.1	42.6
小学	Primary Schools	47.6	45.8	45.3	45.6	45.6	46.1
生活	**People's Living Conditions**						
城镇居民消费结构	Consumption Compostition of Urban Households						
食品、烟酒类	Food，Tobacco and Liquor	32.6	28.7	27.6	29.0	27.8	30.1
衣着类	Clothing	10.4	9.9	8.7	8.2	7.3	7.3
居住类	Residence	16.8	17.4	18.4	19.6	20.8	19.4
生活用品及其他类	Household Appliances and Other	40.1	44.0	45.3	43.3	44.2	43.2
农村居民消费结构	Consumption Compostition of Rural Residents						
食品、烟酒类	Food，Tobacco and Liquor	37.2	29.9	29.5	29.7	30.2	31.9
衣着类	Clothing	7.5	7.3	7.0	6.9	6.8	6.8
居住类	Residence	15.5	17.1	17.3	17.3	17.8	17.7
生活用品及其他类	Household Appliances and Other	39.8	45.7	46.2	46.0	45.3	43.5
卫生	**Health Care**						
卫生机构技术人员结构	Composition of Medical and Technical Personnel						
执业医师	Certified Doctors	32.9	30.5	29.0	31.2	31.4	30.6
助理医师	Assistant Doctors	5.6	5.8	4.9	5.7	5.9	5.8
注册护士	Registered Nurse	38.8	40.1	41.8	39.7	40.2	41.3
卫生机构病床结构	Beds In Health Institutions						
医院	Hospitals	79.5	82.8	84.8	84.9	85.7	85.3
卫生院	Health Centers	15.7	12.3	11.8	11.8	11.4	11.4
其他	Others	4.8	4.9	3.4	3.3	2.9	3.3

2-5 主要年份国民经济和社会发展比例和效益指标
Indicators on Proportions and Efficiency on National Economy and Social Development in Main Years

指 标	Item	2012	2015	2018	2019	2020	2021
人口 (‰)	**Population (‰)**						
出生率	Birth Rate	14.30	14.72	14.31	13.66	11.43	11.22
死亡率	Death Rate	6.06	6.17	6.25	6.08	6.65	6.91
自然增长率	Natural Growth Rate	8.24	8.55	8.06	7.58	4.78	4.31
就业	**Employment**						
就业者负担人口 (人)	Number of Dependents per Employee(person)	1.91	1.98	2.06	2.09	2.12	2.14
三次产业从业者比例 (以第一产业为100)	Proportion of Employed Persons (Primary Industry = 100)						
第一产业	Primary Industry	100.00	100.00	100.00	100.00	100.00	100.00
第二产业	Secondary Industry	64.86	63.81	63.16	63.33	87.32	88.41
第三产业	Tertiary Industry	104.50	114.29	136.84	150.00	205.63	213.04
城镇登记失业率 (%)	Registered Unemployment Rate in Urban Areas (%)	3.4	3.2	3.0	2.3	2.1	1.8
国民经济核算	**National Accounting**						
三次产业增加值比例 (以第一产业为100)	Proportion of The Added Value (Primary Industry=100)						
第一产业	Primary Industry	100.00	100.00	100.00	100.00	100.00	100.00
第二产业	Secondary Industry	355.94	364.30	407.95	382.22	338.23	377.88
第三产业	Tertiary Industry	421.29	498.23	517.04	491.97	452.27	471.11
全社会劳动生产率(元/人.年)	Labor Productivity (yuan/person.year)	50696	68753	96084	103741	107302	120382
第一产业	Primary Industry	15086	19710	27357	32638	41986	50379
第二产业	Secondary Industry	85543	113601	176406	197251	192134	216685
第三产业	Tertiary Industry	64674	87110	110014	112094	108799	113404
人均生产总值 (元)	Per Capita GDP (yuan)	26839	34883	46854	49976	50845	56398
财政	**Government Finance**						
地方财政收入相当于生产总值比例 (%)	Proportion of Local Government Revenue to GDP (%)	12.20	13.28	9.93	9.60	9.90	9.82
财政支出相当于生产总值比例 (%)	Proportion of Local Government Expenditures to GDP (%)	75.83	75.34	59.95	63.37	64.22	55.41
地方财政收入相当于全年财政支出比例 (%)	Proportion of Local Government Revenue to Expenditures (%)	16.08	17.63	16.56	15.14	15.42	17.73
能源生产与消费	**Energy**						
能源生产弹性系数 (%)	Elasticity Ratio of Energy Production (%)	1.21		2.73	2.54	0.95	-0.39
能源消费弹性系数 (%)	Elasticity Ratio of Energy Consumption (%)	0.86	0.44	0.57			2.30

2-5 续表1 Continued

指 标	Item	2012	2015	2018	2019	2020	2021
农林	**Agriculture**						
农林牧渔业从业者人均农产品产量 (公斤)	Persons of Agriculture,Forestry,Animal Husbandry and Fishery (kg)						
粮食	Grain Crops	916	991	1085	1173	1513	1581
油料	Oil-bearing Crops	325	302	299	321	425	462
肉类	Meat	263	309	385	416	522	580
水产品	Aquatic Products	4	10	18	21	26	27
每公顷播种面积农产品产量 (公斤)	Output of Farm Products Per Hectare (kg)						
粮食	Grain Crops	3633	3711	3664	3767	3704	3607
油料	Oil-bearing Crops	2142	2104	1923	2030	2104	2222
工业企业效益	**Economic Benefit of Industrial Enterprises**						
规模以上企业总资产贡献率 (%)	Ratio of Total Assets to Industrial Output Value of Enterprises above Designated Size (%)	9.26	4.70	3.78	-4.54	4.48	8.13
规模以上企业资产负债率 (%)	Assets-Liability Ratio of Enterprises above Designated Size (%)	65.73	69.17	69.07	73.79	67.83	71.71
规模以上企业流动资产周转次数 (次/年)	Turnover of Working Capital of Enterprises above Designated Size (times/year)	1.58	1.46	0.91	1.15	1.16	1.45
建筑业	**Construction**						
技术装备率 (元/人)	Rate of Technical Equipment (yuan/person)	16060	20322	21704	19955	21903	15593
产值利润率 (%)	Profit Rate of Output Value (%)	3.32	3.28	2.51	1.42	1.81	2.45
交通运输业	**Transportation**						
铁路网密度(公里/万平方公里)	Railway Density (km/10000 sq.km)	25.78	31.54	31.88	32.65	39.58	39.58
公路网密度(公里/万平方公里)	Highway Density (km/10000 sq.km)	915.0	1048.2	1138.9	1161.4	1180.4	1194.6
铁路货运密度 (吨/公里)	Railway Density of Freight Transport (ton/km)	20388	12003	14006	13692	12108	13086
公路货运密度 (吨/公里)	Highway Density of Freight Transport (ton/km)	1470	1751	1910	1922	1273	1635
邮电通信业	**Post and Telecommunication Services**						
电话普及率 (含移动电话) (部/百人)	Popularization Rate of Telephone (Include Mobile Phone (set/100 persons)	112.6	106.1	133.7	131.4	133.6	137.5
固定电话普及率	Popularization Rate of Fixed telephone	18.10	17.38	19.87	20.62	22.3	22.94
移动电话普及率	Popularization Rate of Mobile Phones	94.50	88.71	113.79	110.73	111.30	114.56
国内商业	**Domestic Trade**						
人均社会消费品零售额 (元)	Per Capita Retail Sales of Consumer Goods(yuan)	8481	12051	15333	16108	14829	15973
对外经济贸易	**Foreign Trade**						
进出口总额相当于生产总值比例 (%)	Proportion of Total Value of Imports and Exports to GDP (%)	4.79	5.99	1.75	1.27	0.76	0.94

2-5 续表2 Continued

指 标	Item	2012	2015	2018	2019	2020	2021
国际旅游	**International Tourism**						
每一来青游客花费 (美元)	Expenditure per International Tourist in Qinghai (USD)	156	179	172	157	110	110
金融保险	**Finance Intermediation and Insurance**						
金融机构存款相当于生产总值比例 (%)	Bank Deposits as Percentage of GDP (%)	230.84	259.21	209.41	198.79	209.41	201.06
金融机构贷款相当于生产总值比例 (%)	Bank Loans as Percentage of GDP (%)	182.64	248.03	239.54	225.76	218.56	203.74
教育	**Education**						
平均每一专任教师负担学生数 (人)	Average Number of Students for Each Full-time Teacher Burden (person)						
高等学校	Regular Institutions of Higher Education	15.4	16.1	16.1	17.1	17.9	17.0
普通中学	Regular Secondary Schools	14.0	13.3	13.4	13.2	13.0	12.8
小学学校	Primary Schools	19.1	17.1	17.7	17.6	17.6	17.3
科技	**Science and Technology**						
县以上研究与开发经费支出相当于生产总值比例 (%)	R&D and Expenditures Above County Level as Percentage of GDP (%)	0.86	0.58	0.63	0.70	0.71	0.80
文化	**Culture**						
每百万人有艺术表演团体 (个)	Number of Art Performance Troupes Per Million Persons (unit)	2.28	2.08	2.04	2.03	2.02	2.02
每百万人有公共图书馆(个)	Number of Public Libraries Per Million Persons (unit)	8.58	8.49	8.68	8.81	8.43	8.42
每百万人有博物馆 (个)	Number of Museum Per Million Persons (unit)	3.85	3.99	4.09	4.06	4.05	4.04
生活	**People's Living Conditions**						
城镇与农村居民收入比例 (以农村居民收入指数为1)	Income of Urban and Rural Residents Ratio (Income of Rural Residents Index=1)	3.28	3.09	3.03	2.94	2.88	2.77
卫生	**Health Care**						
每万人医疗卫生机构数(个)	Number of Health Institutions per 10 000 Persons (unit)	2.8	3.1	3.3	11.0	10.8	10.8
每万人卫生技术人员数(人)	Number of Medical Technical Personnel per 10 000 Persons (person)	49.3	59.5	75.9	79.0	82.6	86.9
每万人病床数 (张)	Number of Beds in Health Institutions per 10 000 Persons (unit)	45.6	59.4	65.4	67.9	69.6	70.7
市政建设	**Municipal Works**						
供水普及率 (%)	Water supply popularity rate (%)	99.9	99.1	99.0	99.2	98.7	98.8
燃气普及率 (%)	Coverage Rate of Urban Population with Access to Gas(%)	92.7	86.0	94.7	93.8	93.8	94.5
人均公园绿地面积(平方米)	Per Capita Public Green Areas (sq.m)	9.8	10.5	11.5	11.9	12.5	12.8
灾害	**Disaster**						
平均每起火灾损失 (元)	The Average Loss per Fire (yuan)	12452	25090	8227	11841	15763	17868
平均每起交通事故损失(元)	The Average Loss per Traffic Accident (yuan)	4126	5929	9104	7031	8016	8661

2–6 党的十八大以来 青海国民经济与社会发展主要指标

指　标		Item		2012	2013	2014
国民经济核算		**National Accounts**				
地区生产总值	(亿元)	Gross Domestic Product	(100 million yuan)	1528.48	1713.31	1847.72
#第一产业		Primary Industry		174.24	204.72	215.93
第二产业		Secondary Industry		620.19	680.96	714.81
第三产业		Tertiary Industry		734.05	827.63	916.98
#工业		Industry		462.70	502.02	504.50
建筑业		Construction		157.49	178.94	210.31
人均生产总值	(元)	Per Capita GDP	(yuan)	26839	30005	32218
固定资产投资		**Investment in Fixed Assets**				
全社会固定资产投资增速(%)		Growth Rate of Total Investment in Fixed Assets	(%)	22.0	19.9	17.1
财　政		**National Government**				
公共财政预算收入	(亿元)	Public Budgets Revenue	(100 million yuan)	319.69	368.56	385.47
地方公共财政预算收入		Local Government Public Budget Revenue		186.42	223.86	251.68
公共财政预算支出		Public Finance Budget Expenditures		1159.05	1227.89	1347.43
物　价	**(上年=100)**	**Price Indices**	**(preceding year=100)**			
居民消费价格指数		Consumer Price Index		103.1	103.9	102.8
农　业		**Agriculture**				
农作物总播种面积	(千公顷)	Total Sown Areas of Farm Crops	(1 000 hectares)	554.21	555.77	553.70
主要农(畜)产品产量	(万吨)	Output of Major Farm Livestock Products	(10 000 tons)			
粮食		Grain		101.71	103.55	105.80
油料		Oil-bearing Crops		36.13	33.55	32.60
蔬菜及食用菌		Vegetables and Edible Fungi		141.77	141.88	141.06
牛奶		Cow Milk		26.43	26.43	29.26
肉类		Meat		29.25	30.29	31.36
工　业	**(规模以上)**	**Industry**	**(Enterprises above Designated Size)**			
主要工业产品产量		Output of Major Industrial Products				
原油	(万吨)	Crude Oil	(10 000 tons)	205	215	220
原盐	(万吨)	Salt	(10 000 tons)	177	261	222
原煤	(万吨)	Coal	(10 000 tons)	2460	3020	1800
发电量	(亿千瓦时)	Electricity	(100 million kwh)	556	566	551
粗钢	(万吨)	Crude Steel	(10 000 tons)	141	148	144
电解铝	(万吨)	Electrolytic Aluminum	(10 000 tons)	203	224	234
水泥	(万吨)	Cement	(10 000 tons)	1371	1786	1844

Main Indicators on National Economic and Social Development Since the 18th National Congress of Communist Party of China

2015	2016	2017	2018	2019	2020	2021	2013-2021	
							累计增长(%) Cumulative Growth Rate(%)	年均增长(%) Average Annual Growth Rate(%)
2011.02	2258.19	2465.11	2748.00	2941.07	3009.81	3346.63	84.4	7.0
208.93	221.19	238.41	268.10	301.90	337.99	352.65	53.8	4.9
761.13	867.68	975.67	1093.72	1153.92	1143.20	1332.61	93.0	7.6
1040.96	1169.32	1251.03	1386.18	1485.25	1528.62	1661.37	84.5	7.0
516.40	597.37	683.16	777.52	821.89	792.24	953.08	89.7	7.4
244.73	270.31	292.51	316.20	332.03	350.96	379.53	101.2	8.1
34883	38968	42211	46854	49976	50845	56398	77.2	6.6
8.9	5.6	5.8	7.3	5.0	-12.2	-2.9	64.1	5.7
381.14	360.05	408.70	448.58	456.95	462.09	514.65	61.0	5.4
267.13	238.51	246.20	272.89	282.25	297.99	328.76	76.4	6.5
1515.16	1524.80	1530.44	1647.43	1863.67	1932.84	1854.52	60.0	5.4
102.6	101.8	101.5	102.5	102.5	102.6	101.3	23.6	2.4
558.39	557.75	555.31	557.25	553.54	571.42	583.87	5.4	0.6
104.04	104.78	102.55	103.06	105.54	107.42	109.09	7.3	0.8
31.67	31.33	30.27	28.45	28.88	30.21	31.88	-11.8	-1.4
144.80	148.14	148.08	150.26	151.86	151.36	150.14	5.9	0.6
30.22	31.66	32.43	32.57	34.87	36.58	35.40	33.9	3.3
32.45	34.12	35.30	36.53	37.41	37.04	40.04	36.9	3.6
223	221	228	223	228	229	234	14.1	1.5
286	206	183	263	279	453	348	96.6	7.8
805	775	716	773	1007	1092	1109	-54.9	-8.5
537	487	561	717	791	858	887	59.5	5.3
121	115	120	138	179	193	187	32.6	3.2
219	222	229	229	223	239	266	31.0	3.0
1744	1875	1450	1348	1340	1216	1100	-19.8	-2.4

2-6 续表

指　　标	Item	2012	2013	2014
运输、邮电业	**Transport and Post**			
铁路营业里程　(公里)	Length of Railways in Operation　(km)	1856	1856	2074
公路通车里程　(公里)	Length of Highways in Operation　(km)	65988	70117	72703
民用航空航线里程　(公里)	Civil Aviation Routes　(km)	50273	62820	92536
货运量　(万吨)	Total Freight Traffic　(10 000 tons)	13680	13576	14847
客运量　(万人次)	Total Passenger Traffic　(10 000 person-time)	12830	4957	5854
民用汽车保有量　(万辆)	Possession of Civil Vehicles　(10 000 units)	51.73	61.17	70.67
年末固定电话用户　(万户)	Number of Fixed Telephone Subscribers at Year-end　(10 000 households)	102.50	101.80	100.15
年末移动电话用户　(万户)	Number of Mobile Telephone Subscribers at Year-end　(10 000 households)	537.20	542.40	543.99
商　业	**Domestic Trade**			
社会消费品零售总额　(亿元)	Total Retail Sales of Consumer Goods(100 million yuan)	482.98	552.53	623.75
对外贸易	**Foreign Trade**			
海关进出口总额　(亿美元)	Total Value of Imports and Exports　(100 million USD)	11.60	14.03	17.19
出口	Exports	7.30	8.47	11.28
金　融	**Financial Intermediation**			
金融机构人民币存款余额(亿元)	Deposits of National Banking System　(100 million yuan)	3528.41	4102.54	4529.87
金融机构人民币贷款余额(亿元)	Loans of National Banking System　(100 million yuan)	2791.68	3398.17	4171.73
生　活	**People's Living Conditions**			
城镇居民人均可支配收入　(元)	Per Capita Annual Disposable Income of Urban Households　(yuan)	18336	20352	22307
农村居民人均可支配收入　(元)	Per Capita Net Income of Rural Households　(yuan)	5594	6462	7283
城镇居民恩格尔系数　(%)	Engle's Coefficient of Urban Households　(%)	32.64	30.34	29.89
农村居民恩格尔系数　(%)	Engle's Coefficient of Rural Households　(%)	37.15	33.23	31.89
城乡居民人均年末人民币储蓄存款余额　(元)	Outstanding Amount of RMB Saving Deposits in Urban and Rural Areas　(yuan)	22468	26852	29419

Continued

2015	2016	2017	2018	2019	2020	2021	2013-2021 累计增长(%) Cumulative Growth Rate(%)	2013-2021 年均增长(%) Average Annual Growth Rate(%)
2274	2299	2299	2299	2354	2854	2854	53.8	4.9
75593	78585	80895	82137	83761	85131	86152	30.6	3.0
92689	120057	124969	145736	167104	145040	145710	189.8	12.6
16175	17092	18141	19122	19551	14512	18041	31.9	3.1
6035	6444	6899	7158	7125	4810	3155	-75.4	-14.4
79.45	89.61	100.10	110.30	119.96	129.38	146.70	183.6	12.3
101.42	102.07	106.69	119.88	125.35	132.09	136.27	32.9	3.2
517.53	539.76	610.88	686.40	673.06	659.37	680.48	26.7	2.7
694.56	769.86	842.88	899.88	948.55	877.34	947.84	96.2	7.8
19.34	15.15	6.55	7.27	5.40	3.30	4.91	-57.7	-9.1
16.42	13.66	4.24	4.70	2.94	1.78	2.64	-63.8	-10.7
5212.80	5570.17	5826.63	5754.66	5846.62	6302.79	6728.79	90.7	7.4
4988.01	5579.76	6222.49	6582.44	6639.76	6578.23	6818.43	144.2	10.4
24542	26757	29169	31515	33830	35506	37745	105.9	8.4
7933	8664	9462	10393	11499	12342	13604	143.2	10.4
28.66	28.66	28.23	27.62	29.01	27.78	30.14	九年共下降 2.5个百分点	
29.93	29.44	29.74	29.49	29.73	30.20	31.94	九年共下降5. 2个百分点	
31522	34562	36656	39120	41840	46008	50013	122.6	9.3

2-7 主要年份平均每天主要经济社会活动
Selected Indicators on Average Daily Social and Economic Activities in Main Years

指 标	Item	2012	2015	2018	2019	2020	2021
每天创造的财富	**The Wealth Created Each Day**						
生产总值 (万元)	Gross Regional Product (10 000 yuan)	41876	55096	75288	80577	82461	91688
#第一产业	Primary Industry	4774	5724	7345	8271	9260	9662
第二产业	Secondary Industry	16991	20853	29965	31614	31321	36510
第三产业	Tertiary Industry	20111	28519	37978	40692	41880	45517
#农林牧渔业	Agriculture Animal Husbandry and Fishery	4847	5814	7451	8384	9378	9784
工业	Industry	12677	14148	21302	22518	21705	26112
建筑业	Construction	4315	6705	8663	9097	9615	10398
批发和零售业	Wholesale and Retail Trades	2787	3619	4135	4406	4582	5316
交通运输、仓储和邮政业	Transport, Storage and Post	2342	2755	3375	3375	3201	3858
住宿和餐饮业	Hotels and Catering Services	558	1098	1300	1390	1120	1233
金融业	Financial Intermediation	2616	5696	7110	7204	7227	7534
房地产业	Real Estate	1238	2355	3258	3493	3990	4105
地方财政收入 (万元)	Local Government Revenue (10 000 yuan)	5107	7319	7476	7733	8164	9007
财政支出 (万元)	Government Expenditures (10 000 yuan)	31755	41511	45135	51059	52955	50809
粮食 (吨)	Grain Crops (ton)	2787	2850	2824	2892	2943	2989
油料 (吨)	Oil-bearing Crops (ton)	990	868	779	791	828	873
肉类 (吨)	Meat (ton)	801	889	1001	1025	1015	1097
牛肉	Beef	262	315	361	401	527	582
羊肉	Mutton	279	307	359	382	365	338
牛奶 (吨)	Cow Milk (ton)	724	828	892	955	1002	970

2-7 续表 Continued

指　　标	Item	2012	2015	2018	2019	2020	2021
原煤 (吨)	Coal (ton)	67397	22055	21178	27594	29919	30390
发电量 (万千瓦时)	Electricity (10 000 kwh)	15242	14712	19644	21658	23505	24301
原油 (吨)	Crude Oil (ton)	5616	6110	6110	6247	6260	6411
钢材 (吨)	Rolled Steel (ton)	3821	3123	4017	4959	5178	4986
原盐 (吨)	Salt (ton)	4849	7836	7200	7644	12411	9534
每天消费量	**Daily Consumption**						
能源消费量 (万吨标准煤)	Consumption of Energy (10 000 tons of SCE)	9.52	11.30	11.96	11.60	11.37	12.86
社会消费品零售总额(万元)	Retail Sales of Consumer Goods (10 000 yuan)	13232	19029	24654	25988	24037	25968
每天其他经济活动	**Other Economic Activities**						
房地产开发房屋竣工面积 (平方米)	Completed Area of Real Estate Development Housing (sq.m)	11403	12450	8704	3651	4208	4376
货运量 (万吨)	Freight Traffic (10 000 tons)	37.48	44.31	52.39	53.57	39.76	49.43
客运量 (万人)	Passenger Traffic (10 000 person)	35.15	16.53	19.61	19.52	13.18	8.64
进出口总额 (万美元)	Total Value of Imports and Exports (10 000 USD)	317.85	529.99	199.23	147.97	90.31	134.44
出口总额	Total Exports	199.96	449.85	128.80	80.42	48.75	72.35
进口总额	Total Imports	117.90	80.14	70.43	67.55	41.56	62.09
利用外资合同金额 (万美元)	Total Amount of Contracted Foreign Investment (10 000 USD)	101.65	43.70	12.57	21.69	15.32	269.92
国际旅游者人数 (人次)	Number of International Tourists (persons-time)	129	180	189	200	15	25
居民新增储蓄额 (万元)	Residents of New Savings (10 000 yuan)	6543	3551	4234	4600	7070	6735

2-8 主要年份人均主要工农业产品产量
Per Capita Output of Major Industrial and Agricultural Products in Main Years

单位：千克 (kg)

年 份 Year	粮 食 Grain	油 料 Oil-bearing	水 果 Fruits	牛 奶 Cow Milk	肉 类 Meat	牛羊肉 Beef and Mutton	羊 毛 Wool	水产品 Aquatic Products
1978	253.9	12.5	1.8	32.6	16.6		4.5	0.9
1980	255.3	18.9	2.0	30.9	22.7	17.3	4.6	0.9
1981	210.3	16.7	2.7	32.3	22.2	15.9	4.5	0.8
1982	239.4	19.0	3.5	32.1	22.5	16.7	4.4	0.7
1983	246.7	18.4	3.0	33.2	23.0	17.4	4.1	1.0
1984	261.0	19.2	4.5	34.0	24.3	18.2	4.0	1.0
1985	248.0	24.5	4.9	38.2	27.6	20.2	3.8	1.1
1986	237.4	25.0	4.7	37.4	27.8	19.7	3.6	1.1
1987	245.3	24.4	5.0	41.2	26.8	18.4	3.6	0.5
1988	245.5	24.2	6.0	42.1	27.6	18.5	3.4	0.6
1989	253.5	24.1	5.2	45.3	28.8	18.7	3.5	0.6
1990	258.1	27.1	5.0	45.4	34.6	24.2	4.0	0.8
1991	254.2	29.3	4.7	45.1	34.9	24.1	4.0	0.9
1992	258.8	30.7	5.7	45.5	35.7	25.1	4.0	0.9
1993	255.7	32.8	5.9	40.7	34.3	23.6	3.8	0.8
1994	248.4	39.2	5.5	41.2	37.9	26.2	3.8	0.8
1995	239.1	33.9	5.6	41.9	38.5	26.0	3.7	0.5
1996	255.4	35.3	6.0	37.4	38.6	26.2	3.4	0.5
1997	259.2	37.3	5.5	37.8	40.3	26.8	3.3	0.4
1998	256.8	42.1	5.0	39.8	41.1	26.7	3.3	0.3
1999	204.6	56.3	4.8	37.6	39.8	25.1	3.1	0.3
2000	161.2	37.8	4.4	40.2	40.6	26.0	3.2	0.2
2001	198.5	44.2	3.3	41.7	42.5	28.1	3.2	0.4
2002	173.6	44.5	3.1	41.9	43.3	28.6	3.2	0.3
2003	163.4	49.3	2.7	41.7	44.6	29.3	3.3	0.2
2004	165.0	53.9	2.7	42.4	46.3	30.1	3.3	0.2
2005	172.4	58.9	2.7	43.7	47.6	30.7	3.3	0.2
2006	174.5	51.2	2.4	40.1	47.1	31.4	3.2	0.4
2007	180.4	58.5	2.5	43.6	43.6	29.0	2.8	0.3
2008	184.7	64.2	2.4	43.9	44.9	28.7	2.8	0.4
2009	185.1	66.7	2.6	43.7	47.3	30.3	2.8	0.1
2010	182.4	67.0	2.6	44.9	48.7	32.3	3.2	0.3
2011	182.8	65.1	2.4	45.7	49.1	32.7	3.4	0.6
2012	178.6	63.4	2.5	46.4	51.4	34.7	3.4	0.8
2013	181.4	58.8	2.4	46.3	53.1	36.0	3.4	1.1
2014	184.5	56.8	2.3	51.0	54.7	37.0	3.2	1.6
2015	180.5	54.9	2.6	52.4	56.3	39.4	3.2	1.8
2016	180.8	54.1	2.2	54.6	58.9	43.0	3.2	2.1
2017	175.5	51.8	2.2	55.5	60.4	43.7	3.3	2.8
2018	175.6	48.5	2.4	55.5	62.2	44.8	3.2	2.9
2019	179.2	49.0	2.8	59.2	63.5	48.5	3.3	3.1
2020	181.6	51.1	2.5	61.8	62.6	55.0	2.6	3.1
2021	183.8	53.7	2.5	59.6	67.5	56.6	2.4	3.1

2-8 续表 Continued

单位：千克 (kg)

年 份 Year	原 盐 Salt	农用化肥 Chemical Fertilizers	原 煤 Coal	原铝(电解铝) Aluminum	原 油 Crude Petroleum Oil	发电量 (千瓦小时) Electricity (kwh)	粗 钢 Steel	水 泥 Cement
1978	108.0	33.7	679		37.8	180.7	50.4	50.5
1980	80.8	19.0	670		40.2	219.6	47.9	79.7
1981	33.7	29.3	504		44.0	203.5	45.7	57.2
1982	66.6	28.7	535		44.6	202.5	47.0	72.4
1983	65.2	29.3	558		44.7	196.1	48.7	93.2
1984	85.9	30.7	602		46.6	206.0	49.9	106.9
1985	90.2	6.1	685		49.4	281.3	51.7	119.7
1986	165.6	8.0	657		84.5	353.4	54.3	118.3
1987	338.2	9.8	645		42.1	526.5	56.7	115.9
1988	256.3	11.9	622	5.4	148.5	1063.8	67.9	125.0
1989	280.4	12.9	691	7.3	165.8	1331.2	71.2	123.5
1990	235.0	14.8	721	10.3	182.5	1591.1	72.7	115.8
1991	315.6	21.9	636	13.0	226.2	1326.2	80.4	128.1
1992	201.4	26.9	616	15.3	230.4	1088.5	83.5	154.0
1993	208.8	25.2	498	19.8	233.7	1466.7	92.4	167.0
1994	197.1	33.3	561	24.3	240.4	1554.6	97.5	133.9
1995	159.4	43.8	582	24.0	254.9	1265.1	74.4	133.6
1996	140.8	32.1	613	25.9	289.0	1273.7	84.0	157.0
1997	32.4	39.2	669	37.8	325.6	1712.6	87.7	160.8
1998	78.7	63.7	641	47.2	352.8	2013.0	87.2	206.3
1999	96.6	82.1	423	51.9	374.5	2258.4	88.2	230.6
2000	131.8	130.7	283	55.2	389.7	2607.0	83.6	241.1
2001	148.3	153.0	445	56.8	396.4	2650.4	85.2	319.4
2002	118.3	145.6	475	66.0	407.0	2652.6	79.4	502.0
2003	124.9	182.3	585	75.4	414.2	2437.5	89.9	577.9
2004	147.3	277.4	766	105.2	414.1	3134.0	88.1	636.0
2005	207.1	294.0	1026	123.9	408.6	3937.9	94.3	685.9
2006	262.2	375.9	1085	150.3	408.8	5078.4	146.7	680.2
2007	294.7	445.7	1630	172.8	402.1	5403.4	209.2	795.1
2008	426.8	446.7	2139	184.5	397.9	5534.0	208.0	828.3
2009	127.7	500.2	2310	163.7	334.7	6495.1	228.5	1097.5
2010	221.3	558.6	3325	262.3	332.1	8155.1	244.5	1447.2
2011	270.4	464.8	3466	298.7	344.6	7723.4	245.7	1843.3
2012	310.8	626.9	4320	356.5	360.0	9763.6	247.6	2407.5
2013	457.1	723.3	5289	392.3	376.6	9913.1	259.2	3128.1
2014	386.8	877.1	3138	407.3	383.6	9607.8	251.6	3214.8
2015	496.2	902.2	1397	380.0	386.9	9317.3	209.9	3026.0
2016	355.6	952.8	1338	383.2	381.4	8405.7	198.5	3236.3
2017	313.3	790.8	1226	392.0	390.3	9603.1	205.4	2482.1
2018	448.1	812.7	1317	389.8	380.0	12216.6	235.1	2296.8
2019	473.8	951.0	1710	378.7	387.2	13432.3	304.0	2275.5
2020	765.7	884.0	1846	404.0	386.2	14501.3	326.2	2055.4
2021	586.5	832.5	1869	448.3	394.3	14947.9	315.1	1853.7

2-9 2020-2021年非公有制经济基本情况

指　　标	Item	户数(个) Number of Enterprises(unit)	
		2020	2021
总计	**Total**	**390203**	**419273**
按经济类型分	**By Economic Type Groups**		
股份合作企业	Cooperative Enterprises	86	100
联营企业	Joint Ownership Enterprises	6	6
有限责任公司	Limited Liability Corporations	5275	5485
股份有限公司	Share-holding Corporations Limited	374	359
私营企业	Private Enterprises	71360	80573
个体经济	Self-employed Individual Economy	310991	331231
港澳台商投资企业	Enterprises with Funds from	56	58
外商企业	Foreign Funded Enterprises	91	96
其他企业	Other Enterprises	1964	1365
按行业类别分	**Grouped by Sector**		
农林牧渔业	Agriculture,Forestry,Animal Husbandry and Fishery	20359	25545
工业	Industry	19128	20125
建筑业	Construction	9979	11351
农、林、牧、渔专业及辅助性活动	Agriculture, forestry, animal husbandry, fishery and auxiliary activities	586	646
批发和零售业	Wholesale and Retail Trades	158016	166010
交通运输、仓储及邮政业	Transport,Storage and Post	66066	67012
住宿和餐饮业	Hotels and Catering Services	49015	53984
信息传输、软件和信息技术服务业	Information transmission, Computer services and software industry	3646	4347
金融业	Financial Intermediation	198	221
房地产业	Real Estate	3505	3829
租赁和商务服务业	Leasing and Business Services	17196	19578
科学研究和技术服务业	Scientific research, technical services and geological prospecting industry	4534	5077
水利、环境和公共设施管理业	Water conservancy, environment and public facilities management	1213	1413
居民服务、修理和其他服务业	Residential services, repair and other services	27307	29551
教育	Education	1589	1630
卫生和社会工作	Health, Social Security and Social Welfare	3569	3681
文化、体育和娱乐业	Culture, Sports and Entertainment	4297	5273
公共管理、社会保障和社会组织	Public Management and Social Organizations		
按产业结构分	**By Industrial Structure**		
第一产业	Primary Industry	20359	25545
第二产业	Secondary Industry	29107	31476
第三产业	Tertiary Industry	340737	362252

Basic ConditionS on Non-public Economy(2020-2021)

从业人员(人) Employed Person(person)		销售收入或营业收入(万元) Revenue from Principal Business(10 000 yuan)		总产出(万元) Gross Industrial(10 000 yuan)	
2020	2021	2020	2021	2020	2021
1350650	**1512353**	**65452305**	**70792678**	**37969632**	**43201221**
3275	3082	76889	93443	65329	79776
44	44	305	302	604	612
165361	184928	24965835	25220385	8615460	11740475
49691	53499	7919041	8492628	7053918	7350136
520474	601924	23653129	27412442	12903272	13329076
585845	641876	7626860	8182244	7882364	8533274
4094	4025	691138	692534	684546	695971
4519	5944	449420	653150	453679	1233209
17347	17031	69688	45550	310460	238692
92353	109459	1894797	2218947	1662141	1836171
216554	232496	22146822	24861550	17784164	20511674
125869	131937	5016769	5259464	4220594	4917452
2680	3009	25636	28673	29231	31459
314759	346910	22412929	23210667	4131568	4420741
51293	76327	2197499	2552599	1390501	1658313
179415	196507	1585172	1737539	1283148	1420633
23676	25978	1082590	1183391	906174	1064214
2971	6259	82380	88613	86446	92947
48628	51529	4708574	4855806	2585924	2812099
105748	125389	1767801	1999894	1162815	1435232
29997	34947	1025689	1118826	912387	1009216
9754	11808	197464	225006	210839	210487
83135	89952	591526	640682	577319	625135
19899	20100	207497	219012	333388	295830
21161	22818	291276	329092	481082	602704
22758	26928	217884	262917	211911	256914
92353	109459	1894797	2218947	1662141	1836171
342423	364433	27163591	30121014	22004758	25429126
915874	1038461	36393917	38452717	14302733	15935924

2-10　2020-2021年非公有制经济增加值构成项目

单位：万元

指　标	Item	增加值 Value added 2020	2021
总计	**Total**	**11256689**	**12735446**
按经济类型分	**By Economic Type Groups**		
股份合作企业	Cooperative Enterprises	20314	25296
联营企业	Joint Ownership Enterprises	334	346
有限责任公司	Limited Liability Corporations	2047399	2178951
股份有限公司	Share-holding Corporations Limited	2083162	2295998
私营企业	Private Enterprises	3668473	4232495
个体经济	Self-employed Individual Economy	3074065	3457843
港澳台商投资企业	Enterprises with Funds from Hong Kong, Macao and Taiwan	136708	138229
外商企业	Foreign Funded Enterprises	131248	336019
其他企业	Other Enterprises	94986	70268
按行业类别分	**Grouped by Sector**		
农林牧渔业	Agriculture,Forestry,Animal Husbandry and Fishery	942510	997410
工业	Industry	3767040	4278342
建筑业	Construction	690773	784978
农、林、牧、渔专业及辅助性活动	Agriculture, forestry, animal husbandry, fishery and auxiliary activities	15243	16374
批发和零售业	Wholesale and Retail Trades	1472785	1796591
交通运输、仓储及邮政业	Transport,Storage and Post	428030	513483
住宿和餐饮业	Hotels and Catering Services	395086	431360
信息传输、软件和信息技术服务业	Information transmission, software and information technology services	532073	629686
金融业	Financial Intermediation	21043	22769
房地产业	Real Estate	1382536	1452897
租赁和商务服务业	Leasing and Business Services	431512	531705
科学研究和技术服务业	Scientific research and technology services	319435	360274
水利、环境和公共设施管理业	Water conservancy, environment and public facilities management	82648	82558
居民服务、修理和其他服务业	Residential services, repair and other services	318699	345364
教育	Education	161554	151948
卫生和社会工作	Health, Social Security and Social Welfare	188660	203013
文化、体育和娱乐业	Culture, Sports and Entertainment	107062	136694
公共管理、社会保障和社会组织	Public Management and Social Organizations		
按产业结构分	**By Industrial Structure**		
第一产业	Primary Industry	942510	997410
第二产业	Secondary Industry	4457813	5063320
第三产业	Tertiary Industry	5856366	6674716

Components of Non-public Economy Value-Added(2020-2021)

(10 000 yuan)

劳动者报酬 Workers Compensation		固定资产折旧 Depreciation for Fixed Asset		生产税净额 Production Tax Net		营业盈余 Operating Surplus	
2020	2021	2020	2021	2020	2021	2020	2021
6384836	**7113603**	**3219136**	**3588840**	**1554608**	**1781173**	**98109**	**251830**
14073	17964	5693	4381	3693	3955	-3145	-1004
294	299	8	7	16	16	16	24
1334484	1485640	1011384	1163549	280387	287342	-578856	-757581
886519	956755	296285	253784	458422	501423	441936	584037
2381392	2653998	707626	805040	705898	835600	-126443	-62143
1599140	1825069	1116405	1291214	45925	55048	312595	286512
57677	57165	30663	34339	41214	41384	7154	5341
36247	63890	39112	31927	17569	53168	38320	187034
75010	52822	11960	4600	1484	3237	6532	9610
916935	970344	25575	27066				
1507065	1664387	1209895	1305667	741054	839947	309026	468341
488617	545368	67593	75464	151889	174995	-17326	-10849
9477	10284	3224	3407	198	213	2344	2470
905774	930444	43061	52528	324585	359028	199365	454590
698853	841568	177356	215723	27318	32186	-475497	-575993
300760	344061	27834	30390	7925	10548	58567	46361
197810	226882	443307	468279	24188	32809	-133232	-98285
12426	13480	3447	3790	5170	5499		
126652	185043	940109	1119721	161685	164766	154090	-16633
355159	448844	57299	69409	38774	47104	-19720	-33652
210483	243235	42351	45137	39192	53743	27409	18159
50511	52150	17546	19497	8941	10399	5650	512
243193	263553	35582	38535	7998	8774	31926	34502
126661	117134	41012	41597	2528	2545	-8647	-9328
152614	159775	30813	10950	1657	24516	3576	7772
81846	97051	53132	61680	11506	14100	-39422	-36137
916935	970344	25575	27066				
1995682	2209755	1277488	1381131	892943	1014943	291700	457492
3472219	3933504	1916073	2180643	661665	766230	-193591	-205662

2-11 法人单位及产业活动单位(2021年)
Juridical Entity and Industrial Activity Units(2021)

单位：个 (unit)

指标	Item	法人单位 Juridical	单产业 Single-Industry	多产业 Multi-Industry	产业活动单位 Industrial Activity Units	多产业所属 Multi-Industry Owned
总计	**Total**	**124158**	**121181**	**2977**	**137576**	**16395**
按国民经济行业分组	**By Sector**					
农、林、牧、渔业	Agriculture, Forestry, Animal Husbandry and Fishery	20288	20218	70	20423	205
采矿业	Mining	590	565	25	652	87
制造业	Manufacturing	6086	5953	133	6250	297
电力、热力、燃气及水生产和供应业	Production and Supply of Electric Power, Heat Power,Gas and Water	950	911	39	1201	290
建筑业	Construction	9616	9466	150	10293	827
批发和零售业	Wholesale and Retail Trades	24626	24050	576	28287	4237
交通运输、仓储和邮政业	Transport, Storage and Post	2362	2242	120	3383	1141
住宿和餐饮业	Hotels and Catering Services	2772	2676	96	3017	341
信息传输、软件和信息技术服务业	Information Transmission, Software and Information Technology Services	3204	3142	62	3882	740
金融业	Financial Intermediation	390	273	117	1674	1401
房地产业	Real Estate	3728	3491	237	4126	635
租赁和商务服务业	Leasing and Business Services	17109	16836	273	18094	1258
科学研究和技术服务业	Scientific Research and Technical Services	5467	5368	99	6436	1068
水利、环境和公共设施管理业	Management of Water Conservancy, Environment and Public Facilities	1616	1589	27	1731	142
居民服务、修理和其他服务业	Residential Services, Repair and Other Services	2358	2315	43	2494	179
教育	Education	2537	2419	118	3179	760
卫生和社会工作	Health and Social Work	1579	1547	32	1787	240
文化、体育和娱乐业	Culture, Sports and Entertainment	2418	2382	36	2542	160
公共管理、社会保障和社会组织	Public Administration, Social Security and Social Organizations	16462	15738	724	18125	2387
按地区分组	**By Region**					
西宁市	Xining City	61922	60377	1545	68393	8016
海东市	Haidong City	26574	26262	312	28619	2357
海北州	Haibei Zang A.P	4937	4766	171	5724	958
黄南州	Huangnan Zang A.P	4875	4752	123	5311	559
海南州	Hainan Zang A.P	8163	7903	260	9247	1344
果洛州	Golog Zang A.P	2428	2271	157	3072	801
玉树州	Yushu Zang A.P	3924	3820	104	4354	534
海西州	Haixi Mongolian & Zang A.P	11335	11030	305	12856	1826
按机构类型分组	**By Mechanism Type**					
企业	Enterprise	86868	84819	2049	97274	12455
事业	Institution	4659	4444	215	6577	2133
机关	Organ	2877	2203	674	3889	1686
社会团体	Social Organizations	5240	5233	7	5256	23
民办非企业单位	Private Non-enterprise Units	1877	1876	1	1878	2
基金会	Foundation	34	34		34	
居委会	Residents Committee	502	502		509	7
村委会	Village Committee	4209	4208	1	4210	2
农民专业合作社	Professional Farmers Cooperatives	13638	13610	28	13670	60
农村集体经济组织	Rural Collective Economic Organization	2105	2105		2106	1
其他组织机构	Other Organizations	2149	2147	2	2173	26

第3篇

CHAPTER 3

人　口

Population

3-1 主要年份常住人口及自然变动情况
Population and Natural Changes in Main Years

年 份 Year	常住人口 (万人) Total Population (10 000 persons)	自然变动情况 Natural Changes					
		出生 Birth		死亡 Death		自然增加 Natural Increase	
		人数 (万人) Population (person)	出生率 Birth Rate (‰)	人数 (万人) Population (person)	死亡率 Death Rate (‰)	人数 (万人) Population (person)	自然增长率 Natural Growth Rate (‰)
1990	447.66	10.8	24.34	3.3	7.47	7.5	16.87
1991	454.43	10.5	23.37	3.8	8.35	6.8	15.02
1992	461.02	10.3	22.54	3.7	8.14	6.6	14.40
1993	466.70	9.5	20.50	3.8	8.26	5.7	12.24
1994	474.00	10.4	22.06	3.2	6.82	7.2	15.24
1995	481.20	10.5	22.01	3.3	6.89	7.2	15.12
1996	488.30	10.6	21.89	3.5	7.20	7.1	14.69
1997	495.60	10.7	21.80	3.4	6.95	7.3	14.85
1998	502.80	10.6	21.26	3.4	6.78	7.2	14.48
1999	509.80	10.5	20.68	3.4	6.78	7.0	13.90
2000	516.50	9.9	19.25	3.2	6.15	6.7	13.10
2001	523.10	9.9	19.06	3.3	6.44	6.6	12.62
2002	528.60	9.5	18.05	3.3	6.35	6.2	11.70
2003	533.80	9.0	16.94	3.2	6.09	5.8	10.85
2004	538.60	8.8	16.32	3.5	6.45	5.3	9.87
2005	543.20	8.5	15.70	3.4	6.21	5.1	9.49
2006	547.70	8.3	15.24	3.4	6.27	4.9	8.97
2007	551.60	8.2	14.93	3.4	6.13	4.8	8.80
2008	554.30	8.0	14.49	3.4	6.14	4.6	8.35
2009	557.30	8.1	14.51	3.4	6.19	4.6	8.32
2010	563.47	8.4	14.94	3.5	6.31	4.8	8.63
2011	568.15	8.2	14.43	3.5	6.12	4.7	8.31
2012	570.77	8.2	14.30	3.5	6.06	4.7	8.24
2013	571.15	8.1	14.16	3.5	6.13	4.6	8.03
2014	575.83	8.5	14.67	3.6	6.18	4.9	8.49
2015	576.86	8.6	14.72	3.6	6.17	5.0	8.55
2016	581.88	8.7	14.70	3.7	6.18	5.0	8.52
2017	586.49	8.6	14.42	3.7	6.17	4.9	8.25
2018	587.32	8.6	14.31	3.8	6.25	4.8	8.06
2019	590.44	8.3	13.66	3.7	6.08	4.6	7.58
2020	592.79	6.8	11.43	3.9	6.65	2.9	4.78
2021	594.00	6.7	11.22	4.1	6.91	2.6	4.31

①1990、2000、2010、2020年数据为当年人口普查数据推算数，其余年份数据为人口变动情况抽样调查推算数，3−2表同。

②2011−2019年常住人口数据根据2020年第七次全国人口普查结果进行了修订，3−2表同。

❶Data in 1990,2000,2010,and 2020 were population at year-end.Data in the other years were calculated according to the sampling survey of population changes,The same applies to table 3-2.

❷Permanent population data for 2011-2019 have been revised based on the results of the seventh National census in 2020,The same applies to table 3−2.

3-2 主要年份人口变化情况
Changes of Population in Main Years

单位：万人 (10 000 persons)

年 份 Year	年末常住人口 Total Population at Year-end	按性别分 By Sex		按城乡分 By residence	
		男 Male	女 Female	城镇人口 Urban	乡村人口 Rural
1990	447.66	229.36	218.30	153.22	294.44
1991	454.43	232.80	221.63	155.11	299.32
1992	461.02	235.95	225.07	157.34	303.68
1993	466.70	238.95	227.75	158.04	308.66
1994	474.00	242.74	231.26	160.90	313.10
1995	481.20	246.37	234.83	163.13	318.07
1996	488.30	250.01	238.29	166.93	321.37
1997	495.60	252.76	242.84	171.94	323.66
1998	502.80	252.13	250.67	174.18	328.62
1999	509.80	259.29	250.51	176.33	333.47
2000	516.50	267.03	249.47	179.54	336.96
2001	523.10	266.09	257.01	190.00	333.10
2002	528.60	271.12	257.48	199.16	329.44
2003	533.80	272.33	261.47	203.80	330.00
2004	538.60	276.43	262.17	207.51	331.09
2005	543.20	277.58	265.62	213.21	329.99
2006	547.70	278.52	269.18	215.02	332.68
2007	551.60	279.50	272.10	221.02	330.58
2008	554.30	279.33	274.97	226.49	327.81
2009	557.30	280.26	277.04	233.51	323.79
2010	563.47	291.79	271.68	251.98	311.49
2011	568.15	287.54	280.61	264.36	303.79
2012	570.77	293.71	277.06	273.11	297.66
2013	571.15	289.29	281.86	281.52	289.63
2014	575.83	293.32	282.51	292.75	283.08
2015	576.86	294.37	282.49	298.06	278.80
2016	581.88	296.53	285.35	311.60	270.28
2017	586.49	297.59	288.90	325.21	261.28
2018	587.32	301.30	286.02	336.36	250.96
2019	590.44	302.89	287.55	347.06	243.38
2020	592.79	303.57	289.22	356.15	236.64
2021	594.00	299.00	295.00	362.46	231.54

3-3 七次全国人口普查人口基本情况
Basic Statistics on National Population Census in 1953, 1964, 1982, 1990, 2000, 2010 and 2020

指标		1953	1964	1982	1990	2000	2010	2020
总人口 （万人）	**Total Population (10 000persons)**	**167.65**	**214.56**	**389.57**	**445.69**	**518.16**	**562.67**	**592.40**
男	Male	86.07	113.80	200.48	231.05	267.91	291.38	303.38
女	Female	81.59	100.76	189.09	214.64	250.25	271.29	289.01
性别比（女性=100）	Sex Ratio (female=100)	105.49	112.94	106.03	107.64	107.06	107.40	104.97
家庭户规模 （人/户）	**Average Family Household Size (person/household)**	**5.34**	**4.99**	**5.16**	**4.66**	**3.95**	**3.46**	**2.79**
各年龄组人口比重(%)	**Percentage of Population by Age Group (%)**							
0-14岁	Aged 0-14	40.03	38.45	40.55	30.75	26.62	20.92	20.81
15-64岁	Aged 15-64	57.14	59.47	56.76	66.18	69.05	72.78	70.51
65岁及以上	Aged 65 and Over	2.83	2.08	2.69	3.07	4.33	6.30	8.68
民族人口	**Population by Ethnicity**							
汉族 （万人）	Han (10 000 persons)	82.24	131.62	236.00	258.04	282.33	298.35	299.35
占总人口比重(%)	Percentage to Total Population (%)	49.05	61.35	60.58	57.90	54.49	53.02	50.53
少数民族 （万人）	Ethnic Minorities (10 000 persons)	85.42	82.94	153.57	187.65	235.82	264.32	293.05
占总人口比重(%)	Percentage to Total Population (%)	50.95	38.65	39.42	42.10	45.51	46.98	49.47
每万人拥有的各种受教育程度人口(人)	**Population with Various Education Attainments Per 100 000 Persons (person)**							
大专及以上	Junior College and Above		63	81	149	330	862	1488
高中和中专	Senior Secondary School and Technical Secondary School		167	512	828	1043	1043	1057
初中	Junior Secondary Schools		499	1398	1776	2166	2537	2434
小学	Primary Schools		1842	2566	2649	3094	3527	3273
文盲人口及文盲率	**Illiterate Population and Illiterate Rate**							
文盲人口 （万人）	Illiterate Population (10 000 persons)			113.55	123.59	93.43	57.58	47.02
文盲率 (%)	Illiterate Rate (%)			29.15	27.73	18.03	10.23	7.94
城乡人口 （万人）	**Population by Residence (10 000 persons)**							
城镇人口	Urban Population	19.42	35.57	79.79	121.88	180.09	251.63	355.94
乡村人口	Rural Population	148.24	178.99	309.78	323.81	338.06	311.05	236.46
城镇化率 (%)	**Urbanization Rate (%)**	**11.58**	**16.58**	**20.48**	**27.35**	**34.76**	**44.72**	**60.08**
平均预期寿命 （岁）	**Life Expectancy at Birth (age)**			**60.79**	**65.60**	**68.48**	**69.96**	**73.96**
男	Male			59.78	64.00	67.01	68.11	71.72
女	Female			61.79	67.20	70.10	72.07	76.43

①1953、1964、1982、1990年全国人口普查标准时点是7月1日零时，2000、2010和2020年全国人口普查标准时点为11月1日零时。
②历次普查总人口数据包括了中国人民解放军现役军人。在城乡人口中，中国人民解放军现役军人列为城镇人口统计。
③1964年文盲人口为13岁及以上不识字人口，1982、1990、2000、2010和2020年文盲人口为15岁及以上不识字或识字很少的人口。

❶Standard reference time of national population census in 1953,1964,1982 and 1990 was zero hour of July 1st, and in 2000,2010 and 2020 was zero hour of November 1st.

❷Total population from the five national population censuses includes the military personnel. Military personnel is listed as urban population in population by residence. population and the urban/rural population.

❸Illiterate population of 1964 National Population Census referred to the population aged 13 and over who are unable to read.Illiterate population of 1982, 1990, 2000 , 2010 and 2020 National Population Censuses referred to the population aged 15 and over who are unable or have difficulty to read.

3-4 2006-2021年少数民族人口数

单位:万人、%

民　族	Ethnic Name	2006	2007	2008	2009
全省常住人口	**Population of the whole province**	**547.70**	**551.60**	**554.30**	**557.30**
少数民族人口总计	**Total Population of Ethnic Minorities**	**254.42**	**256.96**	**258.97**	**261.10**
少数民族占全省人口的比重	**Percentage to Total Population of The Province**	**46.45**	**46.58**	**46.72**	**46.85**
藏族	Tibetan	123.00	126.61	130.04	133.45
占全省人口的比重	Percentage to Total Population of The Province	22.46	22.95	23.45	23.94
回族	Hui	85.96	85.38	84.62	83.89
占全省人口的比重	Percentage to Total Population of The Province	15.69	15.48	15.26	15.05
土族	Tu	22.12	21.71	21.24	20.79
占全省人口的比重	Percentage to Total Population of The Province	4.04	3.94	3.83	3.73
撒拉族	Salar	11.72	11.47	11.20	10.93
占全省人口的比重	Percentage to Total Population of The Province	2.14	2.08	2.02	1.96
蒙古族	Mongolian	9.61	9.70	9.76	9.87
占全省人口的比重	Percentage to Total Population of The Province	1.75	1.76	1.76	1.77
其他民族	Others	2.02	2.07	2.11	2.17
占全省人口的比重	Percentage to Total Population of The Province	0.37	0.38	0.38	0.39

注:2011—2019年数据根据第七次人口普查数据进行了修订。

Population of Ethnic Minorities(2006-2021)

(10 000person,%)

2010	2011	2012	2013	2014	2015	2016	2017	2018	2019	2020	2021
563.47	**568.15**	**570.77**	**571.15**	**575.83**	**576.86**	**581.88**	**586.49**	**587.32**	**590.44**	**592.79**	**594.00**
264.70	**267.43**	**270.18**	**272.96**	**275.77**	**278.61**	**281.48**	**284.38**	**287.30**	**290.26**	**293.25**	**293.85**
46.98	**47.07**	**47.34**	**47.79**	**47.89**	**48.30**	**48.37**	**48.49**	**48.92**	**49.16**	**49.47**	**49.47**
137.70	139.05	140.39	141.72	143.06	144.40	145.74	147.07	148.39	149.72	151.04	151.35
24.44	24.47	24.60	24.81	24.84	25.03	25.05	25.08	25.27	25.36	25.48	25.48
83.55	84.60	85.66	86.74	87.83	88.93	90.05	91.19	92.33	93.49	94.67	94.86
14.83	14.89	15.01	15.19	15.25	15.42	15.48	15.55	15.72	15.83	15.97	15.97
20.47	20.43	20.38	20.34	20.30	20.25	20.21	20.17	20.12	20.08	20.04	20.08
3.63	3.60	3.57	3.56	3.52	3.51	3.47	3.44	3.43	3.40	3.38	3.38
10.72	10.93	11.13	11.34	11.55	11.77	11.99	12.22	12.45	12.68	12.92	12.95
1.90	1.92	1.95	1.99	2.01	2.04	2.06	2.08	2.12	2.15	2.18	2.18
10.00	10.02	10.05	10.07	10.10	10.12	10.15	10.18	10.20	10.23	10.26	10.28
1.77	1.76	1.76	1.76	1.75	1.76	1.74	1.74	1.74	1.73	1.73	1.73
2.26	2.41	2.57	2.74	2.93	3.12	3.33	3.56	3.80	4.05	4.33	4.34
0.41	0.42	0.45	0.48	0.51	0.54	0.57	0.61	0.65	0.69	0.73	0.73

Note:Data in 2011-2019 were revised according to the data of the Seventh National Population Census.

3−5　分地区户数、人口数、性别比和户规模（2020年）

地　区	Region	户数（户） Number of Households (household)	家庭户 Family Households	集体户 Collective Households	人口数（人） Population (person)	男 Male	女 Female
全　省	**Total**	**2079275**	**1965893**	**113382**	**5923957**	**3033846**	**2890111**
西宁市	**Xining City**	**913753**	**847809**	**65944**	**2467965**	**1256520**	**1211445**
城东区	Chengdong District	191203	174318	16885	489372	250205	239167
城中区	Chengzhong District	136249	124908	11341	325813	165446	160367
城西区	Chengxi District	135293	124793	10500	326866	161823	165043
城北区	Chengbei District	166184	149028	17156	417701	212010	205691
湟中区	Huangzhong District	120238	115403	4835	395043	205999	189044
大通回族土族自治县	Datong Hui &Tu Autonomous County	124750	121224	3526	403368	204972	198396
湟源县	Huangyuan County	39836	38135	1701	109802	56065	53737
海东市	**Haidong City**	**434506**	**421329**	**13177**	**1358471**	**691990**	**666481**
乐都区	Ledu District	87687	83855	3832	240949	123135	117814
平安区	Ping'an District	42051	39935	2116	117883	59439	58444
民和回族土族自治县	Minhe Hui &Tu Autonomous County	98423	96394	2029	326964	166284	160680
互助土族自治县	Huzhu Tu Autonomous County	110038	107311	2727	337941	175438	162503
化隆回族自治县	Hualong Hui Autonomous County	57790	56539	1251	200474	100720	99754
循化撒拉族自治县	Xunhua Salar Autonomous County	38517	37295	1222	134260	66974	67286
海北藏族自治州	**Haibei Zang A.P**	**95793**	**93114**	**2679**	**265322**	**135263**	**130059**
门源回族自治县	Menyuan Hui Autonomous County	46962	46284	678	138335	70194	68141
祁连县	Qilian County	18186	17458	728	48538	24992	23546
海晏县	Haiyan County	16041	15075	966	37729	19171	18558
刚察县	Gangcha County	14604	14297	307	40720	20906	19814
黄南藏族自治州	**Huangnan Zang A.P**	**90832**	**86864**	**3968**	**276215**	**139528**	**136687**
同仁市	Tongren City	32690	30232	2458	101519	51556	49963
尖扎县	Jianzha County	19541	18553	988	58173	29245	28928
泽库县	Zeku County	24418	24019	399	75659	37996	37663
河南蒙古族自治县	Henan Mongolian Autonomous County	14183	14060	123	40864	20731	20133

注：本表数据为2020年第七次全国人口普查时点数，不包括中国人民解放军现役军人。(以下相关表同)

Household, Population, Sex Ratio and Household Size by Region (2020)

性别比 (女=100) Sex Ratio (Female=100)	家庭户人口数(人) Family Household Population (person)	男 Male	女 Female	集体户人口数(人) Collective Household Population (person)	男 Male	女 Female	平均家庭户规模(人/户) Average Family Size (person-/household)
104.97	**5493942**	**2777444**	**2716498**	**430015**	**256402**	**173613**	**2.79**
103.72	**2224710**	**1113500**	**1111210**	**243255**	**143020**	**100235**	**2.62**
104.62	428226	212853	215373	61146	37352	23794	2.46
103.17	284686	140500	144186	41127	24946	16181	2.28
98.05	289839	140873	148966	37027	20950	16077	2.32
103.07	353249	177100	176149	64452	34910	29542	2.37
108.97	375408	192885	182523	19635	13114	6521	3.25
103.31	389694	196611	193083	13674	8361	5313	3.21
104.33	103608	52678	50930	6194	3387	2807	2.72
103.83	**1304894**	**661161**	**643733**	**53577**	**30829**	**22748**	**3.1**
104.52	228628	115923	112705	12321	7212	5109	2.73
101.7	110316	54885	55431	7567	4554	3013	2.76
103.49	318311	161758	156553	8653	4526	4127	3.3
107.96	322979	166669	156310	14962	8769	6193	3.01
100.97	195263	97774	97489	5211	2946	2265	3.45
99.54	129397	64152	65245	4863	2822	2041	3.47
104	**255863**	**129242**	**126621**	**9459**	**6021**	**3438**	**2.75**
103.01	136158	68650	67508	2177	1544	633	2.94
106.14	45850	23225	22625	2688	1767	921	2.63
103.3	34506	17521	16985	3223	1650	1573	2.29
105.51	39349	19846	19503	1371	1060	311	2.75
102.08	**260549**	**130817**	**129732**	**15666**	**8711**	**6955**	**3**
103.19	91921	46266	45655	9598	5290	4308	3.04
101.1	54072	26895	27177	4101	2350	1751	2.91
100.88	74160	37224	36936	1499	772	727	3.09
102.97	40396	20432	19964	468	299	169	2.87

Note:Data of this table are from reference time of the Seventh National Population Census,excluding the servicemen of the Chinese people's Liberation Army.The same applies to the relevant following tables.

3-5 续表

地 区	Region	户数(户) Number of Households (household)	家庭户 Family Households	集体户 Collective Households	人口数(人) Population (person)	男 Male	女 Female
全 省	**Total**	**2079275**	**1965893**	**113382**	**5923957**	**3033846**	**2890111**
海南藏族自治州	**Hainan Zang A.P**	**155891**	**150393**	**5498**	**446996**	**225808**	**221188**
共和县	Gonghe County	49847	47409	2438	133409	67764	65645
同德县	Tongde County	19793	18994	799	60268	30551	29717
贵德县	Guide County	36530	35402	1128	105645	53169	52476
兴海县	Xinghai County	26357	25729	628	75833	38160	37673
贵南县	Guinan County	23364	22859	505	71841	36164	35677
果洛藏族自治州	**Golog Zang A.P**	**76987**	**73779**	**3208**	**215573**	**112477**	**103096**
玛沁县	Maqin County	22011	19786	2225	58117	31144	26973
班玛县	Banma County	10289	10077	212	31794	16649	15145
甘德县	Gande County	15536	15444	92	41046	21216	19830
达日县	Dari County	13156	12880	276	40197	20665	19532
久治县	Jiuzhi County	9795	9549	246	29929	15311	14618
玛多县	Maduo County	6200	6043	157	14490	7492	6998
玉树藏族自治州	**Yushu Zang A.P**	**130023**	**126778**	**3245**	**425199**	**215978**	**209221**
玉树市	Yushu City	42539	40958	1581	141308	72140	69168
杂多县	Zaduo County	18484	18153	331	68759	34787	33972
称多县	Chengduo County	20391	20040	351	57159	29135	28024
治多县	Zhiduo County	11640	11447	193	34496	17430	17066
囊谦县	Nangqian County	23437	23096	341	90307	45767	44540
曲麻莱县	Qumalai County	13532	13084	448	33170	16719	16451
海西蒙古族藏族自治州	**Haixi Mongolian & Zang A.P**	**181490**	**165827**	**15663**	**468216**	**256282**	**211934**
格尔木市	Geermu City	80969	74567	6402	221863	121353	100510
德令哈市	Delingha City	34686	31699	2987	88227	46036	42191
茫崖市	Mangya City	9687	7845	1842	18856	12884	5972
乌兰县	Wulan County	13962	13252	710	31507	16888	14619
都兰县	Dulan County	24735	23960	775	68273	35579	32694
天峻县	Tianjun County	10030	9706	324	23203	12077	11126
大柴旦行政委员会	Dachaidan Executive Committee	7421	4798	2623	16287	11465	4822

Continued

性别比 (女=100) Sex Ratio (Female=100)	家庭户人口数(人) Family Household Population (person)	男 Male	女 Female	集体户人口数(人) Collective Household Population (person)	男 Male	女 Female	平均家庭户规模(人/户) Average Family Size (person-/household)
104.97	**5493942**	**2777444**	**2716498**	**430015**	**256402**	**173613**	**2.79**
102.09	**427326**	**215343**	**211983**	**19670**	**10465**	**9205**	**2.84**
103.23	124270	62813	61457	9139	4951	4188	2.62
102.81	58435	29656	28779	1833	895	938	3.08
101.32	101140	50813	50327	4505	2356	2149	2.86
101.29	73803	36946	36857	2030	1214	816	2.87
101.37	69678	35115	34563	2163	1049	1114	3.05
109.1	**202366**	**104139**	**98227**	**13207**	**8338**	**4869**	**2.74**
115.46	47953	24836	23117	10164	6308	3856	2.42
109.93	31123	16106	15017	671	543	128	3.09
106.99	40818	21078	19740	228	138	90	2.64
105.8	39489	20172	19317	708	493	215	3.07
104.74	28944	14757	14187	985	554	431	3.03
107.06	14039	7190	6849	451	302	149	2.32
103.23	**405862**	**205689**	**200173**	**19337**	**10289**	**9048**	**3.2**
104.3	129485	65910	63575	11823	6230	5593	3.16
102.4	66959	33807	33152	1800	980	820	3.69
103.96	55788	28451	27337	1371	684	687	2.78
102.13	34025	17129	16896	471	301	170	2.97
102.75	87866	44496	43370	2441	1271	1170	3.8
101.63	31739	15896	15843	1431	823	608	2.43
120.93	**412372**	**217553**	**194819**	**55844**	**38729**	**17115**	**2.49**
120.74	196395	103588	92807	25468	17765	7703	2.63
109.11	79139	40934	38205	9088	5102	3986	2.5
215.74	12568	7902	4666	6288	4982	1306	1.6
115.52	28876	15030	13846	2631	1858	773	2.18
108.82	64827	33576	31251	3446	2003	1443	2.71
108.55	21948	11217	10731	1255	860	395	2.26
237.76	8619	5306	3313	7668	6159	1509	1.8

3-6 分地区分性别、户口登记状况的人口(2020年)

单位：人

地 区	Region	人口数 Population			住本乡、镇、街道，户口在本乡、镇、街道 Residing in the Townships, Towns and Street Communities with Permanent Household Registration There		
		合 计 Total	男 Male	女 Female	小 计 Sub-total	男 Male	女 Female
全 省	**Total**	**5923957**	**3033846**	**2890111**	**3827791**	**1928036**	**1899755**
西宁市	**Xining City**	**2467965**	**1256520**	**1211445**	**1406592**	**702022**	**704570**
城东区	Chengdong District	489372	250205	239167	164986	80786	84200
城中区	Chengzhong District	325813	165446	160367	159881	76877	83004
城西区	Chengxi District	326866	161823	165043	166435	79730	86705
城北区	Chengbei District	417701	212010	205691	173023	83711	89312
湟中区	Huangzhong District	395043	205999	189044	334620	173593	161027
大通回族土族自治县	Datong Hui &Tu Autonomous County	403368	204972	198396	333494	169160	164334
湟源县	Huangyuan County	109802	56065	53737	74153	38165	35988
海东市	**Haidong City**	**1358471**	**691990**	**666481**	**1058580**	**538761**	**519819**
乐都区	Ledu District	240949	123135	117814	161716	82643	79073
平安区	Ping'an District	117883	59439	58444	69246	34597	34649
民和回族土族自治县	Minhe Hui &Tu Autonomous County	326964	166284	160680	263699	134980	128719
互助土族自治县	Huzhu Tu Autonomous County	337941	175438	162503	277742	144071	133671
化隆回族自治县	Hualong Hui Autonomous County	200474	100720	99754	172317	86187	86130
循化撒拉族自治县	Xunhua Salar Autonomous County	134260	66974	67286	113860	56283	57577
海北藏族自治州	**Haibei Zang A.P**	**265322**	**135263**	**130059**	**186107**	**94225**	**91882**
门源回族自治县	Menyuan Hui Autonomous County	138335	70194	68141	104778	53337	51441
祁连县	Qilian County	48538	24992	23546	33165	16719	16446
海晏县	Haiyan County	37729	19171	18558	16433	8326	8107
刚察县	Gangcha County	40720	20906	19814	31731	15843	15888
黄南藏族自治州	**Huangnan Zang A.P**	**276215**	**139528**	**136687**	**210625**	**104765**	**105860**
同仁市	Tongren City	101519	51556	49963	74350	36816	37534
尖扎县	Jianzha County	58173	29245	28928	40633	20107	20526
泽库县	Zeku County	75659	37996	37663	65963	32976	32987
河南蒙古族自治县	Henan Mongolian Autonomous County	40864	20731	20133	29679	14866	14813

Population by Gender, Household Registration Status and Region (2020)

(person)

住本乡、镇、街道，户口在外乡、镇、街道离开户口登记地半年以上 Residing in Townships, Towns and Street Communities,with Permanent Household Registration Elsewhere and Away from Registration Place For More Than 6 Months.			住本乡、镇、街道，户口待定 Residing in Townships, Towns and Street Communities, with Place of Permanent Household Registration Unsettled			居住在港澳台或国外，户口在本乡、镇、街道 Residing in Hong Kong SAR, Macao SAR and Taiwan or abroad, with Permanent Household Registration in Townships,Towns and Street Communities		
小计 Sub-total	男 Male	女 Female	小计 Sub-total	男 Male	女 Female	小计 Sub-total	男 Male	女 Female
2070660	**1092431**	**978229**	**23004**	**11862**	**11142**	**2502**	**1517**	**985**
1051348	**549262**	**502086**	**8863**	**4670**	**4193**	**1162**	**566**	**596**
321448	167869	153579	2800	1488	1312	138	62	76
164017	87475	76542	1688	983	705	227	111	116
158647	81217	77430	1368	697	671	416	179	237
243549	127721	115828	975	514	461	154	64	90
59260	31847	27413	1046	480	566	117	79	38
69021	35376	33645	774	383	391	79	53	26
35406	17757	17649	212	125	87	31	18	13
295525	**151036**	**144489**	**3752**	**1764**	**1988**	**614**	**429**	**185**
78584	40206	38378	571	238	333	78	48	30
48276	24632	23644	324	185	139	37	25	12
62297	30843	31454	861	387	474	107	74	33
59680	31102	28578	447	216	231	72	49	23
26873	13886	12987	1112	525	587	172	122	50
19815	10367	9448	437	213	224	148	111	37
78315	**40549**	**37766**	**866**	**465**	**401**	**34**	**24**	**10**
33204	16692	16512	343	156	187	10	9	1
15214	8185	7029	143	77	66	16	11	5
21185	10760	10425	103	81	22	8	4	4
8712	4912	3800	277	151	126			
63544	**33623**	**29921**	**1818**	**970**	**848**	**228**	**170**	**58**
26459	14326	12133	632	359	273	78	55	23
16761	8699	8062	683	373	310	96	66	30
9325	4846	4479	356	161	195	15	13	2
10999	5752	5247	147	77	70	39	36	3

3-6 续表

单位：人

地区	Region	人口数 Population 合计 Total	男 Male	女 Female	住本乡、镇、街道，户口在本乡、镇、街道 Residing in the Townships, Towns and Street Communities with Permanent Household Registration There 小计 Sub-total	男 Male	女 Female
全 省	**Total**	**5923957**	**3033846**	**2890111**	**3827791**	**1928036**	**1899755**
海南藏族自治州	**Hainan Zang A.P**	**446996**	**225808**	**221188**	**329498**	**165217**	**164281**
共和县	Gonghe County	133409	67764	65645	92653	46439	46214
同德县	Tongde County	60268	30551	29717	48103	24179	23924
贵德县	Guide County	105645	53169	52476	76922	38764	38158
兴海县	Xinghai County	75833	38160	37673	51579	25821	25758
贵南县	Guinan County	71841	36164	35677	60241	30014	30227
果洛藏族自治州	**Golog Zang A.P**	**215573**	**112477**	**103096**	**154870**	**78601**	**76269**
玛沁县	Maqin County	58117	31144	26973	33144	16963	16181
班玛县	Banma County	31794	16649	15145	23600	12146	11454
甘德县	Gande County	41046	21216	19830	36185	18342	17843
达日县	Dari County	40197	20665	19532	27032	13684	13348
久治县	Jiuzhi County	29929	15311	14618	24700	12291	12409
玛多县	Maduo County	14490	7492	6998	10209	5175	5034
玉树藏族自治州	**Yushu Zang A.P**	**425199**	**215978**	**209221**	**290628**	**146464**	**144164**
玉树市	Yushu City	141308	72140	69168	93811	47322	46489
杂多县	Zaduo County	68759	34787	33972	32738	16407	16331
称多县	Chengduo County	57159	29135	28024	50730	25601	25129
治多县	Zhiduo County	34496	17430	17066	12537	6359	6178
囊谦县	Nangqian County	90307	45767	44540	80652	40611	40041
曲麻莱县	Qumalai County	33170	16719	16451	20160	10164	9996
海西蒙古族藏族自治州	**Haixi Mongolian & Zang A.P**	**468216**	**256282**	**211934**	**190891**	**97981**	**92910**
格尔木市	Geermu City	221863	121353	100510	73682	37521	36161
德令哈市	Delingha City	88227	46036	42191	37017	18758	18259
茫崖市	Mangya City	18856	12884	5972	4564	2654	1910
乌兰县	Wulan County	31507	16888	14619	18544	9528	9016
都兰县	Dulan County	68273	35579	32694	41674	21619	20055
天峻县	Tianjun County	23203	12077	11126	11929	6076	5853
大柴旦行政委员会	Dachaidan Executive Committee	16287	11465	4822	3481	1825	1656

Continued

(person)

住本乡、镇、街道，户口在外乡、镇、街道离开户口登记地半年以上 Residing in Townships, Towns and Street Communities,with Permanent Household Registration Elsewhere and Away from Registration Place For More Than 6 Months.			住本乡、镇、街道，户口待定 Residing in Townships, Towns and Street Communities, with Place of Permanent Household Registration Unsettled			居住在港澳台或国外，户口在本乡、镇、街道 Residing in Hong Kong SAR, Macao SAR and Taiwan or abroad, with Permanent Household Registration in Townships,Towns and Street Communities		
小 计 Sub-total	男 Male	女 Female	小 计 Sub-total	男 Male	女 Female	小 计 Sub-total	男 Male	女 Female
2070660	**1092431**	**978229**	**23004**	**11862**	**11142**	**2502**	**1517**	**985**
115950	**59738**	**56212**	**1261**	**631**	**630**	**287**	**222**	**65**
40450	21168	19282	260	120	140	46	37	9
11951	6249	5702	156	74	82	58	49	9
28438	14248	14190	243	127	116	42	30	12
23745	12066	11679	472	240	232	37	33	4
11366	6007	5359	130	70	60	104	73	31
59590	**33293**	**26297**	**1062**	**548**	**514**	**51**	**35**	**16**
24710	14024	10686	256	150	106	7	7	
8048	4429	3619	121	59	62	25	15	10
4505	2690	1815	356	184	172			
12929	6868	6061	227	110	117	9	3	6
5136	2974	2162	83	36	47	10	10	
4262	2308	1954	19	9	10			
131190	**67785**	**63405**	**3343**	**1704**	**1639**	**38**	**25**	**13**
46677	24401	22276	820	417	403			
35244	17995	17249	777	385	392			
6124	3382	2742	285	135	150	20	17	3
21284	10690	10594	674	380	294	1	1	
9095	4859	4236	544	290	254	16	7	9
12766	6458	6308	243	97	146	1		1
275198	**157145**	**118053**	**2039**	**1110**	**929**	**88**	**46**	**42**
146759	83047	63712	1382	765	617	40	20	20
50985	27144	23841	211	125	86	14	9	5
14268	10216	4052	24	14	10			
12872	7311	5561	83	45	38	8	4	4
26267	13803	12464	308	145	163	24	12	12
11246	5988	5258	26	12	14	2	1	1
12801	9636	3165	5	4	1			

3-7 分地区人口年龄构成和抚养比（2020年）

地 区	Region	人口数（人）Population (person)	0-14岁 Aged 0-14	15-64岁 Aged 15-64	65岁及以上 Aged 65 and Over
全 省	**Total**	**5923957**	**1232956**	**4176908**	**514093**
西宁市	**Xining City**	**2467965**	**403700**	**1814596**	**249669**
城东区	Chengdong District	489372	76574	364120	48678
城中区	Chengzhong District	325813	44514	244864	36435
城西区	Chengxi District	326866	49833	242952	34081
城北区	Chengbei District	417701	55831	323091	38779
湟中区	Huangzhong District	395043	78208	276114	40721
大通回族土族自治县	Datong Hui &Tu Autonomous County	403368	81938	283428	38002
湟源县	Huangyuan County	109802	16802	80027	12973
海东市	**Haidong City**	**1358471**	**309407**	**911234**	**137830**
乐都区	Ledu District	240949	39491	170444	31014
平安区	Ping'an District	117883	22553	82302	13028
民和回族土族自治县	Minhe Hui &Tu Autonomous County	326964	77410	216460	33094
互助土族自治县	Huzhu Tu Autonomous County	337941	66448	238320	33173
化隆回族自治县	Hualong Hui Autonomous County	200474	60699	123239	16536
循化撒拉族自治县	Xunhua Salar Autonomous County	134260	42806	80469	10985
海北藏族自治州	**Haibei Zang A.P**	**265322**	**53545**	**192563**	**19214**
门源回族自治县	Menyuan Hui Autonomous County	138335	28941	98198	11196
祁连县	Qilian County	48538	9579	35606	3353
海晏县	Haiyan County	37729	5871	29426	2432
刚察县	Gangcha County	40720	9154	29333	2233
黄南藏族自治州	**Huangnan Zang A.P**	**276215**	**73316**	**184828**	**18071**
同仁市	Tongren City	101519	24792	69106	7621
尖扎县	Jianzha County	58173	14995	38764	4414
泽库县	Zeku County	75659	22848	49123	3688
河南蒙古族自治县	Henan Mongolian Autonomous County	40864	10681	27835	2348

Age Composition and Dependency Ratio of Population by Region (2020)

总抚养比 (%) Gross Dependency Ratio(%)	少年儿童 抚养比 Children Dependency Ratio	老年人口 抚养比 Elderly Dependency Ratio
41.83	**29.52**	**12.31**
36.01	**22.25**	**13.76**
34.40	21.03	13.37
33.06	18.18	14.88
34.54	20.51	14.03
29.28	17.28	12.00
43.07	28.32	14.75
42.32	28.91	13.41
37.21	21.00	16.21
49.08	**33.95**	**15.13**
41.37	23.17	18.20
43.23	27.40	15.83
51.05	35.76	15.29
41.80	27.88	13.92
62.67	49.25	13.42
66.85	53.20	13.65
37.78	**27.81**	**9.98**
40.87	29.47	11.40
36.32	26.90	9.42
28.22	19.95	8.26
38.82	31.21	7.61
49.44	**39.67**	**9.78**
46.90	35.88	11.03
50.07	38.68	11.39
54.02	46.51	7.51
46.81	38.37	8.44

3-7 续表

地 区	Region	人口数（人） Population (person)	0-14岁 Aged 0-14	15-64岁 Aged 15-64	65岁及以上 Aged 65 and Over
全 省	**Total**	**5923957**	**1232956**	**4176908**	**514093**
海南藏族自治州	**Hainan Zang A.P**	**446996**	**108376**	**307768**	**30852**
共和县	Gonghe County	133409	28987	96188	8234
同德县	Tongde County	60268	16064	40662	3542
贵德县	Guide County	105645	22499	72609	10537
兴海县	Xinghai County	75833	21556	50147	4130
贵南县	Guinan County	71841	19270	48162	4409
果洛藏族自治州	**Golog Zang A.P**	**215573**	**63993**	**141007**	**10573**
玛沁县	Maqin County	58117	13467	42053	2597
班玛县	Banma County	31794	9887	20036	1871
甘德县	Gande County	41046	13073	25819	2154
达日县	Dari County	40197	14342	24155	1700
久治县	Jiuzhi County	29929	8828	19453	1648
玛多县	Maduo County	14490	4396	9491	603
玉树藏族自治州	**Yushu Zang A.P**	**425199**	**133304**	**266204**	**25691**
玉树市	Yushu City	141308	39177	93525	8606
杂多县	Zaduo County	68759	26725	38769	3265
称多县	Chengduo County	57159	16460	37056	3643
治多县	Zhiduo County	34496	9918	22507	2071
囊谦县	Nangqian County	90307	30919	53149	6239
曲麻莱县	Qumalai County	33170	10105	21198	1867
海西蒙古族藏族自治州	**Haixi Mongolian & Zang A.P**	**468216**	**87315**	**358708**	**22193**
格尔木市	Geermu City	221863	44608	168452	8803
德令哈市	Delingha City	88227	15432	67999	4796
茫崖市	Mangya City	18856	1582	16946	328
乌兰县	Wulan County	31507	5553	23805	2149
都兰县	Dulan County	68273	14160	49763	4350
天峻县	Tianjun County	23203	4805	17161	1237
大柴旦行政委员会	Dachaidan Executive Committee	16287	1175	14582	530

Continued

总抚养比 (%) Gross Dependency Ratio(%)	少年儿童 抚养比 Children Dependency Ratio	老年人口 抚养比 Elderly Dependency Ratio
41.83	**29.52**	**12.31**
45.24	**35.21**	**10.02**
38.70	30.14	8.56
48.22	39.51	8.71
45.50	30.99	14.51
51.22	42.99	8.24
49.17	40.01	9.15
52.88	**45.38**	**7.50**
38.20	32.02	6.18
58.68	49.35	9.34
58.98	50.63	8.34
66.41	59.37	7.04
53.85	45.38	8.47
52.67	46.32	6.35
59.73	**50.08**	**9.65**
51.09	41.89	9.20
77.36	68.93	8.42
54.25	44.42	9.83
53.27	44.07	9.20
69.91	58.17	11.74
56.48	47.67	8.81
30.53	**24.34**	**6.19**
31.71	26.48	5.23
29.75	22.69	7.05
11.27	9.34	1.94
32.35	23.33	9.03
37.20	28.45	8.74
35.21	28.00	7.21
11.69	8.06	3.63

3-8 分地区分性别、民族的人口数

单位：人

地 区	Region	合计 Total	男 Male	女 Female
全 省	**Total**	**5923957**	**3033846**	**2890111**
西宁市	**Xining City**	**2467965**	**1256520**	**1211445**
城东区	Chengdong District	489372	250205	239167
城中区	Chengzhong District	325813	165446	160367
城西区	Chengxi District	326866	161823	165043
城北区	Chengbei District	417701	212010	205691
湟中区	Huangzhong District	395043	205999	189044
大通回族土族自治县	Datong Hui &Tu Autonomous County	403368	204972	198396
湟源县	Huangyuan County	109802	56065	53737
海东市	**Haidong City**	**1358471**	**691990**	**666481**
乐都区	Ledu District	240949	123135	117814
平安区	Ping'an District	117883	59439	58444
民和回族土族自治县	Minhe Hui &Tu Autonomous County	326964	166284	160680
互助土族自治县	Huzhu Tu Autonomous County	337941	175438	162503
化隆回族自治县	Hualong Hui Autonomous County	200474	100720	99754
循化撒拉族自治县	Xunhua Salar Autonomous County	134260	66974	67286
海北藏族自治州	**Haibei Zang A.P**	**265322**	**135263**	**130059**
门源回族自治县	Menyuan Hui Autonomous County	138335	70194	68141
祁连县	Qilian County	48538	24992	23546
海晏县	Haiyan County	37729	19171	18558
刚察县	Gangcha County	40720	20906	19814
黄南藏族自治州	**Huangnan Zang A.P**	**276215**	**139528**	**136687**
同仁市	Tongren City	101519	51556	49963
尖扎县	Jianzha County	58173	29245	28928
泽库县	Zeku County	75659	37996	37663
河南蒙古族自治县	Henan Mongolian Autonomous County	40864	20731	20133

Population by Gender, Ethnic Groups and Region

(person)

汉 族 Han Ethnic Group 小计 Sub-total	男 Male	女 Female	少数民族 Ethnic Minorities 小计 Sub-total	男 Male	女 Female
2993534	**1564730**	**1428804**	**2930423**	**1469116**	**1461307**
1762822	**905025**	**857797**	**705143**	**351495**	**353648**
278340	144507	133833	211032	105698	105334
275118	140287	134831	50695	25159	25536
275633	136856	138777	51233	24967	26266
358131	183062	175069	59570	28948	30622
280214	147685	132529	114829	58314	56515
202589	104932	97657	200779	100040	100739
92797	47696	45101	17005	8369	8636
718390	**372070**	**346320**	**640081**	**319920**	**320161**
202868	103978	98890	38081	19157	18924
88229	44872	43357	29654	14567	15087
140197	72477	67720	186767	93807	92960
244307	127814	116493	93634	47624	46010
34736	18358	16378	165738	82362	83376
8053	4571	3482	126207	62403	63804
87679	**46212**	**41467**	**177643**	**89051**	**88592**
50695	26095	24600	87640	44099	43541
11024	6158	4866	37514	18834	18680
18820	9879	8941	18909	9292	9617
7140	4080	3060	33580	16826	16754
18624	**11097**	**7527**	**257591**	**128431**	**129160**
9921	5694	4227	91598	45862	45736
5463	3312	2151	52710	25933	26777
1340	865	475	74319	37131	37188
1900	1226	674	38964	19505	19459

3-8 续表

单位：人

地 区	Region	合计 Total	男 Male	女 Female
全 省	**Total**	**5923957**	**3033846**	**2890111**
海南藏族自治州	**Hainan Zang A.P**	**446996**	**225808**	**221188**
共和县	Gonghe County	133409	67764	65645
同德县	Tongde County	60268	30551	29717
贵德县	Guide County	105645	53169	52476
兴海县	Xinghai County	75833	38160	37673
贵南县	Guinan County	71841	36164	35677
果洛藏族自治州	**Golog Zang A.P**	**215573**	**112477**	**103096**
玛沁县	Maqin County	58117	31144	26973
班玛县	Banma County	31794	16649	15145
甘德县	Gande County	41046	21216	19830
达日县	Dari County	40197	20665	19532
久治县	Jiuzhi County	29929	15311	14618
玛多县	Maduo County	14490	7492	6998
玉树藏族自治州	**Yushu Zang A.P**	**425199**	**215978**	**209221**
玉树市	Yushu City	141308	72140	69168
杂多县	Zaduo County	68759	34787	33972
称多县	Chengduo County	57159	29135	28024
治多县	Zhiduo County	34496	17430	17066
囊谦县	Nangqian County	90307	45767	44540
曲麻莱县	Qumalai County	33170	16719	16451
海西蒙古族藏族自治州	**Haixi Mongolian & Zang A.P**	**468216**	**256282**	**211934**
格尔木市	Geermu City	221863	121353	100510
德令哈市	Delingha City	88227	46036	42191
茫崖市	Mangya City	18856	12884	5972
乌兰县	Wulan County	31507	16888	14619
都兰县	Dulan County	68273	35579	32694
天峻县	Tianjun County	23203	12077	11126
大柴旦行政委员会	Dachaidan Executive Committee	16287	11465	4822

Continued

(person)

汉族 Han Ethnic Group 小计 Sub-total	男 Male	女 Female	少数民族 Ethnic Minorities 小计 Sub-total	男 Male	女 Female
2993534	**1564730**	**1428804**	**2930423**	**1469116**	**1461307**
99418	**53047**	**46371**	**347578**	**172761**	**174817**
34364	18707	15657	99045	49057	49988
3421	2042	1379	56847	28509	28338
46950	24203	22747	58695	28966	29729
7194	4040	3154	68639	34120	34519
7489	4055	3434	64352	32109	32243
15244	**10284**	**4960**	**200329**	**102193**	**98136**
8044	5525	2519	50073	25619	24454
1887	1301	586	29907	15348	14559
1242	804	438	39804	20412	19392
1719	1108	611	38478	19557	18921
1387	906	481	28542	14405	14137
965	640	325	13525	6852	6673
14009	**9188**	**4821**	**411190**	**206790**	**204400**
7453	4896	2557	133855	67244	66611
1539	977	562	67220	33810	33410
1241	836	405	55918	28299	27619
1119	782	337	33377	16648	16729
1559	1027	532	88748	44740	44008
1098	670	428	32072	16049	16023
277348	**157807**	**119541**	**190868**	**98475**	**92393**
140391	78559	61832	81472	42794	38678
57991	30983	27008	30236	15053	15183
15719	11028	4691	3137	1856	1281
16329	9132	7197	15178	7756	7422
30929	16760	14169	37344	18819	18525
3707	2366	1341	19496	9711	9785
12282	8979	3303	4005	2486	1519

3–9 分地区按性别、受教育程度分的3岁及以上人口(2020年)

单位：人

地　区	Region	3岁及以上人口 Population Aged 3 and Over			未上过学 No Schooling		
		合计 Total	男 Male	女 Female	小计 Sub-total	男 Male	女 Female
全　省	**Total**	5703979	2920497	2783482	578699	202266	376433
西宁市	**Xining City**	**2392833**	**1217674**	**1175159**	**127161**	**39105**	**88056**
城东区	Chengdong District	473691	242008	231683	23181	7272	15909
城中区	Chengzhong District	317423	161115	156308	9730	3001	6729
城西区	Chengxi District	316922	156643	160279	9142	2809	6333
城北区	Chengbei District	405622	205790	199832	12981	3782	9199
湟中区	Huangzhong District	382743	199705	183038	32692	10213	22479
大通回族土族自治县	Datong Hui &Tu Autonomous County	389577	197858	191719	31087	9608	21479
湟源县	Huangyuan County	106855	54555	52300	8348	2420	5928
海东市	**Haidong City**	**1306026**	**664670**	**641356**	**177072**	**54017**	**123055**
乐都区	Ledu District	234223	119623	114600	16837	3733	13104
平安区	Ping'an District	113992	57438	56554	9652	2638	7014
民和回族土族自治县	Minhe Hui &Tu Autonomous County	314017	159577	154440	52463	16697	35766
互助土族自治县	Huzhu Tu Autonomous County	326993	169775	157218	29035	8397	20638
化隆回族自治县	Hualong Hui Autonomous County	190173	95294	94879	44663	15005	29658
循化撒拉族自治县	Xunhua Salar Autonomous County	126628	62963	63665	24422	7547	16875
海北藏族自治州	**Haibei Zang A.P**	**256306**	**130597**	**125709**	**34486**	**12212**	**22274**
门源回族自治县	Menyuan Hui Autonomous County	133613	67783	65830	12857	4120	8737
祁连县	Qilian County	46790	24079	22711	5698	1954	3744
海晏县	Haiyan County	36700	18630	18070	5509	1990	3519
刚察县	Gangcha County	39203	20105	19098	10422	4148	6274
黄南藏族自治州	**Huangnan Zang A.P**	**261651**	**132222**	**129429**	**40611**	**14619**	**25992**
同仁市	Tongren City	96637	49139	47498	9567	3335	6232
尖扎县	Jianzha County	55185	27696	27489	13019	4095	8924
泽库县	Zeku County	71131	35755	35376	8844	3349	5495
河南蒙古族自治县	Henan Mongolian Autonomous County	38698	19632	19066	9181	3840	5341

Population Aged 3 and Over by Gender, Educational Attainment and Region (2020)

(person)

学前教育 Preschool education			小学 Primary Schools			初中 Junior Secondary Schools		
小计 Sub-total	男 Male	女 Female	小计 Sub-total	男 Male	女 Female	小计 Sub-total	男 Male	女 Female
236973	121957	115016	1938626	960145	978481	1442149	838949	603200
84939	**43862**	**41077**	**588800**	**281663**	**307137**	**724362**	**408460**	**315902**
15992	8315	7677	111426	53335	58091	136911	75650	61261
9593	4942	4651	54421	25374	29047	91658	49577	42081
11207	5786	5421	44010	20690	23320	69517	36529	32988
12969	6760	6209	61986	29887	32099	119845	65619	54226
15723	8136	7587	135856	66243	69613	140460	84197	56263
16043	8180	7863	145918	68362	77556	130256	76396	53860
3412	1743	1669	35183	17772	17411	35715	20492	15223
54784	**28178**	**26606**	**502090**	**247020**	**255070**	**344929**	**211677**	**133252**
7625	3944	3681	74734	33417	41317	76429	46470	29959
4374	2250	2124	35456	16783	18673	33679	19313	14366
13097	6770	6327	116641	58901	57740	78675	48455	30220
14012	7235	6777	132947	63612	69335	99426	62458	36968
8996	4619	4377	85223	45119	40104	34438	21450	12988
6680	3360	3320	57089	29188	27901	22282	13531	8751
11774	**5996**	**5778**	**107518**	**54289**	**53229**	**52734**	**32028**	**20706**
6842	3454	3388	62112	30318	31794	29986	18594	11392
1940	1004	936	20348	10362	9986	9315	5603	3712
1187	623	564	10132	5552	4580	7600	4323	3277
1805	915	890	14926	8057	6869	5833	3508	2325
13905	**7266**	**6639**	**127084**	**64918**	**62166**	**31936**	**19286**	**12650**
4168	2181	1987	47539	24150	23389	12688	7609	5079
2931	1503	1428	20166	11026	9140	7705	4855	2850
4510	2420	2090	41952	20648	21304	7629	4569	3060
2296	1162	1134	17427	9094	8333	3914	2253	1661

3-9 续表 1

单位：人

地　区	Region	3岁及以上人口 Population Aged 3 and Over			未上过学 No Schooling		
		合计 Total	男 Male	女 Female	小计 Sub-total	男 Male	女 Female
全　省	**Total**	5703979	2920497	2783482	578699	202266	376433
海南藏族自治州	**Hainan Zang A.P**	**427570**	**215815**	**211755**	**45318**	**15491**	**29827**
共和县	Gonghe County	128197	65119	63078	10523	3623	6900
同德县	Tongde County	57138	28949	28189	7215	2404	4811
贵德县	Guide County	101712	51102	50610	15005	4850	10155
兴海县	Xinghai County	72073	36201	35872	2969	1204	1765
贵南县	Guinan County	68450	34444	34006	9606	3410	6196
果洛藏族自治州	**Golog Zang A.P**	**203771**	**106422**	**97349**	**25965**	**11214**	**14751**
玛沁县	Maqin County	55871	29983	25888	3378	1375	2003
班玛县	Banma County	29837	15660	14177	3997	1788	2209
甘德县	Gande County	38850	20067	18783	3562	1507	2055
达日县	Dari County	37463	19273	18190	10194	4601	5593
久治县	Jiuzhi County	28204	14435	13769	3724	1430	2294
玛多县	Maduo County	13546	7004	6542	1110	513	597
玉树藏族自治州	**Yushu Zang A.P**	**403307**	**204908**	**198399**	**95018**	**43714**	**51304**
玉树市	Yushu City	135448	69149	66299	24456	11229	13227
杂多县	Zaduo County	63833	32262	31571	22604	10431	12173
称多县	Chengduo County	54637	27867	26770	16015	7454	8561
治多县	Zhiduo County	32922	16677	16245	14493	6694	7799
囊谦县	Nangqian County	85081	43095	41986	9604	4351	5253
曲麻莱县	Qumalai County	31386	15858	15528	7846	3555	4291
海西蒙古族藏族自治州	**Haixi Mongolian & Zang A.P**	**452515**	**248189**	**204326**	**33068**	**11894**	**21174**
格尔木市	Geermu City	213688	117117	96571	12315	4353	7962
德令哈市	Delingha City	85444	44607	40837	5223	1712	3511
茫崖市	Mangya City	18586	12764	5822	405	168	237
乌兰县	Wulan County	30451	16340	14111	2273	789	1484
都兰县	Dulan County	66085	34447	31638	8632	3162	5470
天峻县	Tianjun County	22151	11533	10618	3782	1522	2260
大柴旦行政委员会	Dachaidan Executive Committee	16110	11381	4729	438	188	250

Continued

(person)

学前教育 Pre-school education			小学 Primary Schools			初中 Junior Secondary Schools		
小计 Sub-total	男 Male	女 Female	小计 Sub-total	男 Male	女 Female	小计 Sub-total	男 Male	女 Female
236973	121957	115016	1938626	960145	978481	1442149	838949	603200
22892	**11683**	**11209**	**172428**	**86412**	**86016**	**100424**	**56072**	**44352**
5942	3107	2835	39640	19848	19792	41844	22592	19252
3717	1894	1823	29339	15028	14311	8336	4970	3366
5072	2522	2550	37449	19241	18208	24279	14109	10170
4058	2043	2015	30013	14246	15767	16843	8742	8101
4103	2117	1986	35987	18049	17938	9122	5659	3463
9660	**5031**	**4629**	**111345**	**57470**	**53875**	**26127**	**15634**	**10493**
2248	1194	1054	28152	14470	13682	8110	5030	3080
1574	850	724	16585	8562	8023	4011	2430	1581
2111	1096	1015	25160	12823	12337	4219	2464	1755
1844	948	896	17057	8998	8059	4957	2968	1989
1089	542	547	16416	8621	7795	3407	1937	1470
794	401	393	7975	3996	3979	1423	805	618
20882	**10613**	**10269**	**194041**	**99644**	**94397**	**42101**	**23459**	**18642**
6466	3281	3185	64779	33427	31352	15246	8425	6821
3047	1553	1494	26322	13612	12710	6620	3698	2922
2731	1441	1290	26695	14008	12687	4196	2352	1844
1288	664	624	9491	5048	4443	3244	1843	1401
5992	2996	2996	51530	25848	25682	9207	5098	4109
1358	678	680	15224	7701	7523	3588	2043	1545
18137	**9328**	**8809**	**135320**	**68729**	**66591**	**119536**	**72333**	**47203**
9203	4688	4515	61084	31090	29994	57671	34192	23479
3470	1767	1703	22850	11322	11528	22475	13085	9390
312	159	153	2612	1474	1138	5733	4054	1679
1198	628	570	10879	5456	5423	8291	4969	3322
2906	1544	1362	26456	13410	13046	17216	10448	6768
799	405	394	9179	4678	4501	3021	1812	1209
249	137	112	2260	1299	961	5129	3773	1356

3-9 续表 2

单位：人

地 区	Region	普通高中 Regular Senior Secondary Schools			大学专科 College Students		
		小计 Sub-total	男 Male	女 Female	小计 Sub-total	男 Male	女 Female
全 省	**Total**	626038	338930	287108	462335	247576	214759
西宁市	**Xining City**	**339278**	**176829**	**162449**	**254103**	**132224**	**121879**
城东区	Chengdong District	76355	40369	35986	53313	28849	24464
城中区	Chengzhong District	58921	30476	28445	50031	26171	23860
城西区	Chengxi District	53407	26067	27340	53104	26150	26954
城北区	Chengbei District	70841	36323	34518	57753	29920	27833
湟中区	Huangzhong District	32197	17694	14503	14725	7802	6923
大通回族土族自治县	Datong Hui &Tu Autonomous County	35934	19900	16034	17206	9171	8035
湟源县	Huangyuan County	11623	6000	5623	7971	4161	3810
海东市	**Haidong City**	**109831**	**62355**	**47476**	**67556**	**36377**	**31179**
乐都区	Ledu District	28349	16467	11882	18237	9578	8659
平安区	Ping'an District	13872	7537	6335	9409	5189	4220
民和回族土族自治县	Minhe Hui &Tu Autonomous County	26448	14715	11733	14847	8031	6816
互助土族自治县	Huzhu Tu Autonomous County	24270	13756	10514	15906	8565	7341
化隆回族自治县	Hualong Hui Autonomous County	8813	5075	3738	4496	2336	2160
循化撒拉族自治县	Xunhua Salar Autonomous County	8079	4805	3274	4661	2678	1983
海北藏族自治州	**Haibei Zang A.P**	**20613**	**11042**	**9571**	**14988**	**8098**	**6890**
门源回族自治县	Menyuan Hui Autonomous County	9832	5260	4572	6301	3368	2933
祁连县	Qilian County	3833	2159	1674	3076	1718	1358
海晏县	Haiyan County	4822	2348	2474	3264	1695	1569
刚察县	Gangcha County	2126	1275	851	2347	1317	1030
黄南藏族自治州	**Huangnan Zang A.P**	**19819**	**10875**	**8944**	**17119**	**9546**	**7573**
同仁市	Tongren City	10136	5365	4771	7053	3791	3262
尖扎县	Jianzha County	4473	2568	1905	3772	2026	1746
泽库县	Zeku County	3518	1939	1579	3395	2119	1276
河南蒙古族自治县	Henan Mongolian Autonomous County	1692	1003	689	2899	1610	1289

Continued

(person)

大学本科 Undergraduates			硕士研究生 Postgraduates			博士研究生 Doctoral candidate		
小计 Sub-total	男 Male	女 Female	小计 Sub-total	男 Male	女 Female	小计 Sub-total	男 Male	女 Female
398133	200337	197796	19070	9201	9869	1956	1136	820
256883	**127276**	**129607**	**15621**	**7293**	**8328**	**1686**	**962**	**724**
53675	26824	26851	2582	1237	1345	256	157	99
40597	20333	20264	2258	1119	1139	214	122	92
68491	34854	33637	7256	3320	3936	788	438	350
65741	31834	33907	3119	1443	1676	387	222	165
10910	5328	5582	155	79	76	25	13	12
12951	6162	6789	173	74	99	9	5	4
4518	1941	2577	78	21	57	7	5	2
48813	**24619**	**24194**	**877**	**386**	**491**	**74**	**41**	**33**
11722	5897	5825	271	107	164	19	10	9
7356	3638	3718	181	80	101	13	10	3
11665	5921	5744	161	75	86	20	12	8
11217	5677	5540	168	73	95	12	2	10
3492	1665	1827	49	23	26	3	2	1
3361	1821	1540	47	28	19	7	5	2
13925	**6787**	**7138**	**253**	**135**	**118**	**15**	**10**	**5**
5624	2637	2987	54	30	24	5	2	3
2526	1248	1278	52	30	22	2	1	1
4073	2041	2032	108	54	54	5	4	1
1702	861	841	39	21	18	3	3	
10686	**5422**	**5264**	**458**	**266**	**192**	**33**	**24**	**9**
5237	2568	2669	235	129	106	14	11	3
2984	1541	1443	122	75	47	13	7	6
1222	672	550	58	36	22	3	3	
1243	641	602	43	26	17	3	3	

3-9 续表 3

单位：人

地 区	Region	普通高中 Regular Senior Secondary Schools 小计 Sub-total	男 Male	女 Female	大学专科 College Students 小计 Sub-total	男 Male	女 Female
全 省	**Total**	626038	338930	287108	462335	247576	214759
海南藏族自治州	**Hainan Zang A.P**	**41451**	**22215**	**19236**	**25710**	**14029**	**11681**
共和县	Gonghe County	14706	7751	6955	7944	4356	3588
同德县	Tongde County	3476	1852	1624	3225	1815	1410
贵德县	Guide County	10004	5323	4681	5904	3147	2757
兴海县	Xinghai County	8961	4840	4121	5566	3056	2510
贵南县	Guinan County	4304	2449	1855	3071	1655	1416
果洛藏族自治州	**Golog Zang A.P**	**11800**	**6527**	**5273**	**11892**	**6747**	**5145**
玛沁县	Maqin County	6045	3320	2725	4933	2900	2033
班玛县	Banma County	1056	652	404	1564	842	722
甘德县	Gande County	1540	876	664	1626	935	691
达日县	Dari County	1263	643	620	1266	678	588
久治县	Jiuzhi County	1290	682	608	1440	766	674
玛多县	Maduo County	606	354	252	1063	626	437
玉树藏族自治州	**Yushu Zang A.P**	**22535**	**11939**	**10596**	**21485**	**11578**	**9907**
玉树市	Yushu City	12207	6250	5957	8820	4680	4140
杂多县	Zaduo County	1808	1018	790	2623	1486	1137
称多县	Chengduo County	1995	1061	934	2354	1212	1142
治多县	Zhiduo County	1497	866	631	2122	1135	987
囊谦县	Nangqian County	3726	2030	1696	3820	2076	1744
曲麻莱县	Qumalai County	1302	714	588	1746	989	757
海西蒙古族藏族自治州	**Haixi Mongolian & Zang A.P**	**60711**	**37148**	**23563**	**49482**	**28977**	**20505**
格尔木市	Geermu City	30471	17966	12505	25163	14913	10250
德令哈市	Delingha City	11275	6499	4776	11159	5649	5510
茫崖市	Mangya City	4100	3189	911	2962	2139	823
乌兰县	Wulan County	3359	2063	1296	2494	1487	1007
都兰县	Dulan County	5020	2819	2201	3247	1778	1469
天峻县	Tianjun County	2305	1411	894	1866	1081	785
大柴旦行政委员会	Dachaidan Executive Committee	4181	3201	980	2591	1930	661

Continued

(person)

大学本科 Undergraduates			硕士研究生 Postgraduates			博士研究生 Doctoral candidate		
小计 Sub-total	男 Male	女 Female	小计 Sub-total	男 Male	女 Female	小计 Sub-total	男 Male	女 Female
398133	200337	197796	19070	9201	9869	1956	1136	820
18713	**9508**	**9205**	**592**	**373**	**219**	**42**	**32**	**10**
7328	3678	3650	258	155	103	12	9	3
1762	945	817	62	38	24	6	3	3
3901	1859	2042	95	49	46	3	2	1
3554	1983	1571	98	77	21	11	10	1
2168	1043	1125	79	54	25	10	8	2
6772	**3673**	**3099**	**202**	**121**	**81**	**8**	**5**	**3**
2891	1623	1268	108	68	40	6	3	3
1025	524	501	24	11	13	1	1	
611	354	257	21	12	9			
860	421	439	21	15	6	1	1	
824	451	373	14	6	8			
561	300	261	14	9	5			
6953	**3782**	**3171**	**238**	**142**	**96**	**54**	**37**	**17**
3375	1799	1576	90	52	38	9	6	3
789	454	335	16	8	8	4	2	2
643	332	311	7	6	1	1	1	
758	414	344	25	11	14	4	2	2
1070	607	463	97	63	34	35	26	9
318	176	142	3	2	1	1		1
35388	**19270**	**16118**	**829**	**485**	**344**	**44**	**25**	**19**
17404	9683	7721	354	214	140	23	18	5
8696	4414	4282	283	155	128	13	4	9
2393	1537	856	68	43	25	1	1	
1929	936	993	27	12	15	1		1
2564	1262	1302	42	23	19	2	1	1
1167	605	562	30	19	11	2		2
1235	833	402	25	19	6	2	1	1

3-10 分地区按性别分的15岁及以上文盲人口（2020年）

地 区	Region	15岁及以上人口（人）Population Aged 15 and Over (person)	男 Male	女 Female
全 省	**Total**	**4691001**	**2398640**	**2292361**
西宁市	**Xining City**	**2064265**	**1046986**	**1017279**
城东区	Chengdong District	412798	210315	202483
城中区	Chengzhong District	281299	142414	138885
城西区	Chengxi District	277033	135985	141048
城北区	Chengbei District	361870	182674	179196
湟中区	Huangzhong District	316835	165354	151481
大通回族土族自治县	Datong Hui &Tu Autonomous County	321430	162721	158709
湟源县	Huangyuan County	93000	47523	45477
海东市	**Haidong City**	**1049064**	**532165**	**516899**
乐都区	Ledu District	201458	102801	98657
平安区	Ping'an District	95330	47892	47438
民和回族土族自治县	Minhe Hui &Tu Autonomous County	249554	126337	123217
互助土族自治县	Huzhu Tu Autonomous County	271493	140322	131171
化隆回族自治县	Hualong Hui Autonomous County	139775	69688	70087
循化撒拉族自治县	Xunhua Salar Autonomous County	91454	45125	46329
海北藏族自治州	**Haibei Zang A.P**	**211777**	**107755**	**104022**
门源回族自治县	Menyuan Hui Autonomous County	109394	55287	54107
祁连县	Qilian County	38959	20103	18856
海晏县	Haiyan County	31858	16126	15732
刚察县	Gangcha County	31566	16239	15327
黄南藏族自治州	**Huangnan Zang A.P**	**202899**	**102096**	**100803**
同仁市	Tongren City	76727	38843	37884
尖扎县	Jianzha County	43178	21574	21604
泽库县	Zeku County	52811	26347	26464
河南蒙古族自治县	Henan Mongolian Autonomous County	30183	15332	14851

Illiterate Population Aged 15 and Over by Gender and Region (2020)

文盲人口(人) Illiterate Population (person)	男 Male	女 Female	文盲人口占15岁及以上人口的比重(%) Percentage of Illiterate Population to Total Aged 15 and Over(%)	男 Male	女 Female
469499	**147262**	**322237**	**10.01**	**6.14**	**14.06**
105868	**28799**	**77069**	**5.13**	**2.75**	**7.58**
17941	4817	13124	4.35	2.29	6.48
7628	1954	5674	2.71	1.37	4.09
6333	1546	4787	2.29	1.14	3.39
8930	1970	6960	2.47	1.08	3.88
29296	8446	20850	9.25	5.11	13.76
27538	7713	19825	8.57	4.74	12.49
8202	2353	5849	8.82	4.95	12.86
155390	**43861**	**111529**	**14.81**	**8.24**	**21.58**
15177	3128	12049	7.53	3.04	12.21
9025	2287	6738	9.47	4.78	14.2
44687	13197	31490	17.91	10.45	25.56
24591	6194	18397	9.06	4.41	14.03
39349	12553	26796	28.15	18.01	38.23
22561	6502	16059	24.67	14.41	34.66
30876	**10456**	**20420**	**14.58**	**9.7**	**19.63**
11108	3333	7775	10.15	6.03	14.37
4972	1593	3379	12.76	7.92	17.92
5014	1730	3284	15.74	10.73	20.87
9782	3800	5982	30.99	23.4	39.03
34030	**11263**	**22767**	**16.77**	**11.03**	**22.59**
7415	2224	5191	9.66	5.73	13.7
12447	3785	8662	28.83	17.54	40.09
6409	2157	4252	12.14	8.19	16.07
7759	3097	4662	25.71	20.2	31.39

3−10 续表

地　区	Region	15岁及以上人口(人) Population Aged 15 and Over (person)	男 Male	女 Female
全　省	**Total**	**4691001**	**2398640**	**2292361**
海南藏族自治州	**Hainan Zang A.P**	**338620**	**170391**	**168229**
共和县	Gonghe County	104422	52843	51579
同德县	Tongde County	44204	22325	21879
贵德县	Guide County	83146	41601	41545
兴海县	Xinghai County	54277	27254	27023
贵南县	Guinan County	52571	26368	26203
果洛藏族自治州	**Golog Zang A.P**	**151580**	**79731**	**71849**
玛沁县	Maqin County	44650	24158	20492
班玛县	Banma County	21907	11564	10343
甘德县	Gande County	27973	14540	13433
达日县	Dari County	25855	13354	12501
久治县	Jiuzhi County	21101	10826	10275
玛多县	Maduo County	10094	5289	4805
玉树藏族自治州	**Yushu Zang A.P**	**291895**	**148312**	**143583**
玉树市	Yushu City	102131	52212	49919
杂多县	Zaduo County	42034	21230	20804
称多县	Chengduo County	40699	20727	19972
治多县	Zhiduo County	24578	12511	12067
囊谦县	Nangqian County	59388	29924	29464
曲麻莱县	Qumalai County	23065	11708	11357
海西蒙古族藏族自治州	**Haixi Mongolian & Zang A.P**	**380901**	**211204**	**169697**
格尔木市	Geermu City	177255	98174	79081
德令哈市	Delingha City	72795	38187	34608
茫崖市	Mangya City	17274	12069	5205
乌兰县	Wulan County	25954	14010	11944
都兰县	Dulan County	54113	28304	25809
天峻县	Tianjun County	18398	9601	8797
大柴旦行政委员会	Dachaidan Executive Committee	15112	10859	4253

Continued

文盲人口(人) Illiterate Population (person)	男 Male	女 Female	文盲人口占15岁及以上人口的比重(%) Percentage of Illiterate Population to Total Aged 15 and Over(%)	男 Male	女 Female
469499	**147262**	**322237**	**10.01**	**6.14**	**14.06**
39073	**12077**	**26996**	**11.54**	**7.09**	**16.05**
9156	2859	6297	8.77	5.41	12.21
6125	1800	4325	13.86	8.06	19.77
13797	4231	9566	16.59	10.17	23.03
1486	477	1009	2.74	1.75	3.73
8509	2710	5799	16.19	10.28	22.13
14164	**5069**	**9095**	**9.34**	**6.36**	**12.66**
2217	749	1468	4.97	3.1	7.16
1751	555	1196	7.99	4.8	11.56
2081	774	1307	7.44	5.32	9.73
5161	2007	3154	19.96	15.03	25.23
2343	716	1627	11.1	6.61	15.83
611	268	343	6.05	5.07	7.14
58803	**24942**	**33861**	**20.15**	**16.82**	**23.58**
16937	7270	9667	16.58	13.92	19.37
8548	3346	5202	20.34	15.76	25
11973	5240	6733	29.42	25.28	33.71
11765	5188	6577	47.87	41.47	54.5
4356	1747	2609	7.33	5.84	8.85
5224	2151	3073	22.65	18.37	27.06
31295	**10795**	**20500**	**8.22**	**5.11**	**12.08**
10526	3417	7109	5.94	3.48	8.99
4839	1451	3388	6.65	3.8	9.79
329	125	204	1.9	1.04	3.92
2027	659	1368	7.81	4.7	11.45
7925	2759	5166	14.65	9.75	20.02
5283	2245	3038	28.72	23.38	34.53
366	139	227	2.42	1.28	5.34

3-11 分地区按家庭户规模分的户数（2020年）

单位：户

地　区	Region	家庭户 户　数 Number of Family Households	一人户 One Person	二人户 Two Persons
全　省	**Total**	**1965893**	**498970**	**492672**
西宁市	**Xining City**	**847809**	**207750**	**250493**
城东区	Chengdong District	174318	48553	55381
城中区	Chengzhong District	124908	39438	40556
城西区	Chengxi District	124793	33584	43209
城北区	Chengbei District	149028	41407	49448
湟中区	Huangzhong District	115403	18187	24083
大通回族土族自治县	Datong Hui &Tu Autonomous County	121224	18603	26838
湟中区	Huangyuan County	38135	7978	10978
海东市	**Haidong City**	**421329**	**81593**	**96295**
乐都区	Ledu District	83855	18504	23779
平安区	Ping'an District	39935	8211	11400
民和回族土族自治县	Minhe Hui &Tu Autonomous County	96394	16873	19827
互助土族自治县	Huzhu Tu Autonomous County	107311	19430	25305
化隆回族自治县	Hualong Hui Autonomous County	56539	11346	9664
循化撒拉族自治县	Xunhua Salar Autonomous County	37295	7229	6320
海北藏族自治州	**Haibei Zang A.P**	**93114**	**24442**	**21858**
门源回族自治县	Menyuan Hui Autonomous County	46284	10808	10000
祁连县	Qilian County	17458	4463	4532
海晏县	Haiyan County	15075	5120	4222
刚察县	Gangcha County	14297	4051	3104
黄南藏族自治州	**Huangnan Zang A.P**	**86864**	**23800**	**15989**
同仁市	Tongren City	30232	8121	5419
尖扎县	Jianzha County	18553	5157	3695
泽库县	Zeku County	24019	6786	3855
河南蒙古族自治县	Henan Mongolian Autonomous County	14060	3736	3020

Family Households by Size and Region (2020)

(household)

三人户 Three Persons	四人户 Four Persons	五人户 Five Persons	六人户 Six Persons	七人户 Seven Persons	八人户 Eight Persons	九人户 Nine Persons	十人及以上户 Ten Persons and Over
410938	**275803**	**149242**	**84795**	**31175**	**11818**	**5205**	**5275**
191578	**105798**	**52156**	**28938**	**7595**	**2149**	**778**	**574**
36474	19450	8441	4048	1234	404	191	142
26480	11261	4504	1967	463	143	53	43
30504	11601	4147	1360	248	72	28	40
33904	14890	5976	2576	548	162	60	57
26063	21684	13186	8764	2425	676	200	135
28799	21434	13161	8890	2463	653	233	150
9354	5478	2741	1333	214	39	13	7
91873	**69178**	**41552**	**25461**	**9639**	**3371**	**1334**	**1033**
19182	12283	6024	3207	628	170	48	30
9523	6180	2677	1344	400	118	42	40
20249	16686	10667	7076	3107	1147	440	322
26145	17977	10444	6288	1339	267	75	41
10194	9497	6886	4533	2543	1047	444	385
6580	6555	4854	3013	1622	622	285	215
20178	**14365**	**6578**	**3911**	**1239**	**339**	**133**	**71**
10098	7519	3946	2701	856	231	83	42
4016	2799	1027	468	112	23	14	4
3213	1662	583	219	42	8	3	3
2851	2385	1022	523	229	77	33	22
15531	**14496**	**8623**	**4691**	**2171**	**900**	**363**	**300**
5433	5122	3081	1661	837	313	132	113
3487	2868	1667	974	414	180	63	48
3894	4206	2654	1451	644	291	132	106
2717	2300	1221	605	276	116	36	33

3-11 续表

单位：户

地　区	Region	家庭户 户　数 Number of Family Households	一人户 One Person	二人户 Two Persons
全　省	**Total**	**1965893**	**498970**	**492672**
海南藏族自治州	**Hainan Zang A.P**	**150393**	**40676**	**31282**
共和县	Gonghe County	47409	14237	10568
同德县	Tongde County	18994	5100	3135
贵德县	Guide County	35402	8384	8179
兴海县	Xinghai County	25729	7657	4886
贵南县	Guinan County	22859	5298	4514
果洛藏族自治州	**Golog Zang A.P**	**73779**	**28811**	**13007**
玛沁县	Maqin County	19786	8019	4143
班玛县	Banma County	10077	3536	1571
甘德县	Gande County	15444	6971	2273
达日县	Dari County	12880	4407	2250
久治县	Jiuzhi County	9549	3286	1487
玛多县	Maduo County	6043	2592	1283
玉树藏族自治州	**Yushu Zang A.P**	**126778**	**36829**	**22907**
玉树市	Yushu City	40958	11699	7836
杂多县	Zaduo County	18153	4032	2684
称多县	Chengduo County	20040	6529	3786
治多县	Zhiduo County	11447	3015	2440
囊谦县	Nangqian County	23096	5904	3768
曲麻莱县	Qumalai County	13084	5650	2393
海西蒙古族藏族自治州	**Haixi Mongolian & Zang A.P**	**165827**	**55069**	**40841**
格尔木市	Geermu City	74567	22345	18058
德令哈市	Delingha City	31699	9321	8174
茫崖市	Mangya City	7845	5069	1740
乌兰县	Wulan County	13252	5657	3215
都兰县	Dulan County	23960	6315	6040
天峻县	Tianjun County	9706	3735	2421
大柴旦行政委员会	Dachaidan Executive Committee	4798	2627	1193

Continued

(household)

三人户 Three Persons	四人户 Four Persons	五人户 Five Persons	六人户 Six Persons	七人户 Seven Persons	八人户 Eight Persons	九人户 Nine Persons	十人及以上户 Ten Persons and Over
410938	**275803**	**149242**	**84795**	**31175**	**11818**	**5205**	**5275**
29962	**25029**	**12960**	**6486**	**2558**	**907**	**308**	**225**
9854	7415	3280	1401	459	137	38	20
3319	3464	2069	1070	490	206	73	68
7667	5900	2908	1607	539	160	40	18
4555	4073	2438	1239	518	215	81	67
4567	4177	2265	1169	552	189	76	52
9970	**8420**	**5916**	**3510**	**2018**	**1030**	**548**	**549**
2943	2392	1316	534	244	102	49	44
1342	1126	966	664	395	216	122	139
1639	1626	1286	824	444	191	107	83
1740	1466	1083	766	527	300	164	177
1368	1202	918	570	344	190	94	90
938	608	347	152	64	31	12	16
19166	**17436**	**12488**	**7267**	**4372**	**2579**	**1523**	**2211**
6342	5489	3930	2374	1429	821	447	591
2611	2804	2389	1529	941	511	285	367
3487	3070	1592	790	386	214	101	85
2101	1818	1158	453	177	99	54	132
2749	2709	2522	1758	1244	845	596	1001
1876	1546	897	363	195	89	40	35
32680	**21081**	**8969**	**4531**	**1583**	**543**	**218**	**312**
15132	10178	4657	2504	984	358	158	193
7312	4365	1544	722	164	50	17	30
615	288	73	24	4	4	2	26
2185	1313	514	246	82	24	8	8
5113	3522	1648	874	283	88	26	51
1804	1089	440	142	56	14	3	2
519	326	93	19	10	5	4	2

3-12 分地区按家庭户类别分的户数

单位：户，%

地区	Region	家庭户户数 Number of Family Households	一代户 One Generation	
			户数(户) Number of Households	比重 Proportion
青　海	**Total**	**1965893**	**871172**	**44.31**
西宁市	**Xining City**	**847809**	**397215**	**46.85**
城东区	Chengdong District	174318	90631	51.99
城中区	Chengzhong District	124908	69715	55.81
城西区	Chengxi District	124793	66400	53.21
城北区	Chengbei District	149028	81210	54.49
湟中区	Huangzhong District	115403	35705	30.94
大通回族土族自治县	Datong Hui &Tu Autonomous County	121224	37632	31.04
湟源县	Huangyuan County	38135	15922	41.75
海东市	**Haidong City**	**421329**	**154085**	**36.57**
乐都区	Ledu District	83855	36368	43.37
平安区	Ping'an District	39935	16978	42.51
民和回族土族自治县	Minhe Hui &Tu Autonomous County	96394	31308	32.48
互助土族自治县	Huzhu Tu Autonomous County	107311	37869	35.29
化隆回族自治县	Hualong Hui Autonomous County	56539	19267	34.08
循化撒拉族自治县	Xunhua Salar Autonomous County	37295	12295	32.97
海北藏族自治州	**Haibei Zang A.P**	**93114**	**39995**	**42.95**
门源回族自治县	Menyuan Hui Autonomous County	46284	17955	38.79
祁连县	Qilian County	17458	7728	44.27
海晏县	Haiyan County	15075	7979	52.93
刚察县	Gangcha County	14297	6333	44.3
黄南藏族自治州	**Huangnan Zang A.P**	**86864**	**35827**	**41.24**
同仁市	Tongren City	30232	12219	40.42
尖扎县	Jianzha County	18553	7867	42.4
泽库县	Zeku County	24019	9546	39.74
河南蒙古族自治县	Henan Mongolian Autonomous County	14060	6195	44.06

Family Households by Type and Region

(household,%)

二代户 Two Generations		三代户 Three Generations		四代户 Four Generations		五代及以上户 Five Generations and Over	
户数(户) Number of Households	比重 Proportion	户数(户) Number of Households	比重 Proportion	户数(户) Number of Households	比重 Proportion	户数(户) Number of Households	比重 Proportion
783279	**39.84**	**301150**	**15.32**	**10269**	**0.52**	**23**	
322572	**38.05**	**124498**	**14.68**	**3522**	**0.42**	**2**	
65253	37.43	18049	10.35	385	0.22		
43346	34.7	11581	9.27	266	0.21		
47637	38.17	10580	8.48	176	0.14		
53311	35.77	14296	9.59	210	0.14	1	
47358	41.04	31244	27.07	1095	0.95	1	
50608	41.75	31798	26.23	1186	0.98		
15059	39.49	6950	18.22	204	0.53		
171375	**40.67**	**92529**	**21.96**	**3337**	**0.79**	**3**	
31965	38.12	15072	17.97	450	0.54		
16734	41.9	6038	15.12	185	0.46		
39941	41.44	24243	25.15	900	0.93	2	
42848	39.93	25659	23.91	935	0.87		
23227	41.08	13470	23.82	575	1.02		
16660	44.67	8047	21.58	292	0.78	1	
37556	**40.33**	**14978**	**16.09**	**585**	**0.63**		
18549	40.08	9402	20.31	378	0.82		
7606	43.57	2061	11.81	63	0.36		
5698	37.8	1364	9.05	34	0.23		
5703	39.89	2151	15.05	110	0.77		
35398	**40.75**	**14780**	**17.02**	**852**	**0.98**	**7**	**0.01**
11934	39.47	5701	18.86	376	1.24	2	0.01
7335	39.54	3201	17.25	148	0.8	2	0.01
10499	43.71	3779	15.73	192	0.8	3	0.01
5630	40.04	2099	14.93	136	0.97		

3-12 续表

单位：户，%

地区	Region	家庭户户数 Number of Family Households	一代户 One Generation 户数(户) Number of Households	比重 Proportion
青海	**Total**	**1965893.00**	**871172.00**	**44.31**
海南藏族自治州	**Hainan Zang A.P**	**150393.00**	**62117.00**	**41.30**
共和县	Gonghe County	47409.00	21244.00	44.81
同德县	Tongde County	18994.00	7530.00	39.64
贵德县	Guide County	35402.00	13809.00	39.01
兴海县	Xinghai County	25729.00	10994.00	42.73
贵南县	Guinan County	22859.00	8540.00	37.36
果洛藏族自治州	**Golog Zang A.P**	**73779.00**	**38416.00**	**52.07**
玛沁县	Maqin County	19786.00	11163.00	56.42
班玛县	Banma County	10077.00	4738.00	47.02
甘德县	Gande County	15444.00	8534.00	55.26
达日县	Dari County	12880.00	6130.00	47.59
久治县	Jiuzhi County	9549.00	4502.00	47.15
玛多县	Maduo County	6043.00	3349.00	55.42
玉树藏族自治州	**Yushu Zang A.P**	**126778.00**	**56059.00**	**44.22**
玉树市	Yushu City	40958.00	19587.00	47.82
杂多县	Zaduo County	18153.00	6128.00	33.76
称多县	Chengduo County	20040.00	8848.00	44.15
治多县	Zhiduo County	11447.00	5117.00	44.70
囊谦县	Nangqian County	23096.00	9407.00	40.73
曲麻莱县	Qumalai County	13084.00	6972.00	53.29
海西蒙古族藏族自治州	**Haixi Mongolian & Zang A.P**	**165827.00**	**87458.00**	**52.74**
格尔木市	Geermu City	74567.00	36996.00	49.61
德令哈市	Delingha City	31699.00	15898.00	50.15
茫崖市	Mangya City	7845.00	6597.00	84.09
乌兰县	Wulan County	13252.00	7824.00	59.04
都兰县	Dulan County	23960.00	10786.00	45.02
天峻县	Tianjun County	9706.00	5474.00	56.40
大柴旦行政委员会	Dachaidan Executive Committee	4798.00	3883.00	80.93

Continued

(household,%)

二代户 Two Generations		三代户 Three Generations		四代户 Four Generations		五代及以上户 Five Generations and Over	
户数(户) Number of Households	比重 Proportion	户数(户) Number of Households	比重 Proportion	户数(户) Number of Households	比重 Proportion	户数(户) Number of Households	比重 Proportion
783279.00	**39.84**	**301150.00**	**15.32**	**10269.00**	**0.52**	**23.00**	
63069.00	**41.94**	**24023.00**	**15.97**	**1176.00**	**0.78**	**8.00**	**0.01**
19859.00	41.89	6056.00	12.77	247.00	0.52	3.00	0.01
7712.00	40.60	3481.00	18.33	270.00	1.42	1.00	0.01
14608.00	41.26	6709.00	18.95	276.00	0.78		
10959.00	42.59	3621.00	14.07	154.00	0.60	1.00	
9931.00	43.44	4156.00	18.18	229.00	1.00	3.00	0.01
29655.00	**40.19**	**5545.00**	**7.52**	**162.00**	**0.22**	**1.00**	
7320.00	37.00	1269.00	6.41	34.00	0.17		
4322.00	42.89	991.00	9.83	25.00	0.25	1.00	0.01
5883.00	38.09	1001.00	6.48	26.00	0.17		
5892.00	45.75	831.00	6.45	27.00	0.21		
3815.00	39.95	1183.00	12.39	49.00	0.51		
2423.00	40.10	270.00	4.47	1.00	0.02		
62327.00	**49.16**	**8190.00**	**6.46**	**200.00**	**0.16**	**2.00**	
18768.00	45.82	2568.00	6.27	33.00	0.08	2.00	
10695.00	58.92	1288.00	7.10	42.00	0.23		
10263.00	51.21	910.00	4.54	19.00	0.09		
5804.00	50.70	512.00	4.47	14.00	0.12		
11225.00	48.60	2384.00	10.32	80.00	0.35		
5572.00	42.59	528.00	4.04	12.00	0.09		
61327.00	**36.98**	**16607.00**	**10.01**	**435.00**	**0.26**		
29384.00	39.41	7964.00	10.68	223.00	0.30		
12569.00	39.65	3179.00	10.03	53.00	0.17		
1164.00	14.84	84.00	1.07				
4233.00	31.94	1170.00	8.83	25.00	0.19		
9705.00	40.51	3359.00	14.02	110.00	0.46		
3445.00	35.49	763.00	7.86	24.00	0.25		
827.00	17.24	88.00	1.83				

3-13 全省按年龄和性别分人口数（2020年）

Population of the province by Age and Gender (2020)

年 龄 Age	人口数(人) Population (person)	男 Male	女 Female	比重(%) Proportion (%)	男 Male	女 Female	性别比 (女=100) Sex Ratio (Female=100)
总计 Total	**5923957**	**3033846**	**2890111**	**100.00**	**51.21**	**48.79**	**104.97**
0-4	391691	202043	189648	6.61	51.58	48.42	106.54
5-9	434439	223488	210951	7.33	51.44	48.56	105.94
10-14	406826	209675	197151	6.87	51.54	48.46	106.35
15-19	356682	183962	172720	6.02	51.58	48.42	106.51
20-24	365049	188187	176862	6.16	51.55	48.45	106.40
25-29	454114	234383	219731	7.67	51.61	48.39	106.67
30-34	495018	256276	238742	8.36	51.77	48.23	107.34
35-39	409914	212330	197584	6.92	51.80	48.20	107.46
40-44	458098	237257	220841	7.73	51.79	48.21	107.43
45-49	533670	278338	255332	9.01	52.16	47.84	109.01
50-54	519895	269394	250501	8.78	51.82	48.18	107.54
55-59	379159	195057	184102	6.40	51.44	48.56	105.95
60-64	205309	104827	100482	3.47	51.06	48.94	104.32
65-69	195180	95089	100091	3.29	48.72	51.28	95.00
70-74	135702	62885	72817	2.29	46.34	53.66	86.36
75-79	96614	42377	54237	1.63	43.86	56.14	78.13
80+	86597	38278	48319	1.46	44.20	55.80	79.22

主要统计指标解释

人口数　指一定时点、一定地区范围内有生命的个人总和。

年度统计的年末人口数指每年 12 月 31 日 24 时的人口数。

常住人口　指在某地区实际居住半年以上的人口。

户籍人口　指公民依照《中华人民共和国户口登记条例》已在其经常居住地的公安户籍管理机关登记了常住户口的人。

城镇人口和乡村人口　城镇人口是指居住在城镇范围内的全部常住人口；乡村人口是除上述人口以外的全部人口。

出生率（又称粗出生率）　指在一定时期内（通常为一年）一定地区的出生人数与同期内平均人数（或期中人数）之比，用千分率表示。本资料中的出生率指年出生率，其计算公式为：

$$出生率=\frac{年出生人数}{年平均人数}\times 1000‰$$

式中：出生人数指活产婴儿，即胎儿脱离母体时（不管怀孕月数），有过呼吸或其他生命现象。年平均人数指年初、年底人口数的平均数，也可用年中人口数代替。

死亡率（又称粗死亡率）　指在一定时期内（通常为一年）一定地区的死亡人数与同期内平均人数（或期中人数）之比，用千分率表示。本资料中的死亡率指年死亡率，其计算公式为：

$$死亡率=\frac{年死亡人数}{年平均人数}\times 1000‰$$

人口自然增长率　指在一定时期内（通常为一年）人口自然增加数（出生人数减死亡人数）与该时期内平均人数（或期中人数）之比，用千分率表示。计算公式为：

$$人口自然增长率=\frac{本年出生人数-本年死亡人数}{年平均人数}\times 1000‰ =人口出生率-人口死亡率$$

总抚养比　也称总负担系数。指人口总体中非劳动年龄人口数与劳动年龄人口数之比。通常用百分比表示。说明每 100 名劳动年龄人口大致要负担多少名非劳动年龄人口。用于从人口角度反映人口与经济发展的基本关系。计算公式为：

$$GDR=\frac{P_{0\sim 14}+P_{65+}}{P_{15\sim 64}}\times 100\%$$

其中：GDR 为总抚养比；

$P_{0\sim 14}$为 0～14 岁少年儿童人口数；

P_{65+}为 65 岁及 65 岁以上的老年人口数；

$P_{15\sim 64}$为 15～64 岁劳动年龄人口数。

老年人口抚养比　也称老年人口抚养系数。指某一人口中老年人口数与劳动年龄人口数之比。通常用百分比表示。用以表明每 100 名劳动年龄人口要负担多少名老年人。老年人口抚养比是从经济角度反映人口老化社会后果的指标之一。计算公式为：

$$ODR=\frac{P_{65+}}{P_{15\sim 64}}\times 100\%$$

其中：ODR 为老年人口抚养比；

P_{65+}为 65 岁及 65 岁以上的老年人口数；

$P_{15\sim 64}$为 15～64 岁的劳动年龄人口数。

少年儿童抚养比　也称少年儿童抚养系数。指某一人口中少年儿童人口数与劳动年龄人口数之比。通常用百分比表示。以反映每 100 名劳动年龄人口要负担多少名少年儿童。计算公式为：

$$\mathrm{CDR}=\frac{\mathrm{P}_{0\sim 14}}{\mathrm{P}_{15\sim 64}}\times 100\%$$

其中：CDR 为少年儿童抚养比；

$P_{0\sim 14}$为 0～14 岁少年儿童人口数；

$P_{15\sim 64}$为 15～64 岁劳动年龄人口数。

Explanatory Notes on Main Statistical Indicators

Total Population refers to the total number of people alive at a certain point of time within a given area.

The annual statistics on total population is taken at midnight, the 31st of December.

Resident Population refers to the population actually living for more than half a year at a place.

Registered Population refers to the citizens who have registered their permanent residence with the public security household register authority of the location where they often live.

Urban Population and Rural Population Urban population refers to all people residing in cities and towns, while rural population refers to population other than urban population.

Birth Rate (or Crude Birth Rate) refers to the ratio of the number of births to the average population (or mid-period population) during a certain period of time (usually a year), expressed in ‰. Birth rate in the chapter refers to annual birth rate. The following formula is used:

$$\text{Birth Rate} = \frac{\text{Number of Births}}{\text{Annual Average Population}} \times 1000‰$$

Number of births in the formula refers to live births, i. e. when a baby has breathed or showed any vital phenomena regardless of the length of pregnancy.

Annual average population is the average of the number of population at the beginning of the year and that at the end of the year. Sometimes it is substituted by the mid-year population.

Death Rate (or Crude Death Rate) refers to the ratio of the number of deaths to the average population (or mid-period population) during a certain period of time (usually a year), expressed in ‰. Death rate in the chapter refers to annual death rate. The following formula is used:

$$\text{Death Rate} = \frac{\text{Number of Deaths}}{\text{Annual Average Population}} \times 1000‰$$

Natural Growth Rate of Population refers to the ratio of natural increase in population (number of births minus number of deaths) in a certain period of time (usually a year) to the average population (or mid-period population) of the same period, expressed in ‰. The following formula is applied:

$$\text{Natural Growth Rate of Population} = \frac{\text{Number of Births} - \text{Number of Deaths}}{\text{Annual Average Population}} \times 1000‰$$

Natural Growth Rate of Population = Birth Rate − Death Rate

Gross Dependency Ratio also called gross dependency coefficient, refers to the ratio of non-working-age population to the working-age population, express in %. Describing in general the number of non-working-age population that every 100 people at working ages will take care of, this indicator reflects the basic relation between population and economic development from the demographic perspective. The gross dependency ratio is calculated with the following formula:

$$GDR = \frac{P_{0-14} + P_{65+}}{P_{15-64}} \times 100\%$$

Where: GDR is the gross dependency ratio,

P_{0-14} is the population of children aged 0 − 14,

P_{65+} is the elderly population aged 65 and over, and

P_{15-64} is the working − age population aged 15 − 64.

Old Dependency Ratio also called old dependency coefficient, refers to the ratio of the elderly population to the working-age population, express in %. It describes the number of the elderly population that every 100 people at working ages will take care of. Old dependency ratio is one of the indicators reflecting the social implication of population aging from the economic perspective. The old dependency ratio is calculated with the following formula:

$$ODR = \frac{P_{65+}}{P_{15-64}} \times 100\%$$

Where: ODR is the old dependency ratio,

P_{65+} is the elderly population aged 65 and over, and

P_{15-64} is the working-age population aged 15 − 64.

Children Dependency Ratio also called children dependency coefficient, refers to the ratio of the children population to the working-age population, express in %. It describes the number of children population that every 100 people at working ages will take care of. The children dependency ratio is calculated with the following formula:

$$CDR = \frac{P_{0-14}}{P_{15-64}} \times 100\%$$

Where: CDR is the children dependency ratio,

P_{0-14} is the children population aged 0 − 14, and

P_{15-64} is the working-age population aged 15 − 64.

第4篇
CHAPTER 4

国民经济核算
National Account

4-1 主要年份总产出
Gross Output in Main Years

按当年价格计算
Data in this table are calculated at current prices
单位：亿元 (100 million yuan)

年份 Year	总产出 Total Output	第一产业 Primary Industry	第二产业 Secondary Industry	第三产业 Tertiary Industry	农林牧渔业 Agriculture Forestry Animal Husbandry and Fishery	工业 Industry	建筑业 Construction
1952	2.39	1.61	0.32	0.46	1.61	0.26	0.06
1957	6.96	2.80	2.50	1.66	2.80	1.27	1.23
1965	9.93	4.16	3.41	2.36	4.16	2.42	0.99
1970	14.96	4.37	7.28	3.31	4.37	4.74	2.54
1975	23.96	5.63	13.35	4.98	5.63	10.16	3.19
1978	32.06	5.99	19.54	6.53	5.99	13.56	5.98
1980	37.18	7.77	21.51	7.90	7.77	14.33	7.18
1981	34.75	7.30	18.85	8.60	7.30	12.25	6.60
1982	37.84	8.36	22.71	6.77	8.36	14.73	7.98
1983	43.34	8.67	24.14	10.53	8.67	15.37	8.77
1984	50.22	10.48	27.55	12.19	10.48	17.92	9.63
1985	62.18	12.25	35.27	14.66	12.25	22.65	12.62
1986	71.17	14.11	39.49	17.57	14.11	26.79	12.70
1987	81.13	15.94	45.11	20.08	15.94	31.30	13.81
1988	101.76	19.49	59.08	23.19	19.49	42.51	16.57
1989	123.31	21.60	68.76	32.95	21.60	54.18	14.58
1990	144.62	24.53	71.29	48.80	24.53	55.25	16.04
1991	155.73	25.24	78.08	52.41	25.24	60.51	17.57
1992	211.60	27.26	125.07	59.27	27.26	93.22	31.85
1993	268.87	31.00	151.62	86.25	31.00	112.76	38.86
1994	335.32	44.87	176.88	113.58	44.87	136.49	40.38
1995	396.79	55.10	197.35	144.34	55.10	153.21	44.14
1996	442.79	56.16	214.48	172.15	56.16	157.68	56.80
1997	491.38	59.01	242.05	190.32	59.01	174.94	67.11
1998	557.56	60.79	283.07	213.70	60.79	196.81	86.26
1999	607.61	59.02	309.48	239.11	59.02	209.88	99.60
2000	700.75	56.99	362.94	280.82	56.99	240.08	122.86
2001	787.72	63.30	402.93	321.49	63.30	243.48	159.45
2002	900.58	65.50	472.26	362.82	65.50	270.61	201.65
2003	1056.19	73.17	559.00	424.02	76.95	329.78	229.22
2004	1169.50	82.59	616.64	470.27	86.65	395.83	220.82
2005	1351.15	89.95	769.22	491.98	94.04	540.96	228.26
2006	1616.82	94.79	939.00	583.03	97.64	692.68	246.32
2007	1999.35	118.24	1149.91	731.20	121.25	883.84	266.07
2008	2422.58	150.08	1413.22	859.28	153.40	1102.42	310.80
2009	2525.14	153.78	1467.48	903.88	157.30	1105.60	361.88
2010	3097.63	197.42	1787.76	1112.45	201.32	1314.50	473.26
2011	3780.01	226.62	2242.42	1310.97	230.82	1689.33	553.09
2012	4278.11	259.29	2578.80	1440.02	263.86	1954.47	624.33
2013	4945.30	305.38	2965.85	1674.07	310.30	2183.18	782.67
2014	5260.23	322.17	3105.69	1832.37	327.49	2193.72	911.98
2015	5595.73	313.58	3271.89	2010.26	319.27	2216.65	1055.23
2016	6177.68	332.76	3620.64	2224.28	338.80	2452.93	1167.71
2017	6587.90	357.84	3854.32	2375.74	364.10	2633.91	1220.41
2018	7315.56	399.27	4267.72	2648.57	405.93	2837.02	1430.71
2019	7826.40	447.23	4560.08	2819.09	454.35	3116.47	1443.61
2020	8071.51	499.47	4698.24	2873.80	507.11	3027.00	1671.24

4-2 主要年份总产出指数
Indices of Gross Output in Main Years

以上年为100

preceding year=100

单位：%　　(%)

年　份 Year	总产出 Total Output	第一产业 Primary Industry	第二产业 Secondary Industry	第三产业 Tertiary Industry	农林牧渔业 Agriculture Forestry Animal Husbandry and Fishery	工　业 Industry	建筑业 Construction
1952	100.00	100.00	100.00	100.00	100.00	100.00	100.00
1957	91.26	100.31	70.97	122.58	100.31	104.01	57.83
1965	109.47	111.00	103.78	115.89	111.00	129.21	137.64
1970	118.56	100.02	131.31	105.56	100.02	142.33	123.41
1975	114.41	99.12	121.92	104.70	99.12	115.65	132.09
1978	123.27	99.38	129.77	117.81	99.38	116.26	146.96
1980	99.83	111.02	95.95	111.38	111.02	97.48	94.74
1981	91.77	93.05	89.05	102.63	93.05	85.46	91.99
1982	117.48	107.80	120.05	113.94	107.80	119.00	120.84
1983	108.27	102.48	106.25	119.60	102.48	101.39	109.88
1984	119.47	108.94	111.61	117.75	108.94	114.23	109.81
1985	106.89	111.11	106.77	105.32	111.11	119.72	97.48
1986	102.72	104.68	101.60	105.27	104.68	111.33	93.03
1987	106.82	103.86	106.54	109.26	103.86	113.01	99.73
1988	109.16	100.27	112.30	103.43	100.27	120.57	102.41
1989	95.69	102.43	96.34	93.71	102.43	108.09	79.82
1990	116.52	104.86	102.07	173.17	104.86	103.17	99.96
1991	107.95	102.34	99.98	126.19	102.34	105.74	88.65
1992	113.60	104.10	113.70	115.70	104.10	105.30	133.50
1993	107.29	100.18	110.00	106.98	100.18	113.47	103.27
1994	106.41	103.60	105.06	110.10	103.60	112.70	88.80
1995	107.97	99.80	109.38	109.80	99.80	109.00	110.40
1996	111.12	103.90	114.31	109.40	103.90	109.70	126.60
1997	110.82	105.70	113.46	108.70	105.70	110.50	120.30
1998	111.61	104.50	115.36	108.20	104.50	110.20	126.30
1999	108.45	100.20	110.36	108.30	100.20	109.90	111.20
2000	109.54	97.40	109.56	114.00	97.40	105.60	116.80
2001	113.07	105.40	115.28	111.60	105.40	109.40	125.00
2002	112.38	103.40	114.50	111.20	103.40	108.90	122.60
2003	113.35	97.80	117.52	109.80	97.80	120.10	114.20
2004	111.93	103.80	113.58	110.60	103.80	120.30	104.50
2005	114.35	105.53	117.54	109.78	105.53	127.51	102.01
2006	110.91	103.73	111.28	111.85	103.73	118.59	97.91
2007	113.20	104.76	113.95	113.49	104.76	119.52	101.63
2008	112.93	104.26	114.31	111.81	104.26	119.66	100.38
2009	110.92	105.77	111.31	110.39	105.77	110.66	113.62
2010	119.51	106.62	123.30	113.61	106.62	123.01	124.17
2011	115.81	104.81	117.58	113.98	104.81	117.04	119.47
2012	113.73	115.35	114.96	110.25	115.35	113.57	119.70
2013	110.15	104.14	110.42	110.67	104.06	108.58	116.67
2014	109.65	105.59	110.09	109.32	105.58	108.46	115.25
2015	109.55	105.20	109.90	109.48	105.15	107.06	118.38
2016	108.84	105.47	110.12	106.78	105.44	109.84	110.73
2017	107.53	104.95	107.87	107.25	104.89	107.40	108.51
2018	107.43	104.65	106.90	109.03	104.64	107.46	105.66
2019	106.73	104.67	106.12	108.04	104.67	106.79	105.00
2020	102.03	104.70	102.99	100.07	104.68	100.55	107.15

4-3 主要年份总产出指数

Indices of Gross Output in Main Years

以1952年为100

year of 1952=100

单位：%　　　(%)

年　份 Year	总产出 Total Output	第一产业 Primary Industry	第二产业 Secondary Industry	第三产业 Tertiary Industry	农林牧渔业 Agriculture Forestry Animal Husbandry and Fishery	工　业 Industry	建筑业 Construction
1952	100.00	100.00	100.00	100.00	100.00	100.00	100.00
1957	282.38	147.46	659.48	513.51	147.46	386.33	1333.53
1965	374.18	187.14	921.11	670.27	187.14	789.04	2162.28
1970	717.21	196.56	2847.38	924.32	196.56	1805.23	5392.36
1975	1089.75	252.60	4669.44	1264.86	252.60	3839.48	6677.47
1978	1541.39	267.56	7165.41	1627.03	267.56	5037.37	12347.61
1980	1683.20	285.25	7782.74	1851.35	285.25	4903.07	14814.51
1981	1544.67	265.42	6930.53	1900.00	265.42	4190.16	13627.87
1982	1814.76	286.13	8320.10	2164.84	286.13	4986.29	16467.91
1983	1964.75	293.22	8840.10	2589.19	293.22	5055.60	18094.94
1984	2211.48	319.44	9866.44	3048.64	319.44	5775.01	19870.06
1985	2363.93	354.93	10534.40	3210.81	354.93	6913.85	19369.33
1986	2428.28	371.54	10702.95	3386.49	371.54	7697.18	18019.29
1987	2593.85	385.88	11402.93	3700.00	385.88	8698.59	17970.64
1988	2831.56	386.92	12805.49	3827.03	386.92	10487.79	18403.72
1989	2728.69	396.32	12336.81	3586.49	396.32	11336.25	14689.85
1990	3179.47	415.58	12592.17	6210.81	415.58	11695.61	14683.97
1991	3432.22	425.30	12589.65	7837.84	425.30	12366.94	13017.34
1992	3899.00	442.74	14314.43	9068.38	442.74	13022.39	17378.15
1993	4183.40	443.53	15745.44	9701.35	443.53	14776.50	17946.41
1994	4451.55	459.50	16542.14	10681.19	459.50	16653.12	15936.42
1995	4806.20	458.58	18093.51	11727.95	458.58	18151.90	17593.80
1996	5340.67	476.47	20682.50	12830.37	476.47	19912.63	22273.75
1997	5918.38	503.63	23466.37	13946.62	503.63	22003.46	26795.33
1998	6605.55	526.29	27069.88	15090.24	526.29	24247.81	33842.50
1999	7163.59	527.34	29873.19	16342.73	527.34	26648.35	37632.86
2000	7846.69	513.63	32728.22	18630.71	513.63	28140.66	43955.18
2001	8872.56	541.37	37727.83	20791.87	541.37	30785.88	54943.97
2002	9971.21	559.77	43196.76	23120.56	559.77	33525.82	67361.31
2003	11301.97	547.46	50764.65	25386.38	547.46	40264.51	76926.62
2004	12650.15	568.26	57660.98	28077.34	568.26	48438.21	80388.31
2005	14465.45	599.68	67774.72	30822.40	599.68	61765.82	82004.12
2006	16043.53	622.06	75418.27	34475.05	622.06	73249.34	80293.66
2007	18160.81	651.69	85938.67	39125.41	651.69	87544.11	81604.45
2008	20509.09	679.46	98232.89	43744.26	679.46	104751.53	81917.47
2009	22748.69	718.66	109343.03	48289.29	718.66	115918.05	93074.63
2010	27186.96	766.24	134819.96	54861.46	766.24	142590.79	115570.77
2011	31485.22	803.10	158521.31	62531.09	803.10	166888.26	138072.40
2012	35808.14	926.38	182236.10	68940.53	926.38	189535.00	165272.66
2013	39442.67	964.73	201225.10	76296.48	963.99	205797.10	192823.61
2014	43248.89	1018.66	221528.71	83407.31	1017.78	223207.53	222229.21
2015	47379.16	1071.63	243460.05	91314.33	1070.20	238965.99	263074.94
2016	51567.48	1130.24	268098.21	97505.44	1128.42	262480.24	291302.88
2017	55450.51	1186.19	289197.54	104574.58	1183.60	281903.78	316092.76
2018	59570.48	1241.35	309152.17	114017.66	1238.52	302933.80	333983.61
2019	63579.57	1299.32	328072.28	123184.68	1296.36	323503.01	350682.79
2020	64870.24	1360.39	337881.64	123270.91	1357.03	325282.28	375756.61

4-4 主要年份生产总值
Gross Domestic Product in Main Years

按当年价格计算

Data in this table are calculated at current prices.

单位：亿元 (100 million yuan)

年 份 Year	生产总值 Gross Domestic Product	第一产业 Primary Industry	第二产业 Secondary Industry	第三产业 Tertiary Industry	农林牧渔业 Agriculture Forestry Animal Husbandry and Fishery	工 业 Industry	建筑业 Construction	人 均 生产总值 (元) Per Capita GDP (yuan)
1952	1.63	1.20	0.12	0.31	1.20	0.10	0.02	103
1957	3.95	2.13	0.78	1.04	2.13	0.40	0.38	195
1965	6.14	3.36	1.28	1.50	3.36	0.96	0.32	273
1970	8.15	3.36	2.79	2.00	3.36	2.02	0.77	294
1975	12.42	4.64	4.76	3.02	4.64	3.78	0.98	373
1978	15.54	3.67	7.71	4.16	3.67	5.57	2.14	431
1980	17.79	5.00	7.83	4.96	5.00	5.67	2.16	475
1981	17.49	4.63	7.23	5.63	4.63	5.21	2.02	461
1982	19.95	5.56	8.03	6.36	5.56	5.62	2.41	515
1983	22.45	5.90	8.98	7.57	5.90	6.38	2.60	572
1984	26.42	7.35	10.15	8.92	7.35	7.19	2.96	665
1985	33.01	8.64	13.39	10.98	8.64	8.90	4.49	816
1986	38.44	10.47	15.40	12.57	10.47	11.06	4.34	928
1987	43.38	11.74	16.61	15.03	11.74	12.09	4.52	1022
1988	54.96	14.36	23.30	17.30	14.36	17.33	5.97	1275
1989	60.37	15.73	25.29	19.35	15.73	20.07	5.22	1381
1990	69.94	17.67	26.89	25.38	17.67	21.23	5.66	1575
1991	75.10	17.96	29.84	27.30	17.96	23.49	6.35	1665
1992	87.52	19.90	36.31	31.31	19.90	26.69	9.62	1912
1993	109.68	22.21	43.04	44.43	22.21	31.58	11.46	2365
1994	138.40	32.40	48.90	57.10	32.40	37.25	11.65	2942
1995	167.80	39.62	53.15	75.03	39.62	40.19	12.96	3513
1996	184.17	40.41	57.60	86.16	40.41	40.87	16.73	3799
1997	202.79	41.80	61.72	99.27	41.80	41.99	19.73	4122
1998	220.92	42.94	66.35	111.63	42.94	43.31	23.04	4425
1999	239.38	42.03	71.30	126.05	42.03	45.90	25.40	4728
2000	263.68	40.12	80.90	142.66	40.12	50.87	30.03	5138
2001	300.13	44.74	96.09	159.30	44.74	58.02	38.07	5774
2002	340.65	45.31	113.01	182.33	47.31	66.48	46.53	6478
2003	385.00	46.01	132.22	206.77	48.47	79.01	53.21	7248
2004	443.73	58.09	154.41	231.23	60.70	98.38	56.03	8275
2005	499.42	62.80	190.29	246.33	65.34	132.98	57.31	9233
2006	585.15	65.84	228.06	291.25	67.55	166.15	61.91	10728
2007	720.06	81.61	275.28	363.17	83.41	207.52	67.76	13100
2008	896.86	103.58	350.29	442.99	105.57	271.30	78.99	16220
2009	939.70	105.29	365.67	468.74	107.40	273.73	91.94	16907
2010	1144.18	132.58	444.22	567.38	134.92	326.69	117.53	20418
2011	1370.40	152.62	553.14	664.64	155.08	415.35	137.79	24233
2012	1528.48	174.24	620.19	734.05	176.91	462.70	157.49	26839
2013	1713.31	204.72	680.96	827.63	207.59	502.02	178.94	30005
2014	1847.72	215.93	714.81	916.98	219.03	504.50	210.31	32218
2015	2011.02	208.93	761.13	1040.96	212.22	516.40	244.73	34883
2016	2258.19	221.19	867.68	1169.32	224.69	597.37	270.31	38968
2017	2465.11	238.41	975.67	1251.03	242.04	683.16	292.51	42211
2018	2748.00	268.10	1093.72	1386.18	271.96	777.52	316.20	46854
2019	2941.07	301.90	1153.92	1485.25	306.03	821.89	332.03	49976
2020	3009.81	337.99	1143.20	1528.62	342.30	792.24	350.96	50845
2021	3346.63	352.65	1332.61	1661.37	357.11	953.08	379.53	56398

注：2021年数据为初步核算数，4-4至4-11表同。

Note:The data in 2021 are preliminary accounting figures, the same as tables 4-4 to 4-11.

4-5 主要年份生产总值构成
Composition of Gross Domestic Product in Main Years

按当年价格计算

Data in this table are calculated at current prices.

单位：%　　(%)

年份 Year / 地区 Region	生产总值 Gross Domestic Product	第一产业 Primary Industry	第二产业 Secondary Industry	第三产业 Tertiary Industry	农林牧渔业 Agriculture Forestry Animal Husbandry and Fishery	工业 Industry	建筑业 Construction
1952	100.0	73.6	7.4	19.0	73.6	6.2	1.2
1957	100.0	53.9	19.7	26.4	53.9	10.1	9.6
1965	100.0	54.7	20.8	24.5	54.7	15.6	5.2
1970	100.0	41.2	34.2	24.6	41.2	24.8	9.4
1975	100.0	37.4	38.3	24.3	37.4	30.4	7.9
1978	100.0	23.6	49.6	26.8	23.6	35.8	13.8
1980	100.0	28.1	44.0	27.9	28.1	31.9	12.1
1981	100.0	26.5	41.3	32.2	26.5	29.8	11.5
1982	100.0	27.8	40.3	31.9	27.8	28.2	12.1
1983	100.0	26.3	40.0	33.7	26.3	28.4	11.6
1984	100.0	27.8	38.4	33.8	27.8	27.2	11.2
1985	100.0	26.1	40.6	33.3	26.1	27.0	13.6
1986	100.0	27.2	40.1	32.7	27.2	28.8	11.3
1987	100.0	27.1	38.3	34.6	27.1	27.9	10.4
1988	100.0	26.1	42.4	31.5	26.1	31.5	10.9
1989	100.0	26.1	41.8	32.1	26.1	33.2	8.6
1990	100.0	25.3	38.4	36.3	25.3	30.3	8.1
1991	100.0	23.9	39.7	36.4	23.9	31.3	8.4
1992	100.0	22.7	41.5	35.8	22.7	30.5	11.0
1993	100.0	20.3	39.2	40.5	20.3	28.8	10.4
1994	100.0	23.4	35.3	41.3	23.4	26.9	8.4
1995	100.0	23.6	31.7	44.7	23.6	24.0	7.7
1996	100.0	21.9	31.3	46.8	21.9	22.2	9.1
1997	100.0	20.6	30.4	49.0	20.6	20.7	9.7
1998	100.0	19.5	30.0	50.5	19.5	19.6	10.4
1999	100.0	17.6	29.8	52.6	17.6	19.2	10.6
2000	100.0	15.2	30.7	54.1	15.2	19.3	11.4
2001	100.0	14.9	32.0	53.1	14.9	19.3	12.7
2002	100.0	13.3	33.2	53.5	13.9	19.5	13.7
2003	100.0	12.0	34.3	53.7	12.6	20.5	13.8
2004	100.0	13.1	34.8	52.1	13.7	22.2	12.6
2005	100.0	12.6	38.1	49.3	13.1	26.6	11.5
2006	100.0	11.2	39.0	49.8	11.5	28.4	10.6
2007	100.0	11.3	38.2	50.5	11.6	28.8	9.4
2008	100.0	11.5	39.1	49.4	11.8	30.3	8.8
2009	100.0	11.2	38.9	49.9	11.4	29.1	9.8
2010	100.0	11.6	38.8	49.6	11.8	28.5	10.3
2011	100.0	11.1	40.4	48.5	11.3	30.3	10.1
2012	100.0	11.4	40.6	48.0	11.6	30.3	10.3
2013	100.0	12.0	39.7	48.3	12.1	29.3	10.4
2014	100.0	11.7	38.7	49.6	11.9	27.3	11.4
2015	100.0	10.4	37.8	51.8	10.6	25.7	12.1
2016	100.0	9.8	38.4	51.8	10.0	26.4	12.0
2017	100.0	9.7	39.6	50.7	9.8	27.7	11.9
2018	100.0	9.8	39.8	50.4	9.9	28.3	11.5
2019	100.0	10.3	39.2	50.5	10.4	27.9	11.3
2020	100.0	11.2	38.0	50.8	11.4	26.3	11.7
2021	100.0	10.5	39.8	49.7	10.7	28.5	11.3
西宁市 Xining City	100.0	3.8	33.5	62.7	3.8	20.8	12.7
海东市 Haidong City	100.0	14.5	39.4	46.1	14.8	21.4	18.0
海北州 Haibei Zang A.P	100.0	30.2	16.7	53.1	30.7	10.0	6.7
黄南州 Huangnan Zang A.P	100.0	27.9	23.3	48.8	28.7	14.2	9.1
海南州 Hainan Zang A.P	100.0	26.7	41.8	31.5	27.0	34.4	7.4
果洛州 Golog Zang A.P	100.0	19.5	31.5	49.0	19.8	10.0	21.5
玉树州 Yushu Zang A.P	100.0	58.9	12.0	29.1	59.2	1.3	10.7
海西州 Haixi Mongolian & Zang A.P	100.0	6.1	65.7	28.2	6.2	59.3	6.4

4-6 主要年份生产总值指数
Indices of Gross Domestic Product in Main Years

按可比价格计算

Data in this table are calculated at constant prices.

(1952=100) (year of 1952=100)

年份 Year	生产总值 Gross Domestic Product	第一产业 Primary Industry	第二产业 Secondary Industry	第三产业 Tertiary Industry	农林牧渔业 Agriculture Forestry Animal Husbandry and Fishery	工业 Industry	建筑业 Construction	人均生产总值 Per Capita GDP
1952	100.00	100.00	100.00	100.00	100.00	100.00	100.00	100.00
1957	223.34	157.50	591.70	335.49	157.50	330.00	1916.66	175.33
1965	326.85	218.14	963.32	503.25	218.14	860.71	1143.42	230.66
1970	466.55	218.16	2366.68	703.31	218.16	2145.67	2618.87	267.10
1975	709.81	290.22	4131.22	1076.10	290.22	3697.70	4723.38	338.32
1978	881.57	244.13	6594.93	1359.27	244.13	5351.12	9292.26	387.94
1980	943.94	253.22	6629.96	1678.45	253.22	5369.86	9368.30	400.26
1981	940.92	240.13	6125.42	1960.26	240.13	4960.68	8639.45	393.86
1982	1051.95	272.07	6756.34	2203.92	272.07	5303.46	10331.05	431.47
1983	1163.46	290.57	7371.17	2552.80	290.57	5817.37	11134.81	470.52
1984	1321.69	331.25	8230.65	2951.04	331.25	6436.34	12680.32	528.54
1985	1464.96	358.08	9484.18	3186.83	358.08	7645.73	13560.33	575.10
1986	1583.62	391.52	10195.49	3436.36	391.52	8398.07	13758.31	607.13
1987	1673.89	403.81	10501.35	3817.45	403.81	9093.43	12134.83	626.19
1988	1802.78	401.35	12921.91	3684.98	401.35	11474.09	13635.91	664.20
1989	1824.41	411.62	12888.31	3768.63	411.62	12140.73	10409.65	662.74
1990	1892.28	428.78	13175.72	3974.77	428.78	12197.79	11622.37	676.99
1991	2012.44	466.13	13534.10	4314.22	466.13	12875.99	10701.88	708.61
1992	2161.16	484.82	14607.35	4711.99	484.82	13595.76	12628.22	749.78
1993	2369.71	481.57	16756.09	5252.46	481.57	15690.87	14147.39	811.19
1994	2562.13	498.91	18081.50	5831.28	498.91	17354.10	13756.92	864.97
1995	2767.10	496.42	19726.92	6507.71	496.42	19002.74	14762.55	919.98
1996	3008.39	514.79	21752.87	7138.31	514.79	20332.93	18498.95	985.48
1997	3280.35	532.81	23886.83	7914.24	532.81	22162.89	20901.96	1058.80
1998	3572.96	551.46	26597.99	8621.77	551.46	24157.55	25132.52	1136.52
1999	3862.73	556.97	29068.94	9472.74	556.97	26331.73	27718.66	1211.42
2000	4208.06	534.69	32353.73	10564.95	534.69	28964.90	32070.49	1302.03
2001	4700.82	565.70	37235.91	11770.41	565.70	32151.04	39129.20	1435.88
2002	5268.68	591.16	43391.01	13118.12	591.16	37005.85	46454.19	1590.81
2003	5841.39	613.62	50437.71	14339.42	613.62	43333.85	53408.38	1746.07
2004	6499.71	637.18	58543.05	15754.72	637.18	52888.96	57136.28	1924.69
2005	7227.68	669.29	67265.96	17331.77	669.29	64016.80	59558.86	2121.59
2006	8113.79	692.45	77288.59	19493.04	692.45	75975.14	63203.86	2361.75
2007	9125.58	722.64	88240.38	22032.98	722.64	89118.84	67034.01	2635.95
2008	10266.28	750.82	101935.29	24668.12	750.82	106461.37	69849.44	2947.78
2009	11303.17	788.36	113423.40	27174.40	788.36	117288.49	80263.99	3229.00
2010	12806.49	834.87	135030.56	29875.54	834.87	139878.25	95008.48	3628.43
2011	14400.90	874.94	158188.30	33030.40	874.94	164692.65	109744.30	4043.16
2012	16013.80	920.44	179812.64	36491.99	920.44	187584.93	124011.06	4464.46
2013	17743.29	969.22	201246.31	40509.76	969.22	209907.54	138842.78	4933.67
2014	19375.67	1019.72	221290.44	44293.37	1019.62	228463.37	157114.49	5363.89
2015	20958.66	1071.73	239524.77	48146.89	1071.21	245346.81	173705.78	5772.08
2016	22601.82	1129.60	259405.33	51993.83	1129.06	263502.47	191441.14	6192.29
2017	24238.19	1184.95	277797.17	56054.55	1183.25	280893.63	206947.87	6589.22
2018	25968.80	1238.27	298743.08	60174.56	1236.50	304488.69	218950.85	7029.38
2019	27539.91	1295.23	317713.27	63845.21	1293.38	325498.41	230336.29	7429.35
2020	27941.99	1354.94	325910.27	63889.90	1352.62	327093.35	246436.80	7502.90
2021	29531.89	1415.23	347061.85	67314.40	1412.41	355877.56	249541.90	7908.81

4-7 主要年份生产总值指数
Indices of Gross Domestic Product in Main Years

按可比价格计算

Data in this table are calculated at constant prices.

(上年=100) (preceding year=100)

年份 Year	生产总值 Gross Domestic Product	第一产业 Primary Industry	第二产业 Secondary Industry	第三产业 Tertiary Industry	农林牧渔业 Agriculture Forestry Animal Husbandry and Fishery	工业 Industry	建筑业 Construction	人均生产总值 Per Capita GDP
1952	109.10	100.80	120.00	155.00	100.80	125.00	100.00	106.10
1957	97.33	100.53	74.74	114.29	100.53	100.00	61.83	91.26
1965	112.45	110.49	127.00	106.12	110.49	121.79	158.13	107.27
1970	119.57	100.34	162.50	106.86	100.34	183.59	103.15	114.87
1975	107.83	99.78	116.23	108.13	99.78	113.41	123.95	104.70
1978	114.93	96.91	128.08	112.04	96.91	116.32	157.11	112.01
1980	117.78	97.74	123.20	130.20	97.74	131.40	110.51	115.89
1981	99.68	94.83	92.39	116.79	94.83	92.38	92.22	98.40
1982	111.80	113.30	110.30	112.43	113.30	106.91	119.58	109.55
1983	110.60	106.80	109.10	115.83	106.80	109.69	107.78	109.05
1984	113.60	114.00	111.66	115.60	114.00	110.64	113.88	112.33
1985	110.84	108.10	115.23	107.99	108.10	118.79	106.94	108.81
1986	108.10	109.34	107.50	107.83	109.34	109.84	101.46	105.57
1987	105.70	103.14	103.00	111.09	103.14	108.28	88.20	103.14
1988	107.70	99.39	123.05	96.53	99.39	126.18	112.37	106.07
1989	101.20	102.56	99.74	102.27	102.56	105.81	76.34	99.78
1990	103.72	104.17	102.23	105.47	104.17	100.47	111.65	102.15
1991	106.35	108.71	102.72	108.54	108.71	105.56	92.08	104.67
1992	107.39	104.01	107.93	109.22	104.01	105.59	118.00	105.81
1993	109.65	99.33	114.71	111.47	99.33	115.41	112.03	108.19
1994	108.12	103.60	107.91	111.02	103.60	110.60	97.24	106.63
1995	108.00	99.50	109.10	111.60	99.50	109.50	107.31	106.36
1996	108.72	103.70	110.27	109.69	103.70	107.00	125.31	107.12
1997	109.04	103.50	109.81	110.87	103.50	109.00	112.99	107.44
1998	108.92	103.50	111.35	108.94	103.50	109.00	120.24	107.34
1999	108.11	101.00	109.29	109.87	101.00	109.00	110.29	106.59
2000	108.94	96.00	111.30	111.53	96.00	110.00	115.70	107.48
2001	111.71	105.80	115.09	111.41	105.80	111.00	122.01	110.28
2002	112.08	104.50	116.53	111.45	104.50	115.10	118.72	110.79
2003	110.87	103.80	116.24	109.31	103.80	117.10	114.97	109.76
2004	111.27	103.84	116.07	109.87	103.84	122.05	106.98	110.23
2005	111.20	105.04	114.90	110.01	105.04	121.04	104.24	110.23
2006	112.26	103.46	114.90	112.47	103.46	118.68	106.12	111.32
2007	112.47	104.36	114.17	113.03	104.36	117.30	106.06	111.61
2008	112.50	103.90	115.52	111.96	103.90	119.46	104.20	111.83
2009	110.10	105.00	111.27	110.16	105.00	110.17	114.91	109.54
2010	113.30	105.90	119.05	109.94	105.90	119.26	118.37	112.37
2011	112.45	104.80	117.15	110.56	104.80	117.74	115.51	111.43
2012	111.20	105.20	113.67	110.48	105.20	113.90	113.00	110.42
2013	110.80	105.30	111.92	111.01	105.30	111.90	111.96	110.51
2014	109.20	105.21	109.96	109.34	105.20	108.84	113.16	108.72
2015	108.17	105.10	108.24	108.70	105.06	107.39	110.56	107.61
2016	107.84	105.40	108.30	107.99	105.40	107.40	110.21	107.28
2017	107.24	104.90	107.09	107.81	104.80	106.60	108.10	106.41
2018	107.14	104.50	107.54	107.35	104.50	108.40	105.80	106.68
2019	106.05	104.60	106.35	106.10	104.60	106.90	105.20	105.69
2020	101.46	104.61	102.58	100.07	104.58	100.49	106.99	100.99
2021	105.69	104.45	106.49	105.36	104.42	108.80	101.26	105.41

4-8 2018-2021年分行业增加值及增速

单位：亿元，%

行业	Item	2018 总量 Aggregate	2018 增速 Growth Rate
生产总值	**Gross Domestic Product**	**2748.00**	**7.1**
农林牧渔业	Agriculture Forestry Animal Husbandry and Fishery	271.96	4.5
#农林牧渔服务业	Services in Support of Agriculture	3.86	4.4
采矿业	Mining	211.06	11.8
#开采辅助活动	Support Activities for Mining		
制造业	Manufacturing	341.39	-2.2
#金属制品、机械和设备修理业	Metal Products, Machinery and Equipment Repair Industry		
电力、热力、燃气及水生产和供应业	Production and Supply of Electricity,Gas and Water	225.07	25.4
建筑业	Construction	316.20	5.8
批发和零售业	Wholesale and Retail Trades	150.91	2.6
交通运输、仓储和邮政业	Transport, Storage and Post	123.19	4.7
住宿和餐饮业	Hotels and Catering Services	47.46	2.6
信息传输、软件和信息技术服务业	Information Transmission, Software and Information Technology Services	56.15	13.7
金融业	Financial Intermediation	259.52	-3.0
房地产业	Real Estate	118.90	7.6
租赁和商务服务业	Leasing and Business Services	54.95	13.4
科学研究和技术服务业	Scientific Research, Technical Services	73.43	13.7
水利、环境和公共设施管理业	Management of Water Conservancy,Environment and Public facilities	14.88	13.7
居民服务、修理和其他服务业	Residents Services and Other Services	33.96	13.2
教育	Education	142.89	14.2
卫生和社会工作	Health and Social Work	94.87	16.7
文化、体育和娱乐业	Culture, Sports and Entertainment	16.38	13.7
公共管理、社会保障和社会组织	Public Administration, Social Security and Social Organizations	194.83	13.6

注：本表总量按当年价格计算，增速按可比价计算，4-9同。

Gross Domestic Product(2018-2021)

(100 million yuan,%)

2019		2020		2021	
总量 Aggregate	增速 Growth Rate	总量 Aggregate	增速 Growth Rate	总量 Aggregate	增速 Growth Rate
2941.07	**6.1**	**3009.81**	**1.5**	**3346.63**	**5.7**
306.03	4.6	342.30	4.6	357.11	4.4
4.13	4.8	4.31	2.7	4.45	1.5
219.28	6.9	180.82	-0.1	202.12	-6.1
366.96	6.9	360.79	-4.8	481.92	18.1
235.65	6.9	250.63	9.1	269.04	6.2
332.03	5.2	350.96	7.0	379.53	1.3
160.83	4.5	167.25	4.3	194.02	9.5
123.18	0.9	116.82	-3.1	140.82	17.1
50.75	3.2	40.88	-15.4	44.99	7.1
56.77	14.0	63.79	15.1	75.30	17.9
262.96	0.6	263.77	-3.8	274.99	-1.2
127.49	3.9	145.62	2.5	149.85	0.6
62.55	12.9	50.56	-21.5	53.04	1.9
82.71	9.3	86.79	5.4	95.89	6.1
16.86	13.0	17.74	-0.4	18.47	0.2
38.33	11.6	36.59	-4.5	37.14	-1.4
159.3	10.0	170.42	3.5	178.22	0.8
104.88	8.5	117.34	5.0	126.27	5.3
17.89	10.4	16.92	-2.8	18.59	9.0
216.62	9.0	229.82	1.7	249.32	8.3

Note:The total amount in this table is calculated according to the current price, and the growth rate is calculated according to the comparable price, the same as 4-9.

4-9 2021年地区增加值及增速

单位：亿元，%

指标	Item	西宁市 Xining City		海东市 Haidong City	
		总量 Aggregate	增速 Growth Rate	总量 Aggregate	增速 Growth Rate
生产总值	**Gross Domestic Product**	**1548.79**	**8.1**	**554.71**	**6.1**
第一产业	Primary Industry	58.93	4.6	80.66	4.7
第二产业	Secondary Industry	518.22	10.8	218.48	6.6
第三产业	Tertiary Industry	971.64	7.0	255.57	6.0
农林牧渔业	Agriculture Forestry Animal Husbandry and Fishery	59.41	4.5	81.88	4.6
#农林牧渔服务业	Services in Support of Agriculture	0.48	0.6	1.22	2.6
采矿业	Mining			1.34	-3.2
#开采辅助活动	Support Activities for Mining				
制造业	Manufacturing	243.09	23.4	66.28	16.9
#金属制品、机械和设备修理业	Metal products, machinery and equipment repair industry				
电力、热力、燃气及水生产和供应业	Production and Supply of Electricity,Gas and Water	79.37	8.5	50.99	-3.1
建筑业	Construction	195.76	0.1	99.87	6.9
批发和零售业	Wholesale and Retail Trades	137.94	10.7	18.12	6.8
交通运输、仓储和邮政业	Transport, Storage and Post	68.93	28.9	13.96	20.3
住宿和餐饮业	Hotels and Catering Services	24.32	4.0	9.59	14.5
信息传输、软件和信息技术服务业	Information Transmission, Software and Information Technology Services	47.54	7.8	10.83	12.9
金融业	Financial Intermediation	209.28	-0.1	24.49	0.3
房地产业	Real Estate	106.44	3.0	24.47	1.3
租赁和商务服务业	Leasing and Business Services	28.37	1.7	7.93	1.3
科学研究和技术服务业	Scientific Research, Technical Services	64.97	6.8	13.73	1.2
水利、环境和公共设施管理业	Management of Water Conservancy,Environment and Public facilities	10.11	10.8	2.67	-9.0
居民服务、修理和其他服务业	Residents Services and Other Services	18.19	0.1	9.70	4.3
教育	Education	75.04	8.8	46.99	2.6
卫生和社会工作	Health and Social Work	84.34	12.8	12.55	0.9
文化、体育和娱乐业	Culture, Sports and Entertainment	6.94	7.9	0.59	4.6
公共管理、社会保障和社会组织	Public Administration, Social Security and Social Organizations	88.75	6.7	58.73	11.7

Regional value added and growth rate (2021)

(100 million yuan,%)

海北州 Haibei Zang A.P		黄南州 Huangnan Zang A.P		海南州 Hainan Zang A.P		果洛州 Golog Zang A.P		玉树州 Yushu Zang A.P		海西州 Haixi Mongolian & Zang A.P	
总量 Aggregate	增速 Growth Rate	总量 Aggregate	增速 Growth Rate	总量 Aggregate	增速 Growth Rate	总量 Aggregate	增速 Growth Rate	总量 Aggregate	增速 Growth Rate	总量 Aggregate	增速 Growth Rate
100.40	**3.2**	**110.45**	**1.2**	**193.61**	**4.5**	**51.50**	**2.2**	**71.10**	**8.0**	**713.78**	**4.1**
30.31	4.4	30.83	4.6	51.59	4.5	10.03	4.4	41.88	4.5	43.49	4.5
16.79	-1.2	25.73	-10.9	80.97	2.8	16.22	-2.5	8.51	59.2	469.30	2.8
53.30	3.8	53.89	5.6	61.05	6.5	25.25	4.1	20.71	4.1	200.99	6.5
30.79	4.4	31.65	4.6	52.26	4.5	10.21	4.4	42.11	4.5	44.04	4.5
0.48	4.5	0.82	4.1	0.67	3.2	0.18	5.1	0.23	8.6	0.55	2.9
3.06	-19.5					3.87	-28.5			193.72	-3.7
1.81	-4.4	3.28	3.2	7.72	-10.2	0.61	-7.7	0.43	2.7	173.78	10.6
5.18	1.6	12.37	-9.9	58.86	5.2	0.65	11.3	0.49	2.7	56.02	12.4
6.74	6.8	10.08	-15.3	14.39	0.2	11.09	9.9	7.59	73.2	45.78	-7.2
3.41	6.7	1.86	8.9	3.62	10.2	1.31	0.2	1.43	4.9	22.92	-0.1
3.25	27.7	0.69	-9.6	4.90	47.2	1.48	3.8	0.72	-3.1	57.66	18.9
1.97	2.0	1.97	1.7	2.47	6.6	1.82	7.4	0.51	9.4	4.42	10.4
0.64	11.8	0.87	14.9	1.04	12.4	0.84	12.3	1.49	15.3	6.64	9.9
5.47	0.7	4.93	0.7	6.96	4.0	3.92	0.9	1.02	-3.0	19.56	1.6
2.89	4.2	2.49	7.2	5.11	6.2	0.59	5.0	0.54	2.5	4.68	2.3
0.81	0.2	0.32	-1.1	0.47	3.7	1.12	10.0	1.09	-1.0	8.70	1.1
2.82	3.9	6.88	6.0	0.97	3.7	0.05	4.5	0.40	3.7	6.74	1.5
0.16	-3.9	0.40	0.8	0.59	-3.6	0.01	-2.3	0.70	-5.2	3.81	-2.9
0.67	-8.1	0.49	-0.3	0.53	-1.9	0.86	-15.6	1.44	-0.8	5.26	-1.1
8.93	1.5	11.56	0.1	10.96	-0.8	3.26	2.7	3.66	3.8	18.85	-1.8
3.51	1.2	5.53	3.9	5.15	-2.7	2.59	-3.7	1.12	-5.9	6.86	-2.6
1.50	3.6	1.63	1.5	0.99	3.1	1.95	3.3	0.83	6.2	4.93	3.3
16.79	2.9	13.45	14.1	16.62	7.3	5.27	12.7	5.53	8.7	29.41	7.3

4-10 三次产业贡献率

Share of the Contribution of the Three Strata of Industry to the Increase of GDP

按可比价格计算

Data in this table are calculated at constant prices.

单位：%　　(%)

年　份 Year	生产总值 Gross Domestic Product	第一产业 Primary Industry	第二产业 Secondary Industry	第三产业 Tertiary Industry	工　业 Industry
1990	100.00	27.34	26.56	46.09	4.71
1991	100.00	34.68	16.49	48.83	26.58
1992	100.00	14.00	39.83	46.17	22.78
1993	100.00	-1.74	56.93	44.81	47.33
1994	100.00	10.04	38.02	51.94	40.69
1995	100.00	-1.35	44.33	57.01	37.87
1996	100.00	8.50	46.36	45.14	25.96
1997	100.00	7.38	43.33	49.29	31.69
1998	100.00	7.10	51.13	41.77	32.09
1999	100.00	2.13	47.11	50.76	35.34
2000	100.00	-7.19	52.52	54.67	35.91
2001	100.00	7.33	39.53	53.15	18.12
2002	100.00	5.22	43.24	51.54	23.96
2003	100.00	4.57	49.11	46.32	30.97
2004	100.00	4.17	49.14	46.69	40.68
2005	100.00	5.14	47.82	47.04	42.85
2006	100.00	3.55	46.30	50.16	40.57
2007	100.00	4.05	44.32	51.63	39.05
2008	100.00	3.36	49.14	47.50	45.70
2009	100.00	4.92	45.38	49.71	31.39
2010	100.00	4.20	58.83	36.97	45.17
2011	100.00	4.47	53.48	42.05	40.69
2012	100.00	5.01	49.35	45.63	37.10
2013	100.00	5.01	45.61	49.37	33.74
2014	100.00	5.50	45.21	49.29	29.71
2015	100.00	5.84	42.40	51.76	27.88
2016	100.00	7.15	40.09	52.76	24.24
2017	100.00	6.87	37.23	55.90	23.31
2018	100.00	6.27	40.09	53.64	29.91
2019	100.00	7.36	39.97	52.67	29.33
2020	100.00	30.14	67.45	2.41	8.71
2021	100.00	8.79	43.31	47.90	40.72

注：产业贡献率指各产业增加值增量与GDP增量之比。
Note:The industrial contribution rate refers to the ratio between the increment of added value of each industry and the increment of GDP.

4-11 三次产业对生产总值增长的拉动
Contribution of the Three Strata Industry to GDP Growth

按可比价格计算

Data in this table are calculated at constant prices.

单位：百分点 (percentage points)

年份 Year	生产总值 Gross Domestic Product	第一产业 Primary Industry	第二产业 Secondary Industry	第三产业 Tertiary Industry	工业 Industry
1990	3.72	1.02	0.99	1.71	0.18
1991	6.35	2.20	1.05	3.10	1.69
1992	7.39	1.03	2.94	3.41	1.68
1993	9.65	-0.17	5.49	4.32	4.57
1994	8.12	0.81	3.09	4.22	3.30
1995	8.00	-0.11	3.55	4.56	3.03
1996	8.72	0.74	4.04	3.94	2.26
1997	9.04	0.67	3.92	4.46	2.86
1998	8.92	0.63	4.56	3.73	2.86
1999	8.11	0.17	3.82	4.12	2.87
2000	8.94	-0.64	4.70	4.89	3.21
2001	11.71	0.86	4.63	6.22	2.12
2002	12.08	0.63	5.22	6.23	2.89
2003	10.87	0.50	5.34	5.04	3.37
2004	11.27	0.47	5.54	5.26	4.58
2005	11.20	0.58	5.36	5.27	4.80
2006	12.26	0.44	5.68	6.15	4.97
2007	12.47	0.51	5.53	6.44	4.87
2008	12.50	0.42	6.14	5.94	5.71
2009	10.10	0.50	4.58	5.02	3.17
2010	13.30	0.56	7.82	4.92	6.01
2011	12.45	0.56	6.66	5.24	5.07
2012	11.20	0.56	5.53	5.11	4.16
2013	10.80	0.54	4.93	5.33	3.64
2014	9.20	0.51	4.16	4.53	2.73
2015	8.17	0.48	3.46	4.23	2.28
2016	7.84	0.56	3.14	4.14	1.90
2017	7.24	0.50	2.70	4.05	1.69
2018	7.14	0.45	2.86	3.83	2.14
2019	6.05	0.44	2.42	3.19	1.77
2020	1.46	0.44	0.98	0.04	0.13
2021	5.69	0.50	2.46	2.73	2.32

注：产业拉动指GDP增长速度与各产业贡献率之乘积。
Note:Industrial pull refers to the product of GDP growth rate and the contribution rate of various industries.

4−12 1990−2020年生产总值构成项目
Components of Gross Domestic Product (1990-2020)

(按当年价格计算)

Data in this table are calculated at current prices.

单位：亿元 (100 million yuan)

年份 Year	生产总值 Gross Domestic Product	劳动者报酬 Compensation of Employees	生产税净额 Net Taxes on Production	固定资产折旧 Depreciation of Fixed Assets	营业盈余 Operating Surplus
1990	69.94	39.50	8.48	9.86	12.10
1991	75.10	43.75	9.54	10.34	11.47
1992	87.52	50.21	10.87	14.34	12.10
1993	109.68	62.58	12.16	14.67	20.27
1994	138.40	76.06	14.29	19.49	28.56
1995	167.80	90.48	16.85	26.38	34.09
1996	184.17	109.03	16.46	26.03	32.66
1997	202.79	119.93	22.05	32.46	28.36
1998	220.92	124.44	21.30	35.31	39.86
1999	239.38	134.20	25.79	39.11	40.29
2000	263.68	139.39	30.74	58.48	35.07
2001	300.13	156.77	34.23	54.68	54.44
2002	340.65	172.31	40.59	59.57	68.19
2003	385.00	210.66	39.00	63.23	72.11
2004	443.73	236.00	44.52	73.90	89.31
2005	499.42	262.47	51.00	92.90	93.05
2006	585.15	311.53	61.34	95.29	116.98
2007	720.06	406.33	75.58	111.75	126.39
2008	896.86	528.81	93.64	136.30	138.12
2009	939.70	550.57	113.00	168.76	107.37
2010	1144.18	619.51	139.54	187.47	197.65
2011	1370.40	733.45	189.22	236.05	211.69
2012	1528.48	783.71	182.62	281.24	280.91
2013	1713.31	904.28	180.05	331.43	297.54
2014	1847.72	995.49	191.70	420.30	240.23
2015	2011.02	1016.95	207.18	469.05	317.84
2016	2258.19	1159.68	215.22	581.46	301.83
2017	2465.11	1251.93	299.77	573.71	339.70
2018	2748.00	1436.44	333.52	663.27	314.77
2019	2941.07	1555.98	355.78	703.55	325.76
2020	3009.81	1574.41	377.46	653.67	404.27

4-13 2000-2020年支出法生产总值

Gross Domestic Product by Expenditure Approach(2000-2020)

按当年价格计算

Data in this table are calculated at current prices.

单位：亿元 (100 million yuan)

年份 Year	支出法生产总值 Gross Domestic Product by Expenditure Approach	最终消费支出 Final Consumption Expenditures	资本形成总额 Gross Capital Formation		货物和服务净出口 Net Exports of Goods and Services	资本形成率 Capital Formation Rate (%)	最终消费率 Final Consumption Rate (%)
			固定资产形成总额 Gross Fixed Capital Formation	库存增加 Change in Inventories			
2000	263.68	171.70	156.97	3.49	-68.48	60.85	65.12
2001	300.13	202.88	194.88	5.22	-102.85	66.67	67.60
2002	340.65	227.58	226.71	10.09	-123.73	69.51	66.81
2003	385.00	257.75	252.73	9.02	-134.50	67.99	66.95
2004	443.73	309.76	271.89	8.72	-146.64	63.24	69.81
2005	499.42	360.72	302.98	5.20	-169.48	61.71	72.23
2006	585.15	423.49	350.24	15.95	-204.53	62.58	72.37
2007	720.06	509.45	402.98	16.28	-208.65	58.23	70.75
2008	896.86	593.51	464.68	59.99	-221.32	58.50	66.18
2009	939.70	616.51	568.87	6.44	-252.12	61.22	65.61
2010	1144.18	720.57	732.61	29.13	-338.13	66.58	62.98
2011	1370.40	859.75	914.48	29.76	-433.59	68.90	62.74
2012	1528.48	997.36	1219.83	-176.45	-512.26	68.26	65.25
2013	1713.31	1048.49	1499.96	100.81	-935.95	93.43	61.20
2014	1847.72	1154.40	1765.87	50.92	-1123.47	98.33	62.48
2015	2011.02	1385.98	1838.93	70.48	-1284.37	94.95	68.92
2016	2258.19	1676.44	2063.18	13.56	-1494.99	91.96	74.24
2017	2465.11	1815.42	2198.23	-21.33	-1527.21	88.31	73.64
2018	2748.00	2005.37	2339.51	2.26	-1599.14	85.22	72.98
2019	2941.07	2139.74	2430.29	5.71	-1634.67	82.83	72.75
2020	3009.81	2240.41	2141.50	8.23	-1380.33	71.42	74.44

4-14 2000-2020年生产总值消费额及构成

Consumption Expenditure and Its Composition of GDP(2000-2020)

按当年价格计算

Data in this table are calculated at current prices.

年 份 Year	最终消费支出(亿元) Final Consumption Expenditure (100 million yuan)	居民消费（亿元） Household Consumption (100 million yuan)		政府消费（亿元） Government Consumption (100 million yuan)	最终消费支出＝100 Final Consumption Expenditures=100		人均消费水平（元/人） Per Capita Consumption Expenditure (yuan/person)		
		农村居民 Rural Households	城镇居民 Urban Households		居民消费 Household Consumption	政府消费 Government Consumption	全体居民 All Households	农村居民 Rural Households	城镇居民 Urban Households
2000	171.70	41.73	80.60	49.37	71.25	28.75	2384	1245	4530
2001	202.88	44.06	91.00	67.82	66.57	33.43	2598	1315	4925
2002	227.58	46.33	102.36	78.89	65.34	34.66	2828	1399	5261
2003	257.75	48.70	116.22	92.83	63.98	36.02	3105	1477	5768
2004	309.76	52.33	132.28	125.15	59.60	40.40	3443	1583	6432
2005	360.72	64.15	146.14	150.43	58.30	41.70	3888	1941	6947
2006	423.49	70.51	160.18	192.80	54.47	45.53	4229	2128	7481
2007	509.45	81.36	192.28	235.81	53.71	46.29	4978	2453	8819
2008	593.51	102.75	219.65	271.11	54.32	45.68	5830	3121	9816
2009	616.51	111.91	249.43	255.17	58.61	41.39	6501	3435	10845
2010	720.57	122.14	288.12	310.31	56.94	43.06	7326	3848	11878
2011	859.75	151.32	343.45	364.98	57.55	42.45	8744	4905	13348
2012	997.36	185.56	401.61	410.19	58.87	41.13	10289	6116	15026
2013	1048.49	208.17	486.41	353.91	66.25	33.75	12070	6954	17617
2014	1154.40	236.40	549.37	368.63	68.07	31.93	13534	8285	18606
2015	1385.98	248.70	580.19	557.09	59.81	40.19	14147	8496	19790
2016	1676.44	304.38	685.54	686.52	59.05	40.95	16751	10505	22761
2017	1815.42	336.98	736.89	741.55	59.15	40.85	18020	11868	23621
2018	2005.37	349.90	831.57	823.90	58.92	41.08	19665	12598	25740
2019	2139.74	365.05	915.54	859.15	59.85	40.15	21148	13396	27491
2020	2240.41	380.42	960.34	899.65	59.84	40.16	22034	14269	28088

4-15 2000-2020年三大需求对生产总值增长的贡献率和拉动

Share and Contribution of the Three Demands of GDP to the Growth of GDP(2000-2020)

按可比价格计算

Data in this table are calculated at constant prices.

年份 Year	最终消费支出 Final Consumption Expenditure		资本形成总额 Gross Capital Formation		货物和服务净出口 Net Exports of Goods and Services	
	贡献率 (%) Share of The Contribution (%)	拉动 (百分点) Contribution Driven (percentage points)	贡献率 (%) Share of The Contribution (%)	拉动 (百分点) Contribution Driven (percentage points)	贡献率 (%) Share of The Contribution (%)	拉动 (百分点) Contribution Driven (percentage points)
2000	68.97	6.14	66.14	5.89	-35.11	-3.11
2001	76.75	8.98	119.58	13.99	-96.33	-11.26
2002	67.45	8.15	87.44	10.56	-54.89	-6.63
2003	67.99	7.39	41.29	4.49	-9.28	-1.01
2004	95.90	10.81	29.55	3.33	-25.45	-2.87
2005	103.51	11.59	51.46	5.76	-54.97	-6.15
2006	89.79	11.01	47.54	5.83	-37.33	-4.58
2007	77.99	9.73	40.77	5.08	-18.76	-2.34
2008	36.02	4.50	70.57	8.82	-6.59	-0.82
2009	8.51	0.86	101.45	10.25	-9.96	-1.01
2010	52.61	7.00	116.58	15.50	-69.19	-9.20
2011	63.80	7.94	89.12	11.10	-52.92	-6.59
2012	74.12	8.30	43.56	4.88	-17.68	-1.98
2013	3.69	0.40	358.74	38.74	-262.43	-28.34
2014	47.97	4.41	103.98	9.57	-51.95	-4.78
2015	174.62	14.27	109.58	8.95	-184.20	-15.05
2016	119.09	9.34	45.79	3.59	-64.88	-5.09
2017	96.54	6.99	69.95	5.06	-66.49	-4.81
2018	86.28	6.16	76.71	5.48	-62.99	-4.50
2019	45.28	2.74	60.36	3.65	-5.64	-0.34
2020	139.91	2.04	-781.06	-11.40	741.15	10.82

①三大需求指支出法生产总值的三大构成项目，即最终消费支出、资本形成总额、货物和服务净出口。
②贡献率指三大需求增量与支出法生产总值增量之比。
③拉动指生产总值增长速度与三大需求贡献率的乘积。
❶The three major demands refer to the three major components of the expenditure method GDP, namely, final consumption expenditure, total capital formation,and net exports of goods and services.
❷Contribution rate refers to the ratio of the three demand increments to the GDP increment of the expenditure method
❸Pull refers to the product of the growth rate of GDP and the contribution rate of the three major demands.

主要统计指标解释

国内(地区)生产总值(GDP) 指按市场价格计算的一个国家(或地区)所有常住单位在一定时期内生产活动的最终成果。国内生产总值有三种表现形态,即价值形态、收入形态和产品形态。从价值形态看,它是所有常住单位在一定时期内生产的全部货物和服务价值与同期投入的全部非固定资产货物和服务价值的差额,即所有常住单位的增加值之和;从收入形态看,它是所有常住单位在一定时期内创造并分配给常住单位和非常住单位的初次收入之和;从产品形态看,它是所有常住单位在一定时期内最终使用的货物和服务价值与货物和服务净出口价值之和。在实际核算中,国内生产总值有三种计算方法,即生产法、收入法和支出法。三种方法分别从不同的方面反映国内生产总值及其构成。

对于一个地区来说,称为地区生产总值或地区 GDP。

三次产业 三产业的划分是世界上较为常用的产业结构分类,但各国的划分不尽一致。根据《国民经济行业分类》(GB/T 4754－2017),我国的三次产业划分是:

第一产业是指农、林、牧、渔业(不含农、林、牧、渔服务业)。

第二产业是指采矿业(不含开采辅助活动),制造业(不含金属制品、机械和设备修理业),电力、热力、燃气及水生产和供应业,建筑业。

第三产业即服务业,是指除第一产业、第二产业以外的其他行业。

劳动者报酬 指劳动者因从事生产活动所获得的全部报酬。包括劳动者获得的各种形式的工资、奖金和津贴,既包括货币形式的,也包括实物形式的,还包括劳动者所享受的公费医疗和医药卫生费、上下班交通补贴、单位支付的社会保险费、住房公积金等。

生产税净额 指生产税减生产补贴后的余额。生产税指政府对生产单位从事生产、销售和经营活动以及因从事生产活动使用某些生产要素(如固定资产、土地、劳动力)所征收的各种税、附加费和规费。生产补贴与生产税相反,指政府对生产单位的单方面转移支出,因此视为负生产税,包括政策亏损补贴、价格补贴等。

固定资产折旧 指一定时期内为弥补固定资产损耗按照规定的固定资产折旧率提取的固定资产折旧,或按国民经济核算统一规定的折旧率虚拟计算的固定资产折旧。它反映了固定资产在当期生产中的转移价值。各类企业和企业化管理的事业单位的固定资产折旧是指实际计提的折旧费;不计提折旧的政府机关、非企业化管理的事业单位和居民住房的固定资产折旧是按照统一规定的折旧率和固定资产原值计算的虚拟折旧。原则上,固定资产折旧应按固定资产的重置价值计算,但是目前我国尚不具备对全社会固定资产进行重估价的基础,所以暂时只能采用上述办法。

营业盈余 指常住单位创造的增加值扣除劳动者报酬、生产税净额和固定资产折旧后的余额。它相当于企业的营业利润加上生产补贴,但要扣除从利润中开支的工资和福利等。

支出法国内(地区)生产总值 是从最终使用的角度反映一个国家(或地区)一定时期内生产活动最终成果的一种方法,包括最终消费支出、资本形成总额及货物和服务净出口三部分。计算公式为:

支出法国内生产总值＝最终消费支出＋资本形成总额＋货物和服务净出口

最终消费支出 指常住单位为满足物质、文化和精神生活的需要,从本国经济领土和国外购买的货物和服务的支出。它不包括非常住单位在本国经济领土内的消费支出。最终消费支出分为居民消费支出和政府消费支出。

居民消费支出 指常住住户在一定时期内对于货物和服务的全部最终消费支出。居民消费支出除了直接以货币形式购买的货物和服务的消费支出外,还包括以其他方式获得的货物和服务的消费支出,即所谓的虚拟消费支出。居民虚拟消费支出包括如下几种类型:单位以实物报酬及实物转移的形式提供给劳动者的货物和服务;住户生产并由本住户消费了的货物和服务,其中的服务仅指住户的自有住房服务和付酬的家庭雇员提供的家庭和个人服务;金融机构提供的金融媒介服务。

政府消费支出 指政府部门为全社会提供的公共服务的消费支出和免费或以较低的价格向居民住户提供的货物和服务的净支出,前者等于政府服务的产出价值减去政府单位所获得的经营收入的价值,后者等于政府部门免费或以较低价格向居民住户提供的货物和服务的市场价值减去向住户收取的价值。

资本形成总额 指常住单位在一定时期内获得减去处置的固定资产和存货的净额,包括固定资本形成总额和存货变动两部分。

固定资本形成总额 指常住单位在一定时期内获得的固定资产减处置的固定资产的价值总额。固定资产是通过生产活动生产出来的,且其使用年限在一年以上、单位价值在规定标准以上的资产,不包括自然资产。可分为有形固定资本形成总额和无形固定资本形成总额。有形固定资本形成总额包括一定时期内完成的建筑工程、安装工程和设备工器具购置(减处置)价值,以及土地改良、新增役、种、奶、毛、娱乐用牲畜和新增经济林木价值。无形固定资本形成总额包括矿藏的勘探、计算机软件等获得减处置。

存货变动 指常住单位在一定时期内存货实物量变动的市场价值,即期末价值减期初价值的差额,再扣除当期由于价格变动而产生的持有收益。存货变动可以是正值,也可以是负值,正值表示存货上升,负值表示存货下降。存货包括生产单位购进的原材料、燃料和储备物资等存货,以及生产单位生产的产成品、在制品和半成品等存货。

货物和服务净出口 指货物和服务出口减货物和服务进口的差额。出口包括常住单位向非常住单位出售或无偿转让的各种货物和服务的价值;进口包括常住单位从非常住单位购买或无偿得到的各种货物和服务的价值。由于服务活动的提供与使用同时发生,一般把常住单位从非常住单位得到的服务作为进口,非常住单位从常住单位得到的服务作为出口。货物的出口和进口都按离岸价格计算。

Explanatory Notes on Main Statistical Indicators

Gross Domestic Product (GDP) refers to the final products at market prices produced by all resident units in a country during a certain period of time. Gross domestic product is expressed in three different perspectives, namely value, income, and products respectively. GDP in its value perspective refers to the balance of total value of all goods and services produced by all resident units during a certain period of time, minus the total value of input of goods and services of the nature of non – fixed assets; in other words, it is the sum of the value – added of all resident units. GDP from the perspective of income includes the primary income created by all resident units and distributed to resident and non – resident units. GDP from the perspective of products refers to the value of all goods and services for final demand by all resident units plus the net exports of goods and services during a given period of time. In the practice of national accounting, gross domestic product is calculated from three approaches, namely production approach, income approach and expenditure approach, which reflect gross domestic product and its composition from different angles.

For a region, it is called as Gross Regional Product(GRP) or regional GDP.

Three Strata of Industry Classification of economic activities into three strata of industry is a common practice in the world, although the grouping varies to some extent from country to country. In China, according to Industrial classification for National Economic Activities (GB/T 4754 – 2011), economic activities are categorized into the following three strata of industry:

Primary industry refers to agriculture, forestry, animal husbandry and fishery industries (not including services in support of agriculture, forestry, animal husbandry and fishery industries).

Secondary industry refers to mining and quarrying(not including support activities for mining), manufacturing(not including repair service of metal products, machinery and equipment), production and supply of electricity, heat, gas and water, and construction.

Tertiary industry refers to all other economic activities not included in the primary or secondary industries.

Compensation of Employees refers to the total payment of various forms to employees for the productive activities they are engaged in. It includes wages, bonuses and allowances, which the employees earn in cash or in kind. It also includes the free medical services provided to the employees and the medicine expenses, transport subsidies and social insurance, and housing fund paid by the employers.

Net Taxes on Production refers to taxes on production less subsidies on production. The taxes on production refers to the various taxes, extra charges and fees levied on the production units on their production, sale and business activities as well as on the use of some factors of production, such as fixed assets, land and labour in the production activities they are engaged in. In contrast to taxes on production, subsidies on production refer to the unilateral government transfer to the production units and are therefore regarded as negative taxes on production. They include subsidies on the loss due to implementation of government policies, price subsidies, etc.

Depreciation of Fixed Assets refers to the depreciation of fixed assets in a given period, drawn in accordance with the stipulated depreciation rate for the purpose of compensating the wear – and – tear loss of the fixed assets or the depreciation of fixed assets imputed in accordance with the stipulated unified depreciation rate in the national economic accounting system. It reflects the value of transfer of the fixed assets in the production of the current period. The depreciation of fixed assets in various enterprises and institutions managed as enterprises refers to the depreciation expenses actually drawn. In government agencies and institutions not managed as enterprises which do not draw the depreciation expenses, as well as for the houses of residents, the depreciation of fixed assets is the imputed depreciation, which is calculated in accordance with the stipulated unified depreciation rate. In principle, the depreciation of fixed assets should be calculated on the basis of the re – purchased value of the fixed assets. However, currently the conditions in China do not facilitate the revaluation of all the fixed assets. Therefore, only the above – mentioned methods can be adopted at present.

Operating Surplus refers to the balance of the value added created by the resident units after deducting the labourers remuneration, net taxes on production and the depreciation of fixed assets. It is equivalent to the business profit of the enterprises plus subsidies to production, but the wages and welfare expenses paid from the profits should be deducted.

GDP by Expenditure Approach refers to the method of measuring the final results of production activities of a country (region) during a given period from the perspective of final uses. It includes final consumption expenditure, gross capital formation and net export of goods and services. The formula for computation is. :

GDP by expenditure approach = final consumption expenditure + gross capital formation + net export of goods and services

Final Consumption Expenditure refers to the total expenditure of resident units for purchases of goods and services from both the domestic economic territory and abroad to meet the needs of material, cultural and spiritual life. It does not include the expenditure of non – resident units on consumption in the economic territory of the country. The final consumption expenditure is broken down into household consumption expenditure and government consumption expenditure.

Household Consumption Expenditure refers to the total expenditure of resident households on the final consumption of goods and services. In addition to the consumption of goods and services bought by the households directly with money, the household consumption expenditure also includes expenditure on goods and services obtained by the households in other ways, i. e. the so – called imputed consumption expenditure, which includes the following: (a) the goods and services provided to households by employers in the form of payment in kind and transfer in kind; (b) goods and services produced and consumed by the households themselves, in which the services refer to the owner – occupied housing and services offered by paid family employees; (c) financial intermediate services provided by financial institution.

Government Consumption Expenditure refers to the consumption expenditure spent for the provision of public services provided by the government to the whole country and the net expenditure on the goods and services provided by the government to households free of charge or at reduced prices. The former equals to the output value of the government services minus the value of operating income obtained by the government departments. The latter equals to the market value of the goods and services provided by the government free of charge or at reduced prices to the households minus the value received by the government from the households.

Gross Capital Formation refers to the fixed assets acquired less disposals and the net value of inventory, thus including gross fixed capital formation and changes in inventories.

Gross Fixed Capital Formation refers to the value of acquisitions less those disposals of fixed assets during a given period. Fixed assets are the assets produced through production activities with unit value above a specified amount and which could be used for over one year. Natural assets are not included. Gross fixed capital formation can be categorized into total tangible fixed capital formation and total intangible fixed capital formation. Total tangible fixed capital formation includes the value of the construction projects and installation projects completed and the equipment, apparatus and instruments purchased (less those disposed) as well as the value of land improved, the value of draught animals, breeding stock and animals for milk, for wool and for recreational purposes and the newly increased forest with economic value. Total intangible fixed capital formation includes the prospecting of minerals and the acquisition of computer software minus the disposal of them.

Changes in Inventories refers to the market value of the change in the physical volume of inventory of resident units during a given period, i. e. the difference between the values at the beginning and at the end of the period minus the gains due to the change in prices. The changes in inventories can have a positive or a negative value. A positive value indicates an increase in inventory while a negative value indicates a decrease in inventory. The inventory includes raw materials, fuels and reserve materials purchased by the production units as well as the inventory of finished products, semi – finished products and work – in – progress.

Net Export of Goods and Services refers to the exports of goods and services subtracting the imports of goods and services. Exports include the value of various goods and services sold or gratuitously transferred by resident units to non – resident units. Imports include the value of various goods and services purchased or gratuitously acquired resident units from non – resident units. Because the provision of services and the use of them happen simultaneously, the acquisition of services by resident units from abroad is usually treated as import while the acquisition of services by non – resident units in this country is usually treated as export. The exports and imports of goods are calculated at FOB.

第5篇

CHAPTER 5

就业和工资

Employment and Wages

5-1　2017-2021年就业基本情况
Basic Conditions of Employment(2017-2021)

项　目	Item	2017	2018	2019	2020	2021
就业人员　（万人）	**Number of Employed Persons (10 000 persons)**	**287**	**285**	**282**	**279**	**277**
第一产业	Primary Industry	101	95	90	71	69
第二产业	Secondary Industry	64	60	57	62	61
第三产业	Tertiary Industry	122	130	135	146	147
按城乡分就业人员　（万人）	**Number of Employed Persons by Urban and Rural Areas (10 000 persons)**					
城镇就业人员	Urban Employed Persons	153	159	164	170	173
乡村就业人员	Rural Employed Persons	134	126	118	109	104
按登记注册类型分城镇非私营单位就业人员（万人）	**Number of Employed Persons in Urban Non-private Units by Status of Registration (10 000 persons)**	**63.35**	**62.72**	**67.01**	**66.4**	**67.12**
国有单位	State-owned Units	35.21	36.63	33.8	35.4	35.93
城镇集体单位	Urban Collective-owned Units	0.94	0.96	0.96	0.88	0.61
股份合作单位	Cooperative Units	0.33	0.36	0.23	0.18	0.23
联营单位	Joint Ownership Units	…	…	…	…	…
有限责任公司	Limited Liability Corporations	16.85	16.35	20.88	21.7	21.98
股份有限公司	Share-holding Corporations Ltd.	8.68	7.38	8.42	7.23	7.33
其他内资	Others	0.50	0.44	1.95	0.12	0.07
港澳台商投资单位	Units with Funds from Hong Kong, Macao and Taiwan	0.52	0.44	0.48	0.39	0.12
外商投资单位	Foreign Funded Units	0.32	0.16	0.28	0.49	0.85
城镇登记失业人数　（万人）	**Number of Registered Unemployed Persons in Urban Areas (10 000 persons)**	**4.67**	**4.65**	**3.09**	**3.06**	**2.83**
城镇登记失业率　(%)	**Registered Unemployment Rate in Urban Areas (%)**	**3.10**	**3.00**	**2.30**	**2.13**	**1.84**

注：就业人员总计及城镇和乡村就业人员小计资料是根据年度人口变动情况抽样调查、劳动力抽样调查推算数，分经济类型就业人员相加不等于总计。

Note:Employment totals, urban and rural employment subtotal data are calculated according to the annual population change, labor force sampling survey. The sum of the employment by economic types is not equal to the total.

5-2 主要年份按三次产业分的年末就业人员数
Number of Employed Persons at Year-end by Three Strata of Industry in Main Years

年份 Year	就业人员（万人） Total Employed Persons (10 000 persons)	第一产业 Primary Industry	第二产业 Secondary Industry	第三产业 Tertiary Industry	构成（合计=100） Composition in Percentage (Total=100) 第一产业 Primary Industry	第二产业 Secondary Industry	第三产业 Tertiary Industry
1982	171.17	113.83	29.61	27.73	66.5	17.3	16.2
1990	241.25	144.75	45.35	51.15	60.0	18.8	21.2
1991	245.21	147.37	45.61	52.23	60.1	18.6	21.3
1992	249.24	150.54	45.61	53.09	60.4	18.3	21.3
1993	253.33	142.62	43.07	67.64	56.3	17.0	26.7
1994	257.49	144.96	43.26	69.27	56.3	16.8	26.9
1995	261.71	146.82	44.23	70.66	56.1	16.9	27.0
1996	266.01	151.09	43.36	71.56	56.8	16.3	26.9
1997	270.38	151.41	40.56	78.41	56.0	15.0	29.0
1998	274.81	153.07	40.40	81.34	55.7	14.7	29.6
1999	279.32	152.23	40.22	86.87	54.5	14.4	31.1
2000	283.91	158.42	35.77	89.72	55.8	12.6	31.6
2001	285.66	170.25	37.99	77.42	59.6	13.3	27.1
2002	287.72	162.27	39.13	86.32	56.4	13.6	30.0
2003	289.80	156.78	45.79	87.23	54.1	15.8	30.1
2004	290.42	148.69	47.92	93.81	51.2	16.5	32.3
2005	291.04	144.06	50.64	96.34	49.5	17.4	33.1
2006	294.19	139.15	56.49	98.55	47.3	19.2	33.5
2007	298.56	132.26	61.50	104.80	44.3	20.6	35.1
2008	301.00	133.95	64.11	102.94	44.5	21.3	34.2
2009	303.26	130.40	66.41	106.45	43.0	21.9	35.1
2010	310.00	128.00	70.00	112.00	41.3	22.6	36.1
2011	304.00	120.00	73.00	111.00	39.5	24.0	36.5
2012	299.00	111.00	72.00	116.00	37.1	24.1	38.8
2013	296.00	110.00	69.00	117.00	37.2	23.3	39.5
2014	293.00	107.00	67.00	119.00	36.5	22.9	40.6
2015	292.00	105.00	67.00	120.00	36.0	22.9	41.1
2016	289.00	103.00	66.00	120.00	35.6	22.8	41.5
2017	287.00	101.00	64.00	122.00	35.2	22.3	42.5
2018	285.00	95.00	60.00	130.00	33.3	21.1	45.6
2019	282.00	90.00	57.00	135.00	31.9	20.2	47.9
2020	279.00	71.00	62.00	146.00	25.4	22.2	52.3
2021	277.00	69.00	61.00	147.00	24.9	22.0	53.1

注：2010至2020年就业人员总数国家根据第七次人口普查相关数据进行了修正，2010年至2020分产业就业人数按历年结构数据推算。
Note:The total number of employed persons from 2010 to 2020 were adjusted on the Seventh National Population Census,and the number of employed persons by three strata rom 2010 to 2020 were estimated according to the structural data over the years.

5-3 2017-2021年按行业分全部单位就业人员数
Number of Employed Persons in All Units by Sector(2017-2021)

单位：人　　(person)

项　目	Item	2017	2018	2019	2020	2021
全省	**Provincial Total**	**975918**	**1000832**	**1055810**	**965317**	**955106**
农林牧渔业	Agriculture, Forestry, Animal Husbandry and Fishery	22329	19780	13279	15505	15295
采矿业	Mining	41116	37526	38824	33097	29360
制造业	Manufacturing	178662	157127	154515	126715	139444
电力、燃气及水的生产和供应业	Production and Supply of Electricity,Gas and Water	27384	26273	23452	25111	26227
建筑业	Construction	113956	117097	108047	87547	74305
批发和零售业	Wholesale and Retail Trades	101841	100880	104804	58252	56167
交通运输、仓储和邮政业	Transport, Storage and Post	55772	53336	59874	60440	59895
住宿和餐饮业	Hotels and Catering Services	26524	33766	34601	21058	20221
信息传输、软件和信息技术服务业	Information Transmission, Software and Information Technology	11739	17216	18376	13406	12940
金融业	Financial Intermediation	22943	23507	29422	28946	28369
房地产业	Real Estate	34932	35757	51842	45556	42695
租赁和商务服务业	Leasing and Business Services	42314	63305	70349	69745	60596
科学研究和技术服务	Scientific Research and Technical Services	26000	26545	22375	33929	36315
水利、环境和公共设施管理业	Management of Water Conservancy, Environment and Public Facilities	14006	12791	11172	14214	14528
居民服务、修理和其他服务业	Services to Households, Repair and Other Services	13103	9960	10108	8565	9625
教育	Education	76373	77886	86484	98151	99390
卫生和社会工作	Health and Social Services	47251	51113	57129	62257	66225
文化、体育和娱乐业	Culture, Sports and Entertainment	10079	9774	9831	11265	10975
公共管理、社会保障和社会组织	Public Management, Social Security Social Organization	109594	127193	151326	151558	152534

注：本表含私营单位。
Note:In this table, private units are included.

5–4 2021年分登记注册类型和行业年末全部单位就业人数

Number of Employed Persons in All Units at Year-end by Status of Registration and Sector(2021)

单位：人 (person)

项 目	Item	合 计 Total	国有单位 State-owned Units	城镇集体单位 Urban Collective-owned Units	其他单位 Units of Other Types of Ownership
全省	**Provincial Total**	**955106**	**359273**	**6027**	**589806**
农林牧渔业	Agriculture,Forestry,Animal Husbandry and Fishery	15295	5176	390	9729
采矿业	Mining	29360	187		29173
制造业	Manufacturing	139444	3854	220	135370
电力、燃气及水的生产和供应业	Production and Supply of Electricity,Gas and Water	26227	10839	62	15325
建筑业	Construction	74305	3232	1875	69198
批发和零售业	Wholesale and Retail Trades	56167	2342	224	53601
交通运输、仓储和邮政业	Transport, Storage and Post	59895	7746	119	52030
住宿和餐饮业	Hotels and Catering Services	20221	1284	72	18865
信息传输、软件和信息技术服务业	Information Transmission, Software and Information Technology	12940	1021		11919
金融业	Financial Intermediation	28369	2638	1060	24671
房地产业	Real Estate	42695	459	44	42193
租赁和商务服务业	Leasing and Business Services	60596	1834	282	58481
科学研究和技术服务	Scientific Research and Technical Services	36315	12105	77	24134
水利、环境和公共设施管理业	Management of Water Conservancy, Environment and Public Facilities	14528	7144	34	7350
居民服务、修理和其他服务业	Services to Households, Repair and Other Services	9625	812	146	8667
教育	Education	99390	85291	697	13402
卫生和社会工作	Health and Social Services	66225	55434	610	10182
文化、体育和娱乐业	Culture, Sports and Entertainment	10975	5370	91	5514
公共管理、社会保障和社会组织	Public Management, Social Security Social Organization	152534	152506	25	3

注：本表含私营单位。
Note:In this table, private units are included.

5-5 2021年分登记注册类型和行业年末非私营单位就业人数

Number of Employed Persons in Non-private Units at Year-end by Status of Registration and Sector(2021)

单位：人 (person)

项　目	Item	合　计 Total	国有单位 State-owned Units	城镇集体单位 Urban Collective-owned Units	其他单位 Units of Other Types of Ownership
合计	**Total**	**671196**	**359273**	**6027**	**305896**
按企、事业和机关分组	**Grouped by Enterprises, Institutions and Agencies**				
企业	Enterprises	346765	36944	4370	305451
政府	Government	321164	319769	1396	
民间非营利组织	Folk Non-profit Organizations	3208	2526	261	421
其他	Others	58	34		24
按国民经济行业分组	**Grouped by Sector**				
农林牧渔业	Agriculture,Forestry,Animal Husbandry and Fishery	8142	5176	390	2576
采矿业	Mining	26314	187		26127
制造业	Manufacturing	95579	3854	220	91505
电力、燃气及水的生产和供应业	Production and Supply of Electricity,Gas and Water	23493	10839	62	12591
建筑业	Construction	36447	3232	1875	31340
批发和零售业	Wholesale and Retail Trades	21084	2342	224	18518
交通运输、仓储和邮政业	Transport, Storage and Post	50713	7746	119	42848
住宿和餐饮业	Hotels and Catering Services	4450	1284	72	3094
信息传输、软件和信息技术服务业	Information Transmission, Software and Information Technology	8913	1021		7892
金融业	Financial Intermediation	27764	2638	1060	24066
房地产业	Real Estate	15752	459	44	15249
租赁和商务服务业	Leasing and Business Services	13250	1834	282	11134
科学研究和技术服务	Scientific Research and Technical Services	21318	12105	77	9137
水利、环境和公共设施管理业	Management of Water Conservancy, Environment and Public Facilities	10059	7144	34	2881
居民服务、修理和其他服务业	Services to Households, Repair and Other Services	2683	812	146	1725
教育	Education	86701	85291	697	713
卫生和社会工作	Health and Social Services	58013	55434	610	1970
文化、体育和娱乐业	Culture, Sports and Entertainment	7987	5370	91	2526
公共管理、社会保障和社会组织	Public Management, Social Security Social Organization	152534	152506	25	3

5-6 2021年分行业分地区非私营单位年末女性就业人员
Number of Female Employed Persons in Non-private Units at Year-end by Sector and Region(2021)

单位：人 (person)

项 目	Item	全省合计 Provincial Total	西宁市 Xining City	海东市 Haidong City	海北州 Haibei Zang A.P	黄南州 Huang-nan Zang A.P	海南州 Hainan Zang A.P	果洛州 Golog Zang A.P	玉树州 Yushu Zang A.P	海西州 Haixi Mong-olian & Zang A.P
合计	**Total**	**280286**	**146236**	**33502**	**13788**	**10571**	**16453**	**8253**	**12080**	**39404**
农林牧渔业	Agriculture,Forestry,Animal Husbandry and Fishery	2469	327	110	272	275	1285	18	18	165
采矿业	Mining	7203	370	9	68			52		6705
制造业	Manufacturing	26627	16663	2032	47	193	72	24	96	7500
电力、燃气及水的生产和供应业	Production and Supply of Electricity,Gas and Water	6294	4345	301	353	133	231	55	134	740
建筑业	Construction	7730	6728	251	74	120	99	66	8	384
批发和零售业	Wholesale and Retail Trades	10603	7735	572	115	97	211	112	851	910
交通运输、仓储和邮政业	Transport, Storage and Post	13659	11155	1274	110	39	79	213	101	687
住宿和餐饮业	Hotels and Catering Services	2632	1594	173	63	146	137	31	71	417
信息传输、软件和信息技术服务业	Information Transmission, Software and Information Technology	4038	3605	154	31	24	38		29	156
金融业	Financial Intermediation	15746	11483	1444	320	194	992	212	120	980
房地产业	Real Estate	7015	5479	800	26	57	46	47		561
租赁和商务服务业	Leasing and Business Services	4075	3114	383	109	37	77	35	43	276
科学研究和技术服务	Scientific Research and Technical Services	6402	4506	429	409	179	162	97	107	512
水利、环境和公共设施管理业	Management of Water Conservancy, Environment and Public Facilities	3775	1692	653	245	207	229	80	145	524
居民服务、修理和其他服务业	Services to Households, Repair and Other Services	1426	328	85		22	7		595	389
教育	Education	53533	19320	11207	3868	3186	4633	1996	4089	5236
卫生和社会工作	Health and Social Services	40170	25249	4163	1247	1198	3339	761	1214	3000
文化、体育和娱乐业	Culture, Sports and Entertainment	3924	2183	477	230	278	191	160	160	243
公共管理、社会保障和社会组织	Public Management, Social Security Social Organization	62966	20360	8987	6201	4186	4622	4296	4298	10017

5-7 2019-2021年非私营单位年末企业就业人员
Number of Employed Persons in Non-private Enterprises at Year-end (2019-2021)

单位：人

项 目	Item	2019	2020	2021
合计	**Total**	**346702**	**345618**	**346765**
农林牧渔业	Agriculture,Forestry,Animal Husbandry and Fishery	3814	5172	4976
采矿业	Mining	31343	30331	26314
制造业	Manufacturing	89094	86155	95559
电力、燃气及水的生产和供应业	Production and Supply of Electricity,Gas and Water	20754	22355	23471
建筑业	Construction	45538	42235	36447
批发和零售业	Wholesale and Retail Trades	23639	22242	21083
交通运输、仓储和邮政业	Transport, Storage and Post	40772	46395	46370
住宿和餐饮业	Hotels and Catering Services	5752	4563	4450
信息传输、软件和信息技术服务业	Information Transmission, Software and Information Technology	8803	8803	8196
金融业	Financial Intermediation	27755	27162	26321
房地产业	Real Estate	13701	15322	15690
租赁和商务服务业	Leasing and Business Services	14399	11331	11754
科学研究和技术服务业	Scientific Research and Technical Services	8717	10884	12001
水利、环境和公共设施管理业	Management of Water Conservancy, Environment and Public Facilities	3533	3410	3317
居民服务、修理和其他服务业	Services to Households, Repair and Other Services	1194	1140	2582
教育	Education	2089	786	1279
卫生和社会工作	Health and Social Services	2639	3944	3967
文化、体育和娱乐业	Culture, Sports and Entertainment	3166	3382	2797
公共管理、社会保障和社会组织	Public Management, Social Security Social Organization		6	190

5−8 2010−2021年按登记注册类型分全部单位就业人员工资总额
Total Wages of Employed Persons in All Units by Status of Registration(2010-2021)

单位：万元 (10 000 yuan)

年 份 Year	合 计 Total	国 有 单 位 State-owned Units	城镇集体 单 位 Urban Collective-owned Units	私 营 单 位 Private Units	其 他 单 位 Units of Other Types of Ownership
2010	2173745	1554173	34566	277728	307277
2011	2884530	1925195	44887	378905	535542
2012	3260276	2207462	45443	380480	626891
2013	3810417	1909189	43463	505803	1351962
2014	4336586	2053364	49906	753508	1479808
2015	4778667	2251117	52561	937918	1537071
2016	5347415	2552391	64049	1151033	1579941
2017	6053962	2958774	58780	1272018	1764390
2018	6671429	3363734	64666	1377456	1865574
2019	7490769	3293154	65661	1426009	2705945
2020	8061951	3892555	72402	1376886	2720108
2021	8700282	4126643	56068	1457070	3060501

5-9 2010-2021年按登记注册类型分全部单位就业人员平均工资

Average Wage of Employed Persons in All Units by Status of Registration(2010-2021)

单位：元 (yuan)

年 份 Year	合 计 Total	国 有 单 位 State-owned Units	城镇集体单 位 Urban Collective-owned units	股份合作单 位 Cooper-ative Units	有限责任公 司 Limited Liability Corpora-tions	股份有限公 司 Share-holding Corporati-ons Ltd.	私 营 单 位 Private Units	外商投资单位 Foreign Funded Units	港澳台商投资单位 Units with Funds from Hong Kong, Macao & Taiwan
2010	31775	41417	23171	24847	22457	27481	17444	24019	25941
2011	36551	46936	23745	28708	29124	41221	20646	32539	29840
2012	41555	50729	29341	30519	35989	44240	23056	38559	45006
2013	45587	55410	34255	41294	39773	62088	26226	39891	57156
2014	49500	60815	40883	46092	44675	70693	30337	45109	59830
2015	51968	66382	46033	58425	48557	69066	32248	45164	55546
2016	55706	73971	54780	65874	50983	72813	34908	44708	63671
2017	61816	84938	62994	72616	58585	78136	36588	35066	68015
2018	68194	92663	66625	79998	70101	89073	38451	57095	69491
2019	73014	98234	70954	47169	76751	108215	39727	53715	80375
2020	84277	110750	76570	49981	83853	115848	46309	66903	92520
2021	91253	115757	88323	58766	95322	124508	50068	93813	101041

5-10 2017-2021年按行业分全部单位就业人员工资总额
Total Wages of Employed Persons in All Units by Sector(2017-2021)

单位：万元　　(10 000 yuan)

项　目	Item	2017	2018	2019	2020	2021
合计	**Total**	**6053962**	**6671429**	**7490769**	**8061951**	**8700282**
农林牧渔业	Agriculture, Forestry, Animal Husbandry and Fishery	104477	92236	53675	69669	69733
采矿业	Mining	352520	459534	507441	437521	430076
制造业	Manufacturing	894531	848085	931830	875569	1049690
电力、燃气及水的生产和供应业	Production and Supply of Electricity,Gas and Water	214697	245714	234142	267184	310032
建筑业	Construction	597230	553666	519689	590729	576446
批发和零售业	Wholesale and Retail Trades	449114	468298	494595	333368	348563
交通运输、仓储和邮政业	Transport, Storage and Post	428610	445804	526430	604719	628969
住宿和餐饮业	Hotels and Catering Services	93352	112613	118909	83976	90274
信息传输、软件和信息技术服务业	Information Transmission, Software and Information Technology	81874	85778	115262	138168	143360
金融业	Financial Intermediation	224890	237184	332605	340816	414975
房地产业	Real Estate	116271	131775	164507	206294	214695
租赁和商务服务业	Leasing and Business Services	111019	144471	214401	302278	304103
科学研究和技术服务	Scientific Research and Technical Services	215088	239106	204423	304064	340963
水利、环境和公共设施管理业	Management of Water Conservancy, Environment and Public Facilities	80994	96226	80513	89194	89696
居民服务、修理和其他服务业	Services to Households, Repair and Other Services	51754	79102	86698	34492	40698
教育	Education	697989	783277	853371	1027253	1076247
卫生和社会工作	Health and Social Services	334149	394629	517036	600971	689880
文化、体育和娱乐业	Culture, Sports and Entertainment	74184	74085	71841	82125	85265
公共管理、社会保障和社会组织	Public Management, Social Security Social Organization	931220	1179847	1463401	1673561	1796617

5-11 2021年按登记注册类型和行业分全部单位就业人员平均工资

Average Wage of Employed Persons in All Units by Status of Registration and Sector(2021)

单位：元 (yuan)

项目	Item	合计 Total	国有单位 State-owned Units	城镇集体单位 Urban Collective-owned units	私营单位 Private Units	其他单位 Units of Other Types of Ownership
合计	**Total**	**91253**	**115757**	**88323**	**50068**	**102163**
农林牧渔业	Agriculture, Forestry, Animal Husbandry and Fishery	43988	55884	76413	40083	28750
采矿业	Mining	143368	80868		58485	153209
制造业	Manufacturing	79348	93914	57509	59021	89104
电力、燃气及水的生产和供应业	Production and Supply of Electricity,Gas and Water	121474	104914	42500	57948	151015
建筑业	Construction	72022	81223	82231	55695	92804
批发和零售业	Wholesale and Retail Trades	61629	131659	41134	49416	76240
交通运输、仓储和邮政业	Transport, Storage and Post	105842	120825	64825	54599	114359
住宿和餐饮业	Hotels and Catering Services	43788	63512	38296	41400	48096
信息传输、软件和信息技术服务业	Information Transmission, Software and Information Technology	111219	123466		54856	138677
金融业	Financial Intermediation	143601	151840	155117	91617	143490
房地产业	Real Estate	50312	61530	31182	44320	60833
租赁和商务服务业	Leasing and Business Services	49129	100670	53234	45201	58212
科学研究和技术服务	Scientific Research and Technical Services	94119	131397	63664	61190	98762
水利、环境和公共设施管理业	Management of Water Conservancy, Environment and Public Facilities	61341	71817	54794	42150	65122
居民服务、修理和其他服务业	Services to Households, Repair and Other Services	43092	32763	44541	41516	54064
教育	Education	109898	121646	87530	36388	46280
卫生和社会工作	Health and Social Services	105540	115073	90032	48906	79783
文化、体育和娱乐业	Culture, Sports and Entertainment	76705	104162	21582	43020	60857
公共管理、社会保障和社会组织	Public Management, Social Security Social Organization	118152	118155	109556		39000

5-12　2019-2021年非私营单位就业人员工资总额和指数

Total Wages of Employed Persons of Non-private Units(2019-2021)

项目	Item	2019	2020	2021
工资总额合计（万元）	**Total Wages Bill Total(10 000yuan)**	**6064760**	**6685065**	**7243211**
国有单位	State-owned Units	3293154	3892555	4126642
城镇集体单位	Urban Collective-owned Units	65661	72402	56068
其他单位	Units of Other Types of Ownership	2705945	2720108	3060501
指数　（上年=100）	**Indices　(preceding year=100)**	**114.6**	**110.2**	**108.3**
国有单位	State-owned Units	97.9	118.2	**106.0**
城镇集体单位	Urban Collective-owned Units	101.5	110.3	**77.4**
其他单位	Units of Other Types of Ownership	145.0	100.5	**112.5**

注：本表不含私营单位。
Note:In this table, private units are not included.

5-13　2019-2021年非私营单位就业人员平均工资和指数

Average Wage and Related Indices of Employed Persons in Non-private Units(2019-2021)

项目	Item	2019	2020	2021
平均工资　（元）	**Average Wage　(yuan)**	**90929**	**101401**	**109346**
国有单位	State-owned Units	98234	110750	115757
城镇集体单位	Urban Collective-owned Units	70954	76570	88323
其他单位	Units of Other Types of Ownership	83909	91174	102163
指数　（上年=100）	**Indices　(preceding year=100)**	**106.5**	**111.5**	**107.8**
国有单位	State-owned Units	106.0	112.7	**104.5**
城镇集体单位	Urban Collective-owned Units	106.5	107.9	**115.3**
其他单位	Units of Other Types of Ownership	111.2	108.7	**112.1**

5-14 2021年分行业分地区非私营单位就业人员工资总额

Total Wages of Employed Persons in Non-private Units by Sector and Region(2021)

单位：万元 (10 000 yuan)

项 目	Item	全省合计 Provincial Total	西宁市 Xining City	海东市 Haidong City	海北州 Haibei Zang A.P	黄南州 Huang-nan Zang A.P	海南州 Hainan Zang A.P	果洛州 Golog Zang A.P	玉树州 Yushu Zang A.P	海西州 Haixi Mong-olian & Zang A.P
合计	**Total**	**7243211**	**3811795**	**770048**	**291405**	**255601**	**365710**	**218975**	**291119**	**1238558**
农林牧渔业	Agriculture,Forestry,Animal Husbandry and Fishery	39164	8689	3826	5476	4419	11498	502	528	4226
采矿业	Mining	412729	18473	170	4530	17		4680		384859
制造业	Manufacturing	794209	469984	62855	1077	2884	1335	240	533	255301
电力、燃气及水的生产和供应业	Production and Supply of Electricity,Gas and Water	294231	204066	8663	8001	4447	19059	1460	3639	44896
建筑业	Construction	336179	299380	10789	1981	5233	7019	2178	94	9505
批发和零售业	Wholesale and Retail Trades	173797	127142	8498	3742	2417	3869	3124	9636	15369
交通运输、仓储和邮政业	Transport, Storage and Post	578736	486414	39212	6257	2104	2661	11802	5774	24512
住宿和餐饮业	Hotels and Catering Services	23488	15945	1343	658	649	712	331	496	3354
信息传输、软件和信息技术服务业	Information Transmission, Software and Information Technology	121150	112176	2380	662	376	1019		1059	3478
金融业	Financial Intermediation	409409	301810	37163	10558	5963	17618	7073	3768	25456
房地产业	Real Estate	94450	75959	11857	156	1215	467	373		4423
租赁和商务服务业	Leasing and Business Services	82826	59858	10170	2056	462	1310	460	1062	7448
科学研究和技术服务业	Scientific Research and Technical Services	249697	179559	16835	10179	5071	6435	4752	3222	23644
水利、环境和公共设施管理业	Management of Water Conservancy, Environment and Public Facilities	70747	38872	7472	3152	3548	2629	2975	1252	10847
居民服务、修理和其他服务业	Services to Households, Repair and Other Services	12572	6804	1199		97	207	5	2291	1969
教育	Education	1030497	373898	216783	60056	71054	90345	37630	93713	87018
卫生和社会工作	Health and Social Services	650070	412100	58546	21165	17017	50600	13449	17555	59638
文化、体育和娱乐业	Culture, Sports and Entertainment	72643	40691	7416	4721	4383	3209	3167	4322	4734
公共管理、社会保障和社会组织	Public Management, Social Security Social Organization	1796617	579975	264871	146978	124245	145718	124774	142175	267881

5-15 2021年分行业分地区非私营单位就业人员平均工资

Average Wage of Employed Persons in Non-private Units by Sector and Region(2021)

单位：元 (yuan)

项目	Item	全省合计 Provincial Total	西宁市 Xining City	海东市 Haidong City	海北州 Haibei Zang A.P	黄南州 Huang-nan Zang A.P	海南州 Hainan Zang A.P	果洛州 Golog Zang A.P	玉树州 Yushu Zang A.P	海西州 Haixi Mong-olian & Zang A.P
合计	**Total**	**109346**	**108137**	**102328**	**109113**	**100558**	**103799**	**113085**	**113813**	**121000**
农林牧渔业	Agriculture, Forestry, Animal Husbandry and Fishery	47609	84899	69165	49778	36765	32158	125048	138661	60910
采矿业	Mining	152682	78477	64500	89010	42269		126911		161910
制造业	Manufacturing	89234	86392	73447	61158	47849	58521	55961	32475	102822
电力、燃气及水的生产和供应业	Production and Supply of Electricity,Gas and Water	129072	132541	92391	97554	89801	161548	66906	75974	137324
建筑业	Construction	91110	96029	70801	87743	60860	71693	44773	30458	58801
批发和零售业	Wholesale and Retail Trades	82010	81160	70264	130866	103963	100159	103213	72550	86273
交通运输、仓储和邮政业	Transport, Storage and Post	115229	119018	95151	134517	113264	89887	119894	108371	88468
住宿和餐饮业	Hotels and Catering Services	52375	57152	46634	60133	31575	34914	57360	35389	48613
信息传输、软件和信息技术服务业	Information Transmission, Software and Information Technology	137031	139445	92047	131874	82465	94172		183378	125869
金融业	Financial Intermediation	144717	153360	137806	156254	121505	91524	134143	135849	126168
房地产业	Real Estate	60770	60491	71916	34317	86759	53817	54157		44440
租赁和商务服务业	Leasing and Business Services	63986	61663	70473	67656	50923	76158	53108	97568	72175
科学研究和技术服务	Scientific Research and Technical Services	117164	115465	118926	93603	117202	123652	154218	132535	134836
水利、环境和公共设施管理业	Management of Water Conservancy, Environment and Public Facilities	69861	73552	66342	66820	40985	54037	122037	39511	81492
居民服务、修理和其他服务业	Services to Households, Repair and Other Services	47093	63890	68923		25365	96810	48105	28001	35675
教育	Education	120726	127315	119576	109120	109258	117142	107802	130399	116576
卫生和社会工作	Health and Social Services	113595	117749	100956	115089	89816	104799	102173	107653	121202
文化、体育和娱乐业	Culture, Sports and Entertainment	88784	90058	66523	101782	85540	90799	98770	95956	105631
公共管理、社会保障和社会组织	Public Management, Social Security Social Organization	118152	120710	109317	116889	117029	119741	118841	120736	120948

5-16 2021年按登记注册类型和行业分非私营单位就业人员平均工资
Average Wage of Employed Persons in Non-private Units by Status of Registration and Sector(2021)

单位：元 (yuan)

项目	Item	合计 Total	国有单位 State-owned Units	城镇集体单位 Urban Collective-owned Units	其他单位 Units of Other Types of Ownership
全省	**Total**	**109346**	**115757**	**88323**	**102163**
按企、事业和机关分组	**Grouped by Enterprises, Institutions and Agencies**				
企业	Enterprises	101781	99444	88588	102275
政府	Government	117997	118087	97385	
民间非营利组织	Folk Non-profit Organizations	55143	61120	33032	34728
其他	Others	20043	20200		19864
按国民经济行业分组	**Grouped by Sector**				
农林牧渔业	Agriculture, Forestry, Animal Husbandry and Fishery	47609	55884	76413	28750
采矿业	Mining	152682	80868		153209
制造业	Manufacturing	89234	93914	57509	89104
电力、燃气及水的生产和供应业	Production and Supply of Electricity,Gas and Water	129072	104914	42500	151015
建筑业	Construction	91110	81223	82231	92804
批发和零售业	Wholesale and Retail Trades	82010	131659	41134	76240
交通运输、仓储和邮政业	Transport, Storage and Post	115229	120825	64825	114359
住宿和餐饮业	Hotels and Catering Services	52375	63512	38296	48096
信息传输、软件和信息技术服务业	Information Transmission, Software and Information Technology	137031	123466		138677
金融业	Financial Intermediation	144717	151840	155117	143490
房地产业	Real Estate	60770	61530	31182	60833
租赁和商务服务业	Leasing and Business Services	63986	100670	53234	58212
科学研究和技术服务	Scientific Research and Technical Services	117164	131397	63664	98762
水利、环境和公共设施管理业	Management of Water Conservancy, Environment and Public Facilities	69861	71817	54794	65122
居民服务、修理和其他服务业	Services to Households, Repair and Other Services	47093	32763	44541	54064
教育	Education	120726	121646	87530	46280
卫生和社会工作	Health and Social Services	113595	115073	90032	79783
文化、体育和娱乐业	Culture, Sports and Entertainment	88784	104162	21582	60857
公共管理、社会保障和社会组织	Public Management, Social Security Social Organization	118152	118155	109556	39000

5-17 主要年份城镇登记失业人员变化情况

Changes of Urban Registered Unemployed Persons in Main Years

单位：万人、%　　　　(10 000 persons,%)

年　份 Year	失业人员总数 Total Number of Unemployed Persons	上年结转人数 Number of Unemployed Persons at Last Year-end	本年新增加人数 Number of New Increase This Year	由就业转失业人数 From Employment into Unemployment	本年度安排失业人员就业的人数 Number of Arrangements for Employment of Unemployed Persons This Year	本年末实有失业人员数 Number of Actual Unemployed Persons at Year-end	女性 Female	城镇登记失业率 Registered Unemployment Rate in Urban Area
1982	6.70	4.45	2.25		4.05	2.65		4.34
1990	7.82	4.34	3.48	0.99	3.35	4.17	1.99	4.88
1992	6.68	3.32	3.36	0.76	3.65	2.64	1.36	3.35
1993	5.11	2.64	2.47	0.35	2.97	1.84	1.04	2.49
1994	4.40	1.84	2.56	0.27	2.61	1.64	0.98	2.21
1995	4.14	1.64	2.50	0.28	2.53	1.51	0.75	2.18
1996	4.39	1.51	2.88	0.41	2.93	1.34	0.80	1.87
1997	3.89	1.34	2.55	0.47	2.30	1.50	0.79	2.10
1998	3.84	1.50	2.34	0.59	1.95	1.82	0.86	2.50
1999	4.49	1.82	2.67	0.48	2.13	1.93	1.01	2.64
2000	4.54	1.93	2.61	1.13	2.38	1.80	0.94	2.40
2001	6.66	1.80	4.86	1.48	4.21	2.45	1.03	3.50
2002	6.92	2.45	4.47	1.37	3.98	2.85	1.46	3.60
2003	7.61	2.85	4.76	2.64	4.54	3.07	1.71	3.80
2004	8.58	3.07	5.51	3.17	5.10	3.48	1.79	3.92
2005	8.31	3.48	4.83	1.80	4.68	3.63	2.32	3.93
2006	8.60	3.63	4.97	2.01	4.87	3.73	1.89	3.90
2007	10.10	3.73	6.37	1.84	6.38	3.72	1.52	3.75
2008	8.73	3.73	5.00	2.20	4.86	3.87	1.89	3.80
2009	9.46	3.87	5.59	2.43	5.39	4.07	1.72	3.80
2010	10.33	4.06	6.27	2.08	6.09	4.24	1.63	3.80
2011	10.96	4.24	6.72	2.81	6.61	4.35	1.76	3.80
2012	10.68	4.35	6.33	1.89	6.59	4.09	1.61	3.40
2013	10.21	4.09	6.12	1.82	5.98	4.23	1.75	3.30
2014	10.71	4.23	6.48	1.93	6.49	4.22	1.76	3.20
2015	10.18	4.21	5.97	2.05	5.74	4.44	1.65	3.20
2016	11.11	4.44	6.67	1.59	6.53	4.58	1.66	3.10
2017	11.25	4.58	6.67	1.37	6.59	4.67	1.59	3.10
2018	8.44	4.63	3.81	1.15	3.50	4.65	1.73	3.00
2019	7.77	4.65	3.12	1.10	3.36	3.09	1.53	2.30
2020	7.32	3.09	4.23	1.53	3.72	3.06	1.58	2.13
2021	8.27	3.06	5.21	2.43	4.53	2.83	1.49	1.84

注：本表数据来源于青海省人力资源和社会保障厅。
Note:The data in this table are from the Provincial Department of Human Resources and Social Security.

主要统计指标解释

经济活动人口　指在16周岁及以上，有劳动能力，参加或要求参加社会经济活动的人口。包括就业人员和失业人员。

就业人员　指在16周岁及以上，从事一定社会劳动并取得劳动报酬或经营收入的人员。这一指标反映了一定时期内全部劳动力资源的实际利用情况，是研究我国、我省基本国情国力的重要指标。

单位就业人员　指在各级国家机关、政党机关、社会团体及企业、事业单位中工作，取得工资或其他形式的劳动报酬的全部人员。包括在岗职工、劳务派遣人员及其他就业人员；不包括离开本单位仍保留劳动关系，并定期领取生活费的人员；在本单位实习的各类在校学生；本单位因劳务外包而使用的人员。

国有单位　指资产归国家所有的经济组织。包括按《中华人民共和国企业法人登记管理条例》规定登记注册的非公司制的经济组织，以及中央、地方各级国家机关、事业单位和社会团体。

集体单位　指生产资料归集体所有，并按《中华人民共和国企业法人登记管理条例》规定登记注册的经济组织。

其他单位　包括股份合作单位、联营单位、有限责任公司、股份有限公司、港澳台商投资单位以及外商投资单位等其他登记注册类型单位。

在岗职工　指在本单位工作并由单位支付工资的人员，以及有工作岗位，但由于学习、病伤产假等原因暂未工作，仍由单位支付工资的人员。

就业人员工资总额　指根据《关于工资总额组成的规定》（1990年1月1日国家统计局发布的一号令）中的具体规定，本单位在一定时期内（季度或年度）直接支付给本单位全部就业人员的劳动报酬总额。包括计时工资、计件工资、奖金、津贴和补贴、加班加点工资、特殊情况下支付的工资。是在岗职工工资总额、劳务派遣人员工资总额和其他就业人员工资总额之和。

工资总额是税前工资，包括单位从个人工资中直接为其代扣或代缴的房费、水费、电费、住房公积金和社会保险基金个人缴纳部分等。

工资总额不论是计入成本的还是不计入成本的，不论是以货币形式支付的还是以实物形式支付的，均应列入工资总额的计算范围。

在岗职工工资总额　指本单位在一定时期内直接支付给本单位全部在岗职工的劳动报酬总额。在岗职工工资总额由基本工资、绩效工资、工资性津贴和补贴、其他工资四部分组成。工资总额不包括病假、事假等情况的扣款。各单位在填报在岗职工工资总额四项构成时，应根据实际情况调整对应项目；如不能确定调整项，可扣减基本工资项。

就业人员平均工资　指本单位在报告期内就业人员的平均工资水平。计算公式为：

$$\text{就业人员平均工资}=\frac{\text{就业人员工资总额}}{\text{就业人员平均人数}}$$

在岗职工平均工资　指本单位在报告期内在岗职工的平均工资水平。计算公式为：

$$\text{在岗职工平均工资}=\frac{\text{在岗职工工资总额}}{\text{在岗职工平均人数}}$$

城镇登记失业人员　指有非农业户口，在一定的劳动年龄内（16周岁至退休年龄），有劳动能力，无业而要求就业，并在当地就业服务机构进行求职登记的人员。

城镇登记失业率　城镇登记失业人员与城镇单位就业人员（扣除使用的农村劳动力、聘用的离退休人员、港澳台及外方人员）、城镇单位中的不在岗职工、城镇私营业主、个体户主、城镇私营企业和个体就业人员、城镇登记失业人员之和的比。计算公式为：

$$\text{城镇登记失业率}=\frac{\text{城镇登记失业人数}}{\begin{array}{c}\text{（城镇单位就业人员－使用的农村劳动力－聘用的离退休人员－聘用}\\\text{的港澳台及外方人员）＋不在岗职工＋城镇私营业主＋城镇个体户主＋}\\\text{城镇私营企业及个体就业人员＋城镇登记失业人数}\end{array}}\times100\%$$

Explanatory Notes on Main Statistical Indicators

Economically Active Population refers to the population aged 16 and over who are capable of working, are participating in or willing to participate in economic activities, including employed persons and unemployed persons.

Employed Persons refer to persons aged 16 and over who are engaged in gainful employment and thus receive remuneration payment or earn business income. This indicator reflects the actual utilization of total labor force during a certain period of time and is often used for the research on China's and Qinghai's economic situation and national power.

Persons Employed in Various Units refer to all the persons working in government agencies of various levels, political and party organizations, social organizations, enterprises and institutions, and receiving wages or other forms of payment. They include fully – employed staff and workers, the dispatch personnel and other employment, don't include persons which leave the unit but retain labor relations and regularly receive cost of living, school students practice in this unit, persons of the unit labor outsourcing.

State – owned Units refer to economic units whose assets are owned by the state, including non – corporation units registered according to Regulation of the People's Republic of China on the Registration of Enterprises and Corporations, state organs, institutions and social organizations at the central – level and local levels.

Collective – owned Units refer to economic units registered according to Regulation of the People's Republic of China on the Registration of Enterprises and Corporations where the means of production are collectively owned.

Units of Other Types of Ownership refer to units registered with other types of ownership, including cooperative units, joint ownership units, limited liability corporations, share holding corporations, units funded by entrepreneurs from Hong Kong, Macao, and Taiwan, and foreign – funded units.

Employed Staff and Workers refer to persons who work in, and receive wages from their working units, including persons who have their work posts but are temporarily absent from work for reasons of study or on sick, injury or maternal leave and still receive wages from their working units.

Total Wage Bill of Employed Persons refers to employment wages the units paid directly to the total remuneration of all employed persons in this unit within a certain period (quarterly or annual) on the basis of the provisions on the composition of wages (January 1, 1990, the National Statistics Office published the first Decree). Including hourly, piece rates, bonuses, allowances, overtime wages and subsidies, wages paid under special circumstances. It is the total sum of fully – employed staff and workers wages, labor dispatch personnel payroll and personnel wages and other employment.

Total Wage Bill are wages before taxes, including water charges, electricity, housing fund and social insurance fund for individuals and so on, what withheld or paid rates directly from the individual wage by the units.

Total wage Bill should be calculated whether it is included in the cost is not included in the cost, whether paid in monetary form or be paid in kind.

Total Wage Bill of Employed Staff and Workers refers to this unit paid directly to the total remuneration of all fully – employed staff and workers in this unit within a certain period. It is consisting of four parts, basic salary, performance pay, wage and other wage subsidies. It do not include deductions such as sick leave, unpaid leave. When units report employee wages four constituted, they should be adjusted the corresponding project according to the actual situation. If cannot determine adjustments, can deduct from basic salary.

Average Wage of Employment Persons refers to the average wage level of employed persons in the unit during the reporting period the average wage and is calculated as follows:

$$\text{Average Wage of Employment Persons} = \frac{\text{Total Wage Bill of Employment Persons}}{\text{Average Number of Employment Persons}}$$

Average Wage of Employed Staff and Workers refers to the average wage level of employed staff and workers in the unit during the reporting period the average wage and is calculated as follows:

$$\text{Average Wage of Employed Staff and Workers} = \frac{\text{Total Wage Bill of Staff and Workers}}{\text{Average Number of Staff and Workers}}$$

Registered Unemployed Persons in Urban Areas refer to the persons with non – agricultural household registration at certain working ages (16 years old to retirement age), who are capable of working, unemployed and willing to work, and have been registered at the local employment service agencies to apply for a job.

Registered Unemployment Rate in Urban Areas refers to the ratio of the number of the registered unemployed persons to the sum of the number of persons employed in various units (minus the employed rural labor force, re – employed retirees, and Hong Kong, Macao, Taiwan or foreign employees), laid – off staff and workers in urban units, owners of private enterprises in urban areas, owners of self – employed individuals in urban areas, employees of private enterprises in urban areas, employee of self – employed individuals in urban areas, and the registered unemployed persons in urban areas. The formula is as follows:

$$\text{Registered unemployment ratein urban areas} = \frac{\text{number of registered urban unemployed persons}}{\begin{array}{c}\text{number of persons employed in} \\ \text{urban units} - \text{employed rurallabour force} \\ \text{re} - \text{employed retirees} - \text{Hong Kong,} \\ \text{Macao, Taiwan or foreign employees} \\ + \text{laid} - \text{off staff and workers} + \text{owners of} \\ \text{urban private enterprises} + \text{owners of} \\ \text{urban self} - \text{employed individuals} + \text{employees} \\ \text{of urban private enterprises} + \text{employees of} \\ \text{urban self} - \text{employed individuals} + \text{registered} \\ \text{unemployed persons in urban areas}\end{array}} \times 100\%$$

第6篇

CHAPTER 6

价 格

Price

6-1 1978-2021年各种价格指数

Price Indices(1978-2021)

上年=100 (preceding year=100)

年份 Year	商品零售价格指数 Retail Price Index	居民消费价格指数 Consumer Price Index	城市居民消费价格指数 Urban Household	农村居民消费价格指数 Rural Household	服务项目价格指数 Service Price Index	农业生产资料价格指数 Price Index for Means of Agricultural Production
1978	100.22	100.35	100.23	100.50	100.00	100.04
1979	102.22	102.15	103.38	100.31	100.11	99.16
1980	104.08	105.59	105.59	101.30	100.44	99.23
1981	101.37	101.30	101.30	100.67	100.00	100.52
1982	101.80	101.77	102.07	100.88	100.20	100.88
1983	100.65	100.74	100.62	101.40	104.73	100.36
1984	103.40	103.10	103.10	102.40	103.86	107.90
1985	110.70	110.70	111.80	106.20	105.80	103.70
1986	106.10	106.20	106.40	105.70	107.80	102.60
1987	107.30	107.20	107.80	105.20	104.80	104.10
1988	118.30	118.00	118.60	116.20	112.20	111.00
1989	117.70	117.50	117.30	118.00	115.30	116.40
1990	104.50	105.10	104.70	107.60	114.10	108.70
1991	106.30	107.60	108.70	105.20	117.50	104.10
1992	106.40	108.00	108.60	106.60	119.30	103.80
1993	112.50	113.20	114.00	110.50	121.00	117.60
1994	123.30	121.80	123.20	120.70	118.50	124.10
1995	116.30	118.00	119.70	115.70	116.80	123.90
1996	107.80	110.80	111.40	108.80	129.90	112.60
1997	103.00	104.80	105.10	104.20	116.00	105.00
1998	99.60	100.70	100.60	101.00	112.30	100.30
1999	98.50	99.50	99.50	99.60	110.30	95.60
2000	99.00	99.50	99.60	99.40	103.80	100.70
2001	99.90	102.60	103.00	101.20	112.70	99.60
2002	99.30	102.30	102.10	102.90	112.20	98.00
2003	100.80	102.00	101.80	102.50	104.00	101.10
2004	102.60	103.20	102.10	105.50	104.80	109.20
2005	100.70	100.80	99.70	103.10	102.00	106.50
2006	102.00	101.60	101.80	101.10	101.30	102.10
2007	106.00	106.60	106.30	107.30	102.70	108.10
2008	110.60	110.10	108.90	112.30	103.20	124.20
2009	101.60	102.60	103.20	101.70	101.50	97.80
2010	104.30	105.40	105.10	105.80	105.30	103.50
2011	105.40	106.10	106.00	106.40	105.10	112.40
2012	102.10	103.10	103.00	103.10	103.00	108.70
2013	102.70	103.90	104.10	103.70	102.70	104.30
2014	101.50	102.80	102.90	102.60	103.40	99.80
2015	101.00	102.60	102.80	102.20	104.20	100.80
2016	100.40	101.80	101.80	101.80	103.20	101.50
2017	101.20	101.50	101.70	101.10	102.20	102.40
2018	102.10	102.50	102.50	102.50	102.80	102.10
2019	102.00	102.50	102.40	102.50	102.00	103.50
2020	102.40	102.60	102.70	102.50	101.40	109.00
2021	101.50	101.30	101.30	101.50	101.30	

注：因国家统计调查制度变化，从2021年起取消了农业生产资料价格调查项目。6-2表同。

Note:Due to changes in the national statistical survey system,the price survey project of agricultural means of production has been cancelled since 2021.The same applies to table 6-2

6-2 1978-2021年各种价格定基指数
Fixed-base Price Indices(1978-2021)

1978年=100 (year of 1978=100)

年 份 Year	商品零售价格指数 Retail Price Index	居民消费价格指数 Consumer Price Index	城市居民消费价格指数 Urban Household	农村居民消费价格指数 Rural Household	服务项目价格指数 Service Price Index	农业生产资料价格指数 Price Index for Means of Agricultural Production
1978	100.00	100.00	100.00	100.00	100.00	100.00
1979	102.22	102.15	103.38	100.31	100.11	99.16
1980	106.39	107.86	109.16	101.61	100.55	98.40
1981	107.85	109.26	110.58	102.29	100.55	98.91
1982	109.79	111.20	112.87	103.20	100.75	99.78
1983	110.50	112.02	113.57	104.64	105.52	100.14
1984	114.26	115.49	117.09	107.15	109.59	108.05
1985	126.49	127.85	130.90	113.79	115.95	112.05
1986	134.20	135.78	139.28	120.28	124.99	114.96
1987	144.00	145.55	150.15	126.54	130.99	119.67
1988	170.35	171.75	178.07	147.03	146.97	132.84
1989	200.50	201.81	208.88	173.50	169.46	154.62
1990	209.52	212.10	218.70	186.69	193.35	168.07
1991	222.72	228.22	237.30	196.39	227.19	174.97
1992	236.98	246.48	258.17	209.36	271.03	181.61
1993	266.60	279.01	294.31	231.34	327.95	213.58
1994	328.72	339.84	362.59	279.23	388.62	265.05
1995	381.99	401.01	434.02	323.06	453.91	328.40
1996	412.12	444.32	483.50	351.49	589.63	369.78
1997	424.48	465.65	508.16	366.25	683.97	388.27
1998	422.79	468.91	511.21	369.92	768.10	389.43
1999	416.44	466.57	508.65	368.44	847.21	372.29
2000	412.28	464.24	506.62	366.23	879.41	374.90
2001	411.87	476.31	521.82	370.62	991.09	373.40
2002	408.98	487.25	532.77	381.37	1112.00	365.93
2003	412.25	497.00	542.36	390.90	1156.48	369.96
2004	422.97	512.90	553.75	412.40	1211.99	404.00
2005	425.93	517.00	552.09	412.41	1236.23	430.26
2006	434.45	525.27	562.03	416.95	1252.30	439.30
2007	460.52	559.94	597.44	447.39	1286.11	474.88
2008	509.34	616.49	650.61	502.42	1327.27	589.80
2009	517.49	632.52	671.43	510.96	1347.18	576.82
2010	539.74	666.68	705.67	540.60	1418.58	597.01
2011	568.89	707.35	748.01	575.20	1490.93	671.04
2012	580.84	729.28	770.45	593.03	1535.66	729.42
2013	596.52	757.72	802.04	614.97	1577.12	760.78
2014	605.47	778.94	825.30	630.96	1630.74	759.26
2015	611.53	799.19	848.41	644.84	1699.23	765.34
2016	613.97	813.58	863.68	656.45	1753.61	776.82
2017	621.30	825.80	878.40	663.70	1792.20	795.50
2018	634.35	846.45	900.36	680.29	1842.38	812.21
2019	647.03	867.61	921.97	697.30	1879.23	840.63
2020	662.56	890.16	946.86	714.73	1905.54	916.29
2021	672.50	901.74	959.17	725.45	1930.31	

6—3　2021年居民消费价格分类指数
Consumer Price Indices by Category(2021)

上年=100　　(preceding year=100)

项　目	Item	全　省 Province	城　市 Urban	农　村 Rural
居民消费价格总指数	**Consumer Price Index**	**101.3**	**101.3**	**101.5**
非食品烟酒价格指数	**Non-Food, Tobacco and Liquor Price Index**	**101.8**	**101.7**	**102.1**
食品(原口径)指数	**Food(Original diameter) Price Index**	**100.0**	**99.9**	**100.1**
非食品(原口径)指数	**Non-Food(Original diameter) Price Index**	**101.8**	**101.7**	**102.0**
服务价格指数	**Services Price Index**	**101.3**	**101.2**	**101.5**
工业品价格指数	**Industrial Products Price Index**	**102.4**	**102.3**	**102.7**
鲜活食品价格指数	**Fresh Food Price Index**	**97.9**	**97.8**	**98.0**
消费品价格指数	**Consumer Price Index**	**101.4**	**101.3**	**101.5**
能源价格指数	**Energy Price Index**	**108.6**	**108.3**	**109.5**
非食品价格指数	**Non-Food Index**	**101.8**	**101.7**	**102.1**
扣除食品和能源价格指数	**Out of Food and Energy Price Index**	**101.1**	**101.0**	**101.2**
扣除鲜菜鲜果价格指数	**Out of Fresh Vegetables and Fruits Price Index**	**101.2**	**101.1**	**101.5**
扣除自有住房价格指数	**Out of Private Housing Price Index**	**101.4**	**101.4**	**101.4**
居住(扣自有住房)价格指数	**Residence (Out of Private Housing)Price Index**	**101.8**	**101.3**	**103.3**
食品烟酒	**Food, Tobacco and Liquor**	**100.1**	**100.0**	**100.2**
食品	Food	99.3	99.2	99.3
粮食	Grain	101.0	101.4	100.5
薯类	Tubers	97.0	97.2	96.6
豆类	Beans	104.7	105.0	103.8
食用油	Oil	106.1	106.2	106.0
菜及食用菌	Vegetables and Edible Fungi	104.8	105.5	103.4
畜肉类	Meat	92.0	91.0	93.9
禽肉类	Poultry	95.2	95.7	94.3
水产品	Aquatic Products	107.2	106.9	108.8
蛋类	Eggs	116.2	115.4	118.1
奶类	Dairies	100.4	99.5	103.0
干鲜瓜果类	Dried and Fresh Melons and Fruits	100.3	100.7	99.1
糖果糕点类	Candy and Pastries	101.2	101.5	100.2
调味品	Flavorings	101.3	101.1	101.6
其他食品类	Others	100.1	100.8	98.1
茶及饮料	Tea and Beverages	99.7	99.6	99.9
烟酒	Tobacco and Liquor	100.9	101.0	100.4
在外餐饮	Dining Out	102.1	101.7	103.7
衣着	**Clothing**	**101.0**	**101.8**	**98.6**
服装	Garments	101.1	101.7	98.8
鞋类	Footwear	100.6	102.0	98.1
居住	**Residence**	**101.3**	**100.6**	**103.1**
租赁房房租	Renting	100.8	100.3	103.2
住房保养维修及管理	Housing maintenance and Manages	101.1	99.6	104.2
水电燃料	Water,Electricity and Fuels	102.8	102.9	102.6
自有住房	Private Housing	100.7	100.0	102.9
生活用品及服务	**Articles for daily Use and SerVices**	**99.9**	**100.0**	**99.5**
家具及室内装饰品	Furniture and Interior Decorations	101.8	102.2	100.5
家用器具	Household Appliances	98.6	99.3	96.7
家用纺织品	Household Textiles	102.0	101.8	102.4
家庭日用杂品	Daily Use Household Articles	100.3	100.2	100.5
个人护理用品	Personal care products	98.0	97.9	98.2
家庭服务	Household Services	100.2	100.4	99.6
交通通信	**Transport and Communication**	**103.7**	**103.4**	**104.5**
交通	Transportation	104.5	104.0	105.4
通信	Communication	101.5	101.5	101.5
教育文化娱乐	**Education ,Culture and Recreation**	**102.0**	**102.6**	**100.4**
教育	Education	101.8	102.6	100.0
文化娱乐	Cultural and Recreational Articles	102.5	102.7	101.5
医疗保健	**Health Care**	**102.2**	**102.2**	**102.1**
药品及医疗器具	Drugs and Medical Appliances	101.8	100.8	104.3
医疗服务	Health Services	102.3	102.7	101.4
其他用品及服务	**Other Articles and Services**	**98.8**	**98.9**	**98.6**
其他用品	Other Articles	98.2	98.5	97.4
其他服务	Other Services	99.4	99.2	99.9

6-4 2021年分调查市县居民消费价格分类指数

Consumer Price Indices by Category of Survey Cities and Counties(2021)

上年=100 (preceding year=100)

项　目	Item	总指数 General Index	食品烟酒 Food, Tobacco and Liquor	衣着 Clothing	居住 Residence	生活用品及服务 Articles for Daily Use and Services	交通通信 Transport and Communications	教育文化娱乐 Education, Culture and Recreation	医疗保健 Health Care	其他用品及服务 Other Articles and Services
全　省	Province	101.3	100.1	101.0	101.3	99.9	103.7	102.0	102.2	98.8
西宁市	Xining City	101.3	99.9	102.4	100.4	100.0	103.4	102.9	102.3	99.0
大通县	Datong County	101.7	100.0	97.9	104.6	99.3	105.2	100.3	102.7	98.2
乐都区	Ledu District	101.1	99.6	100.4	104.0	99.4	103.0	99.9	101.6	98.4
平安区	Ping'an District	101.4	99.7	102.0	101.6	100.7	105.2	99.7	101.1	100.0
海晏县	Haiyan County	101.6	101.0	98.9	101.8	99.8	104.1	100.5	102.2	98.9
同仁市	Tongren City	101.3	101.2	98.5	103.6	99.2	101.6	101.0	100.8	98.1
共和县	Gonghe County	101.3	99.8	98.2	101.5	99.2	104.4	100.4	102.6	99.9
玛沁县	Maqin County	100.9	101.3	97.7	101.7	99.1	102.5	101.2	100.8	96.0
玉树市	YuShu City	100.8	100.7	97.4	101.0	99.6	103.5	101.1	100.8	97.6
格尔木市	Geermu City	101.4	100.8	99.0	101.0	100.8	104.0	102.0	101.8	99.1
德令哈市	Delingha City	101.3	101.1	100.6	99.7	99.9	103.4	103.1	102.6	98.0

6-5 2021年食品类价格指数
Food Price Indices(2021)

上年=100 (preceding year=100)

名称	Item	指数 Index
食品类价格指数	**Food Price Index**	**99.3**
粮食	**Grain**	**101.0**
大米	Rice	100.5
面粉	Flour	100.6
薯类	**Tubers**	**97.0**
豆类	**Beans**	**104.7**
食用油	**Oil**	**106.1**
食用植物油	Edible Vegetable Oil	106.4
食用动物油	Edible Animal Oil	81.8
菜及食用菌	**Vegetables and edible fungi**	**104.8**
鲜菜	Fresh Vegetables	105.3
畜肉类	**Meat of Livestock**	**92.0**
猪肉	Pork	66.1
牛肉	Beef	103.1
羊肉	Mutton	103.4
其他畜肉及副产品	Other livestock meat and by-products	88.1
畜肉制品	Livestock Meat Products	100.3
禽肉类	**Meat of Poultry**	**95.2**
鸡	Chicken	93.8
水产品	**Aquatic Products**	**107.2**
蛋类	**Eggs**	**116.2**
鸡蛋	Egg	119.9
奶类	**Milk and Other Dairy Products**	**100.4**
鲜奶	Milk	102.5
酸奶	Leben	100.0
干鲜瓜果类	**Fruits and Nuts**	**100.3**
鲜果	Fresh Fruits	100.8
糖果糕点类	**Candy and Pastries**	**101.2**
调味品	**Flavorings**	**101.3**
其他食品类	**Others**	**100.1**

6-6 2021年全省及调查市、县居民消费价格指数

上年=100

项 目	Item	全 省 Province	西宁市 Xining City	大通县 Datong County
居民消费价格总指数	**Consumer Price Index**	**101.3**	**101.3**	**101.7**
非食品烟酒价格指数	**Non-Food, Tobacco and Liquor Price Index**	**101.8**	**101.8**	**102.4**
食品(原口径)指数	**Food(Original diameter) Price Index**	**100.0**	**99.8**	**100.0**
非食品(原口径)指数	**Non-Food(Original Diameter) Price Index**	**101.8**	**101.8**	**102.3**
服务价格指数	**Services Price Index**	**101.3**	**101.2**	**102.1**
工业品价格指数	**Industrial Products Price Index**	**102.4**	**102.4**	**102.7**
鲜活食品价格指数	**Fresh Food Price Index**	**97.9**	**97.8**	**96.9**
消费品价格指数	**Consumer Price Index**	**101.4**	**101.3**	**101.5**
能源价格指数	**Energy Price Index**	**108.6**	**107.8**	**108.9**
非食品价格指数	**Non-Food Index**	**101.8**	**101.7**	**102.5**
扣除食品和能源价格指数	**Out of Food and Energy Price Index**	**101.1**	**101.1**	**101.8**
扣除鲜菜鲜果价格指数	**Out of Fresh Vegetables and Fruits Price Index**	**101.2**	**101.2**	**101.8**
扣除自有住房价格指数	**Out of Private Housing Price Index**	**101.4**	**101.4**	**101.4**
居住(扣自有住房)价格指数	**Residence (Out of Private Housing)Price Index**	**101.8**	**100.8**	**103.6**
食品烟酒	**Food, Tobacco and Liquor**	**100.1**	**99.9**	**100.0**
食品	Food	99.3	99.1	98.4
粮食	Grain	101.0	101.3	99.3
薯类	Tubers	97.0	95.7	99.9
豆类	Beans	104.7	104.6	104.4
食用油	Oil	106.1	105.5	104.0
菜及食用菌	Vegetables and Edible Fungi	104.8	105.2	101.3
畜肉类	Meat	92.0	91.0	92.3
禽肉类	Poultry	95.2	95.7	92.0
水产品	Aquatic Products	107.2	106.3	106.9
蛋类	Eggs	116.2	116.4	121.4
奶类	Dairies	100.4	99.0	104.8
干鲜瓜果类	Dried and Fresh Melons and Fruits	100.3	100.8	97.8
糖果糕点类	Candy and Pastries	101.2	101.8	99.7
调味品	Flavorings	101.3	101.1	101.6
其他食品类	Others	100.1	100.8	95.9
茶及饮料	Tea and Beverages	99.7	99.1	99.9
烟酒	Tobacco and Liquor	100.9	101.2	99.9
在外餐饮	Dining Out	102.1	101.4	105.3
衣着	**Clothing**	**101.0**	**102.4**	**97.9**
服装	Garments	101.1	102.3	98.4
鞋类	Footwear	100.6	103.1	96.4
居住	**Residence**	**101.3**	**100.4**	**104.6**
租赁房房租	Renting	100.8	100.2	105.1
住房保养维修及管理	Housing maintenance and Manages	101.1	99.3	104.9
水电燃料	Water,Electricity and Fuels	102.8	102.3	102.0
自有住房	Private Housing	100.7	100.0	105.7
生活用品及服务	**Articles for daily Use and SerVices**	**99.9**	**100.0**	**99.3**
家具及室内装饰品	Furniture and Interior Decorations	101.8	103.0	100.2
家用器具	Household Appliances	98.6	99.1	94.0
家用纺织品	Household Textiles	102.0	101.7	104.8
家庭日用杂品	Daily Use Household Articles	100.3	100.3	101.0
个人护理用品	Personal care products	98.0	97.8	98.7
家庭服务	Household Services	100.2	100.1	100.0
交通通信	**Transport and Communication**	**103.7**	**103.4**	**105.2**
交通	Transportation	104.5	103.9	105.6
通信	Communication	101.5	101.6	103.4
教育文化娱乐	**Education ,Culture and Recreation**	**102.0**	**102.9**	**100.3**
教育	Education	101.8	102.8	100.0
文化娱乐	Cultural and Recreational Articles	102.5	103.1	101.5
医疗保健	**Health Care**	**102.2**	**102.3**	**102.7**
药品及医疗器具	Drugs and Medical Appliances	101.8	100.7	107.4
医疗服务	Health Services	102.3	102.9	101.1
其他用品及服务	**Other Articles and Services**	**98.8**	**99.0**	**98.2**
其他用品	Other Articles	98.2	98.4	96.7
其他服务	Other Services	99.4	99.6	99.9

Consumer Price Indices of Province, Surveyed Cities and Counties(2021)

(preceding Year=100)

乐都区 Ledu District	平安区 Ping'an District	海晏县 Haiyan County	同仁市 Tongren City	共和县 Gonghe County	玛沁县 Maqin County	玉树市 YuShu City	格尔木市 Geermu City	德令哈市 Delingha City
101.1	**101.4**	**101.6**	**101.3**	**101.3**	**100.9**	**100.8**	**101.4**	**101.3**
101.6	**102.1**	**101.8**	**101.3**	**101.9**	**100.8**	**100.9**	**101.7**	**101.4**
99.6	**99.6**	**100.9**	**101.2**	**99.8**	**101.4**	**100.8**	**100.8**	**101.0**
101.5	**102.0**	**101.9**	**101.3**	**101.8**	**100.8**	**100.8**	**101.6**	**101.4**
100.6	**100.4**	**100.8**	**101.6**	**101.3**	**100.6**	**100.8**	**101.0**	**101.3**
102.6	**104.0**	**102.9**	**101.1**	**102.4**	**101.0**	**100.9**	**102.3**	**101.5**
95.9	**97.3**	**100.2**	**101.0**	**97.8**	**101.0**	**101.1**	**98.1**	**98.1**
101.3	**101.9**	**102.1**	**101.1**	**101.2**	**101.1**	**100.8**	**101.6**	**101.3**
112.8	**111.0**	**111.3**	**106.5**	**109.4**	**108.9**	**108.4**	**109.3**	**107.4**
101.5	**102.0**	**101.9**	**101.3**	**101.8**	**100.8**	**100.9**	**101.7**	**101.8**
100.4	**100.5**	**100.8**	**100.7**	**100.8**	**100.1**	**100.0**	**101.0**	**101.1**
100.8	**101.3**	**101.5**	**101.1**	**101.3**	**100.9**	**100.7**	**101.3**	**101.3**
101.1	**101.5**	**101.7**	**101.4**	**101.2**	**101.0**	**100.9**	**101.5**	**101.4**
107.3	**103.5**	**103.4**	**106.0**	**100.5**	**103.3**	**101.9**	**102.2**	**99.5**
99.6	**99.7**	**101.0**	**101.2**	**99.8**	**101.3**	**100.7**	**100.8**	**101.1**
99.0	99.2	100.6	101.3	99.4	101.3	100.6	99.9	99.3
101.8	102.3	100.9	100.2	101.0	101.3	98.8	104.3	99.9
104.8	94.2	96.7	90.7	91.3	91.5	90.9	101.0	94.5
105.8	101.3	106.8	101.3	102.9	105.4	100.0	112.1	104.7
106.8	108.9	106.2	113.6	103.4	105.2	106.8	109.7	108.4
108.2	104.3	107.4	107.8	103.4	102.9	111.2	105.5	103.6
87.0	93.0	95.9	96.9	93.8	99.9	99.5	89.5	94.4
91.9	95.1	96.5	99.5	96.6	98.1	93.7	98.6	93.5
108.9	106.8	109.0	108.1	114.0	115.1	106.5	112.8	105.9
115.2	119.6	116.5	115.6	112.1	109.7	106.6	111.6	114.4
103.9	101.1	100.5	102.4	103.5	100.4	98.7	102.2	100.1
104.2	100.7	99.5	101.1	98.4	101.4	96.3	100.6	96.9
101.4	99.7	100.0	100.1	101.1	103.1	99.7	98.7	101.5
102.0	102.6	100.2	97.6	102.3	103.7	99.6	101.1	100.9
101.7	101.1	100.3	99.9	100.2	95.6	100.1	100.6	100.1
100.9	101.4	102.6	98.4	100.0	96.1	101.6	100.4	100.4
99.8	100.4	103.0	100.5	100.4	100.9	99.9	101.1	101.6
101.2	101.7	101.8	101.4	101.6	103.2	101.3	102.7	105.3
100.4	**102.0**	**98.9**	**98.5**	**98.2**	**97.7**	**97.4**	**99.0**	**100.6**
100.0	101.8	98.9	99.0	97.2	98.3	97.8	99.5	100.9
101.8	102.5	99.1	97.7	100.2	96.1	96.5	96.8	99.6
104.0	**101.6**	**101.8**	**103.6**	**101.5**	**101.7**	**101.0**	**101.0**	**99.7**
104.3	100.0	100.0	100.0	101.9	100.0	100.0	100.8	97.3
102.7	102.1	102.7	114.0	99.8	104.8	100.1	101.0	98.9
110.0	105.2	104.7	100.8	100.9	103.2	103.0	103.3	100.5
100.0	100.0	100.0	100.0	102.7	100.0	100.0	100.0	100.0
99.4	**100.7**	**99.8**	**99.2**	**99.2**	**99.1**	**99.6**	**100.8**	**99.9**
98.8	103.0	99.2	101.1	99.6	99.7	100.7	100.9	99.9
99.9	100.3	98.5	97.1	99.4	98.3	100.2	100.4	99.5
101.1	101.4	103.5	98.5	99.4	100.0	100.0	103.7	105.8
99.6	100.9	100.4	99.4	99.4	100.8	98.5	100.9	98.9
97.6	97.6	98.2	98.2	98.0	97.4	98.7	98.9	98.1
99.9	100.0	100.0	100.0	98.7	95.7	101.0	103.8	102.4
103.0	**105.2**	**104.1**	**101.6**	**104.4**	**102.5**	**103.5**	**104.0**	**103.4**
103.8	106.2	104.5	102.3	107.2	103.0	105.1	104.5	104.2
100.6	101.3	102.4	99.7	99.0	101.1	100.1	102.1	100.7
99.9	**99.7**	**100.5**	**101.0**	**100.4**	**101.2**	**101.1**	**102.0**	**103.1**
99.1	99.6	100.5	100.0	100.1	100.8	101.2	103.3	105.4
102.2	100.7	100.4	102.7	101.0	102.5	101.0	100.2	99.7
101.6	**101.1**	**102.2**	**100.8**	**102.6**	**100.8**	**100.8**	**101.8**	**102.6**
100.9	99.5	104.3	99.8	104.2	102.0	99.4	100.9	102.5
101.9	101.5	101.9	101.2	102.0	100.4	101.5	102.1	102.7
98.4	**100.0**	**98.9**	**98.1**	**99.9**	**96.0**	**97.6**	**99.1**	**98.0**
98.8	99.2	98.8	97.6	98.4	95.6	96.2	100.2	98.6
97.8	100.9	99.1	98.5	101.7	96.5	99.4	97.7	97.1

6-7 2021年全省及调查市、县商品零售价格指数

上年=100

项 目	Item	全 省 Province	西宁市 Xining City	大通县 Datong County
商品零售价格总指数	**Retail Price Index**	**101.5**	**101.3**	**101.8**
食品	Food	99.6	99.8	99.7
饮料、烟酒	Beverages, Tobacco and Liquor	100.8	100.9	100.1
服装、鞋帽	Garments, Shoes and Hats	101.5	102.4	98.1
纺织品	Textiles	100.9	100.8	102.7
家用电器及音像器材	Household Appliances, Music and Video Equipment	100.6	101.6	98.8
家庭设备	Household Equipment	99.1	98.9	95.6
文娱用耐用消费品	Durable Consumer Goods for Culture and Entertainment	105.4	106.7	102.3
专业音像器材	Professional Video Equipment	105.7	105.3	101.3
文化办公用品	Cultural and Office Appliances	102.8	103.6	99.1
日用品	Articles for Daily Use	100.1	99.9	101.5
日用百货	General Merchandise for Daily Use	101.7	101.6	103.6
厨具餐具茶具	Kitchenware, Tableware and Tea Set	97.9	97.7	100.0
清洗用品	Cleaning Supplies	101.2	101.7	101.6
体育娱乐用品	Sports and Recreation Articles	100.4	100.4	100.3
交通、通信用品	Transportation and Communication Appliances	100.2	100.5	102.8
交通运输机械	Transportation Machinery	98.9	98.6	100.6
通信器材	Communication Equipment	103.8	104.2	108.5
家具	Furniture	102.3	103.4	99.8
化妆品	Cosmetics	98.2	98.0	98.2
金银饰品	Gold and Silver Ornaments	97.8	97.9	96.0
中西药品及医疗保健用品	Traditional Chinese and Western Medicines, and Health Care Articles	101.0	100.7	107.7
书报杂志及电子出版物	Books, Newspapers, Magazines and Publications	101.3	101.3	97.3
教材及参考书	Textbooks and Reference Books	103.3	104.0	101.3
书报杂志及音像制品	Books, newspapers, magazines and audio and video products	99.9	100.0	96.6
计算机办公软件	Computer Office Software	91.4	91.4	91.4
燃料	Fuels	111.2	110.9	110.6
煤炭及制品	Coal and Coal Products	107.2	100.0	109.0
石油及制品	Petroleum and Petroleum Products	112.0	112.4	111.1
建筑材料及五金电料	Building Materials and Hardware	100.6	99.9	103.3
建筑装潢材料	Building Decoration Materials	100.4	99.2	103.7
五金水暖	Hardware and Plumbing	101.4	101.6	101.8

Retail Price Indices of Province, Surveyed Cities and Counties(2021)

(preceding Year=100)

乐都区 Ledu District	平安区 Ping'an District	海晏县 Haiyan County	同仁市 Tongren City	共和县 Gonghe County	玛沁县 Maqin County	玉树市 YuShu City	格尔木市 Geermu City	德令哈市 Delingha City
101.5	**102.1**	**102.0**	**101.1**	**100.7**	**101.4**	**100.5**	**101.9**	**101.7**
99.1	99.9	100.5	101.2	99.6	101.2	100.1	101.1	99.7
99.9	100.7	103.4	100.0	100.5	99.5	100.1	101.1	101.1
100.5	101.7	98.5	98.6	98.6	98.2	97.7	98.9	100.7
100.0	101.3	100.3	100.4	100.0	99.7	100.0	106.1	100.0
101.7	100.7	99.5	101.6	100.3	99.8	100.2	102.3	99.8
100.6	100.5	98.8	98.8	99.8	99.1	99.9	100.9	99.0
102.4	100.6	99.6	102.1	101.0	100.1	100.5	104.1	100.7
102.7	104.2	105.6	106.4	106.3	105.9	101.3	100.0	106.4
99.4	101.3	104.4	100.5	101.3	101.9	101.5	101.3	99.2
98.8	101.5	100.0	99.5	99.6	99.9	99.0	99.9	99.4
101.1	102.4	101.4	100.4	100.8	100.8	99.4	101.0	98.4
97.9	97.0	97.4	97.8	96.8	100.0	98.2	98.9	97.3
97.6	100.0	100.6	101.1	100.6	98.9	99.4	100.4	100.6
101.5	99.1	100.3	99.8	100.1	100.4	100.2	99.4	100.0
101.1	103.3	105.5	99.0	101.1	101.9	101.0	101.8	100.2
98.0	97.7	99.1	98.1	99.3	98.1	98.9	99.8	98.0
101.5	103.6	107.1	100.3	102.1	102.8	101.2	104.8	101.8
98.8	101.1	98.9	101.5	100.0	99.7	101.3	101.0	99.9
98.7	98.6	98.5	98.4	98.2	97.7	98.8	99.1	98.4
98.0	98.4	98.1	99.4	97.6	94.0	93.8	101.8	98.1
101.1	99.9	102.9	98.6	101.7	101.7	98.6	100.9	102.7
99.5	100.1	100.2	99.8	100.6	99.2	100.1	99.1	98.9
100.8	102.0	102.1	103.9	104.1	100.9	101.5	100.8	100.6
100.0	100.0	100.0	100.0	100.0	100.0	100.0	100.0	100.0
91.4	91.4	91.4	91.4	91.4	91.4	91.4	91.4	91.4
117.3	114.5	108.6	110.5	108.6	116.4	110.4	116.1	124.3
118.7	111.2	101.3	103.6	107.3	120.6	105.4	129.0	143.4
116.4	116.6	116.5	112.2	109.1	115.7	113.3	113.9	112.7
102.9	104.6	105.7	105.9	100.3	97.7	99.0	101.5	98.2
103.6	104.3	107.2	108.8	100.4	96.0	100.0	101.7	98.5
100.0	106.0	100.8	100.0	100.0	101.9	97.5	100.0	97.7

6-8 2021年商品零售价格分类指数

Retail Price Indices by Category (2021)

上年=100 (preceding year=100)

项 目	Item	全 省 Province	城 市 Urban	农 村 Rural
商品零售价格总指数	**Retail Price Index**	**101.5**	**101.5**	**101.5**
食品	Food	99.6	99.6	99.7
饮料、烟酒	Beverages, Tobacco and Liquor	100.8	100.8	100.7
服装、鞋帽	Garments, Shoes and Hats	101.5	102.0	99.3
纺织品	Textiles	100.9	100.9	100.8
家用电器及音像器材	Household Appliances, Music and Video Equipment	100.6	100.8	99.8
家庭设备	Household Equipment	99.1	99.1	99.1
文娱用耐用消费品	Durable Consumer Goods for Culture and Entertainment	105.4	106.2	101.3
专业音像器材	Professional Video Equipment	105.7	106.0	104.6
文化办公用品	Cultural and Office Appliances	102.8	103.2	100.9
日用品	Articles for Daily Use	100.1	100.0	100.7
日用百货	General Merchandise for Daily Use	101.7	101.6	101.9
厨具餐具茶具	Kitchenware, Tableware and Tea Set	97.9	97.8	98.1
清洗用品	Cleaning Supplies	101.2	101.3	100.6
体育娱乐用品	Sports and Recreation Articles	100.4	100.6	99.7
交通、通信用品	Transportation and Communication Appliances	100.2	100.1	100.7
交通运输机械	Transportation Machinery	98.9	98.7	99.7
通信器材	Communications Equipment	103.8	103.9	103.6
家具	Furniture	102.3	102.8	100.4
化妆品	Cosmetics	98.2	98.2	98.3
金银饰品	Gold and Silver Ornaments	97.8	98.0	97.0
中西药品及医疗保健用品	Traditional Chinese and Western Medicine, and Health Care Articles	101.0	100.7	102.5
书报杂志及电子出版物	Newspapers, Magazines and Electronic Publications	101.3	101.5	100.6
教材及参考书	Textbooks and Reference Books	103.3	103.7	102.1
书报杂志及音像制品	Books, newspapers, magazines and audio-visual products	99.9	100.0	99.6
计算机办公软件	Computer Office Software	91.4	91.4	91.4
燃料	Fuels	111.2	111.1	111.9
煤炭及制品	Coal and Coal Products	107.2	107.0	107.8
石油及制品	Petroleum and Petroleum Products	112.0	111.7	113.0
建筑材料及五金电料	Building Materials and Hardware	100.6	100.0	103.4
建筑装潢材料	Building Decoration Materials	100.4	99.4	103.6
五金水暖	Hardware and Plumbing	101.4	101.3	102.0

6−9 2021年城乡居民消费价格定基指数

Fixed-base Consumer Price Indices in Urban and Rural Areas(2021)

2020年=100 (year of 2020=100)

项 目	Item	全 省 Province	城 市 Urban	农 村 Rural
居民消费价格总指数	**Consumer Price Index**	**102.3**	**102.1**	**102.8**
非食品烟酒价格指数	**Non-Food, Tobacco and Liquor Price Index**	**102.6**	**102.4**	**103.4**
食品(原口径)指数	**Food(Original diameter) Price Index**	**101.4**	**101.4**	**101.4**
非食品(原口径)指数	**Non-Food(Original Diameter) Price Index**	**102.6**	**102.3**	**103.2**
服务价格指数	**Services Price Index**	**101.7**	**101.3**	**102.7**
工业品价格指数	**Industrial Products Price Index**	**103.7**	**103.5**	**104.0**
鲜活食品价格指数	**Fresh Food Price Index**	**99.8**	**99.7**	**100.0**
消费品价格指数	**Consumer Price Index**	**102.6**	**102.6**	**102.8**
能源价格指数	**Energy Price Index**	**111.5**	**110.8**	**113.0**
非食品价格指数	**Non-Food Index**	**102.6**	**102.3**	**103.3**
扣除食品和能源价格指数	**Out of Food and Energy Price Index**	**101.6**	**101.4**	**102.1**
扣除鲜菜鲜果价格指数	**Out of Fresh Vegetables and Fruits Price Index**	**101.8**	**101.6**	**102.3**
扣除自有住房价格指数	**Out of Private Housing Price Index**	**102.4**	**102.3**	**102.6**
居住(扣自有住房)价格指数	**Residence (Out of Private Housing)Price Index**	**103.6**	**102.7**	**106.1**
食品烟酒	**Food, Tobacco and Liquor**	**101.4**	**101.4**	**101.3**
食品	Food	101.1	101.3	100.6
粮食	Grain	102.4	103.1	101.5
薯类	Tubers	98.6	100.5	94.8
豆类	Beans	109.1	109.9	106.8
食用油	Oil	108.1	109.0	106.5
菜及食用菌	Vegetables and Edible Fungi	120.1	119.8	120.9
畜肉类	Meat	87.2	85.9	89.7
禽肉类	Poultry	94.7	95.1	93.9
水产品	Aquatic Products	102.2	101.5	105.8
蛋类	Eggs	121.1	119.6	124.2
奶类	Dairies	101.8	101.3	103.3
干鲜瓜果类	Dried and Fresh Melons and Fruits	106.0	108.2	99.5
糖果糕点类	Candy and Pastries	103.4	104.6	99.7
调味品	Flavorings	102.2	102.3	101.8
其他食品类	Others	101.5	102.9	97.6
茶及饮料	Tea and Beverages	100.8	101.2	100.0
烟酒	Tobacco and Liquor	101.3	101.6	100.5
在外餐饮	Dining Out	102.4	101.8	104.8

6-9 续表1 Continued

2020年=100 (year of 2020=100)

项 目	Item	全 省 Province	城 市 Urban	农 村 Rural
衣着	**Clothing**	**102.5**	**103.4**	**99.9**
服装	Garments	103.0	103.9	100.0
鞋类	Footwear	100.5	101.1	99.6
居住	**Residence**	**102.5**	**101.6**	**105.2**
租赁房房租	Renting	101.2	100.5	104.9
住房保养维修及管理	Housing maintenance and Manages	103.5	101.5	107.5
水电燃料	Water,Electricity and Fuels	104.6	104.4	105.1
自有住房	Private Housing	101.5	100.6	104.2
生活用品及服务	**Articles for daily Use and SerVices**	**100.4**	**100.7**	**99.5**
家具及室内装饰品	Furniture and Interior Decorations	102.8	103.5	101.0
家用器具	Household Appliances	99.9	101.0	96.7
家用纺织品	Household Textiles	102.6	102.1	103.6
家庭日用杂品	Daily Use Household Articles	100.3	100.3	100.0
个人护理用品	Personal care products	97.7	97.8	97.6
家庭服务	Household Services	101.1	101.6	99.4
交通通信	**Transport and Communication**	**104.0**	**103.3**	**105.6**
交通	Transportation	105.1	104.3	107.1
通信	Communication	100.4	100.4	100.4
教育文化娱乐	**Education ,Culture and Recreation**	**103.6**	**103.7**	**103.3**
教育	Education	104.0	104.2	103.6
文化娱乐	Cultural and Recreational Articles	102.9	103.0	102.2
医疗保健	**Health Care**	**102.6**	**102.7**	**102.5**
药品及医疗器具	Drugs and Medical Appliances	101.6	100.3	104.9
医疗服务	Health Services	103.0	103.6	101.7
其他用品及服务	**Other Articles and Services**	**97.1**	**96.9**	**97.6**
其他用品	Other Articles	97.1	97.2	96.6
其他服务	Other Services	97.1	96.5	98.7

6-10　2021年城乡商品零售价格定基指数
Fixed-base Retail Price Indices in Urban and Rural Areas(2021)

2020年=100　　(year of 2020=100)

项　目	Item	全　省 Province	城　市 Urban	农　村 Rural
商品零售价格总指数	**Retail Price Index**	**102.8**	**102.8**	**102.7**
食品	Food	100.8	100.9	100.7
饮料、烟酒	Beverages, Tobacco and Liquor	101.5	101.6	100.9
服装、鞋帽	Garments, Shoes and Hats	103.0	103.5	100.3
纺织品	Textiles	100.2	99.7	102.5
家用电器及音像器材	Household Appliances, Music and Video Equipment	102.4	102.9	99.8
家庭设备	Household Equipment	100.5	100.8	98.9
文娱用耐用消费品	Durable Consumer Goods for Culture and Entertainment	108.5	109.8	102.2
专业音像器材	Professional Video Equipment	107.6	107.9	106.0
文化办公用品	Cultural and Office Appliances	105.4	105.9	102.9
日用品	Articles for Daily Use	99.6	99.4	100.4
日用百货	General Merchandise for Daily Use	102.4	102.4	102.1
厨具餐具茶具	Kitchenware, Tableware and Tea Set	98.1	98.1	98.2
清洗用品	Cleaning Supplies	100.2	100.5	99.2
体育娱乐用品	Sports and Recreation Articles	101.5	101.9	99.6
交通、通信用品	Transportation and Communication Appliances	99.9	99.7	101.1
交通运输机械	Transportation Machinery	99.6	99.3	100.9
通信器材	Communications Equipment	101.0	100.8	101.7
家具	Furniture	103.5	104.1	101.2
化妆品	Cosmetics	98.4	98.6	97.6
金银饰品	Gold and Silver Ornaments	96.7	96.6	97.0
中西药品及医疗保健用品	Traditional Chinese and Western Medicines, and Health Care Articles	100.5	100.1	102.2
书报杂志及电子出版物	Books, Newspapers, Magazines and Publications	101.7	102.3	99.7
教材及参考书	Textbooks and Reference Books	103.9	104.8	100.9
书报杂志及音像制品	Books, newspapers, magazines and audio-visual products	99.9	100.0	99.0
计算机办公软件	Computer Office Software	91.4	91.4	91.4
燃料	Fuels	116.4	116.0	117.9
煤炭及制品	Coal and Coal Products	119.1	118.7	120.4
石油及制品	Petroleum and Petroleum Products	115.8	115.6	117.2
建筑材料及五金电料	Building Materials and Hardware	104.6	103.9	107.1
建筑装潢材料	Building Decoration Materials	104.3	103.2	108.0
五金水暖	Hardware and Plumbing	105.2	105.6	103.0

6-11 2021年全省及调查市、县居民消费价格定基指数

2020年=100

项 目	Item	全 省 Province	西宁市 Xining City	大通县 Datong County
居民消费价格总指数	**Consumer Price Index**	**102.3**	**102.1**	**103.2**
非食品烟酒价格指数	**Non-Food, Tobacco and Liquor Price Index**	**102.6**	**102.4**	**104.1**
食品(原口径)指数	**Food(Original diameter) Price Index**	**101.4**	**101.3**	**101.3**
非食品(原口径)指数	**Non-Food(Original Diameter) Price Index**	**102.6**	**102.4**	**103.9**
服务价格指数	**Services Price Index**	**101.7**	**101.4**	**104.4**
工业品价格指数	**Industrial Products Price Index**	**103.7**	**103.6**	**103.7**
鲜活食品价格指数	**Fresh Food Price Index**	**99.8**	**99.8**	**99.7**
消费品价格指数	**Consumer Price Index**	**102.6**	**102.6**	**102.6**
能源价格指数	**Energy Price Index**	**111.5**	**109.7**	**111.0**
非食品价格指数	**Non-Food Index**	**102.6**	**102.3**	**104.1**
扣除食品和能源价格指数	**Out of Food and Energy Price Index**	**101.6**	**101.6**	**103.3**
扣除鲜菜鲜果价格指数	**Out of Fresh Vegetables and Fruits Price Index**	**101.8**	**101.6**	**102.9**
扣除自有住房价格指数	**Out of Private Housing Price Index**	**102.4**	**102.3**	**102.8**
居住(扣自有住房)价格指数	**Residence (Out of Private Housing)Price Index**	**103.6**	**101.7**	**105.5**
食品烟酒	**Food, Tobacco and Liquor**	**101.4**	**101.4**	**101.2**
食品	Food	101.1	101.3	99.7
粮食	Grain	102.4	103.2	98.1
薯类	Tubers	98.6	101.1	95.7
豆类	Beans	109.1	110.2	109.0
食用油	Oil	108.1	107.7	100.8
菜及食用菌	Vegetables and Edible Fungi	120.1	119.5	119.8
畜肉类	Meat	87.2	85.9	88.2
禽肉类	Poultry	94.7	95.3	92.4
水产品	Aquatic Products	102.2	100.6	102.5
蛋类	Eggs	121.1	120.6	129.7
奶类	Dairies	101.8	101.1	106.0
干鲜瓜果类	Dried and Fresh Melons and Fruits	106.0	108.6	97.6
糖果糕点类	Candy and Pastries	103.4	105.6	99.4
调味品	Flavorings	102.2	102.6	101.8
其他食品类	Others	101.5	103.2	95.9
茶及饮料	Tea and Beverages	100.8	100.8	99.9
烟酒	Tobacco and Liquor	101.3	101.7	99.9
在外餐饮	Dining Out	102.4	101.3	107.1
衣着	**Clothing**	**102.5**	**104.5**	**99.6**
服装	Garments	103.0	104.9	100.1
鞋类	Footwear	100.5	101.9	98.2
居住	**Residence**	**102.5**	**101.2**	**107.0**
租赁房房租	Renting	101.2	100.4	107.9
住房保养维修及管理	Housing maintenance and Manages	103.5	101.2	108.4
水电燃料	Water,Electricity and Fuels	104.6	102.8	102.0
自有住房	Private Housing	101.5	100.7	108.8
生活用品及服务	**Articles for daily Use and SerVices**	**100.4**	**100.8**	**99.4**
家具及室内装饰品	Furniture and Interior Decorations	102.8	104.2	100.3
家用器具	Household Appliances	99.9	100.9	94.4
家用纺织品	Household Textiles	102.6	101.3	105.9
家庭日用杂品	Daily Use Household Articles	100.3	100.7	100.6
个人护理用品	Personal care products	97.7	97.6	98.4
家庭服务	Household Services	101.1	101.2	100.0
交通通信	**Transport and Communication**	**104.0**	**103.2**	**105.4**
交通	Transportation	105.1	104.1	106.2
通信	Communication	100.4	100.5	102.4
教育文化娱乐	**Education ,Culture and Recreation**	**103.6**	**104.2**	**105.9**
教育	Education	104.0	104.8	106.9
文化娱乐	Cultural and Recreational Articles	102.9	103.4	102.4
医疗保健	**Health Care**	**102.6**	**102.8**	**103.2**
药品及医疗器具	Drugs and Medical Appliances	101.6	100.2	108.1
医疗服务	Health Services	103.0	103.8	101.5
其他用品及服务	**Other Articles and Services**	**97.1**	**96.7**	**96.9**
其他用品	Other Articles	97.1	97.1	95.3
其他服务	Other Services	97.1	96.4	98.6

Fixed-base Consumer Price Indices of Province Surveyed Cities and Counties(2021)

(year of 2020=100)

乐都区 Ledu District	平安区 Ping'an District	海晏县 Haiyan County	同仁市 Tongren City	共和县 Gonghe County	玛沁县 Maqin County	玉树市 YuShu City	格尔木市 Geermu City	德令哈市 Delingha City
101.8	**102.4**	**102.5**	**102.1**	**102.5**	**101.5**	**101.6**	**102.4**	**101.5**
102.4	**103.1**	**102.8**	**102.1**	**102.9**	**101.6**	**101.5**	**102.2**	**101.7**
100.5	**100.9**	**101.6**	**102.2**	**101.4**	**101.5**	**102.4**	**103.0**	**100.7**
102.2	**103.0**	**102.9**	**102.1**	**102.9**	**101.6**	**101.4**	**102.2**	**101.7**
100.5	**100.4**	**100.9**	**102.3**	**102.2**	**100.8**	**100.7**	**100.7**	**101.2**
104.1	**106.2**	**104.9**	**101.9**	**103.6**	**102.4**	**102.0**	**103.7**	**102.2**
96.6	**98.2**	**101.1**	**102.7**	**100.7**	**100.8**	**103.0**	**101.8**	**96.7**
102.5	**103.7**	**103.5**	**102.0**	**102.6**	**101.9**	**102.1**	**103.3**	**101.6**
119.0	**116.4**	**117.9**	**108.3**	**112.6**	**116.0**	**112.5**	**115.1**	**109.4**
102.2	**103.0**	**102.8**	**102.0**	**102.8**	**101.7**	**101.6**	**102.4**	**102.1**
100.5	**100.8**	**101.0**	**101.3**	**101.5**	**100.3**	**100.3**	**101.1**	**101.3**
101.1	**102.0**	**102.0**	**101.6**	**101.8**	**101.1**	**101.2**	**101.8**	**101.3**
101.9	**102.8**	**102.7**	**102.3**	**102.5**	**101.7**	**101.8**	**102.7**	**101.6**
111.6	**107.3**	**109.6**	**109.4**	**101.7**	**109.0**	**104.1**	**106.1**	**100.4**
100.4	**100.8**	**101.8**	**102.2**	**101.4**	**101.4**	**102.1**	**102.9**	**100.9**
99.9	100.6	101.4	102.5	101.4	101.1	102.0	102.7	98.5
104.1	107.1	101.6	101.0	103.1	101.5	97.6	107.0	99.1
100.4	91.1	100.1	94.7	94.1	93.5	93.2	102.8	88.5
110.5	103.5	107.4	102.9	104.3	107.0	104.2	112.5	104.9
110.5	114.5	109.5	117.5	104.3	107.3	117.2	112.8	112.6
123.6	119.2	122.1	120.2	127.9	115.8	124.6	119.2	118.2
80.1	89.2	91.4	94.4	88.7	93.3	97.0	85.6	87.5
89.3	93.8	94.5	99.0	96.2	98.2	92.6	99.5	89.2
104.6	102.0	108.5	109.7	110.8	118.0	106.3	109.2	101.1
123.3	124.8	119.8	117.8	116.0	119.5	109.4	113.5	122.4
104.2	101.1	100.9	102.3	102.7	100.4	97.3	104.5	99.1
110.8	102.2	98.1	101.4	100.6	100.5	100.4	112.1	92.2
102.6	98.2	100.4	99.6	101.3	101.3	99.5	98.2	102.9
101.9	102.7	100.1	95.7	104.1	103.5	100.5	101.5	101.2
102.3	99.2	100.3	99.8	100.1	94.6	101.4	102.3	100.4
104.0	101.6	103.2	97.6	100.1	98.0	101.3	101.0	100.2
99.8	100.0	103.5	101.6	100.7	101.1	99.6	102.4	102.6
101.6	102.4	102.2	101.5	101.7	104.6	103.9	103.6	105.8
100.4	**103.4**	**100.0**	**98.7**	**98.9**	**97.1**	**97.8**	**99.3**	**101.2**
99.6	103.1	99.5	99.1	97.7	97.6	98.3	100.2	101.8
103.7	104.2	101.5	97.7	101.3	95.9	96.6	94.7	98.9
106.4	**103.3**	**105.0**	**105.7**	**102.1**	**104.6**	**102.2**	**102.9**	**100.2**
104.3	100.0	100.0	100.0	101.9	100.0	100.0	100.8	97.3
105.4	104.6	106.0	122.2	100.8	107.1	99.9	103.0	101.6
116.1	110.8	114.5	101.0	102.6	112.7	106.6	109.8	100.7
100.0	100.0	100.0	100.0	102.7	100.0	100.0	100.0	100.0
100.3	**101.2**	**99.4**	**99.7**	**98.3**	**98.8**	**99.9**	**101.6**	**99.9**
100.0	104.8	98.4	103.8	99.6	99.7	102.8	102.9	99.9
102.3	100.5	98.0	98.0	97.1	98.5	101.4	101.1	99.5
103.6	105.4	104.1	98.5	99.4	100.0	100.0	106.7	107.0
98.8	100.4	99.9	98.8	98.1	101.4	97.5	100.6	98.0
96.5	96.9	97.5	97.4	97.4	96.3	98.2	99.5	97.4
101.1	100.0	100.1	100.0	98.7	92.6	101.0	105.2	104.6
103.2	**107.1**	**105.4**	**102.1**	**107.0**	**103.1**	**103.4**	**103.8**	**103.3**
104.5	108.9	106.2	103.4	111.7	104.0	105.4	104.6	104.5
99.3	100.7	102.1	98.8	97.5	99.9	98.9	100.9	99.5
99.7	**99.7**	**99.8**	**101.6**	**100.4**	**101.8**	**103.4**	**102.2**	**104.1**
98.8	99.5	100.1	100.1	99.8	100.9	104.4	102.9	106.9
102.0	101.2	98.4	103.9	101.4	104.8	102.0	101.3	100.1
102.2	**100.8**	**102.8**	**100.9**	**103.6**	**101.2**	**101.1**	**102.1**	**103.4**
101.3	98.4	105.6	99.1	106.3	103.3	99.2	100.0	103.4
102.6	101.6	102.4	101.6	102.7	100.5	102.1	102.8	103.4
98.0	**99.6**	**95.9**	**98.4**	**99.7**	**95.8**	**96.4**	**98.1**	**95.2**
97.7	98.6	98.1	96.2	99.6	95.5	95.0	99.5	96.3
98.3	100.8	93.7	100.2	99.8	96.2	98.1	96.4	93.6

6-12 2021年全省及调查市、县商品零售价格定基指数

2020年=100

项 目	Item	全 省 Province	西宁市 Xining City	大通县 Datong County
商品零售价格总指数	**Retail Price Index**	**102.8**	**102.6**	**103.1**
食品	Food	100.8	101.7	100.8
饮料、烟酒	Beverages, Tobacco and Liquor	101.5	101.6	100.0
服装、鞋帽	Garments, Shoes and Hats	103.0	104.3	99.5
纺织品	Textiles	100.2	99.0	105.7
家用电器及音像器材	Household Appliances, Music and Video Equipment	102.4	104.0	100.2
家庭设备	Household Equipment	100.5	100.7	96.3
文娱用耐用消费品	Durable Consumer Goods for Culture and Entertainment	108.5	110.8	104.9
专业音像器材	Professional Video Equipment	107.6	107.0	101.3
文化办公用品	Cultural and Office Appliances	105.4	106.8	100.1
日用品	Articles for Daily Use	99.6	99.4	101.1
日用百货	General Merchandise for Daily Use	102.4	102.5	103.3
厨具餐具茶具	Kitchenware, Tableware and Tea Set	98.1	98.1	100.5
清洗用品	Cleaning Supplies	100.2	101.0	100.5
体育娱乐用品	Sports and Recreation Articles	101.5	102.1	101.1
交通、通信用品	Transportation and Communication Appliances	99.9	99.8	102.2
交通运输机械	Transportation Machinery	99.6	99.2	100.9
通信器材	Communications Equipment	101.0	100.9	105.6
家具	Furniture	103.5	104.5	99.8
化妆品	Cosmetics	98.4	98.4	97.8
金银饰品	Gold and Silver Ornaments	96.7	96.4	94.6
中西药品及医疗保健用品	Traditional Chinese and Western Medicines, and Health Care Articles	100.5	100.1	107.4
书报杂志及电子出版物	Books, Newspapers, Magazines and Publications	101.7	102.0	94.8
教材及参考书	Textbooks and Reference Books	103.9	105.1	97.9
书报杂志及音像制品	Books, newspapers, magazines and audio-visual products	99.9	100.0	92.3
计算机办公软件	Computer Office Software	91.4	91.4	91.4
燃料	Fuels	116.4	114.3	117.4
煤炭及制品	Coal and Coal Products	119.1	100.0	119.1
石油及制品	Petroleum and Petroleum Products	115.8	116.4	116.9
建筑材料及五金电料	Building Materials and Hardware	104.6	104.1	108.0
建筑装潢材料	Building Decoration Materials	104.3	103.2	108.6
五金水暖	Hardware and Plumbing	105.2	106.4	106.2

Fixed-base Retail Price Indices of Province,Cities and Counties Surveyed(2021)

(year of 2020=100)

乐都区 Ledu District	平安区 Ping'an District	海晏县 Haiyan County	同仁市 Tongren City	共和县 Gonghe County	玛沁县 Maqin County	玉树市 Yushu City	格尔木市 Geermu City	德令哈市 Delingha City
102.6	**103.5**	**103.0**	**101.9**	**102.0**	**102.2**	**101.2**	**103.9**	**103.1**
99.9	101.5	101.2	102.3	101.5	101.5	101.5	103.8	99.0
100.6	100.5	103.9	100.8	100.9	99.9	99.5	102.6	103.2
100.6	102.9	99.4	98.8	99.3	97.7	98.3	99.2	101.3
100.0	104.9	101.0	100.4	100.3	99.0	100.0	110.0	100.0
101.9	101.3	98.4	103.5	100.0	100.6	101.2	104.4	100.8
101.6	100.8	98.2	99.4	98.0	99.4	101.1	101.8	98.8
102.0	101.7	98.0	105.2	102.6	101.3	101.2	107.6	103.1
103.6	105.6	107.5	108.4	108.4	107.8	101.3	100.0	108.5
99.5	102.6	111.3	101.2	103.6	104.7	103.9	103.5	99.3
98.1	101.3	99.3	99.3	99.0	99.6	97.9	99.6	98.7
101.1	102.2	101.1	100.9	101.2	101.3	98.7	100.9	98.4
97.6	96.9	97.0	97.6	95.9	103.5	98.1	98.7	96.8
95.6	98.6	99.2	99.6	99.2	93.9	96.7	99.5	99.2
101.6	98.8	100.7	99.8	100.1	100.5	100.3	98.7	100.0
97.9	101.6	105.1	98.2	101.0	99.1	98.4	101.9	99.1
99.4	98.4	99.5	98.6	102.2	97.2	101.7	100.4	98.7
97.7	101.8	106.4	97.8	100.3	99.6	98.1	104.2	99.4
100.5	102.5	97.7	105.1	100.0	99.7	103.8	103.7	99.9
98.3	98.2	98.0	97.8	97.6	95.7	98.6	99.9	97.7
95.5	97.5	96.9	95.6	103.0	95.3	92.2	101.1	95.0
101.8	98.4	103.7	97.8	102.8	102.7	97.0	100.0	103.7
99.1	99.4	100.6	100.5	101.0	99.3	102.4	99.1	99.9
100.0	100.7	103.0	105.4	104.9	101.1	105.4	100.8	102.7
100.0	100.0	100.0	100.0	100.0	100.0	100.0	100.0	100.0
91.4	91.4	91.4	91.4	91.4	91.4	91.4	91.4	91.4
130.4	124.1	113.0	113.2	115.4	128.4	119.1	129.1	145.5
146.8	129.2	105.9	104.6	121.3	180.7	123.2	194.0	192.6
119.9	120.8	120.8	115.3	113.1	119.4	116.9	118.3	116.8
106.9	108.3	112.6	110.5	101.6	97.4	98.5	104.1	100.7
108.6	108.9	115.9	115.6	102.3	95.5	99.2	104.8	102.5
100.0	106.0	101.6	100.0	100.0	102.0	97.5	100.0	96.9

6-13 1990-2021年按用途分工业生产者出厂价格指数

上年=100

年 份 Year	总指数 General Index	轻工业 Light Industry	重工业 Heavy Industry	生产资料 Means of Production	采掘工业 Mining & Quarrying Industry	原料工业 Raw Materials Industry	加工工业 Processing Industry
1990	109.5	114.9	107.8	107.8	105.9	108.5	107.5
1991	108.7	109.0	109.2	109.1	124.9	109.6	101.3
1992	103.6	107.7	101.9	102.0	104.2	100.2	104.2
1993	124.4	112.9	127.9	127.6	122.2	128.6	128.1
1994	124.9	121.3	126.0	125.5	143.7	126.0	115.6
1995	114.6	119.8	112.2	112.6	123.5	108.7	110.8
1996	106.7	107.2	106.1	106.7	103.3	107.9	107.7
1997	103.5	102.1	103.8	103.8	102.2	104.7	102.0
1998	100.7	97.3	101.3	101.3	99.3	102.1	100.2
1999	102.8	98.7	104.1	104.0	111.3	101.1	102.0
2000	108.1	92.2	111.1	110.9	137.9	102.1	95.0
2001	93.7	95.0	93.5	93.6	94.3	93.0	96.4
2002	97.6	100.9	97.2	97.3	97.1	96.2	102.2
2003	105.5	100.0	106.2	105.8	114.1	101.7	102.0
2004	111.2	103.0	112.5	111.8	117.0	106.5	113.6
2005	110.2	101.0	111.7	111.1	130.7	100.3	102.8
2006	109.5	100.0	110.4	109.9	118.9	110.4	100.2
2007	104.2	104.2	104.2	104.1	106.4	102.9	104.7
2008	107.6	111.6	107.2	107.5	107.3	97.9	124.0
2009	91.3	102.4	90.2	90.9	89.0	89.4	94.6
2010	109.4	104.0	110.1	109.7	122.4	111.0	102.2
2011	107.4	108.7	107.3	107.4	112.3	105.6	107.4
2012	96.9	106.3	96.2	96.2	101.8	95.7	94.0
2013	97.0	104.9	96.4	96.4	96.1	95.6	97.4
2014	96.1	101.9	95.7	95.7	95.1	96.1	95.5
2015	93.1	100.4	92.6	92.5	82.4	94.5	95.0
2016	98.5	100.9	98.2	98.2	85.4	101.8	98.6
2017	116.7	102.8	118.6	118.8	134.4	115.9	117.7
2018	104.8	103.7	104.9	105.3	112.6	103.6	104.7
2019	98.5	100.9	98.2	98.4	99.6	98.7	97.6
2020	96.6	102.0	95.9	95.9	88.5	96.0	98.1
2021	114.5	101.7	115.8	115.3	119.5	114.4	115.4

Producer Price Indices for Industrial Products by Purpose(1990-2021)

(preceding year=100)

生活资料 Consumer Goods	食品类 Food	衣着类 Clothing	一般日用品 Articles for Daily Use	耐用消费品 Durable Consumer Goods
115.0	116.6	116.5	100.8	
109.3	108.1	112.1	103.9	
107.7	114.9	102.4	103.4	
113.3	122.1	104.2	110.4	
122.4	123.3	126.5	114.9	
119.4	122.7	118.0	114.6	
106.5	112.5	101.0	104.3	
102.1	104.5	99.5	97.3	
97.1	97.2	97.6	97.5	
98.7	99.1	99.7	97.6	
91.7	88.3	100.0	97.2	94.5
94.5	92.9	92.9	101.0	93.9
100.7	99.2	103.7	101.8	98.1
100.7	100.1	95.3	105.4	100.0
104.8	104.6	101.5	108.4	101.2
101.8	102.1	98.5	103.9	105.8
101.5	101.0	100.0	103.9	98.4
106.5	111.1	99.8	101.5	99.9
110.4	113.2	102.6	110.8	103.6
101.2	98.4	104.0	102.9	116.4
104.2	104.2	101.6	107.0	100.5
107.3	105.2	108.8	113.9	103.3
105.9	104.9	119.6	102.8	101.1
104.7	104.8	111.2	102.0	100.0
101.6	101.9	104.0	99.6	100.0
100.5	100.8	101.9	99.2	100.0
100.5	100.7	100.8	100.0	100.5
102.4	103.2	100.1	100.6	106.7
101.2	102.5	101.6	96.8	107.7
99.2	101.0	98.5	94.6	100.7
101.9	102.5	99.4	101.7	99.7
100.3	99.8	100.7	104.2	

6-14 1990-2021年按33个行业大类分工业生产者出厂价格指数

上年=100

年 份 Year	煤炭开采和洗选业 Mining and Washing of Coal	石油和天然气开采业 Extraction of Petroleum and Natural Gas	黑色金属矿采选业 Mining and Processing of Ferrous Metal Ores	有色金属矿采选业 Mining and Processing of Non-Ferrous Metal Ores	非金属矿采选业 Mining and Processing of Nonmetal Ores	农副食品加工业 Processing of Food from Agricultural Products	食品制造业 Processing of Foodstuff	酒、饮料和精制茶制造业 Manufacture of Liquor, Beverages and Refined Tea	纺织业 Manufacture of Textile
1990	103.6	119.8			96.6		107.6		112.9
1991	121.3	122.8			122.8		110.6		112.2
1992	106.4	105.9		114.8	102.8		115.6		100.0
1993	108.7	135.1		121.7	109.0		127.7		125.2
1994	144.2	173.8		106.5	101.7		131.0		128.5
1995	124.6	133.1		133.3	99.0		128.9		112.3
1996	109.9	95.7		96.3	85.6		124.9		96.0
1997	113.7	97.7		98.9	101.7		101.6	101.0	99.4
1998	105.9	100.3		89.5	99.8		93.9	102.2	95.6
1999	102.4	121.6		93.8	93.2		97.3	104.8	98.9
2000	103.0	171.8		108.4	96.5		85.0	96.2	102.9
2001	112.1	79.8		109.6	98.4	90.1	91.3	99.3	89.7
2002	101.8	91.7	101.7	102.3	100.9	101.5	100.1	96.8	106.6
2003	102.5	116.7	99.8	106.5	102.4	104.4	98.0	95.1	100.4
2004	103.8	113.8	118.3	150.1	101.1	107.1	96.6	103.0	96.0
2005	120.7	133.9	119.1	121.1	106.5	100.6	99.3	106.8	99.9
2006	114.3	117.9	97.5	134.1	102.2	98.6	102.1	102.0	101.2
2007	104.0	105.5	101.0	114.7	100.5	125.5	103.6	105.0	98.4
2008	118.2	115.5	122.0	68.6	106.0	130.4	104.3	102.5	104.0
2009	115.0	76.8	77.3	94.2	104.9	95.0	102.0	100.3	102.3
2010	105.5	130.9	108.8	130.8	98.7	106.3	109.4	102.0	108.3
2011	111.5	122.2	120.0	103.6	96.2	118.1	106.6	99.4	111.0
2012	105.5	97.5	85.9	94.6	103.6	110.6	104.4	102.0	105.0
2013	90.4	96.8	98.7	96.7	102.0	109.6	103.5	104.4	103.4
2014	86.6	96.9	94.3	100.1	101.4	99.3	107.2	102.6	100.4
2015	92.8	71.9	86.1	91.0	98.3	99.5	100.9	102.6	97.8
2016	109.8	70.9	96.1	99.3	98.1	100.9	100.4	100.5	99.5
2017	152.5	122.3	105.9	141.5	102.9	103.6	98.7	103.9	104.1
2018	102.8	120.5	118.2	99.1	100.2	103.4	102.1	103.5	109.7
2019	106.3	98.7	106.2	90.0	100.3	102.4	103.7	96.7	104.0
2020	99.8	80.4	104.0	96.3	101.6	106.1	101.4	99.5	103.1
2021	111.5	124.1	130.3	116.4	101.8	99.3	102.1	100.0	110.7

Producer Price Indices for the 33 Categories of Industrial Products by Sector(1990-2021)

(preceding year=100)

纺织服装服饰业 Manufacture of Textile, Wearing Apparel and Accessories	皮革、毛皮羽毛及其制品和制鞋业 Manufacture of Leather, Fur, Feather and Related Products	造纸和纸制品业 Manufacture of Paper and Paper Products	印刷和记录媒介复制业 Printing, Reproduction of Recording Media	文教、工美体育和娱乐用品制造业 Manufacture of Articles for Culture, Education and Sport Activities	石油、煤炭及其他燃料加工业 Processing of Petroleum, Coal and Other Fuel	化学原料和化学制品制造业 Manufacture of Raw Chemical Materials and Chemical Products
106.6	100.6	109.4			137.3	102.5
104.6	109.9	103.8			117.8	100.6
105.3	108.9	115.1			123.8	102.3
104.8	107.0	100.7			134.1	114.3
123.7	106.7	108.0			146.0	116.5
133.3	125.3	127.8			132.2	120.6
105.1	139.5	124.4			96.3	113.1
	102.1	93.7			107.0	99.6
	100.7				94.7	100.7
	100.0				96.1	98.5
93.9	101.9	100.0			146.2	96.6
92.5	103.9	100.0	100.0		105.4	94.6
99.9	106.5	98.1	100.0		92.3	101.7
92.4	105.4	100.0	94.3		118.1	99.9
98.7	105.5	100.0	99.4		112.7	104.9
95.1	105.4	100.1	104.0		119.7	111.7
100.0	102.0	101.7	100.1		121.8	106.3
100.0	100.3	101.1	94.4		103.8	102.8
103.6	102.2	106.8	107.5		115.8	126.5
103.7	98.3	101.2	103.8		96.2	96.0
100.5	99.2	100.0	115.3		125.7	94.8
106.4	99.9	104.5	101.8	121.3	100.7	111.6
119.3	107.0	115.6	108.8	98.3	88.9	93.4
111.7	139.0	102.0	108.2	97.0	83.3	94.9
105.8	108.1	100.8	103.4	98.2	91.1	93.6
103.1	100.1	100.3	101.0	99.2	84.6	98.6
100.8	99.7	100.3	100.2	103.8	88.0	95.8
100.1	101.9	124.9	100.5	102.2	139.2	108.2
101.6	103.9	158.5	101.7	100.5	112.9	104.8
98.5	106.7	100.3	100.8	102.1	97.3	96.9
99.4	96.7	99.5	99.9	105.2	91.4	91.4
100.7				105.7	136.8	121.3

6-14 续表1

上年=100

年 份 Year	医药制造业 Manufacture of Medicines	橡胶和塑料制品业 Manufacture of Rubber and Plastics Products	非金属矿物制品业 Manufacture of Non-metallic Mineral Products	黑色金属冶炼和压延加工业 Smelting and Pressing of Ferrous Metals	有色金属冶炼和压延加工业 Smelting and Pressing of Non-ferrous Metals	金属制品业 Manufacture of Metal Products	通用设备制造业 Manufacture of General Purpose Machinery	专用设备制造业 Manufacture of Special Purpose Machinery
1990	102.1		114.8	104.2		102.8		
1991	93.7		107.4	111.0		99.8		
1992	106.7		100.4	103.3	89.8	104.2		
1993	119.0		127.8	148.4	148.8	114.3		
1994	124.6		125.0	135.8	129.8	107.8		
1995	129.8		119.6	100.3	129.1	114.4		
1996	94.8		104.9	97.3	85.5	115.8		
1997	106.9		103.4	99.8	96.4	102.7		
1998	105.2		98.9	96.3	94.0	94.5		
1999	99.8		109.5	96.4	107.6	99.0		
2000	98.4		90.1	94.6	110.1	99.3		
2001	104.7		105.3	94.5	89.6	95.1	97.2	98.4
2002	102.7		99.2	99.0	92.8	99.3	101.7	97.4
2003	99.9		99.2	103.7	102.9	98.3	100.2	101.3
2004	100.0		99.8	125.6	111.1	112.5	101.7	101.3
2005	100.0		98.5	99.9	102.0	109.4	104.2	101.9
2006	100.0		97.3	93.9	121.0	104.0	109.8	94.6
2007	100.0		103.5	104.9	104.7	101.2	114.9	135.1
2008	104.3		117.8	126.1	89.4	110.2	106.0	109.7
2009	99.6		104.5	85.6	81.6	102.3	109.7	116.0
2010	97.9		105.0	112.6	111.9	102.0	114.8	99.6
2011	100.8	115.2	103.7	111.3	103.0	100.0	101.7	115.4
2012	101.2	90.0	92.1	89.1	93.9	98.5	100.0	103.7
2013	101.7	104.2	102.4	95.2	96.7	98.0	99.8	102.6
2014	100.4	95.8	100.9	97.0	93.7	97.3	99.4	101.8
2015	99.7	90.1	93.3	88.5	93.3	100.6	99.9	98.2
2016	100.1	98.2	92.4	96.1	107.1	98.8	100.0	100.6
2017	103.5	100.9	122.1	134.4	120.7	104.6	99.3	101.5
2018	101.0	101.0	105.4	107.9	101.6	104.9	100.0	102.5
2019	103.1	100.3	95.6	94.8	98.7	99.6	99.5	101.6
2020	101.0	95.0	104.6	96.9	98.9	100.6	99.9	98.9
2021	99.8	93.6	100.7	129.1	118.7	105.2		

注：其他制造业类在2011—2015年为金属制品、机械和设备修理业类。

Continued

(preceding year=100)

汽车制造业 Manufacture of Automobiles	铁路、船舶航空航天和其他运输设备制造业 Manufacture of Railway, Ship, Aerospace and Other Transport Equipments	电气机械和器材制造业 Manufacture of Electrical Machinery and Apparatus	计算机通信和其他电子设备制造业 Manufacture of Computers, Communication and Other Electronic Equipment	仪器仪表制造业 Manufacture of Measuring Instruments and Machinery	其他制造业 Others	电力、热力生产和供应业 Production and Supply of Electric Power and Heat Power	燃气生产和供应业 Production and Supply of Gas	水的生产和供应业 Production and Supply of Water
		103.6						
		119.8						
		96.5						
		108.7						
		105.0						
		100.1						
		107.5						
		92.8				125.9		
		97.5				121.7		
		92.3				101.4		
		95.3				95.2		
		96.3				94.2		111.4
						98.6		114.3
		100.5		100.7		99.5		103.9
		111.1		93.3		99.9		105.6
		108.4		109.6		97.4		105.7
		117.7		99.3		97.1		111.4
		107.5		100.7		100.8	100.0	104.0
		99.2		100.4		100.5	112.6	101.5
		82.4		100.0		99.5	107.0	100.2
		108.5	100.9	100.1		100.7	102.5	100.1
108.1	100.0	107.1	100.1	104.9	95.5	103.7	103.4	87.8
101.6	103.0	98.7	96.2	100.9	100.0	104.7	100.0	112.8
99.5	106.4	96.9	89.5	100.0	98.8	101.8	100.0	110.9
99.5	101.3	99.0	100.0	100.0	98.9	101.3	100.0	100.2
100.2	100.0	98.9	100.2	100.0	99.3	99.7	100.0	100.0
99.0	100.3	100.2	99.6	100.3	99.8	100.1	90.8	100.3
99.8	102.4	102.3	101.1	103.7	99.4	99.4	101.3	101.4
100.0	104.5	99.4	100.0	98.9		100.0	100.7	101.1
	112.1	97.8	100.0	101.8		98.7	106.0	99.8
	108.2	97.4	100.0	100.1		96.4	97.1	99.9
		103.4	128.2			101.3	107.7	99.6

Note:Other manufacture referred to repair service of metal products, machinery and equipment in 2011 to 2015.

6-15 2017-2021年按工业产品生产阶段及工业门类分工业生产者出厂价格指数

Producer Price Indices for Industrial Products by Production Stage of Industrial Products and Industrial Department(2017-2021)

上年＝100 (preceding year=100)

指 标	Item	2017	2018	2019	2020	2021
核心指数	**Core Index**	**118.2**	**103.7**	**97.8**	**97.9**	**117.6**
高技术	**High Technology**	**101.4**	**96.7**	**96.1**	**99.2**	**111.6**
能源	**Energy**	**117.2**	**107.8**	**99.3**	**92.3**	**110.0**
初级产品	**Primary Products**	**134.4**	**112.6**	**99.6**	**88.5**	**119.5**
中间产品	**Intermediate Products**	**115.4**	**103.8**	**98.4**	**97.6**	**114.2**
最终产品	**Final Products**	**101.8**	**103.0**	**99.1**	**96.9**	**106.4**
冶金工业	Metallurgical Industry	124.3	103.1	97.6	98.5	120.4
电力工业	Electric Power Industry	99.4	100.0	98.7	96.4	101.3
煤炭及炼焦工业	Coal and Coke Industries	167.6	106.6	104.2	98.4	126.5
石油工业	Oil Industry	118.3	117.9	97.8	83.0	124.8
化学工业	Chemical Industry	107.4	104.2	98.0	93.2	120.4
机械工业	Machinery Industry	100.8	100.0	99.5	98.9	110.9
建筑材料工业	Building Materials Industry	120.9	103.6	95.8	107.2	99.6
森林工业	Forest Industry	100.0	100.0	100.0		
食品工业	Food Industry	102.9	103.2	100.3	103.0	100.3
纺织工业	Textile Industry	104.1	109.7	104.0	103.1	110.7
缝纫工业	Sewing Industry	100.1	101.6	98.5	99.4	100.7
皮革工业	Leather Industry					
造纸工业	Paper Industry	124.9	158.5	100.3	99.5	
文教艺术用品工业	Cultural, Educational and Art Supplies Industry	100.5	101.7	100.8	99.9	
其他工业	Others	108.9	105.0	100.4	99.7	108.2

6-16 1997-2021年西宁市区房地产价格指数

Price Indices for Real Estate in Xining(1997-2021)

上年=100 (preceding year=100)

年 份 Year	新建商品住宅价格指数 Price Index for New Commercial Residential Buildings	二手住宅价格指数 Price Index for Second-hand Residential Buildings	住宅租赁价格指数 Price Index for Residential Leasing	物业服务价格指数 Price Index for Property Services	土地交易价格指数 Price Index for Land Transactions
1997	100.6	100.0	197.6		100.8
1998	100.9	100.9	146.2		99.4
1999	99.0	100.7	100.0		94.4
2000	99.9	98.8	133.4		100.4
2001	100.4	102.5	126.4		99.7
2002	102.3	111.2	117.4		102.7
2003	104.6	106.1	106.5		106.2
2004	107.9	113.9	100.0		106.1
2005	102.8	104.3	100.9	100.0	102.9
2006	103.0	103.4	100.7	100.0	102.5
2007	104.9	103.3	104.6	100.9	103.2
2008	109.0	108.5	101.4	102.6	103.2
2009	104.9	104.8	100.7	101.0	104.0
2010	108.0	106.3	107.6	101.8	104.4
2011	106.5	105.8	104.4	100.2	104.1
2012	101.5	101.1	106.7	102.4	102.7
2013	106.8	103.2	101.7	101.3	101.0
2014	104.8	101.6			
2015	94.9	98.2			
2016	99.8	99.5			
2017	103.5	100.7			
2018	108.2	104.4			
2019	113.8	112.2			
2020	112.5	109.5			
2021	107.5	106.3			

6-17 1990-2021年工业生产者购进价格指数

Purchasing Price Indices for Industrial Producers(1990-2021)

上年=100 (preceding year=100)

年份 Year	总指数 General Index	燃料、动力类 Fuel and Power	黑色金属材料类 Black Metals	有色金属材料类 Non-Ferrous Metals	化工原料类 Raw Chemical Materials	木材及纸浆类 Timber and Paper-Pulp	建材及非金属矿类 Building materials and non-metallic Mineral	其它工业原材料及半成品类 Other Industrial Raw Materials and Semi-finished Products	农副产品类 Agricultural Products	纺织原料类 Textile Materials	初级产品 Primary Products	中间产品 Intermediate Products
1990	113.9	119.4	107.4		96.5	106.7						
1991	112.8	113.9	115.7		95.2	105.5						
1992	108.4	134.6	109.1	116.8	90.4	99.9			102.8	98.6		
1993	138.9	129.4	164.8	121.7	135.7	132.0			120.3	99.3		
1994	112.3	115.7	102.8	112.7	108.1	113.7			121.7	102.3		
1995	110.2	112.8	98.6	126.6	124.5	109.1			129.0	145.7		
1996	108.8	112.6	97.5	96.1	111.4	108.3			111.8	104.5		
1997	110.9	121.2	100.7	101.9	103.2	104.3	104.9	106.5	97.1	90.3		
1998	101.3	105.1	95.5	101.3	104.6	102.4	96.5	99.9	89.5	98.5		
1999	99.1	100.5	96.5	95.6	95.0	98.5	99.7	98.5	96.8	100.0		
2000	98.9	100.3	101.1	129.4	105.6	99.3	100.2	100.9	90.3	103.5		
2001	99.1	102.7	97.9	85.6	99.7	102.2	107.0	105.1	88.7	100.0		
2002	102.8	102.1	100.6	92.5	96.6	112.7	95.9	99.2	106.4	99.6		
2003	101.8	101.6	107.6	111.5	98.8	107.8	96.0	97.3	98.0	94.2		
2004	108.5	104.4	128.6	138.2	101.8	100.5	112.8	99.8	110.4	99.6		
2005	105.3	104.6	104.1	101.0	106.0	110.7	105.0	100.0	108.3	100.0		
2006	102.8	102.3	94.5	112.3	102.4	102.4	143.8	100.1	97.5	100.0		
2007	104.4	104.1	102.1	97.1	109.7	109.2	101.4	104.7	108.8	96.6		
2008	110.4	108.4	119.6	97.7	107.5	115.9	111.3	113.4	132.6	99.4		
2009	99.8	101.3	92.0	81.2	102.0	101.2	105.9	101.6	97.5	97.7		
2010	108.6	105.8	110.3	120.5	101.5	99.7	110.2	104.4	108.4	117.6		
2011	107.0	103.3	108.2	108.8	103.8	107.8	105.5	109.4	115.8	106.3	113.4	106.1
2012	98.6	102.3	99.0	95.9	95.3	123.2	96.2	106.6	99.8	100.3	99.2	98.5
2013	98.8	100.3	98.8	95.4	98.5	102.2	95.5	102.6	109.1	104.6	99.6	98.7
2014	97.6	100.0	99.3	93.0	99.7	99.7	97.0	101.2	99.2	103.8	98.3	97.5
2015	97.7	97.8	98.6	96.4	97.4	99.8	97.0	100.1	101.7	95.2	99.6	97.5
2016	96.2	95.0	101.5	95.4	97.4	99.2	97.1	95.5	102.3	98.8	93.4	96.8
2017	108.0	105.7	111.6	116.9	106.0	105.9	110.1	99.7	102.1	100.7	112.0	107.1
2018	104.5	103.7	103.4	103.4	111.1	105.2	106.7	101.7	101.4	100.5	109.4	103.3
2019	98.2	98.5	98.2	97.7	94.3	100.6	99.4	103.0	98.6	98.7	99.6	97.9
2020	96.1	93.3	97.9	97.7	100.5	98.4	97.7	103.3	99.3	97.9	91.6	97.1
2021	111.5	108.0	112.7	118.4	120.3	100.0	108.8	104.5	101.8	97.6	109.5	111.9

6–18 主要年份农产品生产价格总指数

Producer's Prices Indices for Farm Products in Main Years

年 份	农产品生产价格指数 Producer's Price Index for Farm Products	
	环比指数(上年=100) Linked Index(preceding year=100)	定基指数(1952=100) Fixed-base Index year of(1952=100)
1990	100.7	345.3
1991	103.3	356.7
1992	109.4	390.2
1993	123.1	480.3
1994	148.6	713.7
1995	115.4	823.7
1996	95.4	785.8
1997	91.9	722.1
1998	93.7	676.6
1999	94.6	640.1
2000	100.7	644.6
2001	103.2	665.2
2002	101.2	672.9
2003	105.8	711.6
2004	108.8	773.9
2005	103.3	799.2
2006	104.5	835.5
2007	119.0	993.9
2008	114.9	1142.2
2009	94.6	1080.7
2010	124.3	1343.1
2011	117.3	1574.7
2012	108.2	1703.1
2013	110.4	1879.9
2014	100.0	1879.7
2015	96.1	1805.6
2016	104.5	1887.0
2017	101.0	1905.3
2018	100.3	1911.6
2019	109.6	2095.1
2020	122.6	2568.6
2021	104.1	2673.9

注：2001年以前数据为农产品收购价格指数。
Note:Data before 2001 was procurement Price Index for Farm Product.

6-19 2017-2021年主要农产品生产价格指数
Producer's Prices Indices for Major Farm Products(2017-2021)

上年=100 (preceding year=100)

指 标	Item	2017	2018	2019	2020	2021
总指数	**General Index**	**101.0**	**100.3**	**109.6**	**122.6**	**104.1**
种植业产品	**Planting Products**	**101.6**	**97.1**	**106.4**	**101.0**	**111.9**
谷物（原粮）	Cereal	98.6	103.8	101.1	103.4	122.1
小麦	Wheat	96.8	100.1	99.4	101.7	119.2
杂粮	Coarse Cereals	98.9	104.0	101.2	103.5	135.0
薯类	Tubers	105.6	85.3	117.1	96.3	95.2
豆类	Soybeans	90.3	106.9	114.6	99.8	106.4
油料	Oil-bearing Crops	102.3	101.2	101.3	102.4	118.6
蔬菜	Vegetables	97.4	105.3	105.1	108.0	112.5
中药材	Chinese Medicines Materials	97.6	96.3	95.3	91.3	101.7
畜牧业产品	**Animal Husbandry Products**	**100.2**	**105.6**	**115.0**	**121.6**	**91.6**
牛 （毛重）	Cattle and Buffaloes (gross weight)	104.4	106.0	107.2	110.3	105.1
羊 （毛重）	Sheep and Goats (gross weight)	107.2	129.1	112.1	110.8	106.4
奶类	Milk	101.8	103.1	103.0	101.1	108.8
猪 （毛重）	Pig (gross weight)	94.7	89.1	123.5	139.2	70.4
家禽（毛重）	Poultry (gross weight)	100.1	110.7	111.0	98.1	102.2

主要统计指标解释

定基价格指数 在一个价格指数数列中,每个指数都以同一时期为基期计算的价格指数。通常以某一年为基期来计算。其特点是无论计算期如何变动,其基期固定不变(通常每5年更换一次基期)。从2001年起,我国改用国际通用方法计算定基价格指数,首轮固定对比基期选为2000年,即以2000年平均价格作基数。编制定基价格指数的目的在于观察物价变动的长期趋势和变动程度及其规律。

同比价格指数 同比指数是根据报告期的定基指数除以上年同期的定基指数取得的。居民消费价格指数 是反映一定时期内城乡居民所购买的生活消费品价格和服务项目价格变动趋势和程度的相对数,是对城市居民消费价格指数和农村居民消费价格指数进行综合汇总计算的结果。该指数可以观察和分析消费品的零售价格和服务项目价格变动对城乡居民实际生活费支出的影响程度。

城市居民消费价格指数 是反映一定时期内城市居民家庭所购买的生活消费品价格和服务项目价格变动趋势和程度的相对数。该指数可以观察和分析消费品的零售价格和服务项目价格变动对城镇职工货币工资的影响,作为研究职工生活和确定工资政策的依据。

农村居民消费价格指数 是反映一定时期内农村居民家庭所购买的生活消费品价格和服务项目价格变动趋势和程度的相对数。该指数可以观察农村消费品的零售价格和服务项目价格变动对农村居民生活消费支出的影响,直接反映农村居民生活水平的实际变化情况,为分析和研究农村居民生活问题提供依据。

商品零售价格指数 是反映一定时期内城乡商品零售价格变动趋势和程度的相对数。商品零售价格的变动直接影响到城乡居民的生活支出和国家的财政收入,影响居民购买力和市场供需的平衡,影响到消费与积累的比例关系。因此,该指数可以从一个侧面对上述经济活动进行观察和分析。

农业生产资料价格指数 指反映一定时期内农业生产资料价格变动趋势和程度的相对数。其编制目的是了解农业生产中物质资料投入价格的变动状况,服务于国民经济核算。1994年以前,农业生产资料价格指数仅仅是商品零售价格指数的一个类别,此后,从商品零售价格指数中分离出来,单独编制。

农产品生产价格指数 是反映一定时期内,农产品生产者出售农产品价格水平变动趋势及幅度的相对数。该指数可以客观反映全国农产品生产价格水平和结构变动情况,满足农业与国民经济核算需要。其中某代表品生产价格指数是通过对全部有出售该产品行为的调查单位的个体指数进行几何平均求得的,类价格指数是通过对其所属的类(或代表品)的价格指数进行加权平均求得的。季度累计价格指数的计算方法与分季指数的计算方法相同。

工业生产者出厂价格指数 是反映一定时期内全部工业产品出厂价格总水平的变动趋势和程度的相对数,包括工业企业售给本企业以外所有单位的各种产品和直接售给居民用于生活消费的产品。该指数可以观察出厂价格变动对工业总产值及增加值的影响。

工业生产者购进价格指数 是反映工业企业作为生产投入,而从物资交易市场和能源、原材料生产企业购买原材料、燃料和动力产品时,所支付的价格水平变动趋势和程度的统计指标,是扣除工业企业物质消耗成本中的价格变动影响的重要依据。

目前,我国编制的工业生产者购进价格指数所调查的产品包括燃料动力、黑色金属、有色金属、化工、建材等九大类。

固定资产投资价格指数 是反映一定时期内固定资产投资品及取费项目的价格变动趋势和程度的相对数。固定资产投资额是由建筑安装工程投资完成额、设备工器具购置投资完成额和其他费用投资完成额三部分组成的。编制固定资产投资价格指数应首先分别编制上述三部分投资的价格指数,然后采用加权算术平均法求出固定资产投资价格总指数。

该指数可以准确地反映固定资产投资中涉及的各类投资品和取费项目价格变动趋势和变动幅度,消除按现价计算的固定资产投资指标中的价格变动因素,真实地反映固定资产投资的规模、速度、结构和效益,为国家科学地制定、检查固定资产投资计划并提高宏观调控水平,为完善国民经济核算体系提供科学的、可靠的依据。

房地产价格指数 是反映一定时期内房地产价格变动趋势和程度的相对数,包括房屋销售价格指数、房屋租赁价格指数、土地交易价格指数和物业管理价格指数。这四套指数的计算方法相似,均采用由下到上逐级汇总的方法。

住宅销售价格指数 包括新建住宅销售价格指数和二手住宅销售价格指数。新建住宅销售价格、面积、金额等资料直接采用当地房地产管理部门的网签数据。二手住宅销售价格调查为非全面调查,采用重点调查和典型调查相结合的方法,按照房地产经纪机构上报、房地产管理部门提供与调查员实地采价相结合的方式收集基础数据。

Explanatory Notes on Main Statistical Indicators

Fixed Base Price Indices in a series of price indices, each index during the same period are calculated as the base year price index. Usually there is a particular year to calculate the base period. It features no matter how change in period, the base period is fixed (usually once every 5 years to replace the base period). Since 2001, China has used international general method to calculate a fixed base price indices, fixed the first round of comparison in 2000 as the base period, that is, the average price in 2000 for the base. The preparation of fixed base price indices for the purpose is observation of long – term trends in price changes and changes in the extent and regularity.

Price Indices for the Same Period Last Year year – on – year indices is based on the reporting period divided by the fixed base indices of the fixed base year – on – year indices achieved.

Consumer Price Indices reflect the trend and degree of changes in prices of consumer goods and services purchased by urban and rural households during a given period. They are obtained by combining Consumer Price Indices of Urban Household and Consumer Price Indices of Rural Household. The Indices enable the observation and analysis of the degree of impact of the changes in the prices of retailed goods and services on the actual living expenses of urban and rural residents.

Consumer Price Indices of Urban Household reflects the trend and degree of changes in prices of consumer goods and services purchased by urban households during a given period. It can be used to observe and analyze the impact of price changes in consumer goods and services on wages (in monetary terms) of urban staff and workers, and provide a basis for research on the livelihood of staff and workers and policy – making concerning wages.

Consumer Price Indices of Rural Household reflects the trend and degree of changes in prices of consumer goods and services purchased by rural households during a given period. It can be used to observe the impact of change in retail prices of consumer goods and service prices in rural areas on living expenditure of rural households, and to show the changes in the living standard of rural households. It provides a basis for analysis and research on the condition of life in rural areas.

Retail Price Indices reflect the trend and degree of change in retail prices of commodities during a given period. The change in retail prices of commodities directly affect the living expenses of urban and rural residents, government revenue, purchasing power of residents and the equilibrium of market supply and demand, and the ratio of consumption to accumulation. Therefore, the retail price indices are useful from an oblique perspective for observing and analyzing the changes of the above economic activities.

Price Indices for Means of Agricultural Production reflects the trend and degree of changes in the prices of the means of agricultural production during a given period. Compilation of these indices helps to understand the changes in prices of input into agricultural production and facilitate the compilation of national accounts statistics. Before 1994, price indices for means of agricultural production were a sub – category in the retail price indices for commodities, and it has been compiled separately since 1994.

Producer Prices Indices for Farm Products reflect the trend and degree of changes in producers′ prices received by farmers when they sell farm products during a given period. These indices depict the change in the level and structure of producer prices for farm products of the country and meet the needs of agricultural statistics and national accounts statistics. The producer price index for a given product is calculated as the geometrical mean of individual indices for all surveyed units which sell such product, and the indices for a product category is obtained as the weighted mean of price indices for all products in the category. Method for calculating accumulative quarterly indices is the same as for calculating the individual quarterly indices.

Producer Price Indices for Industrial Products reflect the trend and degree of changes in general ex – factory prices of all manufactured goods during a given period, including sales of manufactured goods by an industrial enterprise to all units outside the enterprise, as well as sales of consumer goods to residents. It can be used to analyze the impact of ex – factory prices on gross output value and value – added of the industrial sector.

Purchasing Price Indices for Industrial Producers rreflect changes in the level and degree of prices paid by industrial enterprises when they purchase production input such as raw materials, fuels and power from the market or from other energy or raw materials producing enterprises. These indices provide an important basis for measuring the material consumption of industrial enterprises after removing the influence of price changes.

At present, products in 9 categories, including fuels and power, ferrous metals, non – ferrous metals, chemicals, building materials, are covered in China for the survey to produce indices for purchasing′prices for industrial producers.

Price Indices for Investment in Fixed Assets reflect the trend and degree of changes in prices of investment goods and projects in fixed assets during a given period. The investment in fixed assets consists of three components, namely the investment in construction and installation, the investment in purchases of equipment and instrument, and the investment in other items. Price indices for investment in fixed assets are calculated as the weighted arithmetic mean of the price indices for the three components of investment in fixed assets.

Removing the factor of price change in the aggregates of investment at current prices, this indicator shows the changes in the prices of commodities and fees involved in the investment of fixed assets, and can be used to observe the actual size, growth, structure, and efficiency of investment in fixed assets and provides reliable and scientific data for government planning, management, decision – making, and further improving the current national accounting system.

Price Indices for Real Estate reflect the trend and degree of changes in prices of real estate during a given period, including sale price indices for houses, price indices for renting houses, price indices for land transactions and price indices for management of properties. The methods for the compilation of these four sets of indices are similar in that they all use the bottom – up approach under which data are reported from lower level to higher level.

Residential Buildings Sales Price Indices includes new residential buildings sales price index and second – hand residential buildings sales price index. The price, size, amount and other information of new residential buildings sales are directly from the data network to sign the local real estate management. Second – hand residential buildings sales price survey is non – comprehensive survey, using the method of combining typical survey and key investigation, according to a combination of real estate agencies reporting, real estate management providing and investigators collected price field to collet infrastructure data. New residential buildings include new residential affordable housing.

第7篇

CHAPTER 7

人民生活

People's Living Conditions

7-1 2017-2021年住户调查主要指标
Main Indicators of Integrated Household Survey(2017-2021)

指　标	Item	2017	2018	2019	2020	2021
全体居民人均可支配收入（元）	**Per Capita Disposable Income of All Households (yuan)**	**19001**	**20757**	**22618**	**24037**	**25919**
城镇	Urban Households	29169	31515	33830	35506	37745
农村	Rural Households	9462	10393	11499	12342	13604
全体居民人均可支配收入	**Nominal Growth Rate of Per Capita Disposable**					
名义增长速度 （%）	**Income of Households (%)**	**9.8**	**9.2**	**9.0**	**6.3**	**7.8**
城镇	Urban Households	9.0	8.0	7.3	5.0	6.3
农村	Rural Households	9.2	9.8	10.6	7.3	10.2
全体居民人均可支配收入	**Actual Growth Rate of Per Capita Disposable**					
实际增长速度 （%）	**Income of All Households (%)**	**9.7**	**6.6**	**6.3**	**3.6**	**6.4**
城镇	Urban Households	8.5	5.4	4.8	2.2	4.9
农村	Rural Households	9.1	7.2	7.9	4.7	8.6
全体居民人均可支配收入	**Median of Per Capita Disposable**					
中位数 （元）	**Income of All Households (yuan)**	**15651**	**15798**	**17498**	**19005**	**20908**
城镇	Urban Households	27070	28082	31403	33834	35830
农村	Rural Households	7944	8467	9558	10571	11747
全体居民	**Per Capita Consumption Expenditure**					
人均消费支出 （元）	**of All Households (yuan)**	**15503**	**16557**	**17545**	**18284**	**19020**
城镇	Urban Households	21473	22998	23799	24315	24513
农村	Rural Households	9903	10352	11343	12134	13300
全体居民人均消费	**Growth Rate of Per Capita Consumption**					
支出增长速度 （%）	**Expenditure of All Households (%)**	**4.9**	**6.8**	**6.0**	**4.2**	**4.0**
城镇	Urban Households	3.0	7.1	3.5	2.2	0.8
农村	Rural Households	7.4	4.5	9.6	7.0	9.6
城乡居民收入比	**Urban and Rural Households Income Ratio**					
（以农村为1）	**(Rural Income as 1)**	**3.08**	**3.03**	**2.94**	**2.88**	**2.77**

7-2 2010-2021年城乡居民人均收支情况

单位：元

指标	Item	2010	2011	2012
全体居民人均可支配收入	**Per Capita Disposable Income of All Households**	**8661**	**10030**	**11468**
工资性收入	Income of Wages and Salaries	5270	6147	6940
经营净收入	Net Business Income	1521	1608	1687
财产净收入	Net Income from Property	156	172	199
转移净收入	Net Income from Transfer	1712	2103	2641
全体居民人均生活消费支出	**Per Capita Consumption Expenditure of All Households**	**7772**	**9035**	**10384**
食品烟酒	Food,Tobacco and Liquor	2875	3254	3550
衣着	Clothing	712	880	975
居住	Residence	1281	1481	1703
生活用品及服务	Household Facilities, Articles and Services	475	580	674
交通通信	Transport and Communications	923	1098	1422
文化教育娱乐	Education, Cultural and Recreation	755	871	971
医疗保健	Health Care and Medical Services	580	653	829
其他用品及服务	Miscellaneous Goods and Services	171	218	260
城镇居民人均可支配收入	**Per Capita Disposable Income of Urban Households**	**14462**	**16287**	**18336**
工资性收入	Income of Wages and Salaries	10634	11871	13320
经营净收入	Net Business Income	697	767	879
财产净收入	Net Income from Property	274	287	345
转移净收入	Net Income from Transfer	2856	3361	3792
城镇居民人均生活消费支出	**Per Capita Consumption Expenditure of Urban Households**	**11519**	**13127**	**14794**
食品烟酒	Food,Tobacco and Liquor	3932	4431	4829
衣着	Clothing	1208	1422	1534
居住	Residence	1875	2144	2491
生活用品及服务	Household Facilities, Articles and Services	732	823	1046
交通通信	Transport and Communications	1455	1687	2011
文化教育娱乐	Education, Cultural and Recreation	1216	1298	1463
医疗保健	Health Care and Medical Services	802	954	1007
其他用品及服务	Miscellaneous Goods and Services	300	368	411
农村居民人均可支配收入	**Per Capita Disposable Income of Rural Households**	**4028**	**4806**	**5594**
工资性收入	Income of Wages and Salaries	988	1368	1484
经营净收入	Net Business Income	2180	2309	2379
财产净收入	Net Income from Property	62	77	75
转移净收入	Net Income from Transfer	799	1052	1656
农村居民人均生活消费支出	**Per Capita Consumption Expenditure of Rural Households**	**4779**	**5619**	**6613**
食品烟酒	Food,Tobacco and Liquor	2030	2272	2457
衣着	Clothing	316	428	497
居住	Residence	807	928	1028
生活用品及服务	Household Facilities, Articles and Services	269	376	355
交通通信	Transport and Communications	499	606	918
文化教育娱乐	Education, Cultural and Recreation	387	515	549
医疗保健	Health Care and Medical Services	403	402	677
其他用品及服务	Miscellaneous Goods and Services	68	92	131

Per Capita Income and Consumption Expenditure of Urban and Rural Households (2010-2021)

(yuan)

2013	2014	2015	2016	2017	2018	2019	2020	2021
12948	**14374**	**15813**	**17302**	**19001**	**20757**	**22618**	**24037**	**25919**
7607	8292	9192	10235	11351	12209	13204	13872	14967
2050	2397	2445	2629	2861	3014	3306	3781	4160
562	699	803	863	949	1057	1141	1047	1026
2729	2986	3374	3575	3840	4477	4967	5337	5767
11576	**12605**	**13611**	**14775**	**15503**	**16557**	**17545**	**18284**	**19020**
3628	3854	3958	4272	4453	4672	5131	5224	5850
1087	1153	1232	1270	1266	1351	1360	1301	1359
2245	2375	2353	2595	2755	2990	3304	3618	3580
702	734	793	874	929	932	953	1073	1119
1496	1790	2263	2287	2410	2671	2588	3121	3109
1047	1293	1383	1568	1687	1656	1732	1521	1627
1102	1071	1318	1504	1599	1842	1996	1976	1938
270	335	310	405	406	444	482	448	438
20352	**22307**	**24542**	**26757**	**29169**	**31515**	**33830**	**35506**	**37745**
14266	15283	16899	18741	20568	21719	22872	23547	24732
1207	1699	1765	2008	1899	2089	2307	2699	3060
1051	1160	1331	1451	1613	1674	1878	1667	1651
3828	4164	4547	4558	5089	6033	6773	7592	8301
16223	**17493**	**19201**	**20853**	**21473**	**22998**	**23799**	**24315**	**24513**
4922	5228	5503	5976	6061	6351	6904	6754	7389
1692	1754	1902	1964	1901	2004	1941	1770	1792
3391	3446	3340	3809	3837	4235	4654	5054	4755
1004	1009	1180	1322	1399	1386	1369	1510	1546
1797	2235	3355	3064	3241	3612	3295	4076	3928
1639	2056	2022	2353	2528	2394	2436	2043	2099
1345	1213	1459	1750	1949	2371	2510	2525	2454
434	550	439	615	557	645	690	583	549
6462	**7283**	**7933**	**8664**	**9462**	**10393**	**11499**	**12342**	**13604**
1774	2041	2235	2464	2704	3047	3617	4006	4796
2789	3021	3058	3197	3764	3905	4297	4885	5304
133	288	326	325	326	463	410	414	376
1766	1932	2315	2678	2668	2978	3175	3038	3128
7506	**8235**	**8566**	**9222**	**9903**	**10352**	**11343**	**12134**	**13300**
2494	2626	2564	2715	2945	3053	3373	3665	4248
557	615	627	636	670	721	783	823	907
1241	1416	1462	1487	1739	1790	1965	2155	2357
438	488	445	464	488	495	541	628	674
1232	1392	1278	1577	1629	1765	1886	2147	2255
528	611	807	851	897	945	1033	989	1136
889	944	1191	1279	1270	1332	1486	1416	1401
127	143	194	213	264	251	276	311	322

7-3 居民家庭基本情况
Basic Conditions of Households

指标	Item	2020			2021		
		全体住户 All Households	城镇住户 Urban Households	农村住户 Rural Households	全体住户 All Households	城镇住户 Urban Households	农村住户 Rural Households
一.调查样本住户数 （户）	**Number of Households Surveyed(household)**	**2410**	**1240**	**1170**	**2410**	**1240**	**1170**
二.期内住户常住成员数 （人）	**Number of Resident Households Members During Period (person)**	**8613**	**3861**	**4753**	**8457**	**3786**	**4671**
三.常住劳动力情况(16周岁及以上非在校学生)	**Conditions of Resident Labor Force (Non Students of Aged 16 and Over)**						
(一)劳动力人数 （人）	Number of Labor Force (person)	5784	2704	3080	5752	2679	3073
1.整劳动力人数	Number of Full Labor Force	3148	1452	1696	2958	1340	1618
2.半劳动力人数	Number of Semi Labor Force	2636	1252	1384	2794	1339	1455
(二)性别 （人）	Sex (person)	5784	2704	3080	5752	2679	3073
1.男性	Male	2883	1317	1566	2877	1309	1568
2.女性	Female	2901	1387	1514	2875	1370	1505
(三)年龄 （人）	Age (person)	5784	2704	3080	5752	2679	3073
1.16-19岁	Aged 16-19	77	11	66	69	15	54
2.20-24岁	Aged 20-24	330	106	224	284	90	194
3.25-29岁	Aged 25-29	509	215	294	467	191	276
4.30-34岁	Aged 30-34	591	302	289	544	268	276
5.35-40岁	Aged 35-40	618	319	299	573	269	304
6.41-50岁	Aged 41-50	1451	701	750	1457	704	753
7.51-60岁	Aged 51-60	1312	618	694	1404	685	719
8.61-65岁	Aged 61-65	312	159	153	317	157	160
9.66岁及以上	Aged 66 and Over	584	273	311	637	300	337

7-3 续表 Continued

指标	Item	2020 全体住户 All House-holds	2020 城镇住户 Urban House-holds	2020 农村住户 Rural House-holds	2021 全体住户 All House-holds	2021 城镇住户 Urban House-holds	2021 农村住户 Rural House-holds
(四)受教育程度 (人)	Educational Attainment (person)	5784	2704	3080	5752	2679	3073
1.未上过学	No Schooling	934	262	672	912	246	666
2.小学	Primary School	1817	521	1296	1806	514	1292
3.初中	Junior Secondary School	1372	626	746	1367	631	736
4.高中	Senior Secondary School	611	448	163	615	445	170
5.大学专科	College Students	560	422	138	566	427	139
6.大学本科	University Undergraduate	473	408	65	475	406	69
7.研究生	Graduate Students	17	17		11	10	1
四.常住从业人员情况 (人)	**Conditions of Resident Engaged Persons(person)**						
(一)常住成员从业人数	Number of Resident Engaged Persons	4003	1686	2317	3967	1629	2338
(二)年末就业类型	Type of Employment at Year-end	4003	1686	2317	3967	1629	2338
1.雇主	Employers	14	13	1	17	5	12
2.公职人员	Public Officials	120	113	7	104	95	9
3.事业单位人员	Business Unit Personnel	227	218	9	199	190	9
4.国有企业雇员	State-owned Enterprise Employees	165	154	11	140	126	14
5.其他雇员	Other Employees	1807	845	962	1862	879	983
6.农业自营	Agricultural Self-employed	1248	93	1155	1218	89	1129
7.非农自营	Non-agricultural Self-employed	422	250	172	427	245	182
(三)年末从事主要行业 (人)	Engaged Industry at Year-end (person)	4003	1686	2317	3967	1629	2338
1.第一产业	Primary Industry	1340	113	1227	1331	109	1222
2.第二产业	Secondary Industry	743	323	420	683	318	365
3.第三产业	Tertiary Industry	1920	1250	670	1953	1202	751
(四)单位离退休人员 (人)	Retired Personnel of Units (person)	442	417	25	491	465	26
五.住房情况	**Housing Conditions**						
期末人均自有现住房面积 (平方米)	Per Capita Floor Space of Self Owned Houses at End of Period (sq.m)	29.5	30.4	28.6	30.0	30.7	29.2
期末自有现住房市场价估计值 (元/平方米)	Per Market Price Estimates of Self Owned Houses at End of Period (yuan/sq.m)	2568	3954	1067	2573	3968	1047

7-4 分地区全体居民人均可支配收入
Per Capita Disposable Income of All Households by Region

单位：元 (yuan)

地 区	Region	2010	2011	2012	2013	2014	2015	2016	2017	2018	2019	2020	2021
西宁市	Xining City	11319	13078	14965	16618	18129	19955	21820	23928	26074	28189	30203	32347
海东市	Haidong City	6494	7843	9389	11005	12029	13226	14457	15841	17305	18889	20066	21813
海北州	Haibei Zang A.P	7457	8928	10430	11777	12959	14230	15557	17084	18684	20392	21699	23735
黄南州	Huangnan Zang A.P	6118	7269	8347	9468	10691	11742	12843	14099	15425	17058	18331	19992
海南州	Hainan Zang A.P	7070	8280	9546	10967	12426	13656	14949	16413	17935	19655	21047	22790
果洛州	Golog Zang A.P	5503	6150	7249	8232	9374	10264	11265	12459	13912	15494	16534	18044
玉树州	Yushu Zang A.P	7961	7568	8664	9838	11203	12253	13445	14886	16348	18242	19399	21103
海西州	Haixi Mongolian & Zang A.P	11709	13393	15132	16790	18632	20358	22218	24336	26524	28732	30168	32121

7-5 分地区全体居民人均生活消费支出
Per Capita Consumption Expenditure of All Households by Region

单位：元 (yuan)

地 区	Region	2010	2011	2012	2013	2014	2015	2016	2017	2018	2019	2020	2021
西宁市	Xining City	8535	9805	11241	12567	14927	16273	17725	17198	18666	20222	21018	22174
海东市	Haidong City	5584	6817	8163	9148	9382	10033	10446	11013	11653	12261	12724	13840
海北州	Haibei Zang A.P	5122	5923	7619	8390	9256	9915	10636	11368	12249	12964	13924	15942
黄南州	Huangnan Zang A.P	5399	6119	7322	7910	7743	8413	9314	9962	10689	11530	11971	13460
海南州	Hainan Zang A.P	4981	6532	7542	8425	9459	10041	10748	11199	12005	13180	14339	15818
果洛州	Golog Zang A.P	3864	4255	4599	5271	6108	6578	7358	8152	9025	10253	10720	12354
玉树州	Yushu Zang A.P	3478	4331	5031	5617	7024	7525	8217	7987	8638	9637	11256	12210
海西州	Haixi Mongolian & Zang A.P	9485	11041	11289	12419	12449	13409	14193	14846	16136	16977	18041	20547

7-6 分地区城镇居民人均可支配收入
Per Capita Disposable Income of Urban Households by Region

单位：元 (yuan)

地 区	Region	2010	2011	2012	2013	2014	2015	2016	2017	2018	2019	2020	2021
西宁市	Xining City	15133	17021	18946	20891	22875	25202	27505	30007	32460	34846	36959	39251
海东市	Haidong City	13705	15603	17691	19424	21208	23361	25480	27724	29857	31962	33509	35794
海北州	Haibei Zang A.P	14292	16374	18646	20568	22250	24535	26752	29183	31647	33927	35487	37827
黄南州	Huangnan Zang A.P	14277	16204	18226	20255	22139	24394	26553	28937	31039	33221	35021	37093
海南州	Hainan Zang A.P	13296	15518	17536	19760	21784	23996	26187	28511	30767	33075	34529	36503
果洛州	Golog Zang A.P	14868	16530	18806	21173	23380	25677	28041	30577	33205	35451	37328	39919
玉树州	Yushu Zang A.P	16324	17446	18915	21183	23373	25627	27948	30479	32914	35167	37011	39523
海西州	Haixi Mongolian & Zang A.P	15276	17325	19371	21328	23201	25422	27723	30237	32721	35219	36806	38819

7-7 分地区城镇居民人均生活消费支出
Per Capita Consumption Expenditure of Urban Households by Region

单位：元 (yuan)

地 区	Region	2010	2011	2012	2013	2014	2015	2016	2017	2018	2019	2020	2021
西宁市	Xining City	10298	11534	13243	14874	18191	20030	21908	20544	22325	24027	24810	25688
海东市	Haidong City	9714	11051	12893	13995	13488	14769	15347	16557	17390	17640	18083	18951
海北州	Haibei Zang A.P	8077	9066	11277	12191	13151	14457	15588	16689	17894	18319	19516	21466
黄南州	Huangnan Zang A.P	12241	13148	14193	15112	14005	15461	16803	16921	17379	17822	18023	18895
海南州	Hainan Zang A.P	7554	8957	10166	11185	12493	13730	14705	15023	15972	17266	18275	19203
果洛州	Golog Zang A.P	10161	11144	11763	13629	15692	17177	18785	20381	22255	23678	23631	24833
玉树州	Yushu Zang A.P	7201	7861	8560	9236	12647	13827	14154	13879	13737	13968	16117	17565
海西州	Haixi Mongolian & Zang A.P	12116	13761	13577	14838	14436	15669	16509	17170	18783	19551	20823	23575

7-8 分地区农村居民人均可支配收入
Per Capita Disposable Income of Rural Households by Region

单位：元 (yuan)

地 区	Region	2010	2011	2012	2013	2014	2015	2016	2017	2018	2019	2020	2021
西宁市	Xining City	4415	5358	6302	7272	8155	8862	9675	10545	11500	12577	13487	14948
海东市	Haidong City	4085	4943	5751	6648	7499	8186	8935	9712	10638	11627	12444	13755
海北州	Haibei Zang A.P	4469	5710	6904	8032	9031	9816	10713	11689	12744	13914	14842	16351
黄南州	Huangnan Zang A.P	3198	4054	4777	5546	6282	6814	7448	8157	8944	9951	10708	11679
海南州	Hainan Zang A.P	4488	5235	6125	7116	8046	8759	9574	10452	11433	12502	13380	14613
果洛州	Golog Zang A.P	2774	3128	3910	4497	5094	5513	6073	6684	7808	9143	9848	10776
玉树州	Yushu Zang A.P	4057	2943	3869	4530	5137	5564	6176	6838	7807	9138	9800	10763
海西州	Haixi Mongolian & Zang A.P	5264	6368	7668	8895	9971	10680	11646	12724	13882	15052	16107	17590

7-9 分地区农村居民人均生活消费支出
Per Capita Consumption Expenditure of Rural Households by Region

单位：元 (yuan)

地 区	Region	2010	2011	2012	2013	2014	2015	2016	2017	2018	2019	2020	2021
西宁市	Xining City	5317	6383	6858	7503	8079	8353	8826	9824	10318	11299	11633	13317
海东市	Haidong City	4198	5215	6079	6646	7307	7646	7956	8149	8606	9274	9686	10896
海北州	Haibei Zang A.P	3834	4574	6076	6805	7662	7997	8511	9001	9662	10400	11143	13048
黄南州	Huangnan Zang A.P	2971	3614	4856	5311	5347	5686	6384	7182	7912	8764	9207	10818
海南州	Hainan Zang A.P	3923	5512	6417	7215	8037	8298	8860	9316	9995	11003	12101	13800
果洛州	Golog Zang A.P	2057	2279	2559	2880	3181	3299	3827	4266	4839	5981	6568	8207
玉树州	Yushu Zang A.P	1730	2678	3379	3924	4215	4365	5237	4940	6009	7308	8606	9204
海西州	Haixi Mongolian & Zang A.P	4398	5926	7224	8181	8805	9154	9862	10429	10738	11548	12148	13979

7-10 居民家庭主要耐用消费品每百户年末拥有量
Number of Durable Consumer Goods Owned Per 100 Households

指标	Item	2020			2021		
		全体住户 All Households	城镇住户 Urban Households	农村住户 Rural Households	全体住户 All Households	城镇住户 Urban Households	农村住户 Rural Households
家用汽车 (辆)	Automobile (unit)	47.1	44.5	50.7	49.5	45.2	55.2
摩托车 (辆)	Motorcycle (unit)	35.3	11.2	68.2	35.4	13.1	66.0
电动助力车(台)	Electric Bicycle (set)	14.7	9.8	21.3	17.8	12.1	25.8
洗衣机 (台)	Washing Machine (set)	100.8	101.7	99.7	100.8	101.0	100.7
电冰箱(柜)(台)	Refrigerator (set)	106.0	104.7	107.7	107.8	105.3	111.1
微波炉 (台)	Microwave Oven (set)	41.9	58.5	19.4	40.6	57.1	18.0
彩色电视机(台)	Color Television Set(set)	100.8	99.2	103.0	101.1	99.7	103.0
空调 (台)	Air Conditioner (set)	1.0	1.1	0.9	1.5	1.8	1.1
热水器 (台)	Water Heater (set)	64.1	79.9	42.6	64.7	79.3	44.8
排油烟机 (台)	Exhaust Fan (set)	58.8	83.3	25.6	57.6	78.8	28.5
固定电话 (部)	Telephone (unit)	8.0	12.0	2.7	4.1	5.9	1.7
移动电话 (部)	Mobile Telephone (unit)	261.5	239.1	291.9	263.2	238.9	296.6
计算机 (台)	Computer (set)	37.5	52.6	16.9	31.4	40.4	18.9
照相机 (台)	Camera (set)	8.6	13.3	2.1	5.9	8.9	1.9

7-11 2021年全体居民人均收支情况
Per Capita Income and Consumption Expenditure of All Households(2021)

指 标	Item	绝对数(元) Level(yuan)	增长率(%) Growth Rate(%)	构成(%) Composition(%)
可支配收入	**Disposable Income**	**25919**	**7.8**	**100.0**
工资性收入	Income of Wages and Salaries	14967	7.9	57.7
经营净收入	Net Business Income	4160	10.0	16.0
第一产业经营净收入	Net Business Income of Primary Industry	2138	8.4	8.2
第二产业经营净收入	Net Business Income of Secondary Industry	143	-42.1	0.6
第三产业经营净收入	Net Business Income of Tertiary Industry	1879	20.2	7.2
财产净收入	Net Income from Property	1026	-2.0	4.0
转移净收入	Net Income from Transfer	5767	8.1	22.2
消费支出	**Consumption Expenditure**	**19020**	**4.0**	**100.0**
食品烟酒	Food,Tobacco and Liquor	5850	12.0	30.8
衣着	Clothing	1359	4.4	7.1
居住	Residence	3580	-1.1	18.8
生活用品及服务	Household Facilities, Articles and Services	1119	4.3	5.9
交通通信	Transport and communications	3109	-0.4	16.3
教育文化娱乐	Education,Cultural and Recreation	1627	7.0	8.6
医疗保健	Health Care and Medical Services	1938	-1.9	10.2
其他用品和服务	Other Goods and Services	438	-2.4	2.3

7-12 2021年城镇常住居民人均收支情况

Per Capita Income and Consumption Expenditure of Urban Households(2021)

指标	Item	绝对数(元) Level(yuan)	增长率(%) Growth Rate(%)	构成(%) Composition(%)
可支配收入	**Disposable Income**	**37745**	**6.3**	**100.0**
工资性收入	Income of Wages and Salaries	24732	5.0	65.5
经营净收入	Net Business Income	3060	13.4	8.1
第一产业经营净收入	Net Business Income of Primary Industry	362	81.0	1.0
第二产业经营净收入	Net Business Income of Secondary Industry	242	-48.0	0.6
第三产业经营净收入	Net Business Income of Tertiary Industry	2457	20.7	6.5
财产净收入	Net Income from Property	1651	-1.0	4.4
转移净收入	Net Income from Transfer	8301	9.3	22.0
消费支出	**Consumption Expenditure**	**24513**	**0.8**	**100.0**
食品烟酒	Food,Tobacco and Liquor	7389	9.4	30.1
衣着	Clothing	1792	1.2	7.3
居住	Residence	4755	-5.9	19.4
生活用品及服务	Household Facilities, Articles and Services	1546	2.4	6.3
交通通信	Transport and communications	3928	-3.6	16.0
教育文化娱乐	Education,Cultural and Recreation	2099	2.8	8.6
医疗保健	Health Care and Medical Services	2454	-2.8	10.0
其他用品和服务	Other Goods and Services	549	-5.8	2.2

7−13　2021年农村常住居民人均收支情况
Per Capita Income and Consumption Expenditure of Rural Households(2021)

指　　标	Item	绝对数(元) Level(yuan)	增长率(%) Growth Rate(%)	构成(%) Composition(%)
可支配收入	**Disposable Income**	**13604**	**10.2**	**100.0**
工资性收入	Income of Wages and Salaries	4796	19.7	35.3
经营净收入	Net Business Income	5304	8.6	39.0
第一产业经营净收入	Net Business Income of Primary Industry	3987	5.5	29.3
第二产业经营净收入	Net Business Income of Secondary Industry	41	54.7	0.3
第三产业经营净收入	Net Business Income of Tertiary Industry	1276	18.1	9.4
财产净收入	Net Income from Property	376	-9.3	2.8
转移净收入	Net Income from Transfer	3128	3.0	23.0
消费支出	**Food,Tobacco and Liquor**	**13300**	**9.6**	**100.0**
食品烟酒	Clothing	4248	15.9	31.9
衣着	Residence	907	10.2	6.8
居住	Household Facilities, Articles and Services	2357	9.4	17.7
生活用品及服务	Transport and communications	674	7.2	5.1
交通通信	Education,Cultural and Recreation	2255	5.0	17.0
教育文化娱乐	Health Care and Medical Services	1136	14.8	8.5
医疗保健	Other Goods and Services	1401	-1.1	10.5
其他用品和服务	Other Goods and Services	322	3.4	2.4

7-14 2020-2021年居民家庭现金收入及支出

Cash Income and Consumption Expenditure of Households(2020-2021)

单位：元 (yuan)

指　标	Item	2020			2021		
		全体居民 All House-holds	城镇常住居民 Urban House-holds	农村常住居民 Rural House-holds	全体居民 All House-holds	城镇常住居民 Urban House-holds	农村常住居民 Rural House-holds
现金收入（未扣除生产费用）	**Cash Income(Not Deduct the Cost of Production)**	**28674**	**40369**	**16749**	**30144**	**41214**	**18615**
现金工资性收入	Cash Income of Wages and Salaries	13808	23474	3952	14855	24615	4691
现金经营性收入	Business Cash Income	7715	6218	9241	7886	5581	10286
现金财产性收入	Cash Income from Property	581	700	460	560	687	429
现金转移性收入	Cash Income from Transfer	6570	9977	3096	6842	10331	3209
现金支出	**Expenditure**	**27703**	**35658**	**19592**	**27149**	**32106**	**21987**
现金消费支出	Cash Consumption Expenditure	15777	21117	10331	16224	20983	11268
食品烟酒	Food, Tobacco and Liquor	4922	6682	3127	5416	7239	3517
衣着	Clothing	1301	1770	823	1358	1792	907
居住	Residence	1989	2706	1258	1895	2342	1429
生活用品及服务	Household Facilities, Articles and Services	1068	1506	622	1118	1545	673
交通通信	Transport and Communications	3121	4076	2147	3109	3928	2255
教育文化娱乐	Education,Cultural and Recreation	1521	2043	989	1627	2099	1136
医疗保健	Health Care and Medical Services	1410	1753	1061	1266	1489	1034
其他用品和服务	Other Goods and Services	444	581	305	435	549	316
生产经营现金费用支出	Production and Business Cash Expenditure	3495	2880	4122	3648	1989	5375
第一产业	Primary Industry	1761	310	3241	2288	412	4242
第二产业	Secondary Industry	756	1467	32	321	330	311
第三产业	Tertiary Industry	977	1103	849	1040	1248	823
现金财产性支出	Cash Expenditure on Property	105	164	46	116	177	53
现金转移性支出	Cash Expenditure on Transfer	1827	3154	474	1761	2975	497
部分商业保险支出	Expenditure on Some Commercial Insurance	116	196	35	121	196	43
购置资产及非经常性转移支出	Expenditure on Accumulation of Assets and Non Recurring Transfer	4968	6540	3366	3676	4017	3322
借贷性支出	Expenditure on Loan	1414	1607	1218	1603	1769	1430

7-15　2020-2021年居民家庭主要食品人均消费量
Per Capita Consumption of Major Foods by Households(2020-2021)

单位：公斤 (kg)

指　标	Item	2020			2021		
		全体居民 All House-holds	城镇常住居民 Urban House-holds	农村常住居民 Rural House-holds	全体居民 All House-holds	城镇常住居民 Urban House-holds	农村常住居民 Rural House-holds
粮食消费量	**Grain**	**112.2**	**94.5**	**130.2**	**122.4**	**107.2**	**145.0**
谷物消费量	Cereal	105.9	88.0	124.2	115.6	100.3	138.3
薯类消费量	Potato	4.6	4.0	5.2	4.9	4.2	5.7
豆类消费量	Beans	1.7	2.6	0.8	1.8	2.7	0.9
油脂类消费量	**Oil**	**8.8**	**8.8**	**8.9**	**9.8**	**9.8**	**9.9**
植物油	Vegetable Oil	8.4	8.7	8.1	9.3	9.5	9.0
动物油	Animal Oil	0.4	0.1	0.8	0.6	0.3	0.8
蔬菜及菜制品消费量	**Vegetable and Products**	**58.4**	**66.8**	**49.9**	**66.0**	**74.4**	**57.1**
鲜菜	Fresh Vegetable	56.9	64.9	48.8	64.4	72.6	55.9
肉类	**Meat**	**23.8**	**23.2**	**24.5**	**29.4**	**29.5**	**29.6**
猪肉	Pork	8.1	8.3	7.9	13.0	13.3	12.9
牛肉	Beef	10.0	9.7	10.3	10.2	10.3	10.0
羊肉	Mutton	4.7	3.7	5.8	5.1	4.1	6.1
其他肉类及制品	Other Meat and Processed Products	1.0	1.5	0.5	1.1	1.7	0.6
禽类	**Poultry**	**3.7**	**4.7**	**2.7**	**3.9**	**4.8**	**3.0**
水产品	**Aquatic Products**	**1.9**	**3.1**	**0.8**	**1.8**	**2.8**	**0.7**
鱼类	Fish	1.2	1.9	0.5	1.2	1.9	0.5
蛋类及蛋制品	**Eggs and Processed Products**	**5.2**	**6.9**	**3.5**	**5.6**	**7.3**	**3.9**
奶和奶制品	**Milk and Processed Products**	**16.7**	**22.9**	**10.5**	**17.0**	**22.4**	**11.4**
干鲜瓜果类	**Dry and Fresh Melons and Fruits**	**29.1**	**38.7**	**19.3**	**31.1**	**40.0**	**21.8**
糖果糕点类	**Candy Cakes**	**4.2**	**4.4**	**4.0**	**4.2**	**4.3**	**4.0**
食糖	Sugar	1.6	1.1	2.0	1.5	1.0	1.9
茶叶	**Tea**	**0.5**	**0.4**	**0.6**	**0.6**	**0.5**	**0.7**
烟草消费量(盒)	**Tobacco(box)**	**22.3**	**20.7**	**24.0**	**24.5**	**24.1**	**25.0**
酒	**Liquor**	**3.1**	**3.3**	**3.0**	**3.7**	**4.0**	**3.4**
白酒	White Liquor	1.6	1.8	1.5	1.8	1.9	1.7
啤酒	Beer	1.4	1.4	1.4	1.8	2.0	1.6
果酒	Fruit Wine	0.1	0.1	0.1	0.1	0.1	0.1

主要统计指标解释

住户收支与生活状况调查简介 住户收支与生活状况调查过去一直按照城镇和农村分别组织实施，城镇统计居民可支配收入，农村统计农民纯收入。从2012年起，国家统计局分别对城乡住户调查实施了一体化改革，统一了城乡居民收入指标名称、分类和统计标准，建立了城乡统一的一体化住户调查。青海省从2014年开始发布新口径全省住户收支调查数据，各州县新口径住户收支调查数据从2015年开始发布。本章中未标明"老口径"数据均为一体化改革后住户收支调查新口径数据。

可支配收入 指调查户在调查期内获得的、可用于最终消费支出和储蓄的总和，即调查户可以用来自由支配的收入。可支配收入既包括现金，也包括实物收入。计算方法：可支配收入＝工资性收入＋经营净收入＋财产净收入＋转移净收入。

经营净收入 指住户或住户成员从事生产经营活动所获得的净收入，是全部经营收入中扣除经营费用、生产性固定资产折旧和生产税之后得到的净收入。

财产净收入 指住户或住户成员将其所拥有的金融资产、住房等非金融资产和自然资源交由其他机构单位、住户或个人支配而获得的回报并扣除相关的费用之后得到的净收入。

转移净收入 计算公式为：

转移净收入＝转移性收入－转移性支出

转移性收入 指国家、单位、社会团体对住户的各种经常性转移支付和住户之间的经常性收入转移。包括政府、非行政事业单位、社会团体对居民转移的养老金或退休金、社会救济和补助、惠农补贴、政策性生活补贴、救灾款、经常性捐赠和赔偿以及报销医疗费等；住户之间的赡养收入、经常性捐赠和赔偿以及农村地区（村委会）在外（含国外）工作的本住户非常住成员寄回带回的收入等。转移性收入不包括住户之间的实物馈赠。

转移性支出 指调查户对国家、单位、住户或个人的经常性或义务性转移支付。包括缴纳的税款、各项社会保障支出、赡养支出、经常性捐赠和赔偿支出以及其他经常转移支出等。

消费支出 指住户用于满足家庭日常生活消费需要的全部支出，包括用于消费品的支出和用于服务性消费的支出。

现行一体化住户调查与老口径城镇及农村住户调查指标统计上的变化：

收入减少部分 以前计算收入现在不计算收入的项目主要包括：拆迁征地补偿所得、出售住房溢价所得、出售收藏品溢价所得、出售股票基金等金融衍生品的溢价所得、一次性抚恤金、一次性赔偿所得、遗产及一次性馈赠所得、压岁钱、婚丧嫁娶礼金所得、博彩所得等。

收入增加部分 以前不计算收入现在计算收入的项目主要包括：报销医疗费、实物福利、单位出资缴纳的各种社会保障费（如：养老金、住房公积金、失业保险金）等。

住户常住成员：满足下列三种情况之一，即可判定为常住成员：

（1）过去三个月或未来三个月居住时间超过一个半月的人。

（2）包括在外居住在工棚、集体宿舍、工作场所、帐篷船屋等且每月都回本住宅居住的人。

（3）由本住户供养的在校学生。

外出从业人员收入统计方法

首先判断外出从业人员是否本户常住成员，若是，则其所对应的收支均计算为本户的收支；否则，只有当外出从业人员有寄带回收入行为的方可计算为本户收入，同时其产生的消费支出不计入本户消费支出。

Explanatory Notes on Main Statistical Indicators

Income and Expenditure of Households and Living Conditions Survey In the past, income and expenditure of households and living conditions Survey have been in accordance with the urban and rural areas: urban statistics disposable income and the rural statistics net income. The NBS conducted survey of urban and rural households in implementation of the reform and integration since 2012, unified the name, classification and statistical standards of urban and rural residents income indicator, established a unified urban and rural integrated household survey. Qinghai Province began issuing new caliber household income and expenditure survey data since 2014. State and county began issuing new caliber household income and expenditure survey data since 2015. Data non – indicated the "old caliber" in this chapter are new caliber data from integrated reform of household income and expenditure survey.

Disposable Income Refers to the sum total of the households in the survey period, which can be used for final consumption and savings, namely, the income of the household can be used for free. Disposable income includes both cash and in kind. Calculation method: Disposable Income = Wage Income + Net Business Income + Net Income from Property + Net Income from Transfer.

Net Business Income refers to the members of the households or households get net income from production and business activities, equal to the total operating income deduct operating expenses, obtained after the production of fixed assets depreciation and tax.

Net Income from Property refers to the income received as returns by the members of the households or households of financial assets or tangible non – productive assets by providing capitals or tangible non – productive assets to other institutional units, households and personal, deducting the relevant expenses.

Net Income from Transfer The calculation formula is as follows: Net Income from Transfer = Income from Transfers – Transfer Expenditure.

Income from Transfers refers to the regular current transfers of the country, unit and social group to the households and the transfer of the regular income between households. It includes pension or retirement benefits, social benefits and subsidies, subsidies benefit farmers, policy subsidy, relief funds, regular donation, regular compensation and reimbursement of medical expenses that the government, the non – administrative institutions and social groups transfer to households. It also includes alimony income, regular donations and compensation between households and income send back by non – resident members of households work outside (including foreign) in rural areas (village). It does not include the physical gifts between households.

Transfer Expenditure refers to regular or voluntary transfer payment of survey households to the country, unit, household or individual. It includes the payment of taxes, social security expenses, maintenance expenses, regular donations and compensation expenses, and other expenses, etc..

Consumption Expenditure refers to the all the expenditures of households for consumption in daily life. It includes the expenses for the consumer goods and the expenses for the service.

The changes of survey indicators between the current integrated household survey and the old caliber survey of urban and rural household:

Reduced Income previously calculated income now does not calculate the income of the project mainly includes: land acquisition compensation income, the sale of housing premium income, sell collection of premium income, the sale of stock funds and other financial derivatives of premium income, lump sum pension, one – time compensation income, the gift of heritage and disposable income, lucky money, weddings and funerals gifts income, gaming income, etc..

Increased Income refers to income calculated now and does not calculated previously that mainly includes: reimbursement of medical expenses, physical benefits, various social security (pension, housing provident fund, unemployment insurance), etc..

Resident Permanent Members refers to the persons which meet one of the following three cases:

(1) living more than a month and a half over the past three months or three months in the future.

(2) living in the barracks, dormitories, workplaces, tents and boat house ,and back to the residence every month.

(3) the students in the school who are supported by the household.

Income Statistics Method for Employees Work Outside

Firstly judging whether employees work outside are the resident members, if so, the corresponding income and expenditure were calculated for the household income and expenditure; otherwise, only when out practitioners sent back to income behavior can be calculated as the household income, while its consumer spending not included in the household consumption expenditure.

第8篇

CHAPTER 8

财 政

Government Finance

8-1 主要年份财政收支情况
Government Financial Revenue and Expenditure in Main Years

单位：万元、% (10 000 yuan，%)

年份 Year 地区 Region	财政总收入 Total Government Revenue	国家财政补贴及其他收入 State Financial Subsidies and Other Revenue	公共财政预算收入 Public Budget Revenues	中央 Central Govern-ment	地方 Local Govern-ment	公共财政预算支出 Public Finance Budget Expenditures	地方公共财政预算收入 Public Budget Revenues of Local Governments: 占收入合计的比重 The Proportion of Total Revenue	占支出合计的比重 The Proportion of Total Expenditure
1957	16358	10187	6171		6171	16212	37.7	38.1
1965	17585	7008	10577		10577	18738	60.1	56.4
1970	26228	14254	11975		11975	27105	45.7	44.2
1975	47928	27450	20478		20478	45173	42.7	45.3
1978	70301	41261	29040		29040	68010	41.3	42.7
1980	63684	47191	16493		16493	58841	25.9	28.0
1990	169745	97375	72369		72369	171334	42.6	42.2
1995	276662	190686	170820	84844	85976	288021	31.1	29.9
1996	314159	218361	177073	81275	95798	327145	30.5	29.3
1997	353100	243900	198143	88943	109200	364713	30.9	29.9
1998	457668	329950	212742	85024	127718	440914	27.9	29.0
1999	667176	525440	230407	88671	141736	557191	21.2	25.4
2000	813082	647239	260944	95101	165843	682614	20.4	24.3
2001	1283790	1085549	325603	127362	198241	1012951	15.4	19.6
2002	1416571	1205606	381441	170476	210965	1187280	14.9	17.8
2003	1425380	1184969	436935	196524	240411	1220438	16.9	19.7
2004	1663816	1393856	512939	242979	269960	1373363	16.2	19.7
2005	2186018	1847796	633937	295715	338222	1697547	15.5	19.9
2006	2669398	2246961	830409	407972	422437	2146628	15.8	19.7
2007	3411001	2843918	1104683	537600	567083	2821993	16.6	20.1
2008	4466049	3750357	1365148	649456	715692	3635950	16.0	19.7
2009	5974197	5096816	1664598	787217	877381	4867457	14.7	18.0
2010	8622451	7520298	2049689	947536	1102153	7434033	12.8	14.8
2011	11174804	9656694	2703958	1185848	1518110	9674710	13.6	15.7
2012	13068261	11204096	3196862	1332697	1864165	11590499	14.3	16.1
2013	13677527	11438941	3685612	1447026	2238586	12278884	16.4	18.2
2014	15294734	12777975	3854678	1337919	2516759	13474303	16.5	18.7
2015	18268915	15597587	3811391	1140063	2671328	15151581	14.6	17.6
2016	19055430	16670367	3600450	1215387	2385063	15247999	12.5	15.6
2017	19003456	16541495	4087028	1625067	2461961	15304375	13.0	16.1
2018	20553430	17824560	4485844	1756974	2728870	16474296	13.3	16.6
2019	21841230	19018780	4569518	1747068	2822450	18636676	12.9	15.1
2020	23586656	20606782	4620907	1641033	2979874	19328396	12.6	15.4
2021	25302623	22014979	5146480	1858836	3287644	18545235	13.0	17.7
西宁市 Xining City	4223007	2684339	1538668		1538668	3438044	36.4	44.8
海东市 Haidong City	2648983	2360352	288631		288631	2009836	10.9	14.4
海北州 Haibei Zang A.P	1057009	992365	64644		64644	675218	6.1	9.6
黄南州 Huangnan Zang A.P	1157421	1108848	48573		48573	1101115	4.2	4.4
海南州 Hainan Zang A.P	1587460	1419634	167826		167826	1141168	10.6	14.7
果洛州 Golog Zang A.P	1160798	1129680	31118		31118	1020583	2.7	3.0
玉树州 Yushu Zang A.P	1387039	1358839	28200		28200	1153202	2.0	2.4
海西州 Haixi Mongolian & Zang A.P	2529565	1770607	758958		758958	1494875	30.0	50.8

①本章数据来源于青海省财政厅。
②1994年以后数据按照财税体制改革口径计算。
❶The data source of this chapter is the Finance Department of Qinghai.
❷Data since 1994 calculated by new caliber after the taxation system reform.

8-2 主要年份财政收入占地区生产总值的比重
Percentage of Financial Revenue on GDP in Main Years

单位：万元、% (10 000 yuan，%)

年 份 / 地 区	Year / Region	财政收入合计 Total Financial Revenues	地方公共财政预算收入 Public Budget Revenues of Local Governments	财政收入合计占地区生产总值的比重 Percentage of Financial Revenue on GDP	地方公共财政预算收入占地区生产总值的比重 Percentage of Public Budget Revenues of Local Governments on GDP
1957		16358	6171	41.4	15.6
1965		17585	10577	28.6	17.2
1970		26228	11975	32.2	14.7
1975		47928	20478	38.6	16.5
1978		70301	29040	45.2	18.7
1980		63684	16493	35.8	9.3
1985		105053	23971	31.8	7.3
1990		169745	72369	24.3	10.3
1995		276662	85976	16.5	5.1
1996		314159	95798	17.1	5.2
1997		353100	109200	17.4	5.4
1998		457668	127718	20.7	5.8
1999		667176	141736	27.9	5.9
2000		813082	165843	30.8	6.3
2001		1283790	198241	42.8	6.6
2002		1416571	210965	41.6	6.2
2003		1425380	240411	37.0	6.2
2004		1663816	269960	37.5	6.1
2005		2186018	338222	43.8	6.8
2006		2669398	422437	45.6	7.2
2007		3411001	567083	47.4	7.9
2008		4466049	715692	49.8	8.0
2009		5974197	877381	63.6	9.3
2010		8622451	1102153	75.4	9.6
2011		11174804	1518110	81.5	11.1
2012		13068261	1864165	85.5	12.2
2013		13677527	2238586	79.8	13.1
2014		15294734	2516759	82.8	13.6
2015		18268915	2671328	90.8	13.3
2016		19055430	2385063	84.4	10.6
2017		19003456	2461961	77.1	10.0
2018		20553430	2728870	74.8	9.9
2019		21841230	2822450	73.6	9.5
2020		23586656	2979874	78.5	9.9
2021		25302623	3287644	75.6	9.8
西宁市	Xining City	4223007	1538668	27.3	9.9
海东市	Haidong City	2648983	288631	47.8	5.2
海北州	Haibei Zang A.P	1057009	64644	105.3	6.4
黄南州	Huangnan Zang A.P	1157421	48573	104.8	4.4
海南州	Hainan Zang A.P	1587460	167826	82.0	8.7
果洛州	Golog Zang A.P	1160798	31118	225.4	6.0
玉树州	Yushu Zang A.P	1387039	28200	195.1	4.0
海西州	Haixi Mongolian & Zang A.P	2529565	758958	35.4	10.6

8-3 2017-2021年财政收支情况

Financial Revenue and Expenditure(2017-2021)

单位：万元 (10 000 yuan)

收　入	Revenue	2017	2018	2019	2020	2021
税收收入	**Taxes Revenue**	**1839621**	**2054871**	**1987000**	**2132748**	**2347275**
增值税	Value Added Tax	893554	926987	930014	949593	995368
企业所得税	Corporate Income Tax	232450	250281	244429	288073	332972
个人所得税	Individual Income Tax	89597	111666	68467	77015	91567
资源税	Resource Tax	185721	202828	183115	247466	226257
城市维护建设税	City Maintenance and Construction Tax	121915	129267	133266	139624	159338
房产税	House Property Tax	65281	73452	74555	77387	91813
印花税	Stamp Tax	35687	41296	34114	40233	50720
城镇土地使用税	Urban Land Use Tax	45782	41742	36191	36148	44932
土地增值税	Land Appreciation Tax	46047	92624	81840	81150	83723
车船税	Tax on Vehicles and Boat Operation	27301	31030	36815	39969	44959
耕地占用税	Farm Land Occupation Tax	50335	58854	49314	26828	64387
契税	Deed Tax	45951	88654	105149	118622	145079
非税收入	**Total Non-tax Revenue**	**622340**	**673999**	**835450**	**847126**	**940369**
专项收入	Special Program Receipts	155764	192271	200240	203869	243798
行政事业性收费收入	Charge of Administrative and Institutional Units	92348	104745	111192	148259	158449
罚没收入	Penalty Receipts	64072	80180	79213	92441	113042
国有资本经营收入	State-owned Capital Operating Revenue	7250	8442	7791	884	1786
国有资源(资产)有偿使用收入	Revenue Paid Use of State-owned Resources (Assets)	251495	234186	356069	321981	337290
其他收入	Other Revenues	51411	54175	80945	79692	86004
本年收入合计	**Total Revenue of This Year**	**2461961**	**2728870**	**2822450**	**2979874**	**3287644**

8-3 续表 continued

单位：万元 (10 000 yuan)

支 出	Expenditure	2017	2018	2019	2020	2021
一般公共服务	Expenditure for General Public Services	1238534	1325834	1315144	1413906	1404072
外交	Expenditure for Foreign Affairs					
国防	Expenditure for National Defense	9877	8996	10725	9214	11284
公共安全	Expenditure for Public Security	900438	871907	895698	852771	938957
教育	Expenditure for Education	1875109	1991041	2213688	2181394	2212083
科学技术	Expenditure for Science and Technology	119353	127963	103675	105646	121858
文化旅游体育与传媒	Expenditure for Culture, Tourism, Sport and Media	375783	354922	423943	459341	369901
社会保障和就业	Expenditure for Social Safety Net and Employment Effort	2095742	2307970	2677091	3179571	3126009
卫生健康	Expenditure for Health Commission	1252128	1415998	1482302	1720853	1763280
节能环保	Energy Saving and Environmental Protection	609256	635099	693826	735086	721726
城乡社区	Expenditure for Urban and Rural Community	1370008	1143231	1582614	1289276	979955
农林水	Expenditure for Agriculture, Forestry and Water	2331198	2678537	3240941	2798046	2510510
交通运输	Expenditure for Transportation	953840	1546347	1725986	2369976	1894389
资源勘探工业信息等	Industrial Information on resource exploration, etc.	363478	378337	435591	367076	622849
商业服务业等事务	Expenditure for Affairs of Commerce and Services	176955	153245	73921	40138	35798
金融	Expenditure for Finance	28758	6485	25387	8695	22963
援助其他地区	Expenditure for Other Regional Assistance			700	50	294
自然资源海洋气象等	Expenditure for Natural Resources, Marine Meteorology, etc	391029	177532	232023	210786	199223
住房保障	Expenditure for Housing Security	673207	665307	648461	642932	624890
粮油物资储备	Expenditure for Management of Grain & Oil Reserves	54136	60913	78099	82152	62318
预备费	Reserve Funds					
债务付息	Interest payment on debt	424280	571082	566279	639258	694645
债务发行费用	Debt issuance expense	7490	7919	5214	4023	4106
本年支出合计	**Total Government Expenditure of This Year**	**15304375**	**16474296**	**18636676**	**19328396**	**18545235**

主要统计指标解释

一般公共预算收入 指国家财政参与社会产品分配所取得的收入，是实现国家职能的财力保证。主要包括：(1)各项税收：包括国内增值税、国内消费税、进口货物增值税和消费税、出口货物退增值税和消费税、企业所得税、个人所得税、资源税、城市维护建设税、房产税、印花税、城镇土地使用税、土地增值税、车船税、船舶吨税、车辆购置税、关税、耕地占用税、契税、烟叶税、环境保护税等。(2)非税收入：包括专项收入、行政事业性收费收入、罚没收入、国有资本经营收入、国有资源(资产)有偿使用收入和其他收入。财政收入按现行分税制财政体制划分为中央本级收入和地方本级收入。

一般公共预算支出 指国家财政将筹集起来的资金进行分配使用，以满足经济建设和各项事业的需要。主要包括：一般公共服务、外交、国防、公共安全、教育、科学技术、文化旅游体育与传媒、社会保障和就业、卫生健康、节能环保、城乡社区、农林水、交通运输、资源勘探信息等、商业服务业等、金融、援助其他地区、自然资源海洋气象等、住房保障、粮油物资储备、灾害防治及应急管理、债务付息、债务发行费用等方面的支出。财政支出根据政府在经济和社会活动中的不同职权，划分为中央财政支出和地方财政支出。

中央一般公共预算收入和地方一般公共预算收入 属于中央一般公共预算的收入包括关税，进口货物增值税和消费税，出口货物退增值税和消费税，国内消费税，铁道部门、各银行总行、各保险公司总公司等集中缴纳的城市维护建设税，增值税50%部分，纳入共享范围的企业所得税60%部分，未纳入共享范围的中央企业所得税、中央企业上交的利润，个人所得税60%部分，车辆购置税，船舶吨税，证券交易印花税，海洋石油资源税，中央非税收入等。属于地方一般公共预算的收入包括城市维护建设税(不含铁道部门、各银行总行、各保险公司总公司集中缴纳的部分)，房产税，城镇土地使用税，土地增值税，车船税，耕地占用税，契税，烟叶税，印花税(不含证券交易印花税)，增值税50%部分，纳入共享范围的企业所得税40%部分，个人所得税40%部分，海洋石油资源税以外的其他资源税，地方非税收入等。

中央一般公共预算支出和地方一般公共预算支出 指根据政府在经济和社会活动中的不同职责，划分中央和地方政府的责权，按照政府的责权划分确定的支出。中央一般公共预算支出包括一般公共服务，外交支出，国防支出，公共安全支出，以及中央政府调整国民经济结构、协调地区发展、实施宏观调控的支出等。地方一般公共预算支出包括一般公共服务，公共安全支出，地方统筹的各项社会事业支出等。

Explanatory Notes on Main Statistical Indicators

General Public Budget Revenue refers to income for the government finance through participating in the distribution of social products. It is the financial guarantee to ensure government functioning. The government revenue includes the following main items: (1) Various tax revenues including domestic value added tax (VAT), domestic consumption tax, VAT and consumption tax from imports, VAT and consumption tax rebate for exports, corporate income tax, individual income tax, resource tax, city maintenance and construction tax, house property tax, stamp tax, urban land use tax, land appreciation tax, tax on vehicles and boat operation, ship tonnage tax, vehicle purchase tax, tariffs, farm land occupation tax, deed tax, and tobacco tax, environment protection tax, etc. (2) Non - tax revenue, including special program receipts, charge income of administrative and institutional units, penalty receipts, operating income from government capital, income from use of state - owned resources (assets) and others non - tax receipts.

General Public Budget Expenditure refers to the distribution and use of the funds which the government finance has raised, so as to meet the needs of economic construction and various undertakings. It includes the following main items: expenditure for general public services, expenditure for foreign affairs, expenditure for national defence expenditure for public security, expenditure for education, expenditure for science and technology, expenditure for culture, tourism, sport and media, expenditure for social safety net and employment effort, expenditure for health care, expenditure for energy conservation and environment protection, expenditure for urban and rural community affairs, expenditure for agriculture, forestry and water conservancy, expenditure for transportation, expenditure for resource exploration and information, expenditure for affairs of commerce and services, expenditure for finance, aid to other regions, expenditure for nature resources, ocean and weather, expenditure for housing security, expenditure for grain & oil reserves, expenditure for prevention of disasters and emergency management, interest payment for public debts, expenditure for issuing debts. General public budget expenditure is divided into general public budget expenditure of central government and general public budget expenditure of local government according to the different functions of the governments played in economic and social activities.

General Public Budget Revenue of the Central Government and the Local Governments The general public budget revenue of the Central Government includes tariff, VAT and consumption tax from imports, VAT and consumption tax rebate for exports, domestic consumption tax, city maintenance and construct tax from the Ministry of Railways, head offices of banks, head offices of insurance company, which are handed over to the government in a centralized way, 50% of the value added tax, 60% the share part of the corporate income tax, unshared part of corporate income tax of the central enterprises, profit handed in by the central enterprises, 60% of individual income tax, vehicle purchase tax, ship tonnage tax, stamp tax on securities transactions, resource tax on the offshore petroleum resources. The general public budget revenue of the local governments includes city maintenance and construct tax (excluding the part of the Ministry of Railways, head offices of banks, head offices of insurance company, which are handed over to the government in a centralized way), house property tax, urban land use tax, land appreciation tax, tax on vehicles and boat operation, farm land occupation tax, deed tax, and tobacco leaf tax, stamp tax (not including stamp tax on security exchange), 50% of the value added tax, 40% the share part of the corporate income tax, 40% of individual income tax, resource tax other than the tax on offshore petroleum resources, local non - tax revenue, etc.

General Public Budget Expenditure of the Central Government and Local Governments according to the different functions of the Central Government and local governments in economic and social activities, the rights of administration are demarcated between those of the Central Government and those of local governments; and the classification of the expenditure between the Central Government and local governments are made on the basis of the classification of the rights administration between them. The general public budget expenditure of the Central Government includes the expenditure for general public services, expenditure for foreign affairs, expenditure for public security, and the general public budget expenditure of the Central Government for adjusting the national economic structure; coordinating the development among different regions; and exercising macroeconomic regulation. The general public budget expenditure of the local governments includes mainly the expenditure for general public services, expenditure for public security, and expenditures for social development which are planed by local governments, etc.

第9篇

CHAPTER 9

能源与环境

Energy and Environmen

9-1 1990-2021年一次能源生产总量及构成
Total Production of Primary Energy and It's Composition(1990-2021)

年 份 Year	一次能源生产总量 (万吨标准煤) Total Energy Production (10 000 tons of SCE)	占一次能源生产总量的比重(%) As Percentage of Total Energy Production(%)			
		原煤 Coal	原油 Crude Oil	天然气 Natural Gas	一次电力 Primary Electric Power
1990	606.46	32.28	19.08	1.02	47.62
1991	552.26	31.82	26.39	1.65	40.14
1992	504.85	34.32	30.00	1.25	34.43
1993	559.17	25.29	27.69	1.00	46.01
1994	619.47	26.12	26.06	1.31	46.50
1995	571.57	29.74	30.41	1.36	38.49
1996	584.71	35.34	33.32	2.49	28.85
1997	672.89	28.79	34.02	3.97	33.22
1998	771.00	24.90	32.63	4.22	38.25
1999	885.89	23.00	30.57	4.76	41.67
2000	937.90	16.79	30.46	5.06	47.69
2001	907.05	13.31	32.44	8.76	45.49
2002	974.46	18.31	31.38	14.34	35.97
2003	990.14	22.40	31.75	18.90	26.95
2004	1226.30	23.92	25.86	17.76	32.46
2005	1867.27	26.92	16.95	15.86	40.27
2006	2113.85	25.60	15.07	14.50	44.83
2007	2458.17	32.35	12.82	18.56	36.27
2008	2857.42	36.66	11.02	20.32	32.00
2009	3219.77	39.41	8.27	17.79	34.53
2010	4005.82	41.07	6.64	18.63	33.67
2011	4035.16	41.27	6.90	20.50	31.33
2012	4631.37	43.59	6.32	17.34	32.75
2013	5068.33	48.05	6.05	16.99	28.91
2014	4099.40	33.47	7.67	21.26	37.60
2015(修订前)	3298.88	18.17	9.66	24.74	47.43
2015(修订后)	3248.60	17.15	9.81	25.13	47.92
2016	2983.80	18.43	10.58	27.11	43.88
2017	3280.08	17.80	9.93	25.96	46.32
2018	3916.00	14.29	8.15	21.75	55.81
2019	4542.13	20.00	7.17	18.74	54.09
2020	4606.49	17.14	7.09	18.48	57.29
2021	4505.16	16.92	7.42	18.30	57.36

①电力折算标准煤的系数根据当年平均发电煤耗计算。
②生产、消费量按等价值计算，下表同。
③本表2015—2018年数据根据青海省第四次全国经济普查结果进行了修订。9—2至9—5，9—7表同。
❶The coefficient for conversion of electric power into SCE (standard coal equivalent) is calculated on the basis of the data on average coal consumption in generating electric power in the same year.
❷The energy production and consumption in this table are at equivalent prices. The same applies to the tables following.
❸The data in this table from 2015 to 2018 are revised according to the results of the fourth national economic census of Qinghai Province. The same applies to the table 9-2 to 9-5 and 9-7.

9-2 1990-2021年能源消费总量及构成

Total Consumption of Energy and It's Composition(1990-2021)

年 份 Year	能源消费总量 (万吨标准煤) Total Energy Consumption (10 000 tons of SCE)	占能源消费总量的比重(%) As Percentage of Total Energy Consumption(%)			
		煤炭 Coal	石油 Crude Oil	天然气 Natural Gas	电力 Electric Power
1990	504.35	51.54	12.47	1.03	32.97
1991	474.29	44.08	11.25	2.24	42.43
1992	499.29	42.53	7.80	1.85	47.82
1993	559.98	38.57	8.69	1.00	51.74
1994	625.38	40.27	8.24	1.30	50.19
1995	687.71	41.64	8.42	1.13	48.81
1996	698.25	40.75	8.57	2.07	48.61
1997	706.78	45.45	19.15	3.77	31.63
1998	738.88	39.78	17.92	4.40	37.90
1999	938.68	37.29	16.84	4.38	41.49
2000	897.23	30.18	18.96	4.83	46.03
2001	939.33	28.02	18.05	7.52	46.41
2002	1018.83	26.42	15.77	13.25	44.56
2003	1122.70	28.72	13.47	15.07	42.74
2004	1364.38	27.56	14.07	15.79	42.58
2005	1830.48	44.20	8.63	8.00	39.17
2006	2085.84	45.18	7.75	8.46	38.61
2007	2295.91	47.56	8.09	8.29	36.06
2008	2497.74	43.72	8.95	12.20	35.13
2009	2573.44	42.99	7.79	12.69	36.53
2010	2814.57	34.14	7.61	11.21	47.04
2011	3145.28	28.58	10.68	12.97	47.77
2012	3475.88	31.43	9.40	14.60	44.57
2013	3768.16	31.67	8.24	13.95	46.14
2014	3991.70	29.77	8.21	12.86	49.16
2015(修订前)	4134.11	32.53	8.52	14.28	44.67
2015(修订后)	4124.97	31.60	9.11	14.75	44.54
2016	4101.36	43.37	10.13	15.00	31.50
2017	4193.10	37.87	11.46	15.97	34.70
2018	4364.22	31.68	10.29	15.93	42.10
2019	4235.23	29.15	10.87	16.38	43.60
2020	4150.36	27.06	10.95	14.79	47.20
2021	4694.47	28.73	10.20	14.59	46.48

①2005-2013年能耗及相关数据根据第二次、第三次全国经济普查结果进行了修订，下表同。

②2015年及以前年份电力为一次电力与电力净调入之和，2016年后电力为一次电力消费量，按等价值(当年发电煤耗)计算。

③煤炭包括：原煤、洗精煤、其他洗煤、煤制品、焦炭、焦炉煤气、煤矸石、高炉煤气、其他焦化产品、转炉煤气、其他煤气。

④石油包括：原油、汽油、煤油、柴油、燃料油、石脑油、润滑油、石蜡、溶剂油、石油沥青、石油焦、液化石油气、炼厂干气和其他石油制品。

❶Data of energy consumption and related in 2005-2013 were adjusted and revised based on the second and third economic census. The same applies to the tables following.

❷Before 2015, electric power is the sum of primary power and net transfer in of electric power. After 2016, electric power is primary power consumption, calculated by equal value (coal consumption of power generation in that year).

❸The Coal includes raw coal, washed coal, other coal washing, coal products, coke, coke oven gas, coal, blast furnace gas, other coking products, converter gas, other gas.

❹Petroleum includes crude oil, gasoline, kerosene, diesel oil, fuel oil, naphtha, lubricating oil, paraffin, solvent oil, petroleum asphalt, petroleum coke, liquefied petroleum gas, refinery gas and other petroleum products.

9-3 2017-2021年综合能源平衡表

Overall Energy Balance Sheet(2017-2021)

单位：万吨标准煤 (10 000 tons of SCE)

项 目	Item	2017	2018	2019	2020	2021
可供本地区消费的能源量	**Total Energy Available for Consumption**	**4193.13**	**4364.20**	**4235.24**	**4150.36**	**4694.47**
年初库存量	Early Stocks	327.96	115.64	141.92	80.45	125.44
一次能源生产量	Primary Energy Output	3280.08	3916.00	4542.13	4606.49	4505.16
外省(区、市)调入量	Amount Transferred from Other Provinces	1220.60	1358.28	698.63	794.06	1372.45
进口量	Imports					
本省(区、市)调出量(-)	Amount Transferred out from the Province(-)	-518.52	-884.20	-1067.20	-1205.40	-1189.14
出口量(-)	Exports (-)					-6.74
年末库存量(-)	The End of Inventories	-116.99	-141.52	-80.25	-125.25	-112.70
加工转换投入(-)	**Input(-) and Output(+) of Processing**					**-6.58**
产出(+)量	**and Conversion**	**-49.43**	**-71.69**	**-19.05**	**-2.42**	**0.00**
火力发电	Thermal Power					
供 热	Heating	-30.05	-35.58	-41.51	-24.30	-34.41
煤炭洗选	Coal Washing	-14.54	-48.37	-14.15	-7.86	-3.37
炼 焦	Coking	-39.40	-23.66	-6.85	-8.32	-8.46
炼 油	Petroleum Refining	-9.19	-15.20	-10.15	-14.21	-11.20
制 气	Gas Production					
天然气液化	Natural Gas Liquefaction	-1.19	-1.18	-1.43	-0.36	-1.81
煤制品加工	Coal Goods of Process					
回收能	Recovery of Energy	44.95	52.31	55.04	53.44	52.68
损失量	Amount of Losses	89.94	87.66	83.19	84.93	100.56
其中：运输和输配损失	Transportation Losses	77.57	87.00	82.60	84.62	100.21
终端消费量	**End-use Consumption**	**4053.73**	**4204.87**	**4132.99**	**4063.01**	**4587.34**
第一产业	Primary Industry	23.73	23.06	23.01	24.32	24.59
农林牧渔业	Agriculture, Forestry, Animal Husbandry, Fishery	23.73	23.06	23.01	24.32	24.59
第二产业	Secondary Industry	3240.08	3317.04	3240.60	3136.14	3546.94
工 业	Industry	3188.90	3262.98	3186.29	3076.89	3482.20
用于原材料	For Raw and Processed Material	258.01	220.96	224.38	163.19	296.15
建筑业	Construction	51.18	54.07	54.31	59.25	64.74
第三产业	Tertiary Industry	495.11	549.86	559.81	565.93	656.52
交通运输、仓储和邮政业	Transport, Storage and Post	219.51	243.61	250.40	249.59	281.62
批发、零售业和住宿、	Wholesale and Retail Trades, Hotels					172.23
餐饮业	and Catering Services	108.43	128.11	136.77	138.93	
其 他	Others	167.17	178.14	172.63	177.41	202.68
生活消费	Household Consumption	294.81	314.90	309.57	336.63	359.29
城 镇	Urban	181.99	195.86	199.00	214.55	229.34
乡 村	Rural	112.82	119.04	110.57	122.08	129.95
消费量合计	**Total Consumption**	**4193.10**	**4364.22**	**4235.23**	**4150.36**	**4694.47**

注：电力按等价值折算。
Note:Electric power is converted on the basis of equal caloric value.

9-4 1990-2021年能源生产弹性系数

Elasticity Ratio of Energy Production(1990-2021)

年 份 Year	能源生产比上年增长(%) Growth Rate of Energy Production over Preceding Year (%)	电力生产比上年增长(%) Growth Rate of Electricity Production over Preceding Year (%)	生产总值比上年增长(%) Growth Rate of Gross Domestic Product (GDP) over Preceding Year (%)	能源生产弹性系数 Elasticity Ratio of Energy Production	电力生产弹性系数 Elasticity Ratio of Electricity Production
1990	17.24	21.30	3.7	4.63	5.73
1991	-8.94	-15.40	4.7		
1992	-8.58	-16.70	7.4		
1993	10.76	36.50	9.7	1.12	3.78
1994	10.80	7.40	8.1	1.33	0.91
1995	-7.70	-17.40	8.0		
1996	2.30	2.20	8.7	0.26	0.25
1997	15.08	36.45	9.0	1.67	4.03
1998	14.60	19.26	8.9	1.64	2.16
1999	14.90	13.80	8.1	1.84	1.70
2000	5.87	17.00	8.9	0.66	1.90
2001	-3.29	2.90	11.7		0.25
2002	7.40	-4.10	12.1	0.61	
2003	1.60	-14.90	11.9	0.13	
2004	23.85	41.23	12.3	1.94	3.36
2005	52.27	27.85	12.2	4.28	2.28
2006	13.21	28.51	13.3	1.00	2.15
2007	16.29	8.99	13.5	1.21	0.67
2008	16.24	6.64	13.5	1.20	0.49
2009	12.68	17.78	10.1	1.25	1.75
2010	24.41	24.35	15.3	1.59	1.59
2011	0.73	3.87	13.5	0.05	0.29
2012	14.78	20.78	12.3	1.21	1.70
2013	9.43	-0.13	10.8	0.87	
2014	-19.12	0.78	9.2		0.08
2015(修订前)	-19.53	-3.30	8.2		
2015(修订后)	-20.75	-3.30	8.2		
2016	-8.15	-15.82	7.8		
2017	9.93	15.98	7.2	1.38	2.22
2018	19.39	28.52	7.1	2.73	4.02
2019	15.99	13.58	6.3	2.54	2.16
2020	1.42	7.43	1.5	0.95	4.95
2021	-2.20	-2.09	5.7	-0.39	-0.37

注：生产总值增长速度按可比价格计算，以下表同。
Note:The growth rate of GDP are calculated at constant prices. The same applies to the tables following.

9-5 1990-2021年能源消费弹性系数
Elasticity Ratio of Energy Consumption(1990-2021)

年 份 Year	能源消费比上年增长(%) Growth Rate of Energy Consumption over Preceding Year (%)	电力消费比上年增长(%) Growth Rate of Electricity Consumption over Preceding Year (%)	生产总值比上年增长(%) Growth Rate of Gross Domestic Product (GDP) over Preceding Year (%)	能源消费弹性系数 Elasticity Ratio of Energy Consumption	电力消费弹性系数 Elasticity Ratio of Electricity Consumption
1990	6.81		3.7	1.83	
1991	-5.96		4.7		
1992	5.27		7.4	0.71	
1993	12.16		9.7	1.26	
1994	11.68	9.78	8.1	1.44	1.20
1995	9.97	3.59	8.0	1.25	0.45
1996	1.53	4.40	8.7	0.18	0.50
1997	1.22	21.68	9.0	0.13	2.40
1998	4.54	7.61	8.9	0.51	0.85
1999	27.04	13.66	8.1	3.33	1.68
2000	-4.42	8.13	8.9		0.91
2001	4.69	-3.58	11.7	0.40	
2002	8.46	18.15	12.1	0.70	1.50
2003	10.19	19.65	11.9	0.86	1.66
2004	21.53	26.36	12.3	1.75	2.15
2005	34.16	4.09	12.2	2.80	0.34
2006	13.95	18.40	13.3	1.05	1.39
2007	10.07	16.69	13.5	0.75	1.24
2008	8.79	9.10	13.5	0.65	0.67
2009	3.03	7.67	10.1	0.30	0.76
2010	9.37	37.94	15.3	0.61	2.47
2011	11.75	20.52	13.5	0.87	1.53
2012	10.51	7.41	12.3	0.86	0.60
2013	8.41	12.30	10.8	0.78	1.13
2014	5.93	6.94	9.2	0.64	0.75
2015(修订前)	3.57	-9.02	8.2	0.44	
2015(修订后)		-9.02	8.2		
2016	-0.57	-13.55	7.8		
2017	2.24	7.76	7.2	0.31	1.08
2018	4.08	7.47	7.1	0.57	1.05
2019	-2.96	-2.96	6.3		
2020	-2.00	3.56	1.5		2.37
2021	13.11	9.29	5.7	2.30	1.63

9-6 2020-2021年分行业终端能源消费总量和主要能源品种消费量

行业	Sector	能源消费总量（万吨标准煤）Total Energy Consumption (10 000 tons of SCE) 2020	2021
消费总计	**Total Consumption**	**4063.01**	**4587.34**
一.农林牧渔业	**Agriculture, Forestry, Animal Husbandry,Fishery**	**24.32**	**24.59**
二.工业	**Industry**	**3076.89**	**3482.20**
轻工业	Light Industry	30.89	22.53
重工业	Heavy Industry	3046.00	3459.67
(一)采矿业	Mining	192.65	220.09
煤炭开采和洗选业	Mining and Washing of Coal	5.48	6.94
石油和天然气开采业	Extraction of Petroleum and Natural Gas	139.67	169.09
黑色金属矿采选业	Mining and Processing Ferrous Metal Ores	5.36	7.43
有色金属矿采选业	Mining and Processing Non-ferrous Metal Ores	18.53	28.87
非金属矿采选业	Mining and Processing Non-metal Ores	19.73	7.75
开采辅助活动	Support Activities of Mining		
其他采矿业	Mining of Other Minerals	3.88	
(二)制造业	Manufacturing	2803.33	3082.85
农副食品加工业	Processing of Food from Agricultural Products	6.57	2.38
食品制造业	Manufacture of Foods	4.65	2.74
酒、饮料和精制茶制造业	Manufacture of Liquor,Beverage and Refined Tea	3.61	2.77
烟草制品业	Manufacture of Tobacoo	0.01	
纺织业	Manufacture of Textile	1.24	0.58
纺织服装、服饰业	Manufacture of Textile Clothing, Apparel	1.28	0.54
皮革、毛皮、羽毛及其制品和制鞋业	Manufacture of Leather, Fur, Feather, and Related Products and Footware	0.02	
木材加工及木、竹、藤、棕、草制品业	Processing of Timber, Manufacture of Wood, Bamboo, Rattan, Palm, and Straw Products	0.28	
家具制造业	Manufacture of Furniture	0.49	0.29
造纸及纸制品业	Manufacture of Paper and Paper Products	0.38	0.15

Terminal Consumption of Energy and Major Variety Energy Consumption by Sector(2020-2021)

原煤消费量 (万吨) Coal Consumption (10 000 tons)		汽油消费量 (万吨) Gasoline Consumption (10 000 tons)		电力消费量 (亿千瓦小时) Electricity Consumption (100 millionkwh)	
2020	2021	2020	2021	2020	2021
504.83	**593.61**	**74.76**	**81.95**	**718.90**	**831.73**
3.17	**3.07**	**2.67**	**3.12**	**2.67**	**2.72**
425.41	**513.04**	**4.47**	**6.01**	**628.71**	**721.95**
0.93	8.33	0.93	1.37	3.58	2.38
424.48	504.71	3.53	4.63	625.14	719.57
1.53	3.69	0.66	0.79	18.74	21.63
0.97	1.40	0.32	0.45	0.82	1.05
…		0.15	0.12	6.24	9.78
0.03		0.05	0.07	0.68	1.69
0.27	0.29	0.07	0.08	4.00	8.07
0.25	1.99	0.06	0.07	5.77	1.03
				1.25	
419.25	505.60	3.58	4.93	586.25	644.41
0.58	0.06	0.09	0.10	1.40	0.28
0.09	0.08	0.11	0.18	0.50	0.32
0.14	0.19	0.08	0.09	0.24	0.22
				…	
		0.20	0.28	0.20	0.03
		0.09	0.10	0.03	0.10
				0.01	
				0.09	
		0.08	0.20	0.07	
		0.09	0.10	0.01	

9-6 续表1

行　业	Sector	能源消费总量（万吨标准煤）Total Energy Consumption (10 000 tons of SCE)	
		2020	2021
印刷和记录媒介复制业	Printing, Reproduction of Recording Media	0.61	0.23
文教、工美、体育和娱乐用品制造业	Manufacture of Articles For Culture, Education, Arts and Sport Activities	1.79	0.68
石油加工、炼焦和核燃料加工业	Processing of Petroleum, Coking, Processing of Nuclear Fuel	21.30	6.19
化学原料和化学制品制造业	Manufacture of Raw Chemical Materials and Chemical Products	632.38	826.42
医药制造业	Manufacture of Medicines	3.00	2.57
化学纤维制造业	Manufacture of Chemical Fibres	1.34	9.47
橡胶和塑料制品业	Manufacture of Rubber and Plastics	0.94	0.37
非金属矿物制品业	Manufacture of Non-metallic Mineral Products	241.14	214.94
黑色金属冶炼和压延加工业	Smelting and Pressing of Ferrous Metals	613.25	677.92
有色金属冶炼和压延加工业	Smelting and Pressing of Non-ferrous Metals	1228.64	1232.88
金属制品业	Manufacture of Metal Products	4.54	2.24
通用设备制造业	Manufacture of General Purpose Machinery	1.34	1.58
专用设备制造业	Manufacture of Special Purpose Machinery	1.43	1.73
汽车制造业	Manufacture of Automobile	0.01	
铁路、船舶、航空航天和其他运输设备制造业	Manufacture of Railroad, Marine, Aerospace and Other Transportation Equipments	1.93	0.07
电气机械和器材制造业	Manufacture of Electrical Machinery and Equipment	22.59	25.95
通信设备、计算机和其他电子设备制造业	Manufacture of Communication Equipment, Computers and Other Electronic Equipment	1.00	64.07
仪器仪表制造业	Manufacture of Measuring Instruments	0.24	0.30
其他制造业	Others	5.90	5.31
废弃资源综合利用业	Utilization of Waste Materials	0.78	0.14
金属制品、机械和设备修理业	Metal Products, Mechanics and Equipments Maintainance	0.67	0.34

Continued

原煤消费量 (万吨) Coal Consumption (10 000 tons)		汽油消费量 (万吨) Gasoline Consumption (10 000 tons)		电力消费量 (亿千瓦小时) Electricity Consumption (100 millionkwh)	
2020	2021	2020	2021	2020	2021
		0.03	0.04	0.04	0.03
0.05		0.07	0.10	0.03	0.07
3.15		0.10	0.19	4.60	0.97
225.42	290.54	0.37	0.36	69.39	83.70
0.08	8.00	0.11	0.20	0.38	0.25
				0.43	1.03
	156.46			0.30	0.12
148.56	31.77	0.31	0.32	36.93	23.11
26.84	11.23	0.11	0.20	116.92	134.36
11.93	0.40	0.23	0.22	346.52	373.65
0.11	0.89	0.30	0.39	0.77	0.22
0.64	0.90	0.20	0.39	0.11	0.01
0.74		0.30	0.40	0.01	0.01
				…	
				0.02	0.02
0.03		0.23	0.30	5.67	6.53
				0.28	19.22
		0.02	0.04	0.03	0.04
0.83	5.00	0.43	0.70	0.91	
				0.25	0.04
0.08	0.08	0.04	0.05	0.12	0.05

9-6 续表2

行　业	Sector	能源消费总量（万吨标准煤）Total Energy Consumption (10 000 tons of SCE) 2020	2021
(三)电力、燃气及水的生产和供应业	Electric Power, Gas and Water Production and Supply	80.91	179.26
电力、热力的生产和供应业	Production and Supply of Electric Power and Heat Power	69.39	173.42
燃气生产和供应业	Production and Supply of Gas	3.86	3.91
水的生产和供应业	Production and Supply of Water	7.66	1.93
三.建筑业	**Construction**	**59.25**	**64.74**
房屋和土木工程建筑业	Buildings and Civil Engineering	25.89	25.55
建筑安装业	Construction Installation	22.03	23.73
建筑装饰业	Construction Decoration	1.32	1.05
其他建筑业	Others	10.01	14.42
四.交通运输、仓储和邮政业	**Transport, Storage and Post**	**249.59**	**281.62**
铁路运输业	Railway Transportation	56.42	71.57
道路运输业	Road Transportation	178.56	192.47
水上运输业	Water Transportation	…	0.00
航空运输业	Air Transportation	1.19	1.26
管道运输业	Pipeline Transportation	2.76	3.63
装卸搬运及其他运输服务业	Material Handling and Other Transportation Services	0.24	0.24
仓储业	Storage	6.55	7.84
邮政业	Postal Services	3.88	4.59
五.批发、零售业和住宿、餐饮业	**Wholesale, Retail Trade, Accommodation and Catering Trade**	**138.93**	**172.23**
六.其他行业	**Others**	**177.41**	**202.68**
七.城乡居民生活	**Household Consumption of Urban and Rural Residents**	**336.63**	**359.29**

Continued

原煤消费量 (万吨) Coal Consumption (10 000 tons)		汽油消费量 (万吨) Gasoline Consumption (10 000 tons)		电力消费量 (亿千瓦小时) Electricity Consumption (100 millionkwh)	
2020	2021	2020	2021	2020	2021
4.63	3.76	0.23	0.29	23.73	55.91
4.05	2.97	0.12	0.17	20.23	54.27
		0.02	0.02	1.22	1.25
0.58	0.79	0.08	0.10	2.28	0.39
4.11	**4.95**	**4.31**	**4.15**	**5.32**	**6.38**
1.75	1.87	1.58	1.42	1.81	1.84
2.33	3.04	1.79	1.82	1.29	1.70
0.02	0.03	0.52	0.42	0.16	0.12
0.01	0.01	0.43	0.50	2.05	2.72
4.39	**5.13**	**15.48**	**21.64**	**8.48**	**11.60**
2.45	2.75	0.39	0.52	6.21	9.15
0.34	0.39	14.20	19.80	1.51	1.59
				…	0.00
0.06	0.06	0.02	0.02	0.25	0.27
0.01	0.03	0.02	0.03	0.02	0.02
0.01	0.02	0.01	0.01	0.04	0.04
0.98	1.21	0.44	0.65	0.35	0.44
0.55	0.68	0.40	0.60	0.09	0.09
3.85	**4.14**	**5.67**	**4.16**	**13.13**	**15.73**
5.13	**4.85**	**8.52**	**7.66**	**24.07**	**33.49**
58.77	**58.42**	**33.65**	**35.21**	**36.53**	**39.85**

9-7 2010-2021年主要能源产品产量

产品名称	Item	2010	2011	2012
原煤 (万吨)	Coal (10 000 tons)	1863	1961	2460
洗精煤(用于炼焦)(万吨)	Coal Washing (For Coking)(10 000 tons)	291	649	798
其他洗煤 (万吨)	Other Coal Washing (10 000 tons)			
原油 (万吨)	Crude Petroleum Oil (10 000 tons)	186	195	205
天然气 (亿立方米)	Natural Gas (100 million cu.m)	56	65	64
液化天然气 (万吨)	Liquified Natural Gas (10 000 tons)			
原油加工量 (万吨)	Processed Crude Oil (10 000 tons)	127	154	143
汽油	Gasoline	41	46	42
柴油	Diesel Oil	57	73	67
燃料油	Fuel Oil	3	4	4
液化石油气	Liquefied Petroleum Gas	10	11	10
炼厂干气	Refinery Gas			
其他石油制品	Other Petroleum Products			
焦炭 (万吨)	Coke (10 000 tons)	130	167	240
煤气 (亿立方米)	Coal gas (100 million cu.m)			
发电量 (亿千瓦小时)	Electricity (100 million kwh)	457	437	556
水电	Hydropower	360	345	435
火电	Thermal Power	97	92	116
风电	Wind Power			
太阳能发电	Solar Power			

注：统计范围为规模以上工业企业法人单位。表9-8同。

Output of Major Energy Products(2010-2021)

2013	2014	2015	2016	2017	2018	2019	2020	2021
3020	1800	805	775	716	773	1007	1092	1109
1065	752	9	84	105	226	39	35	8
					7	26	17	7
215	220	223	221	228	223	228	229	234
68	69	61	61	64	64	64	64	62
7	4	3	3	4	5	6	8	10
144	141	152	147	150	140	154	150	141
45	49	54	52	52	46	53	53	50
65	62	67	63	67	61	66	67	63
4	4	4	4	4	4	4	3	3
6	7	7	7	7	6	7	5	4
			5	6	5	5	4	6
			3	4	3	4	4	3
252	133	—	134	151	172	191	183	158
						22	24	23
566	551	537	487	561	717	791	858	887
417	373	344	279	293	478	520	572	477
134	130	122	121	161	123	107	104	150
	2	6	8	11	21	52	62	97
	46	65	79	96	95	112	120	164

Note:The statistical scope is industrial legal person units above the scale.Same as table 9-8.

9-8　2021年分地区主要能源产品产量
Output of Major Energy Products by Region(2021)

产品名称	Item	西宁市 Xining City	海东市 Haidong City	海北州 Haibei Zang-A.P	黄南州 Huangnan Zang-A.P	海南州 Hainan Zang-A.P	果洛州 Golog Zang-A.P	玉树州 Yushu Zang-A.P	海西州 Haixi Mongolian &Zang-A.P
原煤　(万吨)	Coal　(10 000 tons)			93.1					1016.1
洗精煤(用于炼焦)(万吨)	Coal Washing (For Coking)(10 000 tons)								8.4
其他洗煤　(万吨)	Other Coal Washing　(10 000 tons)			7.0					
原油　(万吨)	Crude Petroleum Oil　(10 000 tons)								234.0
天然气　(亿立方米)	Natural Gas　(100 million cu.m)								62.0
液化天然气　(万吨)	Liquified Natural Gas　(10 000 tons)								10.0
原油加工量　(万吨)	Processed Crude Oil　(10 000 tons)								141.0
汽油	Gasoline								49.7
柴油	Diesel Oil								63.5
燃料油	Fuel Oil								3.3
液化石油气	Liquefied Petroleum Gas								4.2
炼厂干气	Refinery Gas								5.6
其他石油制品	Other Petroleum Products								3.0
焦炭　(万吨)	Coke　(10 000 tons)								157.7
发电量　(亿千瓦小时)	Electricity　(100 million kwh)	128.3	132.9	21.9	90.7	367.7	2.5		143.0
水电	Hydropower	2.1	127.5	12.7	89.5	233.6	2.5		8.7
火电	Thermal Power	126.3	2.7	6.4		0.1			14.4
风电	Wind Power					41.9			54.9
太阳能发电	Solar Power		2.7	2.8	1.2	92.1			65.0

9-9　1990—2021年能源自给率
Energy Self-sufficiency Rate(1990-2021)

单位：万吨标准煤　　(10 000 tons of SCE)

年　份 Year	能源生产总量 Total Energy Production	能源消费总量 Total Energy Consumption	能源自给率(%) Energy Self-sufficiency Rate(%)
1990	606.46	504.35	120.24
1991	552.26	474.29	116.44
1992	504.85	499.29	101.11
1993	559.17	559.98	99.85
1994	619.47	625.38	99.05
1995	571.57	687.71	83.11
1996	584.71	698.25	83.74
1997	672.89	706.78	95.21
1998	771.00	738.88	104.35
1999	885.89	938.68	94.38
2000	937.90	897.23	104.53
2001	907.05	939.33	96.56
2002	974.46	1018.83	95.65
2003	990.14	1122.70	88.19
2004	1226.30	1364.38	89.88
2005	1867.27	1830.48	102.01
2006	2113.85	2085.84	101.34
2007	2458.17	2295.91	107.07
2008	2857.42	2497.74	114.40
2009	3219.77	2573.44	125.12
2010	4005.82	2814.57	142.32
2011	4035.16	3145.28	128.29
2012	4631.37	3475.88	133.24
2013	5068.33	3768.16	134.50
2014	4099.40	3991.70	102.70
2015(修订前)	3298.88	4134.11	79.80
2015(修订后)	3248.60	4124.97	78.75
2016	2983.80	4101.36	72.75
2017	3280.08	4193.10	78.23
2018	3916.00	4364.22	89.73
2019	4542.13	4235.23	107.25
2020	4606.49	4150.36	110.99
2021	4505.16	4694.47	95.97

9-10 2018-2021年环境保护基本情况
Basic Statistics on Environmental Protection(2018-2021)

指　　标	Item	2018	2019	2020	2021
水环境	**Water Environment Conditions**				
水资源总量　（亿立方米）	Total Amount of Water Resources　(100 million cu. m)	961.89	919.33	1011.91	842.21
地表水资源量	Surface Water	939.48	898.20	989.52	824.44
地下水资源量	Groundwater	424.24	412.73	437.28	362.53
地表水与地下水资源重复量	Duplicated Measurement Between Surface Water and Groundwater	401.83	391.60	414.89	344.76
人均水资源量　（立方米/人）	Per Capita Water Resources　(cu.m/person)	15946	15125	17082	14179
用水总量　（亿立方米）	Water Consumption　(100 million cu. m)	26.10	26.18	24.28	24.55
#农业用水	Agriculture	19.30	18.87	17.74	17.50
工业用水	Industry	2.51	2.76	2.43	2.49
生活用水	Consumption	2.98	3.15	3.04	2.87
生态环境补水	Ecological Protection	1.31	1.40	1.07	1.69
生态环境	**Ecological Environment Conditions**				
林地面积　（万公顷）	Area of Forest　(1 0000 hectares)	1096.94	1092.89	1092.72	1092.96
森林覆盖率　（%）	Forest Coverage Rate　(%)	7.3	7.3	7.5	7.5
湿地面积　（万公顷）	Wetland Area　(1 0000 hectares)	814.36	814.36	814.36	814.36

注：本表数据来源于青海省水利厅、青海省生态环境厅、青海省林业和草原局、青海省自然资源厅、青海省住房和城乡建设厅、青海省交通运输厅、青海省气象局。

Note:The data in this table are from the Qinghai Water Conservancy Department, Qinghai Eco-environment Department, Qinghai Forestry and Grassland Bureau, Qinghai Natural Resources Department, Qinghai Housing and Urban-Rural Construction Department, Qinghai Transportation Department and Qinghai Meteorological Bureau (Provincial Climate Center).

9-10 续表1 Continued

指　　标		Item		2018	2019	2020	2021
累计水土流失治理面积	(千公顷)	Cumulative Soil Erosion Control Area	(10 000 hectares)	1469.51	1648.99	1860.39	2198.96
国土绿化面积	(公顷)	Green area of land	(hectare)	270700	288673	460067	343467
自然保护区数	(个)	Number of Nature Reserves	(unit)	11	11	11	11
#国家级自然保护区		Nation Level		7	7	7	7
自然保护区面积	(万公顷)	Area of Nature Reserves	(10 000 hectares)	2177.74	2177.74	2177.74	2177.74
自然灾害		**Natural Disasters**					
地质灾害次数	(次)	Number of Geologic Hazards	(time)	207	92	195	60
地质灾害直接经济损失	(万元)	Direct Economic Losses of Geologic Hazard	(10 000 yuan)	5118	1677	1986	1492
森林火灾次数	(次)	Number of Forest Fires	(time)	21	18	7	2
森林火灾受害森林面积	(公顷)	Damaged Forest Area	(hectare)	97	80	36	94
重大突发环境事件次数	(次)	Number of Sudden Environmental Incidents	(unit)	0	0	0	0
本年林草投资完成额	(万元)	Investment Completed This Year for Afforestation	(10 000 yuan)	386096	576211	538762	471987
#生态修复治理		Ecological Construction and Protection		291804	350837	262762	197099
林(草)产品加工制造		Forestry Support and Protection			464	2020	0
林业草原服务、保障和公共管理		Development of Forestry		94292	224910	273980	274888

①本年林草投资完成额指标因统计口径变动，2018年以及之前是林业数据，2019年以及之后包括林业和草原数据。
②累计水土流失面积为全口径统计数据。
③国土绿化面积数据来源于青海省2021年度国土绿化公报。
❶Due to the change of the index of investment in forestry and grass in this year,it is the forestry data in 2018,the year 2019 includes forestry and grassland.
❷Cumulative Soil Erosion Control Area is full caliber statistical data.
❸Green area of land data of that year came from Qinghai Province in 2021.

9-10 续表2 Continued

指　　标	Item	2018	2019	2020	2021
城市环境	**Urban Environmental**				
城区(县城)面积 (平方公里)	Total Urban Area (sq.km)	688.2	696.0	736.0	739.0
城市现状建设用地面积 (平方公里)	Current Situation of City Construction Land Area (sq.km)	184.6	202.4	224.7	227.0
公共供水总量 (万立方米)	Total public water supply (10 000 cu.m)	17174	18176	20056	19725
供水普及率 (%)	Water supply popularity rate (%)	99.0	99.2	98.7	98.8
污水排放总量 (万立方米)	Total Discharge of Sewage (10 000 cu.m)	18288	18449	18465	18090
污水处理总量 (万立方米)	Total Disposal of Sewage (10 000 cu.m)	16038	17553	17599	17315
污水处理率 (%)	Treatment Rate of Sewage (%)	87.7	95.2	95.3	95.7
生活垃圾清运量 (万吨)	Urban Consumption Wastes Collected and Transported	113.5	109.4	116.2	120.5
生活垃圾无害化处理量 (万吨)	Volume of Urban Consumption Wastes Disposed (10 000 tons)	109.0	105.3	115.4	119.8
生活垃圾无害化处理率 (%)	Treatment Rate of Urban Consumption Wastes (%)	96.0	96.3	99.3	99.4
燃气普及率 (%)	Coverage Rate of Urban Population with Access to Gas (%)	94.7	93.8	93.8	94.5
集中供热面积 (万平方米)	Area of Centralized Heating in Urban (10 000 sq.m)	7924	8015	10304	10370
人均公园绿地面积 (平方米/人)	Per Capita Public Green Area (sq.m)	11.5	11.9	12.5	12.8
建成区绿化覆盖率 (%)	Green Covered Area as % of Completed Area (%)	33.9	35.2	35.9	34.8
城市公共交通车辆标准运营数(标台)	Standard Operation Number of Urban Public Transportation Vehicles(unit)	3820	4016	4191	3925

9-11 2021年主要地区平均风速

Average Wind Speed of Major Districts(2021)

单位：米/秒 (m/second)

月份 Month	地区 Region	西宁 Xining	海东 Haidong	海北 Haibei	黄南 Huangnan	海南 Hainan	果洛 Golog	玉树 Yushu	海西 Haixi	格尔木市 Geer Mu
年平均	**Annual Average**	2.6	1.7	2.5	2.0	1.3	1.7	1.4	1.6	2.0
一月	Jan.	2.4	1.8	2.8	1.9	1.6	1.8	1.5	1.2	1.6
二月	Feb.	2.3	1.7	2.4	2.1	1.2	1.4	1.4	1.4	1.9
三月	Mar.	2.8	1.8	2.7	2.2	1.5	1.8	2.0	1.6	2.4
四月	Apr.	3.6	1.8	3.0	2.2	1.9	2.1	1.9	2.0	2.5
五月	May.	2.9	2.0	2.9	2.5	1.7	1.9	1.6	2.0	2.7
六月	June.	2.6	1.5	2.8	2.0	1.5	1.7	1.3	1.9	2.3
七月	July.	2.5	1.8	2.1	2.4	1.3	1.6	1.1	2.0	2.4
八月	Aug.	2.6	1.5	2.1	1.9	1.3	1.6	1.1	1.9	2.1
九月	Sept.	2.3	1.5	2.2	1.8	1.0	1.5	0.9	1.4	1.6
十月	Oct.	2.5	1.3	2.2	1.6	1.0	1.6	1.0	1.1	1.6
十一月	Nov.	2.3	1.7	2.2	1.8	1.2	1.5	1.1	1.2	1.5
十二月	Dec.	2.1	1.6	2.0	1.6	0.9	1.6	1.3	0.9	1.4

注：本表数据来源于青海省气象局，以下表同。
Note:The data in this table are from the Meteorological Bureau of Qinghai province,the same below.

9-12 2021年主要地区平均气温

Average Temperature of Major Districts(2021)

单位：摄氏度 (°C)

月份 Month	地区 Region	西宁 Xining	海东 Haidong	海北 Haibei	黄南 Huangnan	海南 Hainan	果洛 Golog	玉树 Yushu	海西 Haixi	格尔木市 Geer Mu
年平均	**Annual Average**	**6.6**	**8.3**	**1.6**	**7.2**	**5.2**	**1.5**	**3.6**	**4.4**	**6.2**
一月	Jan.	-7.5	-6.6	-12.7	-6.0	-8.7	-9.3	-6.9	-11.1	-8.8
二月	Feb.	-0.3	0.5	-7.1	0.1	-2.9	-6.8	-4.8	-4.1	-2.3
三月	Mar.	4.7	6.2	-1.2	5.0	3.3	-1.6	0.9	1.9	3.8
四月	Apr.	6.7	8.7	2.2	7.4	5.7	1.5	3.6	4.6	6.5
五月	May.	11.9	14.3	7.3	12.8	11.0	5.6	7.4	10.9	12.8
六月	June.	16.0	18.2	12.0	16.3	15.4	10.6	12.8	14.5	16.0
七月	July.	18.8	20.9	13.8	19.2	17.2	11.6	13.4	18.1	20.7
八月	Aug.	16.1	18.6	11.8	16.6	15.5	10.7	12.5	16.2	18.1
九月	Sept.	13.4	15.5	9.2	13.8	11.9	7.1	8.4	11.6	13.1
十月	Oct.	6.3	7.8	2.7	6.9	5.5	3.8	5.7	5.2	6.5
十一月	Nov.	-1.6	-0.7	-7.4	-1.0	-3.8	-6.0	-3.7	-5.4	-3.8
十二月	Dec.	-5.2	-4.4	-11.1	-4.5	-7.5	-9.0	-6.4	-9.7	-8.2

9-13　2021年主要地区降水量
Monthly Precipitation of Major Districts(2021)

单位：毫米　(millimeters)

月份 Month	地区 Region	西宁 Xining	海东 Haidong	海北 Haibei	黄南 Huangnan	海南 Hainan	果洛 Golog	玉树 Yushu	海西 Haixi	格尔木市 Geer Mu
全　年	**Annual Total**	**454.2**	**275.3**	**466.1**	**432.8**	**377.2**	**629.7**	**544.5**	**268.2**	**62.1**
一　月	Jan.	1.6	0.7	0.3	0	0	2.5	3.0	0.1	2.1
二　月	Feb.	3.5	0.5	5.8	4.9	5.5	2.3	3.2	2.2	1.3
三　月	Mar.	2.4	0.5	6.6	8.9	7.5	11.9	3.0	3.2	0.1
四　月	Apr.	38.1	38.9	23.3	60.2	33.5	24.8	8.8	52.8	7.7
五　月	May.	49.6	22.5	47.5	24.5	29.8	50.2	105.4	43.3	6.7
六　月	June.	49.6	54.5	70.8	50.8	79.0	208.1	86.4	52.6	20.9
七　月	July.	62.1	44.6	60.4	77.9	77.8	73.5	77.9	64.8	6.1
八　月	Aug.	89.0	24.6	127.1	77.6	57.3	94.9	131.0	19.7	6.8
九　月	Sept.	126.7	62.7	84.4	74.2	60.9	93.3	59.0	13.0	6.6
十　月	Oct.	28.3	23.3	34.7	52.5	25.9	62.9	53.0	16.5	2.5
十一月	Nov.	3.3	2.5	4.0	1.3	0	0	4.7	0	1.3
十二月	Dec.	0	0	1.2	0	0	5.3	9.1	0	0

9-14　2021年主要地区平均日照时数
Average Sunshine Hours of Major Districts(2021)

单位：小时　(hours)

月份 Month	地区 Region	西宁 Xining	海东 Haidong	海北 Haibei	黄南 Huangnan	海南 Hainan	果洛 Golog	玉树 Yushu	海西 Haixi	格尔木市 Geer Mu
全　年	**Annual Total**	**2423.4**	**2365.5**	**2634.3**	**2220.7**	**2622.5**	**2400.4**	**2052.4**	**2658.5**	**2846.0**
一　月	Jan.	205.5	184.3	233.7	202.2	232.2	217.5	192.4	215.4	208.0
二　月	Feb.	207.8	198.6	232.1	202.0	221.2	219.1	194.4	199.8	207.4
三　月	Mar.	197.8	190.8	254.6	211.0	250.7	223.8	182.3	245.1	239.4
四　月	Apr.	167.0	172.2	200.0	172.0	199.8	238.0	181.1	202.1	227.8
五　月	May.	217.4	229.1	235.4	194.1	233.0	180.9	131.9	244.2	285.3
六　月	June.	170.8	185.1	173.2	130.6	181.2	150.1	159.2	185.0	204.3
七　月	July.	253.6	260.6	249.2	234.8	255.0	220.0	196.9	242.6	262.9
八　月	Aug.	188.3	203.4	182.9	175.4	194.9	137.7	107.7	214.9	258.0
九　月	Sept.	194.5	182.9	205.8	155.2	202.7	171.5	152.3	229.2	246.0
十　月	Oct.	144.9	144.6	170.1	141.0	159.1	177.0	166.0	221.0	257.6
十一月	Nov.	242.9	210.3	256.4	207.1	249.6	238.4	186.6	235.6	242.6
十二月	Dec.	232.9	197.6	240.9	195.3	243.1	226.4	201.6	223.6	206.7

主要统计指标解释

能源生产总量　指一定时期内全国(地区)一次能源生产量的总和,是观察全国(地区)能源生产水平、规模、过程构成和发展速度的总量指标。一次能源生产量包括原煤、原油、天然气、水电、核电及其他动力能(如风能、地热能等)发电量。不包括低热值燃料生产量、太阳热能等的利用和由一次能源加工转换而成的二次能源产量。

能源消费总量　指一定地域内(国家或地区)国民经济各行业和居民家庭在一定时期消费的各种能源的总和。能源消费总量分为三部分,即终端能源消费量、能源加工转换损失量和损失量。

(1)**终端能源消费量**:指一定时期内全国(地区)各行业和居民生活消费的各种能源在扣除了用于加工转换二次能源消费量和损失量以后的数量。

(2)**能源加工转换损失量**:指一定时期内全国(地区)投入加工转换的各种能源数量之和与产出各种能源产品之和的差额。它是观察能源在加工转换过程中损失量变化的指标。

(3)**能源损失量**:指一定时期内能源在输送、分配、储存过程中发生的损失和由客观原因造成的各种损失量。不包括各种气体能源放空、放散量。

能源生产弹性系数　是能源生产量的增长与国民经济增长之间的比值。计算公式:

$$能源生产弹性系数=\frac{能源生产总量年平均增长速度}{国民经济年平均增长速度}$$

本资料采用国内生产总值指标计算国民经济年平均增长速度。

电力生产弹性系数　是电力生产量的增长与国民经济增长之间的比值。计算公式:

$$电力生产弹性系数=\frac{电力生产量年平均增长速度}{国民经济年平均增长速度}$$

能源消费弹性系数　是能源消费增长速度与国民经济增长速度之间的比值。计算公式:

$$能源消费弹性系数=\frac{能源消费量年平均增长速度}{国民经济年平均增长速度}$$

电力消费弹性系数　是电力消费增长速度与国民经济增长速度之间的比值。计算公式:

$$电力消费弹性系数=\frac{电力消费量年平均增长速度}{国民经济年平均增长速度}$$

Explanatory Notes on Main Statistical Indicators

Total Energy Production refers to the total production of primary energy by all energy producing enterprises in the country (region) in a given period of time. It is a comprehensive indicator to show the capacity, scale, composition and development of energy production of the country (region). The production of primary energy includes that of coal, crude oil, natural gas, hydro power and electricity generated by other means such as wind power and geothermal power. However, it excludes the production of fuels of low calorific value, solar energy and the secondary energy converted from primary energy.

Total Energy Consumption refers to the total consumption of energy of various kinds of national economy industries and residents in a certain area (country or region) in a given period of time. Total energy consumption can be divided into three parts:

(1) **Final Energy Consumption**: refers to the total consumption of energy by industry and residential in the country (region) in a given period of time, but excludes the consumption in conversion of the primary energy into the secondary energy and the loss in the process of energy transformation.

(2) **Loss During Energy transformation**: refers to the total input of various kinds of energy for transformation, minus the total output of various kinds of energy in the country in a given period of time. It is an indicator to show the loss that occurs during the process of energy transformation.

(3) **Loss**: refers to the total of the loss of energy during the course of energy transport, distribution and storage and the loss caused by any objective reason in a given period of time. The loss of various kinds of gas due to gas discharges and stocktaking is excluded.

Elasticity of Energy Production is an indicator to show the relationship between the growth rate of energy production and the growth rate of the national economy. The formula is:

$$\text{Elasticity Ratio of Energy Production} = \frac{\text{Average Annual Growth Rate of Energy Production}}{\text{Average Annual Growth Rate of National Economy}}$$

The Gross Domestic Product (GDP) is used to calculate the growth rate of national economy in this book.

Elasticity of Electricity Production is an indicator to show the relationship between the growth rate of electricity production and the growth rate of the national economy. The formula is:

$$\text{Elasticity Ratio of Electricity Production} = \frac{\text{Average Annual Growth Rate of Electricity Production}}{\text{Average Annual Growth Rate of National Economy}}$$

Elasticity of Energy Consumption is an indicator to show the relationship between the growth rate of energy consumption and the growth rate of the national economy. The formula is:

$$\text{Elasticity Ratio of Energy Consumption} = \frac{\text{Average Annual Growth Rate of Energy Consumption}}{\text{Average Annual Growth Rate of National Economy}}$$

Elasticity of Electricity Consumption is an indicator to show the relationship between the growth rate of electricity consumption and the growth rate of the national economy. The formula is:

$$\text{Elasticity Ratio of Electricity Consumption} = \frac{\text{Average Annual Growth Rate of Electricity Consumption}}{\text{Average Annual Growth Rate of National Economy}}$$

第10篇

CHAPTER 10

固定资产投资和房地产

Investment in Fixed Assets and Real Estate

10-1　2004-2021年全社会固定资产投资(按经济类型分)

Total Investment in Fixed Assets by Economic Type(2004-2021)

单位：%　　(%)

年份 year	比上年增长 Growth Over the Previous Year	第一产业 Primary Industry	第二产业 Secondary Industry	第三产业 Tertiary Industry
2004	13.3	-14.2	31.9	-1.6
2005	11.7	-17.8	13.3	12.2
2006	18.2	38.8	14.8	21.2
2007	11.6	-3.1	13.9	9.9
2008	12.9	-16.9	12.1	15.9
2009	25.7	70.4	17.7	33.3
2010	16.5	26.2	15.2	17.4
2011	35.9	34.6	23.0	47.7
2012	22.0	30.2	23.1	21.0
2013	19.9	19.9	21.9	18.3
2014	17.1	24.0	3.8	27.6
2015	8.9	9.3	11.3	7.3
2016	5.6	5.6	-17.0	20.9
2017	5.8	30.5	-5.3	10.2
2018	7.3	12.5	14.3	4.3
2019	5.0	-3.6	21.5	-1.9
2020	-12.2	-9.1	-13.9	-11.4
2021	-2.9	-16.0	-9.0	0.9

注：表中各年增速均为与上年相比增长情况，表10-2，10-4至10-8同。
Note:The growth rate of each year in the table is compared with last year. The same applies to the tables 10-2, and 10-4 to 10-8.

10−2 2019−2021年全社会固定资产投资增速

Growth Rate of Fixed Assets Investment (2019-2021)

单位：% (%)

指 标	Item	2019	2020	2021
投资总额	**Total Investment**	**5.0**	**-12.2**	**-2.9**
#民间投资	Non-government Investment	8.2	-12.5	17.9
#基础设施投资	Infrastructure Investment	2.0	-1.3	-6.6
按经济类型分	**By Economic Type**			
国有经济	The State-owned Economy	-0.1	-18.6	-9.5
集体经济及私营个体投资	Collective-owned, Private and Self-employed Individual	-6.8	-19.2	18.6
联营经济	Joint Ownership Economy	1557.1	-100.0	100
股份经济	Share Economy	25.3	2.9	-3.5
港澳台投资	Economy with Funds from Hong Kong,Macao and Taiwan	33.2	154.8	112.4
外商投资经济	Foreign Funded Economy	65.3	-88.8	-12.8
其他投资	Others	-25.4	-0.2	-9.6
按产业分	**By Three Strata of Industry**			
第一产业	Primary Industry	-3.6	-9.1	-16
第二产业	Secondary Industry	21.5	-13.9	-9
工业	Industry	23.5	-12.1	-8.9
第三产业	Tertiary Industry	-1.9	-11.4	0.9
按构成分	**By Structure**			
建筑安装工程	Construction and Installation	-5.5	-14.5	0.8
设备工具器具购置	Purchase of Equipment and Instruments	18.6	7.0	-18
其他费用	Others	77.7	-23.0	1.9
本年资金到位按来源分	**By Sources of Funds**			
国家预算内资金	State Budget	38.3	-34.4	-1.8
国内贷款	Domestic Loans	-23.2	-1.9	-7.6
债券	Bond	570.3	126.0	-54.8
利用外资	Foreign Investment	-69.4	-99.3	13509.5
自筹资金	Self-raising Funds	9.0	-19.8	19.1
其他资金	Others	41.2	12.6	-37.4

10-3　2000-2021年全社会固定资产投资及资金来源构成

Structrue of Total Investment in Fixed Assets and Sourses of Funds(2000-2021)

单位：%　　(%)

年　份 Year	投资构成 Structure of Investment			资金来源构成 Structure of Funds Sourses					
	建筑安装工程 Construction	设备工具器具购置 Purchase of Equipment and Instruments	其他费用 Others	国家预算内资金 State Budget	国内贷款 Domestic Loans	债券 Financial Bond	利用外资 Foreign Investment	自筹 Self-raising Fund	其他资金 Others
2000	75.57	16.45	7.98	17.04	24.33	0.27	1.39	36.09	20.87
2001	72.61	17.14	10.25	17.45	22.59	0.05	0.79	40.64	18.48
2002	78.56	14.35	7.09	21.99	27.17	…	1.02	30.92	18.89
2003	78.17	14.50	7.33	22.90	11.59	0.08	1.33	46.27	17.82
2004	79.06	14.92	6.02	13.61	10.62	0.09	0.95	56.76	17.97
2005	72.49	18.83	8.68	15.79	16.87	0.41	0.55	51.83	14.55
2006	74.56	16.65	8.79	14.73	16.79		0.51	47.32	20.66
2007	74.56	15.74	9.70	12.93	13.78		1.56	54.96	16.77
2008	75.57	14.99	9.44	14.54	16.54		1.54	53.02	14.36
2009	73.50	15.49	11.01	16.27	18.59	0.03	1.05	48.36	15.70
2010	80.03	12.11	7.86	13.56	17.11	0.01	0.50	52.03	16.79
2011	76.60	15.90	7.50	21.40	14.50	0.01	0.52	52.50	11.07
2012	77.93	14.12	7.95	19.43	21.12	0.01	0.13	48.46	10.85
2013	74.64	18.10	7.26	15.43	20.42	0.04	0.35	47.10	16.67
2014	78.69	15.67	5.64	19.82	21.10	0.58	0.15	48.25	10.10
2015	77.77	14.98	7.25	20.16	21.29	0.05	0.08	49.79	8.63
2016	78.91	14.75	6.34	25.47	21.08	0.19	0.55	42.49	10.22
2017	78.19	14.56	7.25	20.00	26.15	0.13	0.12	46.17	7.44
2018	77.04	14.55	8.41	16.48	29.84	0.18	0.13	36.35	17.02
2019	69.34	16.43	14.23	20.60	20.70	1.11	0.04	35.82	21.73
2020	67.50	20.02	12.48	15.09	22.69	2.80		32.10	27.32
2021	70.02	16.89	13.09	16.03	22.68	1.37	0.04	41.36	18.52

10-4　2001-2021年分地区固定资产投资增速
Growth Rate of Fixed Assets Investment by Region(2001-2021)

单位：%　　(%)

年　份 Year	西宁市 Xining City	海东市 Haidong City	海北州 Haibei Zang A.P	黄南州 Huang-nan Zang A.P	海南州 Hainan Zang A.P	果洛州 Golog Zang A.P	玉树州 Yushu Zang A.P	海西州 Haixi Mong-olian & Zang A.P
2001	28.8	86.9	42.9	45.0	87.6	154.1	19.6	40.5
2002	12.1	24.3	23.0	-2.1	29.3	-53.2	19.4	23.4
2003	9.9	20.6	17.3	59.6	22.7	68.2	11.6	11.6
2004	15.3	10.1	20.5	56.0	26.0	-18.9	20.8	4.8
2005	17.4	0.3	18.9	-1.7	13.3	23.3	25.9	16.8
2006	22.0	5.1	24.2	-7.7	14.0	65.6	19.9	30.5
2007	26.9	-1.1	24.6	15.5	-25.2	5.4	20.8	37.2
2008	24.1	20.3	31.3	24.7	18.5	16.1	32.5	4.8
2009	11.8	35.3	11.8	14.8	114.6	45.1	21.1	5.4
2010	62.4	32.6	37.9	28.4	-14.3	52.6	132.6	34.7
2011	31.0	70.0	34.9	41.6	39.5	48.3	261.8	40.9
2012	32.7	53.4	34.8	32.8	23.5	55.4	19.5	59.9
2013	32.1	58.7	31.3	26.8	76.9	33.1	-45.6	27.0
2014	27.1	25.3	9.2	20.5	32.7	14.8	-56.8	5.6
2015	10.1	20.3	9.8	17.9	25.1	16.1	23.7	-6.0
2016	8.0	3.9	14.1	13.6	8.5	6.1	16.3	10.7
2017	14.3	12.4	-15.3	21.2	-35.8	-0.6	21.2	25.0
2018	9.0	9.7	-27.9	18.2	24.0	10.0	17.5	9.1
2019	2.6	10.3	11.4	14.4	26.2	26.7	48.8	11.6
2020	-25.9	-11.8	12.4	14.1	36.1	14.2	5.2	-24.9
2021	6.8	-6.5	7.2	7.2	7.2	30.3	-16.5	-24.0

注：本表未包括跨地区项目。海北州数据未含飞地经济项目投资，下表同。
Note:Data in this table do not include trans-regional items. Data of Haibei Zang A.P is not including enclave economy project investment. The same applies to the tables following.

10-5 2021年按地区分全社会固定资产投资增速

Growth Rate of Fixed Assets Investment by Region(2021)

单位：%　　　　(%)

类　型	Type	西宁市 Xining City	海东市 Haidong City	海北州 Haibei Zang A.P	黄南州 Huang-nan Zang A.P	海南州 Hainan Zang A.P	果洛州 Golog Zang A.P	玉树州 Yushu Zang A.P	海西州 Haixi Mong-olian & Zang A.P
投资总额	**Investment**	**6.8**	**-6.5**	**7.2**	**7.2**	**7.2**	**30.3**	**-16.5**	**-24.0**
按登记注册类型分	**By Registration type**								
国有投资	State-owned Investment	-9.4	-29.4	2.3	-20.2	41.8	-27.2	-22.6	22.9
集体投资	Collective-owned Investment	25.7	-79.0		100.0	-100.0		11.3	
股份合作企业	Cooperative Investment								
私营个体投资	Private and Self-employed Individuals Investment	6.7	39.2	2.3	183.4	9.4	-8.7	-83.1	0.9
联营经济投资	Joint Ownership								
有限责任公司	Limited Liability Corporations	25.5	-15.4	-60.9	22.1	-6.1	716.9	52.9	-56.7
股份有限公司	Share Holding Corporations Ltd.	38.0	-61.9		351.8	702.9	-18.0	278.8	3.0
港澳台投资	Funds from Hong Kong, Macao and Taiwan		21.0	472.5		59.6			-100.0
外商投资	Foreign Funded	-12.8							
其他投资	Others	-51.3	2.2	79.5	64.1	943.9	-78.2	96.7	-20.6
按资金来源分	**By Sources of Funds**								
国家预算内资金	State Budget	45.9	37.4	235.6	86.9	210.0	-0.7	81.8	330.5
国内贷款	Domestic Loans	-2.0	8.3	-11.0	2418.8	-23.2	-100.0	-100.0	-37.5
债券	Bond	-11.2	100.0	-39.6	100.0	-46.0	-83.5	100.0	-55.3
利用外资	Foreign Investment	100.0	100.0			100.0			-100.0
自筹资金	Self-raising Fund	57.8	-26.3	94.0	125.4	9.4	-48.1	1507.6	-13.0
其他资金	Others	-32.4	16.3	38.0	2592.3	1151.7	100.0	-53.8	-20.8
按构成分	**By Structure of Funds**								
建筑安装工程	Construction and Installation	5.7	-2.8	4.7	-2.1	14.5	36.0	-18.0	-10.5
设备、工具、器具购置	Purchase of Equipment and Instruments	55.8	-9.6	24.0	488.5	-6.4	-82.2	30.6	-51.2
其他费用	Others	-8.9	-22.0	7.3	-8.4	103.0	209.5	-36.3	-5.3
本年新增固定资产	**Add Fixed Assets of This Year**	**-16.7**	**11.4**	**-76.2**	**78.3**	**526.9**	**50.7**	**66.9**	**-40.8**

注：本表未含跨省区项目;按资金来源分为财务拨款数。

Note:Data in this table do not include trans-provincial projects. The data divided by source of funds are financial appropriating funds.

10-6 2021年按各种口径分500万元以上项目固定资产投资增速
Growth Rate of Investment in Fixed Assets of Projects over 5 Million Yuan by Various Calibre (2021)

单位：% (%)

指 标	Item	比上年增长 Growth Over the Previous Year	地方 Local
总 计	**Total**	**-5.0**	**3.3**
按登记注册类型分	**By Registration Type**		
内资	Domestic Funds	-5.4	2.8
国有	State-owned	-10.8	-3.2
集体	Collective-Owned	-18.0	-18.0
股份合作	Cooperative	-38.8	-38.8
联营	Joint	100.0	
有限责任公司	Limited Liability	-1.5	13.9
国有独资公司	State-owned Sole Proprietorship	17.9	17.0
其他有限责任公司	Others	-4.5	13.2
股份有限公司	Share-Holding	4.3	-31.2
私营	Private	17.2	17.2
其他内资	Others	-9.6	-4.3
港澳台投资	Funds from Hong Kong,Macao and Taiwan	112.4	129.2
合资经营企业(港或澳台资)	Joint-venture Enterprises	-100.0	-100.0
合作经营企业(港或澳台资)	Cooperation Enterprises		
港澳台商独资经营企业	Enterprises with Sole Investment	127.7	147.1
港澳台商投资股份有限公司	Share-holding Corporations Ltd.	-100.0	-100.0
其他港澳台商投资企业	Others		
外商投资	Foreign Investment	-12.8	-12.8
中外合资经营企业	Joint-venture Enterprises	-100.0	-100.0
中外合作经营企业	Cooperation Enterprises		
外资企业	Enterprises with Sole Funds		
外商投资股份有限公司	Share-holding Corporations Ltd.	100.0	100.0
其他外商投资企业	Others		
个体经营	Self-employed Individual	-57.5	-57.5
个体户	Self-employed	-66.7	-66.7
个人合伙	Individual Partners	-18.3	-18.3

10−6 续表1 Continued

单位：% (%)

指标	Item	比上年增长 Growth Over the Previous Year	地方 Local
按建设性质分	**By Character of Construction**		
新建	New Construction	-7.3	0.7
扩建	Extension	23.9	52.9
改建和技术改造	Reconstruction	1.2	1.2
单纯建造生活设施	The Construction of Living Facilities	289.7	-85.4
迁建	Moving	-33.6	-33.6
恢复	Resumption	-9.5	24.9
单纯购置	Purchase	42.0	36.8
按建设阶段分	**By Construction Phase**		
在建	Under Construction	-4.3	16.0
全部投产	All into Operation	-9.2	-36.0
全部停缓建	Stop Postponed	131.9	60.7
按注册控股类型分	**By Registration Categories**		
国有控股	State-holding	-13.1	-6.4
集体控股	Collective-Holding	10.4	10.4
私人控股	Private-holding	40.0	40.0
港澳台商控股	Hong Kong, Macao and Taiwan-holding	103.6	125.5
外商控股	Foreign-holding		
其他	Others	44.1	46.9
按国民经济行业分	**By Sector**		
农林牧渔业	Agriculture, Forestry, Animal Husbandry and Fishery	-16.0	-19.3
农业	Farming	-34.2	-35.2
林业	Forestry	4.3	2.3
畜牧业	Animal Husbandry	-12.4	-13.5
渔业	Fishery	-100.0	-100.0
农林牧渔业及辅助性活动	Agriculture, Forestry, Animal Husbandry and Fishery and Auxiliary Activities	-19.1	-24.9
采矿业	Mining	22.8	28.4
煤炭开采和洗选业	Mining and Washing of Coal	170.0	170.0
石油和天然气开采业	Extraction of Petroleum and Natural Gas	21.2	
黑色金属矿采选业	Mining and Processing of Ferrous Metal Ores	18640.6	18640.6
有色金属矿采选业	Mining and Processing of Non-Ferrous Metal Ores	9.5	9.5
非金属矿采选业	Mining and Processing of Nonmetal Ores	-45.9	-44.8
开采专业及辅助性活动	Mining Professional and Auxiliary Activities	70.3	70.3
其他采矿业	Mining of Other Ores	100.0	100.0

10-6 续表2 Continued

单位：% (%)

指 标	Item	比上年增长 Growth Over the Previous Year	地方 Local
制造业	Manufacturing	13.1	13.0
农副食品加工业	Processing of Food from Agricultural Products	-1.1	1.2
食品制造业	Manufacture of Foods	-32.9	-32.9
酒、饮料和精制茶制造业	Manufacture of Liquor, Beverages and Refined Tea	-27.1	-27.1
烟草制品业	Manufacture of Tobacco		
纺织业	Manufacture of Textile	-3.1	-3.1
纺织服装服饰业	Manufacture of Textile Wearing Apparel,Footwear and Caps	507.9	507.9
皮革毛皮羽毛及其制品和制鞋业	Manufacture of Leather, Fur,Feather and Related Products		
木材加工及木、竹、藤、棕、草制品业	Processing of Timber, Manufacture of Wood, Bamboo, Rattan, Palm and Straw Products	-85.9	-85.9
家具制造业	Manufacture of Furniture	100.0	100.0
造纸及纸制品业	Manufacture of Paper and Paper Products	622.4	622.4
印刷和记录媒介复制业	Printing and Reproduction of Recording Media	127.8	127.8
文教、工美、体育和娱乐用品制造业	Manufacture of Articles for Culture, Education, Arts and Crafts,Sport and Entertainment Activities	-26.1	-26.1
石油、煤炭及其他燃料加工业	Petroleum, Coal and Other Fuel Processing Industries	-43.8	-43.8
化学原料及化学制品制造业	Manufacture of Raw Chemical Materials and Chemical Products	-34.2	-34.2
医药制造业	Manufacture of Medicines	-70.2	-70.2
化学纤维制造业	Manufacture of Chemical Fibers	348.8	348.8
橡胶和塑料制造业	Manufacture of Rubber and Manufacture of Plastics	-98.1	-98.1
非金属矿物制品业	Manufacture of Non-metallic Mineral Products	-14.5	-12.1
黑色金属冶炼及压延加工业	Smelting and Pressing of Ferrous Metals	-76.9	-72.4
有色金属冶炼及压延加工业	Smelting and Pressing of Non-ferrous Metals	-8.2	-30.2
金属制品业	Manufacture of Metal Products	-2.1	-2.1
通用设备制造业	Manufacture of General Purpose Machinery	-61.7	-60.9
专用设备制造业	Manufacture of Special Purpose Machinery	1645.0	2221.2
汽车制造业	Manufacture of Automobile	100.0	
铁路、航舶、航空航天和其他运输设备制造业	Manufacture of Railway, Ship, Aerospace and Other Transport Equipments	-100.0	-100.0
电气机械及器材制造业	Manufacture of Electrical Machinery and Equipment	116.5	129.7
计算机、通信和其他电子设备制造业	Manufacture of Computers, Communication and Electronic Equipment	306.3	306.3
仪器仪表制造业	Manufacture of Measuring Instruments and Machinery	100.0	
其他制造业	Other Manufacture	292.9	292.9
废弃资源综合利用业	Recycling and Disposal of Waste	-41.8	-41.8
金属制品机械和设备修理业	Repair Service of Metal Products, Machinery and Equipment	-100.0	-100.0

10-6 续表3 Continued

单位：% (%)

指　标	Item	比上年增长 Growth Over the Previous Year	地方 Local
电力、热力、燃气及水生产和供应业	Electricity, Heat, Gas and Water Production and Supply Gas and Water	-18.5	5.9
电力、热力的生产和供应业	Production and Supply of Electric Power and Heat Power	-18.2	8.5
燃气生产和供应业	Production and Supply of Gas	-52.7	-53.2
水的生产和供应业	Production and Supply of Water	-17.3	-27.2
建筑业	Construction	-56.1	-50.8
房屋建筑业	Construction of Buildings	-22.7	-2.1
土木工程建筑业	Civil Engineering	-78.9	-78.1
建筑安装业	Building Installation		
建筑装饰装修和其他建筑业	Building Decoration and Other ConstructionIndustry		
交通运输、仓储和邮政业	Transport, Storage and Post	8.0	18.1
铁路运输业	Railway Transport	210.1	193.5
道路运输业	Road Transport	4.4	15.2
水上运输业	Water Transport	-77.6	-77.6
航空运输业	Air Transport	60.6	60.6
管道运输业	Transport Via Pipelines		
多式联运和运输代理业	Intermodality and Forwarding Agency		
装卸搬运和仓储业	Loading, Unloading and Storage	-4.1	-3.9
邮政业	Post	1258.0	1258.0
信息传输软件和信息技术服务业	Information Transmission, Software and Information Technology	-7.7	-19.1
电信、广播电视和卫星传输服务	Telecommunication, Radio and Television and Satellite Transmission Service	-19.6	-74.6
互联网和相关服务	Internet and Related Service	174.8	155.0
软件和信息技术服务业	Software and Information Technology	-59.7	-59.7
批发和零售业	Wholesale and Retail Trades	20.1	17.6
批发业	Wholesale Trade	35.3	35.3
零售业	Retail Trade	2.3	-3.6
住宿和餐饮业	Hotels and Catering Services	12.5	12.5
住宿业	Hotels	24.0	24.0
餐饮业	Catering Services	-19.3	-19.3
金融业	Financial Intermediation	122.3	122.3
货币金融服务	Monetary Financial Services	122.3	122.3
资本市场服务	Capital Market Service		
保险业	Insurance		
其他金融业	Other financial industries		
房地产业	Real Estate	6.9	6.8
租赁和商务服务业	Leasing and Business Services	-46.1	-45.9
租赁业	Leasing	100.0	100.0
商务服务业	Business Services	-46.6	-46.4

10-6 续表4 Continued

单位：% (%)

指 标	Item	比上年增长 Growth Over the Previous Year	地方 Local
科学研究和技术服务业	Scientific Research and Technology Services	12.1	-0.9
研究和实验发展	Research and Experimental Development	80.9	-20.5
专业技术服务业	Professional Technical Services	27.7	32.5
科技推广和应用服务业	Science and Technology Promotion and Application Service Industry	-17.4	-17.4
水利、环境和公共设施管理业	Management of Water Conservancy,	-0.8	-0.1
水利管理业	Environment and Public Facilities	-15.5	-13.9
生态保护和环境治理业	Ecological Protection and Environmental Management Industry	71.0	80.7
公共设施管理业	Public Facilities Management	-7.6	-8.0
土地管理业	Land Management	9.0	9.0
居民服务修理和其他服务业	Residential Service Repair and Other Services	-27.1	-21.3
居民服务业	Services to Households	-26.6	-26.6
机动车电子产品和日用产品修理业	Automobile Electronic Products and Daily Use Products Repair Industry	141.3	141.3
其他服务业	Other Services	-72.6	-34.5
教育	Education	-2.7	-1.4
卫生和社会工作	Health, Social Work	31.7	31.1
卫生	Health	35.8	35.1
社会工作	Social Work	-1.8	-1.8
文化、体育和娱乐业	Culture, Sports and Entertainment	-57.6	-57.1
新闻和出版业	Press and Publishing	-100.0	-100.0
广播电视电影和影视录音制作业	Research and Experimental Development of Radio, Television, Film and Television Recording Industry	-84.2	-82.7
文化艺术业	Cultural and Art Activities	-43.3	-42.6
体育	Sports Activities	-58.9	-58.9
娱乐业	Entertainment	-84.2	-84.0
公共管理、社会保障和社会组织	Public Management, and Social Organization	-34.2	-36.0
中国共产党机关	Organs of Communist Party of China	100.0	100.0
国家机构	Government Agencies	-46.7	-48.2
人民政协和民主党派	People's Political Consultative Conference and Democratic Parties		
社会保障	Social Security	-80.6	-80.6
群众团体、社会团体和其他成员组织	Non-Governmental Organizations, Social Organizations and Membership Organizations	-44.4	-53.0
基层群众自治组织及其他组织	Grassroots Mass Autonomous Organizations and Other Organizations	746.0	746.0
国际组织	International Organizations		

10－7　2021年分地区分行业项目固定资产投资增速
Growth Rate of Fixed Assets Investment by Sector and Region (2021)

单位：%　　　　　　　　　　　　　　　　　　　　　　　　(%)

指　标	Item	西宁市 Xining City	海东市 Haidong City	海北州 Haibei Zang A.P	黄南州 Huang-nan Zang A.P	海南州 Hainan Zang A.P	果洛州 Golog Zang A.P	玉树州 Yushu Zang A.P	海西州 Haixi Mong-olian & Zang A.P
总计	**Total**	**13.7**	**-27.7**	**10.3**	**8.3**	**7.7**	**29.8**	**-16.5**	**-23.9**
按行业分	**By Sector**								
农林牧渔业	Agriculture, Forestry, Animal Husbandry and Fishery	-31.3	-15.3	17.1	-6.8	39.0	-22.6	9.9	-33.8
采矿业	Mining	63.5	-53.9	736.9	20.7	-55.4		100.0	25.4
制造业	Manufacturing	90.7	-9.9	-66.8	-7.9	931.2	-89.1	-37.1	-62.0
电力、热力、燃气及水生产和供应业	Electricity, Heat, Gas and Water Production and Supply	2.4	-4.3	28.8	152.7	2.8	129.5	-42.4	-52.6
建筑业	Construction		100.0				-100.0	-95.8	2.1
交通运输、仓储及邮政业	Transportation, Warehousing and Postal Industry	-2.1	-15.4	-25.4	-39.2	8.6	-3.1	15.3	115.8
信息传输、软件和信息技术服务业	Information Transmission, Software and Information Technology Services	-60.3	195.0	-100.0	-8.0	36.1	-38.8	151.0	157.1
批发和零售业	Wholesale and Retail Trades	36.2	25.9	-81.5	16.7		-36.5	-37.8	112.8
住宿、餐饮业	Hotels and Catering Services	32.6	-69.8	100.0	489.7	8.6	-35.7	100.0	-44.3
金融业	Financial Intermediation	166.9	-34.6		-100.0				
房地产业	Real Estate	21.0	-34.3	-1.5	71.2	-38.0	95.4	16.6	-33.0
租赁和商务服务业	Leasing and Business Services	-50.4	-74.2	-37.8	21.5	41.3	-98.5	-74.3	336.9
科学研究和技术服务业	Scientific Research and Technology Services	2.1	-75.7	-100.0	-2.0	249.8		49.4	37.5
水利、环境和公共设施管理业	Management of Water Conservancy, Environment and Public Facilities	7.8	-34.2	19.8	-11.5	32.4	-9.2	-7.5	23.0
居民服务修理和其他服务业	Residential Service Repair and Other Services	1.2	-69.1		188.0	-80.3	-81.2	358.6	-46.3
教育	Education	32.7	-53.2	-11.1	-38.2	82.3	-68.3	-26.7	-25.0
卫生和社会工作	Health and Social Work	51.8	-24.0	10.4	-11.9	140.3	30.6	83.4	85.8
文化体育和娱乐业	Culture, Sports and Entertainment	-57.8	-64.6	-3.0	-29.0	-20.6	-75.0	-97.0	-85.0
公共管理、社会保障和社会组织	Public Administration, Social Security and Social Organizations	1.6	57.8	-53.6	-22.2	-23.0	-65.7	-56.0	-34.7
国际组织	International Organizations								

注：本表为500万元以上项目投资完成情况未含省直报项目，未含跨地区直报项目。

Note:Data in this table are completion condition of investment projects above 5 million yuan, and do not include provincial and trans-regional Projects reporting directly.

10-8 1996-2021年500万元以上项目固定资产投资增速

Growth Rate of Fixed Assets Investment of Projects over 5 Million Yuan in Urban Area(1996-2021)

单位：%　　(%)

年份 Year / 地区 Region		施工项目 Number of Projects under Construction	新开工项目 Number of Projects Started This Year	全部建成投产项目 Number of Projects Completed and Put into Use	项目建成投产率 Rate of Construction Projects Completed and Put into Use (%)	固定资产投资额 Investment in Fixed Assets	新增固定资产 Newly Increased Fixed Assets	交付使用率 Rate of Projects of Fixed Assets Completed and Put into Use (%)
1996		10.8	25.0	12.4	67.7	48.5	52.3	75.1
1997		-1.3	-13.2	-11.8	60.5	16.1	45.2	93.9
1998		15.6	20.0	5.8	55.3	18.6	-14.4	67.8
1999		8.8	-2.7	14.8	58.4	3.2	24.8	81.9
2000		6.6	21.7	7.7	58.9	-100.0	-23.9	48.3
2001		17.4	20.1	19.1	59.8		91.1	69.1
2002		9.0	8.8	11.3	61.0	19.3	-18.4	47.2
2003		8.6	13.5	-1.9	55.1	9.1	-19.6	34.8
2004		-0.5	-6.7	13.2	62.7	16.2	98.9	59.6
2005		12.1	0.8	8.5	60.7	13.8	2.7	53.8
2006		-3.1	3.7	13.6	71.1	25.5	92.0	82.3
2007		-9.5	-8.9	-22.5	60.9	15.9	-24.4	53.7
2008		7.0	1.0	12.0	63.8	13.0	30.2	61.9
2009		11.9	9.7	5.3	60.0	33.1	-9.9	41.8
2010		8.3	-14.5	-13.1	48.2	18.7	8.5	38.2
2011		1.2	28.4	-2.6	46.4	40.7	59.0	43.2
2012		28.3	17.8	46.8	53.1	42.4	53.9	46.7
2013		15.7	18.6	34.3	61.6	26.2	26.4	46.7
2014		4.0	9.9	10.6	65.5	17.9	11.7	44.3
2015		64.0	80.4	85.1	74.0	31.1	85.5	62.6
2016		15.8	19.9	13.4	72.4	9.7	-4.6	54.4
2017		12.8	6.5	18.2	75.9	11.2	38.6	67.8
2018		-36.3	-46.6	-82.5	14.6	12.8	55.8	78.4
2019		35.8	11.1	113.4	23.0	2.9	-61.2	29.6
2020		-3.0	-11.3	24.8	29.5	-15.8	-3.0	34.1
2021		-4.5	-3.2	0.6	31.1	-5.0	11.0	39.9
西宁市	Xining City	4.7	24.9	1.8	22.1	13.7	-6.0	24.4
海东市	Haidong City	-13.0	-3.5	-11.9	48.4	-27.7	-7.9	65.4
海北州	Haibei Zang A.P	-9.0	-33.5	-15.2	26.8	10.3	-73.1	24.7
黄南州	Huangnan Zang A.P	-7.7	-8.6	30.6	45.5	8.3	78.3	45.9
海南州	Hainan Zang A.P	16.7	25.3	259.3	35.5	7.7	514.9	59.4
果洛州	Golog Zang A.P	-11.6	-30.8	-28.2	27.1	29.8	50.7	20.1
玉树州	Yushu Zang A.P	-6.9	47.9	-17.1	30.5	-16.5	66.9	33.5
海西州	Haixi Mongolian & Zang A.P	-11.3	-33.2	-33.9	19.3	-23.9	-39.8	36.4
不分地区	Not Classified by Region	-8.8	18.2	-16.7	19.2	-10.9	13.4	41.8

10−9 2021年按行业分500万元以上施工、投产项目个数

Number of Construction Projects over 5 Million Yuan under Construction and Projects Completed and Projects Put into Use by Sector(2021)

单位：个、%　　(unit，%)

行　业	Sector	施工项目 Number of Projects under Construction	新开工项目 Started This Year	全部建成投产项目 Number of Projects Completed and Put into Use	项目建成投产率 Rate of Projects Completed and Put into Use
总计	**Total**	**4510**	**1849**	**1404**	**31.1**
农林牧渔业	**Agriculture, Forestry, Animal Husbandry and Fishery**	**408**	**222**	**150**	**36.8**
农业	Agriculture	66	34	10	15.2
采矿业	**Mining**	**42**	**15**	**7**	**16.7**
煤炭开采和洗选业	Mining and Washing of Coal	3	1		
石油和天然气开采业	Extraction of Petroleum and Natural Gas	2			
黑色金属矿采选业	Mining and Processing of Ferrous Metal Ores	5	2		
有色金属矿采选业	Mining and Processing of Non-Ferrous Metal Ores	12	4	1	8.3
制造业	**Manufacturing**	**328**	**143**	**79**	**24.1**
农副食品加工业	Processing of Food from Agricultural Products	41	19	15	36.6
食品制造业	Manufacture of Foods	23	4	11	47.8
酒饮料和精致茶制造业	Manufacture of Beverages	19	11	3	15.8
烟草制品业	Manufacture of Tobacco				
纺织业	Manufacture of Textile	3	1	1	33.3
纺织服装服饰业	Manufacture of Textile, Wearing Apparel and Accessories	2	1	1	50.0
皮革、毛皮、羽毛及其制品和制鞋业	Leather, Fur, Feather and Its Products and Footwear Industry				
木材加工及木、竹、藤、棕、草制品业	Processing of Timber, Manufacture of Wood, Bamboo, Rattan, Palm and Straw Products	2			
家具制造业	Manufacture of Furniture	1	1	1	100.0
造纸及纸制品业	Manufacture of Paper and Paper Products	3			
印刷和记录媒介复制业	Printing and Reproduction of Recording Media	1	1		
文教、工美、体育和娱乐用品制造业	Manufacture of Articles for Culture, Education, Arts and Crafts,Sport and Entertainment Activities	4	1	1	25.0
石油、煤炭及其他燃料加工业	Petroleum, Coal and Other Fuel Processing Industries	4	2		
化学原料和化学制品制造业	Manufacture of Raw Chemical Materials and Chemical Products	60	18	5	8.3
医药制造业	Manufacture of Medicines	15	5	4	26.7
化学纤维制造业	Manufacture of Chemical Fibres	2	1		
橡胶和塑料制品业	Manufacture of Rubber and Manufacture of Plastics	3	1	1	33.3
非金属矿物制品业	Manufacture of Non-metallic Mineral Products	39	20	13	33.3
黑色金属冶炼及压延加工业	Smelting and Pressing of Ferrous Metals	9	7	2	22.2
有色金属冶炼及压延加工业	Smelting and Pressing of Non-ferrous Metals	39	26	10	25.6

10-9 续表 continued

单位：个、% (unit，%)

行业	Sector	施工项目 Number of Projects under Construction	新开工项目 Started This Year	全部建成投产项目 Number of Projects Completed and Put into Use	项目建成投产率 Rate of Projects Completed and Put into Use
金属制品业	Manufacture of Metal Products	6	3	1	16.7
通用设备制造业	Manufacture of General Purpose Machinery	8	1	1	12.5
专用设备制造业	Manufacture of Special Purpose Machinery	12	10	5	41.7
铁路、航舶、航空航天和其他运输设备制造业	Manufacture of Railway, Ship, Aerospace and Other Transport Equipments				
电气机械及器材制造业	Manufacture of Electrical Machinery and Equipment	12	3	1	8.3
计算机、通信和其他电子设备制造业	Manufacture of Communication Equipment, Computers and Other Electronic Equipment	9	2	1	11.1
仪器仪表制造业	Manufacture of Measuring Instruments and Machinery				
废弃资源综合利用业	Recycling and Disposal of Waste	8	3		
电力、热力、燃气及水生产和供应业	**Electricity, Heat, Gas and Water Production and Supply**	**335**	**131**	**120**	**35.8**
电力、热力的生产和供应业	Production and Supply of Electric Power and Heat Power	273	114	103	37.7
建筑业	**Construction**	**4**	**1**		
交通运输、仓储和邮政业	**Transport, Storage and Post**	**461**	**194**	**128**	**27.8**
装卸搬运和仓储业	Handling and warehousing	58	27	7	12.1
邮政业	Post	2			
信息传输、软件和信息技术服务业	**Information Transmission, Software and Information Technology Services**	**30**	**9**	**4**	**13.3**
批发和零售业	**Wholesale and Retail Trades**	**48**	**21**	**24**	**50.0**
住宿和餐饮业	**Hotels and Catering Services**	**57**	**32**	**21**	**36.8**
金融业	**Financial Intermediation**	**2**		**1**	**50.0**
房地产业	**Real Estate**	**200**	**103**	**43**	**21.5**
租赁和商务服务业	**Leasing and Business Services**	**67**	**18**	**15**	**22.4**
科学研究和技术服务业	**Scientific Research and Technology Services**	**46**	**17**	**17**	**37.0**
水利、环境和公共设施管理业	**Management of Water Conservancy, Environment and Public Facilities**	**1629**	**653**	**521**	**32.0**
居民服务修理和其他服务业	**Residential Service Repair and Other Services**	**33**	**13**	**17**	**51.5**
教育	**Education**	**377**	**116**	**121**	**32.1**
卫生和社会工作	**Health, Social Work**	**223**	**91**	**70**	**31.4**
文化、体育和娱乐业	**Culture, Sports and Entertainment**	**108**	**36**	**29**	**26.9**
公共管理、社会保障和社会组织	**Public Management, Social Security and Social Organization**	**112**	**34**	**37**	**33.0**
国际组织	**International Organizations**				

10-10 1985-2021年农村个人固定资产投资和建房

Individual Investment in Fixed Assets and Building Construction in Rural Area(1985-2021)

年份 Year	投资总额(万元) Total Investment (10 000yuan)	按投资来源分 By Sources of Funds			按投资方向分 By Investment Orientation			施工房屋建筑面积(万平方米) Floor Space of Buildings under Construction (10 000 sq.m)	竣工房屋建筑面积(万平方米) Floor Space of Buildings Completed (10 000 sq.m)		竣工房屋造价(元/平方米) Value of Buildings Completed (yuan/sq.m)	
		国内贷款 Domestic Loans	自筹资金 Self-raising Funds	其他资金 Others	第一产业 Primary Industry	第二产业 Secondary Industry	第三产业 Tertiary Industry			住宅 Residential Buildings		住宅 Resid-ential Buildings
1985	9567							211.77	214.63	206.04		
1986	9467							109.31	109.31	109.31		
1987	11388							596.78	192.13	160.11		
1988	19950							167.82	167.82	126.60		
1989	17508							151.95	148.98	140.04		
1990	14747							124.64	121.60	112.48		
1991	16079							197.36	197.36	181.94		
1992	18259							113.00	113.00	113.00		
1993	31972							208.66	189.69	145.43		
1994	30580							176.25	176.25	163.96		
1995	35128							122.50	122.50	115.65		
1996	37359							150.41	150.41	122.90		
1997	36965							149.00	147.93	130.90		
1998	41852							198.09	198.09	172.37		
1999	40441							142.00	137.00	129.00	138.58	140.57
2000	77197	9124	62334	5739	11970	2085	63142	197.07	197.07	197.07	158.76	164.39
2001	81595	3509	74823	3264	18992	4018	58585	181.89	180.70	160.56	163.36	170.58
2002	98620	30474	63215	4931	19261	408	78951	141.45	141.28	127.05	181.06	176.11
2003	93563	9833	76727	7002	47676		45887	233.72	217.53	196.92	175.70	175.38
2004	97231	3563	87921	5748	46519	1685	49027	171.02	168.86	154.07	208.87	212.46
2005	101134	2899	85496	12739	30844	544	69746	252.74	252.74	201.03	217.44	250.72
2006	114113	1740	108697	3676	37755	393	75965	281.56	276.15	184.81	252.75	323.32
2007	140144	9198	126411	4536	41455	781	97908	257.34	252.80	219.70	328.79	361.00
2008	173472	13076	150996	9400	40129	652	132691	225.56	224.68	180.67	374.68	433.68
2009	229781	20083	209698		39770	689	189322	378.71	370.15	302.98	446.10	506.52
2010	494295	27300	404675	62320	45276	566	448453	710.42	707.52	661.72	559.97	578.32
2011	696640	136468	420730	139442	71336	561	624743	808.80	771.60	719.30	709.26	742.97
2012	747560	53743	567929	125889	57314	20254	669992	824.17	744.00	665.00	739.26	804.60
2013	760784	68804	587018	104962	65112	5269	690403	802.20	733.00	665.43	788.30	836.01
2014	723164	92480	537103	93581	61494	22637	639033	750.59	723.54	654.66	794.23	824.56
2015	664618	95165	476530	92923	41185	8459	614974	741.71	670.09	614.71	789.11	808.26
2016	725424	87662	475596	162166	51617	3082	670725	717.10	663.90	635.90	908.05	919.88
2017	636922	106758	408391	121773	40244	2721	593957	624.38	598.20	569.53	944.37	956.67
2018	543581	39645	270001	233935	53712	1048	488821	499.28	492.10	452.16	903.75	932.32
2019	735176	131289	445990	157897	82618	71860	580698	520.23	427.02	385.83	1001.94	1059.01
2020	451465	64686	350553	36226	110162	2839	338463	273.99	271.71	242.59	1000.81	1031.30
2021	373021	74725	287319	10977	91426	10108	271487	174.99	165.76	112.61	1097.15	1268.36

注：本表为抽样调查数。
Note:Data in this table are taken from sample survey.

10-11 2017-2021年房地产开发主要指标

Main Indicators of Real Estate Development(2017-2021)

指　标	Item	2017	2018	2019	2020	2021
企业个数 （个）	**Number of Enterprises (unit)**	**321**	**293**	**304**	**323**	**325**
内资	Domestic Funded	318	292	303	322	324
国有	State-owned Enterprises	12			2	3
集体	Collective-owned Enterprises					
港澳台投资	Enterprises with Funds from Hong Kong, Macao and Taiwan	2				
外商投资	Foreign Funded	1	1	1	1	1
年末从业人数 （人）	**Average Number of Employed Persons (persons)**	**10095**	**9257**	**9430**	**9299**	**8289**
内资	Domestic Funded	10027	9231	9409	9278	8267
国有	State-owned Enterprises	893			12	102
集体	Collective-owned Enterprises					
港澳台投资	Enterprises with Funds from Hong Kong, Macao and Taiwan	41				
外商投资	Foreign Funded	27	26	21	21	22
土地开发及购置（万平方米）	**Land Development and Purchase (10 000 sq.m)**					
本年土地购置面积	Land Space Purchased This Year	44.86	56.39	165.72	111.40	140.27
本年完成投资额 （亿元）	**Investment Completed This Year(100 million yuan)**	**408.6**	**351.8**	**406.3**	**421.3**	**442.5**
住宅	Residential Buildings	213.7	215.9	294.1	292.3	350.6
资金来源小计 （亿元）	**Sources of Funds (100 million yuan)**	**412.0**	**335.3**	**445.7**	**465.7**	**451.9**
国内贷款	Domestic Loans	70.1	45.5	43.7	31.0	38.6
利用外资	Foreign Investment					
自筹资金	Self-raising Fund	199.1	127.4	206.9	170.6	199.5
定金及预收款	Deposit and Pre Payment		100.1	128.0	191.5	140.3
个人按揭贷款	Individual Mortgage Loans		43.2	47.7	55.7	55.6
其他到位资金	Others		19.1	19.5	16.9	17.9
房屋建筑面积 （万平方米）	**Floor Space of Buildings (10 000 sq.m)**					
施工面积	Floor Space under Construction	2936.71	2538.80	2922.40	2943.50	3398.79
竣工面积	Floor Space Completed	440.90	317.70	133.30	153.60	159.71
住宅	Residential Buildings	229.45	185.80	86.30	99.50	118.54
商品房销售面积（万平方米）	**Floor Space of Commercialized Buildings Sold (10 000 sq.m)**	**494.04**	**447.40**	**480.52**	**469.66**	**386.16**
住宅	Residential Buildings	399.57	376.86	406.66	420.64	329.06
商品房平均销售价格 （元/平方米）	**Selling Price of Commercialized Buildings (yuan/sq.m)**	**6001**	**6476**	**7643**	**8160**	**7623**
住宅	Residential Buildings	5298	5941	7269	8164	7851
实收资本合计 （亿元）	**Total Capital Held (100 million yuan)**	**154.5**	**132.8**	**151.2**	**151.8**	**155.5**
资产负债率 （%）	**Ratio of Liabilities to Assets (%)**	**84.5**	**87.2**	**89.9**	**91.0**	**89.4**
营业收入 （亿元）	**Total Revenue (100 million yuan)**	**139.9**	**159.3**	**207.9**	**214.8**	**372.3**
主营业务收入	Revenue from Principal Business	136.2	144.4	202.0	205.6	354.9
土地转让收入	Land Transferred	0.1	0.3	0.3	2.5	0.4

10-12 2001-2021年按用途分房地产开发企业(单位)投资额

Investment Actually Completed by Enterprises for Real Estate Development by Use (2001-2021)

单位：万元 (10 000 yuan)

年份 地区 Year Region	本年完成投资额 Investment Completed This Year	住宅 Residential Buildings	办公室 Office	商业营业用房 Houses for Business Use	其他 Others
2001	153558	85985	11482	28707	27384
2002	169171	94830	14657	13913	45771
2003	223121	154604	21610	21205	25702
2004	262394	166081	27476	35841	32996
2005	291130	165786	19280	43828	62236
2006	311794	229397	7414	48459	26524
2007	342057	280506	7094	31633	22824
2008	511881	428812	5227	38627	39215
2009	728499	545720	7221	40297	135261
2010	1081887	752005	21522	158326	150034
2011	1447986	902274	39733	290551	215428
2012	1896795	1411006	33642	268742	183405
2013	2476138	1597196	167543	444914	266485
2014	3082702	1906743	273158	642797	260004
2015	3359998	2013766	374264	646196	325772
2016	3969204	2277750	325052	960228	406174
2017	4085865	2136640	334624	970840	643761
2018	3518188	2158873	164442	713064	481809
2019	4062924	2940813	111058	602279	408774
2020	4213460	2923212	110858	554341	625049
2021	4425123	3505715	94422	500606	324380
西宁市 Xining City	2657844	2109202	85540	294972	168130
海东市 Haidong City	1572418	1253723	8476	169133	141086
海北州 Haibei Zang A.P	23933	17950		5983	
海南州 Hainan Zang A.P	57710	41386		9211	7113
海西州 Haixi Mongolian & Zang A.P	52170	43471	406	7707	586
黄南州 Huangnan Zang A.P	58448	38183		12800	7465
果洛州 Guoluo Zang A.P	2600	1800		800	

10-13 2001-2021年房地产开发企业(单位)资金来源
Sources of Funds of Enterprises for Real Estate Development(2001-2021)

单位：万元 (10 000 yuan)

年份 地区 Year Region	本年资金来源小计 Total Funds This Year	国内贷款 Domestic Loans	利用外资 Foreign Investment	自筹资金 Self-raising Funds	其他资金来源 Others
2001	164288	27458	2239	98673	35918
2002	179958	25469	5001	93406	56032
2003	230688	41998	3550	97984	85056
2004	409130	59935	3175	187639	155477
2005	309008	20764	375	185255	102614
2006	357658	35338	250	239909	82161
2007	443366	82493		218491	142382
2008	599312	102594		410936	85782
2009	887388	131286		470715	285387
2010	1248374	269021	23248	567846	388259
2011	1670483	171335	15276	795017	508995
2012	2284477	373912		1133544	777021
2013	2590856	444349		1179734	966773
2014	3510695	515589		1393612	1601494
2015	3610382	729430		1537963	1342989
2016	4232471	715784		1971709	1544978
2017	4120237	700860		1991255	1428122
2018	3353220	455421		1273725	1624074
2019	4456821	436875		2069010	1950936
2020	4657398	310370		1705744	2641284
2021	4518810	385707		1995305	2137798
西宁市 Xining City	3019497	297352		1372679	1349466
海东市 Haidong City	1266350	88355		506572	671423
海北州 Haibei Zang A.P	42929			30855	12074
海南州 Hainan Zang A.P	62590			10037	52553
海西州 Haixi Mongolian & Zang A.P	82703			30421	52282
黄南州 Huangnan Zang A.P	42433			42433	
果洛州 Guoluo Zang A.P	2308			2308	

10−14 2001−2021年房地产开发建设房屋建筑面积和造价

Floor Space and Cost of Buildings Developed for Real Estate Development(2001-2021)

年份 地区 Year Region	施工房屋面积(万平方米) Floor Space of Buildings under Construction (10 000 sq.m)	竣工房屋面积(万平方米) Floor Space of Buildings Completed (10 000 sq.m)	房屋建筑面积竣工率 Rate of Floor Space of Buildings Completed (%)	竣工房屋价值(万元) Value of Buildings Completed (10 000 yuan)	竣工房屋造价(元/平方米) Cost of Buildings Completed (yuan/sq.m)
2001	267.58	105.99	39.6	92126	869
2002	342.38	133.60	39.0	133285	998
2003	412.08	156.99	38.1	152522	972
2004	511.02	240.60	47.1	267381	1111
2005	422.87	104.11	24.6	126588	1216
2006	457.81	133.08	29.1	174446	1311
2007	584.22	171.21	29.3	248771	1453
2008	698.21	225.30	32.3	359510	1596
2009	900.39	181.98	20.2	285579	1569
2010	1424.23	267.67	18.8	498434	1862
2011	1666.05	520.46	31.2	1268417	2437
2012	1891.23	416.20	22.0	1078925	2592
2013	2376.64	592.62	24.9	1607565	2713
2014	2545.90	559.49	22.0	1601984	2863
2015	2585.59	454.41	17.6	1203598	2649
2016	2847.71	386.67	13.6	1113944	2881
2017	2936.71	440.90	15.0	1374764	3118
2018	2538.80	317.70	12.5	1368213	
2019	2922.38	133.27	4.6	316615	2376
2020	2943.50	153.60	5.2	409632	2667
2021	3398.79	159.71	4.7	493493	3090
西宁市 Xining City	2036.39	43.68	2.1	148394	3397
海东市 Haidong City	1149.82	107.39	9.3	317541	2957
海北州 Haibei Zang A.P	37.28	0.57	1.5	1068	1874
海南州 Hainan Zang A.P	61.89	8.07	13.0	26490	3283
海西州 Haixi Mongolian & Zang A.P	93.36				
黄南州 Huangnan Zang A.P	18.74				
果洛州 Guoluo Zang A.P	1.31				

10-15　2001-2021年按用途分房地产开发企业(单位)新开工房屋面积

Floor Space of Buildings Started This Year by Enterprises for Real Estate Development by Use(2001-2021)

单位：万平方米　(10 000 sq.m)

年份 地区 Year Region	本年新开工房屋面积 Floor Space Started This Year	住宅 Residential Buildings	办公楼 Office Buildings	商业营业用房 Houses for Business Use	其他 Others
2001	127.62	84.29	12.43	30.19	0.71
2002	168.08	135.14	16.34	13.91	2.69
2003	236.34	185.34	17.00	30.84	3.15
2004	199.86	169.78	8.42	17.60	4.07
2005	243.06	201.04	11.56	26.43	4.03
2006	209.89	173.44	8.06	25.38	3.01
2007	273.99	242.04	7.69	18.05	6.21
2008	299.11	274.96	1.40	19.45	3.30
2009	505.13	423.61	3.53	57.28	20.71
2010	700.67	568.91	17.26	69.48	45.03
2011	532.33	447.78	6.51	43.73	34.32
2012	772.90	605.33	7.79	97.38	62.41
2013	859.76	599.85	43.75	123.41	92.75
2014	694.77	406.66	53.11	149.39	85.61
2015	785.52	493.51	47.29	130.33	114.39
2016	870.10	524.82	47.97	191.01	106.30
2017	714.37	381.29	45.31	174.24	113.53
2018	504.04	326.33	7.48	87.67	82.55
2019	865.90	640.42	7.99	109.18	108.31
2020	923.17	652.29	30.00	118.36	122.51
2021	790.89	630.65	6.93	56.08	97.22
西宁市 Xining City	397.98	316.54	6.11	22.74	52.58
海东市 Haidong City	330.95	263.19	0.82	26.90	40.05
海北州 Haibei Zang A.P	2.33	2.06		0.27	
海南州 Hainan Zang A.P	14.30	7.23		3.01	4.07
海西州 Haixi Mongolian & Zang A.P	36.00	32.64		2.85	0.52
黄南州 Huangnan Zang A.P	8.01	7.78		0.22	
果洛州 Guoluo Zang A.P	1.31	1.21		0.1	

10−16　2001−2021年按用途分商品房屋实际销售面积

Actually Floor Space of Commercialized Buildings Sold by Use(2001-2021)

单位：万平方米　　(10 000 sq.m)

年份 地区 Year Region	房屋销售面积 Floor Space of Commercialized Buildings Sold	住宅 Residential Buildings	办公楼 Office Buildings	商业营业用房 Houses for Business Use	其他 Others
2001	33.66	31.86	0.08	1.57	0.15
2002	68.04	61.17	1.08	3.24	2.54
2003	83.51	70.34	4.14	8.27	0.76
2004	145.76	125.05	8.65	11.18	0.87
2005	121.04	108.46	8.73	3.57	0.28
2006	119.69	110.96	1.87	6.21	0.66
2007	154.53	147.34	1.60	5.26	0.34
2008	147.89	141.23	0.94	5.55	0.18
2009	216.82	208.02	1.38	6.63	0.79
2010	281.04	266.43	1.00	13.21	0.41
2011	359.56	342.56	1.48	14.81	0.71
2012	262.96	246.86	0.21	15.48	0.41
2013	381.56	369.70	0.69	10.27	0.90
2014	415.77	362.92	8.10	40.18	4.57
2015	392.96	329.71	23.74	32.27	7.24
2016	437.85	373.03	19.13	34.97	10.72
2017	494.04	399.57	26.98	58.28	9.21
2018	447.40	376.86	8.83	52.32	9.38
2019	480.52	406.66	8.05	41.70	24.12
2020	469.66	420.64	0.48	30.99	17.54
2021	386.16	329.06	6.61	31.69	18.79
西宁市 Xining City	226.64	176.85	6.61	25.85	17.33
海东市 Haidong City	126.57	121.09		4.02	1.46
海北州 Haibei Zang A.P	1.49	0.81		0.68	
海南州 Hainan Zang A.P	11.22	11.19		0.03	
海西州 Haixi Mongolian & Zang A.P	19.77	18.67		1.09	
黄南州 Huangnan Zang A.P	0.47	0.45		0.02	
果洛州 Guoluo Zang A.P					

10-17 2001-2021年按用途分商品房屋实际销售额

Actually Sale of Commercialized Buildings by Use(2001-2021)

单位：万元 (10 000 yuan)

年份 地区 Year Region	房屋销售额 Total Sale of Buildings	住宅 Residential Buildings	办公楼 Office Buildings	商业营业用房 Houses for Business Use	其他 Others
2001	40670	35796	167	4452	255
2002	87898	71375	1420	11845	3258
2003	122365	94398	8807	18820	340
2004	241004	183485	22682	33500	1337
2005	221768	182320	24132	14706	610
2006	229877	204230	4689	20267	691
2007	357123	324986	4924	26783	430
2008	363745	336669	3083	23531	462
2009	545761	508048	4949	31882	882
2010	844416	770999	2183	69964	1270
2011	1167878	1058522	2578	103981	2797
2012	1064592	911437	1395	150192	1568
2013	1588392	1462925	4067	118301	3099
2014	2112694	1558318	66418	470249	17709
2015	2059969	1398329	228392	413459	19789
2016	2364421	1720566	130616	461798	51441
2017	2964953	2117069	216501	596426	34957
2018	2897449	2238923	72941	543375	42210
2019	3672765	2955903	74242	558413	84207
2020	3832536	3434151	4148	318848	75389
2021	2943747	2583456	62656	247824	49811
西宁市 Xining City	2078975	1772977	62656	195608	47734
海东市 Haidong City	694767	650365		42326	2076
海北州 Haibei Zang A.P	4397	2565		1832	
海南州 Hainan Zang A.P	64213	63903		309	1
海西州 Haixi Mongolian & Zang A.P	99175	91646		7529	
黄南州 Huangnan Zang A.P	2220	2000		220	
果洛州 Guoluo Zang A.P					

10-18 2001-2021年按用途分商品房屋平均销售价格

Average Selling Price of Commercialized Buildings by Use (2001-2021)

单位：元/平方米 (yuan/sq.m)

年份 地区 Year Region	房屋平均销售价格 Average Selling Price of Buildings	住宅 Residential Buildings	办公楼 Office Buildings	商业营业用房 Houses for Business Use	其他 Others
2001	1208	1124	2174	2841	1700
2002	1292	1167	1311	3651	1004
2003	1465	1342	2127	2276	447
2004	1653	1460	7331	2995	1537
2005	1832	1681	2766	2802	1636
2006	1921	1840	2512	3266	1054
2007	2311	2206	3075	5093	1279
2008	2460	2384	3280	4240	2567
2009	2517	2442	3581	4805	112
2010	3005	2894	2183	5296	3098
2011	3248	3090	1742	7021	3939
2012	4048	3692	6643	9702	3824
2013	4163	3957	5862	11523	3436
2014	5081	4294	8200	11704	3875
2015	5242	4241	9621	12812	2733
2016	5400	4612	6828	13206	4799
2017	6001	5298	8024	10234	3796
2018	6476	5941	8261	10386	4500
2019	7643	7269	9227	13391	3491
2020	8160	8164	8642	10289	4298
2021	7623	7851	9479	7820	2651
西宁市 Xining City	9173	10025	9479	7567	2754
海东市 Haidong City	5489	5371		10529	1422
海北州 Haibei Zang A.P	2951	3167		2694	
海南州 Hainan Zang A.P	5723	5711		10300	
海西州 Haixi Mongolian & Zang A.P	5016	4909		6907	
黄南州 Huangnan Zang A.P	4723	4444		11000	
果洛州 Guoluo Zang A.P					

主要统计指标解释

固定资产投资　是以货币形式表现的在一定时期内全社会建造和购置固定资产的工作量以及与此有关的费用的总称。该指标是反映固定资产投资规模、结构和发展速度的综合性指标,又是观察工程进度和考核投资效果的重要依据。按登记注册类型可分为国有、集体、个体、联营、股份制、外商、港澳台商、其他等。统计内容是指各种登记注册类型的法人单位及个体经营进行的计划总投资500万元及以上项目投资和全部房地产开发投资情况。不包括农户投资。

房地产开发投资　指各种登记注册类型的房地产开发法人单位统一开发的住宅、厂房、仓库、饭店、宾馆、度假村、写字楼、办公楼等房屋建筑物和配套的服务设施,土地开发工程(如道路、给水、排水、供电、供热、通讯、平整场地等基础设施工程)和土地购置的投资;不包括单纯的土地开发和交易活动。

建设总规模　是指在报告期内所有施工项目的计划总投资。这个指标和施工项目相对应。

在建总规模　是指在报告期末所有在建项目的计划总投资。

在建净规模　是指报告期末所有在建项目建成投产尚需的投资总量。

在建净规模=在建总规模-未投产项目(期末在建)累计完成投资。

固定资产投资的资金来源　根据固定资产投资的资金来源不同,分为国家预算资金、国内贷款、债券、利用外资、自筹资金和其他资金。

(1)国家预算资金:指各级政府用于固定资产投资的财政资金,包括中央预算资金和地方预算资金。

国家预算包括一般预算、政府性基金预算、国有资本经营预算和社保基金预算。各类预算中用于固定资产投资的资金全部作为国家预算资金填报,其中一般预算中用于固定资产投资的部分包括基建投资、车购税、灾后恢复重建基金和其他财政投资。各级政府债券也应归入国家预算资金。

(2)国内贷款:指报告期固定资产投资项目单位向银行及非银行金融机构借入用于固定资产投资的各种国内借款,包括银行利用自有资金及吸收存款发放的贷款、上级主管部门拨入的国内贷款、国家专项贷款(包括煤代油贷款、劳改煤矿专项贷款等),地方财政专项资金安排的贷款、国内储备贷款、周转贷款等。

(3)债券:指企业或金融机构为筹集用于固定资产投资的资金向投资者出具的承诺按一定发行条件还本付息的债务凭证,包括金融债券和企业债券。金融债券是由银行和非银行金融机构发行的债券。在我国目前金融债券主要分两类,一是由国家开发银行、进出口银行等政策性银行发行的政策性金融债券,二是由商业银行、证券公司、财务公司等商业性金融机构发行的商业金融债券。企业债券是工商企业依照法定程序发行的债券。公司债券的发行主体可以是股份公司也可以是非股份公司,可以是上市公司也可以是非上市公司,包括依据《企业债券管理条例》发行的企业债券、依据《公司法》发行的上市公司债券、依据中国人民银行规章发行的中期票据等。

(4)利用外资:指报告期收到的境外(包括外国及港澳台地区)资金(包括设备、材料、技术在内)。包括对外借款(外国政府贷款、国际金融组织贷款、出口信贷、外国银行商业贷款、对外发行债券和股票)、外商直接投资、外商其他投资(包括补偿贸易、加工装配由外商提供的设备价款、国际租赁,外商投资收益的再投资资金)。不包括我国自有外汇资金(国家外汇、地方外汇、留成外汇、调济外汇和中国境内银行自有资金发放的外汇贷款等)。各类外资按报告期的外汇牌价(中间价)折成人民币计算。

(5)自筹资金:指在报告期内筹集的用于项目建设和购置的资金。包括自有资金、股东投入资金和借入资金,但不包括各类财政性资金、从各类金融机构借入资金和国外资金。

(6)其他资金来源:指在报告期收到的除以上各种资金之外的用于固定资产投资的资金。包括社会集资、个人资金、无偿捐赠的资金及其他单位拨入的资金等。

固定资产投资按国民经济行业分　根据建设项目建成投产后的主要产品种类或主要用途及社会经济活动性质种类来确定国民经济行业。一般情况下,一个建设项目只能属于一种国民经济行业。

固定资产投资按隶属关系分　根据本单位隶属于哪一级行政管理单位可分为:中央、地方和其他。中央与地方双重领导的单位,以领导为主的一方来划分中央属或地方属。

固定资产投资按建设性质分　指固定资产再生产的性质,按整个建设项目的具体情况确定。一个建设项目只能有一种建设性质。

(1)新建:指从无到有"平地起家"开始建设的项目。现有企业、事业、行政单位投资的项目一般不属于新建。但如有的单位原有基础很小,经过建设后新增的固定资产价值超过该企业、事业、行政单位原有固定资产价值(原值)三倍以上的,也应作为新建。

(2)扩建:指为扩大原有产品的生产能力(或效益)或增加新的产品生产能力,而增建的生产车间(或主要工程)、分厂、独立的生产线等项目。行政、事业单位在原单位增建业务性用房(如学校增建教学用房、医院增建门诊部、病房等)也作为扩建。

现有调查单位为扩大原有主要产品生产能力或增加新的产品生产能力,增建一个或几个主要生产车间(或主要工程)、分厂,同时进行一些更新改造工程的,也应作为扩建。

(3)改建和技术改造:指对原有设施进行技术改造或更新(包括相应配套的辅助性生产、生活福利设施)的建设项目。改建项目包括调查单位为适应市场变化的需要,而改变的主要产品种类(如军工企业转民用产品等)的建设项目;原有产品生产作业线由于各工序(车间)之间能力不平衡,为填平补齐充分发挥原有生产能力而增建但不增加主要产品生产能力的建设项目。技术改造是指调查单位在现有基础上用先进的技术代替落后的技术，用先进的工艺和装备代替落后的工艺和装备，以改变企业落后的技术经济面貌，实现以内涵为主的扩大再生产，达到提高产品质量、促进产品更新换代、节约能源、降低消耗、扩大生产规模、全面提高社会经济效益的目的。

技术改造具体包括以下内容：机器设备和工具的更新改造；生产工艺改革、节约能源和原材料的改造；厂房建筑和公共设施的改造；保护环境进行的“三废”治理改造；劳动条件和生产环境的改造等。

(4)**单纯建造生活设施**：指在不扩建、改建生产性工程和业务用房的情况下，单纯建造职工住宅、托儿所、子弟学校、医务室、浴室、食堂等生活设施的项目。

(5)**迁建**：指为改变生产能力布局或由于城市环境保护和安全生产的需要等原因而搬迁到另地建设的项目。在搬迁另地的建设过程中，不论是维持原来规模还是扩大规模都按迁建来统计。

(6)**恢复**：指因自然灾害、战争等原因，使原有固定资产全部或部分报废，以后又投资恢复建设的项目。不论是按原规模恢复还是在恢复的同时进行扩建的都按恢复项目统计。尚未建成投产的建设项目因自然灾害而损坏重建的，仍按原有建设性质划分。

(7)**单纯购置**：指单纯购置不需要安装的设备、工具、器具而不进行工程建设的项目。有些调查单位当年虽然只从事一些购置活动，但其设计中规定有建筑安装活动，应根据设计文件的内容来确定建设性质，不得作为单纯购置统计。

固定资产投资按构成分　固定资产投资活动按其工作内容和实现方式分为建筑工程、安装工程，设备工器具购置、其他费用四个部分。

(1)**建筑工程**：指各种房屋、建筑物的建造工程，又称建筑工作量。这部分投资额必须兴工动料，通过施工活动才能实现，是固定资产投资额的重要组成部分。

(2)**安装工程**：指各种设备、装置的安装工程，又称安装工作量。

(3)**设备工器具购置**：指报告期内购置或自制的，达到固定资产标准的设备、工具、器具的价值。

(4)**其他费用**：指在固定资产建造和购置过程中发生的，除建筑安装工程和设备、工器具购置投资完成额以外的应当分摊计入固定资产投资项目的费用，不指经营中财务上的其他费用。用于项目建设的贷款的利息支出，在项目建设期应纳入固定资产投资统计，项目建成投产后不应纳入固定资产投资统计。

在建项目　指项目本年正式进行过建筑或安装施工活动，但在报告期末尚未建成投产，处于建设阶段。包括本期施工项目，也包括以前年度施过工结转到本期尚未开工的建设项目。

全部投产　指项目按计划规定的生产能力（或效益）在报告期内全部建成，经验收合格或达到竣工验收标准。

新增生产能力（或工程效益）名称　指建成投产项目或工程新增生产能力（或工程效益）的名称。基层单位要将建成投产项目或工程的全部生产能力（或工程效益），按《新增生产能力（或工程效益）目录及代码》规定的名称及代码填写。

建设规模　指建设项目或工程设计文件中规定的全部设计能力（或工程效益）。包括已经建成投产和尚未建成投产的工程的生产能力（或工程效益）。它是以实物形态表示固定资产投资规模的指标，反映建设项目或工程全部建成投产（或交付使用）后，能够为社会提供多少设计能力（或工程效益）。

房屋建筑面积及价值　以房屋单位工程（栋）为核算对象，不是按各栋施工房屋中部分或层次分割计算。各种房屋如厂房、仓库、办公室、住宅、商店、学校、医院、俱乐部、食堂、招待所等都应计算房屋建筑面积，但购买钢结构组装的房屋不应计算房屋施工面积。

房屋施工面积　指报告期内施工的全部房屋建筑面积。包括本期新开工的房屋建筑面积、上期跨入本期继续施工的房屋建筑面积、上期停缓建在本期恢复施工的房屋建筑面积、本期竣工的房屋建筑面积以及本期施工后又停缓建的房屋建筑面积。多层建筑应填各层建筑面积之和。

房屋竣工面积　指报告期内房屋建筑按照设计要求已全部完工，达到住人和使用条件，经验收鉴定合格或达到竣工验收标准，可正式移交使用的各栋房屋建筑面积的总和。

房屋竣工价值　指报告期内按规定已经上报竣工的房屋本身的建造价值。一般按房屋设计和预算规定的内容计算。包括竣工房屋本身的基础、结构、屋面、装修以及水、电、卫等附属工程的建筑价值；也包括作为房屋建筑组成部分而列入房屋建筑工程预算内的设备（如电梯、通风设备等）的购置和安装费用。不包括厂房内的工艺设备、工艺管线的购置和安装，工艺设备基础的建造；室外的水、暖、电、卫、道路工程、挡土墙等环境工程的费用；办公和生活用家具的购置等费用；购置土地的费用；迁移补偿费和场地平整的费用及城市建设配套投资。

项目建成投产率　指一定时期内全部建成投产项目个数与同期施工项目个数的比率。该指标是从建设单位建设速度的角度反映投资效果的指标。

固定资产交付使用率　指一定时期新增固定资产与同期完成投资额的比率。该指标是反映固定资产动用速度，衡量建设过程中宏观投资效果的综合指标。由于新增固定资产是较长时期内形成的结果，而投资额则是当年完成的，因此，该指标一般适宜于反映较长时期内固定资产的动用情况。

商品房销售面积　指报告期内出售商品房屋的合同总面积（即双方签署的正式买卖合同中所确定的建筑面积）。由现房销售建筑面积和期房销售建筑面积两部分组成。

商品房销售额　指报告期内出售商品房屋的合同总价款（即双方签署的正式买卖合同中所确定的合同总价）。该指标与商品房销售面积同口径，由现房销售额和期房销售额两部分组成。

Explanatory Notes on Main Statistical Indicators

Investment in Fixed Assets refers to the sum total of the amount of construction and purchase of fixed assets and the related expenses in a certain period of time. This index is not only a comprehensive index reflecting the scale, structure and development speed of fixed assets investment, but also an important basis for observing project progress and evaluating investment effect. It is the investment in construction projects with a total planned investment of 5 million yuan and over by enterprises of various ownerships, institutions, administrative units and urban self – employed individuals, and the investment in real estate development in both urban and rural areas. Since 2011, it covers the urban investment in fixed assets under the previous statistical coverage plus project investments by rural enterprises and institutions, excluding rural household.

Investment in Real Estate Development refers to the investment made by real estate development companies in the construction of housing, development of land, nonprofit buildings and value of land purchased.

Total construction scale refers to the total planned investment of all construction projects during the reporting period. This index corresponds to the construction project.

Total construction scale refers to the total planned investment of all projects under construction at the end of the reporting period.

Net scale under construction refers to the total amount of investment needed for the completion and operation of all projects under construction at the end of the reporting period.

Net scale under construction = total scale under construction – accumulated investment completed for projects not in production (under construction at the end of the period).

Actual Funds in Place for Investment in Fixed Assets are categorized as funds from the State budget, domestic loans, foreign investment, self – raised funds, and others, depending on the sources of investment.

(1) Fund from the State budget: State budget consists of general budget, government fund budget, operation budget of state – owned assets and social security fund budget. Funds for investment in fixed assets from various budgets are reported as fund from the state budget, of which, the general budget utilized on fixed assets investment includes investment on infrastructure construction, vehicle purchase tax, post – disaster restoration and reconstruction funds and other financial investment. Government bonds at all levels should also be included.

(2) Domestic loans refer to loans of various forms borrowed by investing units from banks and non – bank financial institutions during the reference period for the purpose of investment in fixed assets, including loans issued by banks from their self – owned funds and deposit, loans appropriated by higher responsible authorities, special loans by government (including loan for substituting petroleum with coal, special loans for reform – through – labor coal mines), loans arranged by local government from special funds, domestic reserve loan, and revolving loan, etc.

(3) Bonds refer to debt certificates issued by enterprises or financial institutions to investors in order to raise funds for fixed asset investment, including financial bonds and corporate bonds, which promise to repay the principal and interest under certain issuing conditions. Financial bonds are bonds issued by Banks and non – bank financial institutions. At present, financial bonds in China mainly fall into two categories: policy – based financial bonds issued by policy banks such as China development bank and export – import bank, and commercial financial bonds issued by commercial financial institutions such as commercial banks, securities companies and financial companies. Corporate bonds are bonds issued by industrial and commercial enterprises in accordance with legal procedures. Company bonds issue main body can be co. , LTD is a joint – stock company, can be listed company is a listed company, including on the basis of the "regulations on the administration of enterprise bonds" issued by corporate bonds, on the basis of the listed company bonds issued by the company law, according to the regulations of the people's bank of China issued by the medium – term notes, etc.

(4) Foreign investment refers to overseas (including foreign countries, Hongkong, Macao and Taiwan) funds received during the reference period (covering equipment, materials and technology), including foreign borrowings (loans from foreign governments and international financial institutions, export credit, commercial loans from foreign banks, issue of bonds and stocks overseas), foreign direct investment and other foreign investments (including funds from foreign direct investment income that are reinvested in fixed assets domestically). Excluded from this category is capital in foreign exchanges owned by China (foreign exchanges owned by the central and local governments, foreign exchanges retained by enterprises, foreign exchanges by enterprises through the regulating mechanism, loans in foreign exchanges issued by the Bank of China with its own fund, etc.). In calculat-

ing the utilization of foreign capital, foreign currencies are converted into China Yuan applying the exchange rate (central parity rate) at the end of the reference period.

(5) Self - raised funds refer to funds for investment in fixed assets received during the reference period by investing units, including investment in fixed assets using own funds of various enterprises and institutions or funds raised from other units other than financial funds, funds borrowed from financial institutions and overseas funds.

(6) Others refer to funds for investment in fixed assets received from sources other than those listed above, including funds raised from individuals and through donations, and funds transferred from other units.

Investment in Fixed Assets by Sector refers to the classification of investment by the nature of social economic activities the investing units are engaged in. The classification of construction projects by sector is determined by the major products or the purpose of the projects when they are put into production or use, and by the nature of their social economic activities, instead of being determined by industrial classification of the project enterprises. The project will be classified according to major product if there are several kinds of products yielded. In general, one project can only be classified into one sector.

Investment in Fixed Assets by Jurisdiction of Management refers to the classification of investment by the competent authorities under which investment is made by construction units, enterprises, institutions or administrative units.

Investment in Fixed Assets by Type of Construction Construction projects in general can be classified, by the type of construction, into new construction, expansion, reconstruction and technical transformation, purely construction of living facilities, moving, restoration and purely purchasing. However, investment by type of construction is not applied to investment by real - estate development units and investment by rural households.

(1) New construction in general refers to construction projects, which start from scratch. The existing projects invested by enterprises, institutions and administrative agencies cannot be classified as new construction. In case the size of the existing unit is quite small, and the value of newly added fixed assets is more than three times of the original value, the expansion will be considered as new construction.

(2) Expansion refers to projects of construction of new production workshop, branch factory or independent production line within a factory or in other locations, for the purpose of increasing the production capacity (or improving efficiency) or adding new production capacity. Newly constructed accommodation for the operation of institutions and administrative organizations (such as newly constructed buildings for teaching in schools, buildings for clinics or wards in hospitals, etc.) are also classified as expansion.

Also included in expansion are investments by existing enterprises or institutions in building major production line(s) or branch factory (ies) along with some work on innovation, for the purpose of expanding the production capacity of original products or producing new products.

(3) Reconstruction and technical transformation refers to construction projects by existing enterprises or institutions in innovation or technical transformation of the old facilities (including auxiliary production equipment and welfare facilities). Also considered as reconstruction is the construction of new workshops by the existing enterprises or institutions to change the variety of products to meet the market demand (such as the production of civil products by defense industries), or to bring the designed production capacity into full play through a more balanced production process on production lines. Technical transformation refers to replacement of old technology or equipment by new technology or equipment, in order to expand the reproduction through improvement of technology contents in production, to improve product quality, to promote new products, to save energy, to reduce consumption, to expand the production scale and to improve overall social - economic efficiency. Contents of technical transformation include: updating of machinery, equipment and tools; reforming production process by using energy or materials saving technology; construction of factory workshops and transformation of public facilities; treatment transformation of "three wastes" (waste gas, waste water and industrial residue) aiming at environmental protection; improvement of working conditions and environment, etc.

The technical transformation includes the following contents: renewal and transformation of machine equipment and tools; Reform of production technology, energy conservation and transformation of raw materials; Transformation of factory buildings and public facilities; Environmental protection of the "three kind of industrial waste" governance transformation; Transformation of working conditions and production environment, etc.

(4) simple construction of living facilities: refers to a project that simply builds living facilities such as staff residence, nursery school, children's school, medical room, bathroom and canteen without expanding or rebuilding production projects or business houses.

(5) relocation: refers to the project that is relocated to another place for the purpose of changing the layout of production capacity or for the need of urban environmental protection and safe production. In the construction process of moving to another place, no matter maintaining the original scale or expanding scale, statistics are made according to the relocation.

(6) restoration: refers to the projects that have completely or partially scrapped the original fixed assets due to natural disas-

ters, wars and other reasons, and then invested and resumed construction. No matter it is restored according to the original scale or expanded at the same time of restoration, it is counted according to the restoration project. Construction projects that have not yet been completed and put into operation that have been damaged or rebuilt due to natural disasters shall be classified according to the nature of the original construction.

(7) pure purchase: refers to the purchase of equipment, tools and appliances that do not need to be installed without carrying out engineering construction. Although some investigation units only engage in some purchase activities in the current year, they shall determine the construction nature according to the content of the design documents, and shall not be regarded as the pure purchase statistics.

Investment in Fixed Assets by Structure the investment activities of fixed assets can be divided into four parts: construction project, installation project, purchase of equipment and tools and other expenses.

(1) Construction refers to the construction of houses and buildings, also known as work volume of construction. This part of investment can only be achieved through construction activities, it is the major component of the total investment in fixed assets.

(2) Installation refers to the installation of various kinds of equipment and instruments, also known as work volume of installation.

The value of equipment installed itself is not included in the value of installation projects.

(3) Purchase of equipment and instruments refers to the total value of equipment, tools, and instruments purchased or self-produced which come up to the cut-off point for fixed assets during the reference period. Equipment, tools and instruments purchased or self-produced for new workshops by newly established or expanded units are categorized as "purchase of equipment and instruments" no matter whether they come up to the cut-off point for fixed assets.

(4) Other expenses refer to expenses arising during the construction or purchase of fixed assets other than those expenses on construction, installation and purchase of equipment and instruments. Other financial expenses arising in operation are not included.

A project under construction refers to a project that has been formally built or installed this year, but has not been completed and put into production at the end of the reporting period and is in the construction stage. Including the current period of construction projects, also including the previous year carried over to the current period of construction projects not started.

Full operation refers to the production capacity (or benefit) specified in the project has been completed within the reporting period, and the completion acceptance has been qualified or the completion acceptance standards have been reached.

Newly Increased Production Capacity (or Project Efficiency) refers to the increase in design capacity (or project efficiency) through investment in fixed assets. The main indicators include: construction scale, scale of projects under construction in current year, the accumulated newly increased production capacity (project efficiency) since the start of the projects and the newly increased production capacity (project efficiency) of current year.

Construction Scale refers to the total designed production capacity (project efficiency) of the construction projects in accordance with the design document, including those have been put into operation and those that have not been completed.

The building area and value of the building unit project (building) as the accounting object, not according to the building construction part or level segmentation calculation. All sorts of buildings are like workshop, warehouse, office, residence, shop, school, hospital, club, cantina, guesthouse to wait to answer computational building floor area, but the building that buys steel structure to assemble should not answer computational building construction area.

Floor Space of Buildings under Construction refers to the total space area of the buildings under construction in the year by real estate development companies. It includes buildings started in the year, continued from the previous year, suspended in earlier years but restarted in the year, completed in the year, and started in the year but suspended in the year as well. The floor space of a multi-storied building should be the sum of floor space of all the stories.

Floor Space of Buildings Completed refers to the total floor space area of the buildings completed in the year by real estate development companies, which meet the requirements as designed, reach the criteria set for people to live in or use, have passed the acceptance checks, and are ready for delivery or use.

The completion value of the house refers to the construction value of the completed house itself which has been reported in accordance with regulations during the reporting period. The content that presses house design and budget to stipulate commonly calculates. Including the foundation, structure, roof, decoration and water, electricity, sanitation and other ancillary works of the completed building value; It also includes the purchase and installation of equipment (such as elevators, ventilation equipment, etc.) that is included in the budget for housing construction projects as an integral part of the housing construction. Excluding the purchase and installation of process equipment, process pipelines and construction of process equipment foundation in the workshop; Outdoor water, heating, electricity, sanitation, road engineering, retaining wall and other environmental engineering costs; Purchase of office and living furniture and other expenses; Expenses for the acquisition of land; Relocation compensation fee, site leveling fee and supporting investment in urban construction.

Rate of Construction Projects Completed and Put into Use refers to the ratio of the number of construction projects completed and put into use in a certain period of time to the number of projects under construction in the same period. This reflects the investment efficiency from the perspective of the speed of projects construction.

Rate of Projects of Fixed Assets Completed and Put into Operation refers to the ratio of the newly increased fixed assets to the total investment made in the same period. This is a comprehensive indicator reflecting the speed of the employment of fixed assets and the investment efficiency at the macro - level. As the newly increase fixed assets is the result of a long period while the investment is completed in the current year, this indicator is expected to be used to reflect the employment of fixed assets over a long period of time.

Area of Commercialized Housing Sold refers to total contracted area of commercialized housing (i. e. area of floor space as designated in the formal contracts signed by both sides) sold by real estate development companies during the reference time.

Value of Commercialized Housing Sold refers to the total contracted value (i. e. value of sales/purchase for selling/purchase of commercialized housing as designated in the contract signed by both sides) received from the sales of the buildings by real estate development companies during the reference time. This indicator has the same coverage as the area of commercialized housing sold.

第11篇

CHAPTER 11

对外经济贸易

Foreign Trade and Economic Cooperation

11-1 主要年份进出口贸易总额

Total Value of Imports and Exports in Main Years

单位：万美元 (USD 10 000)

年 份 Year 地区 Region		进出口总额 Total Value of Imports and Exports	进口总额 Total Exports	出口总额 Total Imports
1990		7027	222	6805
1991		7791	240	7552
1992		10399	1356	9043
1993		12442	2268	10174
1994		14331	1981	12350
1995		16226	2419	13807
1996		22497	9017	13480
1997		16476	4036	12440
1998		11405	974	10431
1999		10785	2099	8686
2000		15973	4773	11200
2001		20490	5577	14913
2002		19671	4562	15109
2003		33913	6526	27387
2004		57551	12075	45476
2005		41338	9014	32324
2006		65175	11752	53422
2007		61207	22616	38591
2008		68847	26972	41875
2009		58590	33491	25099
2010		78906	32276	46630
2011		92382	26199	66182
2012		116016	43032	72984
2013		140256	55530	84726
2014		171896	59063	112833
2015		193447	29250	164197
2016		151485	14886	136599
2017		65532	23157	42375
2018		72718	25707	47011
2019		54008	24656	29352
2020		32964	15171	17793
2021		49071	22662	26409
西宁市	Xining City	35357	21015	14342
海东市	Haidong City	5827	914	4913
海北州	Habei Zang A.P	1	1	
黄南州	Huangnan Zang A.P	8	8	
海南州	Hainan Zang A.P	1903	3	1900
果洛州	Golog Zang A.P	262		262
玉树州	Yushu Zang A.P	713	494	219
海西州	Haixi Mongolian & Zang A.P	5000	227	4773

注：本表数据来源于西宁海关，为初步统计数据。以下表同。
Note:The data in this table are from the Xining customs,Are preliminary statistics.The same applies to the tables following.

11-2　2021年海关进口主要商品总值表
Total Value of Major Import Commodities by Customs(2021)

商品名称	Item	金额 Value (万美元) (USD 10 000)	(万元) (10 000 yuan)
农产品	Agriculture Products	947	6129
金属矿及矿砂	Metallic Ore and Ore Sand	15723	101962
铜矿砂及其精矿	Copper Ores and Concentrates	3846	25183
镍矿砂及其精矿	Nickel Ore and its Concentrate	1580	10197
铝矿砂及其精矿	Aluminium Ores and Concentrates	781	5062
锌矿砂及其精矿	Zinc Ore and Concentrate	9509	61475
成品油	Petroleum Products	212	1375
多晶硅	Polysilicon	234	1504
纺织纱线、织物及其制品	Textile Yarn, Fabrics and Products	509	3313
铁合金	Ferroalloy	1882	12174
未锻轧的铜及铜材	Unwrought Copper and Copper Products	576	3722
机电产品	Mechanical and Electrical Products	2190	14157
高新技术产品	High and New-tech Products	1243	8039
食品	Food Products	911	5899

11－3　2021年海关出口主要商品总值表

Total Value of Major Export Commodities by Customs (2021)

商品名称	Item	金额 Value (万美元) (USD 10 000)	金额 Value (万元) (10 000 yuan)
农产品	Agriculture Products	3701	23919
焦炭及半焦炭	Coke, Semi-Coke	3527	22765
磷酸铁锂	Lithium iron phosphate	765	4949
金属锂	Lithium metal	402	2586
碳酸钠(纯碱)	Sodium Carbonate (SodaAsh)	68	436
氯化镁	Magnesium chloride	108	700
医药材及药品	Pharmaceutical Materials and Drugs	1757	11353
中药材	Traditional Chinese Medicine	1593	10292
肥料	Chemical Fertilizer	820	5487
塑料制品	Plastic Product	408	2629
箱包及类似容器	Luggage and similar containers	257	1647
纺织纱线、织物及制品	Textile Yarn, Fabrics and Products	4721	30487
服装及衣着附件	Clothing and Accessories	1680	10772
鞋靴	Footwear	572	3682
陶瓷产品	Ceramic Products	69	447
铁合金	Ferroalloy	2911	18783
硅铁	Ferrosilicon	2830	18262
钢材	Rolled Steel	113	729
未锻轧铝及铝材	Unwrought Aluminum and Aluminum Products	1291	8344
家具及其零件	Furniture and its parts	91	584
玩具	Toys	321	2063
体育用品及设备	Sporting goods and equipment	128	830
笔及其零件	Pen and its Parts	6	40
机电产品	Mechanical and Electrical Products	2373	15282
高新技术产品	New and High-tech Product	302	1944
文化产品	Cultural Artifact	2115	13654
食品	Food Products	2375	15353

11-4 2021年海关按国别(地区)分出口总值

Total Value of Export by Country (Region) From the Customs(2021)

国家（地区）	Country (Region)	（万美元）(USD 10 000)	（万元）(10 000 yuan)	国家（地区）	Country (Region)	（万美元）(USD 10 000)	（万元）(10 000 yuan)
美国	United States	1287	8314	中国台湾	Taiwan, China	176	1140
韩国	Republic of Korea	1055	6804	沙特阿拉伯	Saudi Arabia	406	2621
日本	Japan	2598	16775	俄罗斯联邦	Russia	1620	10471
哈萨克斯坦	The Republic of Kazakhstan	1733	11101	阿联酋	The United Arab Emirates	436	2817
巴基斯坦	Pakistan	1949	12589	新加坡	Singapore	353	2273
中国香港	Hong Kong, China	1357	8746	以色列	Israel	181	1175
尼日利亚	Nigeria	129	832	马来西亚	Malaysia	487	3120
越南	Vietnam	235	1525	智利	Chile	634	4094
英国	United Kingdom	201	1297	中国澳门	Macao, China	265	1703
加拿大	Canada	396	2543	阿尔及利亚	Algeria	239	1545
泰国	Thailand	568	3677	墨西哥	Mexico	136	875
意大利	Italy	368	2385	卡塔尔	Qatar	138	895
法国	France	442	2853	摩洛哥	Morocco	24	154
澳大利亚	Australia	448	2895	希腊	Greece	40	255
荷兰	Netherlands	611	3937	哥伦比亚	Colombia	44	286
新西兰	New Zealand	563	3644	孟加拉国	Bangladesh	304	1962
印度	India	253	1634	比利时	Belgium	69	449
南非	South Africa	3416	22041	也门	Yemen	48	315
巴西	Brazil	634	4285	乌兹别克斯坦	Uzbekistan	475	3043
印度尼西亚	Indonesia	103	661	波兰	Poland	180	1164
德国	Germany	304	1960	乌克兰	Ukraine	17	109

11-4 续表

Continued

国家（地区）	Country (Region)	（万美元）(USD 10 000)	（万元）(10 000 yuan)	国家（地区）	Country (Region)	（万美元）(USD 10 000)	（万元）(10 000 yuan)
阿曼	Oman	34	221	塔吉克斯坦	The Republic of Tajikistan	39	254
利比亚	Libya	56	364	伊拉克	Iraq	73	470
约旦	Jordan	28	182	缅甸	Myanmar	20	127
西班牙	Spain	84	540	斯洛文尼亚	Slovenia	26	169
加纳	Ghana	103	665	巴林	Bahrain	14	88
埃及	Egypt	96	619	突尼斯	Tunisia	23	148
罗马尼亚	Romania	62	401	芬兰	Finland	8	54
柬埔寨	Cambodia	25	164	塞内加尔	Senegal	12	76
土耳其	Turkey	22	143	马耳他	Republic of Malta	21	135
菲律宾	Philippine	43	280	毛里塔尼亚	Mauritania	65	418
捷克	Czech	6	40	哥斯达黎加	Costa Rica	7	47
厄瓜多尔	Ecuador	6	40	伊朗	Iran	5	34
尼泊尔联邦民主共和国	Nepal	333	2149	巴拿马	Panama	20	129
瑞典	Sweden	19	123	亚美尼亚	Armenia	18	117
秘鲁	Peru	6	36	坦桑尼亚	Tanzania	12	81
吉尔吉斯斯坦	Kirghizia	114	733	瑞士	Switzerland	9	61
肯尼亚	Kenya	24	156	葡萄牙	Portugal	6	39
丹麦	Denmark	13	83	波多黎各	Puerto Rico	16	104

11-5 主要年份利用外资概况

Utilization of Foreign Capital in Main Years

单位：万美元 (USD 10 000)

年 份 Year	外商直接投资 Direct Foreign Investment 项 目(个) Number of Projects (unit)	合同利用外资额 Total Amount of Contracted Foreign Investment	实际利用外资额 Total Amount of Foreign Investment Actually Utilized
1985	4	318	108
1991	2	19	13
1992	11	399	191
1993	54	4300	900
1994	19	2143	965
1995	28	5447	1064
1996	18	2799	1114
1997	22	7284	2179
1998	24	12583	5066
1999	15	2821	2671
2000	40	15312	5309
2001	47	15961	5586
2002	32	21268	11380
2003	44	35767	19167
2004	52	35330	22500
2005	29	35562	26600
2006	17	40608	27500
2007	37	41601	31000
2008	22	30899	22000
2009	8	30835	21500
2010	17	31658	21930
2011	6	33596	16893
2012	16	37101	20578
2013	13	16751	9372
2014	9	10646	5010
2015	8	15951	5500
2016	6	9560	1495
2017	14	16036	1833
2018	10	4590	446
2019	10	7917	6772
2020	14	5592	2552
2021	16	98521	320

注：本表数据来源于青海省商务厅，以下表同。
Note:The data in this table are from the Qinghai Provincial Department of Commerce，The same applies to the tables following.

11-6 2020－2021年按行业分外商直接投资合同外资额

Direct Foreign Investment by Sector(2020－2021)

行 业	Sector	项 目(个) Number of Projects (unit)		金 额(万美元) Value (USD 10 000)	
		2020	2021	2020	2021
总计	**Total**	**14**	**16**	**5592**	**98521**
农林牧渔业	Agriculture, Forestry, Animal Husbandry and Fishery		1		116
采掘业	Mining				
制造业	Manufacturing	2	2	1260	5254
电力、煤气及水的生产和供应业	Production and Supply of Electricity, Gas and Water	1	1	2760	12920
建筑业	Construction	1		645	
交通运输、仓储和邮政业	Transport, Storage and Post				
批发和零售业	Wholesale and Retail Trades	1	1	2	8
住宿和餐饮业	Hotels and Catering Services				
房地产业	Real Estate	1		71	
租赁和商务服务业	Leasing and Business Services	4	7	822	80126
科学研究、技术服务和地质勘查业	Scientific Research, Technical Service and Geologic Prospecting	1		15	
水利、环境和公共设施管理业	Management of Water Conservancy, Environment and Public Facilities				
居民服务和其他服务业	Services to Households and Other Services	3	3	17	82
卫生体育和社会福利业	Health, Sports and Social Welfare		1		15
其 他	Others				

11-7 2020－2021年利用外资额(按国别分)

Utilization of Foreign Capital(by Country)(2020－2021)

单位：万美元 (USD 10 000)

指 标	Item	合同数(个) Number of Projects (unit)		外方直接投资合同金额 Contracted Value of Direct Foreign Investment	
		2020	2021	2020	2021
总计	**Total**	**14**	**16**	**5592**	**98521**
按投资国别(地区)分组	**By Country or Region**				
合资经营企业	Equity Joint Venture	7	8	1983	85290
外资企业	Wholly Foreign-owned Enterprise	7	8	3609	13231
亚洲	**Asia**	**12**	**15**	**5575**	**98515**
中国香港	Hong Kong, China	8	5	5537	98033
中国台湾	Taiwan， China	1	7	2	167
韩国	Republic of Korea	1	1	15	116
日本	Japan		1		155
中国澳门	Macao， China		1		44
马来西亚	Malaysia	1		15	
蒙古	Mongolia	1		7	
欧洲	**Europe**	**1**		**2**	
荷兰	Netherlands	1		2	
美洲	**North America**	**1**	**1**	**15**	**6**
美国	United States	1	1	15	6

主要统计指标解释

进出口总额　指实际进出我国国境的货物总金额。包括对外贸易实际进出口货物，来料加工装配进出口货物，国家间、联合国及国际组织无偿援助物资和赠送品，华侨、港澳台同胞和外籍华人捐赠品，租赁期满归承租人所有的租赁货物，进料加工进出口货物，边境地方贸易及边境地区小额贸易进出口货物（边民互市贸易除外），中外合资企业、中外合作经营企业、外商独资经营企业进出口货物和公用物品，到、离岸价格在规定限额以上的进出口货样和广告品（无商业价值、无使用价值和免费提供出口的除外），从保税仓库提取在中国境内销售的进口货物，以及其他进出口货物。该指标可以观察一个国家在对外贸易方面的总规模。我国规定出口货物按离岸价格统计，进口货物按到岸价格统计。

利用外资　指我国各级政府、部门、企业和其他经济组织通过对外借款、吸收外商直接投资以及用其他方式筹措的境外现汇、设备、技术等。

外商直接投资　指外国企业和经济组织或个人（包括华侨、港澳台胞以及我国在境外注册的企业）按我国有关政策、法规，用现汇、实物、技术等在我国境内开办外商独资企业、与我国境内的企业或经济组织共同举办中外合资经营企业、合作经营企业或合作开发资源的投资（包括外商投资收益的再投资），以及经政府有关部门批准的项目投资总额内企业从境外借入的资金。

合资经营企业　是指外国公司、企业和其他经济组织或个人依据《中华人民共和国中外合资经营企业法》，同中国的公司、企业或其他经济组织在中国境内共同投资举办的企业，合营各方按各自的出资比例分享利润、承担风险。

合作经营企业　是指外国公司、企业和其他经济组织或个人依据《中华人民共和国中外合作经营企业法》，同中国的公司、企业或其他经济组织在中国境内共同投资或提供合作条件举办的企业。合作各方的权利、义务、利益分配和风险分担等在各方签订的合同中确定。

外资企业　是指外国公司、企业和其他经济组织或个人依据《中华人民共和国外资企业法》，在中国境内设立的全部资本由外国投资者投资的企业。

Explanatory Notes on Main Statistical Indicators

Total Imports and Exports at Customs refer to the real value of commodities imported and exported across the border of China. They include the actual imports and exports through foreign trade, imported and exported goods under the processing and assembling trades and materials, supplies and gifts as aid given gratis between governments and by the United Nations and other international organizations, and contributions donated by overseas Chinese, compatriots in Hong Kong and Macao and Chinese with foreign citizenship, leasing commodities owned by tenant at the expiration of leasing period, the imported and exported commodities processed with imported materials, commodities trading in border areas (excluding mutual exchange goods), the imported and exported commodities and articles for public use of the Sino - foreign joint ventures, cooperative enterprises and ventures with sole foreign investment. Also included is import or export of samples and advertising goods for which CIF or FOB value are beyond the permitted ceiling (excluding goods of no trading or use value and free commodities for export), imported goods sold in China from bonded warehouses and other imported or exported goods. The indicator of the total imports and exports at customs can be used to observe the total size of external trade in a country. In accordance with the stipulation of the Chinese government, imports are calculated at CIF, while exports are calculated at FOB.

Utilization of Foreign Capitals refers to remittance, equipment and technology financed from abroad, by loans, foreign direct investment and other forms undertaken by the Chinese governments at all levels, by various departments, enterprises and other economic units.

Foreign Borrowings refer to funds borrowed from abroad through formal signing of borrowing agreements with foreign institutions, including loans of foreign governments, loans of international financial institutions, commercial loans of foreign banks, export credit, and funds raised by Chinese bonds (and shares before 1996) issued abroad. It is an important part of China's utilization of foreign capitals.

Joint Venture Enterprises with Foreign Investment refer to enterprises jointly established by foreign enterprises, foreigners or other economic organization with enterprises, or other economic organization in the mainland of China in accordance with the Law of the People's Republic of China on Sino - foreign Equity Joint Ventures and other relevant laws, where the sharing of investment, profits and risks is stipulated under contract.

Cooperative Enterprises with Foreign Investment refer to enterprises jointly established by foreign enterprises, foreigners or other economic organization with enterprises, or other economic organization in the mainland of China in accordance with the Law of the People's Republic of China on Sino - foreign Contractual Joint Venture and other relevant laws, where the investment or provision of facilities and the sharing of profits and risks are stipulated under cooperative contracts.

Enterprises with Sole (exclusive) Foreign Investment refer to enterprises established in the mainland of China with exclusive investment from foreign enterprises, foreigners or other economic organization in accordance with the Law of the People's Republic of China on Wholly Foreign - owned Enterprises and other relevant laws.

第12篇

CHAPTER 12

农 业

Agriculture

12−1　2017−2021年农村基本情况及乡村从业人员
Basic Statistics of Rural Area and Employed Persons(2017-2021)

指　标	Item	2017	2018	2019	2020	2021
农村基层组织情况　（个）	**Basic Conditions of Rural Grass-root Units (unit)**					
乡镇数	Number of Township and Town Governments	366	366	367	367	367
镇数	Number of Town Governments	143	143	144	144	144
村民委员会	Number of Villagers' Committees	4146	4156	4156	4156	4148
户数及人口情况	**Number of Households and Situation of Population**					
乡村户数　（万户）	Number of Rural Households (10 000 households)	98.4	99.6	101.4	101.6	101.6
乡村人口数　（万人）	Number of Rural Population (10 000 persons)	398.0	399.8	401.3	401.8	401.1
乡村劳动力资源数　（万人）	**Number of Rural Labor Resources (10 000 persons)**	**245.7**	**248.5**	**250.7**	**254.9**	**255.8**
乡村从业人员　（万人）	**Number of Rural Employed Persons (10 000 persons)**	**210.4**	**209.7**	**211.92**	**213.0**	**214.9**
按性别分	By Sex					
男	Male	111.8	112.2	113.3	113.9	114.8
女	Female	98.6	97.5	98.6	99.1	100.1
按国民经济行业分	By National Economic Sector					
农林牧渔业	Agriculture, Forestry, Animal Husbandry & Fishery	116.7	114.2	115.6	115.9	115.5
工　业	Industry	14.4	14.4	14.0	13.6	13.2
建筑业	Construction	29.9	27.3	27.3	26.2	26.6
交通运输、仓储及邮政业	Transport, Storage and Post	9.6	9.7	9.2	9.9	9.9
信息传输、计算机服务和软件业	Information Transmission, Computer Services and Software	0.8	0.9	0.8	1.0	1.2
批发与零售业	Wholesale and Retail Trades	10.6	11.3	11.7	11.9	12.6
住宿和餐饮业	Hotels and Catering Services	12.5	15.9	16.6	17.3	18.1
其他行业	Others	15.9	16.0	16.7	17.2	17.9

12-2 主要年份农村基层组织及从业人员

Basic Conditions of Rural Grass-roots Units and Employed Persons in Main Years

年份 Year / 地区 Region	乡镇数(个) Number of Township and Town Govern-ments (unit)	乡 Town -ship	镇 Town	村民委员会(个) Number of Villagers' Committees (unit)	乡村户数(万户) Number of Rural Households (10 000 units)	乡村人口数(万人) Number of Rural Population (10 000 persons)	乡村从业人员(万人) Number of Rural Employed Persons (10 000 persons)	按性别分 By Sex 男 Male	女 Female
1985	428	403	25	3933	50.72	286.17	120.17	61.31	58.86
1990	430	403	27	4021	57.35	304.13	135.88	69.00	66.88
1991	430	403	27	4027	58.70	308.38	139.80	71.34	68.46
1992	430	403	27	4039	59.93	314.60	143.74	73.38	70.36
1993	431	404	27	4002	61.01	316.15	146.02	74.55	71.47
1994	431	404	27	4002	62.19	319.65	150.02	76.56	73.46
1995	432	404	28	4008	63.34	322.86	152.65	78.01	74.64
1996	432	404	28	4008	64.80	325.99	158.33	81.21	77.12
1997	432	404	28	4046	65.73	328.30	161.40	82.93	78.47
1998	432	402	30	4054	67.08	331.11	162.38	83.33	79.05
1999	430	390	40	4056	68.48	334.06	173.25	88.60	84.65
2000	430	390	40	4120	69.90	336.59	171.97	88.68	83.29
2001	422	349	73	4123	71.16	339.48	174.01	89.75	84.26
2002	392	285	107	4129	72.50	342.89	177.32	91.66	85.66
2003	392	285	107	4133	73.82	347.28	180.55	94.60	85.95
2004	392	285	107	4158	75.88	354.10	184.55	97.52	87.03
2005	392	283	109	4161	77.60	357.33	186.04	98.24	87.80
2006	369	241	128	4162	77.82	353.30	185.34	98.76	86.58
2007	367	238	129	4173	80.19	359.48	189.35	100.96	88.39
2008	366	234	132	4161	82.85	367.01	193.74	103.64	90.10
2009	366	234	132	4163	85.06	372.02	197.30	105.34	91.96
2010	365	232	133	4163	87.49	378.20	198.34	106.70	91.64
2011	365	232	133	4164	89.97	381.00	203.01	107.62	95.39
2012	366	228	138	4163	91.75	385.17	203.14	108.08	95.06
2013	365	228	137	4170	92.53	385.91	202.75	107.96	94.79
2014	365	225	140	4167	94.95	393.66	206.78	109.86	96.92
2015	365	225	140	4166	96.12	396.65	208.06	110.54	97.52
2016	365	225	140	4143	97.39	396.25	208.04	110.70	97.34
2017	366	223	143	4146	98.37	397.98	210.41	111.79	98.62
2018	366	223	143	4156	99.56	399.78	209.74	112.27	97.47
2019	367	223	144	4156	101.38	401.33	211.92	113.35	98.57
2020	367	223	144	4156	101.60	401.83	213.00	113.94	99.06
2021	367	223	144	4148	101.57	401.07	214.94	114.83	100.11
西宁市 Xining City	50	23	27	917	27.08	109.53	61.61	33.12	28.49
海东市 Haidong City	94	59	35	1587	33.21	132.81	72.20	38.03	34.17
海北州 Haibei Zang A.P	30	19	11	214	6.29	22.86	11.24	6.24	5.00
黄南州 Huangnan Zang A.P	33	21	12	261	5.44	23.09	11.89	5.89	6.00
海南州 Hainan Zang A.P	36	17	19	426	9.81	37.14	18.50	9.83	8.67
果洛州 Golog Zang A.P	44	36	8	188	4.32	16.21	8.80	4.50	4.30
玉树州 Yushu Zang A.P	45	34	11	258	9.56	38.17	18.94	10.53	8.41
海西州 Haixi Mongolian & Zang A.P	35	14	21	297	5.86	21.27	11.76	6.68	5.08

12-2 续表 Continued

单位：万人 (10 000 persons)

年份 Year / 地区 Region	农林牧渔业 Agriculture, Forestry, Animal Husbandry & Fishery	工业 Industry	建筑业 Construction	交通运输、仓储及邮政业 Transport, Storage and Post	信息传输、计算机服务和软件业 Information Transmission, Computer Services and Software	批发、零售贸易业 Wholesale and Retail Trades	住宿和餐饮业 Hotels and Catering Services	其他行业 Others
	按行业分 By Sector							
1985	107.09	3.48	2.77	1.83		1.10		2.34
1990	119.65	3.94	2.47	2.92		1.69		3.64
1991	123.10	3.98	2.78	2.97		1.87		3.54
1992	126.59	4.03	2.79	3.15		1.92		3.70
1993	127.01	4.66	3.21	3.34		2.43		5.35
1994	130.18	5.11	3.02	3.68		2.60		5.43
1995	131.83	5.62	3.39	3.82		2.81		5.18
1996	137.09	5.67	3.07	3.52		2.82		6.16
1997	138.20	6.04	3.38	3.84		3.00		6.94
1998	138.16	6.09	3.65	3.85		3.01		7.62
1999	144.03	6.09	4.43	4.45		3.61		10.64
2000	142.25	6.14	5.01	3.93		3.63		11.01
2001	141.57	6.27	5.33	4.31		4.07		12.46
2002	136.50	6.94	6.86	5.11		4.99		16.92
2003	134.80	8.87	9.98	5.14		5.64		16.12
2004	131.85	9.74	13.29	5.62		5.32	4.17	14.56
2005	128.73	10.09	15.17	5.73		5.89	5.34	15.09
2006	124.03	11.35	17.69	6.21		6.82	5.73	13.50
2007	119.82	11.92	21.13	6.46	0.25	7.21	7.96	14.60
2008	120.61	12.04	23.17	6.72	0.20	7.50	8.88	14.62
2009	121.46	12.37	24.56	7.05	0.32	7.59	8.76	15.18
2010	120.99	12.98	25.17	7.06	0.35	7.92	9.40	14.49
2011	118.11	13.83	26.53	8.72	0.45	9.27	9.82	16.28
2012	114.94	13.75	26.62	9.50	0.54	9.68	11.70	16.41
2013	115.19	13.70	27.14	9.38	0.71	10.26	11.57	14.80
2014	115.70	14.48	28.16	9.54	0.77	10.43	11.38	16.32
2015	116.41	14.14	29.60	9.40	0.70	10.26	11.75	15.80
2016	115.50	14.29	29.96	9.26	0.75	10.48	12.15	15.65
2017	116.72	14.36	29.89	9.63	0.82	10.66	12.46	15.87
2018	114.24	14.44	27.28	9.71	0.89	11.26	15.87	16.05
2019	115.58	14.00	27.30	9.24	0.80	11.70	16.60	16.70
2020	115.86	13.60	26.20	9.89	0.99	11.93	17.32	17.20
2021	115.48	13.22	26.64	9.87	1.17	12.55	18.10	17.90
西宁市 Xining City	23.72	6.22	11.10	4.48	0.07	5.06	4.55	6.41
海东市 Haidong City	29.33	5.05	10.88	3.51	0.89	4.79	10.72	7.03
海北州 Haibei Zang A.P	6.73	0.65	1.10	0.46	0.14	0.69	0.68	0.79
黄南州 Huangnan Zang A.P	9.06	0.20	0.58	0.37	0.01	0.39	0.43	0.85
海南州 Hainan Zang A.P	12.75	0.34	1.66	0.56	0.04	0.75	1.06	1.35
果洛州 Golog Zang A.P	8.13	0.01	0.01	0.08		0.15	0.08	0.35
玉树州 Yushu Zang A.P	17.27	0.29	0.49	0.10		0.21	0.16	0.41
海西州 Haixi Mongolian & Zang A.P	8.50	0.46	0.83	0.31	0.02	0.51	0.41	0.71

注：本表分行业劳动力按从事的主行业划分，如以农业为主、兼营商业的，仍作为农林牧渔业劳动力。
Note: Laborers Grouped by sector in this table is based on the division of the main industries, such as agricultural, run concurrently commercial , is still as agriculture, forestry, animal husbandry and fishery workers.

12−3 2017−2021年农业机械年末拥有量

Number of Agricultural Machinery at Year-end(2017-2021)

指 标	Item	2017	2018	2019	2020	2021
农业机械总动力 （万千瓦）	**Total Agricultural Machinery Power (10 000 KW)**	**470.6**	**483.8**	**494.6**	**501.2**	**498.5**
柴油发动机动力	Diesel Engine	399.4	412.8	421.9	426.7	423.1
汽油发动机动力	Gasoline Engine	29.8	30.0	29.1	29.8	29.4
电动机动力	Motor Power	39.1	38.8	41.4	42.5	43.9
其他机械动力	Other Machinery Power	2.3	2.2	2.2	2.2	2.2
主要农业机械与设备	**Major Agricultural Machinery and Equipment**					
大中型拖拉机 （台）	Number of Large and Medium-sized Tractors (unit)	13814	15298	13165	12224	12852
小型拖拉机 （万台）	Number of Small Tractors (10 000 unit)	24.9	24.7	25.1	24.8	24.6
大中型拖拉机配套农具(台)	Number of Large and Medium-sized Tractor Towing Farm Machinery (unit)	19257	20895	21241	22357	23543
小型拖拉机配套农具(万台)	Small Tractor Towing Farm Machinery (10 000 unit)	31.9	30.9	30.7	30.5	30.9
农用排灌动力 （台）	Agricultural Irrigation and Drainage Power (unit)	3297	3650	3492	3643	4134
联合收割机 （台）	Combine Harvesters (unit)	2608	2854	3175	3344	3501
机动脱粒机 （台）	Motorized Threshing Machines (unit)	41808	41450	43113	44469	44353
农用运输车 （辆）	Trucks for Agricultural Use (unit)	32039	31656	31665	31773	31803
渔用机动船 （艘）	Number of Motorized Fishing Boats (unit)	394	509	653	573	551
农用排灌设施	Machinery for Agricultural Drainage and Irrigation					
机电井 （眼）	Motor-pumped Set (unit)	939	1195	1331	1392	1222
农用水泵 （台）	Agricultural Pumps (unit)	4880	5258	5140	5143	4802
大中型拖拉机 （万千瓦）	Number of Large and Medium-sized Tractors(10 000 KW)	40.0	45.4	44.3	45.3	51.4
小型拖拉机 （万千瓦）	Number of Small Tractors (10 000 KW)	245.9	245.0	250.4	249.5	244.6
联合收割机 （万千瓦）	Combine Harvesters (10 000 KW)	14.4	16.1	18.4	19.9	22.0
农用排灌动力 （万千瓦）	Agricultural Irrigation and Drainage Powe (10 000 KW)	10.7	10.9	10.1	10.4	10.7
渔用机动船 （千瓦）	Number of Motorized Fishing Boats (KW)	3963	6467	8634	8050	7004

12-4 主要年份农业机械年末拥有量
Number of Agricultural Machinery at Year-end in Main Years

年份 Year		农机总动力(万千瓦) Total Power of Agricultural Machinery	大中型拖拉机 Large and Medium-sized Agricultural		小型和手扶拖拉机 Small and Walking Tractor		排灌动力机械 Machinery for Agricultural Drainage and Irrigation		联合收割机 Combine Harvesters	农用运输车 Trucks for Agricultural
		(10 000 KW)	(混合台) (mixed unit)	(万千瓦) (10 000 KW)	(台) (unit)	(万千瓦) (10 000 KW)	(台) (unit)	(万千瓦) (10 000 KW)	(台) (unit)	(辆) (unit)
1965			775	2.66	6	0.01	127	0.50	100	
1970			1296	3.02	749	1.12	263	1.40	98	
1975		30.47	3434	12.02	5776	4.26	1716	4.41	113	
1980		69.62	6364	23.07	13933	12.48	4552	8.46	363	
1985		88.03	5018	17.91	28589	25.21	3117	7.77	439	
1990		126.86	4232	15.44	63143	56.91	2919	7.01	479	
1995		188.47	3149	11.89	112907	100.67	2963	8.53	533	
1996		199.21	2980	11.25	124629	111.12	3081	8.87	541	
1997		207.85	2772	10.92	127796	111.45	4922	9.05	549	
1998		219.43	2750	11.06	138187	122.01	5074	9.38	626	
1999		241.94	2548	11.02	158867	135.97	2974	8.71	650	
2000		256.18	2409	10.46	167830	150.66	2725	8.65	670	8906
2001		264.66	2469	10.69	178638	160.66	2858	8.89	676	13433
2002		281.39	2787	11.04	190581	174.77	3080	9.06	651	16320
2003		292.43	2808	10.53	200714	177.24	2874	8.80	665	21192
2004		328.77	2861	10.94	230496	196.65	3066	10.03	632	25862
2005		327.34	2745	10.35	221664	204.41	2876	9.81	657	27762
2006		335.07	3063	10.85	230866	215.42	2965	9.92	667	27724
2007		348.57	3002	10.44	245443	228.63	3018	10.12	736	27996
2008		362.41	3417	12.95	251531	232.32	2975	10.08	886	27330
2009		400.73	3875	16.83	263728	248.71	2405	9.57	856	29970
2010		421.31	4747	18.56	276168	261.03	2529	9.54	1113	31661
2011		432.34	9060	25.18	279616	265.24	2757	9.71	1231	32977
2012		435.26	9121	24.96	268005	254.80	2703	9.34	1446	31614
2013		436.32	10236	26.44	253428	243.78	2912	9.93	1715	30780
2014		448.37	11855	30.82	257160	249.18	2882	9.88	1879	33377
2015		453.51	12779	34.24	255994	249.82	2868	9.81	2298	35857
2016		458.72	13664	37.73	252320	248.93	2873	9.90	2396	30461
2017		470.63	13814	40.03	248818	245.94	3297	10.68	2608	32039
2018		483.82	15298	45.44	247244	244.97	3650	10.94	2854	31656
2019		494.60	13165	44.26	251467	250.42	3492	10.10	3175	31665
2020		501.21	12224	45.30	248423	249.50	3643	10.42	3344	31773
2021		498.50	12852	51.41	246252	244.63	4134	10.72	3501	31803
西宁市	Xining City	146.99	3728	14.78	84856	83.68	345	0.56	1262	10092
海东市	Haidong City	159.33	2413	8.64	88866	82.40	1818	6.20	576	10158
海北州	Haibei Zang A.P	52.35	2161	9.94	16693	16.99	263	0.42	749	99
黄南州	Huangnan Zang A.P	21.30	163	0.77	8528	10.78	124	0.94	50	4354
海南州	Hainan Zang A.P	55.97	1820	7.08	21274	21.28	1338	2.19	491	4552
果洛州	Golog Zang A.P	5.72	61	0.34	1385	1.93			38	515
玉树州	Yushu Zang A.P	13.42	354	1.66	7144	9.46			125	70
海西州	Haixi Mongolian & Zang A.P	43.43	2152	8.20	17506	18.11	246	0.41	210	1963

12-5 2017-2021年农村电力、农田水利建设和物资消耗

Rural Electric Power, Construction of Farmland Irrigation and Water Conservancy, Material Consumption(2017-2021)

指 标	Item	2017	2018	2019	2020	2021
农村电力	**Rural Electric Power**					
乡村办水电站 (个)	Hydropower Station in Rural Areas (unit)	30	29	29	29	24
发电能力 (万千瓦)	Generating Capacity (10 000 kw)	1.22	1.22	1.32	1.32	1.22
发电量 (万千瓦时)	Amount of Electric Power Generation (10 000 kwh)	5612	5603	6164	6178	5259
农村用电量 (万千瓦时)	Electricity Consumed in Rural Areas (10 000 kwh)	64153	65515	71358	74998	81432
农田水利建设情况 (千公顷)	**Construction of Farmland Irrigation and Water Conservancy (1000 hectares)**					
旱涝保收面积	Farmland with Stable Yields Despite of Drought or Waterlogging	49.5	51.6	66.0	87.8	99.6
机电排灌面积	Pumping Irrigation and Drainage Area	34.6	36.2	40.0	41.2	42.1
农用化肥施用量(折纯量) (万吨)	**Consumption of Chemical Fertilizer(100% Purity) (10 000 tons)**	**8.67**	**8.32**	**6.19**	**5.45**	**4.89**
氮肥 (实物量)	Nitrogenous Fertilizer (Physical Volume)	8.49	8.18	6.30	4.96	4.22
折纯量	(100% Purity)	3.54	3.45	2.62	2.08	1.92
磷肥 (实物量)	Phosphate Fertilizer (Physical Volume)	6.48	6.28	5.12	4.34	3.46
折纯量	(100% Purity)	1.46	1.44	0.95	0.57	0.50
钾肥 (实物量)	Potash Fertilizer (Physical Volume)	0.53	0.52	0.47	0.42	0.26
折纯量	(100% Purity)	0.19	0.18	0.21	0.15	0.12
复合肥 (实物量)	Compound Fertilizer (Physical Volume)	8.30	7.84	6.17	5.52	4.85
折纯量	(100% Purity)	3.48	3.25	2.41	2.64	2.34
农用塑料薄膜使用量(吨)	**Consumption of Agricultural Plastic Film (ton)**	**8415.8**	**7556.4**	**7779.7**	**7378.3**	**7158.7**
地膜使用量 (吨)	Consumption of Plastic Mulching (ton)	6698.7	5601.0	6004.2	5930.0	6274.9
地膜覆盖面积 (公顷)	**Area of Plastic Mulching (hectare)**	**76380.4**	**69159.9**	**71567.0**	**71837.0**	**69377.2**
农用柴油使用量 (万吨)	**Consumption of Agricultural Diesel Oil(10 000 tons)**	**6.4**	**6.4**	**6.7**	**6.5**	**6.9**
农药使用量 (吨)	**Consumption of Pesticide (ton)**	**1875.0**	**1784.3**	**1398.4**	**1232.7**	**1068.8**

12-6 主要年份农村电力、化肥施用量

Rural Electric Power , Consumption of Chemical Fertilizers in Main Years

年 份 / 地 区	Year / Region	乡村办水电站 Hydropower Station in Rural Areas		农村用电量（万千瓦时） Electricity Consumed in Rural Areas (10 000 kwh)	化肥施用量（实物吨） Consumption of Chemical Fertilizer (physical ton)
		个 数 Number	装机容量（万千瓦） Installed Capacity (10 000 kw)		
1978		128	0.55	7442	158394
1980		138	0.77	8664	159014
1985		93	1.18	8292	117845
1990		67	0.76	14758	158840
1991		52	0.59	14856	160662
1992		43	0.48	15730	165501
1993		40	0.56	18647	171517
1994		41	0.69	21563	167100
1995		46	0.73	20377	179250
1996				20952	175006
1997		47	1.21	21446	181104
1998		48	1.26	21144	179885
1999		49	1.28	21420	185318
2000		57	1.64	23005	182439
2001		56	1.84	24427	182397
2002		54	2.73	22468	176458
2003		52	4.23	28789	171386
2004		49	4.07	29486	170655
2005		50	4.26	29923	176088
2006		51	4.28	31838	195053
2007		46	2.70	34533	197809
2008		43	2.65	36939	200804
2009		43	2.40	37782	210686
2010		42	1.44	38342	217853
2011		40	1.39	40709	225080
2012		35	1.24	44595	241106
2013		34	1.19	45027	257138
2014		35	1.30	49557	254482
2015		33	1.28	59078	261358
2016		33	1.29	61545	241128
2017		30	1.22	64153	237914
2018		29	1.22	65515	228331
2019		29	1.32	71358	180547
2020		29	1.32	74998	152393
2021		24	1.22	81432	127960
西宁市	Xining City	9	1.00	29213	36112
海东市	Haidong City			26686	47314
海北州	Haibei Zang A.P			5991	9455
黄南州	Huangnan Zang A.P			2486	439
海南州	Hainan Zang A.P	11	0.15	12584	24230
果洛州	Golog Zang A.P			199	
玉树州	Yushu Zang A.P			955	4
海西州	Haixi Mongolian & Zang A.P	4	0.07	3318	10406

12−7 2011−2020年各地区耕地面积
Area of Cultivated Land by Region(2011-2020)

单位：公顷

地 区	Region	耕地面积总资源 Cultivated Land (Total Area) 2011	2012	2013	2014	2015	2016	2017	2018	2019	2020
全 省	**Total**	**588323.9**	**588527.7**	**588211.9**	**585708.0**	**588419.0**	**589427.6**	**590142.4**	**589736.6**	**564203.1**	**565034.5**
西宁市	Xining City	149394.3	148147.1	147006.3	145486.9	145284.0	144852.9	144708.5	144638.4	126970.3	126902.8
海东市	Haidong City	225688.2	224744.8	223210.8	222390.2	222138.2	221623.7	221172.7	220895.7	196481.5	196241.5
海北州	Haibei Zang A.P	54345.6	56606.4	56494.6	56313.1	56347.3	56712.5	56788.4	56775.2	58145.6	58191.6
黄南州	Huangnan Zang A.P	20037.5	20021.3	19942.6	19847.4	19859.5	19890.0	19850.8	19861.6	21596.2	21202.8
海南州	Hainan Zang A.P	83327.2	83273.9	83513.7	83463.6	83617.7	84123.5	84458.7	84418.8	99123.5	99249.9
果洛州	Golog Zang A.P	1294.4	1294.0	1286.1	1282.5	1278.1	1276.0	1272.0	1271.2	594.6	717.7
玉树州	Yushu Zang A.P	13546.7	13456.2	13429.5	13386.6	13369.3	13237.4	13226.5	13220.3	15895.4	15870.9
海西州	Haixi Mongolian & Zang A.P	40690.1	40984.1	43328.2	43537.6	46524.9	47711.7	48664.8	48655.3	45396.1	46657.4

注：本表数据来源于青海省自然资源厅，下表同。
a)Data in this table are from Department of Natural Resources of Qinghai Province，The same applies to the tables following.

12−8 2011−2020年耕地面积增减变动情况
Changing Situation of Increased and Decreased Cultivated Land(2011-2020)

单位：千公顷

指 标	Item	2011	2012	2013	2014	2015	2016	2017	2018	2019	2020
年初耕地总资源	**Total Area of Cultivated Land at Year-begin**	**587.9**	**588.3**	**588.5**	**588.2**	**585.7**	**588.4**	**589.4**	**590.1**	**589.7**	**564.2**
年内新增加	Increased During the Year	2.5	2.8	3.0	0.5	3.9	3.7	1.8	0.3		
年内减少	Decreased During the Year	2.1	2.6	3.3	3.0	1.1	2.7	1.1	0.7		
年末耕地总资源	**Total Area of Cultivated Land at Year-end**	**588.3**	**588.5**	**588.2**	**585.7**	**588.4**	**589.4**	**590.1**	**589.7**	**564.2**	**565.0**
水浇地	Irrigated Land	186.7	187.2	187.3	185.2	186.4	188.6	189.2	188.9	177.1	178.1
旱地	Dry Land	401.6	401.3	400.9	400.5	402.0	400.8	400.9	400.9	387.1	386.9

注：2019和2020年尚未统计年内新增、减少耕地，故无该项数据。
Note:In 2019 and 2020, the increase and decrease of cultivated land have not been counted, so there is no such data.

12-9 2017-2021年农业机械化与草原建设

Agricultural Mechanization and Grassland Construction(2017-2021)

单位：千公顷 (1 000 hectares)

指　标	Item	2017	2018	2019	2020	2021
农业机械化情况	**Agricultural Mechanization**					
当年实际机耕面积	Mechanical Tillage Area	397	404	422	440	454
当年机械播种面积	Mechanical Sowing Area	297	325	333	341	359
当年机械收割面积	Mechanical Harvesting Area	251	266	294	321	341
草原建设情况	**Grassland Construction**					
围栏草场面积	Area of Fenced Grassland	12272	13322	13389	13624	13977
当年新围面积	New Fenced in This Year	593	1050	67	235	353
人工种草保留面积	Artificial Grass to Retain the Area	517	802	213	240	491
当年新种面积	New Sown in This Year	231	478	44	41	251
年内鼠害危害面积	Damage Occurrence Area by Rats in This Year	5933	5761	6777	6254	9215
年内鼠害防治面积	Damage Prevention Area by Rats in This Year	1597	2544	1473	714	2267
年内虫害危害面积	Damage Occurrence Area by Pests in This Year	879	880	736	724	1127
年内虫害防治面积	Damage Prevention Area by Pests in This Year	241	608	220	233	302

注：草原建设数据来源于青海省林业和草原局。
Note:Grassland Construction have been from Qinghai Forestry and Grassland Bureau.

12-10 2017-2021年水果、渔业生产情况
Production of Fruit and Fishery(2017-2021)

指 标	Item	2017	2018	2019	2020	2021
水果	**Fruit**					
水果产量合计 (吨)	Total Output of Fruit (ton)	12878	13826	16557	14522	15006
苹果	Apples	3912	4262	4201	4259	4187
梨	Pears	4232	4140	4157	4735	5124
葡萄	Grapes	170	150	310	287	278
年末实有果园面积(公顷)	Orchard Area at Year-end (hectare)	7607	7397	7589	7229	6719
苹果园	Apple Orchard	1174	807	796	826	747
梨园	Pear Orchard	816	427	418	425	528
葡萄园	Grapery	57	39	41	43	29
年末实有零星果树(万株)	Sporadic Fruit Trees at Year-end (10 000 trees)	399	390	352	347	353
苹果树	Apple Trees	173	170	166	165	135
梨树	Pear Trees	172	168	138	137	142
渔业	**Fishery**					
水产品总产量 (吨)	Total Aquatic Products (ton)	16088	17116	18526	18257	18285
养殖产量	Aquaculture Output	16088	17116	18526	18257	18285
集中养殖面积 (千公顷)	Concentrated Aquaculture Area(1 000 hectares)	17	17	17	17	17

①2013年起渔业产量和2014年起渔业养殖面积数据来源于青海省农业农村厅渔业局。
②渔业集中养殖面积数据根据农业普查结果进行了修正。
❶Data of fishery output since 2013 and fishery aquaculture area since 2014 have been from Agricultural and Rural Bureau of Qinghai.
❷Data on centralized aquaculture areas of fisheries have been revised according to the results of the agricultural census.

12-11 2017-2021年农作物播种面积及种植结构
Total Sown Area of Farm Crops and Its Planting Structure(2017-2021)

单位：千公顷、%　　(1 000 hectares，%)

指　标	Item	播种面积 Sown Areas					种植结构 Planting Structure				
		2017	2018	2019	2020	2021	2017	2018	2019	2020	2021
农作物总播种面积	**Total Sown Area**	**555.31**	**557.25**	**553.54**	**571.42**	**583.87**	**100.00**	**100.00**	**100.00**	**100.00**	**100.00**
粮食作物	**Grain Crops**	**282.55**	**281.26**	**280.20**	**290.03**	**302.41**	**50.88**	**50.47**	**50.62**	**50.76**	**51.79**
谷物	Cereal	182.48	180.23	189.10	201.64	216.82	64.58	64.08	67.49	69.52	71.70
小麦	Wheat	112.42	111.60	102.41	94.79	98.82	61.61	61.92	54.16	47.01	45.58
青稞	Highland Barley	49.77	48.68	63.85	82.73	90.68	27.27	27.01	33.77	41.03	41.82
玉米	Corn	18.90	18.45	20.97	21.37	22.54	10.35	10.24	11.09	10.60	10.40
其他	Others	1.40	1.50	1.87	2.75	4.78	0.77	0.83	0.99	1.36	2.20
豆类	Beans	13.24	12.76	14.00	14.91	15.10	4.69	4.54	4.99	5.14	4.99
蚕豆	Broad Bean	10.21	9.75	10.70	9.56	11.63	77.11	76.41	76.43	64.12	77.02
豌豆	Pea	3.03	3.01	3.30	5.35	3.47	22.89	23.59	23.57	35.88	22.98
薯类	Tubers	86.83	88.27	77.10	73.48	70.49	30.73	31.38	27.52	25.34	23.31

12-11 续表 Continued

单位：千公顷、% (1 000 hectares，%)

指 标	Item	播种面积 Sown Areas 2017	2018	2019	2020	2021	种植结构 Planting Structure 2017	2018	2019	2020	2021
农作物总播种面积	**Total Sown Area**	**555.31**	**557.25**	**553.54**	**571.42**	**583.87**	**100.00**	**100.00**	**100.00**	**100.00**	**100.00**
经济作物	**Economic Crops**	**272.76**	**275.99**	**273.34**	**281.39**	**281.46**	**49.12**	**49.53**	**49.38**	**49.24**	**48.21**
油料	Oil-bearing Crops	155.30	147.91	142.25	143.57	143.50	56.94	53.59	52.04	51.02	50.98
油菜籽	Rapeseeds	153.64	145.76	140.43	142.46	142.43	98.93	98.55	98.73	99.23	99.25
胡麻	Flax	1.66	2.15	1.81	1.11	1.08	1.07	1.45	1.27	0.77	0.75
蔬菜	Vegetables	43.11	43.96	44.39	43.55	42.30	15.81	15.93	16.24	15.48	15.03
瓜果类	Melon	1.62	1.07	0.83	0.53	0.50	0.59	0.39	0.30	0.19	0.18
其他农作物	Other Farm Crops	72.73	83.05	85.87	93.74	95.16	26.66	30.09	31.42	33.31	33.81
枸杞	Wolfberry	33.55	35.53	33.96	32.41	30.51	46.13	42.78	39.55	34.57	32.06
青饲料	Succulence	31.96	35.34	38.13	46.20	50.50	43.94	42.55	44.40	49.29	53.07
果园面积	**Area of Orchards**	**7.61**	**7.40**	**7.59**	**7.23**	**6.72**					

①2017年数据根据青海省第三次全国农业普查结果进行了修正。

②本表中经济作物包括油料、糖料、中草药材、蔬菜及食用菌、瓜果类及其他，下表同。

❶Data of 2017 were adjusted according to the results of the third national agricultural census of Qinghai Province.

❷Economic crops in this table include Oil-bearing Crops,Sugar,Chinese herbal medicine,vegetables,Melons and others，The same applies to the table following.

12−12 主要年份农作物播种面积
Sown Area of Farm Crops in Main Years

单位：千公顷 (1 000 hectares)

年份 Year		粮食作物 Grain Crops	小麦 Wheat	杂粮 Cereal Crops	薯类 Tubers
1978		434.76	207.03	190.39	37.00
1980		411.96	201.14	174.47	36.35
1985		386.57	200.69	154.87	31.01
1990		400.33	213.46	152.51	34.36
1991		401.95	217.62	149.01	35.33
1992		401.26	220.74	143.21	37.31
1993		389.83	209.92	143.23	36.68
1994		386.85	204.99	143.55	38.31
1995		384.25	205.98	140.56	37.71
1996		394.79	210.58	146.29	37.92
1997		394.72	213.46	144.00	37.26
1998		384.85	211.91	135.44	37.50
1999		344.83	182.89	117.81	44.13
2000		322.72	165.54	110.91	46.27
2001		309.87	149.75	100.94	59.18
2002		284.74	142.50	81.54	60.70
2003		248.00	107.00	75.30	65.70
2004		244.70	102.20	74.70	67.80
2005		245.57	96.80	73.44	75.33
2006		278.81	104.87	88.30	85.64
2007		274.45	107.86	80.98	85.61
2008		271.45	110.17	76.66	84.63
2009		274.31	112.87	76.26	85.17
2010		273.96	112.42	76.79	84.75
2011		278.91	107.56	85.79	85.56
2012		279.97	110.69	88.42	80.87
2013		282.68	115.17	77.51	90.00
2014		282.14	109.83	83.57	88.74
2015		280.39	112.36	82.44	85.59
2016		284.70	112.88	86.28	85.55
2017		282.55	112.42	83.30	86.83
2018		281.26	111.60	81.39	88.27
2019		280.20	102.41	100.69	77.10
2020		290.03	94.79	121.76	73.48
2021		302.41	98.82	133.10	70.49
西宁市	Xining City	60.49	33.92	8.99	17.58
海东市	Haidong City	129.75	43.42	36.94	49.39
海北州	Haibei Zang A.P	21.00	1.86	18.27	0.88
黄南州	Huangnan Zang A.P	7.93	3.50	3.71	0.73
海南州	Hainan Zang A.P	54.29	8.39	45.22	0.68
果洛州	Golog Zang A.P	0.34	0.00	0.29	0.05
玉树州	Yushu Zang A.P	7.69		6.98	0.71
海西州	Haixi Mongolian & Zang A.P	20.92	7.73	12.71	0.48

注:2006—2017年数据根据青海省第三次全国农业普查结果进行了修正。
Note: Data of 2006-2017 were adjusted according to the results of the third national agricultural census of Qinghai Province.

12-12 续表 Continued

单位：千公顷 (1 000 hectares)

年 份 Year / 地 区 Region	经济作物 Economic Crops	油 料 Oil-bearing Crops	蔬 菜 Vegetables
1978	79.82	61.18	7.19
1980	96.77	78.77	5.58
1985	113.89	94.89	4.49
1990	144.38	113.91	6.89
1991	141.51	117.01	7.36
1992	145.29	117.75	8.19
1993	158.34	129.02	10.18
1994	175.25	144.60	10.11
1995	184.56	149.77	12.44
1996	169.58	135.93	11.61
1997	173.24	137.76	12.61
1998	182.08	147.78	12.48
1999	226.19	192.36	13.94
2000	230.96	191.58	15.78
2001	216.84	168.74	17.81
2002	209.62	152.93	20.61
2003	218.80	152.10	24.11
2004	228.60	159.80	25.05
2005	231.16	161.86	25.83
2006	238.39	168.42	27.71
2007	242.25	173.14	29.31
2008	242.18	174.20	32.43
2009	239.75	174.62	32.37
2010	252.79	178.05	36.46
2011	261.14	188.17	37.95
2012	272.24	168.65	42.38
2013	273.09	163.14	43.41
2014	271.56	156.09	40.33
2015	278.00	150.52	41.09
2016	273.05	148.80	43.21
2017	272.76	155.30	43.11
2018	275.99	147.91	43.96
2019	273.34	142.25	44.39
2020	281.39	143.57	43.55
2021	281.46	143.50	42.30
西宁市 Xining City	62.09	33.62	15.82
海东市 Haidong City	80.06	48.20	20.32
海北州 Haibei Zang A.P	35.75	28.12	0.61
黄南州 Huangnan Zang A.P	9.36	3.87	0.67
海南州 Hainan Zang A.P	45.06	23.65	3.23
果洛州 Golog Zang A.P	0.21	0.01	0.01
玉树州 Yushu Zang A.P	4.44	0.31	0.29
海西州 Haixi Mongolian & Zang A.P	44.49	5.72	1.35

①2010年以后播种面积包括枸杞面积。
②2006—2017年数据根据青海省第三次全国农业普查结果进行了修正。
❶The sown areas of wolfberry have been included in the total Sown areas since 2010.
❷Data of 2006-2017 were adjusted according to the results of the third national agricultural census of Qinghai Province.

12-13　2017-2021年主要农作物产品产量
Output of Major Farm Products(2017-2021)

指　　标	Item	2017	2018	2019	2020	2021
粮食　（万吨）	**Grain (10 000 tons)**	**102.55**	**103.06**	**105.54**	**107.42**	**109.09**
谷物	Cereal	64.93	63.95	69.20	72.06	75.39
小麦	Wheat	42.33	42.64	40.29	37.57	38.73
青稞	Highland Barley	10.08	9.52	14.41	19.17	24.43
玉米	Corn	12.24	11.53	14.18	14.79	15.26
其他	Others	0.28	0.26	0.32	0.53	0.92
豆类	Beans	2.81	2.89	3.31	3.54	3.52
蚕豆	Broad Bean	2.30	2.37	2.70	2.65	2.71
豌豆	Pea	0.51	0.52	0.61	0.89	0.81
薯类	Tubers	34.81	36.22	33.03	31.82	26.23
油料　（万吨）	**Oil-bearing Crops (10 000 tons)**	**30.27**	**28.45**	**28.88**	**30.21**	**31.88**
油菜籽	Rapeseeds	30.01	28.11	28.66	30.06	31.73
胡麻	Flax	0.26	0.34	0.22	0.15	0.15
麻类　（吨）	**Fiber Crops (ton)**					
甜菜　（吨）	**Beetroot (ton)**	**283**	**362**	**414**		
烟叶　（吨）	**Tobacco (ton)**				**31**	**32**
枸杞　（吨）	**Wolfberry (ton)**	**78705**	**85622**	**92301**	**92076**	**88937**
蔬菜和食用菌（万吨）	**Vegetables and Edible Fungus(10 000 ton)**	**148.1**	**150.3**	**151.9**	**151.4**	**150.1**
瓜果　（吨）	**Melons (ton)**	**25253**	**21236**	**20303**	**14599**	**14567**
水果　（吨）	**Fruits (ton)**	**12878**	**13826**	**16557**	**14522**	**15006**

注：2017年数据青海省第三次全国农业普查结果进行了修正。
Note:Data of 2017 were adjusted according to the results of the third national agricultural census of Qinghai Province.

12-14 主要年份主要农产品产量
Output of Major Farm Products in Main Years

年份 地区		粮食 (万吨) Grain (10 000 tons)	小麦 Wheat	杂粮 Cereal Crops	薯类 Tubers
1978		90.30	53.30	28.77	8.24
1980		95.60	56.31	31.67	7.62
1985		100.32	62.96	28.96	8.40
1990		114.56	74.18	29.51	10.87
1991		114.63	76.92	29.41	8.30
1992		118.50	74.90	31.41	12.19
1993		118.63	73.92	32.69	12.02
1994		116.84	68.64	33.59	14.61
1995		114.19	69.49	29.92	14.78
1996		123.83	76.66	33.36	13.81
1997		127.55	78.29	35.24	14.02
1998		128.20	79.94	33.41	14.85
1999		103.61	59.37	29.46	14.78
2000		82.70	47.58	20.23	14.89
2001		103.20	52.70	23.89	26.61
2002		91.28	45.20	21.68	24.40
2003		86.80	36.80	21.80	28.20
2004		88.47	37.11	22.33	29.03
2005		93.26	39.32	21.49	32.45
2006		95.17	41.06	21.10	33.01
2007		99.18	42.90	22.32	33.96
2008		102.15	44.35	22.03	35.77
2009		102.88	42.32	22.91	37.65
2010		102.22	41.51	24.98	35.72
2011		103.44	40.45	27.15	35.84
2012		101.71	41.36	28.95	31.40
2013		103.55	43.40	25.65	34.49
2014		105.80	43.22	28.24	34.34
2015		104.04	43.46	27.57	33.01
2016		104.78	43.25	27.21	34.32
2017		102.55	42.33	25.41	34.81
2018		103.06	42.64	24.20	36.22
2019		105.54	40.29	32.22	33.03
2020		107.42	37.57	38.03	31.82
2021		109.09	38.73	44.13	26.23
西宁市	Xining City	21.31	13.38	1.57	6.36
海东市	Haidong City	51.65	14.87	18.27	18.51
海北州	Haibei Zang A.P	8.20	0.80	7.12	0.28
黄南州	Huangnan Zang A.P	2.90	1.55	1.05	0.29
海南州	Hainan Zang A.P	14.93	4.22	10.46	0.26
果洛州	Golog Zang A.P	0.07	…	0.06	0.01
玉树州	Yushu Zang A.P	1.03		0.76	0.26
海西州	Haixi Mongolian & Zang A.P	9.00	3.91	4.84	0.25

注:2006—2017年数据青海省第三次全国农业普查结果进行了修正。
Note: Data of 2006-2017 were adjusted according to the results of the third national agricultural census of Qinghai Province.

12-14 续表 Continued

年 份 地 区	Year Region	油 料（万吨） Oil-bearing Crops (10 000 tons)	油菜籽 Rapeseeds	蔬菜和食用菌（万吨） Vegetables and Edible Fungus (10 000 tons)	水 果（吨） Fruits (ton)	苹 果 Apples	梨 Pears	葡 萄 Grapes	水产品产量（吨） Output of Aquatic Products (ton)
1978		4.53	4.18	19.77					
1980		7.07	6.81	14.33	7434	4281	3014	22	3245
1985		9.92	9.57	16.15	19825	11552	6880	41	4350
1990		12.04	11.74	22.85	22019	14431	6210	95	3356
1991		13.21	12.92	23.34	21365	14471	5148	77	3943
1992		14.03	13.68	28.59	26049	17388	6632	127	3994
1993		15.21	14.69	30.45	27180	18677	6236	69	3886
1994		18.44	18.05	34.00	25704	17444	6460	56	3602
1995		16.21	15.82	38.31	26831	17446	7116	72	2444
1996		17.09	16.56	39.26	29062	18935	7807	159	2213
1997		18.36	17.80	42.37	27179	18884	5891	189	1752
1998		21.04	20.42	46.26	24766	16138	6585	67	1416
1999		28.50	27.85	56.63	24144	15897	5931	106	1488
2000		19.40	19.08	60.28	22415	14144	5963	106	1166
2001		23.00	22.60	63.72	17252	9661	5525	117	1989
2002		23.40	22.66	67.63	16301	9078	5228	106	1796
2003		26.20	25.70	77.11	14603	8246	4418	74	1253
2004		28.89	28.26	78.44	14686	7198	5362	102	1058
2005		31.85	31.57	84.46	14772	7316	5105	80	878
2006		27.94	27.67	90.44	13308	5939	4912	114	1985
2007		32.17	31.79	96.23	13846	5804	4894	112	1780
2008		35.52	35.13	105.67	13241	5823	4680	106	2129
2009		37.07	36.72	110.61	14575	5729	4835	109	827
2010		37.54	37.14	124.06	14387	5738	4428	117	1600
2011		36.85	36.46	132.50	13511	5773	4725	97	3293
2012		36.13	35.59	141.77	14090	5880	4708	103	4520
2013		33.55	33.06	141.88	13519	5382	4147	99	6000
2014		32.60	32.25	141.06	13249	4765	4041	205	9037
2015		31.67	31.37	144.80	15011	4846	4097	206	10578
2016		31.33	31.05	148.14	12893	4369	4059	120	12050
2017		30.27	30.01	148.08	12878	3912	4232	170	16088
2018		28.45	28.11	150.26	13826	4262	4140	150	17116
2019		28.88	28.66	151.86	16557	4201	4157	310	18526
2020		30.21	30.06	151.36	14522	4259	4735	287	18257
2021		31.88	31.73	150.14	15006	4187	5124	278	18285
西宁市	Xining City	8.80	8.80	62.84	1048	1		124	
海东市	Haidong City	12.00	11.90	71.57	8043	2253	2587	95	376
海北州	Haibei Zang A.P	4.82	4.82	1.41	85				
黄南州	Huangnan Zang A.P	0.71	0.71	1.69	1597	537	701	45	680
海南州	Hainan Zang A.P	4.21	4.16	7.12	3729	1468	1447	23	16945
果洛州	Golog Zang A.P			0.02					
玉树州	Yushu Zang A.P	0.06	0.06	0.40					
海西州	Haixi Mongolian & Zang A.P	1.28	1.28	5.09	20				256

注:2007—2017年数据根据青海省第三次全国农业普查数据进行了修正。
Note:Data of 2007-2017 were adjusted according to the data of the third national agricultural census fed back by the state.

12-15 2017-2021年国土绿化情况
Green area of land(2017-2021)

单位：千公顷 (1 000 hectares)

指 标	Item	2017	2018	2019	2020	2021
国土绿化情况	**Green area of land**	**268.9**	**270.7**	**288.7**	**460.1**	**343.5**
人工造林	Manual Planting	55.1	90.2	140.2	30.5	54.7
飞播造林	Airplane Planting				20.0	12.0
封山育林	Closed Hillsides for Afforestation	164.1	143.4	79.3	33.9	19.7
退化林修复	Restoration of Degraded Forest				70.0	54.8
森林抚育	Forest Tending	49.7	37.1	69.1	63.7	36.0
草原修复治理	Grassland restoration and management				242.0	166.3

注：本表数据来源于青海省林业和草原局年度国土绿化公报。
Note:The data in this table is from the annual report of Qinghai Forestry and Grassland Bureau.

12-16 主要年份畜禽年末存栏量

Number of Livestock in Main Year-end

单位：万头(只) (10 000 heads)

年份 Year 地区 Region	猪 Hogs	能繁殖母猪 Breeding Sows	牛 Cattle and Buffaloes	羊 Sheep and Goats	家禽 Poultry
1978	84.49		497.34	1644.95	
1980	68.25		486.77	1612.84	
1985	83.00		515.89	1328.18	
1990	96.50		538.60	1608.30	
1992	97.69		550.74	1648.09	
1993	102.60		509.12	1635.05	
1994	101.62		524.20	1677.14	
1995	108.86		500.88	1666.31	
1996	107.10		443.18	1569.53	
1997	108.85		421.71	1601.22	
1998	113.25		394.31	1638.93	
1999	109.16		378.21	1639.52	
2000	103.64		390.50	1642.04	
2001	103.21		400.74	1676.20	
2002	104.76		410.66	1732.87	
2003	101.00		405.59	1761.70	
2004	106.38		403.77	1763.74	
2005	105.12		406.19	1765.68	
2006	89.01	6.74	450.37	1501.84	117.98
2007	86.38	6.89	455.72	1492.11	134.95
2008	100.49	9.43	462.68	1489.46	223.29
2009	101.10	10.16	470.82	1482.88	241.05
2010	101.40	9.74	485.97	1485.27	250.09
2011	102.24	11.47	486.69	1472.84	269.08
2012	102.62	12.29	476.72	1417.74	285.81
2013	103.89	12.11	516.81	1426.61	311.08
2014	102.82	11.96	527.64	1418.82	318.68
2015	98.18	11.07	540.57	1392.69	336.70
2016	93.96	9.68	585.38	1345.20	370.04
2017	82.68	8.99	546.56	1387.41	317.54
2018	78.18	8.16	514.33	1336.07	305.74
2019	34.65	3.92	494.61	1326.88	149.38
2020	72.07	9.43	652.33	1343.55	175.56
2021	77.20	9.08	642.40	1385.95	149.27
西宁市 Xining City	21.09	2.44	39.82	99.86	50.19
海东市 Haidong City	46.67	5.56	35.34	145.76	73.76
海北州 Haibei Zang A.P	0.67	0.08	93.03	300.01	1.80
黄南州 Huangnan Zang A.P	0.24	0.04	83.02	86.45	5.34
海南州 Hainan Zang A.P	4.58	0.66	105.83	435.47	9.90
果洛州 Golog Zang A.P	0.02	…	102.72	13.05	0.04
玉树州 Yushu Zang A.P			148.95	18.55	
海西州 Haixi Mongolian & Zang A.P	3.93	0.30	33.69	286.80	8.24

12−17 主要年份非主要畜禽年末存栏量
Number of Non-major Livestok in Main Year-end

单位：万头(只)

年 份 地 区	Year Region	马 Horses	驴 Donkeys	骡 Mules	骆驼 Camels	家兔 Rabbits
1978		46.59				
1980		41.86				
1985		44.00				
1990		44.80				
1992		41.72				
1993		38.22				
1994		37.24				
1995		34.58				
1996		37.26				
1997		37.41				
1998		36.86				
1999		35.12				
2000		33.78				
2001		28.89				
2002		27.31				
2003		26.79				
2004		27.11				
2005		24.51				
2006		23.09	7.59	13.77	0.71	6.34
2007		21.00	5.87	7.57	0.79	5.22
2008		19.64	4.13	5.23	0.78	6.32
2009		18.23	2.92	2.87	0.71	8.12
2010		17.41	2.23	2.30	0.70	10.21
2011		16.20	1.80	1.67	0.78	12.79
2012		14.61	1.45	1.20	0.84	12.45
2013		13.40	1.12	0.76	0.79	11.75
2014		12.48	0.95	0.50	0.72	7.85
2015		12.14	0.61	0.35	0.71	6.93
2016		11.14	0.45	0.23	0.78	6.04
2017		11.10	0.45	0.22	0.92	6.32
2018		11.59	0.44	0.14	1.12	5.43
2019		11.53	0.64	0.42	1.67	7.23
2020		12.57	0.83	0.47	1.01	5.96
2021		12.56	0.48	0.35	1.15	1.74
西宁市	Xining City	0.57	0.10	0.11		0.09
海东市	Haidong City	0.14	0.18	0.18		1.60
海北州	Haibei Zang A.P	2.50	0.01	...		
黄南州	Huangnan Zang A.P	1.66	0.12	0.06		
海南州	Hainan Zang A.P	1.56	0.05	...	...	...
果洛州	Golog Zang A.P	1.55				
玉树州	Yushu Zang A.P	2.15				
海西州	Haixi Mongolian & Zang A.P	2.43	0.02		1.14	0.04

12-18 主要年份牲畜出栏情况
Livestock Slaughtered in Main Years

单位：万头(只) (10 000 heads)

年 份 地 区	Year Region	猪 Hogs	牛 Cattle and Buffaloes	羊 Sheep and Goats	家 禽 Poultry
1978		37.62		184.94	
1980		35.67		248.14	
1985		42.39		294.61	
1990		61.59		326.35	
1991		62.64		349.93	
1992		63.56		366.79	
1993		66.27		351.40	
1994		73.10		385.29	
1995		80.65		397.20	
1996		85.17		399.46	
1997		89.04		393.84	
1998		95.03		397.33	
1999		98.53		400.10	
2000		99.72		417.01	
2001		101.36		448.97	100.71
2002		104.55		475.35	188.56
2003		105.35		508.58	248.82
2004		114.24		538.99	236.71
2005		121.75		559.08	264.68
2006		111.27	111.42	509.13	188.78
2007		102.41	92.66	540.79	219.78
2008		115.83	92.11	538.43	334.59
2009		124.10	92.50	547.42	343.19
2010		117.69	94.75	579.11	372.32
2011		115.53	95.02	579.02	413.66
2012		116.20	99.96	602.49	449.86
2013		118.42	105.42	608.44	468.31
2014		119.79	110.56	618.65	487.92
2015		114.04	115.56	637.13	519.20
2016		105.17	136.88	654.10	571.79
2017		110.63	132.18	726.06	520.39
2018		116.47	135.59	748.10	494.06
2019		98.77	148.06	804.43	498.19
2020		44.94	188.97	773.66	219.32
2021		72.37	200.29	672.72	162.19
西宁市	Xining City	21.88	31.86	65.51	62.82
海东市	Haidong City	38.88	16.26	93.19	67.43
海北州	Haibei Zang A.P	0.86	24.85	115.18	3.24
黄南州	Huangnan Zang A.P	0.30	27.07	48.71	2.80
海南州	Hainan Zang A.P	5.40	29.98	204.76	17.82
果洛州	Golog Zang A.P	0.01	29.63	5.70	
玉树州	Yushu Zang A.P		32.38	11.09	
海西州	Haixi Mongolian & Zang A.P	5.04	8.26	128.58	8.08

12-19 主要年份畜产品产量

单位：吨

年 份 Year 地 区 Region		肉 类 总产量 Total Output of Meat Products	猪肉 Pork	牛肉 Beef	羊肉 Mutton	其他 Others	禽肉 Poultry
1980		84857	19635	24920	39696	606	
1985		111602	27825	35790	45783	2204	
1990		153442	43985	52088	55518	1851	
1991		157360	45787	52611	56120	2842	
1992		163405	45994	57173	57790	2448	
1993		159082	46725	54768	54633	2956	
1994		178407	51688	58186	64946	3587	
1995		183743	56114	62922	61346	3361	
1996		187226	57813	63378	63834	2201	
1997		198382	64047	68514	63211	2610	
1998		205296	68022	68735	64325	4214	
1999		201493	69923	60529	66508	4533	
2000		208323	69530	63529	70011	5253	
2001		220692	70419	69973	76269	4031	
2002		227885	71703	70293	80001	5888	
2003		236651	74195	70932	84919	6605	
2004		248077	80136	72893	88438	6610	
2005		257522	85506	74356	91581	6079	
2006		256992	79334	88024	83401	6233	3190
2007		239571	73753	73100	86526	6192	3783
2008		248381	81921	72767	86148	7545	5080
2009		263042	87101	81000	87588	7353	5603
2010		273011	84582	84588	96508	7333	5911
2011		277783	83606	87000	97761	9416	7332
2012		292465	85348	95613	101821	9683	8055
2013		302926	87511	102770	102874	9770	8383
2014		313601	89802	106100	106333	11366	8756
2015		324533	85584	114900	112168	11880	9305
2016		341228	79900	133100	115897	12331	9996
2017		353037	86700	128600	126800	10937	9100
2018		365300	91500	131800	131200	10800	8400
2019		374075	77000	146298	139305	11472	8800
2020		370414	37431	192280	133175	7528	4132
2021		400437	59657	212542	123224	5014	3159
西宁市	Xining City	70234	18858	38032	11936	1408	1222
海东市	Haidong City	74323	30949	24257	17637	1480	1340
海北州	Haibei Zang A.P	50418	716	26431	22994	277	50
黄南州	Huangnan Zang A.P	35144	237	25191	9672	44	44
海南州	Hainan Zang A.P	69884	4245	29504	35764	371	356
果洛州	Golog Zang A.P	30095	5	29029	1061		
玉树州	Yushu Zang A.P	32245		30395	1850		
海西州	Haixi Mongolian & Zang A.P	38094	4647	9703	22310	1434	147

Output of Major Livestock Products in Main Years

(ton)

奶类产量 Output of Milk	牛奶 Cow Milk	羊毛 Sheep and Goat Wool	绵羊毛 Sheep Wool	山羊毛 Cashmere	山羊绒 Cashmere	禽蛋 Poultry Eggs	蜂蜜 Honey
119179	115614	17040	16662	378	113		203
159108	154527	15293	14956	337	107	9160	119
209610	201312	17575	17155	420	157	10690	73
210296	203234	18237	17736	501	189	11068	19
214454	208438	18515	17887	628	190	11132	70
195945	188922	17578	17044	534	173	11281	80
201233	193769	17974	17390	584	209	12394	60
205951	200184	17907	17302	605	211	12444	97
185641	181421	16481	15974	507	195	11739	109
190638	186035	16398	15861	537	225	13284	103
204596	198677	16463	15904	559	221	13683	94
196435	190405	15593	14980	613	281	13495	96
212852	206132	16333	15588	745	310	13392	51
228289	216514	16566	15775	791	313	12941	48
235277	220342	16740	15930	810	314	13672	480
235113	221398	17349	16483	866	319	14005	484
240950	227500	17734	16629	1105	341	14062	746
250233	236166	17652	16501	1151	355	13884	548
236505	218960	17661	16505	1156	357	14631	546
254913	239685	15378	14551	827	355	13865	561
262023	242497	15369	14560	809	347	14913	1030
243184	242866	15378	14573	805	345	15151	1043
251914	251512	17749	16666	1083	417	15600	1059
273528	258656	19411	17537	1874	414	17553	1044
282358	264346	19149	18076	1471	398	20054	1029
276252	264316	19308	17928	1380	425	22622	1531
300203	292619	18438	17110	1328	397	21800	1533
314324	302213	18675	17365	1310	422	22600	1536
328834	316604	18813	17506	1307	435	23900	1526
331908	324279	19089	17834	1255	411	24600	1529
335024	325700	18655	17600	1055	355	23317	1640
354512	348700	19441	18245	1196	379	23400	153
369400	365769	15440	14605	835	271	14020	128
356209	353956	14117	13564	553	172	13714	153
126195	126195	580	527	53	11	4798	
58931	58931	2152	2013	139	20	6609	28
15457	15457	1680	1680			34	120
40340	40340	612	606	6	1	801	
47823	47823	4436	4422	14	3	438	
28765	28765	152	152			1	
30377	30377	254	253	1	1		
8321	6068	4251	3911	340	136	1033	5

12-20 2017-2021年畜牧业生产情况及主要畜产品产量

Livestock and Its Major Products(2017-2021)

指　标	Item	2017	2018	2019	2020	2021
牲畜年末头数(万头/万只)	**Number of Animals at Year-end(10 000 heads)**					
草食畜合计	Total of Herbivorous Livestock	1946.7	1863.7	1835.8	2010.8	2042.9
大牲畜	Large Animals	559.3	527.6	508.9	667.2	656.9
牛	Cattle and Buffaloes	546.6	514.3	494.6	652.3	642.4
羊	Sheep and Goats	1387.4	1336.1	1326.9	1343.5	1386.0
绵羊	Sheep	1207.4	1156.1	1164.2	1280.0	1341.5
猪	Hogs	82.7	78.2	34.7	72.1	77.2
家禽	Poultry	317.5	305.7	149.4	175.6	149.3
肉用畜出栏数(万头/万只)	**Slaughtered Fattened Animals (10 000 heads)**					
草食畜合计	Total of Herbivorous Livestock	859.6	884.8	954.0	964.4	873.8
大牲畜	Large Animals	133.6	136.7	149.6	190.7	201.1
牛	Cattle and Buffaloes	132.2	135.6	148.1	189.0	200.3
羊	Sheep and Goats	726.1	748.1	804.4	773.7	672.7
绵羊	Sheep	682.3	704.1	760.4	730.1	644.4
猪	Hogs	110.6	116.5	98.8	44.9	72.4
家禽	Poultry	520.4	494.1	498.2	219.3	162.2
肉类产量 (万吨)	**Output of Meat (10 000 tons)**	**35.3**	**36.5**	**37.4**	**37.0**	**40.0**
猪肉	Pork	8.7	9.2	7.7	3.7	6.0
牛肉	Beef	12.9	13.2	14.6	19.2	21.3
羊肉	Mutton	12.7	13.1	13.9	13.3	12.3
禽肉	Poultry	0.9	0.8	0.9	0.4	0.3
奶类产量 (万吨)	**Output of Milk (10 000 tons)**	**33.2**	**33.5**	**35.5**	**36.9**	**35.6**
牛奶	Cow Milk	32.4	32.6	34.9	36.6	35.4
羊毛产量 (吨)	**Output of Wool (ton)**	**19089**	**18655**	**19441**	**15440**	**14117**
绵羊毛	Sheep Wool	17834	17600	18245	14605	13564
山羊毛	Goat Hair	1255	1055	1196	835	553
禽蛋产量 (吨)	**Output of Poultry Eggs (ton)**	**24600**	**23300**	**23400**	**14020**	**13714**

12−21 主要年份农林牧渔业总产值
Gross Output Value of Farming, Forestry, Animal Husbandry and Fishery in Main Years

单位：万元 (10 000 yuan)

年份 Year / 地区 Region	按当年现行价格计算 Calculated at Current Prices					
	农林牧渔业总产值 Total Output	农业 Farming	林业 Forestry	牧业 Animal Husbandry	渔业 Fishery	农林牧渔专业及辅助性活动 Services for Farming,Forestry, Animal Husbandry and Fishery
1952	16071	6991	24	7958	16	
1978	59898	29069	545	29218	126	
1980	77772	47170	683	28725	109	
1981	72958	40265	685	30736	124	
1985	122515	61968	4709	50091	527	
1990	245270	114837	6944	109548	670	
1991	252406	115579	6787	116486	792	
1992	272619	120585	6839	129816	799	
1993	309975	151834	7463	149779	899	
1994	448723	218100	7699	221601	1323	
1995	550982	265469	8630	275705	1178	
1996	561574	299864	9099	251409	1220	
1997	590148	306163	9735	273363	887	
1998	607924	314152	9993	283127	652	
1999	590200	293093	13840	282361	906	
2000	569850	249055	15056	304939	800	
2001	632975	289023	18206	324693	1053	
2002	655019	285919	26555	341463	1082	
2003(旧)	681200	297347	27617	355361	875	
2003(新)	769492	297384	26377	407062	875	37795
2004	866478	342201	17980	464983	695	40618
2005	940416	364408	17521	516985	620	40881
2006	976369	386153	19919	540833	1043	28421
2007	1212521	491608	19608	670122	1105	30077
2008	1534004	587381	20477	891517	1439	33190
2009	1572984	613081	23051	900931	714	35207
2010	2013173	920725	37745	1014535	1236	38932
2011	2308188	1029100	41700	1193388	2000	42000
2012	2638613	1170875	45709	1370758	5583	45687
2013	3103020	1405389	56768	1579041	12628	49194
2014	3274916	1442060	66092	1691371	22172	53221
2015	3192654	1449985	74330	1583747	27755	56837
2016	3387977	1555179	82775	1657165	32526	60332
2017	3640974	1623826	90382	1829822	34402	62542
2018	4059339	1692359	104115	2159841	36413	66611
2019	4543504	1812512	112535	2508063	39150	71244
2020	5071019	1885991	118639	2951194	38775	76420
2021	5285296	2047302	132117	2985709	41414	78753
西宁市 Xining City	1105694	474683	21807	600875		8329
海东市 Haidong City	1332538	748502	37398	523996	2801	19842
海北州 Haibei Zang A.P	435691	96140	6876	324810		7865
黄南州 Huangnan Zang A.P	390373	69330	6080	296509	5000	13453
海南州 Hainan Zang A.P	743493	193359	32267	473881	32671	11315
果洛州 Golog Zang A.P	121634	19406	795	98460		2973
玉树州 Yushu Zang A.P	482047	101705	6955	367466		5922
海西州 Haixi Mongolian & Zang A.P	673826	391177	19940	252712	943	9054

注：2006年数据根据农业普查结果进行了修正。
Note:Data in 2006 were amended based on the results of the census of agriculture.

12–22 主要年份农业总产值构成及环比指数(按可比价格计算)
Structure of Gross Output Value of Agriculture and Its Chain Indices in Main Years (Calculated at Constant Prices)

单位：% (%)

年 份 Year	农业总产值构成 Structure of Gross Output Value of Agriculture	农 业 Farming	林 业 Forestry	牧 业 Animal Husbandry	渔 业 Fishery	农林牧渔专业及辅助性活动 Services for Farming,Forestry, Animal Husbandry and Fishery
1952	100	43.50	0.15	49.52	0.10	
1978	100	48.53	0.91	48.78	0.21	
1980	100	50.29	0.90	47.23	0.16	
1985	100	47.96	4.26	42.75	0.17	
1990	100	48.22	3.35	43.02	0.15	
1995	100	48.25	2.61	48.84	0.30	
1996	100	51.92	2.64	45.17	0.27	
1997	100	52.08	2.57	45.20	0.15	
1998	100	51.53	2.51	45.83	0.13	
1999	100	50.15	3.48	46.24	0.13	
2000	100	46.66	3.70	49.48	0.16	
2001	100	47.15	3.53	49.08	0.24	
2002	100	44.91	4.97	49.89	0.23	
2003	100	38.65	3.43	52.90	0.11	4.91
2004	100	39.73	2.78	52.66	0.12	4.71
2005	100	38.75	1.86	54.97	0.07	4.35
2006	100	39.55	2.04	55.39	0.11	2.91
2007	100	40.54	1.62	55.27	0.09	2.48
2008	100	38.29	1.34	58.12	0.09	2.16
2009	100	38.98	1.46	57.27	0.05	2.24
2010	100	45.74	1.87	50.40	0.06	1.93
2011	100	44.58	1.81	51.70	0.09	1.82
2012	100	44.38	1.73	51.95	0.21	1.73
2013	100	45.29	1.83	50.89	0.41	1.58
2014	100	44.03	2.02	51.65	0.68	1.62
2015	100	45.42	2.33	49.60	0.87	1.78
2016	100	45.90	2.45	48.91	0.96	1.78
2017	100	44.60	2.48	50.26	0.94	1.72
2018	100	41.69	2.56	53.21	0.90	1.64
2019	100	39.89	2.48	55.20	0.86	1.57
2020	100	37.19	2.34	58.20	0.76	1.51
2021	100	38.73	2.50	56.49	0.78	1.50

12-22 续表 Continued

上年=100 (Preceding year=100)

年份 Year	农业总产值环比指数 Chain Index of Gross Output Value of Agriculture	农业 Farming	林业 Forestry	牧业 Animal Husbandry	渔业 Fishery	农林牧渔专业及辅助性活动 Services for Farming,Forestry, Animal Husbandry and Fishery
1952	111.86	112.27	216.67	110.21	114.29	
1978	99.38	103.39	88.78	95.51	86.86	
1980	111.02	119.12	114.88	105.82	91.59	
1985	111.11	104.73	123.76	109.77	111.32	
1990	104.86	105.21	87.49	105.77	127.34	
1995	99.78	97.20	102.30	102.49	78.74	
1996	103.91	111.81	105.22	96.11	93.07	
1997	105.69	106.03	102.60	105.76	60.33	
1998	104.52	103.43	102.31	105.97	88.30	
1999	100.23	97.54	138.88	101.13	105.30	
2000	97.46	90.67	103.65	104.30	117.16	
2001	105.38	106.51	100.30	104.51	159.18	
2002	103.45	98.52	145.81	105.17	98.53	
2003	102.96	102.33	82.70	106.07	73.60	98.36
2004	103.70	104.32	71.76	105.58	77.32	106.02
2005	105.37	104.07	97.45	107.14	89.18	99.95
2006	100.36	97.88	113.68	104.11	168.14	68.29
2007	104.79	105.29	98.44	104.93	105.95	99.56
2008	104.51	108.90	104.43	101.40	130.28	101.33
2009	105.80	106.03	112.57	105.69	49.62	102.79
2010	106.65	109.40	129.04	104.09	173.04	105.01
2011	104.80	106.48	110.48	103.09	161.84	102.45
2012	105.44	105.65	109.61	104.81	279.17	105.61
2013	105.56	106.09	124.19	104.02	226.17	104.84
2014	105.44	106.62	116.43	103.51	175.58	104.73
2015	105.11	105.05	115.69	104.61	132.68	102.48
2016	105.44	105.54	111.38	104.93	118.86	104.00
2017	104.85	104.15	109.19	105.38	106.83	101.99
2018	104.56	103.74	116.07	104.78	115.98	104.11
2019	104.65	104.57	108.20	104.48	108.50	104.62
2020	104.68	105.10	105.84	104.46	99.07	103.85
2021	104.49	104.74	111.36	104.11	106.81	102.03

12-23　2017-2021年分项目农业总产值
Gross Output Value of Agriculture by Project(2017-2021)

单位：万元　(10 000 yuan)

指　标	Item	按当年价格计算 Data are calculated at current prices 2017	2018	2019	2020	2021
农林牧渔业总产值	**Total**	**3640973.6**	**4059338.8**	**4543504.3**	**5071019.3**	**5285295.8**
农业产值	**Farming**	**1623826.0**	**1692358.8**	**1812511.8**	**1885990.7**	**2047302.3**
谷物及其他作物	Cereal and Other Crops	696132.3	616043.7	663916.3	717852.6	843620.2
谷物	Cereal	160756.2	161020.1	163636.3	207047.4	246308.2
薯类	Tubers	244095.1	207403.8	225494.8	206830.0	214538.0
油料	Oil-bearing	139497.8	133117.6	155787.0	161239.1	153641.9
豆类	Beans	26815.3	19791.1	22266.4	23846.2	23043.7
棉花	Cotton					
麻类	Fiber Crops					
糖料	Sugar Crops	17.4	42.4	54.1		
烟草	Tobacco				310.0	320.0
其他农作物	Other Farm Crops	124950.5	94668.7	96677.8	138579.9	205768.4
蔬菜食用菌花卉园艺作物	Vegetables, Edible Fungi, Flowers and Plants, and Horticulture Crops	482466.6	508486.5	558608.5	573869.8	569986.7
蔬菜	Vegetables	468765.4	494858.0	542487.5	558992.7	554753.0
食用菌	Edible Fungi	7706.0	7692.8	6984.5	4766.6	10189.6
花卉	Flowers and Plants	2035.9	1915.0	1685.3	1418.0	1979.1
其他园艺作物	Other Horticulture Crops	3959.3	4020.6	7451.2	8692.5	3065.1
水果坚果香料原料	Fruits, Nuts, Spices Raw Materials	51661.7	50676.7	48725.7	49608.2	36589.1
中药材	Medicinal Meterials	393565.4	517151.9	541261.3	544660.0	597106.3
林业产值	**Forestry**	**90381.9**	**104115.1**	**112535.4**	**118639.1**	**132116.9**
林木的培育和种植	Forest of Cultivate and Raise					
育种育苗	Breeding of Seedlings	6256.0	5596.9	5978.5	6405.7	7791.9
造林	Afforestation	56719.5	70360.3	74086.7	78108.7	83646.3
抚育和管理	Tending and Management	23103.1	22413.9	25921.3	27957.1	30953.1
竹木采运	Wood Harvesting	1393.8	842.4	1534.7	836.4	1020.7
林产品	Forest Products	2909.5	4901.6	5014.2	5331.2	8704.9
牧业产值	**Animal Husbandry**	**1829822.0**	**2159840.9**	**2508063.0**	**2951194.8**	**2985709.2**
牲畜饲养	Number of Livestock	1544787.1	1906391.4	2258803.7	2757496.0	2712683.9
牛的饲养	Cattle and Buffaloes	526076.4	818086.7	941743.0	1311898.6	1399570.3
羊的饲养	Sheep and Goats	649823.7	744733.6	957641.7	1071523.0	964668.1
其他牲畜饲养	Other Livestock	72160.7	4212.2	15877.8	15915.2	6850.0
奶产品	Milk Products	269908.2	308440.6	322547.5	328265.2	310901.2
毛绒产品	Down Products	26818.1	30918.4	29410.3	29894.1	30694.3
其他牲畜副产品	Other by-products					
猪的饲养	Hogs	224701.5	193193.6	191603.6	118842.2	229088.7
家禽饲养	Poultry	54070.2	51684.6	48044.0	38931.1	30330.4
狩猎和捕捉动物	Hunting Animal	785.8	857.9	933.9	3004.4	2752.4
其他畜牧业	Other Animal Husbandry	5477.4	7713.5	8677.8	32921.1	10853.7
渔业产值	**Fishery**	**34402.1**	**36413.0**	**39150.6**	**38774.8**	**41414.3**
农林牧渔专业及辅助性活动产值	**Services for Farming, Forestry, Animal Husbandry and Fishery**	**62541.6**	**66611.1**	**71243.6**	**76420.0**	**78753.2**

12-24 主要年份农业经济效益主要指标
Major Indicators of Agriculture Economy Benefit in Main Years

年 份 Year	人均粮食产量（千克/人）Per Capita Output of Grain (kg/person)			人均油料产量（千克/人）Per Capita Output of Oil-bearing Corps (kg/person)			人均农业总产值（元/人）Per Capita Output of Gross Output Value of Agriculture (yuan/person)		
	按总人口 By Total Population	按乡村人口 By Rural Population	按农业从业人员 By Rural Emp-loyed Persons	按总人口 By Total Population	按乡村人口 By Rural Population	按农业从业人员 By Rural Emp-loyed Persons	按总人口 By Total Population	按乡村人口 By Rural Population	按农业从业人员 By Rural Emp-loyed Persons
1978	248	326	875	12	16	44	476	626	1663
1980	254	341	883	19	25	65	492	658	1701
1985	246	343	894	25	34	88	585	808	2109
1990	258	361	952	27	38	100	576	806	2127
1995	239	362	854	34	51	121	591	854	2111
1996	254	371	886	35	51	122	601	880	2099
1997	257	383	911	37	55	131	626	930	2214
1998	255	379	908	42	62	149	645	957	2295
1999	203	303	706	56	84	194	637	951	2212
2000	160	244	577	38	57	135	613	933	2210
2001	197	298	714	44	66	159	638	962	2309
2002	173	261	656	44	67	168	653	987	2478
2003	163	250	644	49	75	194	662	1017	2620
2004	164	250	671	54	82	219	680	1034	2777
2005	172	261	724	59	89	247	1731	2632	7305
2006	174	269	768	51	79	225	1783	2764	7874
2007	180	276	828	58	89	269	2198	3373	10121
2008	184	278	847	64	97	295	2767	4180	12719
2009	185	277	847	67	100	305	2823	4228	12951
2010	181	270	845	67	99	310	3592	5323	16638
2011	182	271	876	65	97	312	4062	6058	19543
2012	177	264	885	63	94	315	4604	6851	22956
2013	179	268	899	58	87	291	5370	8041	26936
2014	181	269	914	56	83	282	5613	8319	28305
2015	177	262	894	54	80	272	5426	8049	27426
2016	177	264	907	53	79	271	5709	8550	29333
2017	171	258	879	51	76	259	6085	9149	31195
2018	171	258	902	47	71	249	6729	10154	35533
2019	174	263	913	48	72	250	7475	11321	39311
2020	181	267	927	51	75	261	8560	12620	43770
2021	184	272	945	54	79	276	8898	13177	45768

①人均农业总产值2004年以前按1990年不变价格计算，2005年后按当年价格计算。
②2007—2017年数据根据第三次全国农业普查数据进行了修正。
❶ Per capita output of gross output value of agriculture had been calculated at 1990 constant prices before 2004, and calculated at the current price since 2005.
❷ The data for 2007-2017 were adjusted according to the data of the third national agricultural census.

主要统计指标解释

农林牧渔业总产值 指以货币表现的农、林、牧、渔业全部产品和对农林牧渔业生产活动进行的各种支持性服务活动的价值总量，它反映一定时期内农林牧渔业生产总规模和总成果。1957年以前的农林牧渔业总产值中包括了厩肥和农民自给性手工业（如农民自制衣服、鞋、袜，自己从事粮食初步加工等）。1958年及以后，林业中增加了村及村以下竹木采伐产值；牧业中取消了厩肥产值；副业中取消了农民自给性手工业产值，增加了村及村以下办的工业产值；渔业中增加了海洋捕捞水产品产值。1980年及以后，在副业中增加了农民家庭兼营工业商品部分的产值。从1984年起村及村以下工业产值划归工业。从1993年起取消副业，将野生动物的捕猎划入牧业，野生植物采集和农民家庭兼营商品性工业划归农业。从2003年起，执行新的国民经济行业分类标准，农林牧渔业总产值中包括了农林牧渔服务业产值。林业中增加了森林采运业产值。农业中取消了家庭兼营商品性工业产值，将野生林产品的采集划归林业。第一次农业普查以后，由于畜牧业产品年报数据与普查数据之间存在一定的差距，国家统计局农调总队对畜牧业年报数据与普查数据进行衔接，对畜牧业产值进行相应调整。

农林牧渔业总产值的计算方法通常是按农、林、牧、渔业产品及其副产品的产量分别乘以各自单位产品价格求得；少数生产周期较长，当年没有产品或产品产量不易统计的，则采用间接方法匡算其产值；然后将四业产品产值及农林牧渔服务业产值相加即为农林牧渔业总产值。

粮食产量 指全社会的产量。包括国有经济经营的、集体统一经营的和农民家庭经营的粮食产量，还包括工矿企业办的农场和其他生产单位的产量。粮食除包括稻谷、小麦、玉米、高粱、谷子及其他杂粮外，还包括薯类和豆类。其产量计算方法，豆类按去豆荚后的干豆计算；薯类（包括甘薯和马铃薯，不包括芋头和木薯）1963年以前按每4公斤鲜薯折1公斤粮食计算，从1964年开始改为按5公斤鲜薯折1公斤粮食计算。城市郊区作为蔬菜的薯类（如马铃薯等）按鲜品计算，并且不作粮食统计。其他粮食一律按脱粒后的原粮计算。1989年以前全国粮食产量数据主要靠全面报表取得，1989年开始使用抽样调查数据。

油料产量 指全部油料作物的生产量。包括花生、油菜籽、芝麻、向日葵籽、胡麻籽（亚麻籽）和其他油料。不包括大豆、木本油料和野生油料。花生以带壳干花生计算。

猪、牛、羊肉产量 指当年出栏并已屠宰、除去头蹄下水后带骨肉（即胴体重）的重量。包括全社会范围内的产量。

期初（末）畜禽存栏头（只）数 指报告期初（末）农村各种合作经济组织和国营农场、农民个人、机关、团体、学校、工矿企业、部队等单位以及城镇居民饲养的大牲畜、猪、羊、家禽等畜禽的存栏数。

1996年前为各级逐级上报数据。1996年第一次农业普查以后，由于畜牧业产品年报数据与普查数据之间存在一定的差距，国家统计局农调总队对畜牧业年报数据与普查数据进行衔接。1999年以后，国家统计局在部分地区开展了猪、牛、羊、禽等主要畜禽品种的抽样调查，并用抽样数据作为国家定案数据使用。全省猪、牛、羊、禽等主要畜禽的存栏、出栏及畜产品产量为抽样调查数，其它小品种存栏、出栏及畜产品产量仍使用各级统计部门逐级上报数据。

农作物播种面积 指实际播种或移植有农作物的面积。凡是实际种植有农作物的面积，不论种植在耕地上还是种植在非耕地上，均包括在农作物播种面积中。在播种季节基本结束后，因遭灾而重新改种和补种的农作物面积，也包括在内。它是反映我国耕地面积利用情况的一个重要指标。目前，农作物播种面积主要包括粮食、棉花、油料、糖料、麻类、烟叶、蔬菜和瓜类、药材和其他农作物九大类。

有效灌溉面积 指具有一定的水源，地块比较平整，灌溉工程或设备已经配套，在一般年景下，当年能够进行正常灌溉的耕地面积。在一般情况下，有效灌溉面积应等于灌溉工程或设备已经配备，能够进行正常灌溉的水田和水浇地面积之和。它是反映我国耕地抗旱能力的一个重要指标。

农用化肥施用量 指本年内实际用于农业生产的化肥数量，包括氮肥、磷肥、钾肥和复合肥。化肥施用量要求按折纯量计算数量。折纯量是指把氮肥、磷肥、钾肥分别按含氮、含五氧化二磷、含氧化钾的百分之百成份进行折算后的数量。复合肥按其所含主要成分折算。公式为：折纯量 = 实物量 × 某种化肥有效成份含量的百分比**农业机械总动力** 指主要用于农、林、牧、渔业的各种动力机械的动力总和。包括耕作机械、排灌机械、收获机械、农用运输机械、植物保护机械、牧业机械、林业机械、渔业机械和其他农业机械〔内燃机按引擎马力折成瓦（特）计算、电动机按功率折成瓦（特）计算〕。不包括专门用于乡、镇、村、组办工业、基本建设、非农业运输、科学试验和教学等非农业生产方面用的动力机械与作业机械。这个指标的统计数据主要来源于农机部门。

Explanatory Notes on Main Statistical Indicators

Gross Output Value of Agriculture, Forestry, Animal Husbandry and Fishery refers to the total value of products of agriculture, forestry, animal husbandry and fishery, and total value of services in support of agriculture, forestry, animal husbandry and fishery activities. It reflects the total scale and results of agricultural production during a given period. Prior to 1957, China's gross agricultural output value included barnyard manure and handicraft products for self – consumption (clothes, shoes, stockings, and initial grain processing undertaken by peasants). Since 1958, cutting and felling of bamboo and trees by villages and other cooperative organizations under villages have been included in forestry; value of barnyard manure has been excluded from animal husbandry; self consumed handicrafts have not been included from sideline occupations, while the output value of industries run by villages and cooperative organizations under village has been included in sideline occupations; and the output value of fish catches by motor fishing boats has been added to fishery. Since 1980, the value of handicraft products made for sale by individuals in households has been added to sideline occupations. Since 1984, industries run by villages and under villages have been included in the sector of industry. Since 1993, the subdivision of sideline occupations has been cancelled, and the hunting of wild animals has been classified into animal husbandry, and the gathering of wild plants and commodity industry run by rural household have been included in farming. A new industrial classification of economic activities was introduced in 2003. Under the new classification, value of services to agriculture, forestry, animal husbandry and fishery is included in the gross output value of agriculture, value of wood felling and transport is included in forestry, value of industrial output by rural households is not included in agriculture, and the collection of wild forest products is taken from agriculture and included in forestry. The First Agriculture Census of China revealed some discrepancy between the production of animal products from the annual reports and that from the census. Efforts were made by the Rural Survey of NBS to adjust the output value of animal husbandry to make the figures from the annual reports consistent with the census data.

Gross output value of agriculture is obtained by multiplying the output of each product or by – product by its price, resulting in the output value of each single item. For a small number of products, annual output of which is not available or difficult to get due to the long production (growing) process involved, the output value is estimated through an indirect approach. The sum of output values of all products of agriculture, forestry, animal husbandry and fishery and services in support to those industries is then equal to the gross output value of agriculture.

Grain Output refers to the total output in the whole country including grains produced by State farms, collective units, rural households, as well as by farms affiliated to industrial and mining enterprises and other production units. Grain includes rice, wheat, corn, sorghum, millet and other miscellaneous grains as well as tubers and beans. Output of beans refers to dry beans without pods. The output of tubers (sweet potatoes and potatoes, not including taros and cassava) are converted into that of grain at the ratio 4:1, i. e. 4 kilograms of fresh tubers were equivalent to 1 kilogram of grain up to 1963. Since 1964 the ratio for conversion has been 5:1. Tubers supplied as vegetables (such as potatoes) in cities and suburbs are calculated as fresh vegetables and their output is not included in the output of grain. Output of all other grains refers to husked grain. Data on grain production before 1989 were obtained through the Comprehensive Statistical Reporting System. Since 1989, data from sample surveys are used.

Output of Oil – bearing Crops refers to the total production of oil – bearing crops of various kinds, including peanuts (dry, in shell), rapeseeds, sesame, sunflower seeds, flax seeds, and other oil – bearing crops. Soybeans, oil – bearing woody plants, and wild oil – bearing crops are not included.

Output of Pork, Beef, and Mutton refers to the meat of slaughtered hogs, cattle, sheep and goats with head, feet, and offal taken away. Data refers to the production of the whole country.

Number of Livestock or Poultry in Stock at Beginning (or End) of Period refers to the total number of large animals, pigs, sheep, fowls, etc. raised by rural cooperative organizations, State farms, rural individuals, government agencies, schools, industrial and mining enterprises, army, and urban residents at the beginning (or end) of the reference period. The First Agricultural Census of China in 1996 revealed some discrepancy between the production of animal products from the annual reports and that from the census. Efforts were made by the Rural Survey Organization of the NBS to adjust the output value of animal husbandry to make the figures from the annual reports consistent with the census data. Since 1999, the NBS conducted sample surveys for the major animal husbandry products, such as hogs, cattle, sheep and goats and fowls, and the data from sample surveys are used as national finalized data. The number of livestock, fallow and livestock output of pigs, cattle, sheep and poultry in the whole province was sampled. The statistics of other small varieties, livestock production and slaughter were still reported at all levels.

In accordance with the requirements of the Third National Agricultural Census Approval and Revision Program for Data Relevant to Conventional Annual Report, the Yearbook of 2019 approved and revised the historical data from 2006 to 2018.

Sown Area of Crops refers to area of land sown or transplanted with crops regardless of being in cultivated area or non – cultivated area. Area of land re – sown due to natural disasters is also included. This is an important indicator that can reflect the utilization condition of the cultivated land in China. At present, the sown area of crops mainly include the following 9 categories of crops: grain, cotton, oil – bearing crops, sugar crops, flax crops, tobacco, vegetables and melons, medicinal materials and other farm crops.

Irrigated Area refers to area of land that are effectively irrigated, i. e. relatively level land, where there are water sources or complete sets of irrigation facilities to lift and move adequate water for irrigation purpose under normal conditions. Under normal situations, irrigated area is the sum of watered fields and irrigated fields where irrigation systems or equipment have been installed for regular irrigation purpose. This important indicator reflects drought resistance capacity of the cultivated land in China.

Consumption of Chemical Fertilizers in Agriculture refers to the quantity of chemical fertilizers applied in agriculture in the year, including nitrogenous fertilizer, phosphate fertilizer, potash fertilizer, and compound fertilizer. The consumption of chemical fertilizers is calculated in terms of volume of effective components by means of converting the gross weight of the respective fertilizers into weight containing effective component (e. g. nitrogen content in nitrogenous fertilizer, phosphorous pentoxide contents in phosphate fertilizer, and potassium oxide contents in potash fertilizer). Compound fertilizer is converted in regard to its major components. The formula is:

Volume of effective component = physical quantity × effective component of certain chemical fertilizer (%)

Total Power of Agricultural Machinery refers to total mechanical power of machinery used in agriculture, forestry, animal husbandry and fishery, including machinery for ploughing, irrigation and drainage, harvesting, transport, plant protection, animal husbandry, forestry and fishery and other agricultural machineries. (For the power of internal combustion engines, it is converted from its horsepower into watts while for electric motors the output power is converted into watts.) Machinery employed for non – agricultural purposes, such as the machines used in township – run and village – run industry, construction, non – agricultural transport, scientific experiments and teaching, are not included. Data are mainly from agricultural machinery agencies.

第13篇

CHAPTER 13

工　业

Industry

13−1 2020−2021年规模以上工业企业基本情况

Basic Condition of Industrial Enterprises above Designated Size(2020-2021)

指标	Item	2020		2021	
		企业单位数（个）Number of Enterprises (unit)	工业总产值（万元）Gross Industrial Output Value (10 000 yuan)	企业单位数（个）Number of Enterprises (unit)	工业总产值（万元）Gross Industrial Output Value (10 000 yuan)
规模以上工业企业(下同)	**Industrial Enterprises above Designated Size**	**580**	**23280458**	**632**	**30524481**
按登记注册类型分	**By Status of Registration**				
内资企业	Domestic Funded	561	22442890	615	30049345
国有企业	State-owned Enterprises	7	2719331	19	3901464
中央企业	Central	4	2707088	7	3073772
地方企业	Local	3	12243	12	827693
集体企业	Collective-owned Enterprises				
股份合作企业	Cooperative Enterprises	3	23663	3	35531
有限责任公司	Limited Liability Corporations	293	11515551	301	15397268
国有独资公司	State Sole funded Corporations	42	1147056	39	1370407
其他有限责任公司	Other Limited Liability Corporations	251	10368495	262	14026862
股份有限公司	Share-holding Corporations Limited	28	4615423	30	5642922
私营企业	Private Enterprises	230	3568922	262	5072160
私营独资企业	Private-funded Enterprises	5	26874	5	30741
私营合伙企业	Private Partnership Enterprises			1	1204
私营有限责任公司	Private Limited Liability Corporations	215	3329068	244	4745025
私营股份有限公司	Private Share-holding Corporations Ltd.	10	212981	12	295190
其他企业	Other Enterprises				
港、澳、台商投资企业	Enterprises with Funds from Hong Kong, Macao and Taiwan	10	598549	9	103543
合作经营企业(港或澳、台资)	Cooperative Enterprises			3	42966
合资经营企业（港或澳、台资）	Joint-ventures Enterprises	3	45132		
港澳台商独资经营企业	Enterprises with Sole Investment	7	553417	6	60577
港澳台商投资股份有限公司	Share-holding Corporations Ltd.				
外商投资企业	Foreign Funded Enterprises	9	239019	8	371593
中外合资经营企业	Joint-venture Enterprises	5	209433	4	343978
中外合作经营企业	Cooperation Enterprises	1	426	1	1493
外资企业	Enterprises with Sole Funds	2	20299	2	16890
外商投资股份有限公司	Share-holding Corporations Ltd.				
其他外商投资企业	Other enterprises with foreign investment	1	8861	1	9232
亏损企业	**Loss-making Enterprises**	**191**	**7862610**	**197**	**9386801**
国有控股企业	**State-holding Enterprises**	**174**	**14614311**	**199**	**19457338**
按企业规模分	**Grouped by Size of Enterprises**				
大型企业	Large Enterprises	24	12752648	27	16877325
中型企业	Medium-sized Enterprises	62	3538527	54	5136228
小型企业	Small Enterprises	378	6078421	403	7304063
微型企业	Micro Enterprises	116	910862	148	1206865

①规模以上工业企业是指主营业务收入在2000万元以上的工业企业(下表同)。
②工业总产值按当年价格计算。
❶Industrial enterprises above designated size are those with annual revenue from principal business over 20 million yuan.The same applies to the tables following.
❷Gross industrial output value is calculated at current prices.

13-2 2017-2021年规模以上工业企业增加值增速及比重

Growth Rate and Proportion of Value-added of Industry of Industrial Enterprises above Designated Size(2017-2021)

单位：% (%)

类　型	Type	2017	2018	2019	2020	2021
工业增加值比上年增长	**Value-added of Industry Growth over the Previous Year**	**7.0**	**8.6**	**7.0**	**-0.2**	**9.2**
在总计中：	Categories of the Total					
国有企业	State-owned Enterprises	5.4	6.6	-0.1	26.8	12.1
股份合作企业	Cooperative Enterprises	181.1	1.1	-14.1	-32.4	25.8
股份制企业	Joint-stock Enterprises	7.7	9.3	7.6	-2.2	8.5
外商及港澳台投资企业	Enterprises with Funds from Hong Kong,Macao	-12.6	-7.0	-1.2	-0.5	29.6
其他经济类型	Other Enterprises	1.0	-1.1	154.7	-8.9	-16.8
在总计中：	Categories of the Total					
国有控股企业	State-holding Enterprises	4.5	7.4	6.4	1.9	7.1
在总计中：	Categories of the Total					
非公有工业	Non-public-owned Industries	11.7	10.8	10.0	-2.7	20.4
在总计中：	Categories of the Total					
大中型工业企业	Large and Medium-sized Industrial Enterprises	5.0	8.6	3.2	0.8	10.9
其中：国有企业	State-owned Enterprises	4.1	8.3	0.5	26.8	9.6
在总计中：	Categories of the Total					
私营企业	Private Enterprises	13.9	9.5	11.4	-6.7	22.6
工业增加值占比	**Value-added of Industry Proportion**					
在总计中：	Categories of the Total					
国有企业	State-owned Enterprises	6.5	5.9	5.4	8.6	8.2
股份合作企业	Cooperative Enterprises	0.3	0.1	0.1	0.1	0.1
股份制企业	Joint-stock Enterprises	89.6	91.1	92.1	89.5	89.7
外商及港澳台投资企业	Enterprises with Funds from Hong Kong,Macao	3.4	2.7	2.2	1.7	2.0
其他经济类型	Other Enterprises	0.2	0.2	0.2	0.1	…
在总计中：	Categories of the Total					
国有控股企业	State-holding Enterprises	51.3	64.0	67.7	68.7	66.5
在总计中：	Categories of the Total					
非公有工业	Non-public-owned Industries	40.8	33.7	31.3	30.9	33.2
在总计中：	Categories of the Total					
大中型工业企业	Large and Medium-sized Industrial Enterprises	61.3	74.2	69.2	74.6	76.0
其中：国有企业	State-owned Enterprises	5.6	5.2	4.8	8.6	8.0
在总计中：	Categories of the Total					
私营企业	Private Enterprises	20.8	16.2	13.6	13.3	10.0

注：本表比上年增长数按不变价格计算。
Note:The Growth rate over the previous year in this table are calculated at constant prices.

13−3 2021年按行业分规模以上工业企业工业增加值增速及比重

By industry sector that Growth rate and Proportion of Value -added of Industry of Industrial Enterprises above Designated Size(2021)

单位：% (%)

指　　标	Item	比上年增长 Growth over the Previous Year	占总量比重 Proportion of Total
合计	**Total**	**9.2**	**100.00**
煤炭开采和洗选业	Mining and Washing of Coal	-27.7	2.19
石油和天然气开采业	Extraction of Petroleum and Natural Gas	-3.3	10.10
黑色金属矿采选业	Mining and Processing of Ferrous Metal Ores	8.1	0.66
有色金属矿采选业	Mining and Processing of Non-Ferrous Metal Ores	-14.1	1.11
非金属矿采选业	Mining and Processing of Non-metal Ores	-10.3	0.39
开采辅助活动	Support Activities for Mining	10.3	0.30
农副食品加工业	Processing of Food from Agricultural Products	-4.9	0.46
食品制造业	Manufacture of Foods	-5.5	0.48
酒、饮料和精制茶制造业	Manufacture of Liquor, Beverages and Refined Tea	16.4	0.65
纺织业	Manufacture of Textile	18.5	0.11
纺织服装、服饰业	Manufacture of Textile, Wearing Apparel and Accessories	-20.4	0.04
印刷和记录媒介的复制业	Printing and Reproduction of Recording Media	8.5	0.04
文教、工美、体育和娱乐用品制造业	Manufacture of Articles for Culture, Education, Arts and Crafts, Sport and Entertainment Activities	14.6	0.08
石油、煤炭及其他燃料加工业	Petroleum, Coal and Other Fuel Processing Industries	-15.2	2.26
化学原料和化学制品制造业	Manufacture of Raw Chemical Materials and Chemical Products	22.6	17.28
医药制造业	Manufacture of Medicines	6.0	0.95
化学纤维制造业	Chemical Fiber Manufacturing		0.09
橡胶和塑料制品业	Manufacture of Rubber and Plastics Products	-4.9	0.06
非金属矿物制品业	Manufacture of Non-metallic Mineral Products	0.3	3.46
黑色金属冶炼和压延加工业	Smelting and Pressing of Ferrous Metals	12.0	3.93
有色金属冶炼和压延加工业	Smelting and Pressing of Non-ferrous Metals	14.8	14.72
金属制品业	Manufacture of Metal Products	7.8	0.28
通用设备制造业	Manufacture of General Purpose Machinery	-37.6	0.14
专用设备制造业	Manufacture of Special Purpose Machinery	-4.6	0.02
铁路、船舶、航空航天和其他运输设备制造业	Manufacture of Railway, Ship, Aerospace and Other Transport Equipments	-17.6	0.01
电气机械和器材制造业	Manufacture of Electrical Machinery and Apparatus	29.4	5.71
计算机、通信和其他电子设备制造业	Manufacture of Computers, Communication and Other Electronic Equipment	91.3	3.60
仪器仪表制造业	Manufacture of Measuring Instruments and Machinery	29.3	0.07
废弃资源综合利用业	Utilization of Waste Resources	84.6	0.15
金属制品、机械和设备修理业	Repair Service of Metal Products, Machinery and Equipment	-16.0	0.25
电力、热力生产和供应业	Production and Supply of Electric Power and Heat Power	6.9	28.87
燃气生产和供应业	Production and Supply of Gas	8.3	1.14
水的生产和供应业	Production and Supply of Water	12.8	0.41

①本表为年快报数据，国民经济行业分类为GB/T4754—2011。
②增长速度均按可比价格计算(价格缩减法)，根据当年企业增减变动后的行业数计算。
❶Data in this table are annual express report data. Classification of national economic industries is GB/T4754-2011.
❷Growth rate is calculated according to comparable prices (price reduction method), according to the number of sector after industrial enterprises changes increase or decrease in the same year.

13-4 2021年工业循环经济重点行业总产值和增加值增速

Gross Industrial Output Value and Value-added of Industry of Key Sectors of Industrial Circular Economy(2021)

指标名称	Item	工业总产值(亿元) Gross Industrial Output Value (100 millio yuan)	比上年增长(%) Growth Rate (%)	工业增加值 Value-added of Industry	
				增长(%) Growth Rate (%)	比重(%) Value-added of Industry Proportion (%)
循环经济十个重点行业	**Ten Key Sectors of Industrial Circular Economy**	**1635.10**	**25.5**	**5.3**	**67.1**
煤炭开采和洗选业	Mining and Washing of Coal	41.25	-17.8	-27.7	2.2
石油和天然气开采业	Extraction of Petroleum and Natural Gas	127.54	21.9	-3.3	10.1
黑色金属矿采选业	Mining and Processing of Ferrous Metal Ores	16.62	43.8	8.1	0.7
石油、煤炭及其他燃料加工业	Petroleum, Coal and Other Fuel Processing Industries	106.00	15.1	-15.2	2.3
化学原料和	Manufacture of Raw Chemical Materials	464.00	57.2	22.6	17.3
化学制品制造业	and Chemical Products				
非金属矿物制品业	Manufacture of Non-metallic Mineral Products	107.65	7.5	0.3	3.5
医药制造业	Manufacture of Medicines	24.37	0.9	6.0	0.9
黑色金属冶炼和压延加工业	Smelting and Pressing of Ferrous Metals	94.91	23.0	1.3	2.2
有色金属冶炼和压延加工业	Smelting and Pressing of Non-ferrous Metals	370.75	30.8	9.9	7.2
电力生产业	Production of Electric Power	282.01	6.6	5.8	20.8

①黑色金属冶炼和压延加工业剔除铁合金冶炼，有色金属冶炼和压延加工业剔除铝冶炼，电力生产业剔除电力供应业。

②增长率依据年度工业企业增减变动后的数据计算。

❶Smelting and pressing of ferrous metals excludes ferroalloy smelting, smelting and pressing of non-ferrous Metals excludes aluminum smelting,and production of electric power excludes supply of electric power.

❷Growth Rate is Calculated according to the data after the change of the industrial enterprises.

13-5 2021年优势产业工业总产值和增加值增速
The Growth Rate of The Ten Superior Industries Output Value and Added Value of Industry Increased(2021)

单位：亿元、% (100 million yuan, %)

指标名称	Item	工业总产值 Gross Industrial Output Value		工业增加值比上年增长 Value-added of Industry Growth Over the Previous Year
		绝对量 Absolute Amount	比上年增长 Growth Over the Previous Year	
全省规模以上优势产业	**Advantageous Industrial above Designated Size in the Province**			
新能源产业	New Energy Industrial	184.97	26.5	31.9
新材料产业	New Materials Industry	311.50	61.0	55.3
盐湖化工产业	Salt Lake Chemical	331.83	46.2	37.0
有色金属产业	Non-ferrous Metals	935.86	41.2	14.8
煤化工	Coal Chemical	33.22	26.0	21.0
油气化工	Oil and Gas Chemical	71.76	13.7	11.1
生物产业	Bio-industry	25.13	5.2	7.3
钢铁产业	Iron and Steel Industry	224.03	54.1	12.0
装备制造业	Equipment Manufacturing Industry	228.50	34.5	40.1

注:本表为快报数据，根据青海省“十二五”规划界定。
Note:Data in this table are from express report forms and defined according to the "12th Five-Year" plan of Qinghai province.

13-6 2021年规模以上工业战略性新兴产业总产值
Proportion of Industrial Strategic Emerging Industry above Designated Size(2021)

指标名称	Item	企业数(个) Number of Enterprises (unit)	工业总产值(亿元) Gross Industrial Output Value (100 million yuan)	比重(%) Proportion (%)
工业战略性新兴产业	**Industrial Strategic Emerging Industry**	**198**	**461.34**	**100.0**
新一代信息技术产业	New Generation of Information-technology Industry	8	42.38	9.2
高端装备制造业	High-end Equipment Manufacturing Industry	4	1.71	0.4
新材料产业	New Materials Industry	11	84.05	18.2
生物产业	Bio-industry	33	25.26	5.5
新能源汽车	New Energy Vehicles	3	102.32	22.2
新能源产业	New Energy Industry	132	200.14	43.4
节能环保产业	Energy-saving and Environmental Protection Industry	7	5.48	1.2

注:规模以上工业战略性新兴产业的界定依据《工业战略性新兴产业目录(2018)》
Note:Definition of industrial strategic emerging industry above designated size is according to Classification of Industrial Strategic Emerging Industry(2018).

13-7 2021年规模以上工业企业主要指标

单位：万元

项 目	Item	企业单位数(个) Number of Enterprises (unit)	亏损企业 Lossmaking Enterprises
总计	**Total**	**632**	**197**
国有控股企业	State-holding Enterprises	199	45
大型企业	Large Enterprises	27	6
中型企业	Medium-sized Enterprises	54	13
小型企业	Small Enterprises	403	135
微型企业	Micro Enterprises	148	43
按登记注册类型分	**By Status of Registration**		
国有企业	State-owned Enterprises	19	7
股份合作企业	Cooperative Enterprises	3	1
有限责任公司	Limited Liability Corporations	301	85
股份有限公司	Share-holding Corporations Limited	30	8
私营企业	Private Enterprises	262	90
港、澳、台商投资企业	Enterprises with Funds from Hong Kong, Macao and Taiwan	9	3
外商投资企业	Foreign Funded Enterprises	8	3
按工业行业分	**Grouped by Sector**		
采掘业	**Mining**		
煤炭开采和洗选业	Mining and Washing of Coal	15	6
石油和天然气开采业	Extraction of Petroleum and Natural Gas	1	
黑色金属矿采选业	Mining and Processing of Ferrous Metal Ores	5	2
有色金属矿采选业	Mining and Processing of Non-Ferrous Metal Ores	12	5
非金属矿采选业	Mining and Processing of Non-metal Ores	12	3
制造业	**Manufacturing**		
农副食品加工业	Processing of Food from Agricultural Products	39	11
食品制造业	Manufacture of Foods	26	11
酒、饮料和精制茶制造业	Manufacture of Liquor, Beverages and Refined Tea	8	4
纺织业	Manufacture of Textile	3	
纺织服装、服饰业	Manufacture of Textile, Wearing Apparel and Accessories	5	3
木材加工和木、竹、藤、棕、草制品业	Processing of Timber.Manufacture of Wood, Bamboo,Rattan,Palm and Straw Products		
家具制造业	Manufacture of Furniture		
造纸和纸制品业	Paper and Paper Products Industry	1	
印刷和记录媒介复制业	Printing and Reproduction of Recording Media	4	3
文教、工美、体育和娱乐用品制造业	Manufacture of Articles for Culture, Education, Arts and Crafts,Sport and Entertainment Activities	4	2
石油、煤炭及其他燃料加工业	Petroleum, Coal and Other Fuel Processing Industries	5	2
化学原料和化学制品制造业	Manufacture of Raw Chemical Materials and Chemical Products	67	17
医药制造业	Manufacture of Medicines	26	4
化学纤维制造业	Chemical Fiber Manufacturing	1	
橡胶和塑料制品业	Manufacture of Rubber and Plastics Products	9	5
非金属矿物制品业	Manufacture of Non-metallic Mineral Products	88	37
黑色金属冶炼和压延加工业	Smelting and Pressing of Ferrous Metals	30	2
有色金属冶炼和压延加工业	Smelting and Pressing of Non-ferrous Metals	54	26
金属制品业	Manufacture of Metal Products	10	4
通用设备制造业	Manufacture of General Purpose Machinery	5	3
专用设备制造业	Manufacture of Special Purpose Machinery	4	2
汽车制造业	Manufacture of Automobiles		
铁路、航舶、航空航天和其他运输设备制造业	Manufacture of Railway, Ship, Aerospace and Other Transport Other Transport Equipments	1	1
电气机械和器材制造业	Manufacture of Electrical Machinery and Apparatus	17	9
计算机、通信和其他电子设备制造业	Computer, Communication and Other Electronic Equipment Manufacturing Industry	10	3
仪器仪表制造业	Manufacture of Measuring Instruments and Machinery	1	
其他制造业	Other Manufacture		
废弃资源综合利用业	Utilization of Waste Materials	2	
金属制品、机械和设备修理业	Repair Service of Metal Products, Machinery and Equipment	2	
电力、热力、燃气及水生产和供应业	**Electricity, Heat, Gas and Water Production and Supply**		
电力、热力生产和供应业	Production and Supply of Electric Power and Heat Power	145	28
燃气生产和供应业	Production and Supply of Gas	15	2
水的生产和供应业	Production and Supply of Water	5	2

Main Indicators of Industrial Enterprises above Designated Size(2021)

(10 000 yuan)

工 业 总产值 Gross Industrial Output Value	资产总计 Total Assets	流动资产 合 计 Total Working Capitals	固定资产 净 额 Net Fixed Assets	固定资产 原 价 Original Value of Fixed Assets	累计折旧 Accumulated Depreciation	本年折旧 Depreciation Charge for the Year
30524481	**66517913**	**22291611**	**27105885**	**51409310**	**19891323**	**2346188**
19457338	47480148	12608811	21329733	41147507	15892882	1567556
16877325	34952588	8836783	14861348	30568218	12985309	1459349
5136228	7568721	3591671	2434519	4584863	1876820	232324
7304063	15050980	6366319	5872896	9985943	3507661	480771
1206865	8945624	3496839	3937122	6270287	1521533	173743
3901464	7275928	1186909	5351516	9672751	4139602	471165
35531	60449	37898	11947	37335	6392	2474
15397268	39101431	12734858	17146656	31585290	10854732	1471428
5642922	11911657	3795951	2151074	5658404	3062718	185217
5072160	6946774	4029175	1981510	3526449	1383131	173504
103543	434621	139532	204676	371965	146745	21884
371593	787053	367289	258507	557117	298003	20517
412527	964354	411755	242067	545804	150291	18967
2096446	4422542	994502	475850	1677011	1050848	41860
207736	597891	315315	209193	308404	94905	18809
562860	2822510	675483	366051	784080	390563	44097
100671	311259	138074	70857	146710	75158	3087
255416	707498	380520	196364	294472	91873	18616
158388	376774	183480	103404	168596	62207	15016
184103	447863	242496	117802	209744	91942	8375
17467	42299	28579	11187	33531	22344	3124
24738	95334	58020	23877	40895	17019	2058
2695	3417	3136		355	89	
11468	15226	7015	7636	17483	9847	874
17894	70651	31545	19389	36831	17246	1703
344063	288674	97670	169011	355206	182167	14462
4569372	10502158	3973815	4093824	8846890	2750605	587394
240663	510987	335404	85406	155747	68115	7112
49649	275231	41601	162354	165982	3628	3628
22852	39235	30258	4743	12488	3901	937
1200428	2461478	1394692	738908	1847378	785094	77203
2289592	2821278	1164937	1176459	1867781	681935	70438
9202938	5661278	2699673	1766376	4485438	1963479	147709
109407	391954	213429	151140	182088	29333	6677
35826	109959	69216	26145	42068	15719	1912
12674	37654	31769	2415	5696	3281	201
2756	13744	7362	5452	8870	3418	412
1247372	2629829	1403006	822514	1385232	539115	134360
804771	1984075	1072005	438247	867516	426240	43890
14070	24227	16849	2423	12827	10404	409
32885	28566	22809	4649	6030	943	401
52067	19220	16002	1774	4166	2392	273
5941485	26949503	5884011	15343253	26451205	10188377	1052664
263726	407492	188387	110648	204071	76600	13462
35476	483753	158798	156468	238716	82248	6058

13-7 续表1

单位：万元

项 目	Item	负债合计 Total Liabilities	流动负债合计 Total Working Liabilities
总计	**Total**	**47698372**	**30369138**
国有控股企业	State-holding Enterprises	35203535	20940353
大型企业	Large Enterprises	25838814	16661899
中型企业	Medium-sized Enterprises	4675737	3759107
小型企业	Small Enterprises	10985678	7054680
微型企业	Micro Enterprises	6198144	2893453
按登记注册类型分	**By Status of Registration**		
国有企业	State-owned Enterprises	4969422	2883624
股份合作企业	Cooperative Enterprises	55156	36628
有限责任公司	Limited Liability Corporations	29238213	19372386
股份有限公司	Share-holding Corporations Limited	7714987	4009729
私营企业	Private Enterprises	4981418	3675907
港、澳、台商投资企业	Enterprises with Funds from Hong Kong, Macao and Taiwan	416563	199213
外商投资企业	Foreign Funded Enterprises	322613	191651
按工业行业分	**Grouped by Sector**		
采掘业	**Mining**		
煤炭开采和洗选业	Mining and Washing of Coal	679122	392158
石油和天然气开采业	Extraction of Petroleum and Natural Gas	1527365	762141
黑色金属矿采选业	Mining and Processing of Ferrous Metal Ores	330959	328057
有色金属矿采选业	Mining and Processing of Non-Ferrous Metal Ores	1779077	1198516
非金属矿采选业	Mining and Processing of Non-metal Ores	216171	199855
制造业	**Manufacturing**		
农副食品加工业	Processing of Food from Agricultural Products	399433	272134
食品制造业	Manufacture of Foods	183993	128205
酒、饮料和精制茶制造业	Manufacture of Liquor, Beverages and Refined Tea	128139	106561
纺织业	Manufacture of Textile	37045	31889
纺织服装、服饰业	Manufacture of Textile, Wearing Apparel and Accessories	51530	20215
木材加工和木、竹、藤、棕、草制品业	Processing of Timber.Manufacture of Wood, Bamboo,Rattan,Palm and Straw Products		
家具制造业	Manufacture of Furniture		
造纸和纸制品业	Paper and Paper Products Industry	2250	2059
印刷和记录媒介复制业	Printing and Reproduction of Recording Media	9446	9271
文教、工美、体育和娱乐用品制造业	Manufacture of Articles for Culture, Education, Arts and Crafts,Sport and Entertainment Activities	48455	33275
石油、煤炭及其他燃料加工业	Petroleum, Coal and Other Fuel Processing Industries	204917	135149
化学原料和化学制品制造业	Manufacture of Raw Chemical Materials and Chemical Products	9729212	8186427
医药制造业	Manufacture of Medicines	218518	189623
化学纤维制造业	Chemical Fiber Manufacturing	210194	98245
橡胶和塑料制品业	Manufacture of Rubber and Plastics Products	27146	26281
非金属矿物制品业	Manufacture of Non-metallic Mineral Products	2333777	2155450
黑色金属冶炼和压延加工业	Smelting and Pressing of Ferrous Metals	2194789	1916612
有色金属冶炼和压延加工业	Smelting and Pressing of Non-ferrous Metals	6554264	3806618
金属制品业	Manufacture of Metal Products	216039	149843
通用设备制造业	Manufacture of General Purpose Machinery	94358	69273
专用设备制造业	Manufacture of Special Purpose Machinery	22085	21546
汽车制造业	Manufacture of Automobiles		
铁路、航舶、航空航天和其他运输设备制造业	Manufacture of Railway, Ship, Aerospace and Other Transport Equipments	11183	5248
电气机械和器材制造业	Manufacture of Electrical Machinery and Apparatus	2030370	1893957
计算机、通信和其他电子设备制造业	Computer, Communication and Other Electronic Equipment Manufacturing Industry	1024008	855722
仪器仪表制造业	Manufacture of Measuring Instruments and Machinery	1568	1568
其他制造业	Other Manufacture		
废弃资源综合利用业	Utilization of Waste Materials	25212	24929
金属制品、机械和设备修理业	Repair Service of Metal Products, Machinery and Equipment	8692	7726
电力、热力、燃气及水生产和供应业	**Electricity, Heat, Gas and Water Production and Supply**		
电力、热力生产和供应业	Production and Supply of Electric Power and Heat Power	17014463	7102440
燃气生产和供应业	Production and Supply of Gas	136839	124964
水的生产和供应业	Production and Supply of Water	247754	113182

Continued

(10 000yuan)

应付账款 Accounts Payable	所有者权益合计 Total Owners' Equity	实收资本 Paid-up Capital	营业收入 Revenue of Operating	主营业务收入 Revenue from Principal Business	营业成本 Cost of Business	税金及附加 Taxes and Other Charges
6706988	**18819534**	**17105028**	**32275001**	**30773900**	**25368082**	**664255**
3988332	12276611	11818268	20052857	19100197	15165491	542435
3918924	9113774	7583712	17777580	16992764	13830930	519661
803755	2892983	2017346	5376938	5154678	4113558	67897
1675479	4065298	5816603	7878777	7537617	6653475	67050
308830	2747478	1687368	1241707	1088841	770118	9647
980315	2306506	2845849	4260447	4237250	4164739	10691
4628	5292	6160	44352	44324	40501	726
3456668	9863216	9975458	16885540	15757161	13143998	193596
1088987	4196670	1408420	5263005	5002005	3164585	426835
1131956	1965353	2539251	5339434	5252427	4622672	25948
23854	18058	227351	112694	112020	65894	1224
20580	464441	102540	369529	368713	165692	5236
49321	285233	55528	413005	378496	197664	33646
487209	2895178		1642968	1599771	921407	312265
81264	266932	194606	205704	204799	127044	7535
41859	1043433	375214	776219	748197	568200	17371
43588	95087	79231	126037	105465	91881	3912
48254	308064	190973	310898	303866	269838	352
42514	192780	83689	185819	178061	149405	1305
24870	319724	146859	123178	120616	65302	16729
1819	5255	6411	20585	20585	19534	91
597	43805	30811	24423	23620	20420	315
724	1167	1090	2587	2587	1453	1
5654	5779	13129	9917	8787	9121	83
8451	22196	8834	29301	27793	24540	613
54380	83757	101127	389017	386654	373864	1969
1300358	772944	2786755	4663621	4434689	2681733	151119
61342	292468	162868	211158	204708	86881	2653
16297	65038	60000	48559	48161	33927	169
9602	12090	10377	24497	24497	22405	39
682969	127699	624944	1232632	1176214	1052969	9461
329106	626488	477306	2672969	2586410	2239283	18102
764247	-892986	4117657	9854925	9036022	8600996	39816
52371	175915	169208	134305	128664	104353	830
38604	15602	37269	33851	33716	29662	140
6121	15569	6016	13745	13716	10955	89
1663	2561	6080	2756	2756	2285	73
683044	599459	325726	1564735	1477255	1585246	5481
235778	960067	250248	998544	993362	700072	5536
685	22659	1500	11098	11098	6665	181
17826	3354	2500	33437	33437	31946	474
3371	10528	1500	52307	52067	46593	260
1533360	9935039	6607376	6117338	6084564	5057838	31966
25683	270652	90554	297474	287327	204364	1167
54059	235999	79642	47395	35940	30237	510

13-7 续表2

单位：万元

项 目	Item	销售费用 Cost of Sales	管理费用 Management Expenses
总计	**Total**	**494121**	**1121136**
国有控股企业	State-holding Enterprises	213787	738081
大型企业	Large Enterprises	169220	600694
中型企业	Medium-sized Enterprises	133949	170958
小型企业	Small Enterprises	187646	309995
微型企业	Micro Enterprises	3307	39489
按登记注册类型分	**By Status of Registration**		
国有企业	State-owned Enterprises	2111	76331
股份合作企业	Cooperative Enterprises	844	4977
有限责任公司	Limited Liability Corporations	250013	471470
股份有限公司	Share-holding Corporations Limited	78152	369621
私营企业	Private Enterprises	146427	174826
港、澳、台商投资企业	Enterprises with Funds from Hong Kong, Macao and Taiwan	12177	3791
外商投资企业	Foreign Funded Enterprises	4397	20120
按工业行业分	**Grouped by Sector**		
采掘业	**Mining**		
煤炭开采和洗选业	Mining and Washing of Coal	2571	28216
石油和天然气开采业	Extraction of Petroleum and Natural Gas	2048	249287
黑色金属矿采选业	Mining and Processing of Ferrous Metal Ores	137	28942
有色金属矿采选业	Mining and Processing of Non-Ferrous Metal Ores	3152	79759
非金属矿采选业	Mining and Processing of Non-metal Ores	5308	13685
制造业	**Manufacturing**		
农副食品加工业	Processing of Food from Agricultural Products	12193	21809
食品制造业	Manufacture of Foods	17385	12727
酒、饮料和精制茶制造业	Manufacture of Liquor, Beverages and Refined Tea	22213	13728
纺织业	Manufacture of Textile	41	690
纺织服装、服饰业	Manufacture of Textile, Wearing Apparel and Accessories	247	5871
木材加工和木、竹、藤、棕、草制品业	Processing of Timber.Manufacture of Wood, Bamboo,Rattan,Palm and Straw Products		
家具制造业	Manufacture of Furniture		
造纸和纸制品业	Paper and Paper Products Industry	49	305
印刷和记录媒介复制业	Printing and Reproduction of Recording Media	561	1611
文教、工美、体育和娱乐用品制造业	Manufacture of Articles for Culture, Education, Arts and Crafts,Sport and Entertainment Activities	1072	2535
石油、煤炭及其他燃料加工业	Petroleum, Coal and Other Fuel processing Industries	6198	10031
化学原料和化学制品制造业	Manufacture of Raw Chemical Materials and Chemical Products	189199	213681
医药制造业	Manufacture of Medicines	67740	20367
化学纤维制造业	Chemical Fiber Manufacturing	64	5036
橡胶和塑料制品业	Manufacture of Rubber and Plastics Products	528	1274
非金属矿物制品业	Manufacture of Non-metallic Mineral Products	53829	64958
黑色金属冶炼和压延加工业	Smelting and Pressing of Ferrous Metals	33099	47977
有色金属冶炼和压延加工业	Smelting and Pressing of Non-ferrous Metals	38708	100044
金属制品业	Manufacture of Metal Products	2465	8212
通用设备制造业	Manufacture of General Purpose Machinery	670	3644
专用设备制造业	Manufacture of Special Purpose Machinery	607	989
汽车制造业	Manufacture of Automobiles		
铁路、航舶、航空航天和其他运输设备制造业	Manufacture of Railway, Ship, Aerospace and Other Transport Equipments	435	643
电气机械和器材制造业	Manufacture of Electrical Machinery and Apparatus	4016	27024
计算机、通信和其他电子设备制造业	Computer, Communication and Other Electronic Equipment Manufacturing Industry	6288	29142
仪器仪表制造业	Manufacture of Measuring Instruments and Machinery	592	1201
其他制造业	Other Manufacture		
废弃资源综合利用业	Utilization of Waste Materials	338	283
金属制品、机械和设备修理业	Repair Service of Metal Products, Machinery and Equipment		3654
电力、热力、燃气及水生产和供应业	**Electricity, Heat, Gas and Water Production and Supply**		
电力、热力生产和供应业	Production and Supply of Electric Power and Heat Power	6582	90320
燃气生产和供应业	Production and Supply of Gas	12685	18062
水的生产和供应业	Production and Supply of Water	3102	15429

Continued

(10 000 yuan)

财务费用 Financial Expenses	营业利润 Operating Profit	利润总额 Total Profits	所得税费用 Income Tax Expense	亏损企业亏损总额 The Total Loss of Loss-making Enterprises	利税总额 Total Profits and Taxes	应交增值税 Value Added Tax Payable
885965	**3024738**	**2975722**	**338485**	**988310**	**4725734**	**1085757**
692638	2032798	1996449	159690	663024	3334627	795743
376167	1734180	1696207	128749	535781	3036529	820660
104795	756961	755187	100295	89805	965201	142117
225803	297637	285429	83581	329746	493953	141474
179200	235961	238898	25860	32978	230052	-18494
61952	-77744	-31494	2876	188121	28421	49224
1795	-4268	-3124	…	3186	-978	1421
608181	1567668	1524537	224992	670581	2198186	480053
102333	1109233	1049340	42789	22306	1870376	394201
102036	255535	262894	40700	95746	396076	107234
4428	10506	10156	2875	6845	20049	8668
5241	163807	163413	24253	1524	213605	44956
8305	143099	142808	22903	5826	217138	40684
13609	112922	72954			506518	121298
2208	37787	36667	9316	3077	58041	13839
53597	209508	210127	9428	15992	252355	24857
1067	10021	10166	1302	370	17582	3504
9038	-3173	7447	684	7384	8271	472
1383	1013	3224	1168	4677	7178	2649
1034	15086	14345	4125	7849	35781	4706
972	-596	631	2		948	226
154	-2262	-2099	194	2266	-433	1351
19	88	108			113	3
68	-1750	-1672	16	1968	-1348	242
1616	-1584	-708	…	713	525	619
6013	-9170	-9070	12	9468	2153	9254
118281	1004757	938564	125270	166683	1419394	329711
796	24998	40372	3834	2924	58068	15043
1836	6639	6645	761		-9420	-16233
191	-113	72	23	329	260	149
14101	57860	53364	9259	46904	99609	36785
89052	199805	192490	36112	65598	296516	85924
71775	558821	556843	-22898	183568	763073	166414
3894	10450	10801	1038	1197	14225	2593
-150	-628	-2569	-35	3764	-2115	314
306	753	877	96	137	1398	432
537	-1216	-1133		1133	-1029	32
7864	-56703	-56036	14811	136073	-2912	47644
8299	223983	219136	30630	582	272127	47455
…	1558	1673	189		2634	780
25	-279	841	29		4816	3501
-10	1805	1812	401		4519	2446
468473	420745	466644	80788	317340	626896	128286
560	60874	59550	8417	1293	69803	9087
1053	-358	849	610	1196	3053	1693

13-8 2021年地方规模以上工业企业主要指标

单位：万元

项 目	Item	企业单位数（个） Number of Enterprises (unit)	亏损企业 Loss-making Enterprises
总计	**Total**	**578**	**190**
国有控股企业	State-holding Enterprises	145	38
大型企业	Large Enterprises	22	5
中型企业	Medium-sized Enterprises	53	13
小型企业	Small Enterprises	381	131
微型企业	Micro Enterprises	122	41
按登记注册类型分	**By Status of Registration**		
国有企业	State-owned Enterprises	12	5
股份合作企业	Cooperative Enterprises	3	1
有限责任公司	Limited Liability Corporations	257	81
股份有限公司	Share-holding Corporations Limited	27	7
私营企业	Private Enterprises	262	90
港、澳、台商投资企业	Enterprises with Funds from Hong Kong, Macao and Taiwan	9	3
外商投资企业	Foreign Funded Enterprises	8	3
按工业行业分	**Grouped by Sector**		
采掘业	**Mining**		
煤炭开采和洗选业	Mining and Washing of Coal	15	6
黑色金属矿采选业	Mining and Processing of Ferrous Metal Ores	5	2
有色金属矿采选业	Mining and Processing of Non-Ferrous Metal Ores	12	5
非金属矿采选业	Mining and Processing of Non-metal Ores	12	3
制造业	**Manufacturing**		
农副食品加工业	Processing of Food from Agricultural Products	39	11
食品制造业	Manufacture of Foods	26	11
酒、饮料和精制茶制造业	Manufacture of Liquor, Beverages and Refined Tea	8	4
纺织业	Manufacture of Textile	3	
纺织服装、服饰业	Manufacture of Textile, Wearing Apparel and Accessories	5	3
木材加工和木、竹、藤、棕、草制品业	Processing of Timber.Manufacture of Wood, Bamboo,Rattan,Palm and Straw Products		
家具制造业	Manufacture of Furniture		
造纸和纸制品业	Paper and Paper Products Industry	1	
印刷和记录媒介复制业	Printing and Reproduction of Recording Media	4	3
文教、工美、体育和娱乐用品制造业	Manufacture of Articles for Culture, Education, Arts and Crafts, Sport and Entertainment Activities	4	2
石油、煤炭及其他燃料加工业	Petroleum, Coal and Other Fuel Processing Industries	5	2
化学原料和化学制品制造业	Manufacture of Raw Chemical Materials and Chemical Products	67	17
医药制造业	Manufacture of Medicines	24	4
化学纤维制造业	Chemical Fiber Manufacturing	1	
橡胶和塑料制品业	Manufacture of Rubber and Plastics Products	9	5
非金属矿物制品业	Manufacture of Non-metallic Mineral Products	87	37
黑色金属冶炼和压延加工业	Smelting and Pressing of Ferrous Metals	29	1
有色金属冶炼和压延加工业	Smelting and Pressing of Non-ferrous Metals	50	25
金属制品业	Manufacture of Metal Products	10	4
通用设备制造业	Manufacture of General Purpose Machinery	5	3
专用设备制造业	Manufacture of Special Purpose Machinery	4	2
汽车制造业	Manufacture of Automobiles		
铁路、航舶、航空航天和其他运输设备制造业	Manufacture of Railway, Ship, Aerospace and Other Transport Other Transport Equipments	1	1
电气机械和器材制造业	Manufacture of Electrical Machinery and Apparatus	16	8
计算机、通信和其他电子设备制造业	Computer, Communication and Other Electronic Equipment Manufacturing Industry	10	3
仪器仪表制造业	Manufacture of Measuring Instruments and Machinery	1	
其他制造业	Other Manufacture		
废弃资源综合利用业	Utilization of Waste Materials	2	
金属制品、机械和设备修理业	Repair Service of Metal Products, Machinery and Equipment	1	
电力、热力、燃气及水生产和供应业	**Electricity, Heat, Gas and Water Production and Supply**		
电力、热力生产和供应业	Production and Supply of Electric Power and Heat Power	104	24
燃气生产和供应业	Production and Supply of Gas	13	2
水的生产和供应业	Production and Supply of Water	5	2

Main Indicators of Local Industrial Enterprises above Designated Size(2021)

(10 000 yuan)

工　业 总产值 Gross Industrial Output Value	资产总计 Total Assets	流动资产合计 Total Working Capitals	固定资产净额 Net Fixed Assets	固定资产原价 Original Value of Fixed Assets	累计折旧 Accumulated Depreciation	本年折旧 Depreciation Charge for the Year
21294028	**40806007**	**17106972**	**14605956**	**27764170**	**9439604**	**1452255**
10226885	21768242	7424172	8829804	17502366	5441162	673623
8743081	15995141	5776411	5960388	12659417	4308936	728657
5066213	7451217	3564114	2363291	4443636	1807559	226114
6671923	12069267	5517067	4138584	7209692	2540929	383957
812811	5290382	2249380	2143692	3451426	782180	113526
827693	1064312	355611	609296	1054475	265360	43526
35531	60449	37898	11947	37335	6392	2474
12070563	24923004	9738184	10005401	19072282	5789513	1069132
2812946	6589794	2439283	1534619	3144548	1550460	121219
5072160	6946774	4029175	1981510	3526449	1383131	173504
103543	434621	139532	204676	371965	146745	21884
371593	787053	367289	258507	557117	298003	20517
412527	964354	411755	242067	545804	150291	18967
207736	597891	315315	209193	308404	94905	18809
562860	2822510	675483	366051	784080	390563	44097
100671	311259	138074	70857	146710	75158	3087
255416	707498	380520	196364	294472	91873	18616
158388	376774	183480	103404	168596	62207	15016
184103	447863	242496	117802	209744	91942	8375
17467	42299	28579	11187	33531	22344	3124
24738	95334	58020	23877	40895	17019	2058
2695	3417	3136		355	89	
11468	15226	7015	7636	17483	9847	874
17894	70651	31545	19389	36831	17246	1703
344063	288674	97670	169011	355206	182167	14462
4569372	10502158	3973815	4093824	8846890	2750605	587394
230270	481835	318397	79868	145771	64079	7112
49649	275231	41601	162354	165982	3628	3628
22852	39235	30258	4743	12488	3901	937
1130414	2343973	1367136	667680	1706151	715833	70993
2289592	2783991	1162525	1154772	1820540	656382	70438
7401338	4632669	2027539	1479214	3242058	1201234	121935
109407	391954	213429	151140	182088	29333	6677
35826	109959	69216	26145	42068	15719	1912
12674	37654	31769	2415	5696	3281	201
2756	13744	7362	5452	8870	3418	412
1234607	2476688	1353881	703731	1217692	490358	129358
804771	1984075	1072005	438247	867516	426240	43890
14070	24227	16849	2423	12827	10404	409
32885	28566	22809	4649	6030	943	401
35289	14177	11182	1551	3901	2351	247
767379	7131572	2518754	3862749	6146236	1711979	239369
215376	306794	136562	71694	150538	62021	11697
35476	483753	158798	156468	238716	82248	6058

13-8 续表1

单位：万元

项　目	Item	负债合计 Total Liabilities	流动负债合计 Total Working Liabilities
总计	**Total**	**34251337**	**24541462**
国有控股企业	State-holding Enterprises	21756500	15112677
大型企业	Large Enterprises	16940883	13024750
中型企业	Medium-sized Enterprises	4662151	3746268
小型企业	Small Enterprises	8701705	6214395
微型企业	Micro Enterprises	3946597	1556050
按登记注册类型分	**By Status of Registration**		
国有企业	State-owned Enterprises	1883981	977788
股份合作企业	Cooperative Enterprises	55156	36628
有限责任公司	Limited Liability Corporations	21207776	16517430
股份有限公司	Share-holding Corporations Limited	5383830	2942845
私营企业	Private Enterprises	4981418	3675907
港、澳、台商投资企业	Enterprises with Funds from Hong Kong, Macao and Taiwan	416563	199213
外商投资企业	Foreign Funded Enterprises	322613	191651
按工业行业分	**Grouped by Sector**		
采掘业	**Mining**		
煤炭开采和洗选业	Mining and Washing of Coal	679122	392158
黑色金属矿采选业	Mining and Processing of Ferrous Metal Ores	330959	328057
有色金属矿采选业	Mining and Processing of Non-Ferrous Metal Ores	1779077	1198516
非金属矿采选业	Mining and Processing of Non-metal Ores	216171	199855
制造业	**Manufacturing**		
农副食品加工业	Processing of Food from Agricultural Products	399433	272134
食品制造业	Manufacture of Foods	183993	128205
酒、饮料和精制茶制造业	Manufacture of Liquor, Beverages and Refined Tea	128139	106561
纺织业	Manufacture of Textile	37045	31889
纺织服装、服饰业	Manufacture of Textile, Wearing Apparel and Accessories	51530	20215
木材加工和木、竹、藤、棕、草制品业	Processing of Timber.Manufacture of Wood, Bamboo,Rattan,Palm and Straw Products		
家具制造业	Manufacture of Furniture		
造纸和纸制品业	Paper and Paper Products Industry	2250	2059
印刷和记录媒介复制业	Printing and Reproduction of Recording Media	9446	9271
文教、工美、体育和娱乐用品制造业	Manufacture of Articles for Culture, Education, Arts and Crafts,Sport and Entertainment Activities	48455	33275
石油、煤炭及其他燃料加工业	Petroleum, Coal and Other Fuel Processing Industries	204917	135149
化学原料和化学制品制造业	Manufacture of Raw Chemical Materials and Chemical Products	9729212	8186427
医药制造业	Manufacture of Medicines	213388	185101
化学纤维制造业	Chemical Fiber Manufacturing	210194	98245
橡胶和塑料制品业	Manufacture of Rubber and Plastics Products	27146	26281
非金属矿物制品业	Manufacture of Non-metallic Mineral Products	2320192	2142611
黑色金属冶炼和压延加工业	Smelting and Pressing of Ferrous Metals	2107020	1829695
有色金属冶炼和压延加工业	Smelting and Pressing of Non-ferrous Metals	5858749	3333010
金属制品业	Manufacture of Metal Products	216039	149843
通用设备制造业	Manufacture of General Purpose Machinery	94358	69273
专用设备制造业	Manufacture of Special Purpose Machinery	22085	21546
汽车制造业	Manufacture of Automobiles		
铁路、船舶、航空航天和其他运输设备制造业	Manufacture of Railway, Ship, Aerospace and Other Transport Equipments	11183	5248
电气机械和器材制造业	Manufacture of Electrical Machinery and Apparatus	1980099	1884076
计算机、通信和其他电子设备制造业	Computer, Communication and Other Electronic Equipment Manufacturing Industry	1024008	855722
仪器仪表制造业	Manufacture of Measuring Instruments and Machinery	1568	1568
其他制造业	Other Manufacture		
废弃资源综合利用业	Utilization of Waste Materials	25212	24929
金属制品、机械和设备修理业	Repair Service of Metal Products, Machinery and Equipment	4297	3331
电力、热力、燃气及水生产和供应业	**Electricity, Heat, Gas and Water Production and Supply**		
电力、热力生产和供应业	Production and Supply of Electric Power and Heat Power	5978128	2655608
燃气生产和供应业	Production and Supply of Gas	110169	98423
水的生产和供应业	Production and Supply of Water	247754	113182

Continued

(10 000yuan)

应付账款 Accounts Payable	所有者权益合计 Total Owners' Equity	实收资本 Paid-up Capital	营业收入 Revenue of Operating	主营业务收入 Revenue from Principal Business	营业成本 Cost of Business	税金及附加 Taxes and Other Charges
5060963	**6554664**	**11763830**	**22976548**	**21892294**	**18026246**	**313661**
2342308	11741	6477070	10754403	10218591	7823655	191840
2477631	-945743	3679208	9581809	9195773	7224664	176997
797292	2789064	1983946	5293010	5071223	4050335	67075
1510590	3367559	5082948	7250110	6918868	6138042	62967
275451	1343783	1017728	851619	706431	613206	6622
194673	-819669	238012	794696	788898	633977	4342
4628	5292	6160	44352	44324	40501	726
3094161	3715226	7318647	13435113	12657002	10803413	166633
591111	1205964	1331870	2880730	2668911	1694097	109552
1131956	1965353	2539251	5339434	5252427	4622672	25948
23854	18058	227351	112694	112020	65894	1224
20580	464441	102540	369529	368713	165692	5236
49321	285233	55528	413005	378496	197664	33646
81264	266932	194606	205704	204799	127044	7535
41859	1043433	375214	776219	748197	568200	17371
43588	95087	79231	126037	105465	91881	3912
48254	308064	190973	310898	303866	269838	352
42514	192780	83689	185819	178061	149405	1305
24870	319724	146859	123178	120616	65302	16729
1819	5255	6411	20585	20585	19534	91
597	43805	30811	24423	23620	20420	315
724	1167	1090	2587	2587	1453	1
5654	5779	13129	9917	8787	9121	83
8451	22196	8834	29301	27793	24540	613
54380	83757	101127	389017	386654	373864	1969
1300358	772944	2786755	4663621	4434689	2681733	151119
59204	268447	147978	202332	195986	82280	2528
16297	65038	60000	48559	48161	33927	169
9602	12090	10377	24497	24497	22405	39
676506	23779	591544	1148704	1092759	989746	8639
321368	676971	474726	2666863	2585244	2231578	17939
690164	-1226079	3731608	7745627	7267882	6935535	28162
52371	175915	169208	134305	128664	104353	830
38604	15602	37269	33851	33716	29662	140
6121	15569	6016	13745	13716	10955	89
1663	2561	6080	2756	2756	2285	73
678767	496589	325726	1561433	1476794	1572118	4966
235778	960067	250248	998544	993362	700072	5536
685	22659	1500	11098	11098	6665	181
17826	3354	2500	33437	33437	31946	474
2400	9880	1000	35528	35289	31071	196
473651	1153443	1708379	750089	739247	442349	7160
22246	196624	85774	237475	229530	169065	987
54059	235999	79642	47395	35940	30237	510

13-8 续表2

单位：万元

项 目	Item	销售费用 Cost of Sales	管理费用 Management Expenses
总计	**Total**	**470563**	**775046**
国有控股企业	State-holding Enterprises	190228	391991
大型企业	Large Enterprises	155485	273276
中型企业	Medium-sized Enterprises	132929	165979
小型企业	Small Enterprises	179254	298661
微型企业	Micro Enterprises	2894	37130
按登记注册类型分	**By Status of Registration**		
国有企业	State-owned Enterprises	1396	16102
股份合作企业	Cooperative Enterprises	844	4977
有限责任公司	Limited Liability Corporations	229919	445564
股份有限公司	Share-holding Corporations Limited	75402	109667
私营企业	Private Enterprises	146427	174826
港、澳、台商投资企业	Enterprises with Funds from Hong Kong, Macao and Taiwan	12177	3791
外商投资企业	Foreign Funded Enterprises	4397	20120
按工业行业分	**Grouped by Sector**		
采掘业	**Mining**		
煤炭开采和洗选业	Mining and Washing of Coal	2571	28216
黑色金属矿采选业	Mining and Processing of Ferrous Metal Ores	137	28942
有色金属矿采选业	Mining and Processing of Non-Ferrous Metal Ores	3152	79759
非金属矿采选业	Mining and Processing of Non-metal Ores	5308	13685
制造业	**Manufacturing**		
农副食品加工业	Processing of Food from Agricultural Products	12193	21809
食品制造业	Manufacture of Foods	17385	12727
酒、饮料和精制茶制造业	Manufacture of Liquor, Beverages and Refined Tea	22213	13728
纺织业	Manufacture of Textile	41	690
纺织服装、服饰业	Manufacture of Textile, Wearing Apparel and Accessories	247	5871
木材加工和木、竹、藤、棕、草制品业	Processing of Timber.Manufacture of Wood, Bamboo,Rattan,Palm and Straw Products		
家具制造业	Manufacture of Furniture		
造纸和纸制品业	Paper and Paper Products Industry	49	305
印刷和记录媒介复制业	Printing and Reproduction of Recording Media	561	1611
文教、工美、体育和娱乐用品制造业	Manufacture of Articles for Culture, Education, Arts and Crafts,Sport and Entertainment Activities	1072	2535
石油、煤炭及其他燃料加工业	Petroleum, Coal and Other Fuel Processing Industries	6198	10031
化学原料和化学制品制造业	Manufacture of Raw Chemical Materials and Chemical Products	189199	213681
医药制造业	Manufacture of Medicines	66400	19202
化学纤维制造业	Chemical Fiber Manufacturing	64	5036
橡胶和塑料制品业	Manufacture of Rubber and Plastics Products	528	1274
非金属矿物制品业	Manufacture of Non-metallic Mineral Products	52809	59979
黑色金属冶炼和压延加工业	Smelting and Pressing of Ferrous Metals	33091	46199
有色金属冶炼和压延加工业	Smelting and Pressing of Non-ferrous Metals	32145	82875
金属制品业	Manufacture of Metal Products	2465	8212
通用设备制造业	Manufacture of General Purpose Machinery	670	3644
专用设备制造业	Manufacture of Special Purpose Machinery	607	989
汽车制造业	Manufacture of Automobiles		
铁路、航舶、航空航天和其他运输设备制造业	Manufacture of Railway, Ship, Aerospace and Other Transport Equipments	435	643
电气机械和器材制造业	Manufacture of Electrical Machinery and Apparatus	3733	24620
计算机、通信和其他电子设备制造业	Computer, Communication and Other Electronic Equipment Manufacturing Industry	6288	29142
仪器仪表制造业	Manufacture of Measuring Instruments and Machinery	592	1201
其他制造业	Other Manufacture		
废弃资源综合利用业	Utilization of Waste Materials	338	283
金属制品、机械和设备修理业	Repair Service of Metal Products, Machinery and Equipment		2540
电力、热力、燃气及水生产和供应业	**Electricity, Heat, Gas and Water Production and Supply**		
电力、热力生产和供应业	Production and Supply of Electric Power and Heat Power	54	24631
燃气生产和供应业	Production and Supply of Gas	6917	15558
水的生产和供应业	Production and Supply of Water	3102	15429

Continued

(10 000 yuan)

财务费用 Financial Expenses	营业利润 Operating Profit	利润总额 Total Profits	所得税费用 Income Tax Expense	亏损企业亏损总额 The Total Loss of Loss-making Enterprises	利税总额 Total Profits and Taxes	应交增值税 Value Added Tax Payable
558022	**2118644**	**2065122**	**265493**	**759502**	**3139408**	**760624**
364695	1126704	1085850	86698	434216	1748301	470610
201850	1009268	965709	84072	390319	1633040	490335
104907	742317	741016	97966	89805	947050	138958
146459	282012	270794	75730	255359	467426	133665
104806	85047	87604	7724	24018	91892	-2333
12194	135368	131649	708	18661	162550	26559
1795	-4268	-3124	…	3186	-978	1421
344932	732698	694216	154381	614850	1189863	329013
87396	824998	805919	42575	18690	1158244	242773
102036	255535	262894	40700	95746	396076	107234
4428	10506	10156	2875	6845	20049	8668
5241	163807	163413	24253	1524	213605	44956
8305	143099	142808	22903	5826	217138	40684
2208	37787	36667	9316	3077	58041	13839
53597	209508	210127	9428	15992	252355	24857
1067	10021	10166	1302	370	17582	3504
9038	-3173	7447	684	7384	8271	472
1383	1013	3224	1168	4677	7178	2649
1034	15086	14345	4125	7849	35781	4706
972	-596	631	2		948	226
154	-2262	-2099	194	2266	-433	1351
19	88	108			113	3
68	-1750	-1672	16	1968	-1348	242
1616	-1584	-708	…	713	525	619
6013	-9170	-9070	12	9468	2153	9254
118281	1004757	938564	125270	166683	1419394	329711
870	23860	39055	3711	2924	56346	14763
1836	6639	6645	761		-9420	-16233
191	-113	72	23	329	260	149
14213	43216	39194	6930	46904	81458	33625
87494	205186	197833	36112	60255	301327	85555
69410	154943	157136	-23112	183201	281748	96450
3894	10450	10801	1038	1197	14225	2593
-150	-628	-2569	-35	3764	-2115	314
306	753	877	96	137	1398	432
537	-1216	-1133		1133	-1029	32
4605	-32454	-32037	14218	112074	20572	47644
8299	223983	219136	30630	582	272127	47455
…	1558	1673	189		2634	780
25	-279	841	29		4816	3501
-6	1721	1729	399		3760	1835
160952	34238	31510	13466	118242	39073	404
738	44321	42975	6007	1293	51478	7517
1053	-358	849	610	1196	3053	1693

13-9　2021年规模以上国有及国有控股工业企业主要经济指标

单位：万元

项　目	Item	企　业 单位数 (个) Number of Enterprises (unit)	亏损企业 Loss-making Enterprises
总计	**Total**	**199**	**45**
国有控股企业	State-holding Enterprises	199	45
大型企业	Large Enterprises	18	5
中型企业	Medium-sized Enterprises	23	4
小型企业	Small Enterprises	86	26
微型企业	Micro Enterprises	72	10
按登记注册类型分	**By Status of Registration**		
国有企业	State-owned Enterprises	19	7
有限责任公司	Limited Liability Corporations	166	36
股份有限公司	Share-holding Corporations Limited	14	2
港、澳、台商投资企业	Enterprises with Funds from Hong Kong, Macao and Taiwan		
外商投资企业	Foreign Funded Enterprises		
按工业行业分	**Grouped by Sector**		
采掘业	**Mining**		
煤炭开采和洗选业	Mining and Washing of Coal	5	1
石油和天然气开采业	Extraction of Petroleum and Natural Gas	1	
黑色金属矿采选业	Mining and Processing of Ferrous Metal Ores	1	1
有色金属矿采选业	Mining and Processing of Non-Ferrous Metal Ores	6	2
非金属矿采选业	Mining and Processing of Non-metal Ores	2	
制造业	**Manufacturing**		
农副食品加工业	Processing of Food from Agricultural Products	3	2
食品制造业	Manufacture of Foods	3	2
纺织服装、服饰业	Manufacture of Textile, Wearing Apparel and Accessories	3	1
印刷和记录媒介复制业	Printing and Reproduction of Recording Media	1	1
化学原料和化学制品制造业	Manufacture of Raw Chemical Materials and Chemical Products	22	3
医药制造业	Manufacture of Medicines	7	1
橡胶和塑料制品业	Manufacture of Rubber and Plastics Products	1	1
非金属矿物制品业	Manufacture of Non-metallic Mineral Products	8	2
黑色金属冶炼和压延加工业	Smelting and Pressing of Ferrous Metals	2	2
有色金属冶炼和压延加工业	Smelting and Pressing of Non-ferrous Metals	17	7
金属制品业	Manufacture of Metal Products	2	
通用设备制造业	Manufacture of General Purpose Machinery	1	1
电气机械和器材制造业	Manufacture of Electrical Machinery and Apparatus	1	1
计算机、通信和其他电子设备制造业	Computer, Communication and Other Electronic Equipment Manufacturing Industry		
金属制品、机械和设备修理业	Repair Service of Metal Products, Machinery and Equipment	1	
电力、热力、燃气及水生产和供应业	**Electricity, Heat, Gas and Water Production and Supply**		
电力、热力生产和供应业	Production and Supply of Electric Power and Heat Power	103	15
燃气生产和供应业	Production and Supply of Gas	4	
水的生产和供应业	Production and Supply of Water	5	2

Main Indicators of State-holding and State-owned Industrial Enterprises above Designated Size(2021)

(10 000 yuan)

工业总产值 Gross Industrial Output Value	资产总计 Total Assets	流动资产合计 Total Working Capitals	固定资产净额 Net Fixed Assets	固定资产原价 Original Value of Fixed Assets	累计折旧 Accumulated Depreciation	本年折旧 Depreciation Charge for the Year
19457338	**47480148**	**12608811**	**21329733**	**41147507**	**15892882**	**1567556**
19457338	47480148	12608811	21329733	41147507	15892882	1567556
14465175	30434790	6706569	13229592	27842804	11892639	1052081
2713082	3627608	1437504	1581627	2783255	931857	119074
1562121	6608568	2090427	3109815	5370799	1847229	253702
716960	6809182	2374311	3408699	5150649	1221156	142699
3901464	7275928	1186909	5351516	9672751	4139602	471165
10558778	29326395	8022208	14148704	26359608	8876299	936945
4997095	10877825	3399694	1829513	5115148	2876980	159446
193774	620131	216649	197099	447746	121553	15099
2096446	4422542	994502	475850	1677011	1050848	41860
2222	51771	1400	25309	45285	15670	1179
535654	2729117	626697	341796	705866	355600	40954
44482	116154	46593	38446	92461	53396	-1147
10039	41789	11189	16677	18971	2292	148
9267	35263	8305	24936	36017	11081	1246
7721	33259	27321	4012	13966	9954	1041
1759	4405	1643	2762	6598	3836	407
3541105	7333629	2692045	3080368	6885772	1971055	270331
57998	167831	107233	24177	49248	24520	866
1172	2025	1409	558	767	209	50
356777	663145	184496	362809	1049748	390846	30956
945375	2095197	652473	1022546	1542823	515334	50935
5744579	3877214	1788452	1382346	3782131	1691464	111178
28088	135099	95682	29191	36282	7091	1493
20547	36038	21810	13388	19150	5762	556
12765	153141	49125	118783	167540	48757	5002
16778	5043	4820	223	265	42	26
5695896	24313780	4830860	13957356	24255971	9510786	986661
99419	159824	87309	54635	75175	20539	2657
35476	483753	158798	156468	238716	82248	6058

13-9 续表1

单位：万元

项 目	Item	负债合计 Total Liabilities	流动负债合计 Total Working Liabilities
总计	**Total**	**35203535**	**20940353**
国有控股企业	State-holding Enterprises	35203535	20940353
大型企业	Large Enterprises	22882961	14086893
中型企业	Medium-sized Enterprises	2290247	1641696
小型企业	Small Enterprises	5385745	2928001
微型企业	Micro Enterprises	4644582	2283763
按登记注册类型分	**By Status of Registration**		
国有企业	State-owned Enterprises	4969422	2883624
有限责任公司	Limited Liability Corporations	23246433	14573930
股份有限公司	Share-holding Corporations Limited	6987680	3482799
港、澳、台商投资企业	Enterprises with Funds from Hong Kong, Macao and Taiwan		
外商投资企业	Foreign Funded Enterprises		
按工业行业分	**Grouped by Sector**		
采掘业	**Mining**		
煤炭开采和洗选业	Mining and Washing of Coal	489198	232799
石油和天然气开采业	Extraction of Petroleum and Natural Gas	1527365	762141
黑色金属矿采选业	Mining and Processing of Ferrous Metal Ores	48175	47529
有色金属矿采选业	Mining and Processing of Non-Ferrous Metal Ores	1718383	1172950
非金属矿采选业	Mining and Processing of Non-metal Ores	78375	65266
制造业	**Manufacturing**		
农副食品加工业	Processing of Food from Agricultural Products	29949	20265
食品制造业	Manufacture of Foods	11080	10649
纺织服装、服饰业	Manufacture of Textile, Wearing Apparel and Accessories	2714	2330
印刷和记录媒介复制业	Printing and Reproduction of Recording Media	3607	3607
化学原料和化学制品制造业	Manufacture of Raw Chemical Materials and Chemical Products	7751524	6694434
医药制造业	Manufacture of Medicines	78138	65857
橡胶和塑料制品业	Manufacture of Rubber and Plastics Products	1392	1324
非金属矿物制品业	Manufacture of Non-metallic Mineral Products	869173	859233
黑色金属冶炼和压延加工业	Smelting and Pressing of Ferrous Metals	1784052	1514312
有色金属冶炼和压延加工业	Smelting and Pressing of Non-ferrous Metals	5475532	2999205
金属制品业	Manufacture of Metal Products	83173	50028
通用设备制造业	Manufacture of General Purpose Machinery	55207	54954
电气机械和器材制造业	Manufacture of Electrical Machinery and Apparatus	50271	9881
计算机、通信和其他电子设备制造业	Computer, Communication and Other Electronic Equipment Manufacturing Industry		
金属制品、机械和设备修理业	Repair Service of Metal Products, Machinery and Equipment	4395	4395
电力、热力、燃气及水生产和供应业	**Electricity, Heat, Gas and Water Production and Supply**		
电力、热力生产和供应业	Production and Supply of Electric Power and Heat Power	14848796	6213710
燃气生产和供应业	Production and Supply of Gas	45284	42304
水的生产和供应业	Production and Supply of Water	247754	113182

Continued

(10 000yuan)

应付账款 Accounts Payable	所有者权益合计 Total Owners' Equity	实收资本 Paid-up Capital	营业收入 Revenue of Operating	主营业务收入 Revenue from Principal Business	营业成本 Cost of Business	税金及附加 Taxes and Other Charges
3988332	**12276611**	**11818268**	**20052857**	**19100197**	**15165491**	**542435**
3988332	12276611	11818268	20052857	19100197	15165491	542435
3091666	7551829	6982683	14972089	14266249	11494054	470254
325151	1337361	955217	2788204	2631763	2126484	45330
435168	1222824	2626164	1590124	1538746	1233239	19088
136348	2164598	1254204	702440	663440	311713	7762
980315	2306506	2845849	4260447	4237250	4164739	10691
2141803	6079962	7806090	11097118	10425958	8235235	124875
866214	3890144	1166329	4695291	4436988	2765516	406869
9895	130934	15475	197210	163228	105066	16877
487209	2895178		1642968	1599771	921407	312265
279	3596	3596	2222	2222	2161	125
43488	1010734	337558	741434	713441	544536	16310
5946	37779	30000	49579	33056	30340	1879
180	11840	10928	11732	11442	11145	19
4246	24182	16243	16211	15096	12658	259
443	30545	21100	9188	8385	5967	245
2311	798	503	2292	2073	1945	6
1071089	-417895	2176022	3575298	3360427	1987435	117943
14086	89694	56463	60180	59869	29454	697
344	633	633	1890	1890	1690	
175570	-206029	333182	391114	367766	359012	3653
180969	311145	282000	1263455	1198438	1158795	9332
608063	-1598318	2534668	5974132	5499531	4891195	31803
11012	51926	41980	40525	38946	33703	396
35723	-19169	9710	18605	18526	18357	59
4277	102870		3301	460	13128	515
971	648	500	16779	16778	15522	64
1273351	9464983	5857284	5876279	5844046	4924404	29100
4822	114540	10780	111068	108866	67333	377
54059	235999	79642	47395	35940	30237	510

13-9 续表2

单位：万元

项　目	Item	销售费用 Cost of Sales	管理费用 Management Expenses
总计	**Total**	**213787**	**738081**
国有控股企业	State-holding Enterprises	213787	738081
大型企业	Large Enterprises	124284	523550
中型企业	Medium-sized Enterprises	62504	96481
小型企业	Small Enterprises	26202	106210
微型企业	Micro Enterprises	797	11841
按登记注册类型分	**By Status of Registration**		
国有企业	State-owned Enterprises	2111	76331
有限责任公司	Limited Liability Corporations	187118	317243
股份有限公司	Share-holding Corporations Limited	24557	344507
港、澳、台商投资企业	Enterprises with Funds from Hong Kong, Macao and Taiwan		
外商投资企业	Foreign Funded Enterprises		
按工业行业分	**Grouped by Sector**		
采掘业	**Mining**		
煤炭开采和洗选业	Mining and Washing of Coal	1307	17244
石油和天然气开采业	Extraction of Petroleum and Natural Gas	2048	249287
黑色金属矿采选业	Mining and Processing of Ferrous Metal Ores		1004
有色金属矿采选业	Mining and Processing of Non-Ferrous Metal Ores	3086	72342
非金属矿采选业	Mining and Processing of Non-metal Ores	3753	7582
制造业	**Manufacturing**		
农副食品加工业	Processing of Food from Agricultural Products	272	1685
食品制造业	Manufacture of Foods	1759	2845
纺织服装、服饰业	Manufacture of Textile, Wearing Apparel and Accessories	87	5031
印刷和记录媒介复制业	Printing and Reproduction of Recording Media		830
化学原料和化学制品制造业	Manufacture of Raw Chemical Materials and Chemical Products	137897	153586
医药制造业	Manufacture of Medicines	10413	6488
橡胶和塑料制品业	Manufacture of Rubber and Plastics Products	88	101
非金属矿物制品业	Manufacture of Non-metallic Mineral Products	4496	22997
黑色金属冶炼和压延加工业	Smelting and Pressing of Ferrous Metals	8049	27453
有色金属冶炼和压延加工业	Smelting and Pressing of Non-ferrous Metals	20989	61822
金属制品业	Manufacture of Metal Products	305	1958
通用设备制造业	Manufacture of General Purpose Machinery	105	1288
电气机械和器材制造业	Manufacture of Electrical Machinery and Apparatus	283	2403
计算机、通信和其他电子设备制造业	Computer, Communication and Other Electronic Equipment Manufacturing Industry		
金属制品、机械和设备修理业	Repair Service of Metal Products, Machinery and Equipment		1114
电力、热力、燃气及水生产和供应业	**Electricity, Heat, Gas and Water Production and Supply**		
电力、热力生产和供应业	Production and Supply of Electric Power and Heat Power	6565	81711
燃气生产和供应业	Production and Supply of Gas	9184	3881
水的生产和供应业	Production and Supply of Water	3102	15429

Continued

(10 000 yuan)

财务费用 Financial Expenses	营业利润 Operating Profit	利润总额 Total Profits	所得税费用 Income Tax Expense	亏损企业亏损总额 The Total Loss of Loss-making Enterprises	利税总额 Total Profits and Taxes	应交增值税 Value Added Tax Payable
692638	**2032798**	**1996449**	**159690**	**663024**	**3334627**	**795743**
692638	2032798	1996449	159690	663024	3334627	795743
364923	1443852	1411941	69427	431920	2595443	713247
60088	351695	348423	46949	37348	466071	72317
117604	18441	14260	20186	179861	69853	36506
150023	218810	221825	23128	13895	203261	-26327
61952	-77744	-31494	2876	188121	28421	49224
540099	1053992	1034056	124920	470896	1528358	369427
90587	1056550	993887	31895	4006	1777848	377092
5912	51381	51659	2751	1669	87703	19167
13609	112922	72954			506518	121298
2	-961	-962		962	-758	79
52474	208007	208344	8418	11676	247708	23054
239	6252	6601	934		10733	2253
589	-993	-756		1054	-737	
6	-1056	-1115		1269	-277	579
-535	-1287	-1255	194	1422	-284	726
1	-489	-444		444	-347	91
70002	821649	793635	89276	76241	1200540	288962
-206	10353	10444	1422	684	14375	3235
34	-23	-14		14	234	247
26	-9950	-10401	2612	27979	-876	5872
83685	-59056	-65598	4959	65598	-17754	38512
53137	489272	481527	-33091	151020	671233	157904
1320	221	55	-224		2129	1678
-13	153	-2457		2457	-2446	-49
3259	-24250	-23999	593	23999	-23484	
-5	84	84	2		759	611
408311	400215	446567	76577	295341	602907	127240
-259	30713	30731	4660		33700	2592
1053	-358	849	610	1196	3053	1693

13－10 2021年大中型工业企业主要经济指标

单位：万元

项　目	Item	企业单位数（个）Number of Enterprises (unit)	亏损企业 Loss-making Enterprises
总计	**Total**	**81**	**19**
国有控股企业	State-holding Enterprises	41	9
大型企业	Large Enterprises	27	6
中型企业	Medium-sized Enterprises	54	13
按工业行业分	**Grouped by Sector**		
采掘业	**Mining**		
煤炭开采和洗选业	Mining and Washing of Coal	2	
石油和天然气开采业	Extraction of Petroleum and Natural Gas	1	
黑色金属矿采选业	Mining and Processing of Ferrous Metal Ores	1	
有色金属矿采选业	Mining and Processing of Non-Ferrous Metal Ores	2	1
非金属矿采选业	Mining and Processing of Non-metal Ores	1	
制造业	**Manufacturing**		
食品制造业	Manufacture of Foods	1	
酒、饮料和精制茶制造业	Manufacture of Liquor, Beverages and Refined Tea	2	1
纺织业	Manufacture of Textile		
纺织服装、服饰业	Manufacture of Textile, Wearing Apparel and Accessories	2	
娱乐用品制造业	Crafts,Sport and Entertainment Activities		
石油、煤炭及其他燃料加工业	Petroleum, Coal and Other Fuel Processing Industries	2	1
化学原料和化学制品制造业	Manufacture of Raw Chemical Materials and Chemical Products	18	2
医药制造业	Manufacture of Medicines	2	
化学纤维制造业	Chemical Fiber Manufacturing	1	
非金属矿物制品业	Manufacture of Non-metallic Mineral Products	7	3
黑色金属冶炼和压延加工业	Smelting and Pressing of Ferrous Metals	7	1
有色金属冶炼和压延加工业	Smelting and Pressing of Non-ferrous Metals	20	7
电气机械和器材制造业	Manufacture of Electrical Machinery and Apparatus	3	1
计算机、通信和其他电子设备制造业	Computer, Communication and Other Electronic Equipment Manufacturing Industry	3	
仪器仪表制造业	Manufacture of Measuring Instruments and Machinery	1	
金属制品、机械和设备修理业	Metal Products, machinery, and equipment repair industry	1	
电力、热力、燃气及水生产和供应业	**Electricity, Heat, Gas and Water Production and Supply**		
电力、热力生产和供应业	Production and Supply of Electric Power and Heat Power	3	2
燃气生产和供应业	Production and Supply of Gas		
水的生产和供应业	Production and Supply of Water	1	

Main Indicators of Large and Medium-sized Industrial Enterprises(2021)

(10 000 yuan)

工业总产值 Gross Industrial Output Value	资产总计 Total Assets	流动资产合计 Total Working Capitals	固定资产净额 Net fixed assets	固定资产原价 Original Value of Fixed Assets	累计折旧 Accumulated Depreciation	本年折旧 Depreciation Charge for the Year
22013553	**42521310**	**12428454**	**17295867**	**35153081**	**14862129**	**1691673**
17178257	34062398	8144073	14811219	30626060	12824496	1171155
16877325	34952588	8836783	14861348	30568218	12985309	1459349
5136228	7568721	3591671	2434519	4584863	1876820	232324
168457	283591	31569	166420	276881	110461	13938
2096446	4422542	994502	475850	1677011	1050848	41860
103315	366309	193609	147642	207669	60028	12410
402574	2405270	545622	255620	523674	268053	27496
23945	61964	22259	31375	51479	19684	-1761
68026	47427	10561	22133	29241	7108	3508
104379	365665	194075	93217	149602	56385	6706
5329	24737	20238	2587	9932	7345	825
292095	256054	83019	158393	336481	177900	13529
4013253	7616157	2965515	3309376	7424222	2299572	494283
90039	114670	82009	9351	25075	15724	1449
49649	275231	41601	162354	165982	3628	3628
484206	1077932	419493	454919	1182114	432745	40740
1705695	2528828	990764	1080298	1671923	586683	61277
6225899	4953455	2211025	1649232	4190759	1845187	136204
1023208	2089565	1063840	650691	1111938	461247	124746
722930	1780350	1018410	377419	783486	405460	39803
14070	24227	16849	2423	12827	10404	409
35289	14177	11182	1551	3901	2351	247
4366669	13595746	1412264	8193161	15214855	6989141	668504
18081	217414	100046	51854	104029	52175	1873

13-10 续表1

单位：万元

项 目	Item	负债合计 Total Liabilities	流动负债合计 Total Working Liabilities
总计	**Total**	**30514551**	**20421006**
国有控股企业	State-holding Enterprises	25173208	15728589
大型企业	Large Enterprises	25838814	16661899
中型企业	Medium-sized Enterprises	4675737	3759107
按工业行业分	**Grouped by Sector**		
采掘业	**Mining**		
煤炭开采和洗选业	Mining and Washing of Coal	176543	164203
石油和天然气开采业	Extraction of Petroleum and Natural Gas	1527365	762141
黑色金属矿采选业	Mining and Processing of Ferrous Metal Ores	205020	203469
有色金属矿采选业	Mining and Processing of Non-Ferrous Metal Ores	1541191	1000047
非金属矿采选业	Mining and Processing of Non-metal Ores	25895	16978
制造业	**Manufacturing**		
食品制造业	Manufacture of Foods	20215	19445
酒、饮料和精制茶制造业	Manufacture of Liquor, Beverages and Refined Tea	84920	81710
纺织业	Manufacture of Textile		
纺织服装、服饰业	Manufacture of Textile, Wearing Apparel and Accessories	2330	2000
娱乐用品制造业	Crafts,Sport and Entertainment Activities		
石油、煤炭及其他燃料加工业	Petroleum, Coal and Other Fuel Processing Industries	182109	116541
化学原料和化学制品制造业	Manufacture of Raw Chemical Materials and Chemical Products	7958520	6842212
医药制造业	Manufacture of Medicines	42854	42842
化学纤维制造业	Chemical Fiber Manufacturing	210194	98245
非金属矿物制品业	Manufacture of Non-metallic Mineral Products	1179284	1117712
黑色金属冶炼和压延加工业	Smelting and Pressing of Ferrous Metals	1951040	1681062
有色金属冶炼和压延加工业	Smelting and Pressing of Non-ferrous Metals	5854005	3273538
电气机械和器材制造业	Manufacture of Electrical Machinery and Apparatus	1738806	1676116
计算机、通信和其他电子设备制造业	Computer, Communication and Other Electronic Equipment Manufacturing Industry	905691	753786
仪器仪表制造业	Manufacture of Measuring Instruments and Machinery	1568	1568
金属制品、机械和设备修理业	Metal Products, machinery, and equipment repair industry	4297	3331
电力、热力、燃气及水生产和供应业	**Electricity, Heat, Gas and Water Production and Supply**		
电力、热力生产和供应业	Production and Supply of Electric Power and Heat Power	6781524	2507874
燃气生产和供应业	Production and Supply of Gas		
水的生产和供应业	Production and Supply of Water	121182	56186

Continued

(10 000yuan)

应付账款 Accounts Payable	所有者权益合计 Total Owners' Equity	实收资本 Paid-up Capital	营业收入 Revenue of Operating	主营业务收入 Revenue from Principal Business	营业成本 Cost of Business	税金及附加 Taxes and Other Charges
4722679	**12006758**	**9601058**	**23154518**	**22147442**	**17944488**	**587558**
3416817	8889189	7937900	17760293	16898011	13620538	515585
3918924	9113774	7583712	17777580	16992764	13830930	519661
803755	2892983	2017346	5376938	5154678	4113558	67897
7072	107047	4300	164682	162250	83174	14244
487209	2895178		1642968	1599771	921407	312265
45321	161289	86667	100258	99354	49996	5367
24818	864079	239500	603022	575779	477798	11074
3130	36069	15000	31333	29529	19089	1441
8351	27212	3257	64213	64183	45288	370
18154	280745	104242	73602	71587	35515	15957
359	22407	18000	6610	5956	3355	182
50842	73944	89444	336835	334485	327587	1839
1129918	-342363	2257231	4009168	3792050	2226425	137587
13794	71816	18800	76532	76488	25745	936
16297	65038	60000	48559	48161	33927	169
221030	-101353	382215	515039	485362	449865	3832
284131	577789	415771	2033420	1953658	1685802	15553
675381	-900550	1988506	6533613	6033440	5345165	37093
558113	350759	183000	1350225	1280882	1363609	4427
231119	874659	174916	911938	907056	633198	5106
685	22659	1500	11098	11098	6665	181
2400	9880	1000	35528	35289	31071	196
930426	6814222	3537954	4576187	4561319	4160443	19414
14130	96231	19755	29690	19745	19365	325

13-10 续表2

单位：万元

项 目	Item	销售费用 Cost of Sales	管理费用 Management Expenses
总计	**Total**	**303169**	**771652**
国有控股企业	State-holding Enterprises	186788	620030
大型企业	Large Enterprises	169220	600694
中型企业	Medium-sized Enterprises	133949	170958
按工业行业分	**Grouped by Sector**		
采掘业	**Mining**		
煤炭开采和洗选业	Mining and Washing of Coal	1061	13995
石油和天然气开采业	Extraction of Petroleum and Natural Gas	2048	249287
黑色金属矿采选业	Mining and Processing of Ferrous Metal Ores	10	11034
有色金属矿采选业	Mining and Processing of Non-Ferrous Metal Ores	2369	36026
非金属矿采选业	Mining and Processing of Non-metal Ores	2083	2513
制造业	**Manufacturing**		
食品制造业	Manufacture of Foods	10491	1989
酒、饮料和精制茶制造业	Manufacture of Liquor, Beverages and Refined Tea	12105	9272
纺织业	Manufacture of Textile		
纺织服装、服饰业	Manufacture of Textile, Wearing Apparel and Accessories	87	3449
娱乐用品制造业	Crafts,Sport and Entertainment Activities		
石油、煤炭及其他燃料加工业	Petroleum, Coal and Other Fuel Processing Industries	2739	8330
化学原料和化学制品制造业	Manufacture of Raw Chemical Materials and Chemical Products	174039	170303
医药制造业	Manufacture of Medicines	26204	6288
化学纤维制造业	Chemical Fiber Manufacturing	64	5036
非金属矿物制品业	Manufacture of Non-metallic Mineral Products	10594	25284
黑色金属冶炼和压延加工业	Smelting and Pressing of Ferrous Metals	23695	33726
有色金属冶炼和压延加工业	Smelting and Pressing of Non-ferrous Metals	20787	75610
电气机械和器材制造业	Manufacture of Electrical Machinery and Apparatus	1475	19794
计算机、通信和其他电子设备制造业	Computer, Communication and Other Electronic Equipment Manufacturing Industry	5542	23432
仪器仪表制造业	Manufacture of Measuring Instruments and Machinery	592	1201
金属制品、机械和设备修理业	Metal Products, machinery, and equipment repair industry		2540
电力、热力、燃气及水生产和供应业	**Electricity, Heat, Gas and Water Production and Supply**		
电力、热力生产和供应业	Production and Supply of Electric Power and Heat Power	5461	62276
燃气生产和供应业	Production and Supply of Gas		
水的生产和供应业	Production and Supply of Water	1723	10270

Continued

(10 000 yuan)

财务费用 Financial Expenses	营业利润 Operating Profit	利润总额 Total Profits	所得税费用 Income Tax Expense	亏损企业亏损总额 The Total Loss of Loss-making Enterprises	利税总额 Total Profits and Taxes	应交增值税 Value Added Tax Payable
480963	**2491141**	**2451394**	**229044**	**625586**	**4001729**	**962778**
425011	1795547	1760365	116377	469268	3061513	785564
376167	1734180	1696207	128749	535781	3036529	820660
104795	756961	755187	100295	89805	965201	142117
3544	48340	48037	2751		78177	15896
13609	112922	72954			506518	121298
2083	29607	29076	7294		43826	9383
50697	185298	185684	5279	6157	213299	16541
88	5865	5889	934		9539	2209
192	5807	5870	927		7724	1485
651	9970	9155	2750	5885	29113	4001
-386	128	167	105		776	427
5310	-8970	-8905		9122	2020	9086
83984	925492	892101	108465	87410	1344758	315070
-185	13842	14535	1971		21672	6201
1836	6639	6645	761		-9420	-16233
3603	48227	46436	5481	27807	60762	10494
86388	145554	138633	29070	60255	224129	69943
63549	572168	565945	-24156	165276	763734	160695
646	-25236	-25068	11562	103861	26667	47308
7801	216788	216177	30389		266255	44972
…	1558	1673	189		2634	780
-6	1721	1729	399		3760	1835
157900	195478	243876	44463	159812	403432	140143
-342	-56	784	413		2356	1248

13-11 2021年规模以上非公有工业企业主要指标

单位：万元

项　目	Item	企业单位数（个）Number of Enterprises (unit)	亏损企业 Lossmaking Enterprises
总计	**Total**	**427**	**151**
大型企业	Large Enterprises	9	1
中型企业	Medium-sized Enterprises	30	9
小型企业	Small Enterprises	313	109
微型企业	Micro Enterprises	75	32
按登记注册类型分	**By Status of Registration**		
股份合作企业	Cooperative Enterprises	3	1
有限责任公司	Limited Liability Corporations	129	48
股份有限公司	Share-holding Corporations Limited	16	6
私营企业	Private Enterprises	262	90
港、澳、台商投资企业	Enterprises with Funds from Hong Kong, Macao and Taiwan	9	3
外商投资企业	Foreign Funded Enterprises	8	3
按工业行业分	**Grouped by Sector**		
采掘业	**Mining**		
煤炭开采和洗选业	Mining and Washing of Coal	9	5
黑色金属矿采选业	Mining and Processing of Ferrous Metal Ores	4	1
有色金属矿采选业	Mining and Processing of Non-Ferrous Metal Ores	6	3
非金属矿采选业	Mining and Processing of Non-metal Ores	10	3
制造业	**Manufacturing**		
农副食品加工业	Processing of Food from Agricultural Products	36	9
食品制造业	Manufacture of Foods	23	9
酒、饮料和精制茶制造业	Manufacture of Liquor, Beverages and Refined Tea	8	4
纺织业	Manufacture of Textile	3	
纺织服装、服饰业	Manufacture of Textile, Wearing Apparel and Accessories	2	2
造纸和纸制品业	Paper and Paper Products Industry	1	
印刷和记录媒介复制业	Printing and Reproduction of Recording Media	3	2
文教、工美、体育和娱乐用品制造业	Manufacture of Articles for Culture, Education, Arts and Crafts,Sport and Entertainment Activities	4	2
石油、煤炭及其他燃料加工业	Petroleum, Coal and Other Fuel Processing Industries	5	2
化学原料和化学制品制造业	Manufacture of Raw Chemical Materials and Chemical Products	44	14
医药制造业	Manufacture of Medicines	19	3
化学纤维制造业	Chemical Fiber Manufacturing	1	
橡胶和塑料制品业	Manufacture of Rubber and Plastics Products	8	4
非金属矿物制品业	Manufacture of Non-metallic Mineral Products	80	35
黑色金属冶炼和压延加工业	Smelting and Pressing of Ferrous Metals	28	
有色金属冶炼和压延加工业	Smelting and Pressing of Non-ferrous Metals	37	19
金属制品业	Manufacture of Metal Products	7	4
通用设备制造业	Manufacture of General Purpose Machinery	4	2
专用设备制造业	Manufacture of Special Purpose Machinery	4	2
铁路、航舶、航空航天和其他运输设备制造业	Manufacture of Railway, Ship, Aerospace and Other Transport Equipments	1	1
电气机械和器材制造业	Manufacture of Electrical Machinery and Apparatus	15	7
计算机、通信和其他电子设备制造业	Computer, Communication and Other Electronic Equipment Manufacturing Industry	10	3
废弃资源综合利用业	Utilization of Waste Materials	2	
金属制品、机械和设备修理业	Metal Products, machinery, and equipment repair industry	1	
电力、热力、燃气及水生产和供应业	**Electricity, Heat, Gas and Water Production and Supply**		
电力、热力生产和供应业	Production and Supply of Electric Power and Heat Power	41	13
燃气生产和供应业	Production and Supply of Gas	11	2

Main Indicators of Non-public Industrial Enterprises Above Designated Size(2021)

(10 000 yuan)

工业总产值 Gross Industrial Output Value	资产总计 Total Assets	流动资产合计 Total Working Capitals	固定资产净额 Net Fixed Assets	固定资产原价 Original Value of Fixed Assets	累计折旧 Accumulated Depreciation	本年折旧 Depreciation Charge for the Year
10976097	**18883641**	**9576162**	**5748187**	**10208115**	**3972718**	**776736**
2412150	4517798	2130214	1631756	2725414	1092670	407268
2409076	3916886	2137317	850469	1788781	934560	112842
5664967	8318544	4192130	2737539	4574283	1645112	225581
489905	2130413	1116501	528423	1119638	300377	31044
35531	60449	37898	11947	37335	6392	2474
4747444	9620912	4606012	2969987	5171994	1952710	532586
645827	1033833	396257	321560	543256	185738	25771
5072160	6946774	4029175	1981510	3526449	1383131	173504
103543	434621	139532	204676	371965	146745	21884
371593	787053	367289	258507	557117	298003	20517
167023	271609	136360	42552	95084	28179	3678
205514	546119	313915	183884	263119	79235	17631
27205	93394	48786	24255	78214	34963	3143
56189	195105	91480	32412	54248	21762	4234
245378	665708	369331	179687	275501	89582	18469
149121	341511	175175	78468	132579	51126	13770
184103	447863	242496	117802	209744	91942	8375
17467	42299	28579	11187	33531	22344	3124
17017	62076	30699	19865	26929	7064	1017
2695	3417	3136		355	89	
9710	10820	5372	4874	10885	6011	467
17894	70651	31545	19389	36831	17246	1703
344063	288674	97670	169011	355206	182167	14462
1016963	3157319	1278124	1007448	1954637	779077	316860
182665	343155	228171	61229	106499	43596	6246
49649	275231	41601	162354	165982	3628	3628
21680	37211	28849	4185	11721	3692	886
843651	1798333	1210196	376100	797631	394248	46247
1344217	726081	512464	153913	324958	166601	19503
3458359	1784064	911221	384030	703307	272015	36532
69824	227257	99066	112400	129579	15563	4478
15279	73922	47406	12757	22918	9957	1356
12674	37654	31769	2415	5696	3281	201
2756	13744	7362	5452	8870	3418	412
1234607	2470659	1347854	703731	1217692	490358	129358
804771	1984075	1072005	438247	867516	426240	43890
32885	28566	22809	4649	6030	943	401
35289	14177	11182	1551	3901	2351	247
243143	2625278	1050462	1378327	2180055	669981	65615
164307	247668	101078	56013	128896	56060	10806

13-11 续表1

单位：万元

项 目	Item	负债合计 Total Liabilities	流动负债合计 Total Working Liabilities
总计	**Total**	**12433810**	**9379643**
大型企业	Large Enterprises	2955853	2575006
中型企业	Medium-sized Enterprises	2383922	2115842
小型企业	Small Enterprises	5545966	4079105
微型企业	Micro Enterprises	1548070	609689
按登记注册类型分	**By Status of Registration**		
股份合作企业	Cooperative Enterprises	55156	36628
有限责任公司	Limited Liability Corporations	5930753	4749314
股份有限公司	Share-holding Corporations Limited	727307	526930
私营企业	Private Enterprises	4981418	3675907
港、澳、台商投资企业	Enterprises with Funds from Hong Kong, Macao and Taiwan	416563	199213
外商投资企业	Foreign Funded Enterprises	322613	191651
按工业行业分	**Grouped by Sector**		
采掘业	**Mining**		
煤炭开采和洗选业	Mining and Washing of Coal	169169	138986
黑色金属矿采选业	Mining and Processing of Ferrous Metal Ores	282784	280528
有色金属矿采选业	Mining and Processing of Non-Ferrous Metal Ores	60695	25566
非金属矿采选业	Mining and Processing of Non-metal Ores	137796	134589
制造业	**Manufacturing**		
农副食品加工业	Processing of Food from Agricultural Products	369484	251868
食品制造业	Manufacture of Foods	172913	117556
酒、饮料和精制茶制造业	Manufacture of Liquor, Beverages and Refined Tea	128139	106561
纺织业	Manufacture of Textile	37045	31889
纺织服装、服饰业	Manufacture of Textile, Wearing Apparel and Accessories	48816	17885
造纸和纸制品业	Paper and Paper Products Industry	2250	2059
印刷和记录媒介复制业	Printing and Reproduction of Recording Media	5839	5664
文教、工美、体育和娱乐用品制造业	Manufacture of Articles for Culture, Education, Arts and Crafts,Sport and Entertainment Activities	48455	33275
石油、煤炭及其他燃料加工业	Petroleum, Coal and Other Fuel Processing Industries	204917	135149
化学原料和化学制品制造业	Manufacture of Raw Chemical Materials and Chemical Products	1973452	1487852
医药制造业	Manufacture of Medicines	140380	123767
化学纤维制造业	Chemical Fiber Manufacturing	210194	98245
橡胶和塑料制品业	Manufacture of Rubber and Plastics Products	25754	24957
非金属矿物制品业	Manufacture of Non-metallic Mineral Products	1464604	1296216
黑色金属冶炼和压延加工业	Smelting and Pressing of Ferrous Metals	410737	402300
有色金属冶炼和压延加工业	Smelting and Pressing of Non-ferrous Metals	1078732	807412
金属制品业	Manufacture of Metal Products	110347	81928
通用设备制造业	Manufacture of General Purpose Machinery	39151	14320
专用设备制造业	Manufacture of Special Purpose Machinery	22085	21546
铁路、航船、航空航天和其他运输设备制造业	Manufacture of Railway, Ship, Aerospace and Other Transport Equipments	11183	5248
电气机械和器材制造业	Manufacture of Electrical Machinery and Apparatus	1974607	1884076
计算机、通信和其他电子设备制造业	Computer, Communication and Other Electronic Equipment Manufacturing Industry	1024008	855722
废弃资源综合利用业	Utilization of Waste Materials	25212	24929
金属制品、机械和设备修理业	Metal Products, machinery, and equipment repair industry	4297	3331
电力、热力、燃气及水生产和供应业	**Electricity, Heat, Gas and Water Production and Supply**		
电力、热力生产和供应业	Production and Supply of Electric Power and Heat Power	2159211	883559
燃气生产和供应业	Production and Supply of Gas	91555	82660

Continued

(10 000yuan)

应付账款 Accounts Payable	所有者权益合计 Total Owners' Equity	实收资本 Paid-up Capital	营业收入 Revenue of Operating	主营业务收入 Revenue from Principal Business	营业成本 Cost of Business	税金及附加 Taxes and Other Charges
2694307	**6449826**	**5267995**	**12110980**	**11574675**	**10118618**	**117176**
827258	1561946	601029	2805491	2726516	2336876	49407
477919	1532964	1060629	2577636	2511818	1980409	22385
1216648	2772574	3173173	6200152	5910941	5354308	43514
172482	582343	433164	527701	425401	447026	1870
4628	5292	6160	44352	44324	40501	726
1290517	3690157	2150603	5677257	5232175	4824789	64077
222773	306525	242091	567714	565017	399069	19966
1131956	1965353	2539251	5339434	5252427	4622672	25948
23854	18058	227351	112694	112020	65894	1224
20580	464441	102540	369529	368713	165692	5236
35088	102440	40054	169152	168625	64986	12602
80984	263335	191010	203482	202577	124883	7410
-1629	32699	37656	34785	34756	23663	1061
37641	57309	49231	76458	72409	61541	2033
48074	296224	180045	299167	292424	258693	333
38268	168598	67446	169608	162965	136747	1046
24870	319724	146859	123178	120616	65302	16729
1819	5255	6411	20585	20585	19534	91
155	13260	9711	15235	15235	14453	70
724	1167	1090	2587	2587	1453	1
3343	4981	12626	7625	6714	7176	77
8451	22196	8834	29301	27793	24540	613
54380	83757	101127	389017	386654	373864	1969
227076	1183867	604073	1076138	1062077	683357	33128
47257	202775	106405	150978	144839	57427	1957
16297	65038	60000	48559	48161	33927	169
9258	11457	9744	22607	22607	20714	39
507400	333727	291763	841518	808448	693957	5808
148137	315344	195306	1409514	1387972	1080488	8770
156184	705332	1582989	3880793	3536491	3709801	8013
24235	116910	117423	66555	63064	44979	217
2881	34771	27559	15246	15190	11304	81
6121	15569	6016	13745	13716	10955	89
1663	2561	6080	2756	2756	2285	73
678767	496052	325726	1549867	1476794	1560739	4952
235778	960067	250248	998544	993362	700072	5536
17826	3354	2500	33437	33437	31946	474
2400	9880	1000	35528	35289	31071	196
260000	466067	749292	238611	238071	131731	2850
20861	156113	79774	186406	178461	137031	790

13-11 续表2

单位：万元

项　目	Item	销售费用 Cost of Sales	管理费用 Management Expenses
总计	**Total**	**279003**	**379297**
大型企业	Large Enterprises	44936	77145
中型企业	Medium-sized Enterprises	70853	73276
小型企业	Small Enterprises	160729	201242
微型企业	Micro Enterprises	2486	27634
按登记注册类型分	**By Status of Registration**		
股份合作企业	Cooperative Enterprises	844	4977
有限责任公司	Limited Liability Corporations	61564	150469
股份有限公司	Share-holding Corporations Limited	53595	25115
私营企业	Private Enterprises	146427	174826
港、澳、台商投资企业	Enterprises with Funds from Hong Kong, Macao and Taiwan	12177	3791
外商投资企业	Foreign Funded Enterprises	4397	20120
按工业行业分	**Grouped by Sector**		
采掘业	**Mining**		
煤炭开采和洗选业	Mining and Washing of Coal	1264	10301
黑色金属矿采选业	Mining and Processing of Ferrous Metal Ores	136.9	27937.2
有色金属矿采选业	Mining and Processing of Non-Ferrous Metal Ores	67	7418
非金属矿采选业	Mining and Processing of Non-metal Ores	1555	6103
制造业	**Manufacturing**		
农副食品加工业	Processing of Food from Agricultural Products	11921	20124
食品制造业	Manufacture of Foods	15626	9882
酒、饮料和精制茶制造业	Manufacture of Liquor, Beverages and Refined Tea	22213	13728
纺织业	Manufacture of Textile	41	690
纺织服装、服饰业	Manufacture of Textile, Wearing Apparel and Accessories	159	840
造纸和纸制品业	Paper and Paper Products Industry	49	305
印刷和记录媒介复制业	Printing and Reproduction of Recording Media	561	781
文教、工美、体育和娱乐用品制造业	Manufacture of Articles for Culture, Education, Arts and Crafts,Sport and Entertainment Activities	1072	2535
石油、煤炭及其他燃料加工业	Petroleum, Coal and Other Fuel Processing Industries	6198	10031
化学原料和化学制品制造业	Manufacture of Raw Chemical Materials and Chemical Products	50970	59524
医药制造业	Manufacture of Medicines	57328	13879
化学纤维制造业	Chemical Fiber Manufacturing	64	5036
橡胶和塑料制品业	Manufacture of Rubber and Plastics Products	440	1173
非金属矿物制品业	Manufacture of Non-metallic Mineral Products	49333	41961
黑色金属冶炼和压延加工业	Smelting and Pressing of Ferrous Metals	25049	20525
有色金属冶炼和压延加工业	Smelting and Pressing of Non-ferrous Metals	17719	38222
金属制品业	Manufacture of Metal Products	1775	5652
通用设备制造业	Manufacture of General Purpose Machinery	565	2357
专用设备制造业	Manufacture of Special Purpose Machinery	607	989
铁路、船舶、航空航天和其他运输设备制造业	Manufacture of Railway, Ship, Aerospace and Other Transport Equipments	435	643
电气机械和器材制造业	Manufacture of Electrical Machinery and Apparatus	3710	24606
计算机、通信和其他电子设备制造业	Computer, Communication and Other Electronic Equipment Manufacturing Industry	6288	29142
废弃资源综合利用业	Utilization of Waste Materials		2540
金属制品、机械和设备修理业	Metal Products, machinery, and equipment repair industry		2491
电力、热力、燃气及水生产和供应业	**Electricity, Heat, Gas and Water Production and Supply**		
电力、热力生产和供应业	Production and Supply of Electric Power and Heat Power	17	7910
燃气生产和供应业	Production and Supply of Gas	3501	14182

Continued

(10 000 yuan)

财务费用 Financial Expenses	营业利润 Operating Profit	利润总额 Total Profits	所得税费用 Income Tax Expense	亏损企业亏损总额 The Total Loss of Loss-making Enterprises	利税总额 Total Profits and Taxes	应交增值税 VAT Payable
192887	**976053**	**963221**	**178541**	**325230**	**1364186**	**283789**
11245	290329	284266	59322	103861	441086	107413
44707	403707	405090	53157	52457	496496	69021
107758	264817	256735	63329	149885	399806	99558
29177	17199	17129	2733	19027	26798	7798
1795	-4268	-3124	…	3186	-978	1421
67642	497789	474429	99818	199629	642907	104402
11745	52683	55453	10895	18300	92528	17109
102036	255535	262894	40700	95746	396076	107234
4428	10506	10156	2875	6845	20049	8668
5241	163807	163413	24253	1524	213605	44956
2348	77570	77016	20152	4157	106495	16877
2205.7	38747.4	37629.1	9315.8	2114.9	58799.3	13759.9
1124	1501	1783	1010	4316	4647	1804
828	3770	3565	368	370	6849	1251
8449	-2181	8203	684	6330	9008	472
1378	2070	4339	1168	3409	7455	2070
1034	15086	14345	4125	7849	35781	4706
972	-596	631	2		948	226
689	-975	-844		844	-149	625
19	88	108			113	3
67	-1261	-1228	16	1524	-1001	151
1616	-1584	-708	…	713	525	619
6013	-9170	-9070	12	9468	2153	9254
48172	182921	144686	35933	90442	218564	40749
1002	14645	29928	2412	2239	43692	11808
1836	6639	6645	761		-9420	-16233
157	-90	85	23	315	27	-98
14075	67810	63765	6647	18925	100485	30912
5367	258860	258088	31153		314270	47412
18638	69548	75316	10194	32548	91840	8510
2313	10189	10691	1258	1197	11127	218
-137	-781	-113	-35	1307	331	363
306	753	877	96	137	1398	432
537	-1216	-1133		1133	-1029	32
4605	-32405	-31981	14218	112018	20579	47609
8299	223983	219136	30630	582	272127	47455
25	-279	841	29		4816	3501
-6	1721	1729	399		3760	1835
60136	20527	20074	4211	22000	23896	973
819	30161	28819	3757	1293	36103	6495

13-12　2020-2021年规模以上工业企业主要经济效益指标

指　标	Item	工业增加值率(%)收入法 Ratio of Value Added to Gross Industrial Output Value (%) By Production Approach	
		2020	2021
总计	**Total**	**30.04**	**34.89**
国有控股企业	State-holding Enterprises	32.27	36.37
大型企业	Large Enterprises	33.34	40.37
中型企业	Medium-sized Enterprises	22.25	28.50
小型企业	Small Enterprises	23.33	21.52
微型企业	Micro Enterprises	44.00	32.19
按登记注册类型分	**By Status of Registration**		
股份合作企业	Cooperative Enterprises	32.22	20.92
有限责任公司	Limited Liability Corporations	32.61	38.74
股份有限公司	Share-holding Corporations Limited	40.08	42.02
私营企业	Private Enterprises	13.50	19.12
港、澳、台商投资企业	Enterprises with Funds from Hong Kong, Macao and Taiwan	15.92	65.96
外商投资企业	Foreign Funded Enterprises	39.86	74.93
按工业行业分	**Grouped by Sector**		
采掘业	**Mining**		
煤炭开采和洗选业	Mining and Washing of Coal	43.44	69.97
石油和天然气开采业	Extraction of Petroleum and Natural Gas	56.01	52.45
黑色金属矿采选业	Mining and Processing of Ferrous Metal Ores	33.82	45.39
有色金属矿采选业	Mining and Processing of Non-Ferrous Metal Ores	32.71	32.38
非金属矿采选业	Mining and Processing of Non-metal Ores	41.47	45.44
制造业	**Manufacturing**		
农副食品加工业	Processing of Food from Agricultural Products	14.49	16.20
食品制造业	Manufacture of Foods	25.91	25.30
酒、饮料和精制茶制造业	Manufacture of Liquor, Beverages and Refined Tea	28.29	30.01
纺织业	Manufacture of Textile	27.61	23.00
纺织服装、服饰业	Manufacture of Textile, Wearing Apparel and Accessories		29.86
木材加工和木、竹、藤、棕、草制品业	Processing of Timber.Manufacture of Wood, Bamboo,Rattan,Palm and Straw Products		
家具制造业	Manufacture of Furniture		
造纸和纸制品业	Paper and Paper Products Industry		
印刷和记录媒介复制业	Printing and Reproduction of Recording Media		-1.66
文教、工美、体育和娱乐用品制造业	Manufacture of Articles for Culture, Education, Arts and Crafts,Sport and Entertainment Activities	45.78	32.44
石油、煤炭及其他燃料加工业	Petroleum, Coal and Other Fuel Processing Industries	2.10	2.08
化学原料和化学制品制造业	Manufacture of Raw Chemical Materials and Chemical Products	31.53	54.73
医药制造业	Manufacture of Medicines	36.07	34.39
化学纤维制造业	Chemical Fiber Manufacturing		5.27
橡胶和塑料制品业	Manufacture of Rubber and Plastics Products	18.20	18.11
非金属矿物制品业	Manufacture of Non-metallic Mineral Products	30.43	24.97
黑色金属冶炼和压延加工业	Smelting and Pressing of Ferrous Metals	15.03	22.08
有色金属冶炼和压延加工业	Smelting and Pressing of Non-ferrous Metals	13.93	20.56
金属制品业	Manufacture of Metal Products	22.96	27.92
通用设备制造业	Manufacture of General Purpose Machinery	5.51	17.53
专用设备制造业	Manufacture of Special Purpose Machinery	31.67	31.74
铁路、船舶、航空航天和其他运输设备制造业	Manufacture of Railway, Ship, Aerospace and Other Transport Equipments		-2.20
电气机械和器材制造业	Manufacture of Electrical Machinery and Apparatus	35.82	32.79
计算机、通信和其他电子设备制造业	Computer, Communication and Other Electronic Equipment Manufacturing Industry	34.88	58.63
仪器仪表制造业	Manufacture of Measuring Instruments and Machinery	46.26	49.24
废弃资源综合利用业	Utilization of Waste Materials		
金属制品、机械和设备修理业	Metal Products, machinery, and equipment repair industry		
电力、热力、燃气及水生产和供应业	**Electricity, Heat, Gas and Water Production and Supply**		
电力、热力生产和供应业	Production and Supply of Electric Power and Heat Power	38.48	39.94
燃气的生产和供应业	Production and Supply of Gas	39.48	38.65
水的生产和供应业	Production and Supply of Water	79.87	81.52

注：工业增加值率是采用企业成本费用调查年报资料。下表同。

Main Economic Indicators of Industria Enterprises above Designated Size(2020-2021)

总资产贡献率 (%) Ratio of Total Assets to Industrial Output Value (%)		资产负债率 (%) Assets-Liability Ratio (%)		流动资产周转率 (次/年) Number of Times of Annual of Turnover Working Capitals (times/year)		成本费用利润率 (%) Ratio of Profits to Industrial Cost (%)	
2020	2021	2020	2021	2020	2021	2020	2021
4.48	**8.13**	**67.83**	**71.71**	**1.16**	**1.45**	**4.52**	**10.54**
-7.63	8.15	68.55	74.14	1.24	1.59	5.46	11.73
-11.22	9.37	67.08	73.93	1.59	2.01	6.21	11.18
2.03	13.88	62.74	61.78	0.96	1.50	1.07	16.38
3.93	4.65	70.78	72.99	1.04	1.24	1.19	3.83
3.42	4.24	71.59	69.29	0.34	0.36	21.14	23.99
4.01	1.35	42.16	91.24	0.47	1.17	-4.33	-6.49
2.90	6.77	72.31	74.78	0.97	1.33	4.82	10.40
-28.26	16.55	60.48	64.77	1.29	1.39	14.55	27.60
4.60	6.70	70.58	71.71	1.05	1.33	1.34	5.15
2.11	5.75	84.08	95.85	1.36	0.81	-3.11	11.74
9.48	27.36	33.50	40.99	1.27	1.01	15.13	79.38
8.42	23.11	56.06	70.42	0.53	1.00	17.73	60.22
11.85	11.76	39.73	34.54	1.65	1.65	9.17	5.98
6.21	10.06	51.47	55.35	0.82	0.65	3.64	22.67
5.72	10.67	69.40	63.03	0.91	1.15	9.95	29.35
7.09	5.84	69.30	69.45	0.79	0.91	11.96	9.00
1.77	1.85	60.27	56.46	0.78	0.82	1.46	2.36
3.48	1.98	57.59	48.83	0.65	1.01	5.49	1.75
4.40	8.12	30.74	28.61	0.57	0.51	-1.96	13.87
-3.99	2.32	88.96	87.58	0.33	0.72	-13.49	2.96
-2.55	-0.03	55.22	54.05	0.34	0.42	-14.11	-7.86
	3.79		65.85		0.82		4.32
-6.68	-8.75	90.39	62.04	1.07	1.41	-15.06	-14.40
1.21	2.85	65.24	68.58	0.80	0.93	-1.10	-2.34
-0.21	2.72	69.79	70.99	2.50	3.98	-3.88	-2.29
3.05	14.51	86.51	92.64	0.89	1.17	0.75	28.74
8.75	11.53	48.22	42.76	0.63	0.63	14.76	21.81
	-2.95	72.63	76.37		1.17		15.78
1.40	0.81	86.81	69.19	1.01	0.81	-0.35	0.29
4.48	4.59	78.70	94.81	0.82	0.88	6.64	4.46
3.51	13.20	73.84	77.79	1.49	2.29	0.67	7.80
3.79	14.70	54.04	115.77	2.27	3.65	0.96	6.27
4.24	4.50	90.88	55.12	0.67	0.63	8.39	8.78
-4.47	-1.86	63.24	85.81	0.58	0.49	-14.54	-7.14
2.42	4.31	73.83	58.65	0.44	0.43	1.64	6.72
-0.97	-3.61		81.37	0.42	0.37	-7.40	-29.05
		72.61					
3.91	0.12	36.01	77.21	1.13	1.12	4.78	-3.43
4.91	14.01		51.61	0.66	0.93	7.11	28.21
		6.91					
6.70	10.87	80.56	6.47	0.54	0.66	9.91	17.88
3.71	16.94	40.14	88.26	2.99	1.47	1.45	2.53
25.59	23.77		45.22	3.21	3.27	4.47	3.61
		63.33					
3.94	3.49	32.78	63.13	0.96	1.04	9.80	8.24
14.56	17.33	45.05	33.58	1.57	1.58	24.15	25.27
0.56	0.69	48.01	51.21	0.24	0.30	-1.16	1.70

Note:Ratio of value added to gross industrial output value are based on business costs surveyed. The same applies to the tables following.

13-13 2020-2021年地方规模以上工业企业经济效益指标

指　标	Item	工业增加值率 (%) Ratio of Value Added to Gross Industrial Output Value (%) 2020	2021
总计	**Total**	**22.81**	**30.94**
国有控股企业	State-holding Enterprises	21.39	30.81
大型企业	Large Enterprises	25.01	38.61
中型企业	Medium-sized Enterprises	22.33	28.25
小型企业	Small Enterprises	19.64	20.89
微型企业	Micro Enterprises	19.33	14.29
按工业行业分	**Grouped by Sector**		
采掘业	**Mining**		
煤炭开采和洗选业	Mining and Washing of Coal	43.44	69.97
黑色金属矿采选业	Mining and Processing of Ferrous Metal Ores	33.82	45.39
有色金属矿采选业	Mining and Processing of Non-Ferrous Metal Ores	32.71	32.38
非金属矿采选业	Mining and Processing of Non-metal Ores	41.47	45.44
制造业	**Manufacturing**		
农副食品加工业	Processing of Food from Agricultural Products	14.49	16.20
食品制造业	Manufacture of Foods	25.91	25.30
酒、饮料和精制茶制造业	Manufacture of Liquor, Beverages and Refined Tea	28.29	30.01
纺织业	Manufacture of Textile	27.61	23.00
纺织服装、服饰业	Manufacture of Textile, Wearing Apparel and Accessories		29.86
木材加工和木、竹、藤、棕、草制品业	Processing of Timber.Manufacture of Wood, Bamboo,Rattan,Palm and Straw Products		
家具制造业	Manufacture of Furniture		
造纸和纸制品业	Paper and Paper Products Industry		
印刷和记录媒介复制业	Printing and Reproduction of Recording Media		-1.66
文教、工美、体育和娱乐用品制造业	Manufacture of Articles for Culture, Education, Arts and Crafts,Sport and Entertainment Activities	45.78	32.44
石油、煤炭及其他燃料加工业	Petroleum, Coal and Other Fuel Processing Industries	2.10	2.08
化学原料和化学制品制造业	Manufacture of Raw Chemical Materials and Chemical Products	31.53	54.73
医药制造业	Manufacture of Medicines	34.89	33.90
化学纤维制造业	Chemical Fiber Manufacturing		5.27
橡胶和塑料制品业	Manufacture of Rubber and Plastics Products	18.20	18.11
非金属矿物制品业	Manufacture of Non-metallic Mineral Products	27.94	23.08
黑色金属冶炼和压延加工业	Smelting and Pressing of Ferrous Metals	15.03	22.08
有色金属冶炼和压延加工业	Smelting and Pressing of Non-ferrous Metals	11.53	15.84
金属制品业	Manufacture of Metal Products	22.96	27.92
通用设备制造业	Manufacture of General Purpose Machinery	5.51	17.53
专用设备制造业	Manufacture of Special Purpose Machinery	31.67	31.74
铁路、航舶、航空航天和其他运输设备制造业	Manufacture of Railway, Ship, Aerospace and Other Transport Equipments		-2.20
电气机械和器材制造业	Manufacture of Electrical Machinery and Apparatus	40.04	32.79
计算机、通信和其他电子设备制造业	Computer, Communication and Other Electronic Equipment Manufacturing Industry	34.88	58.63
仪器仪表制造业	Manufacture of Measuring Instruments and Machinery	46.26	49.24
废弃资源综合利用业	Utilization of Waste Materials		
金属制品、机械和设备修理业	Metal Products, machinery, and equipment repair industry		
电力、热力、燃气及水生产和供应业	**Electricity, Heat, Gas and Water Production and Supply**		
电力、热力生产和供应业	Production and Supply of Electric Power and Heat Power	58.59	79.49
燃气的生产和供应业	Production and Supply of Gas	35.79	34.98
水的生产和供应业	Production and Supply of Water	79.87	81.52

Main Indicators on Economic Benefit of Local Industrial Enterprises above Designated Size(2020-2021)

总资产贡献率 (%) Ratio of Total Assets to Industrial Output Value (%)		资产负债率 (%) Assets-Liability Ratio (%)		流动资产周转率 (次/年) Number of Times of Annual of Turnover Working Capitals (times/year)		成本费用利润率 (%) Ratio of Profits to Industrial Cost (%)	
2020	2021	2020	2021	2020	2021	2020	2021
3.39	**8.88**	**74.50**	**83.94**	**1.00**	**1.34**	**2.42**	**10.26**
2.99	9.60	80.89	99.95	0.94	1.45	1.77	12.18
4.30	11.40	83.48	105.91	1.17	1.66	4.39	12.10
3.50	13.85	61.59	62.57	0.94	1.49	1.96	16.32
2.43	4.94	70.07	72.10	1.08	1.31	0.39	3.96
2.16	3.28	73.31	74.60	0.32	0.38	4.92	11.51
8.42	23.11	56.06	70.42	0.53	1.00	17.73	60.22
6.21	10.06	51.47	55.35	0.82	0.65	3.64	22.67
5.72	10.67	69.40	63.03	0.91	1.15	9.95	29.35
7.09	5.84	69.30	69.45	0.79	0.91	11.96	9.00
1.77	1.85	60.27	56.46	0.78	0.82	1.46	2.36
3.48	1.98	57.59	48.83	0.65	1.01	5.49	1.75
4.40	8.12	30.74	28.61	0.57	0.51	-1.96	13.87
-3.99	2.32	88.96	87.58	0.33	0.72	-13.49	2.96
-2.55	-0.03	55.22	54.05	0.34	0.42	-14.11	-7.86
	3.79		65.85		0.82		4.32
-6.68	-8.75	90.39	62.04	1.07	1.41	-15.06	-14.40
1.21	2.85	65.24	68.58	0.80	0.93	-1.10	-2.34
-0.21	2.72	69.79	70.99	2.50	3.98	-3.88	-2.29
3.05	14.51	86.51	92.64	0.89	1.17	0.75	28.74
8.78	11.88	48.96	44.29	0.63	0.64	14.25	22.01
	-2.95		76.37		1.17		15.78
1.40	0.81	72.63	69.19	1.01	0.81	-0.35	0.29
3.69	4.04	90.06	98.99	0.77	0.84	4.86	3.48
3.82	13.50	77.38	75.68	1.54	2.29	0.98	8.05
2.18	7.53	72.59	126.47	2.01	3.82	-0.08	2.19
4.24	4.50	54.04	55.12	0.67	0.63	8.39	8.78
-4.47	-1.86	90.88	85.81	0.58	0.49	-14.54	-7.14
2.42	4.31	63.24	58.65	0.44	0.43	1.64	6.72
-0.97	-3.61	73.83	81.37	0.42	0.37	-7.40	-29.05
5.19	0.94	69.96	79.95	1.15	1.15	7.55	-1.98
4.91	14.01	36.01	51.61	0.66	0.93	7.11	28.21
6.70	10.87	6.91	6.47	0.54	0.66	9.91	17.88
3.71	16.94	80.56	88.26	2.99	1.47	1.45	2.53
25.89	26.83	31.54	30.31	2.69	3.18	6.59	5.14
2.04	2.51	74.40	83.83	0.27	0.30	2.22	5.00
13.33	17.11	35.40	35.91	1.72	1.74	20.32	22.35
0.56	0.69	45.05	51.21	0.24	0.30	-1.16	1.70

13-14 2020-2021年规模以上国有及国有控股工业企业主要经济效益指标

指　　标	Item	工业增加值率 (%) Ratio of Value Added to Gross Industrial Output Value (%)	
		2020	2021
总计	**Total**	**32.27**	**36.37**
国有控股企业	State-holding Enterprises	32.27	36.37
大型企业	Large Enterprises	33.29	37.36
中型企业	Medium-sized Enterprises	17.43	27.80
小型企业	Small Enterprises	51.72	37.99
微型企业	Micro Enterprises	52.30	55.74
按工业行业分	**Grouped by Sector**		
采掘业	**Mining**		
煤炭开采和洗选业	Mining and Washing of Coal	46.51	50.90
石油和天然气开采业	Extraction of Petroleum and Natural Gas	56.01	52.45
黑色金属矿采选业	Mining and Processing of Ferrous Metal Ores		
有色金属矿采选业	Mining and Processing of Non-Ferrous Metal Ores	32.71	32.38
非金属矿采选业	Mining and Processing of Non-metal Ores	45.59	52.54
制造业	**Manufacturing**		
农副食品加工业	Processing of Food from Agricultural Products		
食品制造业	Manufacture of Foods	41.05	53.13
纺织服装、服饰业	Manufacture of Textile, Wearing Apparel and Accessories		73.47
印刷和记录媒介复制业	Printing and Reproduction of Recording Media		
石油、煤炭及其他燃料加工业	Petroleum, Coal and Other Fuel Processing Industries		
化学原料和化学制品制造业	Manufacture of Raw Chemical Materials and Chemical Products	26.29	47.26
医药制造业	Manufacture of Medicines	83.94	61.58
橡胶和塑料制品业	Rubber and plastic products industry		
非金属矿物制品业	Manufacture of Non-metallic Mineral Products	37.88	26.66
黑色金属冶炼和压延加工业	Smelting and Pressing of Ferrous Metals	17.55	10.18
有色金属冶炼和压延加工业	Smelting and Pressing of Non-ferrous Metals	15.09	27.13
金属制品业	Manufacture of Metal Products	20.05	16.12
通用设备制造业	Manufacture of General Purpose Machinery		7.36
电气机械和器材制造业	Manufacture of Electrical Machinery and Apparatus	15.81	
金属制品、机械和设备修理业	Metal Products, machinery, and equipment repair industry		
电力、热力、燃气及水生产和供应业	**Electricity, Heat, Gas and Water Production and Supply**		
电力、热力的生产和供应业	Production and Supply of Electric Power and Heat Power	37.88	39.44
燃气生产和供应业	Production and Supply of Gas	47.37	43.28
水的生产和供应业	Production and Supply of Water	79.87	81.52

Main Indicators on Economic Benefit of State-owned and State-holding Industrial Enterprises Above Designated Size(2020-2021)

总资产贡献率 (%) Ratio of Total Assets to Industrial Output Value (%)		资产负债率 (%) Assets-Liability Ratio (%)		流动资产周转率 (次/年) Number of Times of Annual of Turnover Working Capitals (times/year)		成本费用利润率 (%) Ratio of Profits to Industrial Cost (%)	
2020	2021	2020	2021	2020	2021	2020	2021
4.67	**8.15**	**68.55**	**74.14**	**1.24**	**1.59**	**5.46**	**11.73**
4.67	8.15	68.55	74.14	1.24	1.59	5.46	11.73
5.60	9.29	66.64	75.19	1.67	2.23	6.21	11.14
0.87	14.40	71.23	63.13	0.99	1.94	-3.30	14.65
2.67	2.80	74.53	81.50	0.62	0.76	1.64	0.95
4.46	4.92	71.30	68.21	0.40	0.30	34.60	46.61
6.47	14.72	56.09	78.89	0.33	0.91	21.45	39.77
11.85	11.76	39.73	34.54	1.65	1.65	9.17	5.98
	-1.46		93.05		1.59		-30.36
5.88	10.87	69.80	62.96	0.90	1.18	10.86	30.47
10.27	9.33	69.04	67.48	0.82	1.06	20.67	15.60
1.95	-1.74	72.88	71.67	0.51	1.05	7.37	-5.52
5.57	-0.79	26.36	31.42	1.31	1.95	1.08	-6.46
-5.74	-0.24	6.63	8.16	0.33	0.34	-22.03	-11.89
-3.54	-7.89	75.61	81.88	1.32	1.40	-11.53	-16.00
3.59	17.39	93.35	105.70	1.23	1.33	2.80	33.15
4.27	8.57	63.09	46.56	0.43	0.56	12.25	21.05
2.86	11.53	68.76	68.73	1.89	1.34	0.12	-0.71
-0.28	-0.10	107.96	131.07	1.23	2.12	-5.97	-2.66
2.65	2.56	82.22	85.15	1.18	1.94	-0.05	-4.96
4.61	18.67	73.93	141.22	1.75	3.34	1.74	9.51
6.80	2.55	67.29	61.56	0.46	0.42	3.10	0.14
-15.74	-6.70	137.29	153.19	1.18	0.85	-34.40	-11.89
-6.49	-13.21	94.11	32.83	1.01	0.07	-14.40	-124.61
24.21	15.15	80.66	87.15	5.45	3.48	0.27	0.50
4.04	3.57	61.78	61.07	1.20	1.22	9.52	8.18
23.42	21.04	29.68	28.33	1.45	1.27	44.05	38.35
0.56	0.69	45.05	51.21	0.24	0.30	-1.16	1.70

13-15 2020-2021年大中型工业企业经济效益指标

指 标	Item	工业增加值率(%) Ratio of Value Added to Gross Industrial Output Value (%)	
		2020	2021
总计	**Total**	**30.78**	**37.68**
国有控股企业	State-holding Enterprises	30.87	35.90
大型企业	Large Enterprises	33.34	40.37
中型企业	Medium-sized Enterprises	22.25	28.50
按工业行业分	**Grouped by Sector**		
采掘业	**Mining**		
煤炭开采和洗选业	Mining and Washing of Coal	46.51	50.90
石油和天然气开采业	Extraction of Petroleum and Natural Gas	56.01	52.45
黑色金属矿采选业	Mining and Processing of Ferrous Metal Ores	50.06	61.87
有色金属矿采选业	Mining and Processing of Non-Ferrous Metal Ores	30.07	26.37
非金属矿采选业	Mining and Processing of Non-metal Ores	45.59	52.54
制造业	**Manufacturing**		
农副食品加工业	Processing of Food from Agricultural Products		
食品制造业	Manufacture of Foods	26.42	23.31
酒、饮料和精制茶制造业	Manufacture of Liquor, Beverages and Refined Tea	42.20	43.11
纺织业	Manufacture of Textile		
纺织服装、服饰业	Manufacture of Textile, Wearing Apparel and Accessories		73.47
印刷业和记录媒介的复制	Printing and Reproduction of Recording Media		
文教、工美、体育和娱乐用品制造业	Manufacture of Articles for Culture, Education, Arts and Crafts, Sport and Entertainment Activities		
石油、煤炭及其他燃料加工业	Petroleum, Coal and Other Fuel Processing Industries		
化学原料及化学制品制造业	Manufacture of Raw Chemical Materials and Chemical Products	31.96	54.23
医药制造业	Manufacture of Medicines	39.12	37.62
化学纤维制造业	Chemical Fiber Manufacturing		5.27
非金属矿物制品业	Manufacture of Non-metallic Mineral Products	38.36	25.18
黑色金属冶炼及压延加工业	Smelting and Pressing of Ferrous Metals	15.19	22.23
有色金属冶炼及压延加工业	Smelting and Pressing of Non-ferrous Metals	16.08	26.19
金属制品业	Manufacture of Metal Products		
通用设备制造业	Manufacture of General Purpose Machinery		
电气机械和器材制造业	Manufacture of Electrical Machinery and Apparatus	38.96	41.72
计算机、通信和其他电子设备制造业	Computer, Communication and Other Electronic Equipment Manufacturing Industry	34.96	63.50
仪器仪表制造业	Manufacture of Measuring Instruments and Machinery	46.26	49.24
金属制品、机械和设备修理业	Metal Products, machinery, and equipment repair industry		
电力、热力、燃气及水生产和供应业	**Electricity, Heat, Gas and Water Production and Supply**		
电力、热力的生产和供应业	Production and Supply of Electric Power and Heat Power	35.21	38.29
水的生产和供应业	Production and Supply of Water	88.09	87.76

Main Indicators on Economic Benefit of Large and Medium-sized Industrial Enterprises above Designated Size(2020-2021)

总资产贡献率 (%) Ratio of Total Assets to Industrial Output Value (%)		资产负债率 (%) Assets-Liability Ratio (%)		流动资产周转率 (次/年) Number of Times of Annual of Turnover Working Capitals (times/year)		成本费用利润率 (%) Ratio of Profits to Industrial Cost (%)	
2020	2021	2020	2021	2020	2021	2020	2021
5.15	**10.17**	**66.27**	**71.76**	**1.39**	**1.86**	**5.01**	**12.39**
5.02	9.84	67.20	73.90	1.52	2.18	4.72	11.70
5.60	9.37	67.08	73.93	1.59	2.01	6.21	11.18
3.18	13.88	62.74	61.78	0.96	1.50	1.07	16.38
6.83	28.82	52.50	62.25	0.32	5.22	22.05	47.03
11.85	11.76	39.73	34.54	1.65	1.65	9.17	5.98
10.28	12.53	47.04	55.97	0.91	0.52	16.70	43.72
5.74	10.85	69.79	64.08	0.86	1.11	9.92	32.34
10.27	15.35	69.04	41.79	0.82	1.41	20.67	24.37
16.45	16.63	38.90	42.62	5.83	6.08	11.93	10.10
3.89	8.09	25.00	23.22	0.42	0.38	-10.93	15.59
-5.74	3.96	6.63	9.42	0.33	0.33	-22.03	2.57
-0.05	2.86	69.98	71.12	2.63	4.06	-3.94	-2.59
4.19	18.64	91.33	104.50	1.05	1.35	3.77	32.99
18.78	18.90	35.04	37.37	0.92	0.93	24.27	23.55
	-2.95		76.37		1.17		15.78
2.99	6.12	93.22	109.40	1.00	1.23	6.73	9.38
3.83	11.77	77.12	77.15	1.40	2.05	1.22	7.34
4.55	16.63	71.55	118.18	1.81	2.96	2.21	10.20
-15.74		137.29		1.18		-34.40	
5.63	1.23	72.84	83.21	1.09	1.27	8.35	-1.80
5.04	15.25	35.33	50.87	0.65	0.90	7.45	31.01
6.70	10.87	6.91	6.47	0.54	0.66	9.91	17.88
25.89	26.83	31.54	30.31	2.69	3.18	6.59	5.14
4.17	3.21	55.26	49.88	2.27	3.24	7.13	5.52
1.88	0.93	55.10	55.74	0.22	0.30	9.21	2.53

13-16 2020-2021年规模以上非公有工业企业经济效益指标

指 标	Item	工业增加值率 (%) Ratio of Value Added to Gross Industrial Output Value (%) 2020	2021
总计	**Total**	**24.19**	**31.04**
大型企业	Large Enterprises	33.73	68.05
中型企业	Medium-sized Enterprises	27.67	29.23
小型企业	Small Enterprises	16.21	16.44
微型企业	Micro Enterprises	2.55	5.82
按登记注册类型分	**By Status of Registration**		
股份合作企业	Cooperative Enterprises	32.22	20.92
有限责任公司	Limited Liability Corporations	32.89	36.55
股份有限公司	Share-holding Corporations Limited	21.65	22.46
私营企业	Private Enterprises	13.50	19.12
港、澳、台商投资企业	Enterprises with Funds from Hong Kong, Macao and Taiwan	15.92	65.96
外商投资企业	Foreign Funded Enterprises	39.86	74.93
按工业行业分	**Grouped by Sector**		
采掘业	**Mining**		
煤炭开采和洗选业	Mining and Washing of Coal	37.54	85.82
黑色金属矿采选业	Mining and Processing of Ferrous Metal Ores	33.82	45.39
有色金属矿采选业	Mining and Processing of Non-Ferrous Metal Ores		
非金属矿采选业	Mining and Processing of Non-metal Ores	32.54	38.92
制造业	**Manufacturing**		
农副食品加工业	Processing of Food from Agricultural Products	14.49	16.20
食品制造业	Manufacture of Foods	24.98	23.36
酒、饮料和精制茶制造业	Manufacture of Liquor, Beverages and Refined Tea	28.29	30.01
纺织业	Manufacture of Textile	27.61	23.00
纺织服装、服饰业	Manufacture of Textile, Wearing Apparel and Accessories		20.05
造纸和纸制品业	Paper and Paper Products Industry		
印刷业和记录媒介的复制	Printing and Reproduction of Recording Media		-1.66
文教、工美、体育和娱乐用品制造业	Manufacture of Articles for Culture, Education, Arts and Crafts, Sport and Entertainment Activities	45.78	32.44
石油、煤炭及其他燃料加工业	Petroleum, Coal and Other Fuel Processing Industries	2.10	2.08
化学原料及化学制品制造业	Manufacture of Raw Chemical Materials and Chemical Products	43.86	82.04
医药制造业	Manufacture of Medicines	34.89	27.63
化学纤维制造业	Chemical Fiber Manufacturing		5.27
橡胶和塑料制品业	Manufacture of Rubber and Plastics Products	18.20	18.11
非金属矿物制品业	Manufacture of Non-metallic Mineral Products	27.63	23.92
黑色金属冶炼及压延加工业	Smelting and Pressing of Ferrous Metals	11.57	35.68
有色金属冶炼及压延加工业	Smelting and Pressing of Non-ferrous Metals	11.60	4.39
金属制品业	Manufacture of Metal Products	24.85	31.89
通用设备制造业	Manufacture of General Purpose Machinery	5.51	34.45
专用设备制造业	Manufacture of Special Purpose Machinery	31.67	31.74
铁路、航舶、航空航天和其他运输设备制造业	Manufacture of Railway, Ship, Aerospace and Other Transport Equipments		-2.20
电气机械和器材制造业	Manufacture of Electrical Machinery and Apparatus	40.04	32.79
计算机、通信和其他电子设备制造业	Computer, Communication and Other Electronic Equipment Manufacturing Industry	34.88	58.63
仪器仪表制造业	Manufacture of Measuring Instruments and Machinery		
废弃资源综合利用业	Utilization of Waste Materials		
金属制品、机械和设备修理业	Metal Products, machinery, and equipment repair industry		
电力、热力、燃气及水生产和供应业	**Electricity, Heat, Gas and Water Production and Supply**		
电力、热力的生产和供应业	Production and Supply of Electric Power and Heat Power	68.32	88.36
燃气生产和供应业	Production and Supply of Gas	22.71	32.34

Main Indicators on Economic Benefit of Non-public Industrial Enterprises Above Designated Size(2020-2021)

总资产贡献率 (%) Ratio of Total Assets to Industrial Output Value (%)		资产负债率 (%) Assets-Liability Ratio (%)		流动资产周转率 (次/年) Number of Times of Annual of Turnover Working Capitals (times/year)		成本费用利润率 (%) Ratio of Profits to Industrial Cost (%)	
2020	2021	2020	2021	2020	2021	2020	2021
3.95	**7.99**	**66.02**	**65.84**	**1.04**	**1.26**	**3.02**	**8.67**
5.61	9.91	70.85	65.43	1.22	1.32	6.19	11.38
5.94	13.42	52.79	60.86	0.94	1.21	5.94	18.23
2.97	5.90	68.08	66.67	1.23	1.48	1.10	4.36
1.38	2.08	72.61	72.67	0.26	0.47	0.43	3.37
0.54	1.35	42.16	91.24	0.47	1.17	-4.33	-6.49
4.69	7.28	61.51	61.64	0.99	1.23	5.48	9.18
3.98	9.75	67.55	70.35	1.07	1.43	-1.35	10.96
2.92	6.70	70.58	71.71	1.05	1.33	1.34	5.15
2.40	5.75	84.08	95.85	1.36	0.81	-3.11	11.74
9.85	27.36	33.50	40.99	1.27	1.01	15.13	79.38
15.48	39.98	55.95	62.28	1.33	1.24	14.26	97.61
6.21	11.15	51.47	51.78	0.82	0.65	3.64	23.73
1.10	4.98	57.41	64.99	0.97	0.71	-6.22	5.52
2.63	3.76	69.68	70.63	0.75	0.84	2.24	5.05
1.76	2.08	59.62	55.50	0.80	0.81	1.30	2.72
3.43	2.27	58.28	50.63	0.64	0.97	5.62	2.60
4.40	8.12	30.74	28.61	0.57	0.51	-1.96	13.87
-3.99	2.32	88.96	87.58	0.33	0.72	-13.49	2.96
-0.93	0.08	79.95	78.64	0.35	0.50	-7.48	-5.23
	3.79		65.85		0.82		4.32
-8.07	-9.09	96.91	53.96	1.00	1.42	-16.44	-13.90
1.21	2.85	65.24	68.58	0.80	0.93	-1.10	-2.34
-0.21	2.72	69.79	70.99	2.50	3.98	-3.88	-2.29
1.67	7.85	69.55	62.50	0.42	0.84	-6.18	16.82
9.60	12.98	45.40	40.91	0.66	0.66	15.09	22.09
	-2.95		76.37		1.17		15.78
1.30	0.22	72.89	69.21	0.96	0.78	-0.40	0.38
7.71	6.32	72.46	81.44	0.74	0.70	11.13	7.92
6.39	43.92	67.00	56.57	2.20	2.75	1.51	22.54
2.33	6.08	73.68	60.46	3.45	4.26	0.08	1.97
2.15	5.70	41.81	48.56	0.83	0.67	17.01	18.83
0.10	0.50	72.04	52.96	0.43	0.32	-1.84	-0.74
2.42	4.31	63.24	58.65	0.44	0.43	1.64	6.72
-0.97	-3.61	73.83	81.37	0.42	0.37	-7.40	-29.05
5.18	0.94	69.97	79.92	1.15	1.15	7.56	-1.99
4.91	14.01	36.01	51.61	0.66	0.93	7.11	28.21
3.71	16.94	80.56	88.26	2.99	1.47	1.45	2.53
25.89	26.83	31.54	30.31	2.69	3.18	6.59	5.14
3.31	2.73	73.91	82.25	0.21	0.23	15.57	10.01
10.92	14.94	34.05	36.97	1.63	1.84	17.04	18.53

13-17 2021年分地区规模以上工业企业主要经济指标

单位：万元

指 标	Item	企业单位数(个) Number of Enterprises (unit)	亏损企业 Loss-making Enterprises
西宁市	**Xining City**	**248**	**96**
国有控股企业	State-holding Enterprises	52	21
国有企业	State-owned Enterprises	7	4
股份合作企业	Cooperative Enterprises	2	
有限责任公司	Limited Liability Corporations	101	43
股份有限公司	Share-holding Corporations Limited	12	4
私营企业	Private Enterprises	118	41
港、澳、台商投资企业	Enterprises with Funds from Hong Kong,Macao and Taiwan	2	1
外商投资企业	Foreign Funded Enterprises	6	3
海东市	**Haidong City**	**94**	**25**
国有控股企业	State-holding Enterprises	10	1
国有企业	State-owned Enterprises	1	
股份合作企业	Cooperative Enterprises	1	1
有限责任公司	Limited Liability Corporations	32	5
股份有限公司	Share-holding Corporations Limited	5	1
私营企业	Private Enterprises	54	18
港、澳、台商投资企业	Enterprises with Funds from Hong Kong,Macao and Taiwan	1	
外商投资企业	Foreign Funded Enterprises		
海北州	**Haibei Zang A.P**	**32**	**10**
国有控股企业	State-holding Enterprises	9	3
国有企业	State-owned Enterprises	1	1
有限责任公司	Limited Liability Corporations	7	3
股份有限公司	Share-holding Corporations Limited	2	
私营企业	Private Enterprises	22	6
黄南州	**Huangnan Zang A.P**	**16**	**7**
国有控股企业	State-holding Enterprises	5	3
有限责任公司	Limited Liability Corporations	7	3
股份有限公司	Share-holding Corporations Limited	1	1
私营企业	Private Enterprises	6	2
港、澳、台商投资企业	Enterprises with Funds from Hong Kong,Macao and Taiwan	1	1
外商投资企业	Foreign Funded Enterprises	1	
海南州	**Hainan Zang A.P**	**47**	**6**
国有控股企业	State-holding Enterprises	25	1
国有企业	State-owned Enterprises	1	
有限责任公司	Limited Liability Corporations	29	1
私营企业	Foreign Funded Enterprises	16	5
港、澳、台商投资企业	Enterprises with Funds from Hong Kong,Macao and Taiwan	1	
果洛州	**Golog Zang A.P**	**4**	**2**
国有控股企业	State-holding Enterprises	1	1
有限责任公司	Limited Liability Corporations	3	2
私营企业	Private Enterprises	1	
海西州	**Haixi Mongolian & Zang A.P**	**191**	**51**
国有控股企业	State-holding Enterprises	97	15
国有企业	State-owned enterprises	9	2
有限责任公司	Limited Liability Corporations	122	28
股份有限公司	Share-holding Corporations Limited	10	2
私营企业	Private Enterprises	45	18
港、澳、台商投资企业	Enterprises with Funds from Hong Kong,Macao and Taiwan	4	1
外商投资企业	Foreign Funded Enterprises	1	

Main Economic Indicators of Industrial Enterprises Above Designated Size by Region(2021)

(10 000 yuan)

工业总产值 Gross Industrial Output Value	资产总计 Total Assets	流动资产合计 Total Working Capitals	固定资产净额 Net Fixed Assets	固定资产原价 Original Value of Fixed Assets	累计折旧 Accumulated Depreciation	本年折旧 Depreciation Charge for the Year
18121561	**32625323**	**9739656**	**14037904**	**27198703**	**12004492**	**1230182**
11665178	24011834	5063999	11939365	23337273	10437402	962479
3092317	6000794	739227	4624396	8472408	3844881	421360
35531	46698	34899	11947	18339	6392	2474
9870960	19920862	5858293	8020442	15484656	6339340	661843
1973373	3487042	1153080	622716	1883717	1260883	67842
2783196	2456121	1589374	581843	940383	333360	50144
12668	31660	14423	5383	14547	6764	6002
353517	682147	350359	171176	384653	212871	20517
2889844	**3910365**	**1656176**	**1404754**	**2596934**	**737662**	**118365**
856762	1474898	363985	681028	1425626	374698	59758
706916	402264	155059	226127	422449	62210	23261
	13751	2998		18996		
932732	1486939	575732	752636	1158039	395607	53335
122985	792097	233096	139750	475628	65199	9441
1124543	1191167	681391	271969	504781	211878	31505
2668	24147	7899	14272	17040	2768	823
208377	**851884**	**321990**	**221700**	**755961**	**246763**	**20150**
102178	600407	179504	141796	615956	193980	12267
23575	62263	10031	50958	167505	85407	5106
76768	479873	147380	50292	390318	87147	7613
11229	68722	27724	40973	64144	23171	
96805	241027	136855	79477	133993	51038	7431
135428	**380604**	**92828**	**229195**	**396490**	**132283**	**9435**
17984	76526	29053	28342	54220	9085	1608
24606	92257	35060	36236	69761	16732	2026
53541	39939	27856	4755	9096	4341	664
20457	67794	15982	47224	62626	15328	2602
21161	94900	4639	65188	104375	21042	4143
15664	85713	9290	75792	150632	74840	
609757	**4701360**	**1789210**	**2598141**	**3671976**	**997125**	**93743**
456060	3828985	1426804	2151549	2966817	769774	68298
815	40533	7522		14807	2532	1656
478597	3959790	1501613	2235556	3078601	807255	71490
127888	646854	239628	348857	558662	181160	19836
2457	54182	40446	13728	19906	6178	761
36743	**111882**	**53888**	**43590**	**180699**	**135908**	**14220**
28152	48156	34331	8782	121870	113087	10983
35293	109601	52074	43590	179014	135424	14147
1450	2282	1814		1685	484	73
8522771	**23936494**	**8637865**	**8570601**	**16608547**	**5637090**	**860093**
6331025	17439342	5511135	6378870	12625745	3994855	452163
77842	770074	275069	450035	595582	144572	19782
3978312	13052110	4564705	6007903	11224899	3073227	660973
3481794	7523856	2354194	1342880	3225819	1709123	107270
917821	2341529	1364132	652139	1324319	589883	61913
64589	229732	72125	106105	216098	109993	10154
2412	19194	7640	11539	21831	10292	

13-17 续表1

单位：万元

指标	Item	负债合计 Total Liabilities	流动负债合计 Total Working Liabilities
西宁市	**Xining City**	**22399244**	**14000050**
国有控股企业	State-holding Enterprises	16793027	9396206
国有企业	State-owned Enterprises	2881681	1879177
股份合作企业	Cooperative Enterprises	36628	36628
有限责任公司	Limited Liability Corporations	13743443	8358125
股份有限公司	Share-holding Corporations Limited	3682723	2066016
私营企业	Private Enterprises	1769449	1491090
港、澳、台商投资企业	Enterprises with Funds from Hong Kong,Macao and Taiwan	6302	6052
外商投资企业	Foreign Funded Enterprises	279019	162961
海东市	**Haidong City**	**3928669**	**2423054**
国有控股企业	State-holding Enterprises	2243044	1100119
国有企业	State-owned Enterprises	1444187	800320
股份合作企业	Cooperative Enterprises	18528	
有限责任公司	Limited Liability Corporations	1005048	685633
股份有限公司	Share-holding Corporations Limited	649923	242884
私营企业	Private Enterprises	791435	687458
港、澳、台商投资企业	Enterprises with Funds from Hong Kong,Macao and Taiwan	19548	6759
外商投资企业	Foreign Funded Enterprises		
海北州	**Haibei Zang A.P**	**642812**	**324787**
国有控股企业	State-holding Enterprises	471235	188503
国有企业	State-owned Enterprises	60894	60894
有限责任公司	Limited Liability Corporations	370061	106359
股份有限公司	Share-holding Corporations Limited	48295	28853
私营企业	Private Enterprises	163561	128682
黄南州	**Huangnan Zang A.P**	**449002**	**230151**
国有控股企业	State-holding Enterprises	59730	34478
有限责任公司	Limited Liability Corporations	69950	43414
股份有限公司	Share-holding Corporations Limited	32771	16542
私营企业	Private Enterprises	53376	38233
港、澳、台商投资企业	Enterprises with Funds from Hong Kong,Macao and Taiwan	255490	104547
外商投资企业	Foreign Funded Enterprises	37416	27416
海南州	**Hainan Zang A.P**	**2866620**	**1783833**
国有控股企业	State-holding Enterprises	2280412	1530504
国有企业	State-owned Enterprises	39802	9461
有限责任公司	Limited Liability Corporations	2339615	1561552
私营企业	Foreign Funded Enterprises	456900	186417
港、澳、台商投资企业	Enterprises with Funds from Hong Kong,Macao and Taiwan	30304	26404
果洛州	**Golog Zang A.P**	**56409**	**26208**
国有控股企业	State-holding Enterprises	22484	9634
有限责任公司	Limited Liability Corporations	55374	25173
私营企业	Private Enterprises	1035	1035
海西州	**Haixi Mongolian & Zang A.P**	**17355616**	**11581055**
国有控股企业	State-holding Enterprises	13333604	8680908
国有企业	State-owned Enterprises	542859	133772
有限责任公司	Limited Liability Corporations	11654722	8592130
股份有限公司	Share-holding Corporations Limited	3301275	1655434
私营企业	Private Enterprises	1745662	1142993
港、澳、台商投资企业	Enterprises with Funds from Hong Kong,Macao and Taiwan	104921	55451
外商投资企业	Foreign Funded Enterprises	6178	1274

Continued

(10 000yuan)

应付账款 Accounts Payable	所有者权益合计 Total Owners' Equity	实收资本 Paid-up Capital	营业收入 Revenue from Business	主营业务收入 Revenue from Principal Business	营业成本 Cost of Business	税金及附加 Taxes and Other Charges
3448263	**10226077**	**10038826**	**20320688**	**19217680**	**17676864**	**105323**
1955370	7218807	7337166	12856312	12209756	11097848	76254
788396	3119113	2617502	3451218	3431319	3526470	6250
4628	10070	6160	44324	44324	40473	725
1800525	6177419	5387418	11330257	10328267	9617744	64017
246458	-195681	529753	2151313	2111002	1690755	19571
588715	686670	1427987	2978226	2938575	2634764	9898
1521	25358	12780	14132	13523	10664	53
18021	403128	57225	351218	350671	155995	4809
552718	**-18305**	**840162**	**2916862**	**2861934**	**2452177**	**26423**
160206	-768146	241668	853748	850044	658596	4783
136057	-1041922	59480	708759	706220	566270	3688
	-4778		28		28	1
109458	481890	388118	955594	943444	820477	3033
125138	142174	63146	91362	89408	56113	15753
181798	399731	324919	1158447	1120194	1007821	3947
268	4599	4500	2672	2668	1468	1
96847	**209072**	**106520**	**193350**	**170941**	**160407**	**3779**
53327	129171	50808	88403	66791	78667	3009
41529	1369		23304	22995	36037	283
15448	109811	39391	72768	51466	50696	2750
871	20427	16100	1725	1725	606	
38999	77466	51030	95552	94755	73069	746
28557	**-68399**	**140239**	**99417**	**98957**	**62248**	**909**
5902	16796	17331	14058	13894	10549	37
7286	22307	19567	20686	20495	15959	69
2957	7169	18186	21281	21281	11096	29
3902	14418	10207	20298	20298	17695	149
12525	-160590	54279	21219	21219	9382	365
1887	48297	38000	15933	15664	8116	298
93133	**1834739**	**971444**	**587053**	**585527**	**269124**	**5051**
50536	1548573	748608	439672	438916	166492	3534
5358	732	67	3733	3733	1956	1
46631	1620174	804154	459045	457667	178618	3761
40860	189954	147223	121847	121700	87364	1258
284	23879	20000	2428	2428	1186	32
9446	**55473**	**15016**	**42865**	**42041**	**29996**	**1090**
3479	25672	1200	29022	28199	19446	1068
8720	54227	13770	40632	39809	28076	1086
725	1246	1246	2233	2233	1920	4
2478024	**6580877**	**4992821**	**8114768**	**7796821**	**4717266**	**521680**
1759513	4105738	3421487	5771641	5492596	3133893	453749
8974	227215	168800	73434	72983	34008	468
1468600	1397387	3323040	4006558	3916015	2432429	118880
713563	4222581	781235	2997324	2778590	1406016	391482
276958	595867	576639	962830	954673	800039	9946
9257	124811	135792	72243	72181	43195	773
672	13016	7315	2379	2379	1580	130

13-17 续表2

单位：万元

指 标	Item	销售费用 Cost of Sales	管理费用 Management Expenses
西宁市	**Xining City**	**226845**	**400965**
国有控股企业	State-holding Enterprises	73444	239009
国有企业	State-owned Enterprises	1470	66051
股份合作企业	Cooperative Enterprises	844	1787
有限责任公司	Limited Liability Corporations	110892	197306
股份有限公司	Share-holding Corporations Limited	34750	48115
私营企业	Private Enterprises	74316	66806
港、澳、台商投资企业	Enterprises with Funds from Hong Kong,Macao and Taiwan	176	787
外商投资企业	Foreign Funded Enterprises	4397	20113
海东市	**Haidong City**	**32154**	**84097**
国有控股企业	State-holding Enterprises	3479	14713
国有企业	State-owned Enterprises		7117
股份合作企业	Cooperative Enterprises		3190
有限责任公司	Limited Liability Corporations	10768	27676
股份有限公司	Share-holding Corporations Limited	2854	8066
私营企业	Private Enterprises	18532	38049
港、澳、台商投资企业	Enterprises with Funds from Hong Kong,Macao and Taiwan		
外商投资企业	Foreign Funded Enterprises		
海北州	**Haibei Zang A.P**	**6324**	**14181**
国有控股企业	State-holding Enterprises	194	8034
国有企业	State-owned Enterprises		818
有限责任公司	Limited Liability Corporations	651	7708
股份有限公司	Share-holding Corporations Limited		6
私营企业	Private Enterprises	5674	5649
黄南州	**Huangnan Zang A.P**	**8744**	**6201**
国有控股企业	State-holding Enterprises	310	1338
有限责任公司	Limited Liability Corporations	312	2218
股份有限公司	Share-holding Corporations Limited	7863	2516
私营企业	Private Enterprises	569	1467
港、澳、台商投资企业	Enterprises with Funds from Hong Kong,Macao and Taiwan		
外商投资企业	Foreign Funded Enterprises		
海南州	**Hainan Zang A.P**	**5157**	**12198**
国有控股企业	State-holding Enterprises	431	3783
国有企业	State-owned Enterprises		…
有限责任公司	Limited Liability Corporations	474	4155
私营企业	Foreign Funded Enterprises	4683	8013
港、澳、台商投资企业	Enterprises with Funds from Hong Kong,Macao and Taiwan		29
果洛州	**Golog Zang A.P**	**346**	**15606**
国有控股企业	State-holding Enterprises	246	14594
有限责任公司	Limited Liability Corporations	306	15394
私营企业	Private Enterprises	40	212
海西州	**Haixi Mongolian & Zang A.P**	**214551**	**587888**
国有控股企业	State-holding Enterprises	135683	456611
国有企业	State-owned Enterprises	641	2344
有限责任公司	Limited Liability Corporations	126610	217013
股份有限公司	Share-holding Corporations Limited	32685	310919
私营企业	Private Enterprises	42614	54630
港、澳、台商投资企业	Enterprises with Funds from Hong Kong,Macao and Taiwan	12001	2976
外商投资企业	Foreign Funded Enterprises		6

Continued

(10 000yuan)

财务费用 Financial Expenses	营业利润 Operating Profit	利润总额 Total Profits	所得税费用 Income Tax Payable	亏损企业亏损总额 The Total Loss of Loss-making Enterprises	利税总额 Total Profits and Taxes	应交增值税 Value Added Tax Payable
424698	**1140106**	**1209280**	**106818**	**630590**	**1830261**	**515658**
373622	687780	725558	27649	470211	1162625	360813
39783	-221717	-171703	1901	173135	-144229	21224
1795	-1077	62	…		2207	1421
311148	616514	623433	51337	416613	1024699	337248
51959	442475	444023	6979	8531	528289	64694
16473	144376	153965	22886	30512	211501	47638
25	2187	2547	455	277	2950	351
3516	157347	156953	23260	1524	204843	43081
37815	**339358**	**334385**	**18629**	**17520**	**426525**	**65717**
18791	180207	179402	2954	3617	214722	30537
-46	143038	140767			167199	22743
…	-3191	-3186		3186	-3185	
21885	73872	75812	6558	1665	92638	13793
3671	14120	13947	2856	3617	35539	5839
11510	111493	107020	9178	9052	135536	24569
796	26	24	36		-1201	-1226
13434	**-4330**	**-4343**	**2909**	**23882**	**5390**	**5955**
8984	-9106	-9883	1694	20084	-3136	3739
-5	-13055	-14351		14351	-13678	390
8664	2824	3342	1694	6080	9145	3053
333	780	780			780	
4441	5121	5886	1215	3451	9144	2512
4879	**5930**	**5767**	**1576**	**2663**	**10505**	**3828**
2128	1181	1197	149	834	601	-633
2170	1444	1264	152	834	1178	-154
360	-582	-555		555	-1076	-549
629	-211	-269	4	591	167	287
208	-730	-683	518	683	2052	2370
1512	6010	6011	902		8183	1875
100301	**193764**	**195294**	**23791**	**12594**	**188738**	**-11607**
78924	185326	185270	21523	684	171820	-16984
1111	665	665			666	
80856	189915	190041	22123	684	178646	-15156
17916	2421	3826	1552	11909	8355	3272
418	763	763	116		1072	276
794	**-4865**	**-4735**	**135**	**6965**	**-2285**	**1360**
-220	-6010	-6157	135	6157	-3880	1209
791	-4918	-4787	135	6965	-2342	1360
3	53	53			57	
304045	**1354775**	**1240073**	**184627**	**294096**	**2266600**	**504847**
210410	993420	921062	105587	161437	1791875	417063
21109	13325	13128	975	636	18464	4868
182667	688017	635433	142993	237741	894222	139909
46010	652441	591145	32954	9604	1306844	324217
51065	-7718	-7587	5863	40231	31316	28957
2981	8260	7506	1750	5885	15175	6897
213	450	449	92		579	

13-18　2017-2021年主要工业产品产量
Output of Major Industrial Products(2017-2021)

产品名称	Item	2017	2018	2019	2020	2021
铜选矿含铜　(吨)	Content of Cuprum in Cuprum Concentration (ton)	15101	9173	4572	10156	5769
锌精矿含锌　(万吨)	Content of Zinc in Zinc Concentration (10 000 tons)	7	10	8	11	10
铅精矿含铅　(万吨)	Content of Lead in Lead Concentration(10 000 tons)	5	4	5	6	5
碳酸钠(纯碱)　(万吨)	Soda Ash (10 000 tons)	375	432	453	414	462
原盐　(万吨)	Salt (10 000 tons)	183	263	279	453	348
碳化钙(电石)　(万吨)	Calcium Carbide (10 000 tons)	5	8			
食用植物油　(万吨)	Refined Edible Vegetable Oil (10 000 tons)	5	4	7	5	4
乳制品　(吨)	Dairy Products (ton)	159511	85783	90534	90129	103183
饮料酒　(千升)	Alcohol Beverage (kilo-liter)	48872	36235	41390	27298	33266
白酒　(千升)	Liquor (kilo-liter)	18262	16726	21090	13257	16279
啤酒　(千升)	Beer (kilo-liter)	30210	19450	20274	13021	16987
棉纱　(吨)	Cotton Yarn (ton)	1305	224			
皮鞋　(万双)	Leather Shoes (10 000 pairs)	12				
硫酸(折100%)　(万吨)	Sulfuric Acid (10 000 tons)	8	6	8	14	14
氢氧化钠(烧碱)(万吨)	Caustic Soda (10 000 tons)	14	23	42	20	33
农用化肥　(万吨)	Chemical Fertilizers (10 000 tons)	462	477	560	523	494
钾肥(实物量)　(万吨)	Potash Fertilizer (10 000 tons)	747	713	804	742	743
中成药　(吨)	Traditional Chinese Medicine (ton)	1377	1317	2034	1115	1499

13-18 续表

Continued

产品名称	Item	2017	2018	2019	2020	2021
水泥 (万吨)	Cement (10 000 tons)	1450	1348	1340	1216	1100
平板玻璃 (万重量箱)	Plain Glass (10 000 weight cases)	304	343	127	74	242
粗钢 (万吨)	Crude Steel (10 000 tons)	120	138	179	193	187
钢材 (万吨)	Rolled Steel (10 000 tons)	127	147	181	189	182
铁合金 (万吨)	Ferroalloy (10 000 tons)	155	151	132	124	152
十种有色金属 (万吨)	Ten Kinds of Nonferrous Metals (10 000 tons)	238	250	251	268	298
铅 (万吨)	Lead (10 000 tons)		9	9	9	8
锌 (万吨)	Zinc (10 000 tons)	7	10	11	12	13
原铝(电解铝) (万吨)	Electrolyzed Aluminum (10 000 tons)	229	229	223	239	266
黄金 (千克)	Gold (kg)	3316	3126	4546	6798	7344
铝材 (万吨)	Aluminum Material (10 000 tons)	123	109	108	149	150
金属切削机床 (台)	Metal-cutting Machine Tools (unit)	334	209	138	109	119
数控机床 (台)	Numerical Control Machine (unit)	281	102	79	109	119
环境保护专用 设备 (台/套)	Environmental Protection Equipment (unit)	91			252	213
变压器 (千伏安)	Transformer (kva)	588	15478	228295		
太阳能电池(光伏电池)(千瓦)	Solar Cell (Photovoltaic Cell) (KW)	300280	470325	580532	630642	120672
手工地毯、挂毯 (万平方米)	Handmade Carpets and Tapestries (10 000 sq.m)	12	1			
机制地毯、挂毯 (万平方米)	Mechanisms Carpets and Tapestries(10 000 sq.m)	658	411	284	106	167
制帽 (万顶)	Hatting (10 000 units)	12862	1113			
单晶硅 (吨)	Monocrystalline (ton)	4539	3472	3994	3116	12265
多晶硅 (吨)	Polysilicon (ton)	16875	16502	20593	23037	24032

13−19　2021年分地区主要工业产品产量

Output of Major Industrial Products by Region(2021)

产品名称	Item	西宁市 Xining City	海东市 Haidong City	海北州 Haibei Zang-A.P	黄南州 Huangnan Zang-A.P	海南州 Hainan Zang-A.P	果洛州 Golog Zang-A.P	玉树州 Yushu Zang-A.P	海西州 Haixi Mongolian &Zang-A.P
铜选矿含铜 (吨)	Content of Cuprum in Cuprum Concentration (ton)			1228			4105		436
碳酸钠(纯碱) (万吨)	Soda Ash (10 000 tons)								462
原盐 (万吨)	Salt (10 000 tons)								348
碳化钙(电石) (万吨)	Calcium Carbide (10 000 tons)								
食用植物油 (万吨)	Refined Edible Vegetable Oil (10 000 tons)	1	3	0.08					
乳制品 (吨)	Dairy Products (10 000 tons)	87262		7772	345	7805			
饮料酒 (千升)	Alcohol Beverage (kilo-liter)	17213	16053						
白酒 (千升)	Liquor (kilo-liter)	226	16053						
啤酒 (千升)	Beer (kilo-liter)	16987							
棉纱 (吨)	Cotton Yarn (ton)								
手工地毯、挂毯(万平方米)	Handmade Carpets, Tapestries (10 000 sq.m)								
机制地毯、挂毯(万平方米)	Mechanism Carpets, Tapestries (10 000 sq.m)	167							
制帽 (万顶)	Hatting (10 000 units)								
硫酸(折100%) (万吨)	Sulfuric Acid (10 000 tons)	6							8
氢氧化钠(烧碱) (万吨)	Caustic Soda (10 000 tons)	33							
农用化肥 (万吨)	Chemical Fertilizers (10 000 tons)	24							471
钾肥(实物量) (万吨)	Potash Fertilizer (10 000 tons)								743
中成药 (吨)	Traditional Chinese Medicine (ton)	1499							
水泥 (万吨)	Cement (10 000 tons)	463	351			71			214
焦炭 (万吨)	Coke (10 000 tons)								
粗钢 (万吨)	Crude Steel (10 000 tons)	187							
钢材 (万吨)	Rolled Steel (10 000 tons)	182							
铁合金 (万吨)	Ferroalloy (10 000 tons)	83	69						
十种有色金属 (万吨)	Ten Kinds of Nonferrous Metals (10 000 tons)	229	50						19
原铝(电解铝) (万吨)	Electrolytic Aluminum (10 000 tons)	216	50						
黄金 (千克)	Gold (kg)			605					6739
铝材 (万吨)	Aluminum Material (10 000 tons)	113	37						
单晶硅 (吨)	Monocrystalline (ton)	12264							
多晶硅 (吨)	Polysilicon (ton)	24032							

13-20 2017-2021年规模以上工业主要产品生产能力
Production Capacity of Major Industrial Products of Industrial Enterprises above Designated Size(2017-2021)

能力名称	Item	年末生产能力 Production Capacity at Year-end					能力利用率(%) Capacity Utilization Ratio (%)				
		2017	2018	2019	2020	2021	2017	2018	2019	2020	2021
原煤开采 (万吨)	Coal Mining (10 000 tons)	1030	1109	1238	1216	1052	83.5	75.3	96.8	86.6	101.9
天然原油开采 (万吨)	Petroleum Extraction (10 000 tons)	236	222	231	236	240	96.0	97.6	100.5	97.6	98.2
原油加工能力 (万吨)	Crude Oil Processing Capacity(10 000 tons)	150	150	150	150	150	100.0	93.3	102.7	100.0	94.0
发电设备容量 (万千瓦)	Generating Capacity (10 000 kw)	2589	2814	2650	3091	3261	28.0	33.4	35.0	34.0	31.0
火电设备容量	Capacity of Thermal Power Equipment	399	358	360	374	372	46.1	37.7	32.2	30.1	42.8
水电设备容量	Hydropower Capacity	1103	1081	1105	1126	1190	31.8	50.1	53.2	58.0	46.7
焦炭 (万吨)	Coke (10 000 tons)	272	440	440	200	200	60.8	40.3	43.4	85.8	71.3
电石(折300升/千克) (万吨)	Calcium Carbide (10 000 tons)	10	25				24.7	21.8			
农用氮磷钾肥料(折纯)(万吨)	Chemical Npk Fertilizers (10 000 tons)	706	682	635	596	728	72.3	71.4	89.6	83.3	74.1
水泥熟料 (万吨)	Cement Chamotte (10 000 tons)	2985	1484	1494	1407	1407	46.1	63.5	72.1	73.5	65.4
水泥 (万吨)	Cement (10 000 tons)	2318	2225	1991	1850	1853	61.1	59.7	67.8	64.7	59.3
平板玻璃 (万重量箱)	Plate Glass (10 000 Weight-box)	880	360	360		271	34.6	95.4	70.4	41.3	84.4
生铁 (万吨)	Pig Iron (10 000 tons)	160	160	260	160	160	64.0	77.8	81.8	100.2	96.4
粗钢 (万吨)	Steel-making (10 000 tons)	160	160	160	160	160	74.7	86.3	111.8	120.8	116.7
钢材 (万吨)	Rolled Steel (10 000 tons)	162	200	200	200	200	78.7	73.0	90.3	94.6	91.0
铁合金 (万吨)	Ferroalloy (10 000 tons)	233	223	189	189	195	65.8	68.9	71.0	66.7	77.8
电解铝 (万吨)	Electrolytic Aluminum (10 000 tons)	259	257	249	296	280	86.2	88.7	91.0	96.2	95.1
金属切削机床 (台)	Metal-cutting Machine Tools (unit)	351	480	256	78	78	29.9	42.6	48.5	100.0	152.6

13-21　2021年工业园区主要经济指标

指标名称		Item		绝对量 Absolute Amount	增长(%) Growth Rate(%)
园区工业企业单位数	(个)	Number of Enterprises of Industrial Park	(unit)	660	-4.5
其中：规模以上工业企业单位数		Number of Enterprises above Designated Size		294	-2.6
固定资产投资	(万元)	Investment in Fixed Assets	(10 000 yuan)	2826739	42.0
其中：工业投资		Industrial Investment		1960361	2.9
工业总产值	(万元)	Gross Industrial Output Value	(10 000 yuan)	16479097	27.8
工业销售产值	(万元)	Gross Industrial Sell Output Value	(10 000 yuan)	16047181	25.2
流动资产合计	(万元)	Total Working Capitals	(10 000 yuan)	11776880	16.8
其中：应收账款		Accounts Receivable		2769870	24.5
存货		Inventory		2568451	29.1
其中：产成品		Finished Product		804217	22.5
资产总计	(万元)	Total Assets	(10 000 yuan)	26231426	-5.9
负债合计	(万元)	Total Liabilities	(10 000 yuan)	22084517	2.4
主营业务收入	(万元)	Revenue from Principle Business	(10 000 yuan)	16949089	47.9
主营业务成本	(万元)	Cost of Principal Business	(10 000 yuan)	12977889	34.9
主营业务税金及附加	(万元)	Taxes and Other Charges on Operating	(10 000 yuan)	253278	34.7
利润总额	(万元)	Total Profits	(10 000 yuan)	1765610	710.3
应交增值税	(万元)	Value Added Tax Payable	(10 000 yuan)	215649	-9.1
从业人员平均人数	(人)	Annual Employed Persons at Year-end	(person)	50553	-32.3

Main Economic Indicators of Industrial Park(2021)

西宁经济技术开发区 Xining Economic and Technological Development Zones		海东工业园区 Haidong Industrial Park		柴达木循环经济试验区 Qaidam Basin pilot zone for circular economy	
绝对量 Absolute Amount	增长(%) Growth Rate(%)	绝对量 Absolute Amount	增长(%) Growth Rate(%)	绝对量 Absolute Amount	增长(%) Growth Rate(%)
444	1.4	39	5.4	177	-18.1
146	-7.0	39	5.4	109	0.9
1372978	101.0	580457	-4.1	873304	24.3
899679	103.1	241506	-1.3	819176	-32.8
8441589	57.7	2288665	30.8	2254216	13.5
8291877	58.0	2195643	27.2	2185387	11.3
5329946	28.8	845690	5.5	1670545	1.8
1304155	37.0	166318	108.4	567860	12.0
1388737	45.3	284029	14.7	383637	14.0
366929	35.0	166734	17.2	124832	4.7
10728135	9.5	1773300	-22.7	4720150	-5.4
7964808	13.4	2188869	24.1	3053925	-12.9
9493610	65.6	2061233	37.8	2045151	22.5
7986203	55.1	1769373	27.1	1368155	8.5
47017	59.0	22271	37.7	50499	44.4
579161	916.1	202731	…	286363	283.9
178945	227.1	35829	479.2	876	-98.0
42207	22.0	7599	-0.4	747	-94.3

主要统计指标解释

工业　指从事自然资源的开采,对采掘品和农产品进行加工和再加工的物质生产部门。具体包括:(1)对自然资源的开采,如采矿、晒盐等(但不包括禽兽捕猎和水产捕捞);(2)对农副产品的加工、再加工,如粮油加工、食品加工、缫丝、纺织、制革等;(3)对采掘品的加工、再加工,如炼铁、炼钢、化工生产、石油加工、机器制造、木材加工等,以及电力、自来水、煤气的生产和供应等;(4)对工业品的修理、翻新,如机器设备的修理、交通运输工具(如汽车)的修理等。

工业统计调查单位为独立核算法人工业企业。

独立核算法人工业企业指从事工业生产经营活动的单位。独立核算法人工业企业应同时具备以下条件:①依法成立,有自己的名称、组织机构和场所,能够承担民事责任;②独立拥有和使用资产,承担负债,有权与其他单位签订合同;③独立核算盈亏,并能够编制资产负债表。

本年鉴中涉及的企业登记注册类型:

国有及国有控股企业　指国有企业加上国有控股企业。国有企业(即原全民所有制工业或国营工业)指企业全部资产归国家所有,并按《中华人民共和国企业法人登记管理条例》规定登记注册的非公司制的经济组织。包括国有企业、国有独资公司和国有联营企业。1957年以前的公私合营和私营工业,后均改造为国营工业,1992年改为国有工业,这部分工业的资料不单独分列时,均包括在国有企业内。国有控股企业是对混合所有制经济的企业进行的"国有控股"分类。它是指这些企业的全部资产中国有资产(股份)相对其他所有者中的任何一个所有者占资(股)最多的企业。该分组反映了国有经济控股情况。

集体企业　指企业资产归集体所有,并按《中华人民共和国企业法人登记管理条例》规定登记注册的经济组织。是社会主义公有制经济的组成部分。包括城乡所有使用集体投资举办的企业,以及部分个人通过集资自愿放弃所有权并依法经工商行政管理机关认定为集体所有制的企业。

股份合作企业　指以合作制为基础,由企业职工共同出资入股,吸收一定比例的社会资产投资组建,实行自主经营,自负盈亏,共同劳动,民主管理,按劳分配与按股分红相结合的一种集体经济组织。

联营企业　指两个及两个以上相同或不同所有制性质的企业法人或事业单位法人,按自愿、平等、互利的原则,共同投资组成的经济组织。联营企业包括:

国有联营企业指国有企业与国有企业间的联营;

集体联营企业指集体企业与集体企业间的联营;

国有与集体联营企业指国有企业与集体企业间的联营。

有限责任公司　指根据《中华人民共和国公司登记管理条例》规定登记注册,由两个以上,五十个以下的股东共同出资,每个股东以其所认缴的出资额对公司承担有限责任,公司以其全部资产对其债务承担责任的经济组织。

有限责任公司包括国有独资公司以及其他有限责任公司。

股份有限公司　指根据《中华人民共和国企业法人登记管理条例》规定登记注册,其全部注册资本由等额股份构成并通过发行股票筹集资本,股东以其认购的股份对公司承担有限责任,公司以其全部资产对其债务承担责任的经济组织。

私营企业　指由自然人投资设立或由自然人控股,以雇佣劳动为基础的营利性经济组织。包括按照《公司法》《合伙企业法》《私营企业暂行条例》规定登记注册的私营有限责任公司、私营股份有限公司、私营合伙企业和私营独资企业。

港、澳、台商投资企业　指企业注册登记类型中的港、澳、台资合资、合作、独资经营企业和股份有限公司之和。

外商投资企业　指企业注册登记类型中的中外合资、合作经营企业、外资企业和外商投资股份有限公司之和。

轻工业　指主要提供生活消费品和制作手工工具的工业。按其所使用的原料不同,可分为两大类:(1)以农产品为原料的轻工业,是指直接或间接以农产品为基本原料的轻工业。主要包括食品制造、饮料制造、烟草加工、纺织、缝纫、皮革和毛皮制作、造纸以及印刷等工业;(2)以非农产品为原料的轻工业,是指以工业品为原料的轻工业。主要包括文教体育用品、化学药品制造、合成纤维制造、日用化学制品、日用玻璃制品、日用金属制品、手工工具制造、医疗器械制造、文化和办公用机械制造等工业。

重工业　指为国民经济各部门提供物质技术基础的主要生产资料的工业。按其生产性质和产品用途,可以分为下列三类:(1)采掘(伐)工业,是指对自然资源的开采,包括石油开采、煤炭开采、金属矿开采、非金属矿开采等工业;(2)原材料工业,指向国民经济各部门提供基本材料、动力和燃料的工业。包括金属冶炼及加工、炼焦及焦炭、化学、化工原料、水泥、人造板以及电力、石油和煤炭加工等工业;(3)加工工业,是指对工业原材料进行再加工制造的工业。包括装备国民经济各部门的机械设备制造工业、金属结构、水泥制品等工业,以及为农业提供的生产资料如化肥、农药等工业。

根据上述划分原则,修理业中以重工业产品为修理作业对象的划为重工业,反之划为轻工业。

工业总产值

(1)定义:

工业总产值是以货币形式表现的,工业企业在一定时期内生产的工业最终产品或提供工业性劳务活动的总价值量。它反映一定时间内工业生产的总规模和总水平。

(2)计算原则:

工业生产的原则,即凡是企业在报告期生产的经检验合格的产品,不管是否在报告期销售,均包括在内。

最终产品的原则,即凡是计入工业总产值的产品,必须是本企业生产的经检验合格的,不需要再进行任何加工的最终产品。如果企业有中间产品(半成品)对外销售,则对外销售的中间产品应视为企业的最终产品。

工厂法原则，即工业总产值是以工业企业作为基本计算（核算）单位，即按企业的最终产品计算工业总产值。按这种方法计算的工业总产值，不允许同一产品价值在企业内部重复计算，不能把企业内部各个车间（分厂）生产的成果相加，但允许企业间的重复计算。

（3）内容及计算方法：

1995年全国工业普查对工业总产值（原规定）的内容及计算原则和方法做了某些修订，修订后的工业总产值（新规定）包括三项内容：即本期生产成品价值、对外加工费收入、在制品半成品期末期初差额价值三部分。

本期生产成品价值 指企业本期生产，并在报告期内不再进行加工，经检验、包装入库的全部工业成品（半成品）价值合计，包括企业生产的自制设备及提供给本企业在建工程、其他非工业部门和福利部门等单位使用的成品价值。本期生产成品价值为按自备原材料生产的产品的数量乘以本期不含增值税（销项税额）的产品实际销售平均单价计算；会计核算中按成本价格转帐的自制设备和自产自用的成品，按成本价格计算生产成品价值。生产成品价值中不包括用订货者来料加工的成品（半成品）价值。

对外加工费收入 指企业在报告期内完成的对外承接的工业品加工（包括用订货者来料加工产品）的加工费收入和对外工业修理作业所取得的加工费收入。对外加工费收入按不含增值税（销项税额）的价格计算，可根据会计“产品销售收入”科目的有关资料取得。

对于本企业对内非工业部门提供的加工修理、设备安装的劳务收入，如果企业会计核算基础较好，能取得这部分资料，而且这部分价值所占比重较大，应包括在对外加工费收入中。自制半成品在制品期末期初差额价值：指企业报告期在制品期末减期初的差额价值，本指标一般可以从会计核算资料中取得。如果会计产品成本核算中不计算半成品、在制品的成本，则总产值中也不包括这部分价值，反之则包括。

（4）工业总产值统计范围变化和计算方法修订情况：

1984年以前工业总产值不包括村办工业，村办工业总产值划归农业。1984年以后工业总产值包括村办工业。

1995年工业普查对工业总产值计算方法做了修订，即从1995年始按新修订（新规定）方法计算工业总产值。新规定与原规定的区别如下：

全价与加工费的计算原则不同：新规定为凡自备原材料，不论其生产繁简程度如何，一律按全价计算工业总产值；凡来料加工，允许按加工费计算工业总产值。原规定则视生产加工的繁简程度不同，规定哪些行业按全价，哪些行业按加工费计算工业总产值。

自制半成品、在产品期末期初差额价值的计算原则不同：新规定要求，凡会计产品成本核算时计算了成本的差额价值，总产值中就应包括，否则可不包括；原规定则按生产周期六个月的界限区分，凡生产周期六个月以上的企业，总产值计算中应包括这部分差额价值，否则可不包括。

计算价格不同：新规定按不含增值税（销项税额）的价格计算；原规定则按含增值税（销项税额）的价格计算。

工业增加值 指工业企业在报告期内以货币表现的工业生产活动的最终成果。

工业增加值有两种计算方法：一是生产法，即工业总产出减去工业中间投入加上应交增值税；二是收入法，即从收入的角度出发，根据生产要素在生产过程中应得到的收入份额计算，具体构成项目有固定资产折旧、劳动者报酬、生产税净额、营业盈余，这种方法也称要素分配法。本年鉴中的工业增加值是以生产法计算的。

生产法工业增加值的计算方法为：

工业增加值 = 工业总产出 - 工业中间投入 + 应交增值税

（1）工业总产出：指工业企业在一定时期内工业生产活动的总成果。工业总产出包括：成品生产价值，对外加工费收入，自制半成品、在产品期末期初差额价值。1995年后用新规定计算的工业总产值代替。

（2）工业中间投入：指工业企业在工业生产活动中消耗的外购物质产品和对外支付的服务费用。服务费用包括支付给物质生产部门（工业、农业、批发零售贸易业、建筑业、运输邮电业）的服务费用和支付给非物质生产部门（如保险、金融、文化教育、科学研究、医疗卫生、行政管理等）的服务费用。工业中间投入的确定须遵循以下原则：必须从外部购入的，并已计入工业总产出的产品和服务价值；必须是本期投入生产，并一次性消耗掉（包括本期摊销的低值易耗品等）的产品和服务价值。

工业中间投入包括直接材料费用、制造费用中的工业中间投入、管理费用中的工业中间投入、销售费用中的工业中间投入和利息支出五部分。

资产总计 指企业拥有或控制的能以货币计量的经济资源，包括各种财产、债权和其他权利。资产按流动性分为流动资产、长期投资、固定资产、无形资产、递延资产和其他资产。该指标根据企业会计“资产负债表”中“资产总计”项目的期末数增列。

流动资产 指企业可以在一年内或者超过一年的一个生产周期内变现或者耗用的资产，包括现金及各种存款、短期投资，应收及预付款项、存货等。

流动资产平均余额 指企业在报告期内全部流动资产的平均余额。

固定资产原价 指企业在建造、购置、安装、改建、扩建、技术改造某项固定资产时所支出的全部货币总额。它一般包括买价、包装费、运杂费和安装费等。

固定资产净值年平均余额 指固定资产净值在报告期内余额的平均数。计算公式为：

$$\text{固定资产净值年平均余额} = \frac{\text{1至12月各月月初、月末固定资产净值之和}}{24}$$

该指标根据“资产负债表”中“固定资产原价”“累计折旧”指标的期初、期末数计算填列。

固定资产净值 指固定资产原价减去历年已提折旧额后的净额。计算公式为：

固定资产净值 = 固定资产原价 - 累计折旧

负债合计 指企业所承担的能以货币计量，将以资产或劳务偿付的债务，偿还形式包括货币、资产或提供劳务。负债一般按偿还期长短分为流动负债和长期负债。根据会计“资产负债表”中“负债合计”的年末数填列。

所有者权益 指企业投资人对企业净资产的所有权。企业净资产等于企业全部资产减去全部负债后的余额，包括企业投资人对企业的最初投入的实际到位的资产及资本公积金、盈余公积金和未分配利润。所有者权益合计数小于零,表示企业资不抵债。

主营业务收入 指会计"利润表"中对应指标的本年累计数。未执行2001年《企业会计制度》的企业,用"产品销售收入"的本期累计数代替。

主营业务成本 指会计"利润表"中对应指标的本年累计数。未执行2001年《企业会计制度》的企业,用"产品销售成本"的本期累计数代替。

主营业务税金及附加 指会计"利润表"中对应指标的本年累计数。未执行2001年《企业会计制度》的企业,用"产品销售税金及附加"的本期累计数代替。

利润总额 指企业生产经营活动的最终成果,是企业在一定时期内实现的盈亏相抵后的利润总额(亏损以"-"号表示),它等于营业利润加上补贴收入加上投资收益加上营业外净收入再加上以前年度损益调整。

本年应交增值税 指企业在报告期内应交纳的增值税额。它等于本年销项税额加上出口退税加上进项税额转出数减去本年进项税额。小规模纳税企业直接按全年计税销售额乘以征收率计算取得。

从业人员平均人数 是指报告期内每天拥有的从业人员人数。其计算公式为:

$$月平均人数=\frac{报告月内每天实有人数和}{报告月日历日数}$$

$$季平均人数=\frac{季内各月平均人数之和}{3}$$

$$年平均人数=\frac{年内各月平均人数之和}{12}$$

总资产贡献率 反映企业全部资产的获利能力,是企业经营业绩和管理水平的集中体现,是评价和考核企业盈利能力的核心指标。计算公式为:

$$\begin{array}{c}总资产\\贡献率(\%)\end{array}=\frac{利润总额+税金总额+利息支出}{平均资金总额}\times100\%$$

公式中:税金总额为产品销售税金及附加与应交增值税之和;平均资产总额为期初期末资产之和的算术平均值。

资产负债率 该指标既反映企业经营风险的大小,也反映企业利用债权人提供的资金从事经营活动的能力。计算公式为:

$$资产负债率(\%)=\frac{负债总额}{资产总额}\times100\%$$

资产与负债均为报告期期末数。

流动资产周转次数 指一定时期内流动资产完成的周转次数,反映投入工业企业流动资金的周转速度。计算公式为:

$$流动资产周转次数=\frac{产品销售收入}{全部流动资产平均余}$$

公式中:全部流动资产平均余额为期初和期末的流动资产之和的算术平均值。

成本费用利润率 反映企业投入的生产成本及费用的经济效益,同时也反映企业降低成本所取得的经济效益。计算公式为:

$$成本费用利润率(\%)=\frac{利润总额}{成本费用总额}\times100\%$$

公式中:成本费用总额为产品销售成本、销售费用、管理费用、财务费用之和。

产品销售率 该指标反映工业产品已实现销售的程度,是分析工业产销衔接情况,研究工业产品满足社会需求的指标。计算公式为:

$$产品销售率(\%)=\frac{现价工业销售产值}{现价工业总产值}\times100\%$$

规模以下工业主要指标解释

应收账款 指企业因销售商品、提供劳务等经营活动,应向购货单位或接受劳务单位收取的款项,主要包括企业销售商品或提供劳务等应向有关债务人收取的价款及代购货单位垫付的包装费、运杂费等。根据会计"资产负债表"中"应收账款"项目的期末余额数填报。

本年折旧 指企业在报告期内提取的固定资产折旧合计数。可以根据会计"财务状况变动表"中"固定资产折旧"项的数值填报。

负债合计 指企业过去的交易或者事项形成的,预期会导致经济利益流出企业的现时义务。包括流动负债和长期负债。

主营业务收入 指企业确认的销售商品、提供劳务等主营业务的收入。

出口产品销售收入 指工业企业销售给外贸部门或自营(委托)出口(包括销往香港、澳门、台湾),用外汇价格结算的销售收入,以及外商来样、来料加工、来件装配和补偿贸易等收入。在计算时,要把外汇价格按交易时的汇率折算成人民币计算。

主营业务成本 指企业经营主要业务所发生的成本总额。

税金总额 指企业报告期内应交纳的各种税金总和,包括产品销售税金及附加(城市维护建设税、消费税、资源税、营业税和教育费附加)、增值税、所得税以及房产税、印花税、车船使用税和土地使用税等。

所得税 指企业按税法规定,应从生产经营等活动的所得中缴纳的税金。

营业利润 指企业从事生产经营活动所取得的利润。

利息支出 指企业短期借款利息、长期借款利息、应付票据利息、票据贴现利息、应付债券利息、长期应付引进国外设备款利息等利息支出。该指标为各项利息支出的总和,不冲减利息收入。

银行贷款利息 指本报告期,企业向银行、信用社等金融机构支付的利息。

民间借款利息 指本报告期,企业为生产经营发生的民间借款(非银行、非金融机构借款)所支付的利息。

期末剩余订单额 指本企业在报告期末,尚未兑现的订货金额,即企业现存的订货金额。

应付职工薪酬(贷方累计发生额) 指企业为获得职工提供的服务而给予各种形式的报酬以及其他相关支出。包括职工工资、奖金、津贴和补贴,职工福利费,医疗保险费、养老保险费、失业保险费、工伤保险费和生育保险费等社会保险费,住房公积金,工会经费和职工教育经费,非货币性福利,因解除与职工的劳动关系给予的补偿,其他与获得职工提供的服务相关的支出。

从业人员期末人数 指报告期末最后一日24时在本单位中工作,并取得工资或其他形式劳动报酬的人员数。该指标为时点指标，不包括最后一日当天及以前已经与单位解除劳动合同关系的人员，是在岗职工、劳务派遣人员及其他从业人员之和。

营业收入 指企业经营主要业务和其他业务所确认的收入总额。营业收入合计包括“主营业务收入”和“其他业务收入”。根据会计“利润表”中“营业收入”项目的本期金额数填报。

生产支出 指个体经营工业单位在工业生产活动中所消耗的原材料、燃料、动力、服务等费用。具体包括材料费、水电费、租赁费、邮电费、修理费、运输费、包装费等。但不包括支付给雇工的工资报酬、上交的税金及购置固定资产支出。

Explanatory Notes on Main Statistical Indicators

Industry refers to the material production sector which is engaged in the extraction of natural resources and processing and reprocessing of minerals and agricultural products, including (1) extraction of natural resources, such as mining, salt production (but not including hunting and fishing); (2) processing and reprocessing of farm and sideline produces, such as rice husking, flour milling, wine making, oil pressing, silk reeling, spinning and weaving, and leather making; (3) manufacture of industrial products, such as steel making, iron smelting, chemicals manufacturing, petroleum processing, machine building, timber processing; water and gas production and electricity generation and supply; (4) repairing of industrial products such as the repairing of machinery and means of transport (including cars).

In industrial statistics surveys, the units of enquiry are corporate industrial enterprises with independent accounting systems.

Corporate industrial enterprises with independent accounting systems refer to enterprises engaging in industrial production activities, which meet the following requirements: (1) They are established legally, having their own names, organizations, location and able to take civil liability; (2) They possess and use their assets independently, assume liabilities and are entitled to sign contracts with other units; (3) They are financially independent and compile their own balance sheets.

Enterprises covered in the industrial statistics in the Yearbook include the following categories by their registration:

State – owned and State – holding Enterprises refer to state – owned enterprises plus State – holding enterprises. State – owned enterprises (originally known as State – run enterprises with ownership by the whole society) are non – corporate economic entities registered in accordance with the Regulation of the People's Republic of China on the Management of Registration of Legal Enterprises, where all assets are owned by the State. Included in this category are State – owned enterprises, State – funded corporations and State – owned joint – operation enterprises. Joint State – private industries and private industries, which existed before 1957, were transformed into state – run industries since 1957, and into State – owned industries after 1992. Statistics on those enterprises are included in the State – owned industries instead of being grouped them separately. State – holding enterprises are a sub – classification of enterprises with mixed ownership, referring to enterprises where the percentage of State assets (or shares by the State) is larger than any other single share holder of the same enterprise. This sub – classification illustrates the control of the State over a particular industry.

Collective – owned Enterprises refer to economic entities registered in accordance with the Regulation of the People's Republic of China on the Management of Registration of Legal Enterprises, where assets are owned collectively. Collective enterprises constitute an integral part of the socialist economy with public ownership. They include urban and rural enterprises invested collectively, and some enterprises registered in industrial and commercial administration agency as collective units where funds are pooled together by individuals who voluntarily give up their right of ownership.

Cooperative Enterprises refer to economic units set up on a cooperative basis, with funding partly from employees of the enterprise and partly from outside investment, where the operation and management is decided by all the members who also participate in the production, and the distribution of income is based both on work (labour input) and on shares (capital input).

Joint Ownership Enterprises refer to economic units that are established by joint investment by two or more corporate enterprises or institutions of the same or different types of ownership on voluntary, equal and mutual – beneficial basis. They include:

a) State – owned joint – operation enterprises (joint operation between State – owned enterprises); b) Collective joint – operation enterprises (joint operation between collective enterprises; andc) State – collective joint – operation enterprises (joint operation between state and collective enterprises).

Limited Liability Corporations refer to economic units registered in accordance with the Regulation of the People's Republic of China on the Management of Registration of Corporations, with capital from 2 to 49 investors, each investor bears limited liability to the corporation depending on his/her holding of shares, and the corporation bears liability to its debt to the maximum of its total assets.

Limited liability corporations include state sole funded corporations and other limited liability corporations.

Share – holding Corporations Ltd. refer to economic units registered in accordance with the Regulation of the People's Republic of China on the Management of Registration of Corporate Enterprises, with total registered capital divided into equal shares and raised through issuing stocks. Each investor bears limited liability to the corporation depending on the holding of shares, and the corporation bears liability to its debt to the maximum of its total assets.

Private Enterprises refer to economic units invested or controlled (by holding the majority of the shares) by natural persons who hire labours for profit – making activities. Included in this category are private limited liability corporations, private share – holding corporations Ltd., private partnership enterprises and private sole investment enterprises registered in accordance with the Corporation Law, Partnership Enterprise Law and Tentative Regulation on Private Enterprises.

Enterprises with Funds from Hong Kong, Macao and Taiwan refers to all industrial enterprises registered as the joint – venture, cooperative, sole (exclusive) investment industrial enterprises and limited liability corporations with funds from Hong Kong, Macao and Taiwan.

Foreign Funded Enterprises refer to all industrial enterprises registered as the joint – venture, cooperative, sole (exclusive) investment industrial enterprises and limited liability corporations with foreign funds.

Light Industry refers to the industry that produces consumer goods and hand tools. It consists of two categories, depending on the materials used:

(1) Industries using farm products as raw materials. These are the branches of light industry which directly or indirectly use farm products as basic raw materials, including the manufacture of food and beverages, tobacco processing, textile, clothing, fur and leather manufacturing, paper making, printing, etc.

(2) Industries using non – farm products as raw materials. These are the branches of light industry which use manufactured goods as raw materials, including the manufacture of cultural, educational articles and sports goods, chemicals, synthetic fibre, chemical products for daily use, glass products for daily use, metal products for daily use, hand tools, medical apparatus and instruments, and the manufacture of cultural and office machinery.

Heavy Industry refers to the industry which produces capital goods, and provides various sectors of the national economy with necessary material and technical basis for production. It consists of the following three branches according to the purpose of production or the use of products:

(1) Mining, quarrying and logging industry, which refers to the industry that extracts natural resources, including extraction of petroleum, coal, metal and non – metal ores.

(2) Raw materials industry refers to the industry that provides various sectors of the national economy with raw materials, fuels and power. It includes smelting and processing of metals, coking and coke chemistry, chemical materials and building materials such as cement, plywood, and power, petroleum refining and coal dressing.

(3) Manufacturing industry which refers to the industry that processes raw materials. It includes machine – building industries which equip sectors of the national economy; industries producing metal structure and cement products; and industries producing means of agricultural production, such as chemical fertilizers and pesticides.

In accordance with the above principles of classification, the repairing trades, which are engaged primarily in repairing products of heavy industry, are classified as heavy industry while those which are engaged in repairing products of light industry are classified as light industry.

Gross Industrial Output Value

(1) Definition: Gross industrial output value is the total volume of final industrial products produced and industrial services provided during a given period. It reflects the total achievements and overall scale of industrial production during a given period.

(2) Principles for calculation:

Statistics on industrial production follow the principle that all products produced by the enterprises and accepted through quality check during the reference period are to be included no matter whether they are sold or not during the reference period.

Determination of final products follows the principle that all products that are included in the calculation of gross industrial output value are the final products of the enterprise which have been accepted through quality check and require no further processing. If an enterprise has intermediate (semi – finished) products to sell, these intermediate products are considered as the final products of the enterprise.

Gross industrial output value is calculated following the principle of factory approach, i. e. industrial enterprise is used as the basic accounting unit in calculating the gross industrial output value. By this approach, value of the same product is not to be double – counted, and the output value of different workshops (branch factories) within the enterprise should not be added. However, this approach allows the possibility of double counting between enterprises.

(3) Content and method of calculation:

The old definition of gross industrial output value was modified during the 1995 National Industrial Census. The revised (new) definition of gross industrial output value consists of 3 components: value of the finished products during the reference period, income from processing for external parties, and value of change in semi – finished products between the end and the beginning of the reference period.

Value of Finished Products During the Reference Period refers to the value of all finished (semi – finished) industrial products that are produced during the reference period without the need for further processing, checked for acceptance, packed and put into the warehouse of the enterprise, including the value of own – produced equipment and the value of products provided to the projects under construction of the enterprise, and to other non – industrial or welfare units. Value of finished products during the reference period is calculated by the quantity of products produced using own materials multiplied by the average unit prices at which products are sold (excluding value – added tax). Own – produced equipment and products produced for own use are valued at cost prices as in the case of enterprise accounting. Value of finished products does not include the value of finished products (semi – finished products) that are produced using the materials from the clients who place the orders.

Income from External Processing refers to income from contracted external processing of industrial products (including processing of industrial products using materials from the clients), and the income from industrial repairing work provided to other parties. Income from external processing is calculated using information from the item "products sales income" in the enterprise accounting at the prices with value - added tax excluded.

For income from services such as processing, repairing and installation of equipment provided to non - industrial units within the enterprise, if the accounting work of the enterprise is good enough to separate it from other records, and the share of such services is significant, it should also be included in the income from external processing.

Value of change in semi - finished products between the end and the beginning of the reference period: refers to the value of change in semi - finished products between the end and the beginning of the reference period, which generally can be obtained from accounting records of enterprises. If the enterprise accounting excludes the cost of semi - finished products, then it should not be included in the gross industrial output value, and the reverse if otherwise.

(4) Changes in the scope and method of calculation of the gross industrial output value

Prior to 1984, the value of rural industry run by villages was classified into agriculture instead of industry. Since 1984, it has been included in the gross industrial output value. Method of calculation for the gross industrial output value was modified in the industrial census in 1995. The difference in the new method as compared with the old one is outlined below:

Principle in using full value vs. processing fee: The new method stipulates that all products produced using own materials are to be calculated with full value in reporting the gross industrial output value irrespective of the complexity of production, and for external processing, it allows calculation using processing fee. In the old method, however, the use of full value or processing fee was determined by the degree of complexity of production in different branches of industries. Principle in determining the value of change in semi - finished products: The new method requires that value of change in semi - finished products should be included in the gross industrial output value if it is included in the accounting record of the enterprise, otherwise it should not be included. In the old method, it is determined by the type of enterprises in terms of production cycle. If the production cycle is over 6 months, the value of change in semi - finished products is included in the gross industrial output value, otherwise it is not.

Difference in prices: The new method uses prices excluding value - added tax in the calculation of gross industrial output value, while the old method used prices including value - added tax.

Value - added of Industry refers to the final results of industrial production of industrial enterprises in money terms during the reference period.

Industrial value - added can be calculated by two approaches: the production approach, i. e. gross industrial output value minus intermediate input plus value - added tax, and the income approach, i. e. income for various factors used in the course of production, including depreciation of fixed assets, remuneration of labourers, net of production tax, and operating surplus. Value - added of industry in the Yearbook is calculated by the production approach as follows:

Value - added of industry = gross industrial output - industrial intermediate input + value - added tax

(1) Gross industrial output: refers to the total achievements of industrial production activities during a given period. Gross industrial output includes value of finished products, income from external processing, and value of change in semi - finished products between the end and the beginning of the reference period. Since 1995, the gross industrial output value obtained by the new method is used in the calculation.

(2) Industrial intermediate input: refers to purchased goods and paid services consumed during the industrial production of enterprises. Fees paid for services include fees paid for the services provided by material production sectors (industry, agriculture, wholesale and retail trade, construction, transport, post and telecommunications) and by non - material production sectors (insurance, banking, culture, education, scientific research, health and medical care, public administration, etc.). The determination of industrial intermediate input follows the principle that the goods and services must be purchased from outside and included in the gross industrial output, and that the goods and services are inputted into production and consumed (include low - value consumables) during the reference period.

Industrial intermediate input includes 5 components, namely direct consumption of materials, industrial intermediate input in manufacturing cost, industrial intermediate input in management cost, industrial intermediate input in marketing cost and expenditure on interest.

Total Assets refer to all economic resources, in monetary term, these are owned or controlled by enterprises, including properties, creditor's equity and other economic rights of all forms. Classified by the degree of liquidity, total assets include working capitals, long - term investment, fixed assets, intangible assets, deferred assets and other assets. Data on this indicator can be obtained by the year - end figures of total assets in the Assets and Liability Table of accounting records of enterprises.

Working Capital refers to capital that an enterprise can cash or use during one year or one production cycle that may exceed one year, including cash and savings deposits of various forms, short - term investment, money receivable and prepaid money, inventories, etc.

Annual Average Value of Working Capital refers to the average value of all working capital of the enterprise during the reference period.

Original Value of Fixed Assets refers to the total value, in monetary terms, that an enterprise spent on fixed assets, through construction, purchase, installation, transformation, expansion or technical upgrading. Generally, it covers cost of purchase, packing, transportation and installation, etc.

Annual Average of Net Value of Fixed Assets refers to the average of the net value of fixed assets during the reference period, calculated with the following formula:

$$\text{Annual Average of Net Value of Fixed Assets} = \frac{\text{sum of net value of fixed assets at the beginning and at the end of each month from January to December}}{24}$$

Information on this indicator can be obtained from the beginning and ending figures of the original value of fixed assets and cumulative depreciation from the Assets and Liability Table of enterprises.

Net value of Fixed Assets refers to the original value of fixed assets minus depreciation over the years, calculated with the following formula:

Net value of Fixed Assets = original value of fixed assets − cumulative depreciation

Total Liabilities refer to payable liabilities of enterprises that have to be repaid in terms of money, assets or labour services. In terms of payment, it can be divided into liquid liabilities and long – term liabilities. Data on this item is obtained from the ending figures on total liabilities from the Assets and Liability Table from the enterprises.

Owner's Equity refers to the ownership of net assets of enterprise by its investors. Net assets equal total assets minus total liabilities of the enterprise, including the actual assets invested into the enterprise by investors, accumulation of capital and operating surplus and non – distributed profits. The enterprise's assets are less than its liabilities if the sum of owner's equity is smaller than zero.

Revenue from Principal Business refers to the annual accumulation of the corresponding item in the "profit table" of the accountant. For enterprises that do not follow the 2001 Enterprise Accounting Standards, the year – end accumulation of revenue from the sales of products is used as a substitute.

Cost of Principal Business refers to the annual accumulation of the corresponding item in the "profit table" of the accountant. For enterprises that do not follow the 2001 Enterprise Accounting Standards, the year – end accumulation of cost for the sales of products is used as a substitute.

Tax and Extra Charges from Principal Business refer to the annual accumulation of the corresponding item in the "profit table" of the accountant. For enterprises that do not follow the 2001 Enterprise Accounting Standards, the year – end accumulation of tax and extra charges from the sales of products is used as a substitute.

Total Profits refer to the final achievement of production and operation activities of the enterprises, represented by total profits after deducting losses (loss is expressed by the negative figure). It is the sum of profits from operation, income from subsidies, investment earnings, net income from activities other than operation, and adjustment of profits and losses of previous years.

Value – added Tax Payable in the Current Year refers to the amount of the value – added tax which should be paid by the enterprises during the reference period. It is the sum of tax on sales, export rebate, and transferred tax on purchases of the current year, minus the tax on purchases of the current year. Value – added tax payable of small – size enterprises is determined by the taxable sales of the year multiplied by the tax rate.

Average Number of Employed Persons refers to the number of employee everyday during the reference period, calculated with the following formula:

$$\text{Monthly average number} = \frac{\text{sum of actual employees everydayin reference month}}{\text{number of calendar dates in reference month}}$$

$$\text{Quarterly average number} = \frac{\text{sum of monthly average number in reference quarter}}{3}$$

$$\text{Annual average number} = \frac{\text{sum of monthly average number in reference year}}{12}$$

Ratio of Profits, Taxes and Interests to Average Assets reflects the profit – making capability of all assets of the enterprise and is a key indicator manifesting the performance and management and evaluating the profit – making potential of the enterprise. It is calculated as follows:

$$\text{Ratio of Profits, Taxes and Interests to Average Assets}(\%) = \frac{\text{total profits + total taxes + interest payment}}{\text{average assets}} \times 100\%$$

In the above formula, total taxes is the sum of tax and extra charges on the sales of products and value – added tax payable; and average assets is the arithmetic mean of the sum of beginning assets and ending assets.

Ratio of Debts to Assets reflects both the operation risk and the capability of the enterprise in making use of the capital from the creditors. It is calculated as follows:

$$\text{Ratio of Debts to Assets}(\%) = \frac{\text{total debts}}{\text{total assets}} \times 100\%$$

Both assets and debts are figures at the end of the reference period.

Turnover of Working Capital refers to the number of times of turnover of working capital in a given period of time, which reflects the speed of the turnover of working capital of industrial enterprises, and is calculated as follows:

$$\text{Turnover of Working Capital} = \frac{\text{sales revenue of products}}{\text{average balance of total working capital}}$$

In the above formula, average balance of total working capital refers to the arithmetic mean of the sum of working capital at the beginning and at the end of the reference period.

Ratio of Profits to Total Industrial Costs refers to the ratio of profits realized in a given period to the total costs in the same period, which reflects the economic efficiency of input cost and is calculated as follows:

$$\text{Ratio of Profits to Total Industrial Cost}(\%) = \frac{\text{total profits}}{\text{total costs}} \times 100\%$$

In the above formula, total costs in the above formula are the sum of cost of products sold, marketing cost, management cost and financial cost.

Sales Ratio of Products is an indicator reflecting the actual sale of industrial products, analyzing the production – selling and supply – demand relations. It is calculated as:

$$\text{Sales Ratio of Products}(\%) = \frac{\text{value of industrial sales}}{\text{gross industrial output value(current prices)}} \times 100\%$$

Explanatory Notes on Main Statistical Indicators of Industrial Enterprises under Designated Size

Accounts receivable refers to the money that purchase units or receiving services unit should receive to the enterprise for selling of goods and services, including businesses selling goods or providing services, should be charged to the debtor price and purchase the goods unit advance the packing expenses, transportation charges etc.. According to the account balance sheet, the final balance of the accounts receivable.

Depreciation in the Year refers to the total amount of depreciation of fixed assets during the reporting period. It can be filled according to the numerical of the "fixed assets depreciation" in " Statement of financial position " .

Total Liabilities refer to payable liabilities of enterprises that accumulated from previous trades or transactions with expectation of economic profits leaking out. In terms of payment, it can be divided into liquid liabilities and long – term liabilities.

Revenue from Principal Business refers to the income confirmed of an enterprise from the principal business of selling products and providing services.

Export Sales Revenue refers to the sales revenue of industrial enterprises sold to foreign trade departments or self (commissioned) exports (including sold to Hong Kong, Macao and Taiwan) settled by the price of foreign exchange, as well as foreign investors to sample, processing, assembling and compensation trade income. In the calculation, the exchange rate should be converted into RMB according to the exchange rate.

Cost of Principal Business refers to the total cost occurred from the principal business of the enterprise.

Due Tax refers to various taxes in the reporting period paid by enterprise, including sales tax and additional (urban maintenance and construction tax, consumption tax, resource tax, business tax and education fee additional), value added tax, income tax, and property tax, stamp tax, vehicle and ship use tax and land use tax and so on.

Due Income Tax refers to the tax from the production and operation of the proceeds of enterprise in accordance with the provisions of the tax law.

Business Profit refers to the profits made by the enterprises in the production and operation activities.

Interest Expense refers to the short – term loan interest payments, interest payments, notes payable, interest payable, notes payable interest on interest payments, and long – term accounts payable etc.. The indicator is the sum of the interest expense, not to cut interest income.

Bank Borrowing Interest refers to the interest paid by company to bank or credit union or other financial institution.

Non – governmental Borrowing Interest refers to the interest paid by the enterprises in the period for production and operation to private lending (non – banks, non – financial institutions).

End of Remaining Amount of Orders refers to the amount of the order that the enterprise has not been honored at the end of the reporting period, that is, the existing order amount of the enterprise.

Due Wage Refers to various forms of remuneration and other related expenses paid by the company for the services provided by the staff and workers, including wages, bonuses, allowances and subsidies, employee welfare benefit expenses, medical insurance, endowment insurance, unemployment insurance, work – related injury insurance premiums and maternity insurance fees social insurance, housing provident fund, the trade union funds and employee education funds, non – monetary benefits, the compensation to give labor relations and workers for the solution in addition, and related expenditure to worker for other services.

Employed Persons at Year – end refers to persons working in the unit at the final day 24 of the reporting period and receiving wages or other forms of remuneration. The indicator is point indicators, including on – the – job workers, labor dispatch personnel and other employees. It does not include personnel that labor contract has been suspended in the final day and before.

Business Income refers to the total revenue recognized by the business and other business operations of the enterprise. Total operating income includes "main business income" and "other business income", According to the "business income" in the accounting "profit statement".

Production Expenditures Refers to the cost of raw materials, fuel, power, service, etc. in the industrial production activities of the individual business units, including material costs, utilities, rental fees, post and telecommunications, repair, transportation, packaging, etc.. But it does not include the payment of wages to workers compensation, pay taxes and purchase of fixed assets expenditure.

第14篇

CHAPTER 14

建筑业

Construction

14−1 主要年份建筑安装施工企业概况

Main Indicators on Construction Enterprises in Main Years

年 份 Year	总 计 Total	国有企业 State-owned	集体企业 Collective-owned	有限责任公司 Limited Liability Corporation	股份有限公司 Share-holding Corporation Limited	私营企业 Private Enterprise	港澳台及外商投资企业 Funded from Hong Kong, Macao, Taiwan and Foreign
企业单位数(个) Number of Enterprises (unit)							
2000	273	101	104	25	16	25	2
2005	392	68	47	133	12	128	3
2006	417	67	49	137	14	147	3
2007	425	64	48	138	16	156	2
2008	459	60	39	171	10	177	2
2009	440	58	39	156	9	176	2
2010	439	57	37	157	9	177	2
2011	446	57	35	147	9	190	2
2012	433	53	35	107	8	218	2
2013	438	38	28	135	12	223	2
2014	429	37	28	128	11	223	2
2015	419	34	25	131	10	217	1
2016	412	33	24	129	12	212	1
2017	406	32	24	131	12	206	1
2018	438	25	18	142	13	237	1
2019	470	21	18	146	15	267	1
2020	451	21	16	99	7	305	1
2021	476	21	15	75	8	354	1
从业人员(人) Number of Persons Employed (person)							
2000	88269	45616	25873	7277	5236	4193	74
2005	86231	25921	10549	30018	3133	16454	144
2006	92565	30496	9619	29936	4035	18233	246
2007	95190	32046	7500	32204	3377	20012	51
2008	78936	24825	7162	28903	933	17082	31
2009	92625	34813	7305	31754	1208	17513	32
2010	89731	28654	6634	35441	1440	17535	27
2011	89183	35598	6429	24767	1301	20529	59
2012	118442	42943	13977	23288	3913	33433	33

注：本表2005年及以后数据为具有资质等级的施工总承包、专业承包建筑业企业(不含劳务分包建筑业企业)数据。(此表中集体企业含股份合作企业)。

Note:Data since 2005 included all general construction contractors and professional contractors (not including construction enterprises of worker subcontractors) which possess qualification grades.The same applies to the following tables. In this table, the Collective-owned enterprises include cooperative enterprises.

14-1 续表 Continued

年 份 Year	总 计 Total	国有企业 State-owned	集体企业 Collective-owned	有限责任公司 Limited Liability Corporation	股份有限公司 Share-holding Corporation Limited	私营企业 Private Enterprise	港澳台及外商投资企业 Funded from Hong Kong, Macao, Taiwan and Foreign
从业人员(人) Number of Persons Employed (person)							
2013	106366	19358	5142	44925	3373	33545	23
2014	110851	18535	5624	47451	3162	36056	23
2015	109040	13651	5424	45750	4524	30582	23
2016	114825	12063	8058	52350	7345	34954	11
2017	110368	11518	6967	51657	3799	36322	3
2018	92788	6163	3943	47521	3640	30780	3
2019	84120	5341	5184	38156	4225	30521	3
2020	102084	13529	4252	37513	1335	45001	3
2021	82328	11968	2367	27436	1361	38972	
建筑业总产值(万元) Gross Output Value (10 000 yuan)							
2000	447163	329320	68189	23110	14862	11457	225
2005	909337	495063	47415	257143	20541	87864	1311
2006	1083718	617117	61000	291618	21878	91124	981
2007	1254431	718053	79896	318459	24104	113863	56
2008	1429970	778884	79537	411936	26421	132607	585
2009	2043419	1173359	95438	569258	22914	182120	330
2010	2796060	1633263	105009	802596	40803	214133	256
2011	3194161	1670780	114279	954021	22286	426003	448
2012	3257576	1691462	97487	749498	100276	607692	230
2013	4137110	796391	86902	2220020	252124	781522	151
2014	4329067	742934	127994	2234244	257114	966544	237
2015	4095059	596582	149288	2311129	10619	809835	100
2016	4106249	595202	150855	2305059	211661	843046	54
2017	4069313	513618	154075	2256576	167467	974560	10
2018	4413167	294885	141678	2677393	95392	1163820	10
2019	4607240	268072	130153	2749362	258709	1178438	10
2020	5122427	315376	129708	2726195	326275	1605420	
2021	5873258	423812	104269	2999950	288415	2040250	

14-2　2017-2021年建筑业企业主要经济指标

Main Economic Indicators on Construction Enterprises(2017-2021)

指标		Item		2017	2018	2019	2020	2021
企业单位数	（个）	Number of Construction Enterprises	(unit)	406	438	470	451	476
期末从业人员	（人）	Number of Employed Persons	(person)	110368	92788	84120	75628	60053
建筑业总产值	（万元）	Gross Output Value of Construction	(10000 yuan)	4069313	4413167	4607240	5122427	5873258
自有固定资产原值	（万元）	Original Value Fixed Assets Owned(original value)	(10000 yuan)	999485	1082906	1069553	954627	976788
本年提取固定资产折旧	(万元)	Depreciation of Fixed Assets	(10000 yuan)	64297	63914	67071	37248	33149
自有机械设备台数	（台）	Number of Machinery and Equipment Owned	(set)	34548	29603	24326	23228	13732
自有机械设备净值	（万元）	Net Value of Machinery and Equipment Owned	(10000 yuan)	326723	201388	167863	165649	128377
自有机械设备总功率	（千瓦）	Total Power of Machinery and Equipment Owned	(KW)	1110815	967076	863269	820910	543070
工程结算税金及附加	（万元）	Construction settlement tax and surcharge	(10000 yuan)	30305	32207	27047	30483	17865
应付工资总额	（万元）	Wages Payable	(10000 yuan)	435174	257874	527327	475370	535784
利润总额	（万元）	Total Profits	(10000 yuan)	106284	110800	65279	92784	144008
税金总额	（万元）	Total Tax	(10000 yuan)	145311	186525	134622	121921	143481
施工面积	（万平方米）	Floor Space of Buildings under Construction	(10000 sq.m)	861.16	915.08	904.59	927.63	935.52
竣工面积	（万平方米）	Floor Space of Buildings Completed	(10000 sq.m)	338.65	373.06	396.65	355.70	277.08
技术装备率	（元／人）	Value of Machines per Laborer	(yuan/person)	29603	21704	19955	21903	15593
动力装备率	（千瓦／人）	Power of Machines per Laborer	(KW/person)	10.06	10.42	10.26	10.85	6.63
房屋建筑面积竣工率	(%)	Rate of Floor Space of Buildings Completed	(%)	39.32	40.77	43.85	38.35	29.62
产值利润率	(%)	Ratio of Profit to Gross Output Value	(%)	2.61	2.51	1.42	1.81	2.45
产值利税率	(%)	Ratio of Pre-tax Profit to Gross Output Value	(%)	6.18	6.74	4.34	4.19	4.89

注：建筑业总产值为现价。本表为所有具有资质等级的施工总承包、专业承包建筑业企业(不含劳务分包建筑业企业)数据。
Note:Gross output value of construction is calculated at current prices.Data in this table included all general construction contractors and professional contractors(not including construction enterprises of worker subcontractors)which possess qualification grades.

14–3 主要年份建筑业企业主要指标

Main Indicators on Construction Enterprises In Main Years

年份 Year	资产合计 (亿元) Total Assets (100 million yuan)	利润总额 (亿元) Total Profits (100 million yuan)	税金总额 (亿元) Total Tax (100 million yuan)	房屋建筑面积(万平方米) Floor Space of Building Construction (10 000 sq.m)	
				施工面积 Under Construction	竣工面积 Completed
1978				138.76	67.14
1980				176.72	87.37
1985		0.22	0.12	282.04	139.08
1990		0.04	0.23	214.22	127.86
1991		-0.03	0.26	183.54	100.25
1992		-0.03	0.27	194.70	107.80
1993	17.03	-0.09	0.40	188.65	87.83
1994	21.56	-0.72	5.05	174.18	86.82
1995	24.89	-0.08	0.65	183.73	97.29
1996	36.38	-0.07	0.88	250.02	139.01
1997	38.37	-0.08	0.96	283.05	149.39
1998	44.25	-0.16	1.14	428.81	190.09
1999	51.28	-0.39	1.28	386.95	223.82
2000	61.67	0.38	1.45	339.43	192.90
2001	20.44	0.52	0.10	375.16	183.66
2002	89.11	1.38	2.64	451.32	244.09
2003	95.82	1.36	2.61	556.64	242.88
2004	114.22	0.58	2.63	438.00	263.31
2005	113.81	0.57	2.97	407.55	194.02
2006	123.19	0.86	3.49	346.80	160.56
2007	147.95	2.39	4.54	384.67	173.97
2008	179.96	3.58	5.97	404.50	189.18
2009	203.24	5.41	7.71	490.98	211.71
2010	227.71	6.17	9.24	693.12	273.16
2011	308.64	8.06	11.21	738.96	323.76
2012	388.19	10.81	12.81	763.76	344.10
2013	442.85	14.05	13.04	1158.30	466.52
2014	508.72	13.49	13.63	1072.82	479.39
2015	543.47	13.43	12.66	908.69	350.21
2016	609.40	14.95	16.06	886.79	301.94
2017	674.44	10.64	14.57	861.16	338.65
2018	765.61	11.06	18.77	915.08	373.06
2019	831.88	6.53	13.46	904.59	396.65
2020	896.47	9.28	12.19	927.63	355.70
2021	905.18	14.40	14.35	935.52	277.08

14-4 2021年各种分组总专包企业生产汇总表
Production Summary of General and Professional Contractors with Diversified Grouping (2021)

单位：个、万元 (unit, 10 000 yuan)

指标	Item	建筑业企业个数 Number of Construction Enterprises	有工作量的 Having Work-load	合同情况 Total Value of Contracts	建筑业总产值 Gross Output Value of Construction	在外省完成的产值 Completed in Other Provinces	竣工产值 Completed Output Value
总计	**Total**	**476**	**390**	**17836593**	**5873258**	**2625903**	**1822110**
按登记注册类型分组	**By Status of Registration**						
内资企业	Domestic Funded	475	390	17836593	5873258	2625903	1822110
国有企业	State-owned Enterprises	21	16	1575142	423812	101178	126314
集体企业	Collective-owned Enterprises	15	10	132239	104269		63608
股份合作企业	Cooperative Enterprises	2	2	22393	16561	342	16079
有限责任公司	Limited Liability Corporations	75	62	10069242	2999950	2255887	828343
股份有限公司	Share-holding Corporations Limited	8	5	2027376	288415	202070	5716
私营企业	Private Enterprises	354	295	4010202	2040250	66426	782051
其他企业	Others Enterprises						
外商投资企业	Foreign Funded Enterprises	1					
按国民经济行业分组	**By Sector**						
房屋建筑业	Housing Project building	214	183	2939594	1554482	141641	865419
土木工程建筑业	Civil Engineering Construction	164	127	13889822	3937694	2437721	827240
建筑安装业	Construction Installation	54	46	894301	315183	20918	89890
建筑装饰、装修和其他建筑业	Construction Decoration and Other Construction	44	34	112877	65899	25624	39561
建筑装饰和装修业	Construction Decoration	32	23	91765	47341	20032	35646
建筑物拆除和场地准备活动	Engineering Preparation Activity	5	4	4320	4676		40
提供施工设备服务	Providing Construction Equipment Services						
其他未列明建筑业	Others	7	7	16793	13882	5592	3875
按隶属关系分组	**By Jurisdiction of Management**						
中央	Central	12	9	9570153	2639280	2237404	710133
地方	Local	41	32	1707547	432206	16699	72145
其他	Others	423	349	6558894	2801772	371800	1039832
按企业资质等级分组	**By Qualification Criteria of Enterprises**						
施工总承包	Construction General Contractors	371	309	17429676	5546051	2522515	1657884
特级	Special grade	1	1	7860630	2219102	2028367	607675
一级	First Grade	28	24	5793688	1443805	440160	329261
二级	Second Grade	147	119	2478264	1137642	44311	432431
三级及以下	Third Grade and below	195	165	1297095	745502	9678	288518
专业总承包	Profession General Contractors	105	81	406917	327207	103387	164226
一级	First Grade	3	3	137099	124954	101178	102194
二级	Second Grade	47	34	143232	99361	1494	35597
三级及以下	Third Grade and below	55	44	126587	102892	715	26435

注：本表为所有具有资质等级的施工总承包、专业承包建筑业企业(不含劳务分包建筑业企业)数据。
Note:Data in this table included all general construction contractors and professional contractors (not including construction enterprises of worker subcontractors) which possess qualification grades.

14－5　2021年总承包和专业承包建筑业企业财务情况

单位：万元

指　标	Item	建筑业企业个数(个) Number of Construction Enterprises (unit)	年初存货 Stock at the Beginning of the Year
总计	**Total**	**476**	**941326**
按登记注册类型分组	**By Status of Registration**		
内资企业	Domestic Funded	475	941326
国有企业	State-owned Enterprises	21	72544
集体企业	Collective-owned Enterprises	15	596
股份合作企业	Cooperative Enterprises	2	285
有限责任公司	Limited Liability Corporations	75	289888
股份有限公司	Share-holding Corporations Limited	8	6407
私营企业	Private Enterprises	354	571606
其他企业	Others Enterprises		
港澳台商投资企业	Enterprises with Funds from Hong Kong,Macao and Taiwan		
外商投资企业	Foreign Funded Enterprises	1	
按国民经济行业分组	**By Sector**		
房屋建筑业	Housing Project Building	214	468611
土木工程建筑业	Civil Engineering Construction	164	387451
建筑安装业	Construction Installation	54	65896
建筑装饰、装修和其他建筑业	Architectural Decoration, Decoration and Other Construction Industries	44	19369
建筑装饰和装修业	Architectural Decoration and Decoration Construction	32	12767
建筑物拆除和场地准备活动	Building Demolition and Site Preparatory Activities	5	5490
提供施工设备服务	Providing Construction Equipment Services		
其他未列明建筑业	Others	7	1111
按隶属关系分组	**By Jurisdiction of Management**		
中央	Central	12	203370
地方	Local	41	61720
其他	Others	423	676235
按企业资质等级分组	**By Qualification Criteria of Enterprises**		
施工总承包	General Contractors	371	882169
特级	Special Grade	1	173453
一级	First Grade	28	154877
二级	Second Grade	147	401443
三级及以下	Third Grade and below	195	152396
专业承包	Professional Contractors	105	59157
一级	First Grade	3	6156
二级	Second Grade	47	46816
三级及以下	Third Grade and below	55	6184

Financial Affairs Condition of Enterprises of General and Professional Contractors (2021)

(10000 yuan)

流动资产合计 Total Current Assets	应收工程款 Accounts for Projects	存货 Stock	固定资产减值准备 Impairment of Fixed Assets	固定资产原价 Original Cost of Fixed Assets	累计折旧 Accumulated Depreciation	本年折旧 Depreciation Charge for the Year	在建工程 Project under Construction	资产合计 Total Assets
6427321	**1450228**	**860541**	**5534**	**976788**	**490222**	**33149**	**59636**	**9051846**
6427060	1450228	860541	5534	976683	490121	33149	59636	9051581
475922	73683	49081	10	40362	17837	2274	106	602865
73833	48925	441	37	18990	9353	824	185	94889
7160		285		1570	110	5		8625
3162338	651547	294253		512912	256340	7678	23316	4720567
452294	213892	4157		43280	24714	1514	6828	892807
2255513	462180	512324	5487	359568	181767	20854	29200	2731828
260				105	101			265
1719986	350687	395569	5422	247402	133825	16909	27132	2094682
4151858	954344	370242	93	652638	311693	11686	29135	6342456
452425	114511	80676	18	63319	36794	4082	1425	495764
103051	30686	14054	1	13430	7910	472	1944	118944
75145	18864	12130	1	6530	4432	216	661	83718
7145	1293	617		1438	577	28		8224
20761	10529	1308		5462	2901	228	1282	27002
2135019	556907	192088	10	438503	218143	5197	14107	3815067
809184	72459	76574		64066	31971	2107	2086	941378
3483118	820863	591879	5524	474219	240108	25844	43443	4295401
6050540	1314253	825574	5516	921442	457026	30797	55816	8619130
1832755	394117	164544		341010	160386	-54	11894	3125313
1577759	413737	159601		199919	102993	7924	13601	2407383
1692973	322917	343199	593	203908	93733	11460	19682	1987953
947053	183482	158231	4922	176606	99913	11467	10638	1098481
376781	135975	34967	19	55346	33196	2352	3820	432717
73548	24742	6956		8907	5287	278		83198
147982	29611	22171	19	26818	15935	893	3177	172863
155251	81622	5840		19620	11974	1181	643	176656

14-5 续表1

单位：万元

指标	Item	流动负债合计 Total Liquid Liabilities	应付账款 Accounts Payable
总计	**Total**	**5499987**	**2342628**
按登记注册类型分组	**By Status of Registration**		
内资企业	Domestic Funded	5499966	2342606
国有企业	State-owned Enterprises	308171	144283
集体企业	Collective-owned Enterprises	63322	56338
股份合作企业	Cooperative Enterprises	4936	2128
有限责任公司	Limited Liability Corporations	2783257	1183303
股份有限公司	Share-holding Corporations Limited	605087	257698
私营企业	Private Enterprises	1735193	698856
其他企业	Others Enterprises		
港澳台商投资企业	Enterprises with Funds from Hong Kong,Macao and Taiwan		
外商投资企业	Foreign Funded Enterprises	22	22
按国民经济行业分组	**By Sector**		
房屋建筑业	Housing Project Building	1337720	481084
土木工程建筑业	Civil Engineering Construction	3746963	1634987
建筑安装业	Construction Installation	343628	192383
建筑装饰、装修和其他建筑业	Architectural Decoration, Decoration and Other Construction Industries	71677	34174
建筑装饰和装修业	Architectural Decoration and Decoration Construction	48177	23824
建筑物拆除和场地准备活动	Building Demolition and Site Preparatory Activities	6551	2337
提供施工设备服务	Providing Construction Equipment Services		
其他未列明建筑业	Others	16949	8013
按隶属关系分组	**By Jurisdiction of Management**		
中央	Central	2303549	1007363
地方	Local	451756	191731
其他	Others	2744682	1143534
按企业资质等级分组	**By Qualification Criteria of Enterprises**		
施工总承包	General Contractors	5213753	2174363
特级	Special Grade	1834131	757692
一级	First Grade	1477251	635690
二级	Second Grade	1244820	519939
三级及以下	Third Grade and below	657552	261042
专业承包	Professional Contractors	286235	168264
一级	First Grade	75213	53647
二级	Second Grade	97065	33302
三级及以下	Third Grade and below	113957	81315

Continued

(10000 yuan)

非流动负债合计 Total Non-current Liabilities	负债合计 Total Liabilities	所有者权益合计 Total Owners' Equity	实收资本 Paid-in Capitals	个人资本 Personal Capitals
720281	**6275964**	**2775882**	**1849973**	**310997**
720281	6275943	2775639	1849730	310997
88773	396945	205920	158117	20
406	63730	31159	13923	5
	4936	3689	2234	
550909	3338366	1382201	712273	40320
18325	623412	269395	138650	
61868	1848554	883274	824533	270653
	22	243	243	
60390	1435382	659300	622736	195340
653630	4401956	1940500	1098359	99583
5224	365667	130097	86271	5393
1037	72959	45985	42607	10680
960	49185	34533	32543	6618
	6551	1672	1463	
77	17223	9779	8601	4062
535797	2839347	975720	367587	
81430	533191	408188	350508	15560
103054	2903427	1391974	1131879	295437
715880	5985044	2634085	1723585	290656
507597	2341728	783585	187015	
75229	1552480	854903	642684	104289
44662	1314871	673082	623501	99812
88392	775966	322516	270386	86556
4401	290920	141797	126388	20340
2795	78008	5190	7577	560
1188	98308	74556	65916	6504
418	114604	62052	52894	13276

14-5 续表2

单位：万元

指 标	Item	营业收入 Operating Revenue	主营业务收入 Revenue from Principal Business
总计	**Total**	**6981723**	**6628860**
按登记注册类型分组	**By Status of Registration**		
内资企业	Domestic Funded	6981723	6628860
国有企业	State-owned Enterprises	466793	278624
集体企业	Collective-owned Enterprises	131460	131460
股份合作企业	Cooperative Enterprises	15214	15192
有限责任公司	Limited Liability Corporations	3621396	3500400
股份有限公司	Share-holding Corporations Limited	516623	515672
私营企业	Private Enterprises	2230236	2187512
其他企业	Others Enterprises		
港澳台商投资企业	Enterprises with Funds from Hong Kong,Macao and Taiwan		
外商投资企业	Foreign Funded Enterprises		
按国民经济行业分组	**By Sector**		
房屋建筑业	Housing Project Building	1651001	1629368
土木工程建筑业	Civil Engineering Construction	4776878	4450604
建筑安装业	Construction Installation	473973	470342
建筑装饰、装修和其他建筑业	Architectural Decoration, Decoration and Other Construction Industries	79871	78546
建筑装饰和装修业	Architectural Decoration and Decoration Construction	51660	51506
建筑物拆除和场地准备活动	Building Demolition and Site Preparatory Activities	6161	6105
提供施工设备服务	Providing Construction Equipment Services		
其他未列明建筑业	Others	22050	20935
按隶属关系分组	**By Jurisdiction of Management**		
中央	Central	3385790	3328651
地方	Local	422421	225535
其他	Others	3173511	3074674
按企业资质等级分组	**By Qualification Criteria of Enterprises**		
施工总承包	General Contractors	6593698	6245763
特级	Special Grade	2763602	2714189
一级	First Grade	1693830	1443581
二级	Second Grade	1288178	1272896
三级及以下	Third Grade and below	848088	815097
专业承包	Professional Contractors	388025	383097
一级	First Grade	127786	124709
二级	Second Grade	139895	138100
三级及以下	Third Grade and below	120343	120287

Continued

(10000 yuan)

营业成本 Operating Cost	主营业务成本 Cost of Principal Business	营业税金及附加 Taxes and Other Charges	主营业务税金及附加 Taxes and Other Charges on Principal Business	其他业务利润 Other Operating Profit	销售费用 Selling Expenses	管理费用 Management Costs	财务费用 Financial Costs	利息收入 Interest Revenue	利息支出 Interest Expense	资产减值损失 Loss from Asset Devaluation
6644334	**6094162**	**17865**	**15189**	**10467**	**2398**	**234354**	**44855**	**8137**	**19039**	**9905**
6644334	6094162	17865	15189	10467	2398	234346	44855	8137	19039	9905
418037	261531	2143	1542	76		11560	-642	836	203	86
124504	109815	729	729		…	16088	-74	-9	…	199
14291	14291	244	244			607	…			
3491857	3161098	4675	3531	10034	436	110972	32273	7018	7712	11533
467486	464252	1165	1111	202		9014	7100	451	6994	-2108
2128159	2083176	8908	8032	155	1962	86105	6198	-159	4129	195
						7				
1587970	1558417	6080	5191	125	714	54594	5630	-400	4132	573
4535961	4032365	9671	8006	10059	1116	149690	38487	9072	13977	11551
446629	430435	1812	1729	180	520	24525	469	-552	890	-2225
73773	72946	302	264	102	49	5545	268	17	41	6.5
49694	49413	175	174	102	49	2764	207	10	6	6.5
5535	5480	22	2			529	22	4	4	
18544	18053	105	88			2252	40	3	31	
3284110	3008491	3620	3191	9495	310	93593	32141	8703	6191	6539
365289	201810	1509	764	741	24	17603	-1187	-1007	825	2345
2994935	2883862	12736	11234	231	2065	123158	13901	441	12022	1022
6287037	5746955	15920	13425	10386	1332	210060	43993	7941	18460	8711
2688173	2433982	867	519	9056		67436	26253	8181		6906
1564859	1345598	5813	4173	604	383	44328	13425	1849	14256	-1637
1226519	1210474	5489	5272	725	254	50113	2652	-1679	3235	3538
807487	756900	3750	3462		695	48183	1663	-410	969	-96
357296	347208	1945	1764	81	1067	24294	862	197	579	1194
122741	120411	399	279		60	3080	374	121	473	
127197	126288	598	581	102	475	8154	300	1	33	317
107358	100509	948	905	-21	532	13060	189	75	73	877

14-5 续表3

单位：万元

指 标	Item	投资收益 Investment Income	其他收益 Miscell--aneous Incomes
总计	**Total**	**8681**	**2654**
按登记注册类型分组	**By Status of Registration**		
内资企业	Domestic Funded	8681	2654
国有企业	State-owned Enterprises	6270	57
集体企业	Collective-owned Enterprises	563	6
股份合作企业	Cooperative Enterprises		
有限责任公司	Limited Liability Corporations	-612	2547
股份有限公司	Share-holding Corporations Limited	1855	60
私营企业	Private Enterprises	606	-15
其他企业	Others Enterprises		
港澳台商投资企业	Enterprises with Funds from Hong Kong,Macao and Taiwan		
外商投资企业	Foreign Funded Enterprises		
按国民经济行业分组	**By Sector**		
房屋建筑业	Housing Project Building	1291	48
土木工程建筑业	Civil Engineering Construction	7408	2591
建筑安装业	Construction Installation	-39	15
建筑装饰、装修和其他建筑业	Architectural Decoration, Decoration and Other Construction Industries	22	
建筑装饰和装修业	Architectural Decoration and Decoration Construction	22	
建筑物拆除和场地准备活动	Building Demolition and Site Preparatory Activities		
提供施工设备服务	Providing Construction Equipment Services		
其他未列明建筑业	Others		
按隶属关系分组	**By Jurisdiction of Management**		
中央	Central	-1026	2024
地方	Local	5024	596
其他	Others	4684	34
按企业资质等级分组	**By Qualification Criteria of Enterprises**		
施工总承包	General Contractors	6847	2654
特级	Special Grade	-490	1884
一级	First Grade	7000	133
二级	Second Grade	140	653
三级及以下	Third Grade and below	196	-15
专业承包	Professional Contractors	1835	…
一级	First Grade	1200	
二级	Second Grade	25	
三级及以下	Third Grade and below	610	…

Continued

(10 000 yuan)

营业利润 Operating Profit	营业外收入 Non--operating Revenue	营业外支出 Non--operating Expenses	利润总额 Total Profit	应交所得税 Income Taxes Payable	应付职工薪酬 Employee Wages Payable	应交增值税 Value Added Tax Payable	建筑业企业在境外完成的营业收入 Operating Revenue Completed by Construction Enterprises in Overseas
149189	**10620**	**11945**	**144008**	**21167**	**535784**	**125616**	**161365**
149191	10620	11945	144009	21167	535777	125616	161365
41688	990	1408	41311	4170	32897	23488	
1145	547	332	1360	328	19250	4076	
72		22	49	1	518	915	
75796	6745	6888	75655	7682	324848	30597	159772
21505	933	355	22083	3877	16131	6578	
8984	1405	2940	3551	5109	142132	59963	1593
-1			-1		7		
6565	1398	2350	5680	4466	133108	50205	3
132019	7743	8555	127293	14261	363159	61979	159787
10420	1423	946	10886	2161	32810	9522	1575
186	57	94	150	278	6708	3910	
-977	45	84	-1014	51	2879	2699	
53	1	3	51	12	454	456	
1110	10	8	1113	215	3374	756	
65655	3772	6106	63321	6327	295266	18288	159772
46668	499	660	46508	4984	32344	14226	
36866	6349	5179	34179	9856	208173	93102	1593
141111	8738	10943	135145	19611	496123	112194	159790
66256	1259	5263	62252	4757	226315	5860	159772
64545	3614	1725	66434	10145	98483	38813	
5418	1776	2180	1601	2317	98742	42069	
4892	2089	1776	4857	2391	72583	25452	18
8079	1883	1002	8864	1556	39661	13423	1575
2379	414	412	2381	228	9263	5061	
3488	155	238	3393	1028	15090	4831	1575
2212	1314	352	3089	301	15307	3531	

14-6　2021年按行业分建筑企业主要指标

类　别	Item	企业数(个) Number of Enterprises (unit)	从业人员(人) Number of Employed Persons (person)
总计	**Total**	**476**	**60053**
房屋建筑业	Housing Project Building	214	23764
土木工程建筑业	Civil Engineering Construction	164	30479
铁路、道路、隧道和桥梁工程建筑	Railway,Road,Tunnel and Bridge Engineering Construction	82	13355
铁路工程建筑	Railway Engineering Construction	4	2037
公路工程建筑	Highway Engineering Construction	53	7416
市政道路工程建筑	Peripheral Road Engineering Construction	21	584
其他道路、隧道和桥梁工程建筑	Other Road, Tunnel and Bridge Engineering Construction	4	3318
水利和内河港口工程建筑	Water Conservancy and inland river port engineering construction	31	3001
工矿工程建筑	Industrial and Mining Engineering Construction	6	285
架线和管道工程建筑	Line and Pipeline Engineering Construction	27	2572
电力工程施工	Electric Power Engineering Construction	4	10396
其他土木工程建筑	Other Civil Engineering Construction	14	870
建筑安装业	Construction Installation	54	4787
建筑装饰、装修和其他建筑业	Architectural Decoration, Decoration and Other Construction Industries	44	1023

注：本表数据为具有资质等级的施工总承包、专业承包建筑业企业(不含劳务分包建筑业企业)数据。

Main Indicators of Construction Enterprises by Sector(2021)

建筑业总产值(万元) Gross Output Value of Construction (10 000 yuan)	建筑工程 Output Value of Construction	安装工程 Output Value of Installation	竣工产值(万元) Output Value of Completed (10 000 yuan)	房屋建筑面积(平方米) Floor Space of Buildings(sq.m): 施工面积 Floor Space under Construction	竣工面积 Floor Space Completed	竣工房屋价值(万元) Value of Completed (10 000 yuan)	住宅 Residential Buildings
5873258	**5278945**	**470113**	**1822110**	**9355179**	**2770817**	**625527**	**409793**
1554482	1421276	98621	865419	7729647	2597902	581150	403868
3937694	3711985	141811	827240	1608737	118318	33510	243
1134613	1096969	25194	118415	1331223	54146	19061	
179040	179040		54134	1226546			
836404	814274	12155	46168	58419	19396	4741	
54725	39211	13039	3793				
64445	64445		14320	46258	34750	14320	
254396	237810	16586	50566	11176			
25180	12707	12473	9019				
263535	152725	40293	25223				
2223341	2175958	47265	607675	206338	2600	243	243
36629	35816	2	16343	60000	61572	14206	
315183	115631	198023	89890	11951	42147	8400	5341
65899	30052	31658	39561	4844	12450	2467	341

Note:Data in this table included all general construction contractors and professional contractors (not including construction enterprises of worker subcontractors) which possess qualification grades.

14-7 2017-2021年建筑业企业房屋竣工面积
Floor Space of Buildings Completed by Construction Enterprises(2017-2021)

项 目	Item	房屋建筑竣工面积(平方米) Floor Space of Buildings Completed (sq.m)				
		2017	2018	2019	2020	2021
总计	**Total**	**3386498**	**3730604**	**3966504**	**3556998**	**2770817**
按房屋主要用途分	By Usage of Housing					
厂 房	Workshop	98590	255893	42400	79916	33897
住 宅	Residential Buildings	1864556	2079373	2401760	2170415	1992591
办公用房	Office	333055	426790	380463	268305	171711
批发零售用房	Wholesale and Retail	2220	1010	24955	51391	3466
住宿和餐饮用房	Hotel and Catering	73976	74054	26530	20060	10662
居民服务业用房	Services to Households	221289	227678	160916	134343	128389
教育用房	Education	339021	197237	250657	219406	154963
文化体育娱乐用房	Culture, Sports and Entertainment	39457	63861	49957	226795	38701
医疗用房	Medical	82090	58026	83622	72559	18078
科研用房	Research	8175	730	21954	85	6069
其他用房	Others	308529	326318	217745	278069	197815
仓库用房	Storage	14690	5151	3115	7168	13614
商务会展用房	Business Exhibition	850	14483	1723	60	861

14-8 2017-2021年建筑业经济效益指标
Main Indicators on Economic Benefit of Construction Enterprises (2017-2021)

指 标	Item	2017	2018	2019	2020	2021
房屋建筑面积竣工率 (%)	Rate of Floor Space of Buildings Completed (%)	39.32	40.77	43.85	38.34	29.62
产值利润率 (%)	Ratio of Profit to Gross Output Value (%)	2.61	2.50	1.42	1.81	2.45
人均竣工产值 (元/人)	Gross Output Value Completed Per Capita (yuan/person)	174288	144933	285328	265871	221323
人均施工面积(平方米/人)	Floor Space under Construction Per Capita(sq.m/person)	59.96	90.67	107.54	90.87	113.63
人均竣工面积(平方米/人)	Floor Space Completed Per Capita (sq.m/person)	23.58	36.96	47.15	34.84	33.66
人均利润 (元/人)	Profits Per Capita (yuan/person)	8793	10670	7760	9089	17492
资产负债率 (%)	Assets-liability Ratio (%)	68.10	67.66	68.00	69.80	69.33
技术装备率 (元/人)	Value of Machines per Laborer (yuan/person)	29603	21704	19955	21903	15593

14—9 2021年按资质等级分的建筑业主要经济指标
Main Economic Indicators of Construction Enterprises by Qualification Grade(2021)

指标	Item	企业数(个) Number of Enterprises (unit)	有工作量的 Having Workload	年末从业人员(人) Number of Employed Persons (person)	工程技术人员(人) Engineering and Technical Personnel (person)	从事建筑业活动的平均人数(人) Average Number of people engaged in construction activities (person)	签订合同额(万元) Total Value of Contracts (10 000 yuan)
按资质等级关系分组	**By Qualification Criteria of Enterprises**	**476**	**390**	**60053**	**13602**	**82328**	**17836593**
施工总承包	General Contractors	371	309	55503	12639	74554	17429676
特级	Special Grade	1	1	10304	3499	9630	7860630
一级	First Grade	28	24	13257	3313	23308	5793688
二级	Second Grade	147	119	18912	3669	24064	2478264
三级及以下	Third Grade and Below	195	165	13030	2158	17552	1297095
专业承包	Professional Contractors	105	81	4550	963	7774	406917
一级	First Grade	3	3	940	137	3630	137099
二级	Second Grade	47	34	1586	480	1789	143232
三级及以下	Third Grade and Below	55	44	2024	346	2355	126587

14—9 续表1 Continued

单位：万元 (10 000 yuan)

指标	Item	建筑业总产值 Total Gross Output Value	建筑工程产值 Output Value of Construction	安装工程产值 Output Value of Installation	其他产值 Output Value of Others	竣工产值 Output Value of Completed	建筑业企业在境外完成的营业收入 Operating Revenue Completed by Construction Enterprises in Overseas
按资质等级关系分组	**By Qualification Criteria of Enterprises**	**5873258**	**5278945**	**470113**	**124200**	**1822110**	**161365**
施工总承包	General Contractors	5546051	5006280	418304	121468	1657884	159790
特级	Special Grade	2219102	2172207	46777	119	607675	159772
一级	First Grade	1443805	1254689	119276	69841	329261	
二级	Second Grade	1137642	1046423	80121	11098	432431	
三级及以下	Third Grade and Below	745502	532961	172130	40411	288518	18
专业承包	Professional Contractors	327207	272665	51810	2732	164226	1575
一级	First Grade	124954	124654	300		102194	
二级	Second Grade	99361	76888	20848	1625	35597	1575
三级及以下	Third Grade and Below	102892	71123	30662	1107	26435	

14-9 续表2 Continued

单位：万元 (10 000 yuan)

项　目	Item	税金总额 Total Taxes	利润总额 Total Profits	营业收入 Operating Revenue	营业成本 Operating Cost
按企业资质等级分组	**By Qualification Criteria of Enterprises**	**143481**	**144008**	**6981723**	**6644334**
施工总承包	General Contractors	128113	135145	6593698	6287037
特级	Special Grade	6727	62252	2763602	2688173
一级	First Grade	44626	66434	1693830	1564859
二级	Second Grade	47558	1601	1288178	1226519
三级及以下	Third Grade and Below	29202	4857	848088	807487
专业承包	Professional Contractors	15368	8864	388025	357296
一级	First Grade	5460	2381	127786	122741
二级	Second Grade	5429	3393	139895	127197
三级及以下	Third Grade and Below	4479	3089	120343	107358

14-9 续表3 Continued

项　目	Item	房屋建筑施工面积（平方米） Floor Space of Buildings Under Construction (sq.m)	房屋建筑竣工面积（平方米） Floor Space of Buildings Completed (sq.m)	住宅 Residential Buildings	竣工房屋价值（万元） Value of Buildings Completed (10 000 yuan)	住宅 Residential Buildings
按企业资质等级分组	**By Qualification Criteria of Enterprises**	**9355179**	**2770817**	**1992591**	**625527**	**409793**
施工总承包	General Contractors	8887478	2756576	1992440	622765	409765
特级	Special Grade	206338	2600	2600	243	243
一级	First Grade	4634570	1316083	1156701	243638	196325
二级	Second Grade	3253502	1066010	690125	287811	178719
三级及以下	Third Grade and Below	793068	371883	143014	91073	34477
专业承包	Professional Contractors	467701	14241	151	2762	28
一级	First Grade					
二级	Second Grade	467034	5004	151	1479	28
三级及以下	Third Grade and Below	667	9237		1283	

14-10　2021年分地区建筑业企业主要经济指标

Basic Statistics of Construction Enterprises Production by Region(2021)

地　区	Region	企业数(个) Number of Enterprises (unit)	有工作量的 Having Workload	签订合同额(万元) Total Value of Contracts (10 000 yuan)	建筑业总产值(万元) Total Gross Output Value (10 000 yuan)	竣工产值(万元) Output Value of Completed (10 000 yuan)	房屋建筑施工面积(平方米) Floor Space of Buildings Under Construction (sq.m)	房屋建筑竣工面积(平方米) Floor Space of Buildings Completed (sq.m)
总　计	**Total**	**476**	**390**	**17836593**	**5873258**	**1822110**	**9355179**	**2770817**
西宁市	Xining City	306	244	15889909	4741479	1357654	6007401	1445865
海东市	Haidong City	61	53	1285628	649030	242913	2645353	691534
海北州	Haibei Zang A.P	9	8	61241	38787	9332	61171	2534
黄南州	Huangnan Zang A.P	19	16	102791	61403	41345	134133	140876
海南州	Hainan Zang A.P	27	25	299825	262039	135551	476127	429039
果洛州	Golog Zang A.P	4	3	45319	16319	3319	12471	12490
玉树州	Yushu Zang A.P	5	4	7434	7434	7316	7052	8516
海西州	Haixi Mongolian & Zang A.P	45	37	144446	96767	24681	11471	39963

注：本表数据为具有资质等级的施工总承包、专业承包建筑业企业(不含劳务分包建筑业企业)数据。以下表同。
Note:Data in this table included all general construction contractors and professional contractors (not including construction enterprises of worker subcontractors) which possess qualification grades.the same below.

14-10 续表1　Continued

单位：万元　(10 000 yuan)

地　区	Region	资产总计 Total Assets	负债合计 Total Liabilities	流动负债合计 Total Liquid Liabilities	非流动负债合计 Total Non-current Liabilities	所有者权益合计 Total Owners' Equity
总　计	**Total**	**9051846**	**6275964**	**5499987**	**720281**	**2775882**
西宁市	Xining City	7759150	5395537	4739582	610666	2363613
海东市	Haidong City	574829	403876	370932	32625	170954
海北州	Haibei Zang A.P	67106	40262	37350	2912	26844
黄南州	Huangnan Zang A.P	81818	47835	44105	3715	33983
海南州	Hainan Zang A.P	272166	140519	139670	849	131647
果洛州	Golog Zang A.P	29033	20217	19074	1144	8816
玉树州	Yushu Zang A.P	6151	3531	3531		2620
海西州	Haixi Mongolian & Zang A.P	261593	224187	145744	68371	37406

14-10 续表2 Continued

单位：万元 (10 000 yuan)

地 区	Region	实收资本 Paid-in Capitals	营业收入 Operating Revenue	主营业务收入 Revenue from Principal Business	营业成本 Operating Cost	主营业务成本 Cost of Principal Business	营业税金及附加 Taxes and Other Charges	主营业务税金及附加 Taxes and Other Charges on Principal Business	其他业务利润 Other Operating Profit	销售费用 Selling Expense
总 计	**Total**	**1849973**	**6981723**	**6628860**	**6644334**	**6094162**	**17865**	**15189**	**10467**	**2398**
西宁市	Xining City	1481416	5904531	5557797	5617171	5086051	12784	10823	10295	1052
海东市	Haidong City	137457	544707	543391	506937	498726	2112	2094	165	443
海北州	Haibei Zang A.P	15201	31763	31763	30161	27900	139	102		
黄南州	Huangnan Zang A.P	32088	56422	56422	54084	54081	352	352		97
海南州	Hainan Zang A.P	125162	275072	274786	274339	271273	1275	640		240
果洛州	Golog Zang A.P	4481	21078	21078	18101	18101	56	56		2
玉树州	Yushu Zang A.P	595	6896	6896	6447	6447	39	39		
海西州	Haixi Mongolian & Zang A.P	53574	141254	136728	137094	131583	1109	1083	7	564

14-10 续表3 Continued

单位：万元 (10 000 yuan)

地 区	Region	管理费用 Management Expenses	财务费用 Financial Expenses	利息收入 Interest Revenue	利润总额 Total Profits	资产减值损失 Asset Impairment Loss	应付职工薪酬 Employee Wages Payable
总 计	**Total**	**234354**	**44855**	**8137**	**144008**	**9905**	**535784**
西宁市	Xining City	188136	41303	7934	141383	8990	454221
海东市	Haidong City	25488	2842	145	9881	199	41583
海北州	Haibei Zang A.P	3471	33	-7	977	-71	3589
黄南州	Huangnan Zang A.P	2298	132		-491		10661
海南州	Hainan Zang A.P	7142	229	-4	-5371		13095
果洛州	Golog Zang A.P	1024	-55	57	708	38	2032
玉树州	Yushu Zang A.P	360	1	1	49		248
海西州	Haixi Mongolian & Zang A.P	6435	371	11	-3128	749	10356

主要统计指标解释

建筑业统计单位 指从事房屋、构筑物建造和设备安装活动的法人企业。建筑业法人企业应具有建筑业资质并能够独立核算,同时其应具备以下条件:①依法成立,有自己的名称、组织机构和场所,能够承担民事责任;②独立拥有和使用资产,承担负债,有权与其他单位签订合同;③独立核算盈亏,能够编制资产负债表。

建筑业总产值 是以货币形式表现的建筑业企业在一定时期内生产的建筑业产品和提供的服务的总和。建筑业总产值包括:

⑴建筑工程产值:指列入建筑工程预算内的各种工程价值。

⑵安装工程产值:指设备安装工程价值,不包括被安装设备本身的价值。

⑶其他产值:建筑业总产值中除建筑工程、安装工程以外的产值。包括房屋构筑物修理产值、非标准设备制造产值、总包企业向分包企业收取的管理费以及不能明确划分的施工活动所完成的产值。

a. 房屋构筑物修理产值:指房屋和构筑物修理所完成的产值,但不包括被修理房屋、构筑物本身价值和生产设备的修理产值。

b. 非标准设备制造产值:指加工制造没有定型的非标准生产设备的加工费和原材料价值(如化工厂、炼油厂用的各种罐、槽,矿井生产统一使用的各种漏斗、三角槽、阀门等)以及附属加工厂为本企业承建工程制作的非标准设备的价值。

建筑业增加值 指建筑业企业在报告期内以货币形式表现的建筑业生产经营活动的最终成果。

从2004年第一次全国经济普查开始,建筑业现价增加值按生产法和分配法(收入法)两种方法计算,以收入法的计算结果为准,即从收入的角度出发,根据生产要素在生产过程中应得的收入份额计算。具体计算方法:经济普查年度建筑业增加值按照《经济普查年度GDP核算方案》计算,非经济普查年度建筑业增加值按照《非经济普查年度GDP核算方案》计算。

房屋建筑施工面积 指在报告期内施过工的全部房屋建筑面积,包括本期新开工的房屋面积、上期施工跨入本期继续施工的房屋面积、上期停缓建在本期恢复施工的房屋面积、本期竣工的房屋面积及本期施工后又停缓建的房屋面积。

房屋建筑竣工面积 指在报告期内房屋建筑按照设计要求全部完工,达到了使用条件,经验收鉴定合格,正式移交使用单位的房屋建筑面积。

Explanatory Notes on Main Statistical Indicators

Statistical Unit in the Construction Industry refers to a corporate enterprise engaged in the construction of buildings and structures and in the installation of equipment. A corporate construction enterprise should have qualification certificates with independent accounting system, and should meet the following 3 requirements: a) being set up in line with relevant legal basis, having its full name, organization and location, and capable of taking civil liabilities; b) independently possessing and using its assets and assuming its liabilities, and entitled to sign contracts with other institutions; and c) making independent accounts of its profits and losses, and capable of compiling its own balance sheet.

Gross Output Value of Construction refers to total of construction products and services, expressed in money terms, produced or rendered by construction and installation enterprises during a given period of time. It includes:

(1) Output value of construction projects: the value of projects covered by the project budgets;

(2) Output value of installation projects: the value of the installation of equipment, (excluding the value of the equipment to be installed);

(3) Other output values: the output value of construction industry apart from that of construction projects and installation projects. It includes: output value of repair of buildings and structures; output value of non – standard equipment manufacturing; overhead expenses received by contracted enterprises from the sub – contracted enterprises and the completed output value of construction activities for which there is no clear definition.

a. Output value of repair of buildings and structures: the value created through the repairs of buildings or structures. It does not include the value of buildings or structures being repaired and the value of the repair of production equipment;

b. Output value of manufactured non – standard equipment: the value of non – standard production equipment, including raw materials and manufacturing cost, made for the construction project (i. e. , chemical plant; kettles or tanks used by refineries; various fillers, triangle tanks, valves used by mines). It also includes the output value of equipment manufactured by subsidiary workshops.

Value – added of Construction refers to the final result of the activities of production and operation of enterprises of the construction industry in monetary terms during the reference period.

Starting from the 2004 economic census, value – added of construction is calculated by both production approach and income approach, with the figures from the income approach as the final figures. Under the income approach, , calculation starts from the perspective of income and is based on the share of income derived from the production process by the relevant factors of production. . Specifically, value – added of construction for the Census years is calculated in accordance with the Programme of Compilation of GDP and National Accounts for the Year of Economic Census, and value – added of construction for other years is calculated in accordance with the Programme of Compilation of GDP and National Accounts for the Non Economic Census Years.

Floor Space of Buildings Under Construction refers to floor space of buildings under construction during the reference period, including the floor space of buildings for which construction has newly started; buildings for which construction has started earlier and is continuing during the reference period; and buildings for which construction has been suspended earlier but has restarted during the reference period; buildings completed during the reference period; and buildings under construction but construction has subsequently been during the reference period.

Floor Space of Buildings Completed refers to the floor space of buildings that are completed in the reference period in accordance with the requirements of the design, up to the standard for being put into use, and having been checked and accepted by departments concerned as qualified ones.

第15篇

CHAPTER 15

运输和邮电

Transport and post

15-1 2017-2021年交通运输业基本情况
Basic Conditions of Transport(2017-2021)

指标	Item	2017	2018	2019	2020	2021
客运量总计 （万人）	**Total Passenger Traffic (10 000 persons)**	**6899**	**7158**	**7125**	**4810**	**3155**
铁路	Railways	1134	1256	1148	762	821
公路	Highways	5070	5092	5071	3314	1590
民用航空	Civil Aviation	626	715	813	675	681
出港客运量	Outbound passenger traffic	329	377	426	352	359
水路	Waterways	70	95	94	59	63
旅客周转量总计（万人公里）	**Total Passenger-Kilometers (10 000 passenger-km)**	**1790854**	**1916229**	**1860630**	**1354302**	**1331864**
铁路	Railways	869476	901385	780868	520758	572291
公路	Highways	497684	507669	500460	364939	277209
民航	Civil Aviation	422832	506146	578281	468062	481750
水路	Waterways	862	1030	1022	543	614
货运量总计 （万吨）	**Total Freight Traffic (10 000 tons)**	**18141**	**19122**	**19551**	**14512**	**18041**
铁路	Railways	3052	3220	3223	3456	3735
公路	Highways	14871	15685	16102	10835	14083
民用航空	Civil Aviation	2.96	3.73	4.75	4.63	3.61
出港货邮量	Outbound Freight Traffic	1.27	1.75	2.30	2.25	1.82
管道（输油管道）	Petroleum Pipeline	215.44	213.08	221.45	216.83	219.92
货物周转量总计（万吨公里）	**Total Freight Ton-kilometers (10 000 ton-km)**	**5290860**	**5609583**	**5720675**	**4246848**	**6015079**
铁路	Railways	2660328	2756156	2715913	2902716	4311259
公路	Highways	2534297	2757436	2904581	1246221	1604686
民用航空	Civil Aviation	1655	2450	2964	2744	2612
管道(输油管道)	Petroleum Pipeline	94580	93541	97217	95167	96523
民用汽车拥有量 （辆）	**Possession of Civil Motor Vehicles (units)**	**1001025**	**1102977**	**1199610**	**1293762**	**1467016**
载客汽车	Passenger Vehicles	825561	914182	995767	1068543	1142811
载货汽车	Trucks	161715	175438	190360	211521	229959
#私人汽车	Private Vehicles	829005	914662	999795	1086821	1170831

①民用车辆2015—2020年数据由青海省公安厅交通警察总队车辆管理支队提供，2021年数据由国家统计局反馈。
②2020年公路货运量及货物周转量数据根据2019年公路货运量及货物周转量专项调查结果为基数进行统计。
❶Data of civil motor vehicles from 2015 to 2020 is provided by the provincial vehicle management department.The data of 2021 is fed back by the National Bureau of Statistics.
❷The data of highway freight volume and cargo turnover in 2020 are counted based on the special survey results of highway freight volume and cargo turnover in 2019.

15-2 主要年份客运量

Passenger Traffic in Main Years

单位：万人、万人公里 (10 000 persons,10 000 passenger-km)

年份 Year	客运量 合计 Total Passenger Traffic	铁路 Railways	公路 Highways	民用航空 Civil Aviation	水路 Waterways	旅客周转量 合计 Total Passener-Kilometers	铁路 Railways	公路 Highways	民用航空 Civil Aviation	水路 Waterways
1978	328	170	158			103241	85259	17982		
1985	1288	295	993			127647	73123	54524		
1990	1843	209	1634			153736	61220	92411	105	
1991	1899	196	1703			154238	55314	98817	107	
1992	2010	197	1812	1		161839	54785	105760	1294	
1993	2227	208	2017	2		186261	59608	123432	3221	
1994	2292	217	2073	2		193057	62980	126527	3550	
1995	2388	220	2165	3		198391	64027	129270	5094	
1996	2690	185	2500	5		205356	53923	144088	7345	
1997	2885	200	2680	5		220469	59275	153000	8194	
1998	3157	261	2889	7		245574	73025	161569	10980	
1999	3359	297	3055	7		275227	93634	171219	10374	
2000	3612	352	3250	10		312497	115090	182000	15407	
2001	3832	392	3428	12		347706	133605	195930	18171	
2002	4007	436	3556	15		372837	150444	200720	21673	
2003	4324	408	3900	16		407362	163987	220000	23375	
2004	4601	386	4193	22		451229	186281	232035	32913	
2005	4920	368	4525	27		472389	186922	246556	38911	
2006	5310	411	4861	38		598831	283518	262333	52980	
2007	5655	393	5218	44		744085	386640	293940	63505	
2008	9447	404	8996	47		826430	332583	424611	69236	
2009	10101	430	9603	68		955376	398742	455610	101024	
2010	10997	474	10439	85		1072054	446155	502093	123806	
2011	11972	520	11308	102	42	1205720	497642	556426	151096	556
2012	12830	544	12100	138	48	1302492	505492	595000	201349	651
2013	4957	592	4140	167	58	1199089	548882	403349	246116	742
2014	5854	615	4769	410	60	1324986	563086	465045	296093	762
2015	6035	936	4595	434	70	1506906	744449	446500	315100	857
2016	6444	994	4873	511	66	1602593	775300	475000	351500	793
2017	6899	1134	5070	626	70	1790854	869476	497684	422832	862
2018	7158	1256	5092	715	95	1916229	901385	507669	506146	1030
2019	7125	1148	5071	813	94	1860630	780868	500460	578281	1022
2020	4810	762	3314	675	59	1354302	520758	364939	468062	543
2021	3155	821	1590	681	63	1331864	572291	277209	481750	614

15-3 主要年份货运量
Freight Traffic in Main Years

单位：万吨、万吨公里 (10 000 tons,10 000 ton-km)

年份 Year	货运量合计 Total Freight Traffic	铁路 Railways	公路 Highways	民用航空 Civil Aviation	管道输油量 Petroleum and Gas Pipelines	货物周转量合计 Total Freight Ton-Kilometers	铁路 Railways	公路 Highways	民用航空 Civil Aviation	管道输油量 Petroleum and Gas Pipelines
1952	3		3			553		553		
1978	1326	546	780			321164	274437	46727		
1985	2033	334	1699			244198	141109	103089		
1990	2434	454	1957		23	498544	298810	187665	3	10066
1991	2998	502	2413	…	83	565197	329657	199435	2	36103
1992	3071	518	2471	…	82	559774	317891	205994	15	35670
1993	3127	550	2533	…	89	578134	327642	211633	35	38824
1994	3328	538	2694	…	96	613271	335860	235274	41	42096
1995	3529	532	2887	…	110	664296	367320	248815	57	48104
1996	3909	535	3247	…	127	702042	357686	289646	86	54624
1997	4180	585	3450	…	145	760636	390821	306500	99	63216
1998	4502	590	3743	…	169	816028	409500	333172	101	73255
1999	4654	607	3865	…	182	883310	459448	344629	93	79140
2000	5076	833	4050	…	193	957168	507030	366000	140	83998
2001	5456	957	4305	…	194	1067872	598885	384419	178	84390
2002	5652	1000	4450	0.10	202	1120184	694370	397538	189	88087
2003	6189	1092	4890	0.15	207	1337595	814313	433000	237	90045
2004	6656	1308	5136	0.23	212	1394733	848590	453129	385	92629
2005	7152	1453	5491	0.33	208	1562445	987866	482660	563	91356
2006	7641	1572	5864	0.50	205	1549176	944456	514149	743	89828
2007	8260	1772	6280	0.50	207	1851758	1207432	552563	811	90952
2008	9318	2310	6805	0.60	202	3433354	1485024	1866003	1016	81311
2009	10057	2702	7173	0.64	182	3722543	1654897	1986737	1090	79819
2010	11426	3286	7962	0.47	178	4275704	1922024	2274730	645	78304
2011	12772	3634	8952	0.35	185	4945713	2283398	2580397	571	81347
2012	13680	3784	9700	0.50	195	5362693	2466199	2810000	792	85702
2013	13576	3783	9588	0.70	204	4594935	2476842	2027634	1122	89337
2014	14847	3608	11030	2.14	207	5162956	2727096	2343632	1206	91022
2015	16175	2729	13233	2.33	210	4549272	2234468	2221300	1231	92273
2016	17092	2834	14047	2.53	208	4850751	2397600	2360400	1338	91413
2017	18141	3052	14871	2.96	215	5290860	2660328	2534297	1655	94580
2018	19122	3220	15685	3.73	213	5609583	2756156	2757436	2450	93541
2019	19551	3223	16102	4.75	221	5720675	2715913	2904581	2964	97217
2020	14512	3456	10835	4.63	217	4246848	2902716	1246221	2744	95167
2021	18041	3735	14083	3.61	220	6015079	4311259	1604686	2612	96523

15-4　2019-2021年民用汽车拥有量
Possession of Civil Vehicles(2019-2021)

单位：辆 (unit)

指　标	Item	2019	新注册 New Registrations	私人 Private	2020	新注册 New Registrations	私人 Private	2021	新注册 New Registrations	私人 Private
民用汽车合计	**Total**	**1199610**	**99705**	**999795**	**1293762**	**102727**	**1086821**	**1467016**	**102991**	**1170831**
载客汽车	Passenger Vehicles	995767	78270	857593	1068543	73712	928575	1142811	74832	999510
大型	Large	9302	794	57	9302	391	44	9503	625	43
中型	Medium	5782	212	1017	5699	301	923	5595	181	799
小型	Small	975694	77255	853024	1048972	73020	924544	1123247	74026	995725
微型	Minicar	4989	9	3495	4570		3064	4466		2943
#轿车	Car	571687	38750	495561	605511	33003	528961	639100	33712	561786
载货汽车	Trucks	190360	20261	134662	211521	27497	150810	229959	26963	163395
重型	Heavy	34615	2384	11846	37678	3723	12282	41033	5054	12666
中型	Medium	7412	264	5141	7126	364	4811	6864	539	4306
轻型	Light	148252	17613	117611	166678	23410	133684	182033	21370	146396
微型	Mini	81		64	39		33	29		27
其他汽车	Others	13483	1174	7540	13698	1518	7436	94246	1196	7926
摩托车	**Motorcycle**	**50352**	**2416**	**48935**	**50106**	**2629**	**48671**	**50583**	**3424**	**48973**
普通	General	50206	2415	48789	49963	2627	48528	50412	3397	48802
轻便	Light	146	1	146	143	2	143	171	27	171
农用运输车	**Farm Vehicles**	**13483**	**1174**	**7540**	**13698**	**1518**	**7436**	**94246**	**1196**	**7926**
三轮汽车	Tri-wheel Vehicle	2264	139	2229	1872	164	1822	54231	57	1576
低速货车	Low-speed Vehicle	1264		1177	933		876	28266		1043
拖拉机	**Tractors**	**270388**	**783**	**270388**	**266015**	**1052**	**266015**	**177187**		
大中型	Large and Medium	13798	773	13798	12482	1046	12482			
小型	Small	256590	10	256590	253533	6	253533			
挂车	**Trailers**	**11968**	**1265**	**3544**	**13446**	**1596**	**3870**	**14306**	**1275**	**4105**
其他类型车	**Other Vehicles**	**7**	**1**		**7**			**7**		

①民用车辆2019-2020年数据由青海省公安厅交通警察总队车辆管理支队提供，2021年数据由国家统计局反馈。
②2019年机动车驾驶员1759978人，其中汽车驾驶员1554677人。
③2020年机动车驾驶员1781265人，其中汽车驾驶员1629528人。
④2021年机动车驾驶员1733281人，其中汽车驾驶员1722341人。
❶Data of civil motor vehicles from 2015 to 2020 is provided by the provincial vehicle management department.The data of 2021 is fed back by the National Bureau of Statistics.
❷1 759 978 Motor Vehicle drivers in 2019, of whom 1 554 677 were Automobile drivers.
❸1 781 265 Motor Vehicle drivers in 2020, of whom 1 629 528 were Automobile drivers.
❹1 733 281 Motor Vehicle drivers in 2021, of whom 1 722 341 were Automobile drivers.

15-5 主要年份铁路、公路、民航里程年末达到数

Total Length of Routes of Railway, Highway, Civil Aviation at Year-end in Main Years

单位：公里、公里/万平方公里 (km,km/10000 sq.km)

年 份	铁 路 Railways		公 路 Highways								民用航空航线里程
	营业里程	线路密度	通车里程	线路密度	有路面里程	高级	等级路合计	高速	一、二级	等外路	
Year	Length of Railways in Operation	Railway Density	Length of Highways	Highway Density	Length of Railways with Road Surface	Hihg ways	Expressway and Class I to IV Highways	Express way	First and Second Class	Highways Below Class IV	Length of Civil Aviation Routes
1965	205	2.75	11981	166.40	6643	182					1949
1970	409	5.68	12584	174.78	7244	367					1949
1975	497	6.90	12979	180.26	9141	1268					4893
1978	503	6.99	13675	189.93	9837	1958					4893
1980	505	7.01	15497	215.24	11624	2105					4251
1985	1095	15.21	15933	221.29	12252	2939					4972
1990	1095	15.21	16732	232.39	14212	3408	11974		1156	4758	4972
1991	1095	15.21	16769	232.90	14249	3435	12026		1156	4743	4748
1992	1100	15.28	16854	234.08	14334	3617	12151		1202	4703	4892
1993	1097	15.24	16963	235.60	14491	3640	12354		1202	4609	5942
1994	1097	15.24	17089	237.35	14646	3911	12509		1202	4552	5942
1995	1100	15.28	17223	239.21	14887	4028	12734		1202	4462	8869
1996	1100	15.28	17383	241.43	15047	4284	13056		1202	7327	11442
1997	1100	15.28	17640	245.00	15451	4494	13485		1236	4155	14700
1998	1100	15.28	17936	249.11	15866	4818	14024		1306	3912	14700
1999	1100	15.28	18268	253.72	16252	5191	14549		1412	3719	14700
2000	1100	15.28	18679	259.43	16713	5313	15178		1837	3501	16490
2001	1100	15.28	23328	315.24	19849	6452	17424	26	2544	5904	27636
2002	1100	15.28	24003	333.38	20868	7910	18484	35	3084	5519	31413
2003	1097	15.24	24377	338.57	21278	8745	21568	118	3449	2809	23423
2004	1097	15.24	28059	389.70	25032	10420	25322	171	3697	2737	20855
2005	1097	15.24	29719	412.76	26692	11787	26811	171	4146	2737	21458
2006	1651	22.92	47726	662.59	13371	9235	24638	171	4180	23088	23996
2007	1651	22.92	52625	730.60	16019	11361	30636	215	5045	21990	33264
2008	1651	22.92	56642	783.88	17331	12085	32649	215	5190	23994	32149
2009	1651	22.92	60136	835.22	18961	13704	39727	217	5410	20409	31562
2010	1651	22.92	62185	862.24	19594	14052	47604	235	5560	14582	32602
2011	1856	25.78	64280	891.30	22497	17268	49972	1133	5601	14309	37612
2012	1856	25.78	65988	915.00	25858	20755	52060	1148	6354	13927	50273
2013	1856	25.78	70117	972.22	29865	24740	57069	1228	6438	13048	62820
2014	2074	28.81	72703	1008.09	33147	28620	60806	1719	6817	11897	92536
2015	2274	31.54	75593	1048.15	37877	33290	64640	2662	7446	10952	92689
2016	2299	31.88	78585	1089.64	38653	34128	69956	2878	7680	8629	120057
2017	2299	31.88	80895	1121.67	39768	35338	68470	3223	8202	12425	124969
2018	2299	31.88	82137	1138.89	55014	52707	70157	3328	9134	11980	145736
2019	2354	32.65	83761	1161.41	55355	53124	71955	3451	9306	11806	167104
2020	2854	39.58	85131	1180.41	52441	49938	73639	3451	9653	11492	145040
2021	2854	39.58	86152	1194.56	52570	50083	74669	3503	9714	11483	145710

①2006年交通部门对公路进行了普查，将乡村公路列入了等外公路。
②2011年铁路营业里程含哈木铁路194.6公里。
③2014年12月25日，兰新客运专线开通运营，线路营业里程218公里。
④2020年12月9日，格库铁路开通运营，线路营业里程500公里。

❶Department of Transportation carried out a general survey on the highway in 2006, rural roads were included in below Class Ⅳ.
❷The length of railways in operation of 2011 included 194.6 km of Haergai-Muli railway.
❸Lanzhou passenger dedicated line operated in december 25, 2014, whose operating mileage is 218 km.
❹On December 9,2020, the geku railroad opened for business, with 500 kilometers of track.

15-6 2010-2021年邮电业务通信水平

指　　标		Item		2010
邮政通信水平		**Postal Services Available**		
平均每一邮政局所(营业网点)		Average Area Served by Every Postal Office		
服务面积	(平方公里)	(Number of Offices)	(sq.km)	3767
平均每一邮政局所(营业网点)		Average People Served by Every Postal Office		
服务人口	(万人)	(Number of Offices)	(10 000 persons)	3.11
平均每人每年发函件数	(件)	Annual Average Number of Letters Mail per Capita	(piece)	1.01
平均每百人每年订报刊数	(份)	Annual Average Number of Newspaper and Magazine Subscribed per 100 Persons(piece)		8.72
设有邮政局、所的乡(镇)比重	(%)	Percentage of Townships with Postal Offices	(%)	28.42
已通邮的行政村比重	(%)	Percentage of Administrative Village with Posts	(%)	73.76
电信通信水平		**Telecommunication Services Available**		
电话普及率（包括移动电话)	(部/百人)	Popularization Rate of Telephone (Include Mobile Telephone)	(sets/100 persons)	89.90
移动电话普及率	(部/百人)	Popularization Rate of Mobile Telephone	(sets/100 persons)	70.70
已通电话的行政村比重	(%)	Percentage of Administrative Village with Telephone	(%)	100.00

①数据分别来源于青海省邮政管理局、青海省通信管理局。
②从2017年开始平均每一邮政局所(营业网点)服务面积和平均每一邮政局所(营业网点)服务人口统计口径包括了快递营业网点。

Communication Level of Postal and Telecommunication Services(2010-2021)

2011	2012	2013	2014	2015	2016	2017	2018	2019	2020	2021
3860	3818	3756	1691	1581	1579	743	657	607	432	366
3.24	3.33	3.23	1.37	1.29	1.30	0.62	0.55	0.51	0.35	0.30
0.93	1.00	1.00	1.00	0.63	1.00	0.81	0.45	0.51	0.30	0.30
8.27	8.17	7.23	8.00	8.60	3.00	8.02	8.53	8.46	8.00	10.00
28.42	27.87	27.52	86.00	99.45	100.00	100.00	100.00	100.00	100.00	100.00
73.61	73.65	73.56	92.47	92.73	92.73	93.00	100.00	100.00	100.00	100.00
100.60	112.60	112.40	111.48	105.19	108.15	119.92	133.66	131.36	133.60	137.50
82.10	94.50	94.60	94.15	87.95	90.95	102.09	113.79	110.73	111.30	114.56
100.00	100.00	100.00	100.00	100.00	100.00	100.00	100.00	100.00	100.00	100.00

❶The data are from Qinghai Provincial administration and Qinghai Communication Administration.

❷Since 2017, the average area served by every Postal Office (number of offices) and the average service population of each Post Office (number of offices) include express business outlets.

15-7 1985-2021年邮电业务情况

年 份 Year	邮电业务总量(万元) Business Volume of Postal and Telecommunication Services (10 000 yuan)	邮政业务总量 Business Volume of Postal Services	电信业务总量 Business Volume of Telecommunication Services	函 件(万件) Number of Letters (10 000 pcs)	特快专递(万件) Pieces of Express Mail Services (10 000 pcs)	报刊期发数(万份) Issue of Newspapers and Magazines (10 000 copies)	集邮业务(万枚) Stamps for Collection (10 000 pcs)	固定互联网用户(万户) Number of Fixed Internet Users (10 000 subscribers)
1985	1720			2344		154		
1986	1866			2607		151		
1987	2023			2829		150		
1988	2480			3222		147		
1989	3020			3221		81		
1990	3457			2778		70		
1991	6223			2074		69		
1992	7510			2186		74		
1993	9541			2864		79		
1994	11592			3389		114		
1995	15595			3354		262		
1996	23901			3156		80		
1997	32718			2664		75		
1998	47018			2966		74		
1999	67672			2108	12	52	1741	
2000	49181	6206	42974	2762	17	47	2361	0.90
2001	64792	14078	50714	2961	31	45		3.35
2002	199104	14728	184376	3580	40	44		5.25
2003	229811	15343	214468	3800	48	67		6.70
2004	339801	16262	323539	2836	48	75	599	8.34
2005	314330	17710	296620	1886	49	51	490	12.72
2006	396898	20229	376669	981	55	49	591	14.42
2007	537416	20956	516460	627	65	42	592	16.20
2008	699514	22514	677000	566	78	47	720	22.52
2009	916651	26651	890000	440	101	37	740	28.38
2010	1221325	23325	1198000	472	112	47	720	35.31
2011	479943	22943	457000	430	123	48	909	42.10
2012	569083	25083	544000	533	126	48	822	50.50
2013	602757	26057	576700	412	128	44	802	55.50
2014	802792	35355	767437	405	142	48	764	62.20
2015	1054328	37264	1017064	371	63	51	828	83.07
2016		48320	666048	321	76	27	849	100.52
2017		60114	1616839	483	90	48	679	121.10
2018		71500	4228131	272	217	51	646	153.86
2019		80992	6369794	310	247	51	555	175.40
2020		95881	8275359	154	276	51	434	181.97
2021		108978	861418	146	389	60	391	209.36

①电信业务总量1985—1989年按1980年不变价格计算,1990—2000年按1990年不变价格计算,2001—2010年按2000年不变价格计算,2011年—2015年按2010年不变价格计算，2016年—2020年按2015年不变价格计算，2021年按2020年不变价计算。2002—2004年数据中含铁通、网通业务量。

②邮政数据由省邮政管理局提供；集邮数据由省邮政公司提供。邮政局所(营业网点)统计口径：从2017年开始包括了快递营业网点数。

③邮政业务总量2011年—2020年按2010年不变价格计算。2021年按2020年不变价格计算。

④从2019年开始青海省通信管理局不再统计城市电话用户、乡村电话用户、公用电话等指标数据。

Basic Conditions of Postal and Telecommunication Services(1985－2021)

移动电话年末用户(万户) Number of Mobile Telephone Subscribers at Year-end (10 000 subscribers)	固定电话年末用户(万户) Number of Subscribers of Fixed Telephone at Year-end (10 000 subscribers)	城市电话		乡村电话		公用电话(万户) Public Telephone (10 000 subscribers)	邮政局所(营业网点)(处) Number of Postal Offices (Number of Offices) (unit)	信筒信箱(个) Number of Post Boxes (unit)	邮路总长度(公里) Length of Postal Routes (km)	农村投递线路(公里) Rural Delivery Routes (km)
		用户 Number of Urban Fixed Telephone Subscribers	住宅电话 Household Fixed Telephone Subscribers	用户 Rural Fixed Telephone Subscribers	住宅电话 Household Fixed Telephone Subscribers					
	2.22	1.50		0.72		0.01				
	2.50	1.66		0.84						
	2.83	1.86		0.97						
	3.15	2.04	0.03	1.10		0.02				
	2.43	2.19	0.10	0.24		0.02				
	2.74	2.49	0.12	0.25		0.02				
	2.91	2.73	0.35	0.17		0.03				
	3.45	3.29	0.57	0.16		0.03				
	4.31	4.13	1.38	0.18	0.02	0.04				
0.16	5.38	5.39	2.31	0.22		0.05				
0.26	9.40	9.12	5.61	0.28	0.08	0.15				
0.65	13.84	13.43	9.18	0.41	0.17	0.24	521	717	22431	11601
1.41	17.57	17.10	12.55	0.47	0.25	0.49	217		21994	
3.53	21.56	20.80	16.03	0.77	0.57	0.61	292	705	20683	12619
6.59	27.55	26.14	20.08	1.41	1.03	0.83	208	663	25488	11596
21.07	36.87	34.35	27.68	2.51	2.13	1.09	201	574	26978	11563
42.10	46.81	42.52	34.72	4.29	3.75	1.33	198	576	28090	12081
77.14	57.92	50.21	38.52	7.67	7.12	1.53	220	598	35351	12737
100.36	76.42	64.91	51.87	11.51	10.94	3.23	210	600	24107	12728
117.73	94.35	77.66	56.91	16.69	15.16	5.60	211	601	24101	13138
121.36	113.50	92.90	65.70	20.60	18.50	6.80	219	571	23721	14278
172.20	126.30	99.50	68.40	25.90	23.70	7.60	233	584	20680	14207
222.00	123.00	96.00	65.00	27.00	25.00	7.60	245	593	24587	12526
247.20	119.40	92.50	62.40	27.00	24.50	7.30	288	457	24508	12740
310.70	109.30	84.10	50.10	25.20	22.20	6.75	185	426	33586	11981
397.80	103.20	80.80	48.80	22.40	19.90	6.19	185	360	43484	10451
461.80	104.20	84.60	50.05	19.60	17.20	5.70	180	349	48841	4987
537.20	102.50	85.60	50.60	16.90	14.50	5.60	183	354	88855	5517
542.40	101.80	86.60	46.10	15.20	12.40	4.68	186	325	64969	5291
543.99	100.15	86.48	46.14	13.67	10.73	4.61	427	322	58428	6770
517.53	101.42	88.77	45.13	12.65	10.51	3.83	457	351	33661	34993
539.76	102.07	89.18	50.30	12.90	10.81	3.18	455	351	95136	35253
610.88	106.69	94.88	52.83	11.81	9.83	2.81	970	345	86279	35626
686.40	119.88	95.90	57.52	23.98	14.38		1098	526	88507	42981
673.06	125.35						1190	478	92978	42928
659.37	132.09						1671	453	93817	43115
680.48	136.27						1971	480	109931	47129

❶Data in 1985-1989 of business volume of Telecommunication Services were calculated at 1980 prices, that in 1990-2000 were calculated at 1990 constant prices, that in 2001-2010 were calculated at 2000 constant prices, that in 2011-2015 were calculated at 2010 constant prices,that in 2016-2020 were calculated at 2015 constant prices,and that in 2021were calculated at 2020 constant prices.Data in 2002-2004 contained business volume of China Tietong and China Netcom.

❷Postal data are from Qinghai Provincial Postal Administration. Stamps for collection data are from Qinghai Post.Statistical coverage of post offices (number of offices): from 2017, the number of express business outlets has been included.

❸Data in 2011-2020 of business volume of Postal Services were calculated at 2010 constant prices .That in 2021were calculated at 2020 constant prices.

❹Qinghai Communication Administration will no longer count the urban fixed telephone subscribers, rural fixed telephone subscribers, public telephone and other index data since 2019.

15-8 2021年各地区邮政行业业务总量基本情况

Basic Conditions of Postal Services by Region(2021)

地 区	Region	邮政行业业务总量(万元)(2020年价格) Business Volume of Postal Services (2020 price) (10 000 yuan)	国内 Domestic	国际 International
总计	**Total**	**108977.52**	**108944.74**	**32.78**
西宁市	Xining City	69157.16	69136.36	20.80
海东市	Haidong City	13481.32	13477.27	4.06
海北州	Haibei Zang A.P	3684.52	3683.41	1.11
黄南州	Huangnan Zang A.P	2439.26	2438.53	0.73
海南州	Hainan Zang A.P	4265.99	4264.71	1.28
果洛州	Golog Zang A.P	1897.86	1897.29	0.57
玉树州	Yushu Zang A.P	2794.49	2793.65	0.84
海西州	Haixi Mongolian & Zang A.P	11256.90	11253.52	3.39

注：本表数据来源于青海省邮政管理局。
Note:Data in this table are from Qinghai Provincial Postal Administration.

15-9 2021年各地区电话及互联网用户
Telephone and Internet Subscribers by Region(2021)

地 区 Region	固定电话用户(户) Number of Fixed Telephone Subscribers (subscribers)	固定电话普及率(部/百人) Popularization Rate of Fixed Telephone (sets/100 persons)	移动电话用户(户) Number of Mobile Telephone Subscribers (subscribers)	移动电话普及率(部/百人) Popularization Rate of Mobile Telephone (sets/100 persons)	固定互联网宽带接入用户(户) Subscriber with Fixed Internet Broadband Access (subscribers)
总计 Total	**1362722**	**22.94**	**6804750**	**114.56**	**2093606**
西宁市 Xining City	706802	28.55	3035240	122.61	1031771
海东市 Haidong City	233701	17.21	1344130	98.99	371303
海北州 Haibei Zang A.P	56072	21.16	324181	122.33	112036
黄南州 Huangnan Zang A.P	25918	9.31	283802	101.90	73976
海南州 Hainan Zang A.P	86679	19.33	503996	112.40	133673
果洛州 Golog Zang A.P	22373	10.28	230048	105.67	51016
玉树州 Yushu Zang A.P	51702	12.06	410976	95.87	78147
海西州 Haixi Mongolian & Zang A.P	179475	38.32	672377	143.58	241684

15-10 2021年电信服务水平
Telecommunication Services Level(2021)

指 标	Item	数量 Amount	占全省比重% Percentage of Provincial Total (%)
已通电话的行政村 (个)	Number of Administrative Villages with Telephone (unit)	4149	100.0
3G网络覆盖的(县)市 (个)	Number of Cities and Counties Covered by 3G Network (unit)	45	100.0
3G网络覆盖的乡(镇) (个)	Number of Townships and Towns Covered by 3G Network (unit)	362	100.0
4G网络覆盖的(县)市 (个)	Number of Cities and Counties Covered by 4G Network (unit)	45	100.0
4G网络覆盖的乡(镇) (个)	Number of Townships and Towns Covered by 4G Network (unit)	362	100.0
5G网络覆盖的(县)市个数 (个)	Number of cities and counties covered by 5G network (unit)	45	100.0
5G网络覆盖的乡(镇)个数 (个)	Number of townships (towns) covered by 5G network (unit)	333	92.0
(固定)互联网宽带接入普及率 (%)	Popularization Rate of Internet by Broadband (%)	35.3	
其中：城市	Urban Area	42.0	
农村	Rural Area	24.7	
家庭互联网宽带接入普及率 (%)	Popularization Rate of Household Internet by Broadband (%)	97.3	
互联网宽带接入通达的乡(镇)(个)	Number of Townships and Towns with Access to the Internet by Broadband (unit)	362	100.0
互联网宽带接入通达的行政村(个)	Number of Administrative Villages with Access to the Internet by Broadband(unit)	4149	100.0

注：家庭互联网宽带接入普及率采用户籍人口统计数。

Note:The popularization rate of household internet by broadband is by household registration statistics.

15－11 2021年按行业分企业信息化及电子商务情况

行业		企业数（个）Number of Enterprises (unit)	期末使用计算机数（台）Computers Used at the End of Period (unit)	每百人使用计算机数(台) Computers Used Per 100 Persons (unit)
总　计	**Total**	**2375**	**146795**	**44**
采矿业	Mining	40	13215	50
制造业	Manufacturing	406	28592	27
电力、热力、燃气及水生产和供应业	Production and Supply of Electricity, Heat, Gas and Water	164	21073	110
建筑业	Construction	440	16801	33
批发和零售业	Wholesale and Rctail Trades	469	13758	50
交通运输、仓储和邮政业	Transport, Storage and Post	83	14733	36
住宿和餐饮业	Hotels and Catering Services	173	3051	34
信息传输、软件和信息技术服务业	Information Transmission, Software and Information Technology	35	17318	225
房地产业	Real Estate	360	6401	38
租赁和商务服务业	Leasing and Business Services	68	1798	10
科学研究和技术服务业	Scientific Research and Technical Services	78	7055	91
水利、环境和公共设施管理业	Management of Water Conservancy, Environment and Public Facilities	10	375	20
居民服务、修理和其他服务业	Service to Households, Repair and Other Services	12	139	32
教育	Education	1	75	58
卫生和社会工作	Health and Social Service	17	1571	54
文化、体育和娱乐业	Culture, Sports and Entertainment	19	840	39

Informatization and E-Commerce of Enterprises by Sector(2021)

企业拥有网站数(个) Websites of Enterprises (unit)	每百家企业拥有网站数(个) Websites Per 100 Enterprises (unit)	有电子商务交易活动 With E-Commerce Transactions		电子商务销售额(万元) Sales of E-Commerce (10 000 yuan)	电子商务采购额(万元) Purchases of E-Commerce (10 000 yuan)
		企业数(个) Enterprises (unit)	比重(%) Proportion (%)		
1013	**43**	**301**	**12.7**	**6651714**	**2757825**
24	60	2	5.0	971	10915
245	60	55	13.5	713134	982895
98	60	46	28.0	4436230	669510
150	34	11	2.5	715	41505
175	37	68	14.5	1415889	1052272
19	23	5	6.0	4723	357
59	34	91	52.6	17897	184
21	60	1	2.9	186	
124	34	4	1.1	28	29
24	35	4	5.9	517	11
35	45	2	2.6		91
7	70	1	10.0	4943	
5	42				
1	100				
15	88	2	11.8	51923	
11	58	9	47.4	4558	56

15-12 2021年分地区企业信息化及电子商务情况
Informatization and E-Commerce of Enterprises by Region(2021)

地 区	Region	企业数(个) Number of Enterprises (unit)	期末使用计算机数(台) Computers Used at the End of Period (unit)	每百人使用计算机数(台) Computers Used Per 100 Persons (unit)	企业拥有网站数(个) Websites of Enterprises (unit)	每百家企业拥有网站数(个) Websites Per 100 Enterprises (unit)	有电子商务交易活动 With E-Commerce Transactions		电子商务销售额(万元) Sales of E-Commerce (10 000 yuan)	电子商务采购额(万元) Purchases of E-Commerce (10 000 yuan)
							企业数(个) Enterprises (unit)	比重(%) Proportion (%)		
全 省	**Provincial Total**	**2375**	**146795**	**44**	**1013**	**43**	**301**	**12.7**	**6651714**	**2757825**
西宁市	Xining City	1338	103730	45	602	45	147	11.0	5693575	2411764
海东市	Haidong City	348	9691	33	146	42	28	8.0	179861	90443
海北州	Haibei Zang A.P	72	1522	42	24	33	11	15.3	28961	19079
黄南州	Huangnan Zang A.P	60	1344	40	24	40	4	6.7	23012	13891
海南州	Hainan Zang A.P	112	2182	50	46	41	51	45.5	566906	28123
果洛州	Golog Zang A.P	16	832	75	10	63	4	25.0	17905	10624
玉树州	Yushu Zang A.P	11	532	193	6	55	2	18.2	25091	17585
海西州	Haixi Mongolian & Zang A.P	418	26962	41	155	37	54	12.9	116405	166315

主要统计指标解释

铁路营业里程　又称营业长度，指投入客货运输营业或临时营业的线路长度。

公路里程　指报告期末公路的实际长度。统计范围：包括城间、城乡间、乡（村）间能行驶汽车的公共道路，公路通过城镇街道的里程，公路桥梁长度、隧道长度、渡口宽度。不包括城市街道里程，断头路里程，农（林）业生产用道路里程，工（矿）企业等内部道路里程。统计原则：按已竣工验收或交付使用的实际里程计算；两条或多条公路共同经由同一路段的重复里程，只计算一次。

管道输油（气）里程　指油、气、成品油等各类介质实际输送距离，是反映运输管线长度的指标，也是计算周转量的依据。对于有复线和备用线的地段，原则上按单线计算管输里程。双线同时输送又不能分开计量的情况下，管输里程为双线长度之和除以2。

货（客）运量　指在一定时期内，各种运输工具实际运送的货物重量（旅客数量）。货运按吨计算，客运按人计算。货物不论运输距离长短、货物类别，均按实际重量统计。旅客不论行程远近或票价多少，均按一人一次客运量统计；半价票、儿童票也按一人统计。

货物（旅客）周转量　指在一定时期内，由各种运输工具运送的货物（旅客）数量与其相应运输距离的乘积之总和。该指标可以反映运输业生产的总成果，也是编制和检查运输生产计划，计算运输效率、劳动生产率以及核算运输单位成本的主要基础资料。计算货物周转量通常按发出站与到达站之间的最短距离，也就是计费距离计算。计算公式为：

货物（旅客）周转量 = ∑（货物（旅客）运输量 × 运输距离）

民用汽车拥有量　指报告期末，在公安交通管理部门按照《机动车注册登记工作规范》，已注册登记领有民用车辆牌照的全部汽车数量。汽车拥有量统计的主要分类：根据汽车结构分为载客汽车、载货汽车及其他汽车；根据汽车所有者不同分为个人（私人）汽车、单位汽车；根据汽车的使用性质分为营运汽车、非营运汽车；根据汽车大小规格不同，载客汽车分为大型、中型、小型和微型，载货汽车分为重型、中型、轻型和微型。

邮政电信业务总量　指以货币形式表示的邮政、电信通信企业为社会提供各类邮政、电信通信服务的总数量。计算方法为各类业务的实物量分别乘以相应的不变单价，求出各类业务的货币量加总求得。没有不变单价的业务按其业务收入直接相加。

移动电话用户　指在电信运营企业营业网点办理开户登记手续，通过移动电话交换机进入移动电话网，占用移动电话号码的各类电话用户。包括各类签约用户、智能网预付费用户、无线上网卡用户。

互联网上网人数　指过去半年内使用过互联网的6周岁及以上中国居民人数。

固定电话用户　指在电信企业登记注册，且在报告期末实际已经接入电信企业固定电话网（包括局用电话交换机、接入网设备、软交换用户接入设备、无线市话设备）上的全部电话用户。包括普通电话用户、无线接入电话用户、公用电话用户、窄带综合业务数字网（N－ISDN）用户、集中用户交换机（CENTREX）用户、模拟中继线用户等。

互联网宽带接入用户　指报告期末在电信企业登记注册，通过xDSL、FTTx + LAN、FTTH/O以及其他宽带接入方式和普通专线接入公众互联网的用户。互联网宽带接入用户按行政区划分为城市宽带接入用户和农村宽带接入用户；按客户类别分为家庭宽带接入用户和政企宽带接入用户。

电子商务销售额　指报告期内企业（单位）借助网络订单而销售的商品和服务总额（包含增值税），借助网络订单指通过网络接受订单，付款和配送可以不借助于网络。

电子商务采购额　指报告期内企业（单位）借助网络订单而采购的商品和服务总额（包含增值税），借助网络订单指通过网络发送订单，付款和配送可以不借助于网络。

Explanatory Notes on Main Statistical Indicators

Length of Railways in Operation refers to the total length of the trunk line for passenger and freight transportation in full operation or temporary operation.

Length of Highways refers to the actual length of highways at the end of reference period. It covers public roads running vehicles among cities, city and rural areas, township (villages), highways passing through streets at small cities and towns, length of bridges and tunnels, width of ferry piers. It does not include the length of streets in cities, dead end highways, the length of streets built for agricultural (forest) production and inside factories (mines). It can only be calculated with the actual mileage having been completed, checked and accepted or put into operation. If two or more highways go the same section of the way, the length of the section is only calculated for once.

Length of Oil (Gas) Pipelines refers to the actual transport distance of oil, gas and oil products, an indicator reflecting the length of transportation routes and a reference to calculate the freight-kilometers. For those sections with double pipelines and alternate pipeline, the length will be calculated according to the length of single pipeline in principle. If the double pipelines perform the transportation at the same time and unable to be counted separately, the length of pipelines will be the length of double pipelines divided by 2.

Freight (Passenger) Traffic refers to the weight of freight (number of passenger) transported with various means within a specific period of time. Freight transport is calculated in tons and passenger traffic is calculated in terms of number of persons. Freight transport is calculated in terms of the actual weight of the goods and takes no account of the type of freight and distance of travel. Passenger traffic is calculated by the principle that one person can be counted only once in one trip and takes no account of the travelling distance and ticket price. The passengers who travel with a half price ticket or a child's ticket is also calculated as one person.

Freight Ton-kilometres (Passenger-kilometres) refers to the sum of the product of the volume of transported cargo (passengers) multiplied by the transport distance. It is an important indicator to reflect the achievement of the transportation industry. This is an important indicator to show the total results of the transport industry; to prepare and examine the transport plan; and to serve as the main basic data for calculating the efficiency, labour productivity and unit cost of transport. Normally, the shortest distance between the departure station and the destination station (i. e., the payable distance) is the basis in calculating the freight ton-kilometres. The formula is as follows:

$$\frac{\text{Freight ton - kilometres}}{\text{(passenger - kilometres)}} = \sum \frac{\text{freight}}{\text{(passenger) traffic}} \times \frac{\text{distance of}}{\text{transportation}}$$

Possession of Civil Motor Vehicles refer to the total numbers of vehicles that are registered and received vehicles license tags according to the Work Standard for Motor Vehicles Registration formulated by the Transport Management Office under the department of public security at the end of the reference period. They are divided into categories. According to the structure of motor vehicles, they are divided into passenger vehicles, trucks and others; according to ownership into private vehicles and vehicles for the unit's use; according to kind of usage into working vehicles and non-working vehicles; and according to size of vehicles into large passenger vehicles, medium-sized passenger vehicles, small passenger vehicles and mini passenger vehicles, heavy trucks, light-heavy trucks, light trucks and mini-trucks.

Business Volume of Post and Telecommunications refers to the total amount of postal and telecommunication services, expressed in value terms, provided by the post and telecommunications departments for society. Business volume of post and telecommunications is the sum of each service in kind multiplying with its correspondent unit price (constant price). Business without constant price add their business revenue directly.

Mobile Telephone Subscribers refer to persons who have gone through registration procedures in the operation points of enterprises engaged in telecommunications and are hence connected with the mobile telephone communication network through the mobile telephone switchboards and occupy mobile phone numbers. Included are various types of subscriber, prepaid users for intelligent network and wireless network card users.

Internet Users refer to the number of Chinese citizens aged 6 and over who use the Internet in the past six months.

Local Telephone Subscribers refer to all subscribers who have gone through registration procedures in the operation points of enterprises engaged in telecommunications and are hence connected to the local telecommunications service provider through fixed line network. Included are general subscribers, wireless local telephone subscribers, public telephones subscribers, N-ISDN subscribers and intelligent network terminal subscribers.

Broadband Connection Terminals refer to the connection terminals to internet users actually installed and put into operation, including connection terminals for XDSL, connection terminals for LAN, and other types of connection terminals. N-ISDN connection terminals are not included.

E-commerce Sales Volume refer to the total amount of goods and services (including value-added tax) sold by enterprises (units) with the help of online orders during the reporting period. With the help of network orders, orders can be accepted through the network, and payment and distribution can be made without the help of network.

E-commerce Purchase Volume refer to the total amount of goods and services (including value-added tax) purchased by enterprises (units) with the help of network orders during the reporting period. With the help of network orders, orders are sent through the network, and payment and distribution can be made without the help of network.

第16篇

CHAPTER 16

国内贸易

Domestic Trade

16-1 2017-2021年国内贸易基本情况

Basic Statistics of Domestic Trade(2017-2021)

指 标	Item	2017	2018	2019	2020	2021
限额以上法人单位 （个）	**Number of Corporation Enterprises Above Designated Size (unit)**	**531**	**516**	**681**	**645**	**664**
批发和零售贸易业	Wholesale and Retail Trades	380	367	510	467	484
住宿和餐饮业	Hotels and Catering Services	151	149	171	178	180
从业人员 （万人）	**Engaged Persons (10 000 persons)**	**3.93**	**3.76**	**3.93**	**3.60**	**3.63**
批发和零售贸易业	Wholesale and Retail Trades	2.80	2.72	2.87	2.67	2.74
住宿和餐饮业	Hotels and Catering Services	1.13	1.04	1.06	0.93	0.89
批发和零售贸易业（亿元）	**Wholesale and Retail Trades (100 million yuan)**					
商品购进总额	Total Purchases	946.0	830.2	1093.4	1483.9	2087.6
商品销售总额	Total Sales	1245.1	1049.7	1304.5	1643.8	2295.5
商品库存总额	Total Stocks	62.0	54.8	64.1	67.7	72.1
社会消费品零售总额 （亿元）	**Total Retail Sales of Consumer Goods (100 million yuan)**	**842.9**	**899.9**	**948.5**	**877.3**	**947.8**
限额以上单位零售额	Retail Sales of Enterprises above Designated Size	395.3	339.4	346.0	337.6	354.3
社会消费品零售总额增速	**Growth of Total Retail Sales of Consumer Goods**	**9.5**	**6.8**	**5.4**	**-7.5**	**8.0**

注:2015—2019年社会消费品零售总额数为青海省第四次全国经济普查修订数。

Note:Data of Total Retail Sales of Consumer Goods in 2015-2019 is the revised data of the fourth national economic census of Qinghai Province.

16-2 主要年份社会消费品零售总额
Total Retail Sales of Consumer Goods in Main Years

单位：万元 (10 000 yuan)

年 份	社会消费品零售总额 Total Retail Sales of Consumer Goods	按销售单位所在地分 By Location		
		城镇 City	城区 County	乡村 Under County Level
1978	66815			
1980	82920			
1985	163903			
1990	287193			
1992	352900			
1993	490598			
1994	596039			
1995	706724			
1996	763711			
1997	815716			
1998	863436			
1999	919287			
2000	1004207			
2001	1105590			
2002	1236172			
2003	1256764			
2004	1421288			
2005	1627433			
2006	1839460			
2007	2142259			
2008	2617948			
2009	3028567			
2010	3535163			
2011	4158297	3621250	279576	537047
2012	4829799	4225013	332178	604786
2013	5525338	4795915	3541317	729423
2014	6237519	5422194	3896078	815325
2015	6945572	6033276	4318853	912296
2016	7698641	6685355	3941424	1013286
2017	8428833	7314244	4291493	1114589
2018	8998847	7207746	4467367	1791101
2019	9485483	7759125	5046277	1726358
2020	8773352	7165746	4698934	1607606
2021	9478359	7719918	5046451	1758442

①2010—2012年社会消费品零售总额增加了“其他”零售额，即非批零住餐法人附营的限额以下产业活动单位零售额及非批零住餐法人单位消费品零售额。

②1992年至2019年社会消费品零售总额及分项数据为青海省第四次全国经济普查修订数。

❶Total retail sales of social consumer goods increased the "other" retail sales in 2010 and 2012.That is, retail sales of industrial activities below the quota and the retail sales of consumer goods of non wholesale and retail catering legal entities.

❷Data of Total Retail Sales of Consumer Goods in 1992-2019 is the revised data of the fourth national economic census of Qinghai Province.

16-3 2010-2021年分地区社会消费品零售总额
Total Retail Sales of Consumer Goods by Region(2010-2021)

单位：亿元 (100 million yuan,)

年份 Year	西宁市 Xining City	海东市 Haidong City	海北州 Haibei Zang A.P	黄南州 Huang-nan Zang A.P	海南州 Hainan Zang A.P	果洛州 Golog Zang A.P	玉树州 Yushu Zang A.P	海西州 Haixi Mong-olian & Zang A.P
2010	238.87	41.50	9.81	5.03	12.44	3.33	4.47	38.06
2011	281.13	49.13	11.61	5.89	14.57	3.97	4.93	44.60
2012	326.03	57.62	13.58	6.85	16.93	4.63	5.51	51.83
2013	375.17	66.00	15.46	7.85	19.26	5.33	6.32	57.14
2014	417.30	75.31	17.55	8.98	21.96	6.19	12.72	63.75
2015	465.44	84.15	19.68	10.09	24.47	6.98	14.40	69.34
2016	515.28	93.99	21.88	11.34	27.27	7.88	16.29	75.93
2017	564.07	102.83	24.06	12.57	29.91	8.77	18.17	82.49
2018	602.10	109.75	25.70	13.55	31.93	9.50	19.71	87.65
2019	632.09	116.77	27.29	14.35	33.75	10.09	20.93	93.27
2020	573.57	121.27	27.07	14.50	31.58	10.21	19.47	79.67
2021	621.09	130.35	29.21	15.63	34.00	10.96	20.94	85.66

16－4 2021年分地区零售额分项指标
Subitem Indicators of Retail Sales by Region(2021)

单位：亿元 (100 million yuan)

地区	Region	社会消费品零售总额 Total Retail Sales of Consumer Goods	按销售单位所在地分 By Location 城镇 City	按销售单位所在地分 By Location 乡村 Under County Level	按消费形态分 By Consumption Pattern 餐饮收入 Catering Income	按消费形态分 By Consumption Pattern 商品零售 Commodity Retail
西宁市	Xining City	621.09	505.86	115.23	51.14	569.94
海东市	Haidong City	130.35	106.17	24.18	10.73	119.62
海北州	Haibei Zang A.P	29.21	23.79	5.42	2.41	26.80
黄南州	Huangnan Zang A.P	15.63	12.73	2.90	1.29	14.35
海南州	Hainan Zang A.P	34.00	27.69	6.31	2.80	31.20
果洛州	Golog Zang A.P	10.96	8.93	2.03	0.90	10.06
玉树州	Yushu Zang A.P	20.94	17.05	3.88	1.72	19.21
海西州	Haixi Mongolian & Zang A.P	85.66	69.77	15.89	7.05	78.60

16−5 2021年限额以上批发零售贸易业基本情况
Basic Conditions of Enterprises above Designated Size in Wholesale and Retail Trades(2021)

指　标	Item	法人企业数（个）Number of Corporation Enterprises (unit)	从业人员（人）Engaged Persons (person)	销售总额（万元）Total Sales Value (10 000 yuan)	批发 Wholesale Trade	零售 Retail Trade
总计	**Total**	**484**	**27371**	**22954517**	**19026993**	**3917927**
批发业	**Wholesale Trade**	**225**	**12304**	**20582081**	**18876916**	**1696537**
按登记注册类型分组	**By Status of Registration**					
内资企业	Domestic Funded Enterprises	223	11481	20303952	18776674	1518651
国有企业	State-owned Enterprises	14	1295	1473362	1434669	38693
集体企业	Collective-owned Enterprises	1	71	2768	2768	
有限责任公司	Limited Liability Corporations	55	2568	10123308	9884371	238937
国有独资公司	State Sole Funded Corporations	6	516	2726181	2722536	3646
其他有限责任公司	Other Limited Liability Corporations	49	2052	7397127	7161836	235291
股份有限公司	Share-holding Corporations Ltd.	10	3715	4142520	3336293	806228
私营企业	Private Enterprises	143	3832	4561994	4118573	434793
私营有限责任公司	Private Limited Liability Corporations	141	3743	4493001	4049580	434793
私营股份有限公司	Private Share-holding Corporations Ltd.	2	89	68994	68994	
外商投资企业	Enterprises With Foreign Investment	2	823	278128	100242	177886
外资企业	Enterprises with Sole Fund	1	677	218539	70625	147914

注：限额以上批发业包括年主营业务收入在2000万元及以上的批发业企业及个体户；限额以上零售业包括年主营业务收入在500万元及以上的零售业企业及个体户。

Note:Wholesale trade units above designated size include the wholesale enterprises and self-employed persons which annual revenue from principal business are 20 million yuan and above. Retail trade units above designated size include the retail enterprises and self-employed persons which annual revenue from principal business are 5 million yuan and above.

16−5 续表1 Continued

指 标	Item	法人企业数(个) Number of Corporation Enterprises (unit)	从业人员(人) Engaged Persons (person)	销售总额(万元) Total Sales Value (10 000 yuan)	批发 Wholesale Trade	零售 Retail Trade
按国民经济行业分组	**Grouped by Sector**					
农林牧渔产品批发	Wholesale Of Farming,Forestry Animal Husbandry and Fishery Product	5	130	152054	150752	1302
食品、饮料及烟草制品批发	Wholesale of Food, Beverages and Tobaccos	33	2053	1499117	1478120	20997
纺织、服装及家庭用品批发	Wholesale of Textiles, Wearing Apparel and Household Articles	5	103	26595	26595	
文化、体育用品及器材批发	Wholesale of Culture, Sports Appliances and Equipments	1	322	26873	23228	3646
医药及医疗器材批发	Wholesale of Medicines and Medical Appliances	31	2094	496109	442754	53355
矿产品、建材及化工产品批发	Wholesale of Mineral Products, Building Materials and Chemical Products	125	6928	18174931	16585151	1581908
机械设备、五金交电及电子产品批发	Wholesale of Machinery, Hardware and Electronics	21	549	107704	76519	30431
其他批发业	Others	4	125	98697	93798	4899
零售业	**Retail Trade**	**259**	**15067**	**2372436**	**150077**	**2221390**
按登记注册类型分组	**By Status of Registration**					
内资企业	Domestic Funded Enterprises	256	14680	2309039	149734	2158337
国有企业	State-owned Enterprises	3	267	209112	52109	157002
有限责任公司	Limited Liability Corporations	59	4843	721692	20271	701421
国有独资公司	State Sole Funded Corporations	3	175	35604		35604
其他有限责任公司	Other Limited Liability Corporations	56	4668	686088	20271	665817
股份有限公司	Share-holding Corporations Ltd.	4	1024	91689	3925	87764

16-5 续表2 Continued

指 标	Item	法人企业数(个) Number of Corporation Enterprises (unit)	从业人员(人) Engaged Persons (person)	销售总额(万元) Total Sales Value (10 000 yuan)	批发 Wholesale Trade	零售 Retail Trade
私营企业	Private Enterprises	190	8546	1286547	73428	1212149
私营独资企业	Private-funded Enterprises	7	231	15196		15196
私营有限责任公司	Private Limited Liability Corporations	181	8238	1245341	73428	1170944
私营股份有限公司	Private Share-holding Corporations Ltd.	2	77	26010		26010
港澳台商投资企业	Enterprises with Funds from Hong Kong, Macao and Taiwan	2	319	59173		59173
港澳台商独资企业	Enterprises with Sole Investment	2	319	59173		59173
外商投资企业	Enterprises With Foreign Investment	1	68	4224	343	3881
外资企业	Enterprises with Sole Fund	1	68	4224	343	3881
按国民经济行业分组	**Grouped by Sector**					
综合零售	Integrated Retail	43	5266	410893	5349	405545
食品饮料及烟草制品专门零售	Special Retail of Food, Beverages and Tobaccos	23	588	67088	28158	38931
纺织、服装及日用品专门零售	Special Retail of Textiles, Wearing Apparel and Household Articles	10	853	102691	7306.2	95385.1
文化、体育用品及器材专门零售	Special Retail of Culture, Sports Appliances and Equipments	10	386	15767.5		14798.2
医药及医疗器材专门零售	Special Retail of Medicines and Medical Appliances	17	1310	72698	4464	68233
汽车、摩托车、燃料及其他动力销售	Special Retail of Motor Vehicles, Motorcycles, Fuel and Parts	122	5420	1511092	80116.9	1430975
家用电器及电子产品专门零售	Special Retail of Household Electric Appliances and Electronic Products	22	849	140333	22167.5	118166
五金、家具及室内装修材料专门零售	Special Retail of Hardware, Furniture and Interior Decoration Materials	4	148	27873.1	837.1	27036
货摊、无店铺及其他零售业	Stalls, Non-shop and Other Retails	8	247	24000	1678	22322

16-6 2021年分地区限额以上批发零售贸易业基本情况

Basic Conditions of Enterprises above Designated Size in Wholesale and Retail Trades by Region(2021)

地区	sfsf	法人企业数(个) Number of Corporation Enterprises (unit)	从业人员(人) Engaged Persons (person)	销售总额(万元) Total Sales Value (10 000 yuan)	批发 Wholesale Trade	零售 Retail Trade
批发业	**Wholesale Trade**	**225**	**12304**	**20582081**	**18876916**	**1696537**
西宁市	Xining City	159	9161	18077926	16910967	1158331
海东市	Haidong City	9	459	247645	147609	100037
海北藏族自治州	Haibei Zang A.P	3	233	117211	86317	30894
黄南藏族自治州	Huangnan Zang A.P	2	70	24300	24151	148
海南藏族自治州	Hainan Zang A.P	4	314	178764	128963	49801
果洛藏族自治州	Golog Zang A.P	2	75	18181	18181	
玉树藏族自治州	Yushu Zang A.P	2	158	71236	40658	30578
海西蒙古族藏族自治州	Haixi Mongolian & Zang A.P	44	1834	1846818	1520070	326748
零售业	**Retail Trade**	**259**	**15067**	**2372436**	**150077**	**2221390**
西宁市	Xining City	186	12608	1992193	72805	1918419
海东市	Haidong City	25	976	219706	60044	159662
海北藏族自治州	Haibei Zang A.P	4	33	3332.9		3332.9
黄南藏族自治州	Huangnan Zang A.P	7	213	37433	4977	32456
海南藏族自治州	Hainan Zang A.P	4	342	15228	3152.6	12075.4
果洛藏族自治州	Golog Zang A.P	2	149	41912	3925	37986
海西蒙古族藏族自治州	Haixi Mongolian & Zang A.P	31	746	62631	5172	57460

16－7　2021年限额以上批发零售贸易企业商品销售类值

Total Sales of Enterprises above Designated Size in Wholesale and Retail Trades by Category of Commodities(2021)

单位：万元　　(10 000 yuan)

项　目	Item	批发业 Wholesale		零售业 Retail	
		销售额 Sales Value	零售额 Retail Value	销售额 Sales Value	零售额 Retail Value
合计	**Total**	**19425831**	**1293609**	**2323383**	**2168374**
粮油、食品类	Grain and Oil, Food	40538	6557	194259	188691
饮料类	Beverages	18364	4137	14990	14526
烟酒类	Tobacco and Liquor	1412693	22563	57901	50625
服装、鞋帽、针纺织品类	Clothing, Shoes, Hats and Textiles	15109	9	145235	143564
化妆品类	Cosmetics			55863	52230
金银珠宝类	Gold, Silver and Jewellery			33755	32786
日用品类	Articles for Daily Use	3237	507	49253	48807
五金、电料类	Hardware and Electrical Materials	161		990	990
体育、娱乐用品类	Sports and Recreation Articles			1151	1151
书报杂志类	Newspapers and Magazines	23226	3645	10039	8923
电子出版物及音像制品类	E-journals and Video Products	1	1	7	7
家用电器和音像器材类	Household Appliances and Video Appliances			62510	62510
中西药品类	Traditional Chinese and Western Medicines	400034	4760	109849	106424
文化办公用品类	Cultural and Offices Appliances	5189	882	28574	28571
家具类	Furniture			13760	13760
通讯器材类	Communication Appliances	8783	3337	54576	52218
煤炭及制品类	Coal and Related Products	1140195		82	82
木材及制品类	Wood and products	11498			
石油及制品类	Petroleum and Related Products	4642335	1222795	277810	153777
化工材料及制品类	Chemical Materials and Related Products	507261			
金属材料类	Metal Materials	10353278			
建筑及装潢材料类	Building and Decoration Materials	368656	6		
机电产品及设备类	Mechanical and Electrical Products	50649	560		
汽车类	Automobiles	34146		1176560	1172568
种子饲料类	Seeds and Feedstuff	2343			
其他类	Others	388133	23850	36220	36165

16-8 2021年限额以上批发零售贸易业财务状况

单位：万元

指 标	Item	企业个数（个）Number of Enterprises (unit)
总计	**Total**	**484**
批发业	**Wholesale Trade**	**225**
按登记注册类型分组	**By Status of Registration**	
内资企业	Domestic Funded Enterprises	223
国有企业	State-owned Enterprises	14
集体企业	Collective-owned Enterprises	1
有限责任公司	Limited Liability Corporations	55
国有独资公司	State Sole Funded Corporations	6
其他有限责任公司	Other Limited Liability Corporations	49
股份有限公司	Share-holding Corporations Ltd.	10
私营企业	Private Enterprises	143
私营有限责任公司	Private Limited Liability Corporations	141
私营股份有限公司	Private Partnership Enterprises	2
外商投资企业	Enterprises With Foreign Investment	2
外资企业	Enterprises with Sole Fund	1
按国民经济行业分组	**Grouped by Sector**	
农林牧渔产品批发	Wholesale of Farming,Forestry,Animal Husbandry and Fishery Product	5
食品、饮料及烟草制品批发	Wholesale Trade of Food, Beverages and Tobaccos	33
纺织、服装及家庭用品批发	Wholesale Trade of Textiles, Garments and Daily Consumer Articles	5
文化、体育用品及器材批发	Wholesale Trade of Culture, Sports Appliances and Equipments	1
医药及医疗器材批发	Wholesale Trade of Medicines and Medical Appliances	31
矿产品、建材及化工产品批发	Wholesale Trade of Mineral Products, Building Materials and Chemical Products	125
机械设备、五金交电及电子产品批发	Wholesale Trade of Mechanical Equipment, Hardware and Electronic Products	21
其他批发业	Others	4

Main Financial Indicators of Enterprises above Designated Size in Wholesale and Retail Trades(2021)

(10 000 yuan)

流动资产合计 Working Capitals	固定资产原价 Total Fixed Assets	累计折旧 Accumulated Depreciation	资产总计 Total Assets	负债合计 Total Liabilities	实收资本 Paid-in Capitals	主营业务收入 Revenue from Principal Business
8388164	**1471688**	**663119**	**18151086**	**9905953**	**2279667**	**20517851**
7346027	**1068981**	**527262**	**16600756**	**8675278**	**2006813**	**18451915**
6892405	964767	478321	16052882	8304975	2000226	18199536
482584	57169	35666	544783	139668	30645	1303346
2143	3409	585	4997	882	1283	2516
5125488	188569	46245	13228179	6618554	1707797	7902646
1030948	21347	9103	7473618	2820500	598570	1977874
4094540	167222	37142	5754561	3798054	1109227	5924772
263016	577013	341380	846557	471749	8986	4787079
1019175	138606	54445	1428366	1074122	251515	4203949
1001735	138289	54253	1410532	1057983	248965	4142766
17440	318	192	17834	16139	2550	61183
453621	104215	48941	547874	370303	6587	252379
162444	66313	35330	216643	195222	6587	199575
97576	9139	2591	196232	91134	104269	151778
484872	87292	39276	570474	134332	46789	1330128
135623	1344	273	149906	61864	88800	27432
45592	14410	5657	65098	48775	3070	23227
367994	18291	5531	405012	316919	90004	448513
6112884	925960	467811	15064279	7912653	1661031	16275659
85244	9358	5079	114256	81872	10658	107837
16242	3188	1045	35500	27730	2192	87342

16−8 续表1

单位：万元

指 标	Item	营业成本 Cost of Principal Business
总计	**Total**	**20364441**
批发业	**Wholesale Trade**	**18480047**
按登记注册类型分组	**By Status of Registration**	
内资企业	Domestic Funded Enterprises	18243899
国有企业	State-owned Enterprises	1085238
集体企业	Collective-owned Enterprises	1986
有限责任公司	Limited Liability Corporations	8451881
国有独资公司	State Sole Funded Corporations	1934829
其他有限责任公司	Other Limited Liability Corporations	6517052
股份有限公司	Share-holding Corporations Ltd.	4640734
私营企业	Private Enterprises	4064060
私营有限责任公司	Private Limited Liability Corporations	4003819
私营股份有限公司	Private Partnership Enterprises	60241
外商投资企业	Enterprises With Foreign Investment	236149
外资企业	Enterprises with Sole Fund	191019
按国民经济行业分组	**Grouped by Sector**	
农林牧渔产品批发	Wholesale of Farming,Forestry,Animal Husbandry and Fishery Product	148571
食品、饮料及烟草制品批发	Wholesale Trade of Food, Beverages and Tobaccos	1104680
纺织、服装及家庭用品批发	Wholesale Trade of Textiles, Garments and Daily Consumer Articles	26572
文化、体育用品及器材批发	Wholesale Trade of Culture, Sports Appliances and Equipments	15721
医药及医疗器材批发	Wholesale Trade of Medicines and Medical Appliances	400860
矿产品、建材及化工产品批发	Wholesale Trade of Mineral Products, Building Materials and Chemical Products	16602931
机械设备、五金交电及电子产品批发	Wholesale Trade of Mechanical Equipment, Hardware and Electronic Products	94888
其他批发业	Others	85826

Continued

(10 000 yuan)

销售费用 Selling Expenses	管理费用 Management Expenses	财务费用 Financial Expenses	营业利润 Business Profit	利润总额 Total Profits	应 交 增值税 VAT Payable
444474	**197147**	**190914**	**99791**	**92436**	**186406**
307659	**130836**	**167224**	**81441**	**71065**	**118206**
302371	128874	169481	70675	60299	117666
18609	46057	-17356	94324	93503	30216
291	595	13	-380	19	11
52378	37594	177099	-46572	-57622	13828
5845	9818	120369	40353	24179	4535
46534	27776	56729	-86924	-81801	9293
140797	9980	441	7574	7938	29925
90296	34648	9284	15728	16461	43686
89716	33793	8815	16876	16855	43683
579	855	470	-1148	-394	3
5288	1962	-2257	10766	10766	540
669	1812	-2275	8799	8799	
1083	1474	1063	-237	238	207
30122	51262	-17246	85215	84652	29999
678	558	333	-668	480	0
5326	2275	-274	386	1336	57
23361	11140	8980	-803	-536	6603
239889	57740	173126	-6157	-19330	80224
6249	5524	1313	3986	4164	1028
952	863	-72	-280	61	88

16-8 续表2

单位：万元

指　标	Item	企业个数（个）Number of Enterprises (unit)	流动资产合　计 Working Capitals
零售业	**Retail Trade**	**259**	**1042137**
按登记注册类型分组	**By Status of Registration**		
内资企业	Domestic Funded Enterprises	256	1032102
国有企业	State-owned Enterprises	3	10097
有限责任公司	Joint Ownership Enterprises	59	333997
国有独资公司	State Sole Funded Corporations	3	9815
其他有限责任公司	Other Limited Liability Corporations	56	324181
股份有限公司	Share-holding Corporations Ltd.	4	22231
私营企业	Private Enterprises	190	665779
私营独资企业	Private-funded Enterprises	7	7720
私营有限责任公司	Private Limited Liability Corporations	181	647780
私营股份有限公司	Private Share-holding Corporations Ltd	2	10279
港澳台商投资企业	Enterprises with Funds from Hong Kong, Macao and Taiwan	2	8649
港澳台商独资经营企业	Enterprises with Sole Investment	2	8649
外商投资企业	Enterprises With Foreign Investment	1	1386
外资企业	Enterprises with Sole Fund	1	1386
按国民经济行业分组	**Grouped by Sector**		
综合零售	Integrated Retail	43	149330
食品、饮料及烟草制品专门零售	Special Retail of Food, Beverages and Tobaccos	23	45059
纺织、服装及日用品专门零售	Special Retail of Textiles, Wearing Apparel and Household Articles	10	22069
文化、体育用品及器材专门零售	Special Retail of Culture, Sports Appliances and Equipments	10	21998
医药及医疗器材专门零售	Special Retail of Medicines and Medical Appliances	17	36877
汽车、摩托车、燃料及其他动力销售	Special Retail of Motor Vehicles, Motorcycles, Fuel and Parts	122	612890
家用电器及电子产品专门零售	Special Retail of Household Electric Appliances and Electronic Products	22	108557
五金、家具及室内装修材料专门零售	Special Retail of Hardware, Furniture and Interior Decoration Materials	4	26849
货摊、无店铺及其他零售业	Stalls, Non-shop and Other Retails	8	18509

Continued

(10 000 yuan)

固定资产原价 Total Fixed Assets	累计折旧 Accumulated Depreciation	资产总计 Total Assets	负债合计 Total Liabilities	实收资本 Paid-in Capitals	营业收入 Revenue from Principal Business
402707	**135857**	**1550330**	**1230676**	**272854**	**2147837**
392466	129514	1534840	1220981	269013	2084506
36974	12309	43576	38985	1745	209146
229917	67192	651267	557606	115336	554512
4559	2251	12207	9319	1049	34944
225358	64941	639060	548287	114287	519568
41111	12564	45242	70726	8078	89047
84463	37449	794756	553665	143854	1231801
1212	195	10247	6740	1020	13229
82742	37049	773577	539745	141534	1195439
509	205	10932	7180	1300	23133
9632	6040	13774	7506	3386	59592
9632	6040	13774	7506	3386	59592
609	303	1716	2188	455	3739
609	303	1716	2188	455	3739
169959	47781	386151	382659	50576	281295
10125	2791	69084	53888	12236	60092
32074	10632	73014	69090	8642	67483
11392	6004	30219	16590	6249	14495
8631	2613	54333	38289	18136	67296
150641	56991	761356	546842	146322	1475589
4483	1806	115964	80611	18323	139886
4568	1929	33418	24578	7660	17497
10834	5311	26790	18129	4710	24205

16-8 续表3

单位：万元

指　标	Item	营业成本 Cost of Principal Business	销售费用 Selling Expenses
零售业	**Retail Trade**	**1884393**	**136815**
按登记注册类型分组	**By Status of Registration**		
内资企业	Domestic Funded Enterprises	1829895	131306
国有企业	State-owned Enterprises	175485	11287
有限责任公司	Joint Ownership Enterprises	478829	41556
国有独资公司	State Sole Funded Corporations	32146	1156
其他有限责任公司	Other Limited Liability Corporations	446683	40400
股份有限公司	Share-holding Corporations Ltd.	78875	9751
私营企业	Private Enterprises	1096707	68712
私营独资企业	Private-funded Enterprises	11497	991
私营有限责任公司	Private Limited Liability Corporations	1063826	67298
私营股份有限公司	Private Share-holding Corporations Ltd.	21384	422
港澳台商投资企业	Enterprises with Funds from Hong Kong, Macao and Taiwan	51575	4920
港澳台商独资经营企业	Enterprises with Sole Investment	51575	4920
外商投资企业	Enterprises With Foreign Investment	2923	589
外资企业	Enterprises with Sole Fund	2923	589
按国民经济行业分组	**Grouped by Sector**		
综合零售	Integrated Retail	216958	42670
食品、饮料及烟草制品专门零售	Special Retail of Food, Beverages and Tobaccos	52528	4342
纺织、服装及日用品专门零售	Special Retail of Textiles, Wearing Apparel and Household Articles	58143	5121
文化、体育用品及器材专门零售	Special Retail of Culture, Sports Appliances and Equipments	10029	2795
医药及医疗器材专门零售	Special Retail of Medicines and Medical Appliances	52911	10502
汽车、摩托车、燃料及其他动力销售	Special Retail of Motor Vehicles, Motorcycles, Fuel and Parts	1335788	59646
家用电器及电子产品专门零售	Special Retail of Household Electric Appliances and Electronic Products	126076	8265
五金、家具及室内装修材料专门零售	Special Retail of Hardware, Furniture and Interior Decoration Materials	11934	2133
货摊、无店铺及其他零售业	Stalls, Non-shop and Other Retails	20028	1342

Continued

(10 000 yuan)

管理费用 Management Expenses	财务费用 Financial Expenses	营业利润 Business Profit	利润总额 Total Profits	应交增值税 VAT Payable
66311	**23691**	**18350**	**21370**	**68200**
65078	23649	16295	19144	67332
572	96	1259	1676	295
25217	12672	950	1806	43394
974	48	555	603	19
24243	12624	395	1203	43375
5098	422	-2149	-1945	982
34191	10460	16235	17607	22661
507	67	-113	-74	33
33273	10399	15466	16802	22414
411	-6	882	879	213
829	41	2240	2360	809
829	41	2240	2360	809
404		-184	-134	60
404		-184	-134	60
17451	9594	-153	340	39156
2415	1054	-255	-138	433
7039	2478	-2230	-2024	1105
1298	9	-308	-131	237
3787	569	-563	-453	1272
25636	8855	18701	19768	20575
5593	514	-369	-340	3578
1670	893	1573	1831	391
1421	-276	1952	2517	1453

16-9　2021年分地区限额以上批发零售贸易业财务状况

单位：万元

地区	Item	企业个数（个）Number of Enterprises (unit)	流动资产合计 Working Capitals	固定资产原价 Total Fixed Assets	累计折旧 Accumulated Depreciation	资产总计 Total Assets
总计	**Total**	**484**	**8388163.8**	**1471688.3**	**663119.3**	**18151085.7**
批发业	**Wholesale Trade**	**225**	**7346026.6**	**1068981.3**	**527262.2**	**16600756.0**
西宁市	Xining City	159	4826624.3	676182.4	423334.6	13663431.8
海东市	Haidong City	9	873373.0	32174.5	12322.0	914623.3
海北藏族自治州	Haibei Zang A.P	3	15076.2	14084.6	6362.8	28325.5
黄南藏族自治州	Huangnan Zang A.P	2	4586.1	1700.7	1211.4	5109.3
海南藏族自治州	Hainan Zang A.P	4	35304.5	45904.2	24442.9	75989.7
果洛藏族自治州	Golog Zang A.P	2	1486.8	5857.0	1196.2	6023.3
玉树藏族自治州	Yushu Zang A.P	2	13964.4	17948.2	8674.3	44519.6
海西蒙古族藏族自治州	Haixi Mongolian & Zang A.P	44	1575611.3	275129.7	49718.0	1862733.5
零售业	**Retail Trade**	**259**	**1042137.2**	**402707.0**	**135857.1**	**1550329.7**
西宁市	Xining City	186	945984.2	324651.5	111718.2	1382682.6
海东市	Haidong City	25	29768.2	38743.4	12068.0	77944.9
海北藏族自治州	Haibei Zang A.P	4	1590.6	1789.5	695.5	2699.8
黄南藏族自治州	Huangnan Zang A.P	7	10208.6	8890.9	2531.3	16081.1
海南藏族自治州	Hainan Zang A.P	4	13071.2	1876.1	857.9	14526.7
果洛藏族自治州	Golog Zang A.P	2	6684.1	13457.2	3699.8	10682.2
海西蒙古族藏族自治州	Haixi Mongolian & Zang A.P	31	34830.3	13298.4	4286.4	45712.4

Main Financial Indicators of Enterprises above Designated Size in Wholesale and Retail Trades by Region(2021)

(10 000 yuan)

负债合计 Total Liabilities	实收资本 Paid-in Capitals	主营业务收入 Revenue from Principal Business	营业成本 Cost of Principal Business	销售费用 Selling Expenses	管理费用 Management Expenses	财务费用 Financial Expenses	营业利润 Business Profit	利润总额 Total Profits	应交增值税 VAT Payable
9905953.2	**2279666.8**	**20517850.5**	**20364440.6**	**444474.0**	**197147.1**	**190914.3**	**99791.0**	**92435.5**	**186405.8**
8675277.7	**2006813.2**	**18451915.3**	**18480047.4**	**307658.9**	**130836.3**	**167223.7**	**81440.9**	**71065.3**	**118205.6**
6877212.3	1931458.5	16220287.9	16342253.2	222086.3	86275.3	165167.1	57249.1	46734.4	57613.6
606046.4	8080.3	131859.3	188147.3	9424.9	7522.1	207.3	4650.4	5247.5	4259.0
21335.6	1150.0	103664.0	92272.4	8449.8	8721.8	-14.5	3566.3	3481.3	1506.2
669.0	130.0	21221.4	15267.6	433.9	2092.1	-18.8	745.2	731.4	768.1
36176.1	15200.0	168190.1	150724.6	5319.6	6476.7	314.4	1900.0	1667.0	2724.8
720.7	1310.0	16430.7	11801.0	300.2	1804.1	-0.3	258.7	240.6	480.8
35293.6	3901.9	69406.8	59879.5	3637.2	2840.3	18.4	-1642.8	-1660.5	4492.8
1097824.0	45582.5	1720855.1	1619701.8	58007.0	15103.9	1550.1	14714.0	14623.6	46360.3
1230675.5	**272853.6**	**2065935.2**	**1884393.2**	**136815.1**	**66310.8**	**23690.6**	**18350.1**	**21370.2**	**68200.2**
1076988.5	248927.4	1701907.7	1569528.1	110739.4	59920.7	22245.7	17101.9	19401.5	66184.1
68522.7	7585.8	216877.2	179537.4	13254.5	2781.7	848.9	115.5	770.1	802.1
1706.7	16.0	2521.5	2479.3	579.0	129.3	-2.7	38.1	65.3	31.4
11186.5	1174.6	37438.1	33770.3	2870.2	236.2	55.9	269.3	211.3	375.5
7429.7	536.0	7656.1	9098.3	1966.8	289.1	96.4	1291.6	1344.4	20.0
36222.4	44.1	40687.7	38287.4	3506.2	298.4	19.4	-810.1	-885.7	377.3
28619.0	14569.7	58846.9	51692.4	3899.0	2655.4	427.0	343.8	463.3	409.8

16-10 2021年限额以上住宿餐饮业基本情况

Basic Conditions of Hotels and Catering Services Enterprises above Designated Size(2021)

项目	Item	法人企业数(个) Number of Corporation Enterprises (unit)	营业额(万元) Turnover (10 000 yuan)	客房收入(万元) Room revenue (10 000 yuan)	餐费收入(万元) Meal revenue (10 000 yuan)
总计	**Total**	**180**	**140800**	**76265**	**58465**
住宿业	**Hotels**	**127**	**90675**	**68112**	**18445**
按登记注册类型分组	**By Status of Registration**				
内资企业	Domestic Funded Enterprises	126	89840	67581	18170
国有企业	State-owned Enterprises	9	15667	6613	7009
股份合作企业	Cooperative Stock Enterprises	1	393	363	31
有限责任公司	Limited Liability Corporations	20	13098	10651	1197
国有独资公司	Wholly State-owned Corporations	2	2012	1124	517
其他有限责任公司	Other Limited Liability Corporations	18	11086	9527	680
股份有限公司	Private Enterprises	2	2011	1407	605
私营企业	Private Enterprises	94	58671	48548	9328
私营独资企业	Private-funded Enterprises	4	1125	999	125
私营有限责任公司	Private Limited Liability Corporations	89	56925	46929	9204
私营股份有限公司	Private Share-holding Corporations Ltd	1	621	621	
外商投资企业	Enterprises With Foreign Investment	1	835	531	275
外资企业	Enterprises with Sole Fund	1	835	531	275
按国民经济行业分组	**Grouped by Sector**				
旅游饭店	Tourist Hotels	74	61743	44246	15068
一般旅馆	Ordinary Hotels	45	25631	21416	2527
经济型连锁酒店	Economical Chain Hotels	6	2184	2167	3
其他一般旅馆	Other Ordinary Hotels	39	23447	19249	2523
其他住宿业	Other Accommodation Services	8	3301	2451	851
餐饮业	**Catering Services**	**53**	**50125**	**8153**	**40020**
按登记注册类型分组	**By Status of Registration**				
内资企业	Domestic Funded Enterprises	53	50125	8153	40020
有限责任公司	Limited Liability Corporations	5	9415	1556	7669
其他有限责任公司	Other Limited Liability Corporations	5	9415	1556	7669
股份有限公司	Share-holding Corporations Ltd.	2	94	17	77
私营企业	Private Enterprises	46	40616	6580	32274
私营合伙企业	Private partnership	3	1878	86	1778
私营有限责任公司	Private Limited Liability Corporations	43	38738	6495	30497
按国民经济行业分组	**Grouped by Sector**				
正餐服务	Dinner services	52	47849	7261	38891
其他餐饮业	Other Catering Services	1	2276	892	1129

注：限额以上住宿、餐饮业包括年主营业务收入在200万元及以上的住宿、餐饮业企业及个体户。
Note:Hotels and catering services enterprises above designated size include hotels, catering enterprises and self-employed whose main business income is at 2 million yuan and above.business are 20 million yuan and above.

16-11　2021年分地区限额以上住宿餐饮业基本情况

Basic Conditions of Hotels and Catering Services Enterprises above Designated Size by Region(2021)

项　目	Item	法人企业数(个) Number of Corporation Enterprises (unit)	营业额(万元) Turnover (10000 yuan)	客房收入(万元) Room Revenue (10000 yuan)	餐费收入(万元) Catering Revenue (10000 yuan)
总计	**Total**	**180**	**140800**	**76265**	**58465**
住宿业	**Hotels**	**127**	**90675**	**68112**	**18445**
西宁市	Xining City	57	56491	42396.4	10510.6
海东市	Haidong City	11	5764	3597	1887
海北藏族自治州	Haibei Zang A.P	9	4619	2779	1839
黄南藏族自治州	Huangnan Zang A.P	3	2326	1471	855
海南藏族自治州	Hainan Zang A.P	7	3359	2405	951
玉树藏族自治州	Yushu Zang A.P	1	490	490	
海西蒙古族藏族自治州	Haixi Mongolian & Zang A.P	39	17627	14974	2403
餐饮业	**Catering Services**	**53**	**50125**	**8153**	**40020**
西宁市	Xining City	24	27134	4727	21189
海东市	Haidong City	19	18511	2843	15066
海北藏族自治州	Haibei Zang A.P	1	501		501
黄南藏族自治州	Huangnan Zang A.P	1	356		356
海南藏族自治州	Hainan Zang A.P	2	1053	107	946
海西蒙古族藏族自治州	Haixi Mongolian & Zang A.P	6	2569	475	1962

注：限额以上住宿、餐饮业包括年主营业务收入在200万元及以上的住宿、餐饮业企业及个体户。

Note:Hotels and catering services enterprises above designated size include hotels, catering enterprises and self-employed whose main business income is at 2 million yuan and above.business are 20 million yuan and above.

16−12 2021年限额以上住宿餐饮业财务状况

单位：万元

地区	Item	企业个数（个） Number of Enterprises (unit)	流动资产合计 Working Capitals	固定资产原价 Total Fixed Assets	累计折旧 Accumulated Depreciation	资产总计 Total Assets
总计	**Total**	**180**	**289958.6**	**372056.1**	**124499.9**	**636208.5**
住宿业	**Hotels**	**127**	**222927.9**	**287684.0**	**105077.3**	**471804.9**
按登记注册类型分组	By Status of Registration					
内资企业	Domestic Funded Enterprises	126	213394.8	270316.4	96144.9	453813.1
国有企业	State-owned Enterprises	9	19295.4	57076.1	27247.0	53945.4
股份合作企业	Cooperative Stock Enterprises	1	406.6	1070.0	576.4	900.2
有限责任公司	Limited Liability Corporations	20	23438.6	66498.7	19031.4	82688.3
国有独资公司	Wholly State-owned Corporations	2	4065.3	2734.3	2277.3	4920.5
其他有限责任公司	Other Limited Liability Corporations	18	19373.3	63764.4	16754.1	77767.8
股份有限公司	Private Enterprises	2	430.9	20769.0	5226.3	16872.6
私营企业	Private Enterprises	94	169823.3	124902.6	44063.8	299406.6
私营独资企业	Private-funded Enterprises	4	1580.6	4294.1	2187.2	5509.1
私营有限责任公司	Private Limited Liability Corporations	89	165111.8	120388.9	41876.5	289423.2
私营股份有限公司	Private Share-holding Corporations Ltd	1	3130.9	219.6	0.1	4474.3
外商投资企业	Enterprises With Foreign Investment	1	9533.1	17367.6	8932.4	17991.8
外资企业	Enterprises with Sole Fund	1	9533.1	17367.6	8932.4	17991.8
按国民经济行业分组	Grouped by Sector					
旅游饭店	Tourist Hotels	74	167723.6	217793.3	76486.7	348038.1
一般旅馆	Ordinary Hotels	45	48077.3	52328.9	24345.0	89231.6
经济型连锁酒店	Economical Chain Hotels	6	5699.5	4119.8	1992.6	8520.8
其他一般旅馆	Other Ordinary Hotels	39	42377.8	48209.1	22352.4	80710.8
其他住宿业	Other Accommodation Services	8	7127.0	17561.8	4245.6	34535.2
餐饮业	**Catering Services**	**53**	**67030.7**	**84372.1**	**19422.6**	**164403.6**
按登记注册类型分组	By Status of Registration					
内资企业	Domestic Funded Enterprises	53	67030.7	84372.1	19422.6	164403.6
有限责任公司	Limited Liability Corporations	5	15742.4	25699.2	1750.8	47274.4
其他有限责任公司	Other Limited Liability Corporations	5	15742.4	25699.2	1750.8	47274.4
股份有限公司	Share-holding Corporations Ltd.	2	280.2	3313.8	2.4	280.2
私营企业	Private Enterprises	46	51008.1	55359.1	17669.4	116849.0
私营合伙企业	Private partnership	3	2227.2	163.8	65.3	2534.2
私营有限责任公司	Private Limited Liability Corporations	43	48780.9	55195.3	17604.1	114314.8
按国民经济行业分组	Grouped by Sector					
正餐服务	Dinner services	52	53310.5	75419.1	19422.6	133529.9
其他餐饮业	Other Catering Services	1	13720.2	8953.0		30873.7

Main Financial Indicators of Hotels and Catering Services Enterprises above Designated Size(2021)

(10 000 yuan)

负债合计 Total Liabilities	实收资本 Paid-in Capitals	主营业务收入 Revenue from Principal Business	营业成本 Cost of Principal Business	销售费用 Selling Expenses	管理费用 Management Expenses	财务费用 Financial Expenses	营业利润 Business Profit	利润总额 Total Profits	应交增值税 VAT Payable
414240.4	**309596.7**	**134505.2**	**72557.1**	**40496.1**	**37638.6**	**6201.4**	**-17370.4**	**-15336.7**	**3522.7**
296857.2	**193049.3**	**86534.8**	**47355.7**	**26585.5**	**28757.6**	**1972.6**	**-12139.9**	**-10680.4**	**2061.5**
296705.3	171625.7	85746.9	47246.4	25992.3	27845.5	2118.7	-11334.2	-9879.1	2029.5
24219.2	27525.1	16142.6	8274.7	8527.3	5746.5	73.5	-5905.9	-5241.5	538.0
521.3	300.0	381.9	54.1		315.7	-0.6	12.2	-0.6	3.4
70130.8	22099.1	10129.0	10165.8	2109.4	2884.8	301.2	-2587.9	-2532.5	339.0
647.4	4840.1	1673.4	1966.0	23.0	360.3	2.0	-447.9	-443.8	159.8
69483.4	17259.0	8455.6	8199.8	2086.4	2524.5	299.2	-2140.0	-2088.7	179.2
2697.1	23974.0	2011.4	457.0	1931.6	1318.0	5.6	-1838.7	-1803.3	47.5
199136.9	97727.5	57082.0	28294.8	13424.0	17580.5	1739.0	-1013.9	-301.2	1101.6
1099.3	2443.4	1104.8	705.7	179.0	174.1	36.7	-31.0	-14.3	8.2
195176.2	92584.1	55356.1	27589.1	12337.2	17280.3	1691.7	-559.1	136.9	1087.2
2861.4	2700.0	621.1		907.8	126.1	10.6	-423.8	-423.8	6.2
151.9	21423.6	787.9	109.3	593.2	912.1	-146.1	-805.7	-801.3	32.0
151.9	21423.6	787.9	109.3	593.2	912.1	-146.1	-805.7	-801.3	32.0
207666.7	150648.4	58698.5	31014.6	19312.5	19390.9	1024.5	-8813.2	-7523.4	1686.3
72437.2	27744.9	24628.6	13719.7	6533.5	7878.7	724.4	-2608.1	-2481.2	315.9
5031.9	4553.7	2433.2	1050.7	548.3	752.0	190.6	-116.3	-123.4	33.6
67405.3	23191.2	22195.4	12669.0	5985.2	7126.7	533.8	-2491.8	-2357.8	282.3
16753.3	14656.0	3207.7	2621.4	739.5	1488.0	223.7	-718.6	-675.8	59.3
117383.2	**116547.4**	**47970.4**	**25201.4**	**13910.6**	**8881.0**	**4228.8**	**-5230.5**	**-4656.3**	**1461.2**
117383.2	116547.4	47970.4	25201.4	13910.6	8881.0	4228.8	-5230.5	-4656.3	1461.2
30347.9	13651.2	9384.0	4043.8	2225.7	1101.3	1218.7	-98.0	157.7	568.9
30347.9	13651.2	9384.0	4043.8	2225.7	1101.3	1218.7	-98.0	157.7	568.9
203.4			111.8		24.0	0.1	-53.1	-38.8	3.0
86831.9	102896.2	38586.4	21045.8	11684.9	7755.7	3010.0	-5079.4	-4775.2	889.3
2078.9		1863.4	326.9	220.9	56.0	35.4	-181.5	-161.2	5.1
84753.0	102896.2	36723.0	20718.9	11464.0	7699.7	2974.6	-4897.9	-4614.0	884.2
87590.1	46547.4	45694.3	23442.7	13910.6	8382.3	2510.6	-3531.0	-2999.6	1461.2
29793.1	70000.0	2276.1	1758.7		498.7	1718.2	-1699.5	-1656.7	

16−13　2021年分地区限额以上住宿餐饮业财务状况

单位：万元

地区	Item	企业个数（个）Number of Enterprises (unit)	流动资产合计 Working Capitals	固定资产原价 Total Fixed Assets	累计折旧 Accumulated Depreciation	资产总计 Total Assets
总计	**Total**	**180**	**289958.6**	**372056.1**	**124499.9**	**636208.5**
住宿业	**Hotels**	**127**	**222927.9**	**287684.0**	**105077.3**	**471804.9**
西宁市	Xining City	57	145735.8	164864.3	71069.0	277114.4
海东市	Haidong City	11	10657.8	10012.6	3127.4	24658.5
海北藏族自治州	Haibei Zang A.P	9	17369.8	35378.6	9325.5	47347.3
黄南藏族自治州	Huangnan Zang A.P	3	1994.4	2744.5	885.4	13061.9
海南藏族自治州	Hainan Zang A.P	7	5083.3	11448.1	3349.3	15806.4
玉树藏族自治州	Yushu Zang A.P	1	78.4	9860.7	2777.9	7161.3
海西蒙古族藏族自治州	Haixi Mongolian & Zang A.P	39	42008.4	53375.2	14542.8	86655.1
餐饮业	**Catering Services**	**53**	**67030.7**	**84372.1**	**19422.6**	**164403.6**
西宁市	Xining City	24	26340.3	27795.1	15835.3	47712.9
海东市	Haidong City	19	37917.8	51222.8	2854.5	107723.3
海北藏族自治州	Haibei Zang A.P	1	213.2	861.2	58.5	954.8
黄南藏族自治州	Huangnan Zang A.P	1				356.0
海南藏族自治州	Hainan Zang A.P	2	1900.2	482.3	0.2	2382.3
海西蒙古族藏族自治州	Haixi Mongolian & Zang A.P	6	659.2	4010.7	674.1	5274.3

Main Financial Indicators of Hotels and Catering Services Enterprises above Designated Size by Region(2021)

(10 000 yuan)

负债合计 Total Liabilities	实收资本 Paid-in Capitals	主营业务收入 Revenue from Principal Business	营业成本 Cost of Principal Business	销售费用 Selling Expenses	管理费用 Management Expenses	财务费用 Financial Expenses	营业利润 Business Profit	利润总额 Total Profits	应交增值税 VAT Payable
414240.4	**309596.7**	**134505.2**	**72557.1**	**40496.1**	**37638.6**	**6201.4**	**-17370.4**	**-15336.7**	**3522.7**
296857.2	**193049.3**	**86534.8**	**47355.7**	**26585.5**	**28757.6**	**1972.6**	**-12139.9**	**-10680.4**	**2061.5**
185725.2	108926.4	53197.0	26658.6	19114.3	18852.3	656.8	-7046.4	-6753.2	1382.3
10857.5	14393.1	5747.9	2611.6	568.9	2011.8	216.5	289.1	460.9	209.7
11872.1	33297.3	4396.9	2863.5	1633.7	1887.2	179.7	-2218.5	-2030.9	95.4
5072.0	7805.7	2282.7	1712.9	177.6	365.3	78.5	-72.8	-34.1	10.6
9216.1	8577.1	3162.1	1973.6	695.6	470.9	72.0	424.8	457.6	43.3
14394.2	200.0	489.7	816.8		152.8	2.4	-350.1	-350.9	10.5
59720.1	19849.7	17258.5	10718.7	4395.4	5017.3	766.7	-3166.0	-2429.8	309.7
117383.2	**116547.4**	**47970.4**	**25201.4**	**13910.6**	**8881.0**	**4228.8**	**-5230.5**	**-4656.3**	**1461.2**
32917.9	21456.5	25628.0	12148.1	10261.3	4807.7	918.5	-2194.8	-2182.3	907.4
78474.9	90917.9	18839.8	10910.7	2636.3	3280.0	3225.0	-2754.6	-2120.7	520.9
493.1		501.0	345.4	58.9	52.3	15.0	24.9	24.9	5.0
	356.0	356.0	255.0	165.0	90.0		101.0	101.0	
1270.9	1236.0	471.6	365.5	30.2	173.2	56.0	-141.6	-126.2	3.2
4226.4	2581.0	2174.0	1176.7	758.9	477.8	14.3	-265.4	-353.0	24.7

16-14　2021年商品交易市场情况

Statistics on Commodity Exchange Markets(2021)

单位：个、平方米、万元　　(unit，sq.m，10 000 yuan)

指标	Item	市场数 Number of Markets	总摊位数 Number of Booths	营业面积 Operating Area	成交额 Turnover
总计	**Total**	**8**	**6997**	**494788**	**1018226**
按市场类别分组	**By Markets Category**				
综合市场	**Integrated Marke**	**2**	**2414**	**277000**	**802132**
综合贸易市场	Integrated Trade Market	2	2414	277000	802132
农产品综合市场	Integrated Market for agricultural products	2	2414	277000	802132
专业市场	**Professional marke**	**6**	**4583**	**217788**	**216094**
农产品市场	Farm Produce Markets	1	740	71145	11352
干鲜果品市场	Dry and fresh fruit market	1	740	71145	11352
纺织、服装、鞋帽市场	Textiles, Clothing, Shoes and Hats Markets	2	2607	109708	85743
服装市场	Clothing Markets	1	213	9600	9049
其他纺织服装鞋帽市场	Others	1	2394	100108	76694
医药、医疗用品及器材市场	Medicine, Medical Materials and Medical Instruments Markets	1	61	10019	4300
中药材市场	Chinese Medicine Markets	1	61	10019	4300
家具、五金及装饰材料市场	Furniture, Hardware and Decoration Materials Markets	1	1115	10916	78152
其他装修市场	Others	1	1115	10916	78152
其他专业市场	Other Specialized markets	1	60	16000	36547
按营业状态分组	**By Operating Status**				
常年营业	Perennial Operation	8	6997	494788	1018226
按经营方式分组	**By Operation Mode**				
以批发为主	Wholesale as the Main Mode	5	5608	464253	926725
以零售为主	Retail as the Main Mode	3	1389	30535	91501
按经营环境分组	**By Business Environment**				
露天式	Open Air	2	800	87145	47899
封闭式	Closed	6	6197	407643	970327

16−15　2021年零售业连锁经营情况综合表
Statistics on Chain Business of Retail Trade(2021)

单位：个、人、万元　　(unit，person，10 000 yuan)

指标	Item	连锁总店数 Number of General Chain Stores	门店数 Number of Branch Stores	年末从业人员数 Engaged Persons	连锁门店商品购进总额 Total Purchases Value of Branch Stores	统一配送商品购进额 Centralized Purchase and Delivery	连锁门店商品销售额 Sales of Commodities of Branch Stores
总计	**Total**	**9**	**130**	**2481**	**87003**	**58912**	**132064**
按登记注册类型分组	**By Status of Registration**						
内资企业	Domestic Funded Enterprises	9	130	2481	87003	58912	132064
有限责任公司	Limited Liability Corporations	7	53	970	50376	40530	67490
其他有限责任公司	Other Limited Liability Corporations	7	53	970	50376	40530	67490
股份有限公司	Private Enterprises	2	77	1511	36627	18382	64573
按行业分组	**By Sector**						
批发业	**Wholesale Trade**	**1**	**74**	**139**	**18382**	**18382**	**16923**
其他批发业	Wholesale of Food, Beverages and Tobaccos	1	74	139	18382	18382	16923
零售业	**Retail Trade**	**8**	**56**	**2342**	**68621**	**40530**	**115140**
综合零售	Integrated Retail	3	18	1647	27309	9064	64905
纺织、服装及日用品	Special Retail of Textiles, Garments	1	5	192	3571	3571	6240
医药及医疗器材	Special Retail of Medicines and	3	27	463	21262	11416	26248
家用电器及电子产品专门零售	Special Retail of Household Electric Appliances and Electronic Products	1	6	40	16479	16479	17747
按批发零售连锁业态分组	**By Wholesale and Retail Trade Business Categories**						
便利店	Convenience store	1	12	2	725	725	827
大型超市	Large Supermarkets	1	3	273	8339	8339	16428
百货商店	Department Stores	1	3	1372	18245		47650
专业店	Specialty Stores	4	24	489	35916	26070	43043
其他	Others	2	88	345	23778	23778	24116

主要统计指标解释

社会消费品零售总额　指国民经济各行业直接售给城乡居民和社会集团的消费品总额。它是反映各行业通过多种商品流通渠道向居民和社会集团供应的生活消费品总量，是研究国内零售市场变动情况、反映经济景气程度的重要指标。

社会消费品零售总额包括：⑴售给城乡居民作为生活用的商品和修建房屋用的建筑材料；⑵售给社会集团的各种办公用品和公用消费品；⑶售给机关、团体、学校、部队、企业、事业单位的职工食堂和旅店（招待所）附设专门供本店旅客食用，不对外营业的食堂的各种食品、燃料；企业、单位和国营农场直接售给本单位职工和职工食堂的自己生产的产品；⑷售给部队干部、战士生活用的粮食、副食品、衣着品、日用品、燃料；⑸售给来华的外国人、华侨、港澳台同胞的消费品；⑹居民自费购买的中、西药品、中药材及医疗用品；⑺报社、出版社直接售给居民和社会集团的报纸、图书、杂志，集邮公司出售的新、旧纪念邮票、特种邮票、首日封、集邮册、集邮工具等；⑻旧货寄售商店自购、自销部分的商品；⑼煤气公司、液化石油气站售给居民和社会集团的煤气灶具和罐装液化石油气；⑽农民售给非农业居民和社会集团的商品。不包括售给国民经济各部门企业、事业单位（包括国有经济的农场）生产经营用的各种原材料、燃料、设备、工具等和售给批发零售贸易业、餐饮业作为转卖用的商品，旧货寄售商店受托寄售卖出的商品，服务业的营业收入，邮局出售邮票的收入，自来水、电力、煤气生产（供应）单位的产品供应收入，也不包括农民之间的商品销售。

批发零售贸易业商品购、销、存总额　指各种登记注册类型的批发、零售贸易业（不包括个体）企业（单位）以本企业（单位）为总体的商品购进、销售、库存总额。

商品购进总额　指从本企业（单位）以外的单位和个人购进（包括从境外直接进口）作为转卖或加工后转卖的商品总额。它反映批发零售贸易业从国内、国外市场上购进商品的总量。商品购进总额包括：⑴从工农业生产者购进的商品；⑵从出版社、报社的出版发行部门购进的图书、杂志和报纸；⑶从各种登记注册类型的批发零售贸易企业（单位）购进的商品；⑷从其他单位购进的商品，如从机关、团体、企业等单位购进的剩余物资，从餐饮业、服务业购进的商品，从海关、市场管理部门购进的缉私和没收的商品，从居民手中收购的废旧商品等；⑸从国（境）外直接进口的商品。不包括企业（单位）为自身经营用和未通过买卖行为而收入的商品以及销售退回、商品升溢等。

商品销售总额　指对本企业（单位）以外的单位和个人出售（包括对境外直接出口）的商品总额（含增值税）。它反映批发零售贸易业在国内市场上销售商品以及出口商品的总量。商品销售总额包括：⑴售给城乡居民和社会集团消费用的商品；⑵售给工业、农业、建筑业、运输邮电业、批发零售贸易业、餐饮业、服务业等作为生产、经营使用的商品；⑶售给批发零售贸易业作为转卖或加工后转卖的商品；⑷对国（境）外直接出口的商品。不包括出售本企业（单位）自用的废旧包装用品；未通过买卖行为付出的商品；经本单位介绍，由买卖双方直接结算，本单位只收取手续费的业务；购货退出的商品以及商品损耗和损失等。

批发零售贸易业库存　指报告期末各种登记注册类型的批发零售贸易企业（单位）已取得所有权的商品。它反映批发零售贸易企业（单位）的商品库存情况和对市场商品供应的保证程度。期末库存包括：⑴存放在批发零售贸易业经营单位（如门市部、批发站、经营处）仓库、货场、货柜和货架中的商品；⑵挑选、整理、包装中的商品；⑶已记入购进而尚未运到本单位的商品，即发货单或银行承兑凭证已到而货未到的部分；⑷寄放他处的商品，如因购货方拒绝承付而暂时存放在购货方的商品和已办完加工成品收回手续而未提回的商品；⑸委托其他单位代销（未作销售或调出）尚未售出的商品；⑹代其他单位购进尚未交付的商品。不包括所有权不属于本单位的商品、拨付除批发零售贸易业以外的其他行业所属独立核算加工厂等加工生产尚未收回成品的商品、代国家物资储备部门保管的商品等。

住宿和餐饮业营业额　指住宿和餐饮业法人企业（单位）在经营活动中因提供服务或销售商品等取得的收入。包括：客房收入、餐费收入、商品销售额和其他收入。客房收入指住宿和餐饮业法人企业（单位）在经营活动中因提供住宿服务取得的收入。餐费收入指住宿和餐饮业法人企业、（单位）因为顾客提供就餐服务取得的收入，包括经烹饪、调制加工后出售的各种食品，如主食、炒菜、凉拌菜等的收入。商品销售额指住宿和餐饮业法人企业（单位）伴随服务而出售商品所取得的收入（含增值税）。其他收入指营业收入中除客房收入、餐费收入、商品销售额以外的其他收入，包括娱乐、健身和商务服务等。

Explanatory Notes on Main Statistical Indicators

Total Retail Sales of Consumer Goods refer to the sum of retail sales of commodities sold by Various industries of national economy to urban and rural households for household consumption and to social institutions for public consumption. It is a reflection of the industry through a variety of channels for commodity circulation to the residents and social group for the supply of consumer goods total, and it also is an important index for research of domestic retail market changes and reflecting the degree of economic boom.

Total retail sales of consumer goods include:

a) Sales sold to urban and rural residents as a commodity and the construction of housing construction materials.

b) Various office supplies and consumer goods sold to the social group;

c) Food, fuel sold to staff canteens of Organs, organizations, schools, military units, enterprises and institutions and canteen nearby hotels (Hospitality) specifically for the shop passenger edible and non - open to the public; products producing by enterprises, units and state farms sold directly to their employees and staff canteen own.

d) Food, non - staple food, clothing, daily necessities, fuel sold to military personnel, soldiers for living;

e) Consumer goods sold to foreigners, overseas Chinese, Hong Kong, Macao and Taiwan compatriots in China;

f) Chinese and Western medicine, Chinese herbal medicine and medical supplies purchased by residents purchased at their own expense;

g) Newspapers, books, magazines, new and old commemorative stamps sold by philatelic corporation , special stamps, FDC, stamps, stamp collecting tools, etc. sold by newspapers, publishing houses to residents and social groups;

h) Goods Since the purchase of second - hand shops;

i) Gas cooker and bottled liquefied petroleum gas sold by gas and liquefied petroleum gas stations to residents and social groups;

j) Goods sold by farmers to non - agricultural residents and social groups. It does not include all raw materials, fuel, equipment, tools etc. sold to national economic departments, enterprises and institutions (including farm of state - owned economy) for production and management and goods sold to wholesale and retail trade, catering industry as commodities, consignment selling goods commissioned by vintage consignment shop, services revenue of service industry, income of post on sell stamps, income of tap water, electricity, gas production and supply unit on the supply of products. It also does not include sales of commodities among farmers.

Purchase, Sales and Stock of Commodities by Wholesale and Retail Trades refer to the total volume of commodities purchased, total volume of sales and exports, and the stock of commodities by wholesale and retail enterprises (establishments) of different status of registration from domestic and overseas markets.

Total Purchases of Commodities refer to the total value of purchases of commodities by enterprises (establishments) from other establishments or individuals (including direct import from abroad) for the purpose of re - selling, either with or without further processing of the commodities purchased. This indicator is used to show the total value of purchases of commodities by wholesale and retail establishments from domestic and overseas markets. The purchases include: (1) agricultural and industrial products purchased from producers; (2) books, magazines and newspapers purchased from distribution departments of the publishers; (3) commodities purchased from wholesale and retail establishments of different status of registration; (4) commodities purchased from other units, such as surplus materials purchased from government agencies, enterprises or institutions, commodities purchased from hotels and catering services establishments, confiscated goods purchased from customs authorities or market management agencies, second - hand goods and wastes purchased from residents; and (5) commodities directly imported from abroad. Excluded are commodities purchased by enterprises (establishments) for use in their own business operation, commodities obtained without buying or selling procedures, rejected commodities, etc.

Total Sales of Commodities refer to value of commodities sold by the establishments to other establishments and individuals (including direct export to abroad). This indicator is used to show the total value of sales of commodities at domestic markets and export. The sales include: (1) commodities sold to urban and rural residents and social groups for their consumption; (2) commodities sold to establishments in industry, agriculture, construction, transportation, post and telecommunications, wholesale and retail trades, hotels and catering services, and public utility for their production and operation; (3) commodities sold to wholesale and retail establishments for re - selling, with or without further processing; and (4) commodities for direct export to abroad. Excluded are selling of waste packaging materials used by the establishments (units) themselves, commodities transferred without buying or selling procedures, commission income from brokerage in transactions for which settlement is directly handled by buyers and sellers, rejected commodities in the purchase, loss in commodities, etc.

Total Stock of Wholesale and Retail Trade refers to total commodities possessed by wholesale and retail enterprises (units) of various types of registration status at the end of the reference period, reflecting the commodity stock level of various wholesale and retail enterprises and the potential for market supply. It includes: (1) commodities located in storage, garages, counters, and shelves of operating units (such as sale stores, wholesale centres, and operating offices) of wholesale and retail enterprises; (2) commodities in the process of being selected, sorted, and packed; (3) commodities not arrived but recorded as purchase in the account, i. e. commodities not arrived but payment receipts for the commodities from the sellers or the banks arrived; (4) commodities deposited in other places rather than places mentioned above, for instance: commodities in the hold of purchasers temporarily due to the refusal of payment and commodities not taken back after going through the formalities; (5) commodities entrusted to other units to sell but not sold yet; (6) commodities purchased for other units but not delivered yet. Commodities not included as stock are those not owned by the enterprises (units), commodities on commission for processing but not yet delivered, imported commodities of agency of foreign trade enterprise but not yet delivered to ordering units and finally those put in stock on behalf of the state material reserves units.

Business Revenue of Hotels and Catering Services refers to revenue received from providing services or selling commodities by corporate enterprises and establishments engaged in hotels and catering services, including income from hotels, from catering services, from selling of commodities and from other services. Income from hotels refers to income of corporate enterprises and establishments engaged in hotels and catering services by providing lodging services. Income from catering services refers to income of corporate enterprises and establishments engaged in hotels and catering services by providing catering services, including selling of cooked or prepared foods such as staple food, cooked dishes or cold dishes. Income from selling of commodities refers to income of corporate enterprises and establishments engaged in hotels and catering services by selling commodities (including value - added tax) that accompany the services they provide. Income from other activities refers to income received other than income from hotels, catering services or selling of commodities, such as income from providing recreation, fitness or business services.

第17篇

CHAPTER 17

金融业

Financial Intermediation

17-1 2017-2021年银行系统机构、人员数
Number of Institutions and Employees in Bank System(2017-2021)

项目	Item	机构数(个) Number of Institutions(unit)					年末人数(人) Number of Employees at Year-end (person)				
		2017	2018	2019	2020	2021	2017	2018	2019	2020	2021
全省合计	**Province Total**	**1160**	**1153**	**1144**	**1134**	**1127**	**19597**	**19756**	**20377**	**20815**	**20918**
中国人民银行	People's Bank of China	18	18	18	18	18	1309	1291	1410	1410	1412
国家开发银行	China Development Bank	1	1	1	1	1	144	150	157	160	165
农业发展银行	Agricultural Development Bank of China	26	26	26	26	26	422	418	447	454	441
工商银行	Industrial and Commercial Bank of China	84	84	81	80	80	2199	2196	2144	2217	2156
农业银行	Agricultural Bank of China	177	177	171	165	164	2756	2741	2664	2705	2727
中国银行	Bank of China	47	48	48	46	48	1265	1256	1273	1248	1228
建设银行	China Construction Bank	114	113	113	113	103	2855	2831	2960	2982	2863
交通银行	Bank of Communications	5	5	9	9	9	184	185	182	174	172
邮储银行	Postal Savings Bank of China	181	179	180	183	183	970	971	1016	1046	1033
中信银行	China Citic Bank	8	8	9	9	9	228	219	219	223	224
光大银行	China Everbright Bank	1	1	1	2	2	75	92	99	77	84
华夏银行	Hua Xia Bank Huaxia Bank		1	1	1	1		106	116	104	106
招商银行	China Merchants Bank	10	10	10	10	11	254	265	270	302	306
浦发银行	Shanghai Pudong Development Bank	12	10	8	8	8	213	207	211	222	215
兴业银行	Industrial Bank	3	4	4	4	5	132	155	159	168	169
民生银行	China Minsheng Bank	1	1	2	2	3	106	106	119	130	141
青海银行	Qinghai Bank	82	82	84	83	83	1684	1556	1686	1732	1784
农村信用社	Rural Credit Cooperatives	173	121	21	20	1	2004	1438	420	490	358
农村商业银行	Rural Commercial Bank	211	256	349	346	363	2319	2908	4021	4087	4407
村镇银行	Rural Bank	4	6	6	6	7	120	180	174	191	187
财务公司	Finance Companies	1	1	1	1	1	31	32	35	36	46
五矿信托	Minmetals Trust	1	1	1	1	1	327	453	595	657	694

注：金融数据来源于人民银行西宁中心支行，以下表同。
Note:financial data in this table are from the people's Bank of China, Xining central sub branch，The same applies to the tables following.

17−2　2021年末金融机构人民币信贷收支
RMB Credit Balance of Financial Institutions at Year-end(2021)

单位：亿元　　　　(100 million yuan)

项　　目	Item	金额　Amount
各项存款	**Total Deposits**	**6728.79**
境内存款	Domestic Deposits	6728.37
住户存款	Individual Deposits	2967.75
活期存款	Demand Deposits	1428.77
定期及其他存款	Fixed Deposits and others	1538.98
非金融企业存款	Non Financial Enterprises Deposits	1374.68
活期存款	Demand Deposits	785.79
定期及其他存款	Fixed Deposits and others	588.89
机关团体存款	Organization Deposits	1344.92
财政性存款	Fiscal Deposits	758.27
非银行业金融机构存款	Non Banking Financial Institutions Deposits	282.76
境外存款	Foreign Deposits	0.42
各项贷款	**Total Loans**	**6818.43**
境内贷款	Domestic Loans	6818.42
住户贷款	Individual Loans	1406.26
短期贷款	Short-term Loans	398.87
消费贷款	Consumer Loans	153.38
经营贷款	Operating LoanS	245.49
中长期贷款	Medium & Long-term Loans	1007.39
消费贷款	Consumer Loans	755.68
经营贷款	Operating LoanS	251.71
企(事)业单位贷款	Enterprise (institution) loan	5412.16
短期贷款	Short-term Loans	778.74
中长期贷款	Medium & Long-term Loans	3792.31
票据融资	Bill Financing	839.29
融资租赁	Finance Lease	
各项垫款	Total Advances	1.82
非银行业金融机构贷款	Non Banking Financial Institutions Loans	
境外贷款	Foreign Loans	0.01

17—3　2021年金融机构人民币存款余额

RMB Deposits Balance of Financial Institutions(2021)

单位：万元　　　　(10 000 yuan)

年份 Year / 地区 Region		合计 Total	境内存款 Domestic Deposits	住户存款 Individual Deposits	非金融企业存款 Non Financial Enterprises Deposits	机关团体存款 Organization Deposits	财政性存款 Fiscal Deposits	非银行业金融机构存款 Non Banking Financial Institutions Deposits	境外存款 Foreign Deposits
全　省	Provincial Total	67287898	67283671	29677483	13746758	13449202	7582676	2827552	4227
西宁市	Xining City	47030412	47026487	18952041	10987961	7919926	6490579	2675981	3925
海东市	Haidong City	6684902	6684730	4430863	679114	1253912	170429	150411	172
海北州	Haibei Zang A.P	1620189	1620176	807377	162422	485937	164434	6	14
黄南州	Huangnan Zang A.P	1694732	1694731	594822	182635	818643	98550	82	1
海南州	Hainan Zang A.P	2122162	2122153	1130576	274271	532455	184845	6	9
果洛州	Golog Zang A.P	1309089	1309079	373949	61566	760039	113434	91	10
玉树州	Yushu Zang A.P	1248913	1248878	687285	72652	406845	82031	63	35
海西州	Haixi Mongolian & Zang A.P	5577498	5577436	2700570	1326136	1271445	278374	911	62

注：分地区数据为当年年度数，以下表同。
Note:Data by region is current year data.The same applies to the tables following.

17−4 2021年金融机构人民币贷款余额

RMB Loans Balance of Financial Institutions(2021)

单位：万元 (10 000 yuan)

年份 地区	Year Region	合计 Total	境内贷款 Domestic Loans	住户贷款 Individual Loans	企(事)业单位贷款 Enterprise (institution) loans	非银行业金融机构贷款 Non Banking Financial Institutions Loans	境外贷款 Foreign Loans
全省	Provincial Total	68184308	68184198	14062622	54121576		110
西宁市	Xining City	54503111	54503001	8929532	45573470		110
海东市	Haidong City	5338697	5338697	2117867	3220830		
海北州	Haibei Zang A.P	909990	909990	641824	268166		
黄南州	Huangnan Zang A.P	762386	762386	422795	339591		
海南州	Hainan Zang A.P	1580427	1580427	740138	840289		
果洛州	Golog Zang A.P	461581	461581	230730	230851		
玉树州	Yushu Zang A.P	747879	747879	380000	367878		
海西州	Haixi Mongolian & Zang A.P	3880237	3880237	599737	3280501		

17-5 2017－2021年保险业务基本情况

Basic Statistics of Insurance Business(2017－2021)

单位：万元 (10 000 yuan)

项　目	Item	2017	2018	2019	2020	2021
财产保险公司保费收入	**Premium of Property Insurance Companies**	**361243**	**407742**	**460981**	**489277**	**507713**
企业财产保险	Enterprise Property Insurance	12182	13596	11069	12137	14654
家庭财产保险	Family Property Insurance	669	1186	1170	1402	1643
机动车辆保险	Motor Vehicle Insurance	257673	258642	257008	263155	259674
责任保险	Liability Insurance	17546	21877	26472	26262	29899
工程保险	Engineering Insurance	3433	4523	2792	5963	7927
保证保险	Guarantee Insurance	7168	18253	37241	31326	31142
船舶保险	Ship Insurance	38	57	61	96	50
货运险	Freight Transport Insurance	440	392	448	545	1412
特殊风险保险	Special Risks Insurance	70	75	139	240	349
农业保险	Agriculture Insurance	33487	51491	80951	94143	100222
健康险	Health Insurance	18302	25486	29998	37373	39101
意外伤害保险	Accident Injury Insurance	9578	12003	13343	16157	20043
信用保险	Credit Insurance	432	-2	1		14
其　他	Other Insurance	225	163	290	479	1583
人寿保险公司保费收入	**Premium of Life Insurance Companies**	**440551**	**468837**	**523437**	**547066**	**561194**
意外险	Personal Accident Insurance	12585	14139	13817	15110	13845
健康险	Health Insurance	84566	108046	134609	130711	128040
寿　险	Life Insurance	343400	346652	375011	401246	419309

注：本表数据来源于中国银行保险监督管理委员会青海监管局。
Note: Data in this table are from China Banking and Insurance Regulatory Commission Qinghai Office.

17-5 续表 Continued

单位：万元 (10 000 yuan)

项　目	Item	2017	2018	2019	2020	2021
财产保险公司赔款支出	**Payment of Property Insurance Companies**	**185182**	**210638**	**236082**	**257334**	**292478**
企业财产保险	Enterprise Property Insurance	5451	4199	5169	7500	7858
家庭财产保险	Family Property Insurance	486	787	907	697	818
机动车辆保险	Motor Vehicle Insurance	118071	129472	130527	126031	143044
责任保险	Liability Insurance	6745	8659	12251	12687	13278
工程保险	Engineering Insurance	3653	2191	1153	2416	3902
保证保险	Guarantee Insurance	306	1621	5591	11496	11382
船舶保险	Ship Insurance	4	9	4	8	27
货运险	Freight Transport Insurance	52	151	96	87	456
特殊风险保险	Special Risks Insurance	2	5	70	10	411
农业保险	Agriculture Insurance	30148	38481	52359	63756	76231
健康险	Health Insurance	15917	20703	24350	27846	29014
意外伤害保险	Accident Injury Insurance	4245	4311	3545	4670	5393
信用保险	Credit Insurance	1	5	4	6	1
其　他	Other Insurance	101	44	56	124	663
人寿保险公司赔款支出与给付	**Payment of Life Insurance Companies**	**107346**	**136260**	**112027**	**91664**	**95317**
意外险	Accident Insurance	4348	3466	3922	3156	3927
健康险	Health Insurance	20675	37153	46784	23124	28314
寿　险	Life Insurance	82323	95641	61322	65384	63075

17-6 2018-2021年证券业主要情况
General Statistics on Securities Industry(2018-2021)

指 标		Item		2018	2019	2020	2021
上市公司情况		**Listed Companies**					
上市公司	(户)	Number of Listed Companies	(accounts)	12	12	12	11
#A股	(只)	A Shares	(number)	12	12	12	11
上市公司总股本	(亿股)	Total Issued Capital of Listed Companies	(100 million shares)	137.11	140.09	166.56	163.03
#流通股本		Negotiable Shares		113.01	123.94	150.73	145.81
上市公司股票市价总值	(亿元)	Total Market Capitalization of Listed Companies	(100 million yuan)	994.11	964.13	1352.08	3507.59
#股票流通市值		Negotiable Market Capitalization		761.60	845.48	1228.01	2879.77
证券公司及交易情况		**Securities Companies and Trading**					
证券公司	(个)	Number of Securities Companies	(number)	1	1	1	1
证券营业部	(个)	Security Exchange	(number)	32	34	30	30
(含外地公司在青营业部)			(Include Nonlocal Exchange in QingHai)				
证券交易开户数	(万户)	Total Stock Investors	(10 000 accounts)				
其中：在青		In Qinghai		34.63	39.48	45.07	51.49
辖外		Outside Jurisdiction		8.81	9.63	11.20	12.54
证券交易额	(亿元)	Trading Volume	(100 million yuan)				
其中：在青		In Qinghai		1969.59	1957.63	2852.04	3653.23
辖外		Outside Jurisdiction		3944.03	3628.77	3428.85	3147.71
#股票、基金		Stocks and Funds					
其中：在青		In Qinghai		998.90	1275.79	1967.36	2478.00
辖外		Outside Jurisdiction		1624.31	2264.01	2288.79	2072.67
期货交易情况		**Futures Trading**					
期货代理交易额	(亿元)	Agent's Turnover of Futures	(100 million yuan)	3106.04	6238.87	10353.84	11596.74

注：本表数据来源于青海证监局。
Note:Data in this table are from Qinghai Securities Regulatory Bureau.

主要统计指标解释

信贷资金　指金融机构以信用方式积聚和分配的货币资金。金融机构信贷资金的来源有各项存款、金融债券、对国际金融机构负债、流通中现金、其他项目等;信贷资金的运用有各项贷款、有价证券及投资、金银占款、外汇占款、财政借款及在国际金融机构中的资产等。

存款　指企业、机关、团体或居民根据资金必须收回的原则,把货币资金存入银行或其他信贷机构保管并取得一定利息的一种信用活动形式。根据存款对象或性质的不同可划分为企业存款、财政存款、机关团体存款、城乡储蓄存款、农业存款、信托及委托类存款、其他存款等科目。它是银行信贷资金的主要来源。

贷款　指银行或其他信贷机构根据资金必须归还的原则,按一定利率,为企业、个人等提供资金的一种信用活动形式。我国银行贷款分为短期贷款、委托及信托类贷款、其他类贷款等。

保险公司　在中国境内的、经过保险监督管理部门批准设立,并依法登记注册的各类商业保险公司。

保险金额　指保险人承担赔偿或者给付保险金责任的最高限额。

保费　指投保人为取得保险人在约定范围内所承担赔偿责任而支付给保险人的费用。

赔款　指保险人根据保险合同的规定,向被保险人支付的赔偿保险责任损失的金额。

给付　包括死伤医疗给付和满期给付。死伤医疗给付是指保险人根据人寿保险及长期健康保险合同的规定,因被保险人在保险期内发生保险责任范围内的保险事故支付给被保险人(或受益人)的金额。满期给付是指被保险人生存期满,保险人按人寿保险合同规定支付给被保险人的满期保险金额。

机构单位　指有权拥有资产和承担负债,能够独立地从事经济活动并与其他实体进行交易的经济实体。

机构部门　将相同性质的机构单位归并在一起,就形成机构部门。资金流量核算将常住机构单位划分为以下四个机构部门:非金融企业部门、金融机构部门、政府部门、住户部门。与常住单位发生经济往来关系的非常住单位组成国外部门,在资金流量核算中也视同机构部门。

初次分配总收入　初次分配是生产活动形成的净成果在参与生产活动的生产要素的所有者及政府之间的分配。生产活动的净成果是增加值。生产要素包括劳动力、土地、资本。劳动力所有者因提供劳动而获得劳动报酬;土地所有者因出租土地而获得地租;资本的所有者因资本的形态不同而获得不同形式的收入:借贷资本所有者获得利息收入;股权所有者获得红利或未分配利润;政府因直接或间接介入生产过程而获得生产税或支付补贴。初次分配的结果形成各个机构部门的初次分配总收入。各部门的初次分配总收入之和就等于国民总收入,亦即国民生产总值。

经常转移　转移是一个机构单位向另一个机构单位提供货物、服务或资产,而同时并没有从后一机构单位获得任何货物、服务或资产作为回报的一种交易。经常转移包括扣除资本转移外的所有转移。其形式有收入税、社会保险付款、社会补助和其他经常转移。

可支配总收入　在初次分配总收入的基础上,通过经常转移的形式对初次分配总收入进行再次分配。再分配的结果形成各个机构部门的可支配总收入。各部门的可支配总收入之和称为国民可支配总收入。

总储蓄　指可支配总收入用于最终消费后的余额。各部门的总储蓄之和称为国民总储蓄。

资本转移　指一个部门无偿地向另一个部门支付用于非金融投资的资金,是一种不从对方获取任何对应物作为回报的交易。资本转移具有不同于经常转移的两个特征,一是转移的目的是用于投资,而不是用于消费;二是资本转移其实物形式往往涉及除存货和现金以外资产所有权的转移;其现金形式往往涉及除存货以外的资产的处置。资本转移包括投资性补助和其他资本转移。

Explanatory Notes on Main Statistical Indicators

Credit Funds refer to the monetary funds accumulated and distributed in the means of credit by the financial institutions. The sources of credit funds include various deposits, financial bonds, liabilities to international financial institutions, currency in circulation, other items. The uses of credit funds include loans, securities and investment, position for bullion and silver purchase, position for foreign exchange purchase, advances to treasury, and assets with international financial institutions.

Deposit is a form of credit by which enterprises, institutions, organizations or households can put money into banks and other credit institutions for safekeeping and interest earning under the principle of free withdrawal. According to different depositors, deposits are divided into enterprise deposits, fiscal deposits, deposits of government agencies and organizations, savings deposits of rural and urban households, agricultural savings deposits, entrusted deposits and other deposits. Deposits are major sources of the credit funds of banks.

Loan is a form of credit by which banks and other credit institutions provide funds at certain interest rate to enterprises and individuals in the light of the principle of unconditional repayment. Loans from Chinese banks include short – term loan, medium – term and long – term loans, entrusted loans, and other loans.

Insurance Companies refer to commercial insurance companies of various forms registered by law and established in China with the approval of insurance regulatory agencies.

Amount Insured refers to the maximum that the insurant will get for the claim of the case insured.

Premium is the fee paid by the insurant to the insurer to obtain the obligation of compensation from the insurance within the agreed terms.

Settled Claim is the compensation paid by the insurer to the insurant in accordance with the insurance contract.

Payment includes payment for death, injury or medical treatment and payment at maturity. Payment for death, injury or medical treatment refers to the money paid to the insurant (or the beneficiary) in accordance with the life or health insurance contract when the insurant encounters accidents within the insured period covered in the contract. Payment at maturity refers to the payment to the insurant in accordance with the life insurance contract at the end of the insured period.

Institutions Unit refer to economic entity which have the right to own assets and liabilities, to be able to engage in economic activities independently and to engage in transactions with other entities.

Institutional Departments refer to the consolidated institutional units with the same nature. Capital flow accounting will be permanent institutional units divided into the following four institutional sectors: non – financial corporate sector, financial institutions, government departments, household sector. The foreign departments composed by the non – resident units which occurred economic relations with resident units shall be deemed as departments and agencies in the flow of funds accounts .

Initial Distribution of Income initial distribution refer to the distribution between the owner of production factors the production activities and government in the net result of production activities. Net result of production activities is an added value. Production factors including labor, land, capital. Ownership of labor obtain labor remuneration for labor, while land owners obtain rent because of the leased land, owner of capital obtain different forms of income because of different forms of capital: loan capital owner obtain the interest income, equity holders receive dividends or undistributed profit and government obtained production tax or the payment of subsidies because of directly or indirectly involving in the production process. The initial distribution of the various institutional sectors form their total revenue. The total income of the initial distribution of the various institutional sector is equal to the gross national income, which is the gross national product.

Current Transfers Transfer refers to transaction that an institutional unit supply goods and services or assets to another unit, while does not obtain any goods, services or assets as a returns. Current transfers include all transfers excluding capital transfers. It is formed by income tax, social insurance payments, social assistance and other current transfer.

Total Disposable Income On the basis of initial distribution, the total income is allocated again by the form of the current transfer. The result of the redistribution forms the disposable income of the various institutional sectors. The total income of the various institutional sectors is the national disposable total income.

Total Savings refers to the balance of disposable income after final consumption. The total savings of the various institutional sectors is the national total savings.

Capital Transfers Refers to the funds a department pays gratis to another department for the payment of non – financial investment. The transaction isn't obtain any correspondence as a return . There are two capital characteristics that make the capital transfer different from the current transfer: one is that the transfer shifted to invest, but not for consumption and the other is capital transfer the kind often involve ownership transfer except for stock and cash assets and the form of cash often involves the disposal of assets except for stocks. Capital transfers include investment grants and other capital transfers.

第18篇

CHAPTER 18

教育和科技

Education, Science and Technology

18−1 主要年份各级各类学校数

Number of Schools by Level and Type of School in Main Years

单位：所 (unit)

年 份 地 区	Year Region	普通高等学校 Regular Institutions of Higher Education	中等职业教育 Secondary Vocational Education	普通中学 Regular Secondary Schools	普通小学 Regular Primary Schools
1952			7	4	1065
1957		1	18	14	1441
1965		1	14	30	5847
1970		3	9	49	3097
1975		4	11	540	6531
1978		6	27	818	6577
1980		6	33	582	5207
1985		7	37	435	4256
1990		7	39	484	3839
1995		7	34	471	3437
1996		7	34	467	3451
1997		6	35	459	3473
1998		6	35	449	3465
1999		6	35	448	3448
2000		8	15	448	3429
2001		6	16	486	3159
2002		8	15	444	3120
2003		9	17	504	2998
2004		9	14	507	2995
2005		8	47	511	2898
2006		8	50	498	2841
2007		8	45	495	2727
2008		8	43	491	2556
2009		9	39	449	2047
2010		9	40	434	1792
2011		9	40	416	1533
2012		9	39	370	1425
2013		9	38	365	1250
2014		12	38	370	1114
2015		12	39	371	978
2016		12	39	374	889
2017		12	39	371	758
2018		12	38	370	731
2019		12	36	371	724
2020		12	33	369	733
2021		12	33	373	729
西宁市	Xining City	10	15	142	136
海东市	Haidong City	1	5	98	254
海北州	Haibei Zang A.P		2	11	30
黄南州	Huangnan Zang A.P		1	17	78
海南州	Hainan Zang A.P		1	25	56
果洛州	Golog Zang A.P		5	16	49
玉树州	Yushu Zang A.P		2	20	83
海西州	Haixi Mongolian & Zang A.P	1	2	44	43

注：本表数据来源于青海省教育厅，以下表同。
Note:The data in this table are from the Qinghai Provincial Education Department， The same applies to the tables following.

18-2 主要年份普通高等学校基本情况

Basic Statistics on Regular Institution of Higher Education in Main Years

单位：人 (person)

年份 地区	Year Region	毕业人数 Graduates	招生人数 New Enrollment	在校学生数 Total Enrollment	教职工人数 Teachers and Staff	专任教师 Full-time Teachers	生师比 Student-Teacher Ratio
1957			102	178	113	55	3.2
1965		297	176	566	634	326	1.7
1970		323	368	616	792	351	1.8
1975		688	861	2709	1350	625	4.3
1978		785	1314	3538	1663	819	4.3
1980		692	1208	4238	1970	999	4.2
1985		1159	2037	6414	2559	1253	5.1
1990		1930	1725	6241	2805	1470	4.2
1995		2133	2339	7332	2965	1410	5.2
1996		2033	2460	7780	2973	1398	5.6
1997		2135	2619	8202	3108	1587	5.2
1998		2241	2787	8691	3399	1678	5.2
1999		2490	3172	7347	3454	1711	5.5
2000		2130	6105	13307	4229	2107	6.3
2001		2561	7032	17918	4669	2094	8.6
2002		2763	7123	22198	5314	2580	8.6
2003		4771	9075	26124	5589	2769	9.9
2004		5802	9452	29483	5820	3079	9.6
2005		8344	12812	34374	5830	3051	11.3
2006		8773	12318	37146	6038	3296	11.3
2007		9842	12493	39066	6127	3156	12.4
2008		13986	20505	55792	6242	3368	16.6
2009		14626	18375	58229	6418	3757	15.5
2010		15000	18676	60384	6682	3731	14.4
2011		20748	19075	58661	6677	3735	13.6
2012		16422	20832	61858	6668	3717	15.4
2013		17327	20797	63918	6851	3785	16.9
2014		17740	22805	67533	6182	3920	15.8
2015		18404	23028	71387	6357	4127	16.1
2016		19937	24782	74631	6625	4340	16.0
2017		19837	25879	79215	6911	4671	16.1
2018		22550	28340	83555	7046	4746	16.1
2019		23674	29809	88578	7005	4767	17.1
2020		25528	28368	90321	7260	4883	17.9
2021		26443	32265	94888	8316	5035	17.0
西宁市	Xining City	24597	29397	87148	7821	4628	16.8
海东市	Haidong City	909	1280	3223	225	155	21.9
海西州	Haixi Mongolian & Zang A.P	937	1588	4517	270	252	17.9

注：生师比采用教育统计折算法测算，生师比=折合在校生数/教师总数.

Note:Student-Teacher Ratio is calculated by education statistics conversion method, and Student-Teacher Ratio = equivalent number of students / total number of teachers.

18-3 主要年份中等职业教育基本情况

Basic Statistics on Secondary Vocational Schools in Main Years

单位：人 (person)

年 份 地 区	Year Region	毕业人数 Graduates	招生人数 New Enrollment	在校学生数 Total Enrollment	教职工人数 Teachers and Staff	专任教师 Full-time Teachers	生师比 Student-Teacher Ratio
1952		134	499	1602	236	88	18.2
1957		465	1486	5856	862	330	17.8
1965		510	1644	3825	753	313	12.2
1970		970	1677	2210	578	261	8.5
1975		1502	2006	5703	989	436	13.1
1978		1778	3459	7966	1374	657	12.1
1980		2484	2922	9615	1917	955	10.5
1985		2872	4512	12159	2555	1283	9.5
1990		4216	3378	11286	3102	1670	6.8
1995		3280	4217	13643	3048	1691	8.1
1996		4296	4186	13479	3062	1701	7.9
1997		4121	3867	13215	3048	1719	7.7
1998		4215	4019	12925	3079	1758	7.4
1999		4252	4050	12600	3072	1777	7.1
2000		4093	4781	13406	2398	1363	9.8
2001		3477	3006	12296	2252	1307	9.4
2002		3266	2881	11382	1159	713	16.0
2003		4204	1829	8107	773	470	10.2
2004		2401	1466	5028	546	342	14.7
2005		5836	13216	24656	2227	1588	15.5
2006		7939	21173	36886	2408	1723	21.4
2007		9175	30861	54566	2569	1906	28.6
2008		13798	30968	67917	3100	2379	28.5
2009		19356	31892	76375	3140	2480	30.8
2010		19773	30713	79105	3157	2444	32.4
2011		21620	29600	80057	3222	2549	31.4
2012		23660	30143	76842	3188	2454	31.3
2013		22386	29277	77784	3234	2567	30.3
2014		20116	27303	77163	3022	2450	31.5
2015		19492	27047	76364	2931	2410	31.7
2016		19256	26852	74057	3058	2457	30.1
2017		19455	28004	75047	3041	2433	30.8
2018		20654	28694	76979	2940	2357	32.7
2019		20184	31917	81621	2920	2362	34.6
2020		20236	32924	85922	2827	2301	37.3
2021		24061	31270	89118	2778	2349	37.9
西宁市	Xining City	8952	11823	31602	1375	1199	26.4
海东市	Haidong City	6221	7963	21483	360	340	63.2
海北州	Haibei Zang A.P	1151	1858	5042	228	147	34.3
黄南州	Huangnan Zang A.P	1194	1371	3911	41	40	97.8
海南州	Hainan Zang A.P	2159	2620	8399	93	72	116.7
果洛州	Golog Zang A.P	849	1271	4235	309	206	20.6
玉树州	Yushu Zang A.P	1485	2145	7066	211	188	37.6
海西州	Haixi Mongolian & Zang A.P	2050	2219	7380	161	157	47.0

18-4 主要年份普通中学基本情况

Basic Statistics on Regular Secondary Schools in Main Years

单位：人 (person)

年份 地区	Year Region	毕业人数 Graduates	招生人数 New Enrollment	在校学生数 Total Enrollment	教职工人数 Teachers and Staff	专任教师 Full-time Teachers	生师比 Student-Teacher Ratio
1952		193	454	1221	137	60	8.9
1957		1026	4111	9382	539	400	17.4
1965		2182	4403	11978	1122	767	10.7
1970		8096	14374	38913	1700	1375	22.9
1975		26410	53092	120724	7528	5857	16.0
1978		49600	78600	209100	11512	9791	18.2
1980		58600	70597	199200	14058	10779	18.5
1985		58200	76200	230700	16599	12917	17.9
1990		67074	76269	217470	20161	16023	13.6
1995		57835	69755	193862	19190	15691	12.4
1996		55389	67599	192854	19046	15638	12.3
1997		58488	70944	194628	19440	16089	12.1
1998		58703	72987	195037	18884	16009	12.2
1999		56712	78901	207214	19090	16260	12.7
2000		57812	86540	224660	19378	16645	13.5
2001		61357	93034	244629	19835	16857	14.5
2002		56820	85181	220921	16670	14801	14.9
2003		75421	110325	294400	21257	18613	15.8
2004		83727	111830	315284	21853	19402	16.3
2005		93478	116340	327502	22370	20050	16.3
2006		100558	111044	328027	23047	20765	15.8
2007		101883	112097	327039	23357	21038	15.5
2008		106574	106538	315371	23429	21194	14.9
2009		100108	114485	322666	23587	21308	15.1
2010		100291	115028	327178	23923	21875	14.9
2011		99746	111925	330309	24482	22422	14.7
2012		104354	111579	314728	24560	22526	14.0
2013		98110	116321	317121	25438	23598	13.4
2014		94044	112779	325464	24869	23346	13.9
2015		101220	112104	329793	26293	24796	13.3
2016		107779	112186	328241	26674	25094	13.1
2017		106483	112899	329679	26891	25167	13.1
2018		106788	119063	349538	28466	26089	13.4
2019		113595	116161	351619	29416	26697	13.2
2020		116321	118831	353842	35420	27219	13.0
2021		117845	120639	353623	36712	27701	12.8
西宁市	Xining City	40988	42501	123874	13204	9819	12.6
海东市	Haidong City	30655	32824	93957	8825	7419	12.7
海北州	Haibei Zang A.P	5941	5399	16654	2122	1378	12.1
黄南州	Huangnan Zang A.P	5880	6294	18619	1665	1330	14.0
海南州	Hainan Zang A.P	10402	10740	32551	3267	2440	13.3
果洛州	Golog Zang A.P	4480	3538	11263	1647	899	12.5
玉树州	Yushu Zang A.P	11123	10612	30624	2734	2128	14.4
海西州	Haixi Mongolian & Zang A.P	8376	8731	26081	3248	2288	11.4

18−5 主要年份小学基本情况

Basic Statistics on Primary Schools in Main Years

单位：万人、人 (10 000 persons,person)

年 份 地 区	Year Region	毕业人数 Graduates	招生人数 New Enrollment	在校学生数 Total Enrollment	教职工人数 Teachers and Staff	专任教师 Full-time Teachers	生师比 Student-Teacher Ratio
1957		2.3	4.1	15.4	4661	4401	34.9
1965		1.7	14.8	31.0	11148	10812	28.6
1970		2.3	3.4	23.1	10196	10057	23.0
1975		4.8	18.3	54.1	20512	19485	27.7
1978		6.5	13.4	59.9	24933	23918	25.0
1980		6.3	11.5	57.5	27049	25162	22.8
1985		6.1	9.6	54.2	26818	24649	22.0
1990		6.5	7.7	49.0	28582	26515	18.5
1995		5.9	8.3	44.8	28810	26881	16.7
1996		5.9	8.7	46.0	29298	27350	16.8
1997		6.1	8.9	47.1	29490	27611	17.1
1998		6.3	9.1	48.7	29433	27702	17.6
1999		6.9	9.6	50.1	29130	27452	18.2
2000		7.6	9.4	50.5	29371	27706	18.2
2001		7.9	9.5	50.2	29377	27870	18.0
2002		8.1	10.3	50.7	29546	28215	18.0
2003		8.2	9.5	50.7	29692	28496	17.8
2004		8.1	9.9	51.3	28926	27832	18.4
2005		8.1	8.9	50.7	28551	27478	18.4
2006		7.6	10.2	52.2	29209	28124	18.6
2007		7.1	10.1	53.1	28393	27303	19.4
2008		6.9	9.3	53.8	28115	27318	19.7
2009		7.8	8.7	53.3	27814	26794	19.9
2010		8.2	8.1	51.9	27516	26584	19.5
2011		8.0	8.2	51.2	26542	25897	19.8
2012		8.1	8.3	49.9	27052	26103	19.1
2013		8.3	7.8	47.4	28002	26974	17.5
2014		7.8	7.6	46.1	26187	25224	18.3
2015		7.6	7.7	45.4	27406	26479	17.1
2016		7.2	8.2	45.8	27531	26408	17.3
2017		7.3	8.5	46.5	28684	27319	17.0
2018		7.5	9.1	48.6	29978	27483	17.7
2019		7.5	9.0	49.9	30727	28318	17.6
2020		7.5	8.4	50.8	26311	28798	17.6
2021		7.6	8.6	51.8	28478	29995	17.26
西宁市	Xining City	24607	29254	168392	6771	9423	17.9
海东市	Haidong City	19651	19811	128077	7212	7621	16.8
海北州	Haibei Zang A.P	3699	3909	23409	2569	1572	14.9
黄南州	Huangnan Zang A.P	4306	5493	29522	2025	1967	15.0
海南州	Hainan Zang A.P	6841	7947	46139	2577	2494	18.5
果洛州	Golog Zang A.P	3196	4441	26843	1905	1637	16.4
玉树州	Yushu Zang A.P	7481	8978	57121	3672	2911	19.6
海西州	Haixi Mongolian & Zang A.P	6088	6644	38166	1747	2370	16.1

注：小学教职工按照学校类型划分，专任教师按照教育层次划分(含九年一贯制学校和十二年一贯制学校中教授小学课程的专任教师)。
Note:primary school teaching and administrative staff are divided according to the type of school, and full-time teachers are divided according to the level of Education (including full-time teachers who teach primary school courses in Nine-year schools and twelve year schools).

18-6 主要年份幼儿教育事业基本情况

Basic Statistics on Kindergartens in Main Years

单位：人 (person)

年份 地区	Year Region	幼儿园数(所) Kindergartens (unit)	在园幼儿数 Total Enrollment	教职工人数 Teachers and Staff	幼师 Kindergarten Teachers	生师比 Student-Teacher Ratio
1957		4	882	121	40	22.1
1965		13	2007	212	65	30.9
1980		46	15561	1053	408	38.1
1985		219	29140	1417	843	34.6
1990		203	44320	1820	1275	34.8
1995		203	72030	2694	1719	41.9
1996		192	70467	2443	1690	41.7
1997		185	73735	2947	2141	34.4
1998		192	70908	2643	1883	37.7
1999		189	66795	2784	1999	33.4
2000		201	63711	2721	2115	30.1
2001		183	67387	2646	1491	45.2
2002		215	69402	3079	1704	40.7
2003		220	74075	3243	1825	40.6
2004		240	77512	3518	1955	39.6
2005		284	82558	3978	2211	37.3
2006		317	88006	4265	2386	36.9
2007		318	88985	4384	2484	35.8
2008		374	94274	4701	2676	35.2
2009		466	101425	5356	3143	32.3
2010		599	111950	6202	3544	31.6
2011		980	134022	7334	4051	33.1
2012		1143	153340	7243	4361	35.2
2013		1245	166659	8047	4668	35.7
2014		1316	174980	9340	5276	28.4
2015		1525	184214	11711	6656	25.2
2016		1667	199804	17092	10158	18.3
2017		1735	207248	18703	10663	18.3
2018		1804	214680	19851	11502	17.8
2019		1816	214919	21208	11999	16.9
2020		1824	227074	21675	12256	17.4
2021		1881	227985	23099	13111	16.9
西宁市	Xining City	548	75093	9492	4472	16.8
海东市	Haidong City	353	52363	4008	2653	18.4
海北州	Haibei Zang A.P	137	10403	1345	729	14.2
黄南州	Huangnan Zang A.P	185	15811	1399	1017	15.4
海南州	Hainan Zang A.P	320	22500	2336	1336	16.8
果洛州	Golog Zang A.P	69	11088	672	496	22.6
玉树州	Yushu Zang A.P	168	22668	1899	1242	16.0
海西州	Haixi Mongolian & Zang A.P	101	18059	1948	1166	15.5

注：生师比为独立幼儿园生师比.
Note:Student-teacher ratio in independent kindergartens.

18-7 主要年份全省每万人口中在校学生数

Students Enrollment per 10 Thousand People in Main Years

单位：人 (person)

年 份 Year	普通高等学校 Regular Institutions of Higher Education	中等职业学校 Secondary Vocational Schools	普通中学 Regular Secondary Schools	普通小学 Primary Schools
1957	0.9	30.0	46.0	749.0
1965	3.0	16.0	52.0	1343.0
1970	2.0	8.0	138.0	818.0
1975	8.0	17.0	358.0	1602.0
1978	10.0	22.0	573.0	1642.0
1980	11.0	25.0	529.0	1525.0
1985	15.9	30.3	556.4	1350.6
1990	14.0	25.4	489.9	1104.6
1995	15.4	28.6	406.0	938.2
1996	15.9	27.6	421.6	941.1
1997	16.5	26.7	392.7	951.2
1998	17.3	25.7	387.9	967.9
1999	18.3	24.7	406.5	982.1
2000	25.7	25.9	433.7	974.5
2001	34.2	23.5	467.6	959.2
2002	42.0	21.5	499.8	958.4
2003	48.9	19.7	551.5	949.6
2004	54.7	34.9	585.4	951.7
2005	63.3	45.4	602.9	933.1
2006	92.7	67.3	598.9	953.1
2007	92.4	98.9	592.9	963.1
2008	100.7	122.5	569.0	970.9
2009	104.5	137.0	578.9	956.9
2010	107.4	140.8	582.2	923.5
2011	103.2	140.9	581.4	900.6
2012	107.9	134.1	549.1	870.6
2013	110.6	134.6	548.9	820.2
2014	116.0	134.1	561.1	794.9
2015	121.4	130.0	560.9	772.1
2016	125.8	124.8	553.1	771.7
2017	132.4	125.4	551.0	777.3
2018	138.5	127.6	579.4	805.7
2019	145.7	134.3	578.5	820.1
2020	152.5	145.0	597.3	857.1
2021	159.7	150.0	595.3	871.5

18−8 2017−2021年技术市场基本情况

Basic Statistics of Technical Market(2017-2021)

单位：项、万元 (Unit,10 000 yuan)

指 标	Item	2017	2018	2019	2020	2021
合同数	**Number of Contracts**	**1016**	**1071**	**836**	**1073**	**1275**
技术开发合同	Technology Development	94	97	80	131	171
技术转让合同	Technology Transfer	82	86	22	130	44
技术咨询合同	Technology Consultation	280	384	144	204	318
技术服务合同	Technology Service	560	504	590	608	742
技术合同成交额	**Transaction Value in Technical Market**	**677186**	**793553**	**90969**	**105626**	**141042**
技术开发合同	Technology Development	37349	28613	28657	46314	39187
技术转让合同	Technology Transfer	14290	8089	2338	10107	6479
技术咨询合同	Technology Consultation	44879	122700	4013	5039	5975
技术服务合同	Technology Service	580668	634150	55961	44167	89401

注：本表数据来源于青海省科学技术开发中心。
Note:The data in this table are from the Qinghai Provincial Science and Technology Development Center.

18−9 2017−2021年国有企业、事业单位各类专业技术人员情况

Scientific and Technical Personnel in State-owned Institutions and Enterprises(2017-2021)

单位：人 (person)

指 标	Item	2017	2018	2019	2020	2021
总计	**Total**	**148469**	**129806**	**129594**	**131449**	**131448**
#市(州)	City (Prefecture)	20476	17261	17432	17827	18488
县(市、区)	County (City、District)	55349	50074	50271	50413	50001
乡(镇)	Villages (Towns)	26840	26653	26359	26024	24805
#高级职务	Senior technical position	20452	22256	23477	24543	27314
正高级职务	Senior Technical Position	1814	1950	1909	2178	2336
中级职务	Intermediate Technical Position	47112	46880	47140	47199	46302
初级职务	Elementary Technical Position	65112	58024	57099	53541	51263

注：本表数据来源于青海省人力资源和社会保障厅，下表同。
Note:The data in this table are from the Provincial Department of human resources and social security.The same applies to the tables following.

18-10 2021年国有企、事业单位分行业专业技术人员情况
Professional and Technical Personnel in State-owned Institutions and Enterprises by Sector(2021)

单位：人 (person)

行 业	Sector	合 计 Total 事业 Institutions	企业 Enterprises
总计	**Total**	**111977**	**19471**
农、林、牧、渔业	Farming, Forestry, Animal Husbandry and Fishery	7923	534
采矿业	Mining	123	467
制造业	Manufacturing		5609
电力、热力、燃气及水生产和供应业	**Electricity, Heat, Gas and Water Production and Supply**	1	1545
建筑业	Construction	390	1278
批发和零售业	Wholesale and Retail Trades		65
交通运输、仓储和邮政业	Transport, Storage and Post	1735	7103
住宿和餐饮业	Hotels and Catering Services		10
信息传输、软件和信息技术服务业	Information Transmission, Software and Information Technology Services	321	595
金融业	Financial Intermediation	90	119
房地产业	Real Estate	73	147
租赁和商务服务业	Leasing and Business Services	32	106
科学研究和技术服务业	Scientific Research, Technical Services	3924	813
水利、环境和公共设施管理业	Water Conservancy, Environment and Public Facility Management	2409	766
居民服务、修理和其他服务业	Residents Services and Other Services	728	93
教育	Education	62998	
卫生和社会工作	Health and Social Work	23601	1
文化、体育和娱乐业	Culture, Sports and Entertainment	3725	212
公共管理、社会保障和社会组织	Public Administration, Social Security and Social Organizations	3904	8
国际组织	International Organization		

18-11 2019-2020年全省科技活动情况

Basic Statistics of Scientific and Technological Activities(2019-2020)

指标	Item	2019	2020
有R&D活动单位 （个）	Number of Institutions with R&D Activities (unit)	182	151
R&D人员 （人）	R&D Personnel (person)	9661	7773
博士毕业	Doctor's Degree	730	775
硕士毕业	Master's Degree	1569	1479
R&D人员折合全时当量（人年）	Full-time Equivalent of R&D Personnel(man-year)	5476	4423
R&D经费内部支出 （亿元）	Intramural R&D Expenditure (100 million yuan)	20.57	21.32
基础研究	Basic Research	2.29	2.12
应用研究	Applied Research	4.36	3.65
试验发展	Experimental Development	13.92	15.55
专利申请数 （件）	Patent Applications (piece)	1987	2541
项目(课题)数 （项）	Number of Projects (unit)	2532	2456
项目(课题)经费内部支出(亿元)	Project Intramural Expenditure(100 million yuan)	18.88	20.72
机构数 （个）	Number of Institutions (unit)	140	142

18−12　2019−2020年规模以上工业企业科技活动情况表

Basic Statistics on Scientific and Technological Activities of Industrial Enterprises above Designated Size(2019-2020)

指标		Item		2019	2020
有R&D活动的企业数	(个)	Number of Enterprises with R&D Activities	(unit)	99	74
R&D人员	(人)	R&D Personnel	(person)	3948	2942
R&D经费内部支出	(万元)	Intramural R&D Expenditure	(10 000 yuan)	93712	103699
基础研究		Basic Research		440	327
应用研究		Applied Research		3957	1286
试验发展		Experimental Development		89316	102086
全部R&D项目	(项)	R&D Projects	(unit)	451	285
全部项目经费内部支出	(万元)	Project Internal Expenditures	(10 000 yuan)	103825	113869
企业办研发机构	(个)	R&D Institutions Run by Enterprise	(unit)	47	64
研发机构人员	(人)	R&D Institutions Personnel	(person)	2366	2319

注:R&D指科学研究与试验发展。
Note:R&D refers to Research and Development.

18－13　2020年科学研究和技术服务业事业单位机构、人员和经费概况

单位：个、人、万元

指标	Item	机构数 Number of Institutions	从业人员 Employees
总计	**Total**	**69**	**5499**
按机构所属地域分布	**By Institution Region**		
青海省	Qinghai Province	69	5499
西宁市	Xining City	56	4791
海东市	Haidong City	1	208
海北州	Haibei Zang A.P	2	56
黄南州	Huangnan Zang A.P	2	23
海南州	Hainan Zang A.P	3	114
果洛州	Golog Zang A.P	1	32
海西州	Haixi Mongolian & Zang A.P	4	275
按机构所属隶属关系分布	**by Institution Administrative**		
中央部门属	Central Department	7	1100
地方部门属	Local Department	62	4399
按机构从事的国民经济行业分布	**by Industry Institution Engaged in**		
科学研究和技术服务业	Scientific Research and Technical Services	69	5499
按机构服务的国民经济行业分布	**by Industry Institution Served**		
农、林、牧、渔业	Farming, Forestry, Animal Husbandry and Fishery	7	174
采矿业	Mining	2	418
制造业	Manufacturing	1	15
交通运输、仓储和邮政业	Transport, Storage and Post	1	70
科学研究和技术服务业	Scientific Research and Technical Services	54	4733
水利、环境和公共设施管理业	Water Conservancy, Environment and Public Facility Management	1	25
教育	Education	1	15
文化、体育和娱乐业	Culture, Sports and Entertainment	2	49

Situation of Institutions, Personnel and Funds of Scientific Research and Technical Services(2020)

(unit, person, 10 000 yuan)

#科技活动人员(不含外聘的流动学者和在读研究生) Scientific and Technological Activity Personnel (Excluding External Mobile Scholars and Postgraduate Students)	#本科及以上学历 Bachelor Degree or Above	经费收入总额 Total Fund Income	#科技活动收入 Income from Scientific and Technological Activities	经费内部支出总额 Total Internal Expenditure	#科技经费内部支出 Internal Expenditure on Scientific and Technological Activities
4859	**3678**	**261207**	**239341**	**276828**	**245887**
4859	3678	261207	239341	276828	245887
4236	3204	216562	198494	229159	206392
183	128	13074	12996	12522	9512
53	48	3461	3247	3598	3430
23	19	1143	1071	957	884
114	92	6063	5870	5408	5215
32	17	2009	2009	2577	2577
218	170	18895	15653	22608	17877
987	811	55451	50442	58035	53442
3872	2867	205756	188899	218794	192445
4859	3678	261207	239341	276828	245887
168	98	5685	5281	5820	5307
323	253	19253	16164	20363	15056
13	13	313	313	329	309
57	33	1209	1190	2656	2026
4209	3201	229883	211688	242885	218598
25	24	1485	1483	1140	1137
15	15	460	417	469	432
49	41	2919	2805	3166	3022

18－14 2020年科学研究和技术服务业事业单位经费收入

单位：万元

指标	Item	经费收入总额 Total Fund Income	科技活动收入 Income from Scientific and Technological Activities	政府资金 Government Funds
总计	**Total**	**261207**	**239341**	**181640**
按机构所属地域分布	**By Institution Region**			
青海省	Qinghai Province	261207	239341	181640
西宁市	Xining City	216562	198494	153060
海东市	Haidong City	13074	12996	7331
海北州	Haibei Zang A.P	3461	3247	3247
黄南州	Huangnan Zang A.P	1143	1071	1071
海南州	Hainan Zang A.P	6063	5870	5870
果洛州	Golog Zang A.P	2009	2009	2009
海西州	Haixi Mongolian & Zang A.P	18895	15653	9052
按机构所属隶属关系分布	**by Institution Administrative**			
中央部门属	Central Department	55451	50442	39530
地方部门属	Local Department	205756	188899	142110
按机构从事的国民经济行业分布	**by Industry Institution Engaged in**			
科学研究和技术服务业	Scientific Research and Technical Services	261207	239341	181640
按机构服务的国民经济行业分布	**by Industry Institution Served**			
农、林、牧、渔业	Farming, Forestry, Animal Husbandry and Fishery	5685	5281	5281
采矿业	Mining	19253	16164	11819
制造业	Manufacturing	313	313	313
交通运输、仓储和邮政业	Transport, Storage and Post	1209	1190	462
科学研究和技术服务业	Scientific Research and Technical Services	229883	211688	159366
水利、环境和公共设施管理业	Water Conservancy, Environment and Public Facility Management	1485	1483	1326
教育	Education	460	417	417
文化、体育和娱乐业	Culture, Sports and Entertainment	2919	2805	2656

Fund Income of Scientific Research and Technical Service Institutions(2020)

(10 000 yuan)

财政拨款 Financial Appropriation	承担政府科研项目收入 Revenue from Government Scientific Research Projects	其他 Others	非政府资金 Non Governmental Funds	#技术性收入 Technical Income	#国外资金 Foreign Funds	生产经营活动收入 Income from Production and Operation Activities	其他收入 Other Income
132542	**41663**	**7435**	**57701**	**56785**		**872**	**20995**
132542	41663	7435	57701	56785		872	20995
109843	36749	6468	45435	44519		250	17817
7331			5665	5665			79
1534	1709	5					214
883	188						72
5009	822	40					193
1086		923					
6856	2196		6601	6601		622	2620
22585	12393	4551	10912	10121		250	4760
109957	29270	2884	46789	46664		622	16235
132542	41663	7435	57701	56785		872	20995
3147	2134						404
8369	3450		4345	4267			3089
313							
296	166		728	728			19
117897	34034	7435	52322	51484		872	17323
875	451		156	156			3
417							43
1228	1428		149	149			115

18-15　2020年科学研究和技术服务业事业单位经费支出

单位：万元

指标	Item	经费内部支出总额 Total Internal Expenditure	科技经费内部支出 Internal Expenditure on Scientific and Technological Activities	日常性支出 Daily Expenditure	人员劳务费 Labor Cost
总计	**Total**	**276828**	**245887**	**210829**	**97128**
按机构所属地域分布	**By Institution Region**				
青海省	Qinghai Province	276828	245887	210829	97128
西宁市	Xining City	229159	206392	177528	84002
海东市	Haidong City	12522	9512	9512	4209
海北州	Haibei Zang A.P	3598	3430	2878	1410
黄南州	Huangnan Zang A.P	957	884	884	650
海南州	Hainan Zang A.P	5408	5215	2502	1344
果洛州	Golog Zang A.P	2577	2577	2577	967
海西州	Haixi Mongolian & Zang A.P	22608	17877	14948	4546
按机构所属隶属关系分布	**by Institution Administrative**				
中央部门属	Central Department	58035	53442	43140	23039
地方部门属	Local Department	218794	192445	167690	74089
按机构从事的国民经济行业分布	**by Industry Institution Engaged in**				
科学研究和技术服务业	Scientific Research and Technical Services	276828	245887	210829	97128
按机构服务的国民经济行业分布	**by Industry Institution Served**				
农、林、牧、渔业	Farming, Forestry, Animal Husbandry and Fishery	5820	5307	4362	2526
采矿业	Mining	20363	15056	14871	7264
制造业	Manufacturing	329	309	293	200
交通运输、仓储和邮政业	Transport, Storage and Post	2656	2026	1224	456
科学研究和技术服务业	Scientific Research and Technical Services	242885	218598	185677	84704
水利、环境和公共设施管理业	Water Conservancy, Environment and Public Facility Management	1140	1137	1137	406
教育	Education	469	432	432	329
文化、体育和娱乐业	Culture, Sports and Entertainment	3166	3022	2833	1243

Expenditure of Scientific Research and Technical Service Institutions(2020)

(10 000 yuan)

其他日常性支出 Other Daily Expenditure	资产性支出 Asset Expenditure	仪器与设备支出 Instrument and Equipment Expenditure	非基建的科学仪器与设备支出 Non-Infrastructure Scientific Instrument and Equipment Expenditure	基建的仪器与设备支出 Infrastructure Instrument and Equipment Expenditure	土建费 Civil Engineering Cost	资本化的计算机软件支出 Capitalized Computer Software Expenditure	专利和专有技术支出 Patent and Know-how Expenditure	生产经营支出 Production and Operation Expenditure	其他支出 Other Expenditure
113701	**35058**	**26698**	**23222**	**3477**	**5588**	**1644**	**1128**	**2533**	**28408**
113701	35058	26698	23222	3477	5588	1644	1128	2533	28408
93526	28863	25843	22658	3185	1097	796	1128	457	22311
5303									3010
1468	552	552	552						168
234									72
1157	2714	303	11	292	1562	848			193
1610									
10403	2929				2929			2076	2655
20100	10303	9798	9116	682	361	127	17	248	4344
93601	24755	16900	14106	2794	5227	1517	1111	2285	24064
113701	35058	26698	23222	3477	5588	1644	1128	2533	28408
1835	945	449	420	29	71		425		514
7607	185	185	185						5308
93	16	16	16						19
768	802	553	553		248				631
100973	32921	25306	21858	3448	5268	1644	703	2533	21754
731									3
103									36
1590	189	189	189						144

18−16　2021年规模(限额)以上企业创新活动总体情况

单位：个，%

指标名称	Item	企业数 Number of Enterprises (unit)	开展创新活动的 Enterprises Carrying out Innovative Activities	
			数　量 Quantity	比　重 proportion
总计	**Total**	**1620**	**570**	**35.2**
按规模分	**Grouped by Size of Enterprises**			
大型企业	Large Enterprises	54	37	68.5
中型企业	Medium-sized Enterprises	335	154	46.0
小型企业	Small Enterprises	887	310	34.9
微型企业	Micro Enterprises	344	69	20.1
按登记注册类型分	**By Type of Investment**			
内资企业	Domestic Funded	1585	557	35.1
国有企业	State-owned Enterprises	84	31	36.9
集体企业	Collective-owned Enterprises	3	1	33.3
股份合作企业	Cooperative Enterprises	6	2	33.3
有限责任公司	Limited Liability Corporations	559	217	38.8
股份有限公司	Share-holding Corporations Ltd.	64	35	54.7
私营企业	Private Enterprises	869	271	31.2
港澳台商投资企业	Hong Kong, Macao and Taiwan Investment Enterprises	17	3	17.6
合资经营企业(港或澳台资)	Joint-venture Enterprises	3		
合作经营企业(港或澳台资)	Cooperative Business Enterprise			
港澳台商独资经营企业	Enterprises with Sole Investment	11	3	27.3
港澳台商投资股份有限公司	Share-holding Corporations Ltd.	3		
其他港澳台投资企业	Other Enterprises			
外商投资企业	Foreign Funded Enterprises	18	10	55.6
中外合资经营企业	Joint-venture Enterprises	4	1	25.0
中外合作经营企业	Cooperation Enterprises	1	1	100.0
外资企业	Enterprises with Sole Funds	6	3	50.0
外商投资股份有限公司	Other enterprises with foreign investment	5	4	80.0
其他外商投资企业	Other Enterprises	2	1	50.0
按行业分	**By Sector**			
采矿业	Mining	45	15	33.3
制造业	Manufacturing	422	213	50.5
电力、热力、燃气及水生产和供应业	Production and Supply of Electricity, Gas and Water	165	31	18.8
建筑业	Construction	226	63	27.9
批发和零售业	Wholesale and Retail Trades	484	155	32.0
交通运输、仓储和邮政业	Transport, Storage and Post	84	22	26.2
信息传输、软件和信息技术服务业	Information Transmission, Software and Information Technology	35	16	45.7
租赁和商务服务业	Leasing and Business Services	71	18	25.4
科学研究和技术服务业	Scientific Research and Technical Services	78	34	43.6
水利、环境和公共设施管理业	Management of Water Conservancy,Environment and Public Facilities	10	3	30.0
按地区分	**By Regions**			
西宁市	Xining City	956	347	36.3
海东市	Haidong City	163	61	37.4
海北州	Haibei Zang A.P	46	7	15.2
黄南州	Huangnan Zang A.P	34	13	38.2
海南州	Hainan Zang A.P	76	19	25.0
果洛州	Golog Zang A.P	12	6	50.0
玉树州	Yushu Zang A.P	7	2	28.6
海西州	Haixi Mongolian & Zang A.P	326	115	35.3

Overall Situation of Enterprises above the Scale (Limit) Innovation Activities(2021)

(unit,%)

成功实现创新的 Successful Innovative Enterprises		同时实现四种创新的 Successful Four kinds of Innovation Enterprises		开展产品或工艺创新的 Carrying out Innovation of Product or Process		有组织(管理)创新或营销创新的 Organization (Management) or Marketing Innovation	
数量 Quantity	比重 proportion	数量 Quantity	比重 proportion	数量 Quantity	比重 proportion	数量 Quantity	比重 proportion
535	**33.0**	**42**	**2.6**	**334**	**20.6**	**467**	**28.8**
33	61.1	6	11.1	30	55.6	30	55.6
144	43.0	9	2.7	88	26.3	127	37.9
290	32.7	22	2.5	188	21.2	248	28.0
68	19.8	5	1.5	28	8.1	62	18.0
523	33.0	38	2.4	324	20.4	455	28.7
29	34.5	1	1.2	20	23.8	25	29.8
1	33.3					1	33.3
1	16.7			2	33.3	1	16.7
202	36.1	14	2.5	143	25.6	171	30.6
28	43.8	7	10.9	28	43.8	22	34.4
262	30.2	16	1.8	131	15.1	235	27.0
3	17.6	1	5.9	3	17.6	3	17.6
3	27.3	1	9.1	3	27.3	3	27.3
9	50.0	3	16.7	7	38.9	9	50.0
1	25.0			1	25.0	1	25.0
				1	100.0		
3	50.0	2	33.3	3	50.0	3	50.0
4	80.0	1	20.0	1	20.0	4	80.0
1	50.0			1	50.0	1	50.0
14	31.1			12	26.7	10	22.2
195	46.2	23	5.5	173	41.0	158	37.4
30	18.2			11	6.7	25	15.2
62	27.4	2	0.9	30	13.3	54	23.9
154	31.8	9	1.9	54	11.2	146	30.2
20	23.8			8	9.5	18	21.4
14	40.0	5	14.3	12	34.3	14	40.0
18	25.4	1	1.4	6	8.5	17	23.9
25	32.1	2	2.6	27	34.6	22	28.2
3	30.0			1	10.0	3	30.0
322	33.7	26	2.7	207	21.7	278	29.1
60	36.8	10	6.1	36	22.1	54	33.1
7	15.2	1	2.2	7	15.2	5	10.9
13	38.2	1	2.9	7	20.6	13	38.2
19	25.0	2	2.6	5	6.6	18	23.7
6	50.0			4	33.3	6	50.0
2	28.6			2	28.6	2	28.6
106	32.5	2	0.6	66	20.2	91	27.9

18−17 2021年规模以上工业企业创新活动总体情况

单位：个，%

指标名称	Item	企业数 Number of Enterprises	开展创新活动的 Enterprises Carrying out Innovative Activities	
			数 量 Quantity	比 重 proportion
总计	**Total**	**632**	**259**	**41.0**
按规模分	**Grouped by Size of Enterprises**			
大型企业	Large Enterprises	27	22	81.5
中型企业	Medium-sized Enterprises	54	35	64.8
小型企业	Small Enterprises	401	175	43.6
微型企业	Micro Enterprises	150	27	18.0
按登记注册类型分	**By Type of Investment**			
内资企业	Domestic Funded	615	256	41.6
国有企业	State-owned Enterprises	19	6	31.6
股份合作企业	Cooperative Enterprises	3	1	33.3
有限责任公司	Limited Liability Corporations	301	126	41.9
国有独资公司	State Sole Funded Corporations	39	14	35.9
股份有限公司	Share-holding Corporations Limited	30	21	70.0
私营企业	Private Enterprises	262	102	38.9
港澳台商投资企业	Hong Kong, Macao and Taiwan Investment Enterprises	9	1	11.1
合资经营企业(港或澳台资)	Joint-venture Enterprises	3		
合作经营企业(港或澳台资)	Cooperation Enterprises			
港澳台商独资经营企业	Enterprises with Sole Investment	6	1	16.7
港澳台商投资股份有限公司	Share-holding Corporations Ltd.			
外商投资企业	Foreign Funded Enterprises	8	2	25.0
中外合资经营企业	Joint-venture Enterprises	4	1	25.0
中外合作经营企业	Cooperation Enterprises	1	1	100.0
外资企业	Enterprises with Sole Funds	2		
其他外商投资企业	Other enterprises with foreign investment	1		
按行业分	**By Sector**			
采矿业	Mining	45	15	33.3
制造业	Manufacturing	422	213	50.5
电力、热力、燃气及水生产和供应业	Production and Supply of Electricity, Gas and Water	165	31	18.8
按地区分	**By Regions**			
西宁市	Xining City	248	129	52.0
海东市	Haidong City	94	35	37.2
海北州	Haibei Zang A.P	32	7	21.9
黄南州	Huangnan Zang A.P	16	1	6.3
海南州	Hainan Zang A.P	47	8	17.0
果洛州	Golog Zang A.P	4	2	50.0
海西州	Haixi Mongolian & Zang A.P	191	77	40.3

Overall Situation of Industrial Enterprises above Designated Size Innovation Activities(2021)

(unit,%)

成功实现创新的 Successful Innovative Enterprises		同时实现四种创新的 Successful Four kinds of Innovation Enterprises		开展产品或工艺创新的 Carrying out Innovation of Product or Process		有组织(管理)创新或营销创新的 Organization (Management) or Marketing Innovation	
数量 Quantity	比重 proportion	数量 Quantity	比重 proportion	数量 Quantity	比重 proportion	数量 Quantity	比重 proportion
239	**37.8**	**23**	**3.6**	**196**	**31.0**	**193**	**30.5**
20	74.1	2	7.4	20	74.1	17	63.0
32	59.3	3	5.6	31	57.4	26	48.1
161	40.2	17	4.2	135	33.7	127	31.7
26	17.3	1	0.7	10	6.7	23	15.3
237	38.5	23	3.7	193	31.4	191	31.1
6	31.6			5	26.3	5	26.3
				1	33.3		
119	39.5	6	2.0	92	30.6	95	31.6
14	35.9	1	2.6	8	20.5	12	30.8
17	56.7	7	23.3	21	70.0	11	36.7
95	36.3	10	3.8	74	28.2	80	30.5
1	11.1			1	11.1	1	11.1
1	16.7			1	16.7	1	16.7
1	12.5			2	25.0	1	12.5
1	25.0			1	25.0	1	25.0
				1	100.0		
14	31.1			12	26.7	10	22.2
195	46.2	23	5.5	173	41.0	158	37.4
30	18.2			11	6.7	25	15.2
117	47.2	13	5.2	108	43.5	88	35.5
35	37.2	7	7.4	22	23.4	32	34.0
7	21.9	1	3.1	7	21.9	5	15.6
1	6.3					1	6.3
8	17.0	1	2.1	3	6.4	8	17.0
2	50.0			2	50.0	2	50.0
69	36.1	1	0.5	54	28.3	57	29.8

18－18　2021年资质等级以上建筑业企业创新活动总体情况

单位：个，%

指　标	Item	企业数 Number of Enterprises	开展创新活动的 Enterprises Carrying out Innovative Activities	
			数　量 Quantity	比　重 proportion
总计	**Total**	**226**	**63**	**27.9**
按规模分	**Grouped by Size of Enterprises**			
大型企业	Large Enterprises	7	5	71.4
中型企业	Medium-sized Enterprises	78	32	41.0
小型企业	Small Enterprises	91	18	19.8
微型企业	Micro Enterprises	50	8	16.0
按登记注册类型分	**By Type of Investment**			
内资企业	Domestic Funded	226	63	27.9
国有企业	State-owned Enterprises	13	6	46.2
股份合作企业	Cooperative Enterprises	2	1	50.0
有限责任公司	Limited Liability Corporations	49	16	32.7
国有独资公司	State Sole Funded Corporations	6	4	66.7
股份有限公司	Share-holding Corporations Limited	7	3	42.9
私营企业	Private Enterprises	155	37	23.9
按行业分	**By Sector**			
房屋建筑业	Housing Construction	100	23	23.0
土木工程建筑业	Civil Engineering	75	25	33.3
建筑安装业	Construction Installation	26	11	42.3
建筑装饰和其他建筑业	Construction Decoration and other Construction	25	4	16.0
按地区分	**By Regions**			
西宁市	Xining City	173	47	27.2
海东市	Haidong City	20	7	35.0
黄南州	Huangnan Zang A.P	3	1	33.3
海南州	Hainan Zang A.P	14	4	28.6
果洛州	Golog Zang A.P	1	1	100.0
玉树州	Yushu Zang A.P	1		
海西州	Haixi Mongolian & Zang A.P	14	3	21.4

Overall Situation of Construction Enterprises above the level of Qualification Innovation Activities(2021)

(unit,%)

成功实现创新的 Successful Innovative Enterprises		同时实现四种创新的 Successful Four kinds of Innovation Enterprises		开展产品或工艺创新的 Carrying out Innovation of Product or Process		有组织(管理)创新或营销创新的 Organization (Management) or Marketing Innovation	
数量 Quantity	比重 proportion	数量 Quantity	比重 proportion	数量 Quantity	比重 proportion	数量 Quantity	比重 proportion
62	**27.4**	**2**	**0.9**	**30**	**13.3**	**54**	**23.9**
4	57.1	2	28.6	4	57.1	4	57.1
32	41.0			18	23.1	29	37.2
18	19.8			3	3.3	16	17.6
8	16.0			5	10.0	5	10.0
62	27.4	2	0.9	30	13.3	54	23.9
6	46.2			5	38.5	5	38.5
1	50.0			1	50.0	1	50.0
16	32.7	2	4.1	9	18.4	14	28.6
4	66.7	2	33.3	2	33.3	4	66.7
2	28.6			2	28.6	2	28.6
37	23.9			13	8.4	32	20.6
23	23.0			7	7.0	21	21.0
24	32.0	2	2.7	19	25.3	18	24.0
11	42.3			4	15.4	11	42.3
4	16.0					4	16.0
46	26.6	2	1.2	24	13.9	42	24.3
7	35.0			3	15.0	5	25.0
1	33.3					1	33.3
4	28.6			1	7.1	3	21.4
1	100.0			1	100.0	1	100.0
3	21.4			1	7.1	2	14.3

18−19 2021年规模(限额)以上服务业企业创新活动总体情况

单位：个，%

指标名称	Item	企业数 Number of Enterprises	开展创新活动的 Enterprises Carrying out Innovative Activities	
			数 量 Quantity	比 重 proportion
总计	**Total**	**762**	**248**	**32.5**
按规模分	**Grouped by Size of Enterprises**			
大型企业	Large Enterprises	20	10	50.0
中型企业	Medium-sized Enterprises	203	87	42.9
小型企业	Small Enterprises	395	117	29.6
微型企业	Micro Enterprises	144	34	23.6
按登记注册类型分	**By Type of Investment**			
内资企业	Domestic Funded	744	238	32.0
国有企业	State-owned Enterprises	52	19	36.5
集体企业	Collective-owned Enterprises	3	1	33.3
股份合作企业	Cooperative Enterprises	1		
联营企业	Associated Enterprise			
有限责任公司	Limited Liability Corporations	209	75	35.9
国有独资公司	State Sole Funded Corporations	26	12	46.2
股份有限公司	Share-holding Corporations Limited	27	11	40.7
私营企业	Private Enterprises	452	132	29.2
港澳台商投资企业	Enterprises with Funds from Hong Kong,	8	2	25.0
港澳台商独资经营企业	Enterprises with Sole Investment	5	2	40.0
港、澳、台商投资股份有限公司	Share-holding Corporations Ltd.	3		
其他港澳台投资企业	Other Hong Kong, Macao and Taiwan Investment Enterprises			
外商投资企业	Foreign Funded Enterprises	10	8	80.0
外资企业	Foreign enterprise	4	3	75.0
外商投资股份有限公司	Foreign investment Co., LTD	5	4	80.0
其他外商投资企业	Other enterprises with foreign investment	1	1	100.0
按行业分	**By Sector**			
批发和零售业	Wholesale and Retail Trades	484	155	32.0
交通运输、仓储和邮政业	Transport, Storage and Post	84	22	26.2
信息传输、软件和信息技术服务业	Information Transmission, Software and Information Technology	35	16	45.7
租赁和商务服务业	Leasing and Business Services	71	18	25.4
科学研究和技术服务业	Scientific Research and Technical Services	78	34	43.6
水利、环境和公共设施管理业	Management of Water Conservancy,Environment and Public Facilities	10	3	30.0
按地区分	**By Regions**			
西宁市	Xining City	535	171	32.0
海东市	Haidong City	49	19	38.8
海北州	Haibei Zang A.P	14		
黄南州	Huangnan Zang A.P	15	11	73.3
海南州	Hainan Zang A.P	15	7	46.7
果洛州	Golog Zang A.P	7	3	42.9
玉树州	Yushu Zang A.P	6	2	33.3
海西州	Haixi Mongolian & Zang A.P	121	35	28.9

Overall Situation of Service Enterprises above Scale (Limit) Innovation Activities(2021)

(unit,%)

成功实现创新的 Successful Innovative Enterprises		同时实现四种创新的 Successful Four kinds of Innovation Enterprises		开展产品或工艺创新的 Carrying out Innovation of Product or Process		有组织(管理)创新或营销创新的 Organization (Management) or Marketing Innovation	
数 量 Quantity	比 重 proportion	数 量 Quantity	比 重 proportion	数 量 Quantity	比 重 proportion	数 量 Quantity	比 重 proportion
234	**30.7**	**17**	**2.2**	**108**	**14.2**	**220**	**28.9**
9	45.0	2	10.0	6	30.0	9	45.0
80	39.4	6	3.0	39	19.2	72	35.5
111	28.1	5	1.3	50	12.7	105	26.6
34	23.6	4	2.8	13	9.0	34	23.6
224	30.1	13	1.7	101	13.6	210	28.2
17	32.7	1	1.9	10	19.2	15	28.8
1	33.3					1	33.3
67	32.1	6	2.9	42	20.1	62	29.7
9	34.6			8	30.8	6	23.1
9	33.3			5	18.5	9	33.3
130	28.8	6	1.3	44	9.7	123	27.2
2	25.0	1	12.5	2	25.0	2	25.0
2	40.0	1	20.0	2	40.0	2	40.0
8	80.0	3	30.0	5	50.0	8	80.0
3	75.0	2	50.0	3	75.0	3	75.0
4	80.0	1	20.0	1	20.0	4	80.0
1	100.0			1	100.0	1	100.0
154	31.8	9	1.9	54	11.2	146	30.2
20	23.8			8	9.5	18	21.4
14	40.0	5	14.3	12	34.3	14	40.0
18	25.4	1	1.4	6	8.5	17	23.9
25	32.1	2	2.6	27	34.6	22	28.2
3	30.0			1	10.0	3	30.0
159	29.7	11	2.1	75	14.0	148	27.7
18	36.7	3	6.1	11	22.4	17	34.7
11	73.3	1	6.7	7	46.7	11	73.3
7	46.7	1	6.7	1	6.7	7	46.7
3	42.9			1	14.3	3	42.9
2	33.3			2	33.3	2	33.3
34	28.1	1	0.8	11	9.1	32	26.4

18-20 主要年份专利申请受理量及授权量

Number of Patent Applications Accepted and Granted in Main Years

单位：件 (piece)

年 份 Year	申请量 Application Accepted	发 明 Inventions	实用新型 Utility Models	外观设计 Designs	授权量 Application Granted	发 明 Inventions	实用新型 Utility Models	外观设计 Designs
1990	111	26	82	3	59	4	55	
1995	100	24	66	10	65	2	61	2
2000	174	36	90	48	117	16	67	34
2001	162	44	75	43	101	15	58	28
2002	151	40	56	55	85	14	48	23
2003	173	70	60	43	91	17	36	38
2004	124	49	44	31	70	21	30	19
2005	216	103	83	30	79	24	34	21
2006	325	79	98	148	97	30	45	22
2007	387	91	115	181	222	28	84	110
2008	431	148	120	163	228	23	100	105
2009	499	175	147	177	368	35	89	244
2010	602	193	129	280	264	41	134	89
2011	732	204	233	295	538	70	147	321
2012	844	298	283	263	527	101	218	208
2013	1099	520	364	215	502	91	285	126
2014	1534	660	590	284	619	110	357	152
2015	2590	1103	1183	304	1217	207	687	323
2016	3284	1381	1569	334	1357	271	883	203
2017	3181	949	1946	286	1580	240	1079	261
2018	4437	1285	2885	267	2664	295	2142	227
2019	5010	1228	3394	388	3043	291	2451	301
2020	7227	1742	5136	349	4693	333	4050	310
2021					6591	454	5774	363

①本表数据来源于青海省知识产权局。
②自2021年国家知识产权局不再反馈专利申请数据。
❶The data source of this table is the Intellectual Property Office of Qinghai province.
❷The State Intellectual Property Office stopped reporting data on patent applications in 2021.

18-21　2021年全省重大科技成果登记基本情况

Basic Conditions of Important Achievements in Scientific Research(2021)

单位：项、万元　　(item, 10 000 yuan)

指　标	Item	合计 Total	独立科研机构 Independent Research Institutes	大专院校 University and Colleges	企业 Enterprises	医疗机构 Medical Treatment Institutes	其他 Others
总计	**Total**	**898**	**186**	**144**	**224**	**186**	**158**
按应用技术成果水平分类	**By Application Technology Achievements Level**						
国际领先	International Leading	13	1	3	6		3
国际先进	International Advanced	60	16	26	9	7	2
国内领先	Domestic Leading	267	55	44	60	35	73
国内先进	Domestic Advanced	301	44	26	62	86	83
国内一般	Domestic Common	67		5	11	26	25
按应用技术成果行业分类	**By Application Technology Achievements Sector**						
农林牧渔业	Agriculture, Forestry, Animal Husbandry and Fishery	256	93	31	60		72
采矿业	Mining	28	3	1	17		7
制造业	Manufacturing	52	5		47		
电力燃气及水生产供应业	Production and Supply of Electricity, Gas and Water	22	2		20		
建筑业	Construction	29		5	22		2
交通运输、仓储和邮政业	Transport,Storage and Post	22	8	2	7		5
信息传输、软件和信息技术服务业	Information Transmission, Software and Information Technology Services	18		2	11		5
科学研究和技术服务业	Scientific Research and Technical Services	31	12	5	4		10
水利、环境和公共设施管理业	Water Conservancy, Environment and Public Facilities Management	33	4	1	12		16
卫生和社会工作	Health, Social Security and Social Work	144	2	2	3	136	1

注：本表数据来源于青海省科技成果转化中心。

Note:The data in this table is from Qinghai Science and Technology Achievement Transformation Center.

18-21 续表 Continued

单位：项、万元 (item, 10 000 yuan)

指 标	Item	合计 Total	独立科研机构 Independent Research Institutes	大专院校 University and Colleges	企业 Enterprises	医疗机构 Medical Treatment Institutes	其他 Others
按应用技术成果情况分类	**By Application Condition of Application Technology Achievements**						
产业化应用项目数	Number of Application Projects of Industrialization	332	73	22	157	31	49
小批量或小范围应用项目数	Application Number of Items in Small Quantities or Small-scale	228	39	18	31	86	54
试用项目数	Number of Trial Projects	55	13	4	12	15	11
未应用项目数	Number of Not Applied Projects	20	4	5	3	4	4
资金问题	Capital Reason						
技术问题	Technique Reason	1					1
市场问题	Market Reason	1			1		
管理问题	Manage Reason						
政策因素	Policy Reason						
按经济效益情况分类	**By to the Economic Benefit Situation Classification**						
经济效益项目数	Cost-effective Projects	29			26		3
自我转化效益	Self transformation benefits						
收入	Income	368546			368215		331
净利润	Net Profits	55244			55148		96
实交税金	Actual Tax Payments	38351			38351		
出口创汇	Earning Foreign Exchange Through Exports						
节约资金	Saving Capital	2029			2029		
合作转化收入	Co-operative conversion of income	4357	2	1556	2768	31	
技术转让与许可收入	Technology transfer and licensing revenue	79000					79000

主要统计指标解释

普通高等学校 指按国家规定的设置标准和审批程序批准举办的,通过全国普通高等学校统一招生考试,招收高中毕业生为主要培养对象,实施高等学历教育的全日制大学、独立设置的学院和高等专科学校、高等职业学校及其他机构(独立学院和分校、大专班)。

大学、独立设置的学院主要实施本科层次以上教育。高等专科学校、高等职业学校实施专科层次教育。其他机构是承担国家普通招生计划任务不计校数的机构,包括独立学院、普通高等学校分校、大专班和批准筹建的普通高等学校等。

成人高等学校 指按照国家规定的设置标准和审批程序批准举办的,通过全国成人高等教育统一招生考试,招收具有高中毕业或同等学历的人员为主要培养对象,利用函授、业余、脱产等多种形式对其实施高等学历教育的学校。包括职工高等学校、农民高等学校、管理干部学院、教育学院、独立函授学院、广播电视大学、其他机构等。其他机构是承担国家成人招生计划任务不计校数的机构。

生师比采用教育统计折算法测算

1、折合在校生数 = 普通本、专科(高职)生数 + 硕士生数 * 1.5 + 博士生数 * 2 + 留学生数 * 3 + 进修生数 + 成人脱产班学生数 + 夜大(业余)学生数 * 0.3 + 函授生数 * 0.1 + 自学助考生 + 中职在校生数。

2、教师总数 = 专任教师数 + 聘请校外教师数 * 0.5。

3、生师比 = 折合在校生数/教师总数。

科技活动 是指在自然科学、农业科学、医药科学、工程与技术科学、人文与社会科学领域(简称科学技术领域)中与科技知识的产生、发展、传播和应用密切相关的有组织的活动。为核算科技投入的需要,科技活动可分为科学研究与试验发展(R&D)、科学研究与试验发展成果应用及相关的科技服务三类活动。

R&D(科学研究与试验发展,简称"研发") 是指在科学技术领域,为增加知识总量以及运用这些知识去创造新的应用进行系统的创造性的活动,包括基础研究、应用研究、试验发展三类活动。

基础研究 是指为了获得关于现象和可观察事实的基本原理的新知识(揭示客观事物的本质、运动规律,获得新发现、新学说)而进行的实验性或理论性研究,它不以任何专门或特定的应用或使用为目的。其成果以科学论文和科学著作为主要形式。

应用研究 是指为获得新知识而进行的创造性研究,主要针对某一特定的目的或目标。应用研究是为了确定基础研究成果可能的用途,或是为达到预定的目标探索应采取的新方法(原理性)或新途径。其成果形式以科学论文、专著、原理性模型或发明专利为主。

试验发展 是指利用从基础研究、应用研究和实际经验所获得的现有知识,为产生新的产品、材料和装置,建立新的工艺、系统和服务,以及对已产生和建立的上述各项作实质性的改进而进行的系统性工作。其成果形式主要是专利、专有技术、具有新产品基本特征的产品原型或具有新装置基本特征的原始样机等。在社会科学领域,试验发展是指把通过基础研究、应用研究获得的知识转变成可以实施的计划(包括为进行检验和评估实施示范项目)的过程。人文科学领域没有对应的试验发展活动。

R&D 人员 指单位内部从事基础研究、应用研究和试验发展三类活动的人员。包括直接参加上述三类项目活动的人员以及这三类项目的管理人员和直接服务人员。为研发活动提供直接服务的人员包括直接为研发活动提供资料文献、材料供应、设备维护等服务的人员。

R&D 经费内部支出 指调查单位在报告年度用于内部开展 R&D 活动(基础研究、应用研究和试验发展)的实际支出。包括用于 R&D 项目(课题)活动的直接支出,以及间接用于 R&D 活动的管理费、服务费、与 R&D 有关的基本建设支出以及外协加工费等。不包括生产性活动支出、归还贷款支出以及与外单位合作或委托外单位进行 R&D 活动而转拨给对方的经费支出。

专业技术人员 指从事专业技术工作和专业技术管理工作的人员,即企事业单位中已经聘任专业技术职务从事专业技术工作和专业技术管理工作的人员,以及未聘任专业技术职务,现在专业技术岗位上工作的人员。包括工程技术人员、农业技术人员、科学研究人员、卫生技术人员、教学人员、经济人员、会计人员、统计人员、翻译人员、图书资料、档案、文博人员、新闻出版人员、律师、公证人员、广播电视播音人员、工艺美术人员、体育人员、艺术人员及企业政治思想工作人员,共十七个专业技术职务类别。用来反映科技人力资源情况。

专利 是专利权的简称,是对发明人的发明创造经审查合格后,由专利局依据专利法授予发明人和设计人对该项发明创造享有的专有权。包括发明、实用新型和外观设计。反映拥有自主知识产权的科技和设计成果情况。

发明(专利) 指对产品、方法或者其改进所提出的新的技术方案。是国际通行的反映拥有自主知识产权技术的核心指标。

实用新型(专利) 指对产品的形状、构造或者其结合所提出的适于实用的新的技术方案。反映具有一定技术含量的技术成果情况。

外观设计(专利) 指对产品的形状、图案、色彩或者其结合所作出的富有美感并适于工业上应用的新设计。反映拥有自主知识产权的外观设计成果情况。

创新 指本企业推出了新的或有重大改进的产品或工艺,或采用了新的组织管理方式或营销方法。此处的"新"是指它们对本企业而言必须是新的,但对于其他企业或整个市场而言不要求一定是新的。

产品创新(工业) 指企业推出了全新的或有重大改进的产品。产品创新的"新"要体现在产品的功能或特性上,包括技术规范、材料、组件、用户友好性等方面的重大改进。

工艺创新(工业) 指企业采用了全新的或有重大改进的生产方法、工艺设备或辅助性活动。工艺创新的"新"要体现在技术、设备或流程上;它对本企业而言必须是新的,但对于其他企业或整个市场而言不一定是新的。

产品创新(建筑业) 指企业向市场推出或向客户交付了全新的或有重大改进的产品。产品创新的"新"要体现在产品的功能或特性上,包括技术规范、材料、组件、用户友好性等方面的重大改进。

工艺创新(建筑业) 指企业采用了全新的或有重大改进的施工工艺、生产工艺或辅助性活动。工艺创新的"新"要体现在技术、设备或流程上;它对本企业而言必须是新的,但对于其他企业或整个市场而言不一定是新的。

产品(服务)创新(服务业) 指企业向市场推出了全新的或有重大改进的服务或产品。产品(服务)创新的"新"要体现在服务或产品的功能或特性上,包括在技术规范、材料、组件、用户友好性等方面的重大改进。

工艺(流程)创新(服务业) 指企业在推出服务或其他产品的过程以及辅助性活动中采用了全新的或有重大改进的技术、设备或软件等。工艺(流程)创新的主要目的是提高服务质量或降低单位成本;它对本企业而言必须是新的,但对于其他企业或整个市场而言不一定是新的。

组织(管理)创新 指企业采取了此前从未使用过的全新的组织管理方式,主要涉及企业的经营模式、组织结构或外部关系等方面。

营销创新 指企业采用了此前从未使用过的全新的营销概念或营销策略,主要涉及产品设计或包装、产品推广、产品销售渠道、产品定价等方面。

Explanatory Notes on Main Statistical Indicators

Regular Institutions of Higher Education refer to educational establishments set up according to the government evaluation and approval procedures, recruiting graduates from senior secondary schools as the main target by National Matriculation TEST. They include full – time universities, colleges, institutions of higher professional education, institutions of higher vocational education, institutions of higher vocational education and others (non – university tertiary, branch schools and undergraduate classes).

Universities and colleges primarily provide undergraduate courses; institutions of higher professional education and institutions of higher vocational education primarily provide professional trainings; and others refer to educational establishments, which are responsible for enrolling higher education students under the State Plan but not enumerated in the total number of schools, including: branch schools of universities and colleges, and universities and colleges that have been approved and under plan for construction. Non – university tertiary refers to the regular undergraduate branch college which is running in new mechanism and mode, excluding the branch schools and other similar branches of educational institutions.

Institutions of Higher Education for Adults refer to educational establishments, set up in line with relevant rules approved by the government, enrolling staff and workers with senior secondary school or equivalent education, and providing higher education courses in many forms of correspondence, spare time, or full time for adults. Professionals thus trained receive a qualification equivalent to graduates studying regular courses at regular universities, colleges and professional colleges. Institutions of higher learning for adults include schools of higher education for staff and workers, schools of higher education for peasants, colleges for management cadres, pedagogical colleges, independent correspondence colleges, Radio and TV universities and other educational establishments. Other educational establishments have undertakings to enrol adult students but not enumerated in the schools under the State Plan.

Net Enrolment Ratio of Primary Schools refers to the proportion of school age children enrolled at schools to the total number of school age children both in and outside schools (including retarded children, but excluding blind, deaf and mute children). The formula is:

The teacher – student ratio is calculated by education statistical conversion method.

Number of Reduced total enrollment = number of ordinary undergraduate, college (Higher Vocational) students + number of Masters * 1.5, number of doctors * 2 + number of foreign students * 3 + number of preppies + number of advanced students + number of adult students + number of evening university and mater students * 0.3 + number of correspondence students * 0.1 + number of self – study students + number of secondary vocational school students.

Total number of teachers = number of Full – time teachers + half of outside school teachers hired.

Student – teacher ratio is number of reduced total enrollment divide by total number of teachers.

Scientific and Technological Activities (S&T Activities) refer to organized activities which are closely related with the creation, development, dissemination and application of the scientific and technical knowledge in the fields of natural sciences, agricultural science, medical science, engineering and technological science, humanities and social sciences (referred to as scientific and technological fields). S&T activities can be classified into 3 categories: research and development (R&D) activities, application of R&D results, and related S&T services. This statistical definition is made by UNICHIEF for scientific and technological activities to meet the need of carrying out statistical work in this field for its member countries particularly the developing countries.

Research and Development (**R&D**) refers to systematic and creative activities in the field of science and technology aiming at increasing the knowledge and using the knowledge for new application. R&D includes 3 categories of activities: basic research, applied research and experimentation for development. The scale and intensity of R&D are widely used internationally to reflect the strength of S&T and the core competitiveness of a country in the world.

Basic Research refers to empirical or theoretical research aiming at obtaining new knowledge on the fundamental principles regarding phenomena or observable facts to reveal the intrinsic nature and underlying laws and to acquire new discoveries or new theories. Basic research takes no specific or designated application as the aim of the research. Results of basic research are mainly released or disseminated in the form of scientific papers or monographs. This indicator reflects the innovation capacity for original knowledge.

Applied Research refers to creative research aiming at obtaining new knowledge on a specific objective or target. Purpose of the applied research is to identify the possible uses of results from basic research, or to explore new (fundamental) methods or new approaches. Results of applied research are expressed in the form of scientific papers, monographs, fundamental models or invention patents. This indicator reflects the exploration of ways to apply the results of basic research.

Experiments and Development refer to systematic activities aiming at using the knowledge from basic and applied researches or from practical experience to develop new products, materials and equipment, to establish new production process, systems and services, or to make substantial improvement on the existing products, process or services. Results of experiment and development activities are embodied in patents, exclusive technology, and monotype of new products or equipment. In social sciences, experiment and development activities refer to the process of converting the knowledge from basic or applied researches into feasible programs (including conduct of demonstration projects for assessment and evaluation). There are no experiment and development activities in the science of humanities. This indicator reflects the capability of transferring the results of S&T into technique and products, and measures the realization of S&T in spearheading the economic and social development.

R&D Personnel refer to persons engaged in research, management and supporting activities of R & D, including persons in the project teams, persons engaged in the management of S&T activities of enterprises and supporting staff providing direct service to the research projects. This indicator reflects the size of personnel engaged in R&D activities with independent intellectual property.

Funding for S&T Activities refers to funds obtained from various sources for S&T activities, including government funds, self-raised funds by enterprises, self-raised funds by institutions, loans from financial institutions, foreign funds and other funds. This indicator reflects the efforts made by various social economic entities in promoting the development of S&T.

Professional and Technical Personnel refer to persons engaged in professional and technical work or in the management of professional and technical activities, i. e., people with professional or technical positions who are engaged in professional and technical work or in the management of professional and technical activities, and people without professional or technical positions but are working on professional or technical posts. They include professionals and technicians working in 17 categories of technical occupations including engineering, agriculture, scientific researches, medical service, teaching, economic research and application, accounting, statistics, translation, libraries, archives, cultural and museum service, journalism and publication, lawyers, notarization service, radio and television broadcasting, handicraft and fine arts, sports, performing art, and political workers in enterprises. This indicator reflects the condition of human resources in S&T.

Patent is an abbreviation for the patent right and refers to the exclusive right of ownership by the inventors or designers for the creation or inventions, given from the patent offices after due process of assessment and approval in accordance with the Patent Law. Patents are granted for inventions, utility models and designs. This indicator reflects the achievements of S&T and design with independent intellectual property.

Patented Inventions refer to new technical proposals to the products or methods or their modifications. This is universal core indicator reflecting the technologies with independent intellectual property.

Patented Utility Models refer to the practical and new technical proposals on the shape and structure of the product or the combination of both. This indicator reflects the condition of technological results with certain technical content.

Designs refer to the aesthetics and industrially applicable new designs for the shape, pattern and colour of the product, or their combinations. This indicator reflects the appearance design achievements with independent intellectual property.

Innovation refers to the introduction of new or significantly improved products or processes, or the adoption of new organizational management methods or marketing methods by enterprises. The "new" here must be new to the enterprise, but it is not necessarily new to other enterprises or the whole market.

Product innovation (**industry**) refers to the introduction of new or significantly improved products. The innovation should be reflected by the functions or features of the products, including improvement on technical specifications, materials, parts, user-friendliness etc.

Process innovation (**industry**) refers to the adoption of new or significantly improved production methods, process equipments or supporting activities by enterprises. The innovation should be reflected by technology, equipment or process. It must be new to the enterprise, but it is not necessarily new to other enterprises or the whole market.

Product innovation (**construction**) refers to the introduction to the market or delivered of new or significantly improved products by enterprises. The innovation should be reflected by the functions or features of the products, including improvement on technical specifications, materials, parts, user – friendliness etc.

Process innovation (**construction**) refers to the adoption of new or significantly improved construction technology, production process or supporting activities by enterprises. The innovation should be reflected by technology, equipment or process. It must be new to the enterprise, but it is not necessarily new to other enterprises or the whole market.

Product (**service**) **innovation** (**service**) refers to the introduction of new or significantly improved services or products. The innovation should be reflected by the functions or features of the services or products, including improvement on technical specifications, materials, parts, user – friendliness etc.

Process (**procedure**) **innovation** (**service**) refers to the adoption of new or significantly improved technology, equipment, or software in the process of launching services or other products and auxiliary activities by enterprises. The main purpose of the innovation is to improve service quality or reduce unit cost. It must be new to the enterprise, but it is not necessarily new to other enterprises or the whole market.

Organization (**management**) **innovation** refers to the adoption of new organization management mode which has never been used before by enterprises, mainly involving the business mode, organizational structure or external relationship of the enterprise.

Marketing innovation refers to the adoption of new marketing concept or marketing strategy which has never been used before by enterprises, mainly involving product design or packaging, product promotion, product sales channel, product pricing etc.

第19篇

CHAPTER 19

卫生和社会服务

Public Health and Social Services

19-1　2009-2021年医疗卫生机构、床位、人员数

Number of Medical and Health Institutions, Beds and Medical Technical Personnel(2009-2021)

年　份 Year	医疗卫生机构（个） Health care institutions（unit）					病床数 (张) Beds (unit)	卫生技术人员 (人) Medical Technical Personnel (person)
	小计 Total	医院 Hospitals	基层医疗卫生机构 Primary Medical and Health Institutions	专业公共卫生机构 Professional Public Health Institutions	其他卫生机构 Other Medical Institutions		
2009	1407	127	1147	126	7	19119	23440
2010	1473	127	1212	128	6	20052	23897
2011	1559	130	1292	133	4	23171	26132
2012	1584	139	1307	135	3	26018	28158
2013	1666	145	1351	166	4	29560	32451
2014	1760	185	1397	174	4	33107	34224
2015	1772	182	1406	180	4	34245	34343
2016	1766	198	1384	180	4	35229	36917
2017	1857	212	1462	179	4	38348	40503
2018	1922	220	1520	178	4	38422	44599
2019	6517	220	6120	175	2	40062	46645
2020	6403	215	6020	166	2	41246	48970
2021	6404	221	6015	166	2	41987	51636

①本表数据来源于青海省卫生健康委员会，以下表同。
②医疗卫生机构数据由省卫生部门按统一口径进行了调整。
③自2019年起，应国家卫健委要求，村卫生室计入医疗卫生机构中。
❶The data in this table are from Health Commission of Qinghai Province. The same applies to the tables following.
❷The data of medical and health institutions were adjusted by the provincial health department according to the unified caliber.
❸Since 2019, village clinics have been included in medical and health institutions according to the requirements of the National Health Commission.

19-2 2021年医疗卫生机构、床位及人员数

医疗卫生机构	Medical and Health Institutions	机构数（个）Number of Institutions (unit)	床位数（张）Beds (unit)
总 计	**Total**	**6404**	**41987**
医 院	Hospitals	221	35825
综合医院	General Hospitals	119	24020
中医医院	Hospitals Specialized in Traditional Chinese Medicine	15	3101
中西医结合医院	Hospitals Combining Chinese and Western Medicine	6	216
民族医医院	National Medical Hospitals	38	3533
专科医院	Specialized Hospitals	41	4605
护理院	Nursing Home	2	350
社区卫生服务中心(站)	Community Health Service Centers(Stations)	275	631
社区卫生服务中心	Community Health Service Centers	35	631
社区卫生服务站	Community Health Service Stations	240	
卫生院	Health Care Centers	413	4795
中心卫生院	Central Health Centers		1755
乡镇卫生院	Township Health Center	413	3040
村卫生室	Village Clinics	4472	
门诊部	Outpatient Departments	132	193
诊所、卫生所、医务室	Clinics, Health Clinics and Infirmaries	723	
妇幼保健院	Maternal and Child Health Care Hospital	52	503
健康教育所	Institutes of Health Education	3	
疾病预防控制中心	Centers for Disease Control and Prevention	55	
专科疾病防治院	Special Hospital for Disease Control and Prevention	2	40
采供血机构	Blood Collection and Supply Institutions	9	
卫生监督所	Health Inspection Institutes	45	
其他医疗卫生机构	Other Medical and Health Institutions	2	

Number of Medical and Health Institutions, Beds and Medical Technical Personnel(2021)

卫生技术人员(人) Medical Technical Personnel (person)							
小计 Subtotal	执业医师 Licensed Physicians	助理医师 Physician Assistants	注册护士 Registered Nurses	药剂人员 Pharmacist	技师(士) Technician	检验人员 Laboratory Technician	其他 Others
51636	**15796**	**2977**	**21349**	**2564**	**3628**	**2023**	**5322**
36359	10595	1382	16970	1883	2650	1307	2879
25610		8341	12396	1176	1824	936	1873
3422		1017	1511	295	252	107	347
263		96	81	18	27	9	41
2348		1141	605	193	124	56	285
4654		1370	2349	196	412	197	327
62		12	28	5	11	2	6
2607	777	160	1176	168	117	63	209
1388		467	579	99	108	60	135
1219		470	597	69	9	3	74
5869	1729	718	1500	267	325	207	1330
2116		794	594	112	142	88	474
3753		1653	906	155	183	119	856
777	359	366	52				
1127	419	63	435	71	77	31	62
1727	876	112	523	108	9	1	99
1191	428	80	389	43	73	58	178
11	8	2					1
1271	495	90	209	21	268	253	188
174	90		10	3	40	38	31
177	16	4	85		67	65	5
340							340
6	4				2		

19-3 2021年分地区村卫生室机构数
Number of Health Institutions at Village Level by Region(2021)

单位：个 (unit)

地 区 Region	总 计 Total	按设置／主办单位分 By Setting / Host Unit					按行医方式分 By Way to Practice Medicine		
		村 办 Village Run	乡卫生院设点 Under the Township Hospital	联合办 Jointly Run	私人办 Privately Run	其 他 Others	西医为主 Western Medicine-oriented	中医为主 Traditional Chinese Medicine-oriented	中西医 Traditional Chinese and Western Medicine
机构数 Number of Institutions	**4472**	**1709**	**768**	**602**	**737**	**656**	**1849**	**190**	**2433**
西宁市 Xining City	1104	368	168	59	412	97	334	59	711
海东市 Haidong City	1613	810	99	175	251	278	799	45	769
海北州 Haibei Zang A.P	250	84	46	4	48	68	121	9	120
黄南州 Huangnan Zang A.P	290	63	105	110		12	109	9	172
海南州 Hainan Zang A.P	448	172	58	129	14	75	213	19	216
果洛州 Golog Zang A.P	188	46	28	34		80	30		158
玉树州 Yushu Zang A.P	259	152	103	1		3	103	34	122
海西州 Haixi Mongolian & Zang A.P	320	14	161	90	12	43	140	15	165

19-4 2020-2021年残疾人事业基本情况
Basic Statistics of Disabled Persons(2020-2021)

指 标		Item		2020	2021
康复		**Rehabilitation**			
社区康复		**Community-based Rehabilitation**			
开展社区康复的县(市、区)	(个)	Counties and Districts Where CBR Has Been Conducted	(unit)	45	45
接受社区康复服务的残疾人	(人)	Disabled Persons Who Began to Get CBR Service	(persons)	58256	45388
社区康复协调员	(人)	CBR Coordinators at Communities	(persons)	2874	3148
残疾人精准康复服务		**The Provision of Precision Rehabilitation Service**			
视力残疾人	(人)	Visual Disability	(persons)	7298	5185
听力残疾人	(人)	Hearing Disability	(persons)	7760	6201
肢体残疾人	(人)	Physical Disability	(persons)	32528	24658
智力残疾人	(人)	Intellectual Disability	(persons)	4036	3393
精神残疾人	(人)	Psychosocial Disability	(persons)	2117	1736
其中：0—6岁残疾儿童	(人)	Disabled children aged 0-6	(persons)	1355	1458
接受辅助器具适配服务的残疾人	(人)	Providing and fitting assistive devices for persons with disabilities	(persons)	28245	21664
康复机构建设		**Construction of Rehabilitation institution**			
残疾人康复机构	(个)	Rehabilitation Institution for PWD	(unit)	59	65
康复机构在岗人员	(人)	n-Service Personnel for Rehabilitation Institutions	(persons)	2161	1620
教育		**Education**			
已入学适龄残疾儿童少年	(人)	School-age Disabled Children Unable to Enter School	(person)	7732	7731
就业		**Employment**			
城镇残疾人就业状况	(人)	Employment of Urban Handicapped Persons	(person)		
当年安排就业		Persons Employed in the Year		1157	1138
按比例就业		Proportional Employment		1952	2412
集中就业		Concentrated Employment		1662	1586
个体就业		Self-employed		2707	2777
农村残疾人就业状况	(人)	Employment of Rural Handicapped Persons	(person)		
就 业		Employed		36061	37487
盲人医疗按摩员培训	(人)	Blind Medical Massage Personnel Training	(person)	120	111
残疾人工作者数	(人)	Workers for Handicapped	(person)	1201	1165

注：本表数据来源于青海省残疾人联合会。
Note:The data in this table are from the Qinghai disabled persons' Federation.

19-5 2006-2021年社会组织、自治组织单位数

Statistics on Social Organizations and Autonomous Organizations (2006-2021)

单位：个 (unit)

年份 Year	地区 Region	社会组织 Social Organizations	社会团体 Social Groups	民办非企业单位 Private Non-Enterprise Units	基金会 Fundations	自治组织 Autonomous Organizations	村民委员会 Villagers Committee	社区居委会 Neighborhood Committee
2006		1844	1341	495	8			
2007		2055	1499	549	7			
2008		2373	1757	607	9			
2009		2490	1810	671	9			
2010		2546	1858	677	11			
2011		2698	1925	760	13	4582	4170	412
2012		2921	1998	906	17	4620	4170	450
2013		3039	2022	995	22	4630	4170	460
2014		3363	2210	1126	27	4608	4157	451
2015		3633	2320	1283	30	4619	4143	476
2016		3658	2156	1473	29	4620	4146	474
2017		5291	3649	1610	32	4620	4146	474
2018		6008	4153	1823	32	4620	4146	474
2019		6311	4438	1841	32	4620	4146	474
2020		6239	4384	1824	31	4664	4149	515
2021		6138	4194	1911	33	4664	4149	515
省本级	Provincial level	851	531	290	30			
西宁市	Xining City	1695	723	972		1093	917	176
海东市	Haidong City	1558	1286	272		1654	1587	67
海北州	Haibei Zang A.P	252	230	22		241	214	27
黄南州	Huangnan Zang A.P	364	274	87	3	292	262	30
海南州	Hainan Zang A.P	441	359	82		482	426	56
果洛州	Golog Zang A.P	214	164	50		206	188	18
玉树州	Yushu Zang A.P	347	305	42		312	258	54
海西州	Haixi Mongolian & Zang A.P	416	322	94		384	297	87

19-6 2006-2021年婚姻登记情况
Statistics on Marriage Registration (2006-2021)

年份 Year	地区 Region	结婚登记（对） Total Number of Marriage Registration (couple)	内地居民 Marriage Registration of Mainland Residents	涉外及港澳台居民 Marriage Registration Involving Foreigners, or Residents of Hong Kong, Macao, Taiwan	离婚（对） Divorces (couple)	离婚率（‰） Divorce Rate (‰)
2006		31140	31108	32	3873	0.71
2007		31177	31162	15	4127	0.75
2008		33796	33765	31	3755	0.68
2009		29718	29690	28	3622	0.65
2010		29613	29588	25	4006	0.71
2011		41682	41649	33	4966	0.87
2012		45695	45673	22	6233	1.09
2013		47471	47437	34	6013	1.04
2014		54021	53995	26	7477	1.20
2015		57747	57719	28	8377	1.50
2016		61187	61185	2	9939	1.67
2017		59719	59695	24	11279	1.88
2018		57326	57301	25	12220	2.00
2019		59592	59569	23	13866	2.28
2020		51863	51845	18	13404	2.26
2021		46132	46124	8	8091	1.36
省本级	Provincial level	8		8		
西宁市	Xining City	14239	14239		3267	1.32
海东市	Haidong City	12611	12611		1839	1.35
海北州	Haibei Zang A.P	2093	2093		375	1.42
黄南州	Huangnan Zang A.P	3040	3040		337	1.21
海南州	Hainan Zang A.P	4109	4109		749	1.67
果洛州	Golog Zang A.P	2200	2200		290	1.33
玉树州	Yushu Zang A.P	5255	5255		615	1.43
海西州	Haixi Mongolian & Zang A.P	2577	2577		619	1.32

19-7 2012-2021年福利彩票销量及公益金筹集数

Sales of Welfare Lottery and Withdraws of Public Welfare Fund (2012-2021)

单位：万元 (10 000 yuan)

年 度 Year	全省销量 Sales of Welfare Lottery	西宁市 Xining City	公益金筹集数量 Withdraws of Public Welfare Fund	省级公益金 Provincial level	中央公益金 Central level
2012	74962.25	43256.57	23016.20	11510.63	11505.57
2013	95625.93	56022.32	28617.54	14638.96	13978.58
2014	113710.75	65298.87	33271.89	16946.71	16325.19
2015	116817.19	65005.51	33566.97	17059.04	16507.94
2016	153535.26	85312.66	43990.84	22252.52	21738.32
2017	167879.87	94975.03	48445.32	24470.29	23975.02
2018	162031.97	90474.63	47345.11	23918.27	23426.84
2019	139904.30	74908.91	43062.52	21472.86	21589.66
2020	146459.03	79944.61	44997.40	22731.04	22266.35
2021	102633.05	56357.29	32555.94	16546.54	16009.40

主要统计指标解释

卫生机构 指从卫生行政部门取得《医疗机构执业许可证》,或从民政、工商行政、机构编制管理部门取得法人单位登记证书,为社会提供医疗保健、疾病控制、卫生监督服务或从事医学科研和教育等的单位。卫生机构包括医院、疗养院、社区卫生服务中心(站)、卫生院、门诊部、诊所(卫生所、医务室)、急救中心(站)、采供血机构、妇幼保健院(所、站)、专科疾病防治院(所、站)、疾病预防控制中心(防疫站)、卫生监督所、卫生监督检验(监测、检测)机构、医学科研机构、医学在职培训机构、健康教育所(站)等其他卫生机构。

医疗机构 指从卫生行政部门取得《医疗机构执业许可证》的机构,包括医院、疗养院、社区卫生服务中心(站)、卫生院、门诊部、诊所(卫生所、医务室)、妇幼保健院(所、站)、专科疾病防治院(所、站)、急救中心(站)和临床检验中心。

社区卫生服务中心(站) 指为本社区居民提供预防、医疗、保健、康复、健康教育、计划生育技术服务等的基层卫生机构。包括社区卫生服务中心和社区卫生服务站。

卫生技术人员 指卫生事业机构支付工资的全部固定职工和合同制职工中现任职务为卫生枝术工作的人员。包括中医师、西医师、中西医结合高级医师、护师、中药师、西药师、检验师、其他技师等。

执业医师 指具有《医师执业证》及其"级别"为"执业医师"且实际从事医疗、预防保健工作的人员,不包括实际从事管理工作的执业医师。执业医师类别分为临床、中医、口腔和公共卫生。

Explanatory Notes on Main Statistical Indicators

Health Care Institutions refer to the units which have been qualified the Certification of Health Care Institution by the administration of public health, or qualified the Certification of Corporate Unit by the civil affairs, administration for industry and commerce, commission office for public sector reform, and engaging in medical care, disease prevention and control, health supervision and inspection, medicine research and health education, etc., including: hospitals, sanatoriums, community health service centers (stations), health centers, clinics (health stations and infirmaries), first – aid centers (stations), blood gathering and supplying institutions, women and children care agencies (centers and stations), special disease prevention and curing agencies (centers and stations), disease prevention and control centers (epidemic prevention stations), health supervision and inspection agencies, sanitary inspection institutions, medicinal scientific research and on – job training institutions, health education centers and so on.

Medical Organizations refer to the institutions which have been qualified the Certification of Health Care Institution by the administration of public health, including: hospitals, sanatoriums, community health service centers (stations), health centers, clinics (health stations and infirmaries), women and children care agencies (centers and stations), special disease prevention and curing agencies (centers and stations), first – aid centers (stations) and clinic inspection centers.

Community Health Service Centers (stations) refer to the primary units that provide the health care for community residents, such as disease prevention and control, medical treatment, health care, rehabilitation, health education, family planning technical services, including community health service centers and community health service stations.

Health Care Employee refer to all employee engaged in the health care institutions, such as medical organizations, disease prevention and control centers, health care agencies, medicinal scientific research and on – job training institutions, including medical technical personnel, other technical personnel, manager and labor.

Licensed Doctors refer to the medical workers who have obtained the licenses of qualified doctors and are employed in medical treatment, disease prevention or healthcare institutions, excluding the licensed doctors engaged in management job. The classification of licensed doctors is clinician, Chinese medicine, dentist and public health.

第20篇

CHAPTER 20

文化、旅游和体育

Culture, Tourism and Sports

20-1 2020－2021年文化事业机构、人员情况

Basic Statistics on Cultural Institutions and Personnel(2020－2021)

类别	Category	机构数(个) Number of Institutions (unit)		从业人员(人) Number of Employed Persons (person)	
		2020	2021	2020	2021
总计	**Total**	**579**	**579**	**3685**	**3586**
艺术事业	**Arts**	**23**	**23**	**498**	**548**
艺术表演团体	Arts Performance Troupes	12	12	484	507
歌舞团、轻音乐团	Song and Dance Troupe, Light Music Troupe	12	12	484	507
艺术表演场所	Arts Performance Places	11	11	14	41
图书馆事业	**Public Libraries**	**50**	**50**	**488**	**495**
文物事业	**Cultural Relics**	**54**	**54**	**675**	**607**
文物机构	Historical Relics Agencies	29	29	137	129
文物保护机构	Agencies of Historical Relics Preservation	28	28	91	82
博物馆	Museums	24	24	530	470
文物商店	Cultural Relics Shops	1	1	8	8
其他文物	Others				
群众文化事业	**Mass Culture**	**442**	**442**	**1651**	**1590**
群众艺术馆	Mass Art Centers	8	8	184	147
文化馆	Cultural Centers	46	46	578	620
文化站	Cultural Stations	388	388	837	823
艺术教育事业	**Art Education**	**1**	**1**	**144**	**118**
中等专业学校	Specialized Secondary Schools	1	1	144	118
其他文化事业	**Other Cultural Units**	**9**	**9**	**229**	**228**
艺术科研机构	Art Research Institutions	1	1	12	13
其他	Others	8	8	217	215

注：本表数据来源于青海省文化和旅游厅，下表同。
Note:This data is from the Qinghai Provincial Development of Culture and Tourism.The same applies to the tables following.

20−2 主要年份报纸、杂志、图书出版情况
Basic Statistics on Newspapers, Magazines, Books Published in Main Years

年 份 Year	报 纸 Newspapers Published		杂 志 Magazines Published		图 书 Books Published	
	种 数（种） Number of Publication (item)	总印数（万份） Total Printed Copies (10 000 Copies)	种 数（种） Number of Publication (item)	总印数（万册） Total Printed Copies (10 000 Copies)	种 数（种） Number of Publication (item)	总印数（万册） Total Printed Copies (10 000 Copies)
2000	21	4800.2	50	91.2	195	586.2
2001	19	4235.8	31	280.8	148	507.0
2002	20	4494.2	43	59.2	142	397.5
2003	20	4752.0	41	73.8	156	827.7
2004	21	4384.0	49	220.0	377	504.0
2005	19	4486.0	40	204.0	390	840.4
2006	27	4400.0	52	108.0	392	1077.0
2007	25	9757.0	52	196.0	576	1143.0
2008	26	8859.0	52	281.0	656	987.0
2009	26	9172.0	53	353.0	680	843.0
2010	27	9769.7	53	322.5	652	1002.9
2011	27	10825.0	53	460.0	781	1015.0
2012	28	11085.0	53	421.0	788	1115.0
2013	28	12426.4	53	379.5	1051	1331.3
2014	27	13737.5	53	378.1	1091	1213.0
2015	27	10554.4	53	299.3	1111	1213.4
2016	27	9573.5	54	317.6	1136	1128.4
2017	27	9102.2	54	283.4	1109	1215.2
2018	27	8881.5	54	269.0	1139	1377.6
2019	26	8079.5	55	267.8	1177	1339.9
2020	26	7899.3	55	262	1010	2282.8
2021	26	7332.5	55	232.2	1040	1461.5

20-3 主要年份广播、电视事业发展和普及情况
Basic Statistics on Development and Popularization of Radio and Television in Main Years

年份 Year	中短波发射台(座) Medium and Short Wave Relay Station (set)	广播节目套数(套) Number of Radio Programs (set)	广播人口覆盖率(%) Radio Coverage Rate of the Population (%)	调频、电视转播发射台(座) FM and Television Rebroadcast and Transmitting Station (set)	电视节目套数(套) Number of Television Programs (set)	电视人口覆盖率(%) TV Coverage Rate of the Population (%)	广播电视台数(座) Radio and Television Station (set)
2000	7	8	63.0	1274	6	86.0	
2001	8	8	80.5	1206	11	87.8	
2002	8	8	84.4	1208	12	88.9	
2003	8	8	84.5	1415	13	90.4	
2004	8	8	86.4	1393	13	92.0	
2005	8	8	86.5	1495	13	92.5	
2006	8	8	87.5	1480	13	93.0	
2007	8	8	88.0	1440	13	93.5	
2008	8	9	88.5	1584	13	94.0	
2009	8	9	88.9	1449	13	94.3	
2010	9	9	90.0	1194	13	95.0	
2011	12	9	91.6	1187	13	95.7	
2012	21	10	94.1	1162	15	96.3	
2013	21	12	95.7	1134	16	96.9	
2014	21	12	97.0	1011	16	97.5	
2015	21	15	98.0	421	17	98.0	
2016	26	15	98.2	436	17	98.2	
2017	26	26	98.4	439	46	98.4	46
2018	26	43	98.6	439	50	98.7	46
2019	26	47	98.8	439	50	98.8	46
2020	26	48	99.1	425	50	99.1	46
2021	26	47	99.1	435	50	99.2	46

①本表数据来源于青海省广播电视局。
②2017年起，广播电视台数量统计范围包括广播电视台和电视台。
❶The data in this table are from the Radio and Television Bureau of Qinghai province.
❷The number of radio and television stations has been covered by radio and television stations and television stations since 2017.

20－4　2017－2021年旅游事业发展情况

Development of Tourism(2017－2021)

指　标		Item		2017	2018	2019	2020	2021
年末旅行社数	**（个）**	**Number of Travel Agencies**	**(unit)**	**308**	**437**	**522**	**528**	**567**
国际旅行社		International Travel Agencies		23	25	25	25	25
国内旅行社		Domestic Travel Agencies		285	412	497	503	542
年末旅行社从业人员	**（人）**	**Engaged Persons of Travel Agencies**	**(person)**	**2303**	**3267**	**3496**	**2846**	**3475**
国际旅行社		International Travel Agencies		552	625	636	450	625
国内旅行社		Domestic Travel Agencies		1751	2642	2860	2396	2850
星级饭店总数	**（个）**	**Number of Star-rated Hotels**	**(unit)**	**339**	**344**	**322**	**322**	**260**
旅游人次合计	**（万人次）**	**Number of Tourists**	**(10 000 persons-time)**	**3484.1**	**4204.4**	**5080.2**	**3311.8**	**3973.4**
国际旅游者		Number of Overseas Visitor Arrivals		7.0	6.9	7.3	0.5	0.9
外国人		Foreigners		5.7	5.4	4.7	0.1	0.5
港、澳、台同胞		Compatriots in Hong Kong, Macao and Taiwan		1.3	1.6	2.6	0.4	0.4
国内旅游者		Number of Domestic Visitors		3477.1	4197.5	5072.9	3311.3	3972.5
旅游总收入	**（亿元）**	**Total Tourism Earnings**	**(100 million yuan)**	**382**	**466**	**561**	**290**	**350**
国内旅游收入	（亿元）	Earnings from Domestic Tourism	(100 million yuan)	379	464	559	290	350
国内旅游者人均花费	**（元）**	**Per Capita Expenditure from Domestic Tourism**	**(yuan)**	**1090**	**1105**	**1102**	**875**	**975**
国际旅游外汇收入	**（万美元）**	**Foreign exchange income from international tourism**	**(10 000 USD)**	**3829**	**3613**	**3336**	**184**	**308**
国际旅游者人均每天花费	**（美元）**	**Per Capita Expenditure from International Tourism**	**(USD)**	**169**	**172**	**157**	**110**	**110**

20-5 2019－2021年接待外国旅游人数(按国别分)

Number of Oversea Visitor Arrivals by Country(2019－2021)

单位：人次 (person-time)

国家(地区)	Country(Region)	2019	2020	2021	国家(地区)	Country(Region)	2019	2020	2021
总计	**Total**	**46976**	**5384**	**8992**	法国	France	1015		837
亚洲小计	**Total Asia**	**19532**	**404**	**1844**	德国	Germany	1823		945
日本	Japan	2504	137	789	其他	Others	1896	188	115
韩国	Republic of Korea	6979	162	752	**美洲小计**	**Total America**	**6742**	**339**	**1612**
马来西亚	Malaysia	4129	83		美国	United States	3386	237	1189
菲律宾	Philippine	1622			加拿大	Canada	3356	102	423
新加坡	Singapore	1720	22	303	**大洋洲小计**	**Total Oceanic**	**1521**		**413**
泰国	Thailand	2578			澳大利亚	Australia	1521		342
欧洲小计	**Total Europe**	**7350**	**409**	**2561**	新西兰	New Zealand			71
英国	United Kingdom	2616	221	664	**其他**	**Others**	**11831**		**2562**

20−6 2021年进入青海省自驾车量
Volume of Tourists by Self-driving Cars(2021)

车源地	Car Source	自驾车数量(万辆) Volume (unit)	比重(%) Increase Over the Previous Year (%)
合 计	Total	436.3	100.0
甘肃	Gansu	153.5	35.0
陕西	Shaanxi	33.6	8.0
河南	Henan	30.2	7.0
四川	Sichuan	23.8	5.0
河北	Hebei	22.4	5.0
山东	Shandong	21.1	5.0
宁夏	Ningxia	18.5	4.0
新疆	Xinjiang	16.4	4.0
山西	Shanxi	15.5	4.0
江苏	Jiangsu	13.5	3.0
其他	Others	87.9	20.0

20−7 2021年入青游客主要客源地
The Main Source of Tourists into Qinghai(2021)

地 区	Region	省外游客(万人次) Foreign Province Tourists (10 000 person-times)	所占比重(%) Percentage (%)
合 计	Total	1358.2	100.0
甘肃	Gansu	268.4	19.8
江苏	Jiangsu	145.1	10.7
广东	Guangdong	106.2	7.8
新疆	Xinjiang	91.0	6.7
陕西	Shaanxi	73.3	5.4
河南	Henan	62.5	4.6
北京	Beijing	58.4	4.3
四川	Sichuan	55.7	4.1
山东	Shandong	51.6	3.8
上海	Shanghai	48.9	3.6

20−8 2021年星级饭店基本情况
Basic Conditions of Star-rated Hotel(2021)

指 标	Item	星级饭店（个）Number of Star-rated Hotel (unit)	客房数（间）Number of Rooms (unit)	床位数（张）Number of Beds (unit)	从业人数（人）Employed Persons (person)
合 计	**Total**	**260**	**18310**	**36620**	**11824**
五星级	Five-star Hotel	2	600	1200	615
四星级	Four-star Hotel	54	6480	12960	4250
三星级	Three-star Hotel	154	9240	18480	5984
二星级	Two-star Hotel	49	1960	3920	956
一星级	One-star Hotel	1	30	60	19

20−9 2019−2021年分地区旅游业发展情况
Development of Tourism by Region(2019-2021)

单位：亿元、万人次、元 (100 million yuan,10 000 person-times,yuan)

地 区	Region	旅游总收入 Total Tourism Earnings			旅游人数 Number of Tourists			人均花费 Per Capita Expenditure		
		2019	2020	2021	2019	2020	2021	2019	2020	2021
西宁市	Xining City	373.0	219.7	263.7	2855.7	2152.5	2403.9	1306.0	1020.7	1097.0
海东市	Haidong City	72.7	53.9	64.8	1767.5	1444.9	1732.0	411.0	372.9	374.1
海北州	Haibei Zang A.P	42.4	21.4	21.3	1164.6	479.4	463.7	364..2	447.2	527.1
黄南州	Huangnan Zang A.P	23.5	25.9	26.7	810.7	738.0	758.8	289.9	350.7	460.0
海南州	Hainan Zang A.P	37.8	27.0	31.0	1136.0	734.9	838.8	332.7	366.7	369.9
果洛州	Golog Zang A.P	2.8	3.4	4.4	39.2	39.2	50.1	714.3	874.8	352.4
玉树州	Yushu Zang A.P	9.4	7.9	9.7	147.8	120.8	149.0	634.7	650.0	649.8
海西州	Haixi Mongolian &Zang A.P	110.0	70.3	76.2	2017.2	1349.7	1446.1	545.5	520.9	869.9
青海湖管理局	Qinghai Lake Administration Bureau	6.3	2.4	3.2	442.6	150.0	201.9	141.2	162.7	157.5

注：表中旅游人数合计存在重复统计因素(一日游、自驾游等)，旅游收入合计也只含入住、餐饮、景点门票等收入。因此，分地区指标除代表本地旅游发展情况外，只做全省旅游统计指标测算参考依据，各地简单合计不能准确代表全省旅游发展情况。

Note:There is repeated statistical factors (day trips, driving, etc.)in Total Tourist Arrivals in the table , and total tourism revenues contains only staying, restaurants, attractions tickets and other revenue. Therefore, indicators by region represent the local tourism development of the region, and become only measuring reference of the province's tourism statistical indicators, simple total of all the regions can not accurately represent the provincial tourism development situation.

20-10 青海省A级旅游景区名录
Catalogue of State Class Scenic Spots of Qinghai

景区名称	Scenic Spot Name	地　址 Address
5A级景区	**AAAAA State Class Scenic Spots**	
塔尔寺景区	Ta'er Lamasery	西宁市湟中区鲁沙尔镇
青海湖景区	Qinghai Lake	青海省东北部大通山、日月山、青海南山之间
互助土族故土园旅游区	Huzhu Tu Homeland Park Scenic Spot	海东市互助县威远镇北大街1号
海北州阿咪东索景区	Haibei Amidongsuo Area	距离祁连县城9公里
4A级景区	**AAAA State Class Scenic Spots**	
贵德高原养生休闲度假区	Guide Highland Health and Leisure Resort	海南州贵德县旅游开发管理委员会
格尔木昆仑旅游区	Geermu Kunlun Culture Area	海西州格尔木市八一中路
青海省博物馆	Qinghai Museum	西宁市西关大街新宁广场
循化撒拉族绿色家园	Xunhua Sala Nationality Gardens	海东市循化县积石镇
青海藏医药文化博物馆	Qinghai Tibetan Medicine and Culture Museum	西宁市生物园区
青海省海北州金银滩-原子城景区	Jinyintan Pasture	海北州西海镇境内
门源百里油菜花海景区	Menyuan Hundred Miles of Rapeseeds Flower Field	海北州门源县东街
祁连风光旅游景区	Qilian Mountains	海北州祁连县祁连广场
热贡国家级历史文化名城旅游区	Regong State Historical and Cultural City	黄南州同仁市
大通老爷山风景名胜区	Datong Laoyeshan Mountain	西宁市大通县桥头镇
湟源丹噶尔古城景区	The Ancient city of Dan Gar in Huangyuan County	西宁市湟源县明清老街
玉树称多拉布民俗村	Yushu Chengduo Labu Folk Customs Village	玉树州称多县拉布村
西宁市青藏高原野生动物园	Xining Qinghai-Tibet Plateau Wildlife Park	西宁市城西区行知路9号
西宁市青海藏文化馆	Qinghai Tibetan Cultural Center	西宁市湟中区鲁沙尔镇
茶卡盐湖景区	Chaka Salt Lake	乌兰县茶卡镇茶卡盐湖景区
刚察县高原海滨藏城景区	Gangcha Plateau Seashore Tibetan City	海北州刚察县
西宁市中国工农红军西路军纪念馆	Chinese Red Army Memorial Museum	西宁市城中区南川东路19号
西宁市力盟步行街文化旅游区	Limeng Walking Street Cultural Tourism Area	西宁市城中区五四大街37号
格尔木市将军楼文化主题公园景区	Geermu Gen. Building Cultural Theme Park	海西蒙古族藏族自治州格尔木市金峰西路78号
民和县永录康格达景区	Minhe Yonglu Kangeda Area	海东市民和县满坪镇大庄村
乡趣卡阳户外旅游度假景区	Kayang Village Interesting Outdoor Tourist Resort	西宁市湟中区拦隆口镇卡阳村
龙羊峡旅游景区	Longyangxia Reservoir	海南州共和县龙羊峡库区
茶卡天空壹号景区	Chaka Sky No.1 Area	海西州乌兰县茶卡盐湖东部
日月山旅游区	Riyue Mountain	西宁市湟源县日月乡
平安驿 · 河湟民俗文化体验地	Ping'an Post · Hehuang Folk Culture Experience Site	海东市平安区平安镇驿大街115号
玉树市新寨嘉那玛尼石经城旅游区	Yushu Xinzhai Jiana Mani Stones City	玉树州玉树市结古镇格萨都然巷25号
西宁市新华联 　国际旅游城 · 童梦乐园	Xining Macrolink 　International Tourism Town · Dream of Paradise	西宁市湟中区多巴镇黑嘴村
互助县北山景区	Huzhu Beishan Area	海东市互助县加定镇北山林场
青藏高原自然博物馆	Qinghai Tibet Plateau Natural History Museum	西宁市城北区生物园区经二路21号
昆仑玉文化博物馆	Kunlun Jade Culture Museum	西宁市城北区生物园区经三路32号
乌素特(水上)雅丹景区	Wusute Yardang Area	海西州大柴旦行委经发局办公楼205室
西宁市体育公园	Xining Sport Park	西宁市城西区海湖大道12号
湟源县宗家沟文化旅游景区	Huangyuan Zongjiagou Cultural Tourism Area	西宁市湟源县日月乡大石头村
民和喇家考古遗址公园	Minhe Lajia Archaeological Ruins Park	海东市民和县官亭镇喇家村4社
撒拉尔故里-民俗文化园	Salar Hometown Folk Culture Park	海东市循化县街子镇

注：部分未说明具体地址的旅游景点为所在地全域旅游景点。
Note: Some tourist attractions without specific address are all regional tourist attractions.

20-10 续表1 Continued

景区名称	Scenic Spot Name	地 址 Address
民和七里花海景区	Minhe Qili Sea of Flowers Area	海东市民和县古鄯镇山庄村
贵德县国家地质公园景区	Guide National Geopark Area	海南州贵德县尕让乡阿什贡村
门源县祁连山生态牧场	Menyuan Qilian Mountain Ecological Pasture	海北州门源县苏吉湾村
3A级景区	**AAA State Class Scenic Spots**	
乌兰县金子海风景区	Wulan Jinzihai Senic Area	海西州乌兰县柯柯镇南柯柯村
天峻县神湖之源旅游风景区	The Source of God Lake Scenic Area in Tianjun County	海西州天峻县
青海大漠红枸杞工业旅游景区	Qinghai Damohong Medlar Industrial Scenic Area	海西州都兰县诺木洪1098国道2589公里处
可鲁克湖—托素湖高原生态旅游景区	Keluke Lake-Tuosu Lake Plateau Ecological Area	海西州德令哈市可鲁克湖
平安峡群寺森林公园	Ping'an Xiaqiong Temple Forest Park	海东市平安区国有林场
民和县七里寺景区	Minghe Qili Temple Area	海东市民和县古鄯镇七里寺
乐都柳湾彩陶旅游景区	Ledu Liuwan Pottery Tourist Attractions	海东市乐都区高庙镇柳湾村
乐都区河湟碑林景区	Ledu District Hehuang Tablet Forest Area	海东市乐都区滨河北路
化隆县夏琼寺	Hualong Xiaqiong Temple	海东市化隆县查甫乡
浦宁之珠(高原明珠)	Pearl Puning (Plateau Pearl)	西宁市西山一巷7号
西宁市人民公园	Xining People’s Park	西宁市胜利路
西宁市南山旅游风景区	Xining South Hill	西宁市南山公园
中华枸杞养生苑	Chinese Wolfberry Health Garden	西宁市经济开发区
青海赞普林卡旅游景区	Qinghai Zanpulinka Palace	西宁市湟源县县城入口处
西宁湟源大黑沟旅游景区	Huangyuan Daheigou Scenic Area	西宁市湟源县
西宁市麒麟湾景区	Xining Kirin Bay	西宁市黄河路29号
青海多巴国家高原体育训练基地	Qinghai Duoba National Plateau Sports Training Base	西宁市湟中区多巴镇
西宁市东关清真大寺	Xining Dongguan the Great Mosque	西宁市东关大街
大通娘娘山景区	Datong Niangniang Mountain	西宁市大通县桥头镇
西宁市大通国家森林公园鹞子沟景区	Datong National Forest Park's Kite Ditch	西宁市大通县东峡镇衙门庄村
玛沁县喇日寺格萨尔 文化产业园旅游景区	Maqing Lari Temple Gesar Cultural Industry Garden Scenic Area	果洛州玛沁县县城周边
青海可可西里工业旅游景区	Qinghai Kekexili Industrial Scenic Area	西宁市城中区同安路108号
拉加寺旅游景区	Lajia Temple Scenic Area	果洛州玛沁县距离县城70公里
东格措钠湖生态旅游区	Donggecuona Lake Zoology Scenic Area	果洛州玛多县距离县城16公里
星星海生态旅游景区	Sea Star Zoology Scenic Area	果洛州玛多县距离县城16公里
西北骄集团	Xi Bei Jiao	西宁市城北区生物园区
久治白玉旅游景区	Jiuzhi Baiyu Scenic Area	果洛州久治县距离县城110公里
久治县德合龙寺景区	Jiuzhi Dehelong Temple Area	果洛州久治县距离县城6公里
北山土楼观	Beishan Taoist Temple	西宁市北禅路48号
治多县贡萨寺旅游景区	Yushu Zhiduo Gongsa Lamasery	玉树州治多县城西9公里
龙恩寺—德尔文 格萨尔文化史诗村旅游景区	Long'en Temple De'erwen Gesar Epic Village Scenic Area	果洛州甘德县距离县城36公里
官仓峡旅游景区	Guancang Gorge Scenic Area	果洛州甘德县距离县城66公里
玉树结古寺旅游景区	Yushu Jiegu Lamasery	玉树州玉树市结古镇
查朗寺旅游景区	Chalang Temple Scenic Area	果洛州达日县距离县城19公里
玉树当卡寺旅游景区	Yushu Dangka Lamasery	玉树州玉树市结古镇
格萨尔林卡旅游景区	Gesar Linka Scenic Area	果洛州达日县
兴海赛宗寺文化旅游区	Xinghai Saizong Lamasery Culture Scenic Area	海南州兴海县南38公里处

20-10 续表2 Continued

景区名称	Scenic Spot Name	地 址 Address
勒巴沟—文成公主庙景区	Lebagou Valley Stone Drawing-the Temple of Princess Wencheng	玉树州玉树市结古镇
狮龙宫殿旅游景区	Lion Dragon Palace Scenic Area	果洛州达日县县距离县城18公里
兴海县图旦达杰民俗文化旅游景区	Xinghai Tudandajie Folk Culture Scenic Area	海南州兴海县城西大街
多尕麻格萨尔王莲花圣殿旅游景区	Duogama Lotus Temple of King Gesar Scenic Area	果洛州班玛县县距离县城18公里
贵德黄河奇石苑	Guide the Yellow River Rare Stones Garden	海南州贵德县河西镇
囊谦县达那河谷生态旅游景区	Nangqian Dana Valley Ecotourism	玉树州囊谦县吉尼赛乡
白扎寺旅游景区	Baizha Temple Scenic Area	果洛州班玛县县距离县城4公里
共和县千卜录寺藏传佛教文化与民俗旅游景区	Gonghe Qianbulu Temple Tibetan Buddhist Culture and Folklore Scenic Area	海南州共和县廿地乡曲什纳村
囊谦县尕尔寺大峡谷生态旅游景区	Nangqian Gaer Temple Grand Canyon Ecotourism	玉树州囊谦县白扎乡
玛柯河原始森林生态旅游景区	Make River Virgin Forest Ecotourism	果洛州班玛县县距离县城40公里
河南县瀞渡工业旅游景区	Henan Jingdu Industrial Scenic Area	黄南州河南县水生态保育公园
称多县尕朵觉悟神山旅游景区	Chengduo Gaduojuewu Mountain	玉树州称多县扎朵镇
西宁市上山庄花海景区	Xining Shangshan Village Sea of Flower Area	西宁市湟中区土门关乡
西宁市慕容古寨景区	Xining Murong Ancient village Scenic Area	西宁市湟中区拦隆口镇
西宁市马佳肴民族文化产业园	Xining Majiayao National Cultural Industrial Park	西宁市城中区同安路133号
西宁市鳌林景区	Xining Aolin Scenic Area	西宁市南关街49号
湟中八瓣莲花非物质文化遗产传承体验中心	Huangzhong Babanlianhua Intangible Cultural Heritage Inheritance Experience Center	西宁市湟中区迎宾路189号
大通边麻沟花海景区	Datong Bianmagou Sea of Flowers Area	西宁市大通县边麻沟村
乐都卯寨景区	Ledu Maozhai Area	海东市乐都区高庙镇新庄村
化隆雄先岗山生态旅游景区	Hualong Xiongxiangang Mountain Zoology Scenic Area	海东市化隆县雄先乡
德令哈巴音河景区	Delingha Bayin River Area	海西州德令哈市巴音河
都兰海寺花海景区	Dulan Hai Temple Flower Sea Area	海西州都兰县英德尔草原(都兰县东15公里)
同德宗日文化遗址景区	Tongde Zongri Cultural Relics Area	海南州同德县巴沟乡班多村
湟中区千紫缘旅游景区	Huzhong Qianziyuan Scenic Area	西宁市湟中区田家寨镇田家寨村
化隆县本康沟景区	Hualong Benkangou Scenic Area	海东市化隆县扎巴镇本康沟镇
化隆县安达其哈花海生态旅游景区	Hualong Andaqiha Flower Sea Ecotourism Area	海东市化隆县群科镇安达其哈村
互助县卓扎滩原生态景区	Huzhu Zhuozhatan Ecotourism Area	海东市互助县威远镇卓扎滩村37号
互助县油嘴湾生态文化景区	Huzhu Youzuiwan Ecological and Cultural Area	海东市互助县东和乡麻吉村
民和县排子山生态旅游景区	Minhe Paizishan Ecotourism Area	海东市民和县核桃庄乡排子山村
贵南县托勒景区	Guide Tuole Area	海南州贵南县托勒寺
祁连县峨堡古城遗址公园景区	Qilian Ebao Ancient City Ruins Park	海北州祁连县峨堡镇
门源县聚阳沟景区	Menyuan Juyanggou Area	海北州门源县仙米乡桥滩村
祁连县鹿场	Qilian Deer Farm	海北州祁连县野牛沟油葫芦口
班玛县红军沟景区	Banma Hongjun valley Scenic Area	果洛州班玛县赛来塘镇人民路188号
河南县白螺湖景区	Henan Bailuo Lake	黄南州河南蒙古自治县成吉思汗陵
尖扎县昂拉乡德吉景区	Jianzha Angla Deji Area	黄南州尖扎县昂拉乡德吉村
泽库县和日景区	Zeku Heri Area	黄南州泽库县和日乡和日寺
泽库县幸福山景区	Zeku Xingfushan Area	黄南州泽库县幸福路
同仁市保安镇花儿沟景区	Tongren Baoan Huaergou Area	黄南州同仁市保安镇城内村尕麻口
同仁市保安镇东干木乡村旅游景点	Tongren Baoan Dongganmu Rural Tourist Attractions	黄南州同仁市保安镇东干木乡村
大柴旦翡翠湖景区	Dachaidan Emerald Lake Scenic Area	海西州大柴旦镇人民东路60号

20-10 续表3 Continued

景区名称	Scenic Spot Name	地 址 Address
湟中区印象云谷川小镇	Huangzhong Yunguchuan Town	西宁市湟中区李家山镇柳树村庄
湟源县小高陵乡村旅游基地	Huangyuan Xiaogaoling Rural Tourism base	西宁市湟源县和平乡小高陵村
湟源县树莓山庄景区	Huangyuan Raspberry Villa Scenic Area	西宁市湟源县申中乡前沟村
民和县禹王峡景区	Minhe Yuwangxia Scenic Area	海东市民和县中川乡美一村
民和县牡丹产业文化博览园	Minhe Peony Industrial Culture Expo Park	海东市民和县西沟乡南垣村
乐都区卧龙谷景区	Ledu Wolonggu Scenic Area	海东市乐都区瞿昙镇
乐都区洪水镇樱桃观光园景区	Ledu Hongshui Cherry Sightseeing Park	海东市乐都区洪水镇李家壕村
乐都区药草台景区	Ledu Yaocaotai Scenic Area	海东市乐都区瞿昙镇台沿村
循化县孟达山生态花海旅游景区	Xunhua Mengdashan Ecological Flower Sea tourist	海东市循化县街子镇孟达山村
互助县磨尔沟高原生态观光景区	Huzhu Moergou Plateau Ecological Sightseeing Area	海东市互助县南门峡镇摩尔沟村
化隆县黄河绿洲生态旅游景区	Hualong Huanghe River Oasis Ecotourism Scenic Area	海东市化隆县群科新区
贵德县美地花田景区	Guide Meidi Flower Field Scenic Area	海南州贵德县河西镇团结村
海晏县金银滩水上乐园	Haiyan Jinyintan Water Park	海北州海晏县东大滩水库
海晏县达玉民俗村	Haiyan Dayu Folk Village	海北州海晏县青海湖乡达玉日秀村
同仁市热贡龙树画苑	Tongren Regong Longshu Painting Garden	黄南州同仁市隆务镇吾屯下村庄
河南县柯生乡双鱼湖景区	Henan Kesheng Shuangyu Lake Scenic Area	黄南州河南蒙古族自治县柯生乡
河南县黄河南蒙古历史文化博物馆	Henan South Huanghe River Mongolian History and Culture Museum	黄南州河南蒙古族自治县成吉思汗文化广场
黄南州热贡艺术博物馆	Huangnan Regong Art Museum	黄南州同仁市青年大道
泽库县泽曲湿地景区	Zeku Zequ Wetland Scenic Area	黄南州泽库县泽曲湿地景区
泽库县多杰宗景区	Zeku Duojiezong Scenic Area	黄南州泽库县多禾茂乡多杰宗院
尖扎县能科景区	Jianzha Nengke Scenic Area	黄南州尖扎县能科乡德乾村
格尔木鲁能新能源工业旅游景区	Golmud Luneng New Energy Industry Tourist Scenic Area	海西州格尔木市
2A级景区	**AA State Class Scenic Spots**	
乌兰县哈里哈图国家森林公园	Wulan Halihatu National Forest Park	海西州乌兰县铜普镇
民和县天井峡-松山原始森林风景区	Minghe Tianjingxia- Songshan Virgin Forest	海东市民和县李二堡乡
乐都区瞿昙寺旅游景区	Ledu Qutan Temple Scenic Area	海东市乐都区瞿昙镇
九寺掌旅游景区	Jiusizhang Scenic Area	海东市乐都区芦花乡
上北山省级森林公园	Shangbeishan Provincial Forest Park	海东市乐都区寿乐镇
药草台景区	Yaocaotai Scenic Area	海东市乐都区瞿昙镇
水峡景区	Shuixia Scenic Area	海东市乐都区李家乡
石沟寺景区	Shigou Temple Scenic Area	海东市乐都区洪水镇
乐都区杨宗林场旅游区	Ledu Yangzong Tree Farm Area	海东市乐都区中坝乡
乐都区农业示范园旅游景区	Ledu Agricultural Demonstration Garden Area	海东市乐都区雨润镇深沟村
黄河第一湾景区	First Gulf of the Yellow River Scenic Area	海东市化隆县德恒隆乡
化隆县阿河滩萨拉民俗村	Hualong Ahetan Salar Customs Village	海东市化隆县甘都镇阿河滩村
甘德县直尕儿风景区	Gande Zhigaer Scenie Area	果洛州甘德县县距离县城90公里
玉树称多赛巴寺旅游景区	Yushu Chengduo Saiba Lamasery	玉树州称多县拉布村
同德石藏文化旅游区	Tongde Shizang Culture Scenic Area	海南州同德县河北乡
阿尼格日佛景区	Anigerifo Scenie Area	黄南州泽库县
泽库县麦秀国家森林公园	Zeku Maixiu National Forest Park	黄南州泽库县
哈拉湖景区	Hala Lake Area	海西州德令哈市

20−11　青海省对外开放山峰
Main Mountain Peaks Opened to the Outside

山峰名称 Names of Mountain Peak	海拔高程(米) Altitude(m)	所属山系 Mountain Range	地理位置 Geography of Place
阿尼玛卿峰	6282	昆仑山脉	果洛州玛沁县
格拉丹东峰	6621	唐古拉山脉	海西州格尔木市
雅拉达则峰	5215	昆仑山脉	果洛州玛多县
新青峰	6860	昆仑山脉	海西州与新疆交界处
年保玉则峰	5369	昆仑山脉	果洛州久治县
错日尕则峰	4610	昆仑山脉	果洛州玛多具
玉珠峰	6179	昆仑山脉	海西州格尔木市
玉虚峰	5933	昆仑山脉	海西州格尔木市
马兰山	6056	昆仑山脉	玉树州治多县
湖北冰峰	5769	昆仑山脉	海西州与玉树州交界处
五雪峰	5805	昆仑山脉	玉树州治多县
大雪峰	5863	昆仑山脉	玉树州治多县
唐古拉山	6205	唐古拉山脉	海西州格尔木市管辖区
龙亚拉峰	6104	唐古拉山脉	海西州格尔木市管辖区

20−12　各级政府驻地海拔高程

Altitude of the Government Locations by Region

县(市、行委)名称	Names of Cities and Counties	海拔高程(米) Altitude(m)	驻地名称 Names of Locations	备注 Remarks
西宁市	**Xining City**			
西宁市	Xining City	2250	西宁市	青海省政府驻地
大通县	Datong Hui&Tu County	2720	桥头镇	
湟中区	Huangzhong District	2645	鲁沙尔镇	
湟源县	Huangyuan County	2666	城关镇	
海东市	**Haidong City**			
乐都区	Ledu District	2000	碾伯镇	海东市政府驻地
民和县	Minhe Hui&Tu County	1800	川口镇	
平安区	Ping'an District	2114	平安镇	
互助县	Huzhu Tu County	2520	威远镇	
化隆县	Hualong Hui County	2848	巴燕镇	
循化县	Xunhua Salar County	1860	积石镇	
海北州	**Haibei Zang A.P**			
海晏县	Haiyan County	3000	西海镇	海北州政府驻地
门源县	Menyuan Hui County	2880	浩门镇	
祁连县	Qilian County	2810	八宝镇	
海晏县	Haiyan County	3000	三角城镇	
刚察县	Gangcha County	3300	沙柳河镇	
黄南州	**Huangnan Zang A.P**			
同仁市	Tongren City	2480	隆务镇	黄南州政府驻地
尖扎县	Jianzha County	1990	马唐镇	
泽库县	Zeku County	3660	泽曲镇	
河南县	Henan Mengolian A.C.	3510	优干宁镇	
海南州	**Hainan Zang A.P**			
共和县	Gonghe County	2880	恰卜恰镇	海南州政府驻地
同德县	Tongde County	2980	尕巴松多镇	
贵德县	Guide County	2205	河阴镇	
兴海县	Xinghai County	3306	子科滩镇	
贵南县	Guinan County	3100	茫曲镇	
果洛州	**Golog Zang A.P**			
玛沁县	Maqin County	3730	大武镇	果洛州政府驻地
班玛县	Banma County	3560	赛来塘镇	
甘德县	Gande County	4020	柯曲镇	
达日县	Dari County	3970	吉迈镇	
久治县	Jiuzhi County	3628	智青松多镇	
玛多县	Maduo County	4300	玛查里镇	
玉树州	**Yushu Zang A.P**			
玉树市	Yushu City	3710	结古镇	玉树州政府驻地
杂多县	Zadou County	4080	萨呼腾镇	
称多县	Chengduo County	3825	称文镇	
治多县	Zhiduo County	4193	加吉博洛镇	
囊谦县	Nangqian County	3660	香达镇	
曲麻莱县	Qumalai County	4223	约改镇	
海西州	**Haixi Mongolian & Zang A.P**			
德令哈市	Delingha City	2980	德令哈市	海西州政府驻地
格尔木市	Geermu City	2850	格尔木市	
乌兰县	Wulan County	2960	希里沟镇	
都兰县	Dulan County	3180	察汗乌苏镇	
天峻县	Tianjun County	3408	新源镇	
茫崖市	Mangya City	2940	花土沟镇	
大柴旦行委	Dachaidan	3176	柴旦镇	

20-13 主要旅游景点海拔高程

Altitude of the Main Senics in the Province

旅游景点名称 Names of Scenic Spots	海拔高程(米) Altitude(m)	地理位置 Geography of Place
东关清真大寺	2230	西宁市东关大街34号
塔尔寺	2680	西宁市湟中区鲁沙尔镇
青海湖	3190	海南州共和县、海北州刚察县交界处
瞿坛寺	2458	海东市乐都区城南21公里处的马圈沟口
坎布拉国家森林公园	2630	黄南州尖扎县西北部
十世班禅故居	2530	海东市循化县南文都乡麻日村
孟达天池	2506	海东市循化县清水乡孟达村
隆宝滩黑颈鹤自然保护区	4352	玉树州玉树市隆宝镇境内
长江源头	6564	海西州格尔木市唐古拉山脉附近
察尔汗盐湖	2670	海西州格尔木市
鸟岛	3228	海南州共和县附近
互助北山国家森林公园	2290	海东市互助县加定镇北山林场内
黄河源头	4780	玉树州曲麻莱县
阿尼玛卿山	6282	果洛州玛沁县西北部
金银滩草原风光	3150	海北州海晏县315国道
布喀达坂峰(昆仑山最高点)	6860	新疆与玉树交界处
昆仑山口	4771	海西州格尔木市与玉树州曲麻莱、治多县交界处
北禅寺	2330	西宁市北山
青海博物馆	2270	西宁市城西区新宁广场东侧
老爷山	2928	西宁市大通县桥头镇向阳路南
互助北山国家森林公园	2740(场部2290)	海东市互助县加定镇北山林场内
街子清真大寺	1940	海东市循化县街子镇团结村
文都寺	2540	海东市循化县县城西南17公里处
夏宗寺	2795	海东市平安区三合乡寺台村
夏琼寺	2900	海东市化隆县查甫乡
佑宁寺	2640	海东市互助县260乡道
日月山	3520	西宁市湟源县西南40公里
倒淌河	3280	海南州共和县东南部
龙羊峡	2480	海南州共和县龙羊峡库区
青海湖度假村	3190	海南州共和县黑马河乡
玉皇阁	2219	海南州贵德县河阴镇
茶卡盐湖	3061	海西州乌兰县茶卡镇
原子城	3010	海北州海晏县金银滩草原
李家峡	2060	黄南州尖扎县和海东市化隆县交界处
南宗寺	2320	黄南州尖扎县坎布拉镇
隆务寺	2480	黄南州尖扎县隆务镇四合吉村
麦秀林场	2910	黄南州泽库县
吐蕃葬墓	3225	海西州都兰县察汗乌苏镇10公里处
都兰国际狩猎场	4930	海西州都兰县南部
可可西里无人区	5863--4750	青海西部西藏-新疆-青海交界地带

20-13 续表 Continued

旅游景点名称 Names of Scenic Spots	海拔高程(米) Altitude(m)	地理位置 Geography of Place
万丈盐桥	2670	海西州格尔木市察尔汗盐湖之上
巴颜喀拉山	5267	果洛州玛多、玉树州称多县交界处
文成公主庙	4250	玉树州玉树市214国道
西王母瑶池	4470	海西州格尔木市约250公里
结古寺	3780	玉树州玉树市结古镇东结古山上
骆驼泉撒拉族风情	1920	海东市循化县积石镇西4公里的街子村清真
凤凰山公园	2420	西宁市西边湟水谷地扎麻隆村
金塔寺	2253	西宁市城中区宏觉寺街9号
苏家堡城	2560	西宁市大通县景阳镇苏家堡村
南佛山	3265	西宁市湟中区城南15公里处
哈城	3150	西宁市湟源县日月乡哈城村
城隍庙	2666	西宁市湟源县城中心十字北面
七里寺药水泉	2465	海东市民和县古鄯镇西南七里寺峡口
官亭古文化遗址	2150	海东市民和县官亭镇
白马寺	2105	海东市互助县红崖子沟湟水北岸
五峰寺	2860	海东市互助县威远镇五峰乡
却藏寺	3023	海东市互助县南门峡镇
西海度假村	2155	海东市平安区城西3公里处
十四世达赖故居	2850	海东市平安区红崖村
古雷寺	2630	海东市循化县县城26公里处
二郎剑	3190	海南州共和县109国道景区内
三块石	3211	青海湖西南部，南距湖边8公里
海心山	3266	青海湖心偏南，距南岸30多公里
三角城	3215	海晏县境青海湖东北金银滩上
沙岛	3252--3195	海北州海晏县赫日木塘
祁连山原始森林	3020	海北州祁连县
祁连山鹿场	2870	海北州祁连县野牛沟乡
仙米寺	2990	海北州门源县仙小公路西
珠固寺	2590	海北州门源县珠固乡境内
热贡艺术馆	2520	黄南州同仁市热贡尖扎路北侧
二郎洞	3580	海西州天峻县关角山
石油城	2940	海西州茫崖市花土沟镇
扎陵湖	4610	果洛州玛多县西部构造凹地内
鄂陵湖	4309	果洛州玛多县西部
囊谦猕猴自然保护区	3974	玉树州囊谦县
晒经台	4120	玉树州玉树市通天河大桥南岸
敦科尔寺	3170	西宁市湟源县日月乡
魔鬼城	2980	海西州茫崖市冷湖镇
柳湾墓地	2060	海东市乐都区柳湾村附近

20-14 2021年分项目在队优秀运动员达到等级运动员人数

Number of Certified Athletes in the Team by Sports Item(2021)

单位：人 (person)

项目	Item	合计 Total	女 Female	一级 First Grade	女 Female	二级 Second Grade	女 Female
总计	**Total**	**238**	**67**	**81**	**28**	**157**	**39**
田径	Track and Field Events	35	14	18	7	17	7
游泳	Swimming						
拳击	Boxing	27	8	10	4	17	4
摔跤	Wrestling	6		1		5	
中国式摔跤	Chinese Wrestling						
柔道	Judo						
跆拳道	Taekwondo	14	6	10	3	4	3
自行车	Bicycle	10	3	6	3	4	
射击	Fire	5	2	5	2		
射箭	Archery						
篮球	Basketball	55	14	4	2	51	12
乒乓球	Ping-pong ball	17	7	15	5	2	2
羽毛球	Badminton						
网球	Tennis						
棒球	Baseball						
冰壶	Curling	14	2	4		10	2
武术	Martial arts	46	7	3		43	7

注：本表数据来源于青海省体育局，下表同。

Note:The data in this table are from Qinghai Sports Bureau，The same applies to the tables following.

20−15　群众体育中心青少年业余在训情况

Youth amateur training in mass sports centers

年　份 Year	中心(队、所)数 （ 个 ） Number of centers (teams, institutes) (unit)	在训人数 (人) In the number of training (person)	教练员 (人) Full-time Coaches (person)
1993	20	1352	114
1994	20	1374	110
1995	20	1274	109
1996	21	1351	105
1997	21	1248	114
1998	21	1157	125
1999	21	1211	201
2000	20	1120	109
2001	20	1783	112
2002	23	4059	138
2003	22	2175	133
2004	20	2647	128
2005	19	2452	125
2006	20	1874	133
2007	17	1808	123
2008	15	966	115
2009	18	721	99
2010	16	626	226
2011	16	769	102
2012	16	810	117
2013	15	1034	127
2014	17	1331	94
2015	17	1092	142
2016	17	1224	106
2017	19	1363	149
2018	16	1214	110
2019	13	1228	106
2020	15	1433	133
2021	20	2806	231

主要统计指标解释

艺术表演团体　由文化部门主办或实行行业管理(经文化市场行政部门审批或已申报登记并领取相关许可证),专门从事表演艺术等活动的各类专业艺术表演团体,含民间职业剧团。如话剧团、方言话剧团、滑稽剧团、儿童剧团、歌剧团、木偶团、皮影团等以及由若干剧种组成的综合性专业艺术表演团体。不包括半工半艺、半农半艺的剧团。

艺术表演场所　指由文化部门主办或实行行业管理(经文化市场行政部门审批或已申报登记并领取相关许可证),有观众席、舞台、灯光设备,公开售票、专供文艺团体演出的文化活动场所。包括剧院(场)、音乐厅、歌剧院(场)、舞剧院(场)、话剧院(场)、戏院、马戏场、影剧院等进行文艺表演的场所。不包括电影院、礼堂、体育场馆、美术馆及绘画、雕塑等艺术馆。

广播人口覆盖率　指根据国家广电总局制定的《广播电视人口覆盖率统计技术标准和方法》进行统计调查的,在对象区内采用无线、有线、卫星等技术手段能够收听到包括中央、省、地市、县广播节目其中任意一套的人口数占全省总人口数的百分比。

电视人口覆盖率　指根据国家广电总局制定的《广播电视人口覆盖率统计技术标准和方法》进行统计调查的,在对象区内采用无线、有线、卫星等技术手段能够收看到包括中央、省、地市、县级电视节目中任意一套的人口数占全省总人口数的百分比。

旅游人数

(1)入境旅游人数　指报告期内来我国观光、度假、探亲访友、就医疗养、购物、参加会议或从事经济、文化、体育、宗教活动的外国人、港澳台同胞等入境游客。统计时,外国人、港澳台同胞每入境一次统计1人次。

(2)出境人数　指中国(大陆)居民因公或因私出境前往其他国家、中国香港特别行政区、澳门特别行政区和台湾省观光、度假、探亲访友、就医疗养、购物、参加会议或从事经济、文化、体育、宗教活动的人数,即出境游客。统计时,按每出境一次统计1人次。

(3)国内旅游人数　指在报告期内在中国(大陆)观光游览、度假、探亲访友、就医疗养、购物、参加会议或从事经济、文化、体育、宗教活动的中国(大陆)居民人数,其出游的目的不是通过所从事的活动谋取报酬。统计时,国内游客按每出游一次统计1人次。

国际旅游(外汇)收入　指入境游客在中国(大陆)境内旅行、游览过程中用于交通、参观游览、住宿、餐饮、购物、娱乐等全部花费。**国内旅游收入**　又称旅游总花费指国内游客在国内旅行、游览过程中用于交通、参观游览、住宿、餐饮、购物、娱乐等全部花费。

国际旅行社　指经营业务范围包括入境旅游业务、出境旅游业务和国内旅游业务的旅行社。

国内旅行社　指经营范围仅限于国内旅游业务的旅行社。

星级饭店　指设备、设施、服务符合《旅游饭店星级的划分与评定》(GB/T14308－2003),通过相关旅游管理部门评定,并取得星级饭店称号的饭店(含预备星级饭店)。

Explanatory Notes on Main Statistical Indicators

Arts Performance Troupes refer to the various professional performing arts groups, which sponsored by the cultural sectors or guided by the cultural society (approved by the cultural market administration, or registered and permitted with the relative certificate), including non-governmental troupes, such as drama troupes, dialect troupes, comedy troupes, children troupes, Opera troupes, puppetry troupes, Shadowgraph troupes, etc., comprehensive professional arts performance troupes. The semi-working and semi-farming arts troupes are not included.

Arts Performance Places refer to the various sites for cultural activities, which sponsored by the cultural sectors or guided by the cultural society (approved by the cultural market administration, or registered and permitted with the relative certificate), with the facility of auditorium, stage, and lighting, and selling tickets in public, specially performed by arts troupes, including theatre, concert halls, opera halls, dance halls, drama halls, cinemas, circus fields, and other showplaces for the performing arts. The cinemas, auditoriums, stadiums, and arts museums, such as art galleries, painting houses, sculpture houses, are not included.

Radio Coverage of Population refers to the percentage of population, which can listen to one of central, provincial, city, prefecture, and county radio programs by wireless, cable, satellite and other technical means, in the surveying area, to national total population, according to Statistical Standard and Method on Television and Radio Coverage of Population established by the State Administration of Broadcasting, Film and Television.

Television Coverage of Population refers to the percentage of population, which can watch one of central, provincial, city, prefecture, and county television programs by wireless, cable, satellite and other technical means, in the surveying area, to national total population, according to Statistical Standard and Method on Television and Radio Coverage of Population established by the State Administration of Broadcasting, Film and Television.

Number of Tourists

(1) Visitor arrivals refer to the number of foreigners, Chinese compatriots from Hong Kong, Macao and Taiwan Chinese (mainland) who come to China (mainland) for sight-seeing, vacation, visiting relatives, medical treatment, shopping, attending conference, or to engage in economic, cultural, sports and religious activities. In compiling statistics, each time of entering China is counted as one person-time.

(2) Number of Chinese residents going abroad refer to the number of Chinese (mainland) residents going to other countries, Hong Kong Special Administrative region, Macao Special Administrative region and Taiwan for on official or private purposes, for sight-seeing, vacation, visiting relatives, medical treatment, shopping, attending conference, or to engage in economic, cultural, sports and religious activities. In compiling statistics, each time of leaving is counted as one person-time.

(3) Number of domestic tourists refers to the number of Chinese (mainland) residents who travel within China (mainland) for sight-seeing, vacation, visiting relatives, medical treatment, shopping, attending conference, or to engage in economic, cultural, sports and religious activities. In compiling statistics, each time of travelling is counted as one person-time.

Foreign Exchange Earnings from International Tourism refer to the total expenditure of foreigners, overseas Chinese, Chinese compatriots from Hong Kong, Macao and Taiwan during their stay in the mainland of China on transportation, sighting, accommodation, food, shopping and entertainment.

Income from Domestic Tourism refer to expenditure of domestic tourists on transportation, sighting, accommodation, food, shopping and entertainment while they travel.

International Travel Agencies refer to travel agencies engaged in tourism entering China, Chinese residents going abroad and domestic tourism.

Domestic Travel Agencies refer to travel agencies only engaged in domestic tourism.

Star-rated Hotels refer to hotels rated with stars as assessed by the relevant tourism authorities according to GB/T14308 – 2003 standard with reference to their infrastructure, facilities and service levels.

第21篇

CHAPTER 21

公共管理、社会保障和其他

Public Management, Social Security and Others

21-1 2017-2021年各党派党员(成员)数

Number of Members of Parties(2017-2021)

名 称	Name	2017	2018	2019	2020	2021
中国共产党 (万人)	Communist Party of China (10 000 persons)	38.0	39.1	40.2	41.6	43.1
中国国民党革命委员会(人)	Revolutionary Committee of Chinese Kuomintang (person)	601	642	666	690	706
中国民主同盟 (人)	China Democratic League (person)	2027	2113	2219	2273	2339
中国民主建国会 (人)	China Democratic National Construction Association(person)	1202	1251	1298	1323	1363
中国农工民主党 (人)	Peasants and Workers Democratic Party (person)	1442	1488	1551	1608	1650
九三学社 (人)	Jiu San Society (person)	1722	1799	1859	1908	1960

注：本表数据分别来源于青海省委组织部和统战部。
Note:The data in this table are from the Party Committee Organization department and Committee of United Front Work department of Qinghai provincial.

21-2 历届青海省人民代表大会的代表人数

Number of Deputies to All the Previous People's Congresses of Qinghai Province

单位：人、% (person,%)

届 别 Congress	年份 Year	代表总数 Total Number of Deputies	女代表 Female Deputies	少数民族代表 Ethnic Minority Deputies	占代表总数的比重 As Percentage to Total Deputies: 女代表 Female Deputies	少数民族代表 Ethnic Minority Deputies
一 届 First Congress	1954	300	21	152	7.0	50.7
二 届 Second Congress	1958	303				
三 届 Third Congress	1963	355	48	127	13.5	35.8
五 届 Fifth Congress	1977	715	157	277	22.0	38.7
六 届 Sixth Congress	1983	450	97	182	21.6	40.4
七 届 Seventh Congress	1988	381	71	148	18.6	38.8
八 届 Eighth Congress	1993	376	71	169	18.9	44.9
九 届 Ninth Congress	1998	392	77	174	19.6	44.4
十 届 Tenth Congress	2003	391	75	157	19.2	40.2
十一届 Eleventh Congress	2008	394	77	167	19.5	42.4
十二届 Twelfth Congress	2013	398	79	162	19.8	40.7
十三届 Thirtrrnth Congress	2018	392	111	156	28.3	39.8

注：本表数据来源于青海省人民代表大会常务委员会。
Note:The data in this table are from the Standing Committee of Qinghai Provincial People's Congress.

21-3 历届青海省政治协商会议的委员人数

Number of Deputies to All the Previous People's Political Consultative Conferences of Qinghai Province

单位：人、%　　(person，%)

届别 Congress		年份 Year	委员总数 Total Number of Deputies	女委员 Female Deputies	少数民族委员 Ethnic Minority Deputies	占委员总数的比重 As Percentage to Total Deputies	
						女委员 Female Deputies	少数民族委员 Ethnic Minority Deputies
一届	First Congress	1949	77		30		39.0
二届	Second Congress	1954	64		32		50.0
三届	Third Congress	1959	139		70		50.4
四届	Fourth Congress	1979	177				
五届	Fifth Congress	1983	275		134		48.7
六届	Sixth Congress	1988	275	30	138	10.9	50.2
七届	Seventh Congress	1993	289	30	136	10.4	47.1
八届	Eighth Congress	1998	289	39	116	13.5	40.1
九届	Ninth Congress	2003	344	57	139	16.6	40.4
十届	Tenth Congress	2008	390	82	158	21.0	40.5
十一届	Eleventh Congress	2013	399	95	166	23.8	41.6
十二届	Twelfth Congress	2018	396	102	158	25.8	39.9

注：本表数据来源于中国人民政治协商会议青海省委员会。
Note:The data in this table are from the Qinghai Provincial Committee of the Chinese people's Political Consultative Conference.

21-4 2020-2021年工会组织情况

Statistics on Trade Unions (2020-2021)

指标	Item	2020	2021
基层工会数 (个)	Number of grassroots trade unions(unit)	14787	13804
职工人数 (人)	Number of staff (person)	1240746	1204908
#女性	Female	496254	482123
会员人数 (人)	member-ship (person)	1220304	1156846
#女性	Female	490121	462753
专职工作人员(人)	Number of full-time staff (person)	1264	1498

注：本表数据来源于青海省总工会。
Note:Data in this table come from Qinghai Provincial Federation of Trade Unions.

21－5 主要年份各级在职女领导干部情况

Basic Statistics on Women Leaders at All Levels in Main Years

单位：人 、% (person，%)

年 份 Year	总 数 Total	省 级 Provincial Level		厅局级 Department/Bureau Level		县(处)级 County Level		科 级 Section Level	
		女干部数 Female Cadres	占同级数的比重 As Percentage to the Same Level Total	女干部数 Female Cadres	占同级数的比重 As Percentage to the Same Level Total	女干部数 Female Cadres	占同级数的比重 As Percentage to the Same Level Total	女干部数 Female Cadres	占同级数的比重 As Percentage to the Same Level Total
1998	4537	3	5.8	48	7.9	540	11.9	3946	21.3
1999	4909	3	7.5	46	9.3	595	16.6	4265	42.8
2000	4927	3	7.1	50	10.0	554	12.5	4320	21.8
2001	5293	3	7.1	63	10.5	611	13.2	4616	22.4
2002	5260	2	5.4	63	9.9	632	13.9	4563	23.6
2003	5415	3	7.3	69	10.4	673	14.1	4670	23.9
2004	5971	4	9.1	67	9.8	730	14.4	5170	24.9
2005	6446	3	6.5	68	9.7	786	14.8	5589	25.5
2006	6908	3	6.5	82	10.7	832	14.9	5991	25.9
2007	7236	3	6.9	78	10.8	898	15.8	6257	26.2
2008	8524	4	8.6	76	10.7	1038	16.4	7406	28.5
2009	9272	3	7.5	75	10.4	1130	17.1	8064	28.0
2010	9254	3	7.5	75	10.4	1112	16.9	8064	28.0
2011	9770	3	8.3	90	11.2	1295	18.4	8382	29.5
2012	10282	3	8.0	95	11.4	1369	18.5	8815	30.0
2013	10539	4	10.8	99	11.7	1413	19.0	9023	30.7
2014	10810	4	9.8	103	12.2	1413	19.1	9290	31.1
2015	10533	4	9.8	104	12.3	1403	19.3	9022	30.9
2016	10334	4	10.0	106	12.3	1404	19.9	8820	31.0
2017	10067	4	10.0	102	13.0	1399	20.4	8562	30.1
2018	10034	4	9.8	95	12.1	1419	21.8	8516	34.4
2019	4027	4	9.8	85	12.1	918	18.2	3020	22.1
2020	4353	4	11.4	87	12.5	922	18.0	3340	23.3
2021	4958	4	10.5	100	13.5	991	19.1	3863	25.9

注：本表数据来源于青海省委组织部。2019年以后数据不包含职务职级并行后的职级公务员。
Note:The data in this table are from Qinghai Provincial Party Committee Organization Department. The data after 2019 does not include the rank civil servants after job rank parallel.

21−6　2017−2021年妇联干部情况
Basic Statistics on Cadres of the Women's Federation(2017-2021)

单位：人　(person)

项　目	Item	2017	2018	2019	2020	2021
干部总数	**Total Number of Cadres**	**661**	**666**	**638**	**592**	**260**
其中:少数民族干部	Number of Ethnic Minority Cadres	397	398	326	335	137
按行政级别分	By Administration Level					
司局级	Department/Bureau Level	5	5	6	7	5
县处级	County Level	42	37	42	36	48
科以下	Section Level and Below	614	624	590	549	207
按干部年龄分	By Age Group					
35岁以下	35 and Below	279	281	265	223	60
36－45岁	36-45	230	238	240	250	93
46－55岁	46-55	143	139	125	109	97
56岁以上	56 and Over	9	8	8	10	10
按干部政治面貌分	By Political Status					
共产党员	Chinese Communist Party	530	532	583	512	204
共青团员	Communist Youth League	19	12	24	4	1
民主党派	Democratic Parties				11	
群众	Mass	112	122	31	65	55
按干部文化程度分	By Education Attainments					
博士生	Doctor Degree	1				1
研究生	Master Degree	63	65	63	54	32
大学本科	University	480	490	525	426	180
大专或同等学历	College or Equal	59	55	49	108	45
高中、中专及以下	Senior Middle School and Below	58	56	1	4	2
按行政编制分	By Organization Types					
行政编制	Administration	231	236	199	195	204
事业编制	Institution	27	27	36	32	40
其他	Others	403	403	403	365	16
干部参加学历教育情况	**Cadres Attending the Formal Education**					
博士生	Doctor Degree					
研究生	Master Degree	3	1	4	17	3
大学本科	University	39			31	13
大专及同等学历	College or Equal				4	4
干部流动	**Movement of Cadres**					
调入	In	38	9	33	38	23
调出	Out	21	4	21	34	10

注：本表数据来源于青海省妇女联合会。
Note:The Data in this Table are from the Women's Federations of Qinghai.

21-7 主要年份共青团组织情况

Basic Statistics on the Communist Youth League in Main Years

年 份 Year	共青团基层组织个数(个) Number of Grassroots Organizations (unit)	团员人数(万人) Number of Communist Youth League (10 000 persons)	专 职 团干部(人) Full-time Cadres of Communist Youth League (person)
1991	1004	26.9	1266
1992	1020	27.2	1323
1993	1013	25.1	1197
1994	1038	26.0	1109
1995	1118	26.4	1098
1996	1059	27.2	1181
1997	1134	28.3	1231
1998	1016	28.9	1231
1999	816	25.3	596
2000	1010	26.2	540
2001	875	27.0	480
2002	1882	36.7	667
2003	1894	37.1	566
2004	1994	37.6	700
2005	8824	38.2	700
2006	8824	42.8	930
2007	8824	40.9	904
2008	8816	37.1	770
2009	9272	19.0	432
2010	9291	22.8	432
2011	9416	22.0	388
2012	10411	23.2	392
2013	18331	23.9	417
2014	21373	24.7	503
2015	22344	22.8	259
2016	21920	26.9	247
2017	15870	25.1	255
2018	14218	23.5	262
2019	17517	24.2	265
2020	16947	25.7	269
2021	17414	25.3	270

注:本表数据来源于共青团青海省委。
Note:The data source of this table is the Qinghai Provincial Committee of the Communist Youth League。

21-8 2020-2021年律师、公证工作基本情况
Basic Statistics on Lawyers and Notarization(2020-2021)

项　目		Item		2020	2021
律师工作		**Lawyers**			
律师事务所	(个)	Number of Law Offices	(unit)	120	123
律师工作者	(人)	Lawyers	(person)	1307	1463
社会律师(专职律师、兼职律师)				1047	1170
公职律师		Public Lawyers		145	181
公司律师		Company Lawyers		48	47
法律援助律师		Legal Aid Lawyers		67	65
聘请担任常年法律顾问的单位	(家)	Number of Units With Permanent Legal Advisors	(unit)	1766	2160
刑事诉讼辩护及代理	(件)	Agent and Defender of Criminal Cases	(case)	3030	2964
民事案件诉讼代理	(件)	Agent of Civil Cases	(case)	14284	17732
行政案件诉讼代理	(件)	Agent of Administrative Cases	(case)	631	1912
非诉讼法律事务	(件)	Agent of Non-Litigious Legal Affairs	(case)	936	2966
代写法律事务文书	(件)	Agent of Legal Documents Written on Behalf of Clients	(case)	11872	18013
公证工作		**Notarization**			
公证处	(个)	Number of Notary Offices	(unit)	30	27
办理涉外的公证处	(个)	Number of Foreign-related Notary Offices	(unit)	8	8
公证人员	(人)	Notarial Personnel	(person)	214	218
公证员	(人)	Notaries	(person)	111	99
办理国内公证	(件)	Domestic Notarization	(case)	32583	28044
办理涉外公证	(件)	Foreign-related Notarization	(case)	1342	1319
办理涉港、澳、台公证	(件)	Hong Kong, Macao, Taiwan-related Notarization	(case)	35	35
接待来访	(人次)	Receipted Visits	(person-time)	6311	7243
处理来信	(件)	Handled Letters	(case)	63	21
外地公证处委托	(件)	Notarization Entrusted Outside	(case)	12	
公证费收入	(万元)	Notary Fees	(10 000 yuan)	2102.6	2161.1
国内公证收费		Domestic Notarization		2088.9	2146.7
涉外公证收费		Foreign-related Notarization		13.6	13.9

注：本表数据来源于青海省司法厅。
Note:Data from Qinghai Provincial Department of Justice.

21-9　2020-2021年收养、低保、服务、老龄基本情况

Basic Statistics on Adoption, Subsistence Allowances, Service and Aging(2020-2021)

项　目	Item	2020	2021
城市居民最低生活保障（人）	Number of Persons Receiving Minimum Living Allowance in Urban Areas (person)	62524	59061
城市居民最低生活保障家庭数（户）	Number of Households Receiving Minimum Living Allowance in Urban Areas (household)	33424	32109
农村居民最低生活保障（人）	Number of Persons Receiving Minimum Living Allowance in Rural Areas (person)	301986	286962
农村居民最低生活保障家庭数（户）	Number of Households Receiving Minimum Living Allowance in Rural Areas (household)	99600	103542
农村五保供养人数（人）	Number of Persons Receiving the Five Guarantees in Rural Areas (person)	15588	15066
孤儿数（人）	Number of orphans (person)	2656	1257
医疗救助待遇享受情况	Medical assistance benefits		
资助参保（人）	Subsidized insured (person)	740782	622729
门诊救助（人次）	Outpatient Assistance (Person-times)	163526	146520
住院救助（人次）	Inpatient assistance (person-times)	221026	146388
抚恤、补助优抚对象总人数（人）	Total Number of Entitled Groups Receiving Pension and Subsidy (person)	14924	15415
提供住宿养老服务机构和设施数(个)	Number of Institutions and Facilities Providing Residential Care Services (unit)	64	68
60岁以上老年人口数（万人）	Population Aged 60 and Over (10 000 person)	72	79

①本表数据来源于青海省民政厅、青海省退役军人事务厅、青海省医疗保障局。

②提供住宿养老服务机构和设施数由省民政厅按统一口径进行了调整。

❶The data source of this table is the Civil Affairs Department of Qinghai.

❷The number of institutions and facilities providing residential care for the aged is adjusted by the Civil Affairs Department of Qinghai according to the unified caliber.

21－10 2021年各级各类档案馆

Various Kinds and Types Archives(2021)

项 目	Item	数 量 (个) Institutions (unit)	人 员 (人) Personnel (person)	馆藏档案(卷) Collection Archives (volume)	案卷排架长度(米) Length of Shelves (meter)	馆 藏 资 料(册) Information Stored (copy)
省级国家综合档案馆	National Comprehensive Archives of Provincial Level	1	33	249452	10158	49749
地级国家综合档案馆	National Comprehensive Archives of Prefectural Level	8	79	610681	17206	57175
县级国家综合档案馆	National Comprehensive Archives of County level	45	274	1761191	52134	254237

注：本表数据来源于青海省档案局。
Note:The data in this table are from the Qinghai Provincial Bureau of Archives.

21－11 2020－2021年各类事故

Classification of Accidents(2020－2021)

类 别	Type	2020 事故起数(起) Number of Accidents (case)	2020 死亡人数(人) Number of Deaths (person)	2020 受伤人数(人) Number of Injuries (person)	2020 直接经济损失(万元) Direct Economic Losses (10 000 yuan)	2021 事故起数(起) Number of Accidents (case)	2021 死亡人数(人) Number of Deaths (person)	2021 受伤人数(人) Number of Injuries (person)	2021 直接经济损失(万元) Direct Economic Losses (10 000 yuan)
工矿商贸事故	Work Accidents of Industry	62	66	17		77	98	14	2552.2
农机肇事	Farm Machinery Accidents	4	6			6	3	4	
铁路路外事故	Rail-road Outside Accidents					3	2	3	
火灾事故	Fire Accidents	1592	12	3	2509.5	1912	7	4	3416.3
交通事故	Traffic Accidents	1624	527	1633	1301.9	1821	524	1767	1577.1

①本表数据分别来源于青海省应急管理厅、青海省公安厅交通警察总队、青海省消防救援总队。
②工矿商贸事故包括县以下集体企业和私营企业伤亡情况。
③交通、火灾事故按全口径统计。
❶The data in this table are from the Qinghai Emergency Management Safe production supervision,Qinghai Public Security Traffic Police Corps and Qinghai Fire and Rescue Corps.
❷Work Accidents of Industry, Mining and Business include casualties of collective-owned enterprises and private enterprises below county.
❸Traffic and Fire Accidents statistics by the full caliber.

21−12 2021年基本养老保险情况

Statistics on Basic Pension Insurance(2021)

单位：人、万元 (Person,10 000yuan)

指 标	Item	参保职工 Insurance Participants of Employees	离休退休退职人员 Retirees	应发养老金 Pension Payable	实发养老金 Mature Pension
参保职工期末人数	Insurance Participants of Employees at Year-end	1189797	499705	2886112	2886112
城镇企业职工参保人数	Insurance Participants of Urban Enterprises Employees	980908	371982	1837821	1837821
企业	Enterprises	744749	260336	1463189	1463189
国有企业	State-owned Enterprises	188174	198841	1156686	1156686
集体企业	Collective-owned Enterprises	5186	32188	156707	156707
其他企业	Other Enterprises	548053	29304	149787	149787
港、澳、台及外资企业	Enterprises with Funds from Hong Kong, Macao, Taiwan and Foreign Countries	3336	3	9	9
其他人员	Others Personnel	236159	111646	374632	374632
机关事业单位参保人数	Insurance Participants of Organs and Public Institutions	208889	127723	1048291	1048291
机关	Organs	93351	55332	466079	466079
事业	Public Institutions	114209	71755	575752	575752
其他单位	Other Institutions	1329	636	6460	6460

注：本表数据来源于青海省人力资源和社会保障厅，下表同。
Note:The data in this table are from the Provincial Department of human resources and social security, The same applies to the tables following.

21−13 2017−2021年失业保险基本情况

Statistics of Unemployment Insurance(2017−2021)

项 目	Item	2017	2018	2019	2020	2021
参保人数(万人)	**Contributors (10 000 persons)**	**41.47**	**42.27**	**43.75**	**46.48**	**42.42**
企业	Enterprises	29.05	30.53	31.6	33.05	27.58
事业	Institutions	11.05	10.52	10.93	12.44	13.97
其他	Others	1.37	1.22	1.22	0.99	0.87
在参保人数中：	In Contributors:					
农民合同制工人	Farmers Contract Workers	0.26	0.26	0.3	0.43	0.39

21－14　2017－2021年参加生育保险人员情况

Number of Contributors of Maternity Insurance (2017－2021)

单位：人、人次　　(person,person-time)

指　标	Item	2017	2018	2019	2020	2021
参保人员	**Contributors**	**500368**	**581434**	**618238**	**641608**	**684015**
女性	Female	207083	239656	255902	270225	325590
本期享受生育保险待遇人次	**Beneficiaries of Maternity Insurance**	**38428**	**40061**	**45728**	**49322**	**67364**
按待遇类别分	By Treatment Category					
本期生育人数	Number of Births at Year-end	10633	11915	13370	12779	20838
计划生育手术人次	Number of Family Planning Operations	1603	2008	1051	1380	1955

注：本表数据来源于青海省医疗保障局。
Note:data in this table are from Qinghai Municipal Medical Insurance Bureau.

21－15　2017－2021年参加工伤保险人员情况

Number of Contributors of Work Injury Insurance(2017-2021)

单位：户、人　　(household,person)

指　标	Item	2017	2018	2019	2020	2021
参保单位户数	**Contributors of Units**	**14309**	**17364**	**23937**	**29533**	**35983**
参保人员	**Contributors of Personnel**	**648543**	**692373**	**739922**	**859049**	**959300**
享受工伤保险待遇人数	**Beneficiaries of Injured Insurance**	**5101**	**5167**	**5451**	**6727**	**6381**
#享受伤残待遇人数	Beneficiaries of Disability Treatment	2830	3145	3501	4687	4438
因公死亡人数	Deaths for Official Reason	175	153	122	164	145
供养亲属人数	Number of Dependent Relatives	2096	1869	1828	1876	1798

注：本表数据来源于青海省人力资源和社会保障厅。
Note:The data in this table are from the Provincial Department of human resources and social security.

21－16 2017－2021年城镇职工参加基本医疗保险人员及特殊人员情况

Statistics on Urban Staff and Workers Contributors and Specials of Basic Medical Care Insurance (2017-2021)

单位：人 (person)

项 目	Item	2017	2018	2019	2020	2021
城镇职工参加医疗保险人数	**Number of Contributors of Urban Staff and Workers**	**940262**	**994211**	**1037477**	**1085375**	**1148343**
实施统帐结合	**Implementation of a Combination of Social Pooling and Individual Accounts**	**900574**	**953389**	**998237**	**1047492**	**1108598**
期末职工人数	Number of Staff and Workers Contributors at Year-end	573729	614918	644004	676467	728736
期末退休人员	Number of Retirees at Year-end	326845	338471	354233	371025	379862
单建统筹基金	**Single-built Pool Fund**	**39688**	**40822**	**39240**	**37883**	**39745**
期末职工人数	Number of Staff and Workers Contributors at Year-end	38151	37759	36690	37243	38319
期末退休人员	Number of Retirees at Year-end	1537	3063	2550	640	1426
特殊人员人数	**Number of Specials**	**3138**	**2692**	**2370**	**2065**	**1757**
医疗照顾人员	Personnel Enjoying Special Medical Care			13		
离休及老红军	Retirees and Red Army Soldier	2883	2432	2096	1816	1515
1-6级革命伤残军人	1-6 Level Revolution Disabled Soldiers	255	260	261	249	242

注：本表数据来源于青海省医疗保障局。
Note:data in this table are from Qinghai Municipal Medical Insurance Bureau.

21－17 2017－2021年城市居民最低生活保障情况

Minimum Living Allowance in Urban Areas(2017-2021)

项 目	Item	2017	2018	2019	2020	2021
保障对象户数 （户）	**Number of Households of Security Object (household)**	**68780**	**40897**	**34710**	**33424**	**32109**
年末保障对象人数 （人）	**Number of Security Object at Year-end (person)**	**133392**	**76577**	**64355**	**62524**	**59061**
在职职工	Staff and Workers	1444	550	132	138	54
学生	Students	6089	686	455	401	339
三无对象	Object of Three Non-target					
其他人员	Others	125859	75341	63768	61985	58668
全年补助资金支出（万元）	**Grant Capital Expenditures throughout the Year(10 000yuan)**	**74741**	**58137**	**48943**	**54588**	**50583**
月人均补助水平 （元）	**Amount of Subsidy Every Month One Person (yuan)**	**361**	**406**	**510**	**570**	**598**
低保标准 （元）	**Minimum Living Allowance Standards (yuan)**	**450**	**572**	**625**	**625**	**653**

注：本表数据来源于青海省民政厅。
Note:The data source of this table is the Civil Affairs Department of Qinghai.

主要统计指标解释

律　　师　指受聘参加法律顾问处工作，担任法律顾问、刑（民）事代理人、刑事辩护人，办理非诉讼事件、解答法律询问，代写法律事务文书等主要从事律师业务的专职法律工作者和兼职律师。

公证人员　指在公证处工作的人员总称，包括公证处主任、副主任、公证员、公证员助理（助理公证员）和其他从事辅助性工作的人员。

城市居民最低生活保障人数　指在报告期末家庭平均收入在当地规定的最低生活保障线以下的城镇居民数。包括"三无"对象，失业人员和在职、下岗、退休人员等。

农村居民最低生活保障人数　指报告期末在建立农村最低生活保障制度的地区，得到当地政府或集体给予最低生活保障的农业人口家庭人数。

农村集中五保供养户数（户）　指无法定抚养义务人，或者虽有法定抚养义务人，但是抚养人无抚养能力的；无劳动能力的；无生活来源的老年人、残疾人和未成年人。

Explanatory Notes on Main Statistical Indicators

Lawyers refers to full – time legal workers and part – time lawyers mainly engaged in lawyer business, who are employed in the legal advisory office, served as legal adviser, punishment (people) agent, defenders in criminal cases, for non – lawsuit cases, answers to legal questions and write legal affairs documents.

Notary Personnel refers to people working for notary offices including: directors, deputy directors, notaries, assistant notaries and other people providing assistance.

Number of Urban Residents Entitled to Minimum Living Allowances refers to the number of those whose average family income is below a minimum local standard by the end of the reporting period, including both the employed and unemployed, laid off and retired, and those jobless people without stable residence or valid IDs.

Number of Rural Residents Entitled to Minimum Living Allowances refers to the number of those receiving the minimum living allowances from the local government or community in the rural areas where this allowances system is in place as of the end of the reporting period.

Households Enjoying Five Guarantees refers to those senior citizens, handicapped or under – aged who, without labour ability, can not make a living by themselves and whose statutory providers are unable to support them or who have no statutory providers at all.

第22篇

CHAPTER 22

全国各地区主要经济指标

Main Economic Indicators of Different Regions of the Country

22-1 2021年全国各地区主要经济指标
Growth Rate of Gross Domestic Product and Its Order by Region of the Whole Country(2021)

单位：亿元、元、% (100 million yuan,yuan,%)

地 区	Region	国内(地区)生产总值 Region Gross Domestic Product		第一产业增加值 Value Added of the Primary Industry		第二产业增加值 Value Added of the Secondary Industry		第三产业增加值 Value Added of the Tertiary Industry		人均生产总值 Per Capita GDP	
		数 量 Amount	增长率 Growth Rate	数 量 Amount	增长率 Growth Rate	数 量 Amount	增长率 Growth Rate	数 量 Amount	增长率 Growth Rate	数 量 Amount	增长率 Growth Rate
全 国	**National Total**	**1143669.7**	**8.1**	**83085.5**	**7.1**	**450904.5**	**8.2**	**609679.7**	**8.2**	**80976**	**8.0**
北 京	Beijing	40269.6	8.5	111.3	2.7	7268.6	23.2	32889.6	5.7	183980	8.5
天 津	Tianjin	15695.0	6.6	225.4	2.7	5854.3	6.5	9615.4	6.7	113732	7.0
河 北	Hebei	40391.3	6.5	4030.3	6.3	16364.2	4.8	19996.7	7.7	54172	6.5
山 西	Shanxi	22590.2	9.1	1286.9	8.1	11213.1	10.2	10090.2	8.3	64821	9.4
内蒙古	Inner Mongolia	20514.2	6.3	2225.2	4.8	9374.2	6.1	8914.8	6.7	85422	6.6
辽 宁	Liaoning	27584.1	5.8	2461.8	5.3	10875.2	4.2	14247.1	7.0	65026	6.4
吉 林	Jilin	13235.5	6.6	1553.8	6.4	4768.3	5.0	6913.4	7.8	55450	8.3
黑龙江	Heilongjiang	14879.2	6.1	3463.0	6.6	3975.3	5.0	7440.9	6.3	47266	8.2
上 海	Shanghai	43214.9	8.1	100.0	-6.5	11449.3	9.4	31665.6	7.6	173630	7.9
江 苏	Jiangsu	116364.2	8.6	4722.4	3.1	51775.4	10.1	59866.4	7.7	137039	8.3
浙 江	Zhejiang	73515.8	8.5	2209.1	2.2	31188.6	10.2	40118.1	7.6	113032	7.1
安 徽	Anhui	42959.2	8.3	3360.6	7.4	17613.2	7.9	21985.4	8.7	70321	8.1
福 建	Fujian	48810.4	8.0	2897.7	4.9	22866.3	7.5	23046.3	8.8	116939	7.3
江 西	Jiangxi	29619.7	8.8	2334.3	7.3	13183.2	8.2	14102.2	9.5	65560	8.8
山 东	Shandong	83095.9	8.3	6029.0	7.5	33187.2	7.2	43879.7	9.2	81727	7.9
河 南	Henan	58887.4	6.3	5620.8	6.4	24331.6	4.1	28934.9	8.1	59410	6.4
湖 北	Hubei	50012.9	12.9	4661.7	11.1	18952.9	13.6	26398.4	12.6	86416	13.8
湖 南	Hunan	46063.1	7.7	4322.9	9.3	18126.1	6.9	23614.1	7.9	69440	7.8
广 东	Guangdong	124369.7	8.0	5003.7	7.9	50219.2	8.7	69146.8	7.5	98285	7.1
广 西	Guangxi	24740.9	7.5	4015.5	8.2	8187.9	6.7	12537.5	7.7	49206	6.9
海 南	Hainan	6475.2	11.2	1254.4	3.9	1238.8	6.0	3982.0	15.3	63707	9.8
重 庆	Chongqing	27894.0	8.3	1922.0	7.8	11184.9	7.3	14787.1	9.0	86879	7.8
四 川	Sichuan	53850.8	8.2	5661.9	7.0	19901.4	7.4	28287.6	8.9	64326	8.0
贵 州	Guizhou	19586.4	8.1	2730.9	7.7	6984.7	9.4	9870.8	7.3	50808	8.0
云 南	Yunnan	27146.8	7.3	3870.2	8.4	9589.4	6.1	13687.2	7.7	57686	7.5
西 藏	Tibet	2080.2	6.7	164.1	7.3	757.3	-0.9	1158.8	11.8	56831	6.1
陕 西	Shaanxi	29801.0	6.5	2409.4	6.3	13802.5	5.6	13589.1	7.3	75360	6.3
甘 肃	Gansu	10243.3	6.9	1364.7	10.1	3466.6	6.4	5412.0	6.5	41046	7.3
青 海	**Qinghai**	**3346.6**	**5.7**	**352.7**	**4.5**	**1332.6**	**6.5**	**1661.4**	**5.4**	**56398**	**5.4**
宁 夏	Ningxia	4522.3	6.7	364.5	4.7	2021.6	6.6	2136.3	7.1	62549	6.1
新 疆	Xinjiang	15983.6	7.0	2356.1	7.9	5967.4	6.7	7660.2	6.9	61725	6.3

①地区生产总值、三次产业增加值及人均生产总值绝对数按当年价格计算，增长速度按不变价计算。
②各地区三次产业增加值增速为2021年快报数。
③三次产业分类依据国家统计局2018年修订的《三次产业划分规定》。
❶The amount of Region Gross Domestic Product, three industrial added value and Per Capita GDP are calculated at current prices.The growth rate are calculated at constant prices.
❷ The growth rate of regional three industrial added value of 2021 are from express report forms.
❸The three industries classification is according to the Three Industries Classification Regulations enacted in 2018 by the NBS.

22-1 续表1

地 区	Region	常住人口(万人) Total Population (10 000 Persons)	城镇人口比重(%) Proportion of Urban Population(%)	农林牧渔业总产值 Gross Output Value of Farming, Forestry,Animal Husbandry and Fishery		农业产值(亿元) Output Value of Farming (100 million yuan)	牧业产值(亿元) Output Value of Animal Husbandry (100 million yuan)
				数 量(亿元) Amount (100 million yuan)	增长率 Growth Rate (%)		
全 国	**National Total**	**141260**	**64.72**	**147,013.4**	**7.9**	**78339.5**	**39910.8**
北 京	Beijing	2189	87.50	269.5	2.8	123.0	46.3
天 津	Tianjin	1373	84.88	509.3	2.1	258.4	142.5
河 北	Hebei	7448	61.14	7,018.7	7.1	3645.0	2239.5
山 西	Shanxi	3480	63.42	2,134.0	9.9	1223.1	624.4
内蒙古	Inner Mongolia	2400	68.21	3,815.1	5.1	1879.6	1755.3
辽 宁	Liaoning	4229	72.81	4,927.7	5.7	2222.5	1683.9
吉 林	Jilin	2375	63.36	2,972.3	7.5	1302.9	1454.3
黑龙江	Heilongjiang	3125	65.69	6,460.0	7.1	4099.5	1833.1
上 海	Shanghai	2489	89.30	268.9	-6.7	144.9	45.3
江 苏	Jiangsu	8505	73.94	8,279.7	4.3	4426.1	1215.9
浙 江	Zhejiang	6540	72.66	3,579.2	3.0	1697.9	402.7
安 徽	Anhui	6113	59.39	6,004.3	9.3	2802.9	1810.9
福 建	Fujian	4187	69.70	5,201.0	5.1	1906.0	1059.9
江 西	Jiangxi	4517	61.46	3,998.1	8.9	1796.3	1051.4
山 东	Shandong	10170	63.94	11,468.0	8.6	5814.6	2904.2
河 南	Henan	9883	56.45	10,501.2	7.1	6564.8	2942.1
湖 北	Hubei	5830	64.09	8,296.4	14.3	3912.5	1990.2
湖 南	Hunan	6622	59.71	7,662.4	10.4	3532.9	2542.5
广 东	Guangdong	12684	74.63	8,305.8	7.1	3951.1	1707.8
广 西	Guangxi	5037	55.08	6,524.4	9.2	3690.7	1437.6
海 南	Hainan	1020	60.97	2,014.8	5.1	1049.6	327.7
重 庆	Chongqing	3212	70.32	2,935.6	9.2	1759.9	804.2
四 川	Sichuan	8372	57.82	9,383.3	7.5	5089.5	3305.3
贵 州	Guizhou	3852	54.33	4,692.0	9.2	3123.7	959.0
云 南	Yunnan	4690	51.05	6,351.8	10.4	3441.5	2113.3
西 藏	Tibet	366	36.61	255.3	5.6	115.3	129.3
陕 西	Shaanxi	3954	63.63	4,313.4	6.7	3035.6	917.8
甘 肃	Gansu	2490	53.33	2,439.5	11.3	1623.2	619.9
青 海	**Qinghai**	**594**	**61.02**	**528.5**	**4.5**	**204.7**	**298.6**
宁 夏	Ningxia	725	66.04	759.8	4.8	412.7	280.7
新 疆	Xinjiang	2589	57.26	5,143.1	8.8	3489.0	1265.7

①全国数据包括中国人民解放军现役军人数，但不包括香港、澳门特别行政区和台湾地区数据；
②分省数据中未包括中国人民解放军现役军人数。

Continued

粮食总产量 (万吨) Grain Amount (10 000 tons)	肉类总产量 (万吨) Meat Amount (10 000 tons)	奶类总产量 (万吨) Milk Amount (10 000 tons)	规模以上工业企业 Industrial Enterprises above Designated Size		
			工业增加值增长率(%) Value-added of Industry Growth Rate (%)	营业收入 (亿元) Operating Revenue Amount (100 million yuan)	利润总额 (亿元) Total Profits Amount (100 million yuan)
68284.7	**8990.0**	**3778.1**	**9.6**	**1279226.5**	**87092.1**
37.8	4.4	25.8	31.0	28054.0	3664.9
249.9	30.5	51.8	8.2	22571.2	1456.9
3825.1	464.3	501.9	4.9	52125.4	2294.3
1421.2	135.4	135.7	12.7	32396.2	2949.9
3840.3	277.3	680.0	6.0	23947.1	3380.8
2538.7	435.4	139.3	4.6	35214.2	1699.6
4039.2	274.6	32.8	4.6	14058.0	1073.8
7867.7	300.4	501.0	7.3	11253.1	515.2
94.0	9.1	29.4	11.0	44173.0	3032.0
3746.1	306.5	64.9	12.8	149920.7	9358.1
620.9	103.6	18.6	12.9	97967.6	6788.7
4087.6	456.3	47.6	8.9	44775.9	2669.9
506.4	286.5	20.0	9.9	64743.0	4353.3
2192.3	345.0	8.4	11.4	43976.7	3122.4
5500.7	819.3	288.4	9.6	102271.5	5268.8
6544.2	646.8	216.8	6.3	54006.4	2581.2
2764.3	425.5	9.6	14.8	49215.7	3189.5
3074.4	562.0	5.7	8.4	42763.3	2060.0
1279.9	457.4	17.3	9.0	169785.1	10927.6
1386.5	441.0	13.1	8.6	21911.1	1131.3
146.0	66.9	0.1	10.3	2625.7	212.1
1092.8	196.6	3.1	10.7	27118.9	1877.5
3582.1	664.0	68.4	9.8	52583.4	4359.2
1094.9	228.2	4.9	12.9	9712.5	1063.5
1930.3	488.1	72.5	8.8	17359.5	1211.0
106.2	27.4	53.7	12.9	401.7	48.9
1270.4	128.0	161.9	7.6	29585.6	3605.1
1231.5	135.3	67.5	8.9	9601.7	516.5
109.1	**40.0**	**35.6**	**9.2**	**3186.7**	**301.6**
368.4	35.3	280.5	8.0	6491.2	462.6
1735.8	198.7	221.9	8.8	15430.4	1916.1

❶ National data includes the number of military personnel, but excluding Hong Kong and Macao Special Administrative Regions and Taiwan data Provincial data does not include the number of military personnel.
❷ Provincial data don't include the number of military personnel.

22-1 续表2

地 区	Region	天然气产量（亿立方米）Natural gas Amount (100 million cu.m)	发电量（亿千瓦小时）Electricity Amount (100 million kw·h)	钢材产量（万吨）Rolled Steel Amoun (10 000 tons)	农用化肥产量（万吨）Chemical Fertilizers Amount (10 000 tons)
全 国	**National Total**	**2075.8**	**85342.5**	**133666.8**	**5543.6**
北 京	Beijing	4.3	472.6	203.4	
天 津	Tianjin	39.0	799.7	5991.7	56.0
河 北	Hebei	5.3	3513.4	29559.4	201.6
山 西	Shanxi	123.4	3926.2	6173.9	383.3
内蒙古	Inner Mongolia	289.7	6119.9	2957.6	395.0
辽 宁	Liaoning	7.9	2257.6	7759.1	37.1
吉 林	Jilin	21.4	1025.7	1790.6	28.8
黑龙江	Heilongjiang	50.5	1200.5	951.4	73.6
上 海	Shanghai	17.2	1003.1	1941.4	1.1
江 苏	Jiangsu	0.9	5968.9	15701.9	178.7
浙 江	Zhejiang		4222.5	3451.8	80.8
安 徽	Anhui	2.3	3083.4	3820.3	210.2
福 建	Fujian		2950.8	3980.5	66.7
江 西	Jiangxi		1563.3	3480.9	98.6
山 东	Shandong	6.2	6210.3	10667.6	403.7
河 南	Henan	2.9	3039.1	4336.0	359.0
湖 北	Hubei	1.3	3292.4	3852.1	582.2
湖 南	Hunan	0	1741.9	2979.7	66.0
广 东	Guangdong	132.5	6306.2	5111.2	7.7
广 西	Guangxi	0.2	2081.9	5282.1	41.2
海 南	Hainan	8.0	391.2		67.0
重 庆	Chongqing	87.1	991.4	1310.5	162.1
四 川	Sichuan	522.2	4530.3	3496.2	343.0
贵 州	Guizhou	5.2	2368.4	811.2	336.7
云 南	Yunnan		3770.2	2646.4	248.4
西 藏	Tibet		112.8		
陕 西	Shaanxi	294.1	2739.8	2097.4	166.4
甘 肃	Gansu	4.2	1896.8	1080.6	27.0
青 海	**Qinghai**	**62.0**	**995.7**	**182.0**	**494.3**
宁 夏	Ningxia	0.2	2082.9	582.3	62.7
新 疆	Xinjiang	387.6	4683.6	1467.7	365.1

注：产品产量因四舍五入原因，各地区数据之和与全国数据存在误差。

Continued

固定资产投资（不含农户）增长率(%) Investment in Fixed Assets (Excluding Rural Households) Growth Rate(%)	房地产开发投资额（亿元） Investment of Real Estate Development (100 million yuan)	商品房销售面积（万平方米） Floor Space of Commercial Buildings Sold (10 000 sp.m) (万平方米)	建筑业 Construction		
			总产值（亿元） Gross Output Value (100 million yuan)	施工面积（万平方米） Floor Space of Buildings Under Construction (10 000 sp.m)	竣工面积（万平方米） Floor Space of Buildings Completed (10 000 sp.m)
4.9	**147602.1**	**179433**	**293079.3**	**1575495.3**	**408257.1**
4.9	4139.0	1107	13987.7	91154.8	13254.5
4.8	2770.0	1435	4653.0	18022.6	2189.8
3.0	5023.9	6133	6484.6	35548.9	8212.2
8.7	1945.2	3204	5677.7	23316.4	5048.0
9.8	1234.1	1859	1279.4	7497.5	1320.7
2.6	2900.7	3434	4044.9	18129.7	3459.0
11.0	1540.9	1836	2246.3	8737.4	3006.1
6.4	936.0	1348	1328.5	3753.5	786.8
8.0	5035.2	1880	9236.4	54802.9	9232.4
5.8	13477.4	16552	38244.5	273463.3	74993.3
10.8	12389.1	9991	23011.0	181956.4	43302.4
9.4	7263.2	10461	10584.0	53887.4	14006.5
6.0	6195.6	6976	15810.4	87172.3	19182.5
10.8	2528.8	7676	9762.9	35525.6	14475.2
6.0	9819.7	14273	16412.0	95011.9	24018.2
4.5	7874.3	13277	14192.0	67394.3	18988.6
20.4	6121.9	7941	19031.5	94015.9	33112.6
8.0	5427.8	9189	13280.1	76367.9	24029.1
6.3	17465.8	14011	21345.6	105978.4	24525.6
7.6	3733.9	6178	6699.6	29484.2	8596.7
10.2	1379.6	889	447.1	1700.3	475.8
6.1	4355.0	6198	9943.0	37895.2	14162.0
5.9	7831.9	13693	17351.2	72351.8	23250.8
-3.1	3383.1	5586	4578.0	17892.1	4035.6
4.0	4309.9	3881	7336.6	18747.2	6648.6
-14.2	142.0	141	270.7	425.5	196.4
-3.0	4441.0	4260	9176.4	36561.9	7164.9
11.1	1525.9	2224	2270.3	12419.0	2341.4
-2.9	**442.5**	**386**	**587.3**	**935.5**	**277.1**
2.2	466.9	1014	681.5	1989.7	839.9
15.0	1501.4	2399	3124.8	13355.6	3124.5

Note:Due to rounding, there is an error between the sum of regional data of product output and national data.

22-1 续表3

地 区	Region	社会消费品零售总额 Total Retail Sales of Consumer goods		货物进出口贸易总额 Total import and export of goods	
		数量(亿元) Amount(100 million yuan)	增长率(%) Growth Rate (%)	数量(亿元,人民币) Amount(100 million yuan, RMB)	增长率(%) Growth Rate (%)
全 国	**National Total**	**440823.2**	**12.5**	**391008.5**	**21.4**
北 京	Beijing	14867.7	8.4	30438.4	30.6
天 津	Tianjin	3769.8	5.2	8567.4	16.3
河 北	Hebei	13509.9	6.3	5415.6	21.5
山 西	Shanxi	7747.3	14.8	2230.3	48.3
内蒙古	Inner Mongolia	5060.3	6.3	1235.6	17.2
辽 宁	Liaoning	9783.9	9.2	7724.0	17.6
吉 林	Jilin	4216.6	10.3	1503.8	17.3
黑龙江	Heilongjiang	5542.9	8.8	1995.0	29.6
上 海	Shanghai	18079.3	13.5	40610.4	16.5
江 苏	Jiangsu	42702.6	15.1	52130.6	17.1
浙 江	Zhejiang	29210.5	9.7	41429.1	22.4
安 徽	Anhui	21471.2	17.1	6920.2	26.9
福 建	Fujian	20373.1	9.4	18449.6	30.9
江 西	Jiangxi	12206.7	17.7	4980.4	23.7
山 东	Shandong	33714.5	15.3	29304.1	32.4
河 南	Henan	24381.7	8.3	8208.1	22.9
湖 北	Hubei	21561.4	19.9	5374.4	24.8
湖 南	Hunan	18596.9	14.4	5988.6	22.6
广 东	Guangdong	44187.7	9.9	82680.3	16.7
广 西	Guangxi	8538.5	9.0	5930.6	21.8
海 南	Hainan	2497.6	26.5	1476.8	57.7
重 庆	Chongqing	13967.7	18.5	8000.6	22.8
四 川	Sichuan	24133.2	15.9	9513.6	17.6
贵 州	Guizhou	8904.3	13.7	654.2	19.7
云 南	Yunnan	10731.8	9.6	3143.8	16.8
西 藏	Tibet	810.3	8.7	40.2	88.3
陕 西	Shaanxi	10250.5	6.7	4757.8	25.9
甘 肃	Gansu	4037.1	11.1	490.9	28.4
青 海	**Qinghai**	**947.8**	**8.0**	**31.3**	**36.4**
宁 夏	Ningxia	1335.1	2.6	214.0	73.4
新 疆	Xinjiang	3584.6	17.0	1569.1	5.8
不分地区	Not Classified by Region				

①货运不分地区合计中包括民航、管道等完成数。货运量和货物周转量的全国总计等于分省数与不分地区数据之和。
②客运不分地区数据为民航完成数。

Continued

货运量 (万吨) Total Freight Traffic (10 000 tons)	货物周转量 (亿吨公里) Total Freight Ton-kilometers (100 million ton-km)	客运量 (万人) Total Passenger Traffic (10 000 persons)	旅客周转量 (亿人公里) Total Passenger ilometers (100 million passenger-km)	居民消费价格指数 (上年=100) Consumer Price Indices (preceding=100)	食品烟酒 Food,Tobacco and Liquor
5298499	**223600**	**830257**	**19758**	**100.9**	**99.7**
23425	1077	36666	150	101.1	100.5
56435	2678	12391	171	101.3	101.3
261208	14769	15009	682	101.0	100.9
217623	6445	11810	221	101.0	100.4
215975	4934	6283	165	100.9	100.5
179238	4525	27408	431	101.1	100.3
53587	2069	13470	209	100.6	99.7
55116	1745	13480	190	100.6	99.5
154793	34075	11125	135	101.2	100.5
294678	11789	67295	992	101.6	100.9
328041	12938	46355	714	101.5	100.7
401415	11068	27563	754	100.9	99.5
166113	10159	19614	314	100.7	98.9
198685	4885	24304	604	100.9	99.3
342728	12050	29975	707	101.2	100.9
255551	10675	50717	985	100.9	100.2
214762	6743	33040	621	100.3	98.5
224465	2898	50660	858	100.5	98.0
386540	28032	53599	941	100.8	99.4
216168	4882	27918	522	100.9	98.8
27991	8772	8944	90	100.3	98.9
144593	3846	32754	281	100.3	97.8
184312	3079	60287	597	100.3	98.0
96989	1436	25855	410	100.1	97.7
135007	1868	20582	283	100.2	98.4
4583	150	939	30	100.9	100.5
160695	3945	20587	436	101.5	101.4
76109	2887	15494	336	100.9	100.3
17817	**592**	**2474**	**85**	**101.3**	**100.1**
46929	812	3575	56	101.4	101.5
73508	2000	16026	261	101.2	100.7
83418	5781	44056	6530		

❶The total number of goods transported not classified by region includes the number completed by civil aviation, pipeline, etc.The national total of freight volume and cargo turnover is equal to the sum of provincial data and the data that don't classified by region.

❷The total passenger traffic not classified by region refers to the number completed by civil aviation.

22−1 续表4

地 区	Region	全体居民人均可支配收入 Per Capita Annual Disposable Income of All Households		全体居民人均消费性支出 Per Capita Annual Consumption Expenditure of All Households		城镇居民人均可支配收入 Per Capita Annual Disposable Income of Urban Households	
		数量(元) Amount(yuan)	增长率(%) Growth Rate (%)	数量(元) Amount(yuan)	增长率(%) Growth Rate (%)	数量(元) Amount(yuan)	增长率(%) Growth Rate (%)
全 国	**National Total**	**35128**	**9.1**	**24100**	**12.6**	**47412**	**7.1**
北 京	Beijing	75002	8.0	43640	12.2	81518	7.8
天 津	Tianjin	47449	8.2	33188	16.6	51486	8.0
河 北	Hebei	29383	8.3	19954	10.6	39791	6.7
山 西	Shanxi	27426	8.8	17191	9.3	37433	7.6
内蒙古	Inner Mongolia	34108	8.3	22658	14.5	44377	7.3
辽 宁	Liaoning	35112	7.2	23831	15.3	43051	6.6
吉 林	Jilin	27770	7.8	19605	13.2	35646	6.7
黑龙江	Heilongjiang	27159	9.1	20636	21.0	33646	8.1
上 海	Shanghai	78027	8.0	48879	14.9	82429	7.8
江 苏	Jiangsu	47498	9.5	31451	19.9	57744	8.7
浙 江	Zhejiang	57541	9.8	36668	17.2	68487	9.2
安 徽	Anhui	30904	10.0	21911	16.1	43009	9.0
福 建	Fujian	40659	9.3	28440	13.2	51141	8.4
江 西	Jiangxi	30610	9.3	20290	13.0	41684	8.1
山 东	Shandong	35705	8.6	22821	9.0	47066	7.6
河 南	Henan	26811	8.1	18391	13.9	37095	6.7
湖 北	Hubei	30829	10.6	23846	23.9	40278	9.7
湖 南	Hunan	31993	8.9	22798	8.6	44866	7.6
广 东	Guangdong	44993	9.7	31589	10.9	54854	9.1
广 西	Guangxi	26727	8.8	18088	10.6	38530	7.4
海 南	Hainan	30457	9.1	22242	17.2	40213	8.4
重 庆	Chongqing	33803	9.7	24598	13.5	43503	8.7
四 川	Sichuan	29080	9.6	21518	8.8	41444	8.3
贵 州	Guizhou	23996	10.1	17957	20.7	39211	8.6
云 南	Yunnan	25666	10.2	18851	12.3	40905	9.1
西 藏	Tibet	24950	14.7	15343	16.0	46503	13.0
陕 西	Shaanxi	28568	8.9	19347	11.1	40713	7.5
甘 肃	Gansu	22066	8.5	17456	7.9	36187	7.0
青 海	**Qinghai**	**25920**	**7.8**	**19020**	**4.0**	**37745**	**6.3**
宁 夏	Ningxia	27905	8.4	20024	14.4	38291	7.2
新 疆	Xinjiang	26075	9.4	18961	14.8	37642	8.0

Continued

城镇居民人均消费性支出 Per Capita Annual Consumption Expenditure of Urban Households		农村居民人均可支配收入 Per Capita Annual Disposable Income of Rural Households		农村居民人均消费性支出 Per Capita Annual Consumption Expenditure of Rural Households	
数量(元) Amount(yuan)	增长率(%) Growth Rate (%)	数量(元) Amount(yuan)	增长率(%) Growth Rate (%)	数量(元) Amount(yuan)	增长率(%) Growth Rate (%)
30307	**12.2**	**18931**	**9.7**	**15916**	**15.3**
46776	12.1	33303	10.5	23574	12.7
36067	16.7	27955	8.8	19285	14.5
24193	4.4	18179	10.4	15391	21.7
21966	8.0	15308	10.3	11410	10.9
27194	13.8	18337	10.7	15691	15.4
28438	14.4	19217	10.1	14606	18.6
24421	12.9	17642	9.8	13411	13.0
24422	19.7	17889	10.6	15225	23.2
51295	14.4	38521	10.3	27205	23.1
36558	18.4	26791	10.7	21130	24.1
42193	16.6	35247	10.4	25415	17.9
26495	16.8	18372	10.5	17163	14.2
33942	11.3	23229	11.2	19290	18.1
24587	11.1	18684	10.0	15663	15.3
29314	7.4	20794	10.9	14299	12.9
23178	12.3	17533	8.8	14073	15.3
28506	24.6	18259	12.0	17647	21.9
28294	5.6	18295	10.3	16951	13.2
36621	9.3	22306	10.7	20012	16.8
22555	7.9	16363	10.4	14165	14.0
27565	17.0	18076	11.0	15487	17.6
29850	12.8	18100	10.6	16096	13.8
26971	7.3	17575	10.3	16444	10.0
25333	23.1	12856	10.4	12557	16.1
27441	11.7	14197	10.6	12386	11.9
28159	13.0	16932	16.0	10577	18.6
24784	8.4	14745	10.7	13158	15.7
25757	4.6	11433	10.5	11206	12.9
24513	**0.8**	**13604**	**10.2**	**13300**	**9.6**
25386	13.4	15337	10.4	13536	15.4
25724	12.1	15575	10.8	12821	19.0